大学化学习题精解系列

# 有机化学习题精解(下)

## (第二版)

冯骏材 丁景范 吴 琳 编著

科学出版社

北 京

# 内 容 简 介

本书为《大学化学习题精解系列》之一，是原《大学基础课化学类习题精解丛书》之《有机化学习题精解（下）》的第二版。

本书是根据现行有机化学教学大纲的要求，按照国内外通用的有机化学教材内容，在第一版的使用基础上修订编写而成。全书分上、下两册，本书是下册，包括羧酸及其衍生物，胺及其他含氮化合物，杂环化合物，糖、氨基酸及其他，周环反应，有机合成，有机化学综合测试题，共七章。所有习题均给出详细参考解答，便于学生自学。

本书可作为高等院校化学、化学工程与工艺、生物化学、环境化学、药学、医学、材料等有关专业本科生和硕士研究生备考者的参考用书，也可供从事有机化学教学的教师参考。

**图书在版编目(CIP)数据**

有机化学习题精解(下)/冯骏材，丁景范，吴琳编著.—2版.—北京：科学出版社，2009
大学化学习题精解系列
ISBN 978-7-03-022037-0

Ⅰ.有… Ⅱ.①冯… ②丁… ③吴… Ⅲ.有机化学—高等学校—解题 Ⅳ.O62-44

中国版本图书馆CIP数据核字(2008)第101630号

责任编辑：胡华强 丁 里 王志欣/责任校对：陈玉凤
责任印制：张 伟/封面设计：陈 敬

科学出版社 出版
北京东黄城根北街16号
邮政编码：100717
http://www.sciencep.com
北京盛通数码印刷有限公司 印刷
科学出版社发行 各地新华书店经销
*
1999年 8 月第 一 版 开本：B5(720×1000)
2009年 1 月第 二 版 印张：16 3/4
2023年 11 月第十七次印刷 字数：310 000

**定价：54.00元**

# 序

我国将开始全面实施《高等教育面向21世纪教育内容和课程体系改革计划》，按照新的专业方案，实现课程结构和教学内容的整合、优化，编写出版一批高水平、高质量的教材来。其目标就是转变教育思想，改革人才培养模式，实现教学内容、课程体系、教学方法和手段的现代化，形成和建立有中国特色高等教育的教学内容和课程体系。

演算习题是学习中的重要环节，是课堂和课本所学知识的初步应用与实践，通过演算和思考，不仅能考查对知识的理解和运用程度，巩固书本知识，而且培养了科学的思维方法和解题能力。在学习中，若仅是为了完成作业、应付考试，或舍身于题海，则会徒然劳多益少，趣味索然。反之，若能直取主题，举一反三，便可收事半功倍之效，心旷神怡。

本套丛书共分8卷，是从大学主干基础课的四大化学：无机化学、有机化学、物理化学和分析化学等课程中精选得来，包括了综合性大学、高等院校理科和应用化学类本科生从一年级至四年级的基本知识和能力运算。各书每章在简明扼要的基本知识或主要公式后，针对性挑选系列练习题，对每题均给出解题思路、方法和步骤，使同学能加深对相关章节知识的理解和掌握，以及运用知识之灵活性，并便于读者随时翻阅，不致在解题过程中因噎废食，半途而废。

约请参加本套丛书编写的有北京大学、南京大学、武汉大学、华中科技大学和华中师范大学等长期在教学第一线从事基础教学和科学研究的教师们，他们积累有丰富的教学经验和科研成果，相得益彰，并且深入同学实际，循循善诱。不管教育内容和课程体系做如何的更改调整，集四大化学的精选题解都具有提纲挈领的功力，因其中筛集以千计的题条几囊括了化学类题海之精英，包含各类题型和不同层面的难度及其变化。融会贯通的结果将熟能生巧，并对其他“高、精、尖”难题迎刃而解。工欲善其事，必先利其器。历年来综合性大学、高等院校理科化学专业及应用化学专业本科生、研究生和出国留学人员的沙场战绩证明，本套丛书将是对他们十分有用并必备的学习工具。

我们对北京大学、南京大学、武汉大学、华中科技大学、华中师范大学和科学出版社等有关领导给予的大力支持和积极帮助深表感谢。

鉴于是首次组织著名大学的化学教授和专家们分别执写基础化学课目，虽经认真磋商和校核，仍难免存在错误和不妥之处，还望专家和读者们不吝赐教和指正，以便我们今后工作中加以改进，不胜感谢。

唐任寰

1999年5月于北京大学燕园

# 第二版前言

本书是根据现行有机化学教学大纲的要求，按照国内外通用的有机化学教材内容，在第一版的基础上修订编写而成。编写本书时较好地处理了结构与性质、机理与反应的关系，阐述了反应中的区域选择性和立体选择性、合成中的官能团转换和碳架的建立，强调了不同类型化合物之间反应机理的相似性和它们的内在联系。相对于第一版而言，本书丰富了各章的内容提要，较为详尽地叙述和总结了各章的主要内容，包括各类化合物的结构、性质、反应和机理、合成方法等，可起到帮助学生学习和总结的作用。本书还增加了解题示例，并给出了详细的解题思路和方法，帮助读者提高解题的能力和正确性。本书所选习题典型、全面，有利于学生加强对有机化学基本概念的理解以及对基本理论和基本方法的掌握。所有习题均给出详细参考解答，便于学生自学。

本书对第一版中的习题作了调整和删减，尽可能地符合教学的基本要求，在掌握各类有机化合物的结构、性质、反应和机理等基本要求的基础上，培养学生举一反三的能力。

全书由冯骏材（南京大学）、丁景范（山西大学）、吴琳（南京大学）分工编写修订，最后由冯骏材统稿。

编写过程中纠正了第一版习题和解答中的错误，并为此诚恳地向读者表示歉意。同时还要感谢使用过第一版并提出不少宝贵意见的老师和学生。本书尽力避免不必要的错误，欢迎读者批评指正，发现的错误将在重印给予纠正。

编　者

2008 年 5 月于南京大学

# 第一版前言

有机化学是大学本科的一门重要基础课，我们根据有机化学的特点，在教学过程中紧紧抓住“读、听、写、议”四个环节，注重学习方法，举一反三的能力，推理能力和自我拓宽知识面等能力的培养，取得了较好的效果。这里的“写”就是要动手，不仅仅是要求完成一定量的作业，做好笔记，写好总结，更主要是要求把“写”当作进一步巩固和提高有机化学学习效果的手段。我们根据有机化学的教学要求，组织编写了这本习题详解，其目的也是为了使读者有更多的机会通过习题的训练，在思维方法和能力上有所提高。同时在解题时，我们除在书写上尽量规范以外，还在不少地方提供了解题的思路，起到了辅导的作用。

本书的习题来源主要靠教学的积累、继承和收集，部分习题根据文献资料和教学要求作了适当的改造和编辑。全书由冯骏材（南京大学），丁景范（山西大学），吴琳（南京大学）分工编写，并经多次讨论修改而成，最后由冯骏材统稿。

由于习题的解题方法必须与教学进展相衔接，所以有的题解方法未必是最恰当的方法，然而在相应的章节中应该是合理的。

各章在习题前的“基本内容”具有内容提要和总结的性质，然而由于各章的内容、重点各异，采用了几种不同的编写规格，目的是让读者在有机化学的学习中根据自己学习的具体情况作自我总结时参考。如果读者在有机化学的各章学习后，通过总结，能在头脑中留下一个条理十分清晰的轮廓是十分有益的。

限于编者的水平及成稿仓促，再加上习题及解答的复核工作量相当大，尽管编者尽了很大的努力来避免错误，但错误和不妥之处在所难免，编者恳切希望读者批评指正。

本书编写过程中得到两校同行老师们的支持和鼓励，并提出不少宝贵意见，在此致以衷心感谢。

编　者

1999 年 1 月于南京大学化学楼

# 第一版前言

[illegible]

[illegible]

[illegible]

[illegible]

[illegible]

[illegible]

# 目　　录

# 第十章　羧酸及其衍生物

## 一、内容提要

### 1. 羧酸及其衍生物的结构与主要化学性质

羧酸及其衍生物分子具有 $\mathrm{R\overset{O}{\overset{\|}{C}}—L}$ 结构，L＝OH（羧酸）、X（酰卤）、OCOR（酸酐）、OR（酯）、$NR_2$（酰胺）。在这些分子中，羰基碳原子为 $sp^2$ 杂化，∠CCO 和∠CCL 之间的夹角接近 120°，羰基和与羰基碳原子相连的两个基团在同一平面上。与羰基相连的除烃基外，还有一个带有未共用电子对的杂原子基团，杂原子上的 p 轨道与羰基的 π 轨道平行，它们从侧面交盖形成 p-π 共轭体系。p-π 共轭体系及杂原子诱导效应的共同作用改变了羰基和杂原子上的电荷分布。在羧酸分子中，由于羟基氧原子与羰基形成 p-π 共轭体系，羟基氧原子上的电子云部分离域到羰基上，从而使羟基上的氢原子很容易离去，因此羧酸分子具有较强的酸性。

在羧酸衍生物分子中，因为羰基上电子云偏向于氧原子一边，羰基碳原子带有明显的正电荷，所以羧酸衍生物中的羰基与醛、酮分子中的羰基有相似之处，容易接受亲核试剂的进攻。但羧酸衍生物中羰基碳原子上连有杂原子，使得它的亲核反应与醛、酮相比又有不同，即发生经四面体中间体的先加成、再消除的亲核取代反应，而不是单纯的亲核加成反应。由于杂原子不同，因此形成 p-π 共轭体系时电荷平均化程度不同，羰基碳原子的缺电子程度不同，接受亲核试剂进攻时羰基的反应活性也大不相同。通常情况下，羧酸衍生物分子中的羰基接受亲核试剂进攻时，其亲核取代反应的活性次序为酰卤＞酸酐＞酯＞酰胺。

同样，由于羰基的吸电子作用，羧酸衍生物中的 $\alpha$-氢也有较强的酸性，可以在酸或碱催化剂作用下生成相应的烯醇或烯醇负离子，烯醇或烯醇负离子与卤素作用可得到 $\alpha$-卤代产物。而烯醇负离子与另一分子中的羰基发生加成缩合反应，则可得到缩合产物[如克莱森(Claisen)酯缩合反应]。

此外，羧酸还可脱去 $CO_2$ 单元得到脱羧产物，称为脱羧反应。羧酸作为含氧有机化合物中的最高氧化态，可以被强还原剂还原成低氧化态的化合物，称为羧酸的还原反应。

**2. 羧酸的主要化学反应**

1）酸碱反应

羧酸具有显著酸性，可电离生成氢离子和酸根离子：

$$RCOOH \rightleftharpoons RCOO^- + H^+ \qquad K_a = \frac{[RCOO^-][H^+]}{[RCOOH]} \qquad pK_a = 3\sim5$$

与醇电离相比：

$$ROH \rightleftharpoons RO^- + H^+ \qquad K_a = \frac{[RO^-][H^+]}{[ROH]} \qquad pK_a = 16\sim18$$

生成的烷氧基负离子负电荷集中在氧原子上，稳定性较差，而在羧酸根离子中，由于 p-π 共轭作用，负电荷分散在 O—C—O 三个原子上，稳定性增加，因而有利于电离平衡向正反应方向移动，故羧酸酸性比醇大大提高。

如果体系中有进一步影响羧酸根负离子稳定性的因素存在，则酸性随之发生改变。通常情况下，主要影响因素有诱导效应和共轭效应。

(1) 诱导效应：烃基中羧基附近存在电负性较强的原子时，由于电子云向电负性较强的原子集中，从而导致羧酸根上的负电荷进一步分散，电离平衡向正反应方向移动，酸性增加。例如：

| | $FCH_2COOH$ | $ClCH_2COOH$ | $BrCH_2COOH$ | $ICH_2COOH$ | $CH_3COOH$ |
|---|---|---|---|---|---|
| $pK_a$ | 2.66 | 2.86 | 2.90 | 3.18 | 4.75 |

| | $ClCH_2COOH$ | $Cl_2CHCOOH$ | $Cl_3CCOOH$ | $CH_3COOH$ |
|---|---|---|---|---|
| $pK_a$ | 2.86 | 1.29 | 0.65 | 4.75 |

| | $CH{\equiv}CCH_2COOH$ | $CH_2{=}CHCH_2COOH$ | $CH_3{-}CH_2CH_2COOH$ |
|---|---|---|---|
| $pK_a$ | 3.32 | 4.35 | 4.82 |

诱导效应随距离增加迅速减弱。例如：

| | $CH_3CH_2CH(Cl)COOH$ | $CH_3CH(Cl)CH_2COOH$ | $CH_2(Cl)CH_2CH_2COOH$ | $CH_3CH_2CH_2COOH$ |
|---|---|---|---|---|
| $pK_a$ | 3.32 | 4.06 | 4.52 | 4.82 |

(2) 共轭效应：当羧基与共轭体系（如苯环）相连时，由于 π-π 共轭作用，导致羧酸根上的负电荷向芳环分散，即羧酸的共轭碱稳定性增加，使电离平衡向正反应方向移动，酸性增加。例如：

| | $CH_3COOH$ | PhCOOH |
|---|---|---|
| $pK_a$ | 4.75 | 4.20 |

当苯环上有取代基时，由于各取代基的电性效应和在芳环上的位置（邻、间、对位）不同，因此不同取代苯甲酸的酸性也各不相同。通常情况下，邻、对位有给电子

取代基时，共轭作用使羧基上的电子云密度增大，羧基中的氢难于电离，同时共轭碱羧酸根上的负电荷向芳环上分散程度也受到抑制，这两种作用均使得相应取代苯甲酸的酸性减弱。而邻、对位有吸电子取代基时，其作用的结果正好相反，从而使取代苯甲酸的酸性增强。

由于许多取代基既有诱导效应又有共轭效应，当取代基的共轭效应作用与取代基的诱导效应作用方向不一致时，则要仔细分析两种作用的相对强弱，才能得到正确结果。例如：

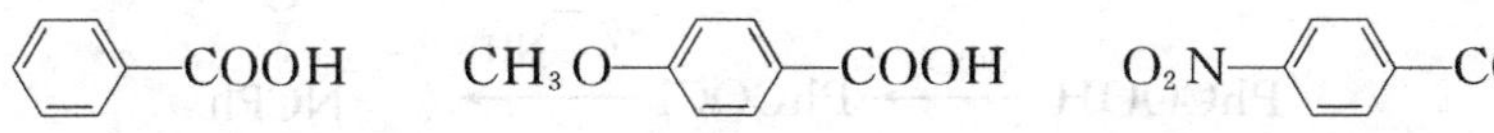

$pK_a$　　4.20　　4.47　　3.42

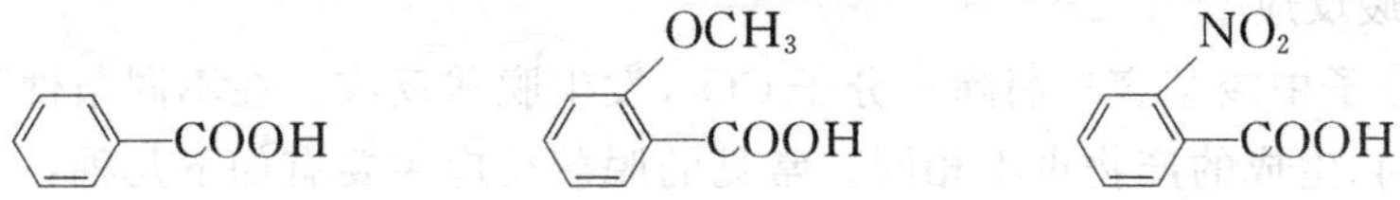

$pK_a$　　4.20　　4.09　　2.21

2）酰化反应

羧酸与活泼羧酸的酰氯或无机酸的酰氯反应，可制备羧酸衍生物酰氯。常用的试剂有 $PCl_3$、$POCl_3$、$SOCl_2$、ClCOCOCl、$COCl_2$ 等。例如：

$$CH_3(CH_2)_{16}COOH \xrightarrow{SOCl_2} \underset{95\%}{CH_3(CH_2)_{16}COCl}$$

羧酸经类似的反应可制备酸酐，常用的试剂有 $P_4O_{10}$、$Ac_2O$ 等。例如：

$$CH_3CH_2CH_2COOH \xrightarrow{P_4O_{10}} (CH_3CH_2CH_2CO)_2O$$

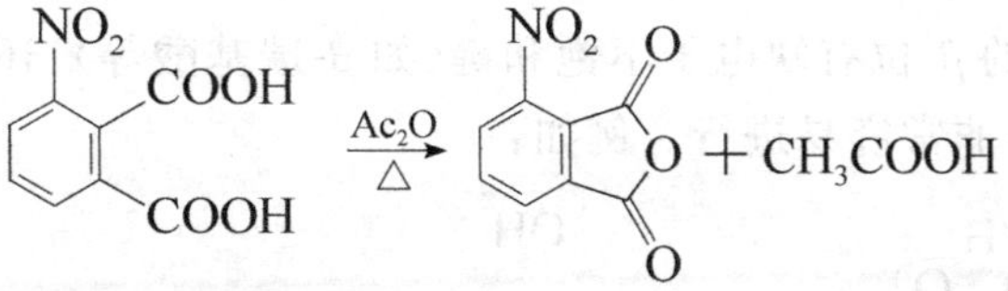

羧酸与醇在酸催化条件下发生酯化反应，可制备伯醇的羧酸酯。由于反应为可逆反应，通常需通过增加反应物浓度或减少生成物浓度（如共沸除水）等方法来促使平衡向正反应方向移动。反应机理如下：

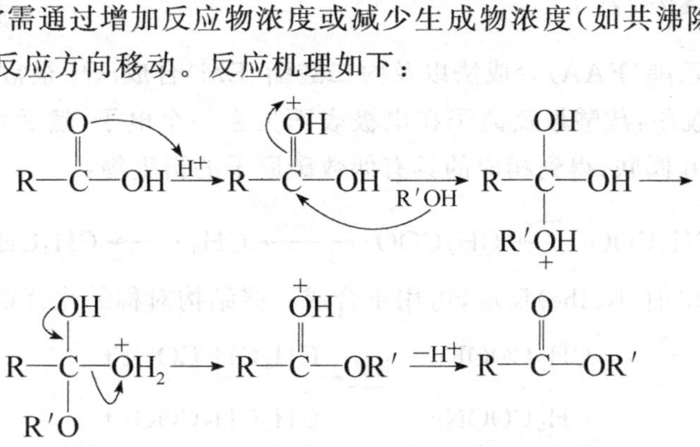

羧酸与氨(胺)直接反应先生成铵盐。例如：

$$CH_3CH_2CH_2COOH + NH_3 \longrightarrow CH_3CH_2CH_2COO^{-}\,{}^{+}NH_4$$

铵盐可通过加热直接脱水生成酰胺。例如：

$$CH_3CH_2CH_2COO^{-}\,{}^{+}NH_4 \xrightarrow{185℃} CH_3CH_2CH_2CONH_2 + H_2O$$

通常也可以先将羧酸制成酰氯或酸酐,再与氨(胺)反应制备酰胺。例如：

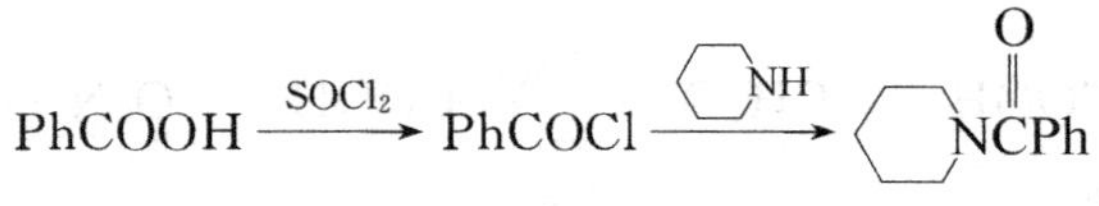


3）脱羧反应

羧酸分子中羧基容易消除一分子 $CO_2$,发生脱羧反应。在不同条件下,脱羧反应各不相同,生成的产物也不相同。常见的脱羧反应主要有如下几种：

(1) 加热脱羧:加热条件下,羧酸电离成羧酸根负离子,再消除 $CO_2$。如果羧基与吸电子基团相连,则脱羧反应较易发生。例如：

$$CH_3COONa \xrightarrow[Ca(OH)_2,\triangle]{NaOH} CH_4 + CO_2$$

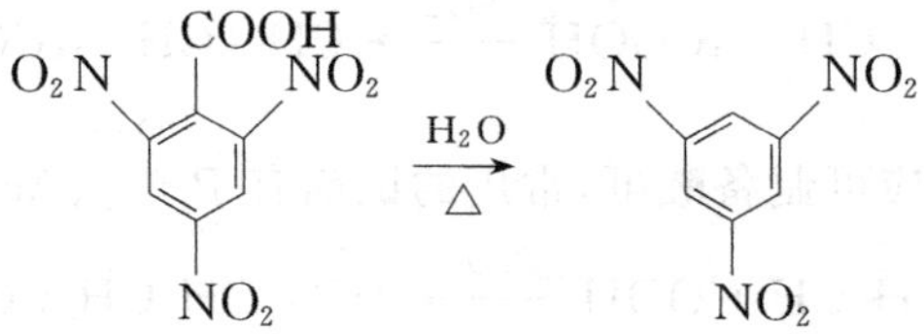


如果羧基的 $\beta$-位有缺电子不饱和键(如 $\beta$-羰基酸等),还可通过六元环过渡态消除 $CO_2$,反应非常容易进行。例如：

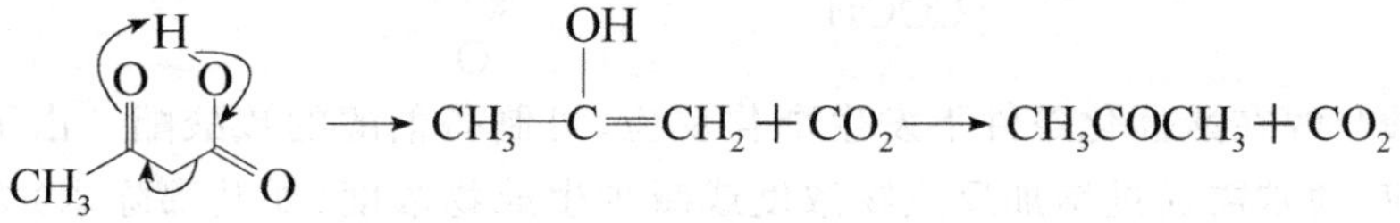


这在乙酰乙酸乙酯(EAA)合成法以及丙二酸酯(EM)合成法中很常用。

(2) 电解脱羧:羧酸根负离子在电极表面失去一个电子,然后消除 $CO_2$,生成的自由基再相互偶联,得到相应的具有偶数碳原子的衍生物：

$$CH_3COO^{-} \xrightarrow{-e} CH_3COO\cdot \xrightarrow{-CO_2} CH_3\cdot \longrightarrow CH_3CH_3$$

此反应称为柯尔伯(Kolbe)反应,可用于合成一些结构对称的化合物。例如：

$$\begin{array}{l} CH_2COOEt \\ | \\ CH_2COONa \end{array} \xrightarrow{电解} \begin{array}{l} CH_2CH_2COOEt \\ | \\ CH_2CH_2COOEt \end{array}$$

4）汉斯狄克反应

羧酸在银盐、汞盐或铅盐催化下，脱羧的同时与卤素结合，得到少一个碳原子的卤代烃，称为汉斯狄克(Hunsdiecker)反应。这是一种常见的碳链缩短的方法，也是一种由天然偶数碳链化合物制备奇数碳链化合物的方法。例如：

$$CH_3(CH_2)_{16}COOH \xrightarrow[HgO, CCl_4]{Br_2} CH_3(CH_2)_{16}Br$$

5）$\alpha$-卤代反应

在羧酸分子中，由于羧基中的 p-$\pi$ 共轭作用，羰基的缺电子程度有所缓解，对 $\alpha$-氢的活化作用相应削弱，因此，尽管羧酸 $\alpha$-氢也有较强的酸性，但与醛、酮中的 $\alpha$-氢相比，其酸性弱得多。例如，丙酮 $\alpha$-氢的 $pK_a \approx 18$，而乙酸乙酯 $\alpha$-氢的 $pK_a \approx 25$。为提高羧酸 $\alpha$-氢的酸性，使之能够顺利生成烯醇结构，必须先对羧基进行活化。通常使用 $PX_3$ 或 $P+X_2$ 将其转变成酰卤中间体，然后生成相应的烯醇，再与卤素作用即可得到 $\alpha$-卤代产物，称为赫尔(Hell)-乌尔哈(Volhard)-泽林斯基(Zelinsky)反应。例如：

$$CH_3CH_2CH_2CH_2COOH \xrightarrow[P]{Br_2} CH_3CH_2CH_2\underset{\displaystyle Br}{\underset{|}{C}}HCOOH$$

如果在碱性条件下，由于羧酸首先与碱反应，生成羧酸根负离子，它的 $\alpha$-氢酸性极弱，很难被普通的碱夺走，因而使得 $\alpha$-卤代反应难以发生。

6）还原反应

在氧化还原反应中，同样由于羧基中的 p-$\pi$ 共轭作用，羰基的缺电子程度有所缓解，反应活性较醛、酮大为降低，不容易被还原。同时，还原剂中的负离子部分还可与羧酸发生反应，生成羧酸根负离子，而羧酸根负离子更难还原。只有还原能力特别强的还原剂(如 $LiAlH_4$ 等)才能将羧酸直接还原为相应伯醇。例如：

$$CH_3(CH_2)_{16}COOH \xrightarrow{LiAlH_4} CH_3(CH_2)_{16}CH_2OH$$

还有一些特殊还原剂(如硼烷等)也能将羧酸还原。例如：

$$RCOOH \xrightarrow{B_2H_6} RCH_2OH$$

**3. 羧酸的制备**

1）氧化法

氧化法包括伯醇、醛被氧化为含相同碳原子的羧酸；仲醇、酮、烯、炔等被强烈氧化发生碳链断裂，生成相应的羧酸；芳环侧链被氧化为相应的芳香族羧酸(若与芳环直接相连的碳原子上不含氢原子，侧链不被氧化)。例如：

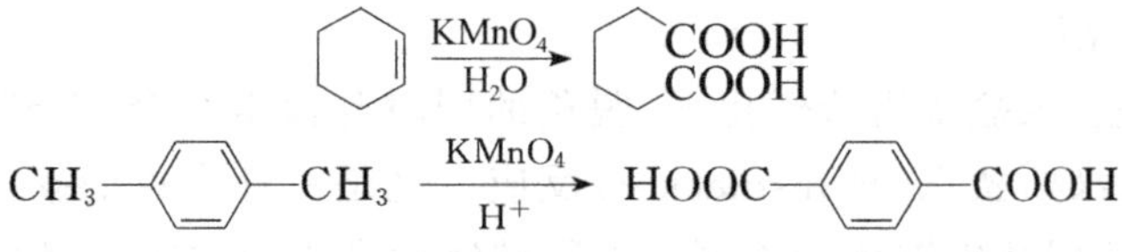

2) 水解法

许多羧酸可通过油脂水解直接获得。例如：

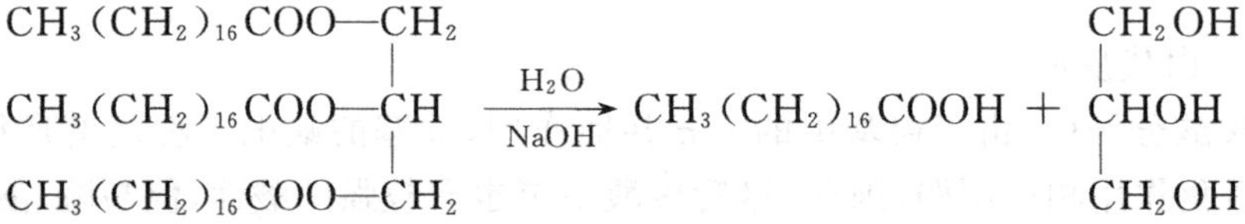

也可通过腈水解获得。例如：

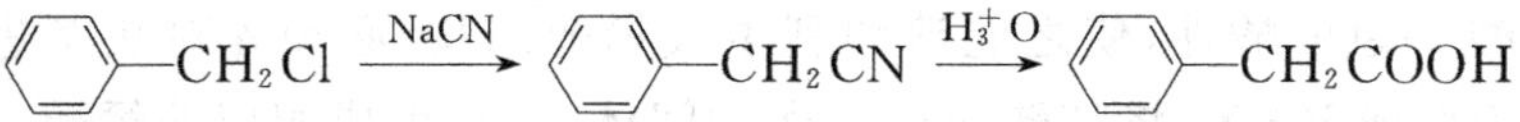

3) 格氏试剂法

卤代烃经格氏试剂与 $CO_2$ 加成,也可用于制备羧酸。例如：

$$(CH_3)_3CCl \xrightarrow[Et_2O]{Mg} (CH_3)_3CMgCl \xrightarrow[2)H_3^+O]{1)CO_2} (CH_3)_3CCOOH$$

卤代烃经腈水解或经格氏试剂与 $CO_2$ 加成都可用于制备增长一个碳的羧酸,但两种方法各有侧重。有些不能经正常的亲核取代反应得到相应腈的卤代烃(如叔卤代烃、新戊基卤、芳基卤代烃等)可用格氏试剂法制备相应的羧酸。同样,如果卤代烃中含有对格氏试剂敏感的基团(如活性氢、羰基、硝基等),则不能直接用格氏试剂法,可用腈水解法,或将敏感基团保护后再用格氏试剂法制备羧酸。

如果两种方法均能进行,由于格氏试剂法要求无活性氢,因此所有的溶剂、试剂都需进行预处理,操作烦琐。此时通常优先选择操作简便的腈水解法。

**4. 羧酸衍生物的反应**

1) 羧酸衍生物的亲核取代反应的主要机理及其影响因素

羧酸及其衍生物的亲核取代反应机理以酯水解机理研究得最为透彻,其他衍生物的反应与酯水解机理相似。以酯水解机理为例讨论如下：

(1) 碱催化双分子酰氧断裂($B_{Ac}2$)机理：碱性条件下,酯分子中的羰基接受亲核试剂的进攻,生成四面体中间体,然后脱去一个离去基团,得到亲核取代的产物,机理如下：

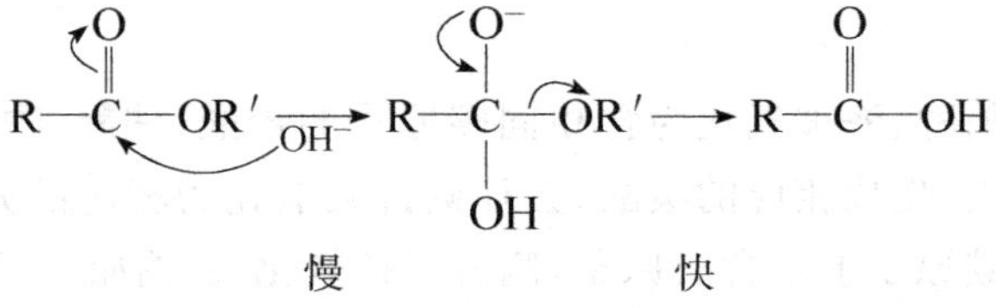

在 $B_{Ac}2$ 水解机理中，影响反应速率的主要因素是取代基的电性效应和取代基的体积大小。

由于在速率决定步骤中生成的是带负电荷的四面体中间体，若分子中连有吸电子基团，提高羰基的缺电子程度，有利于亲核试剂的加成，同时也有利于四面体上负电荷的分散，因而使总反应速率加快。例如：

$$RCOOC_2H_5 \xrightarrow[25℃]{H_2O,OH^-} RCOO^- + C_2H_5OH$$

| R | $CH_3$ | $CH_2Cl$ | $CHCl_2$ | $CH_3CO$ | $CCl_3$ |
|---|---|---|---|---|---|
| 相对反应速率 | 1 | 290 | 6130 | 7200 | 23150 |

又如：

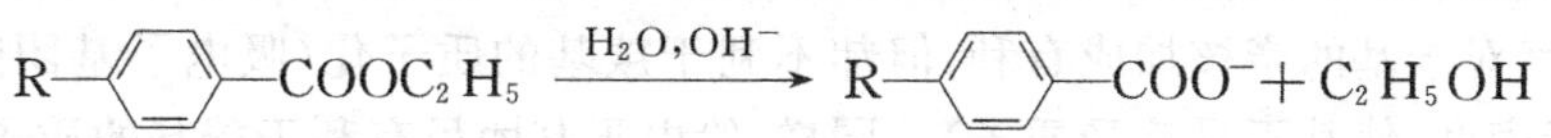

| R | H | $CH_3$ | $OCH_3$ | Cl | $NO_2$ |
|---|---|---|---|---|---|
| 相对反应速率 | 1 | 0.5 | 0.2 | 4 | 110 |

在加成过程中，羰基碳原子由 $sp^2$ 杂化转变成 $sp^3$ 杂化，基团的空间拥挤程度增大，张力增加。取代基的体积越大，张力也越大，反应所需活化能越高，反应速率越慢。例如：

$$RCOOC_2H_5 \xrightarrow[25℃]{H_2O,OH^-} RCOO^- + C_2H_5OH$$

| R | $CH_3$ | $CH_2CH_3$ | $CH(CH_3)_2$ | $C(CH_3)_3$ | 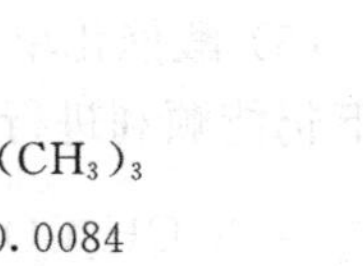 |
|---|---|---|---|---|---|
| 相对反应速率 | 1 | 0.79 | 0.37 | 0.03 | 0 |

又如：

$$CH_3COOR \xrightarrow[25℃]{H_2O,OH^-} CH_3COO^- + ROH$$

| R | $CH_3$ | $CH_2CH_3$ | $CH(CH_3)_2$ | $C(CH_3)_3$ |
|---|---|---|---|---|
| 相对反应速率 | 1 | 0.6 | 0.15 | 0.0084 |

值得注意的是，虽然羧酸的酯化反应与酯的水解反应是一对可逆反应，但在 $B_{Ac}2$ 催化条件下，实际过程中逆反应基本上不可能发生，即在碱性条件下，只能由酯水解得到酸和醇，而不能由酸和醇在此条件下合成酯。因为在碱性条件下，羧酸立即与碱发生酸碱中和反应转变成羧酸根负离子，羧酸根负离子中羰基的活性极低，不能接受亲核试剂(如 $RO^-$ 等)的亲核进攻。

(2) 酸催化双分子酰氧断裂($A_{Ac}2$)水解机理：在酸性条件下，可以由羧酸与醇生成酯，也可以发生逆反应，根据微观可逆性原理，它们具有相同的反应机理：

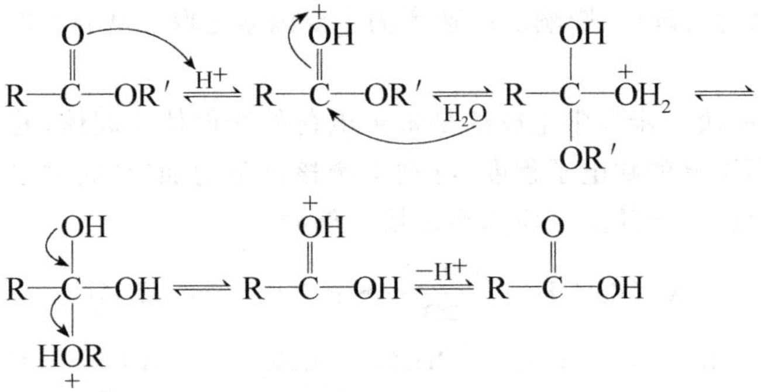

在 $A_{Ac}2$ 水解机理中，取代基的电性效应对反应速率的影响不大，因为水解反应中水的亲核性较弱，只能进攻活化的酯羰基(质子化的羰基)。分子中如果有吸电子基团，虽然对羰基的亲核加成有利，但却不利于羰基的质子化(吸电子基团降低羰基的电子云密度，使其不易接受质子)。同样，给电子基团虽有利于羰基的质子化，但不利于羰基的亲核加成。由于这两种因素相互抵消，因而对总反应速率影响不大。

对 $A_{Ac}2$ 水解机理而言，影响反应速率的主要因素是四面体中间体的空间张力作用。例如：

$$CH_3COOR \xrightarrow[25℃]{HCl} CH_3COOH + ROH$$

| R | $CH_3$ | $CH_2CH_3$ | $CH(CH_3)_2$ |
|---|---|---|---|
| 相对反应速率 | 1 | 0.97 | 0.53 |

又如：

$$RCOOH + C_2H_5OH \xrightarrow[15℃]{HCl} RCOOC_2H_5 + H_2O$$

| R | $CH_3$ | $CH_2CH_3$ | $CH(CH_3)_2$ | $C(CH_3)_3$ |
|---|---|---|---|---|
| 相对反应速率 | 1 | 0.83 | 0.27 | 0.025 |
| R | $CH_3$ | $CH_2Ph$ | $CHPh_2$ | $CPh_3$ |
| 相对反应速率 | 1 | 0.56 | 0.015 | 0 |

(3) 酸催化单分子烷氧断裂($A_{Al}1$)水解机理：有些醇位阻很大的酯在酸性条件下仍能顺利进行水解。例如：

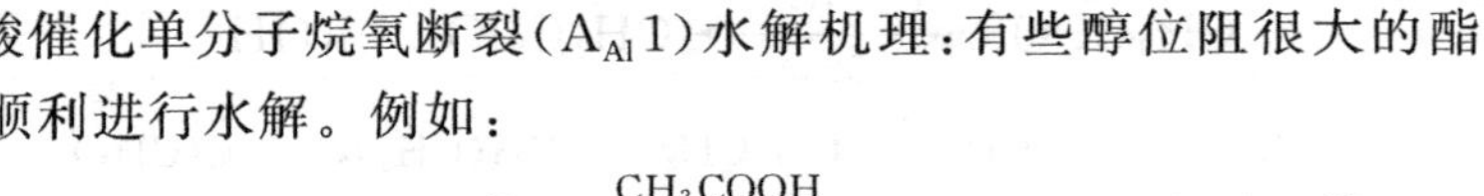

用 $^{18}O$ 标记的水进行反应时，发现 $^{18}O$ 原子出现在三苯甲醇分子中，而乙酸分子中的 $^{18}O$ 含量正常，说明此时发生的是烷氧键的断裂，反应机理如下：

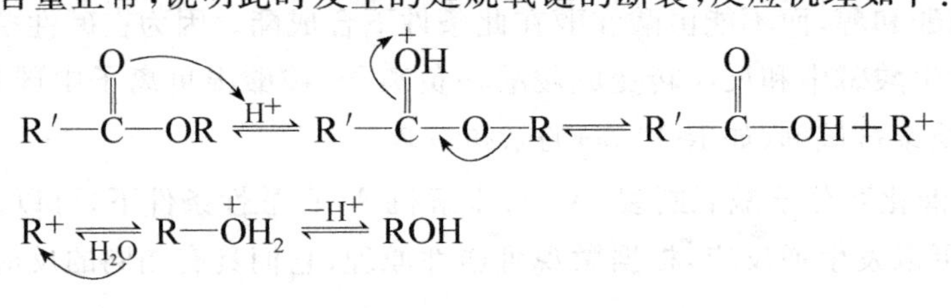

在 $A_{Al}1$ 水解机理中，影响反应速率的主要因素是碳正离子的稳定性，能生成较稳定碳正离子(如叔碳正离子、苄基正离子、烯丙基正离子等)的酯容易按此机理进行反应。

(4) 酸催化单分子酰氧断裂($A_{Ac}1$)水解机理：一些位阻很大的酯在一般的酸或碱催化条件下都不能发生水解反应，只有经过特殊处理才能得到水解产物。例如，2,4,6-三甲基苯甲酸甲酯由于 2,6-位两个甲基的位阻作用，不能生成正常的四面体中间体加成产物，故通常情况下不发生水解，但先将其溶于浓硫酸中再加水分解，则可得到相应的水解产物：

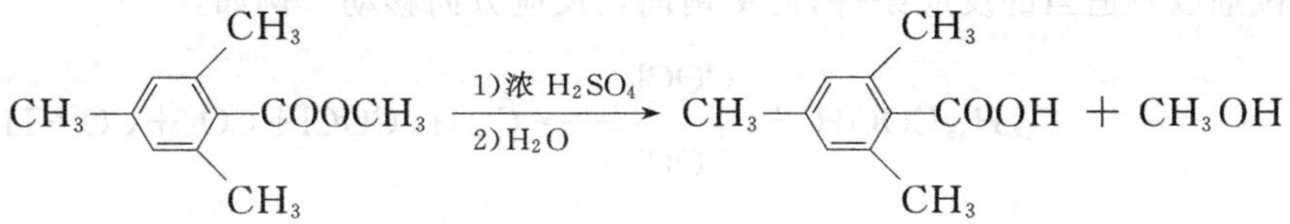


反应机理如下：

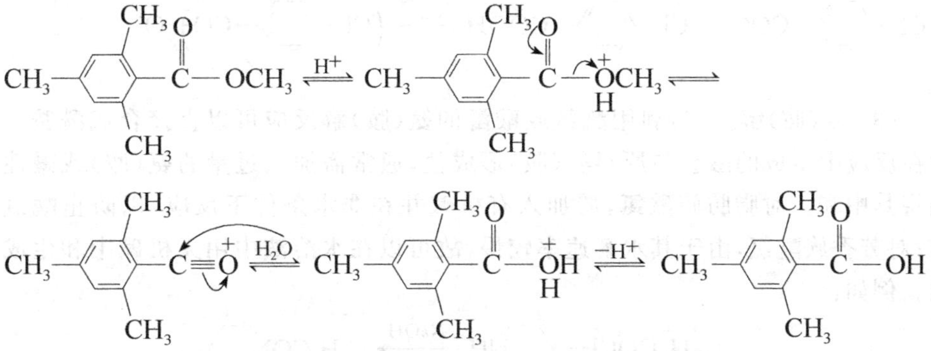


反应过程中，生成的中间体不再是张力很大的四面体，而是张力较小的直线形离子，2,6-位两个甲基的存在反而有利于中间体的生成(空助效应)。虽然第二步加成时 2,6-位两个甲基的存在仍不利于正反应进行，但与通常的 $B_{Ac}2$ 或 $A_{Ac}2$ 机理相比，张力因素对反应的影响程度已大大降低，反应得以顺利进行。

酯的水解反应机理理论上共有 8 种，除了上述 4 种机理外，还有 $B_{Al}1$、$B_{Al}2$、$B_{Ac}1$、$A_{Al}2$ 等。在此我们不再一一介绍。这 8 种机理中，最常见、最重要的是碱催化双分子酰氧断裂($B_{Ac}2$)机理和酸催化双分子酰氧断裂($A_{Ac}2$)机理。

2) 羧酸衍生物的一些重要亲核取代反应与应用

羧酸衍生物除了可与水发生水解反应外，选用其他化合物作溶剂时，也可与其他溶剂分子发生亲核取代反应，这类反应通称为溶剂解反应，主要有以下几种：

(1) 醇解反应：醇解反应中，较为重要的有酰氯或酸酐的醇解及酯的醇解(酯交换)。酰氯或酸酐的醇解可克服用羧酸和醇直接合成酯时产率低的缺点，或者用于合成一些不易直接合成的酯以及选择性水解某一酯基等。例如：

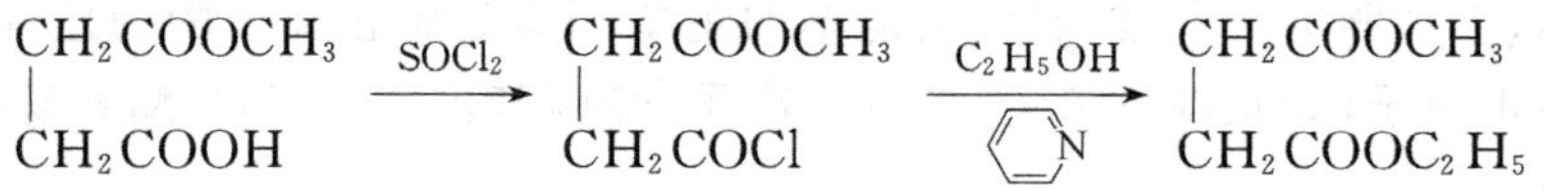

$$CH_3COCl + (CH_3)_3COH \xrightarrow{C_6H_5N(CH_3)_2} CH_3COOC(CH_3)_3$$

65%

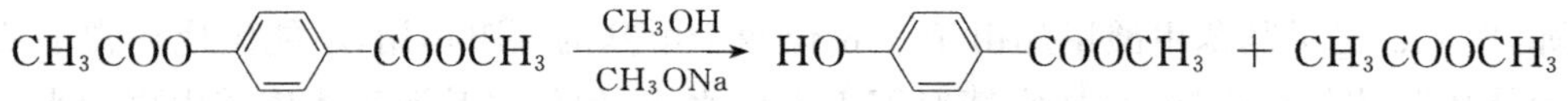

（2）酸解反应：通过酰氯或酸酐的酸解反应制备新的酰氯或酸酐时，需选用合适的试剂以及适当的反应条件，使平衡向正反应方向移动。例如：

$$C_{17}H_{35}COOH + \begin{matrix} COCl \\ | \\ COCl \end{matrix} \longrightarrow C_{17}H_{35}COCl + CO_2 + CO + H_2O$$

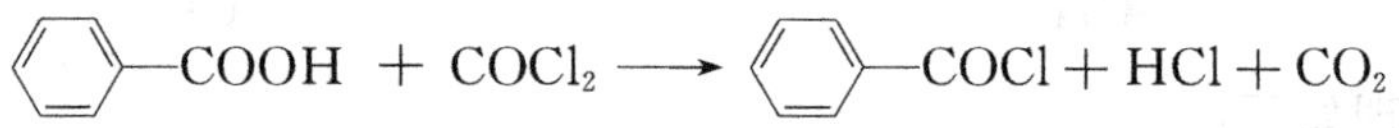

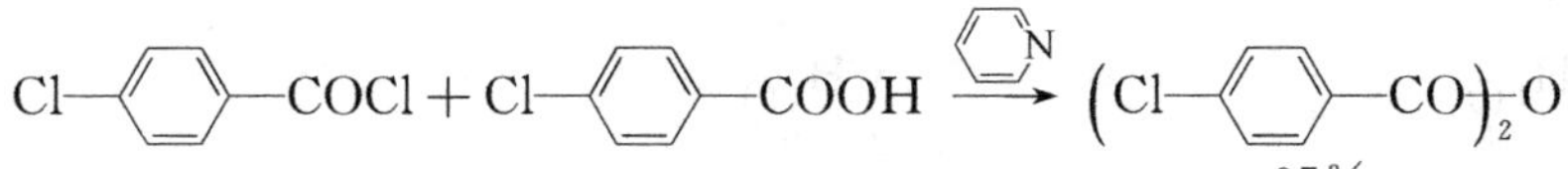

97%

（3）氨（胺）解反应：利用酰氯或酸酐的氨（胺）解反应可以直接合成酰胺。由于在反应中生成的酸会与原料氨（胺）形成盐，通常需加入过量的氨（胺）或碱性试剂将其中和。对脂肪族酰氯，需加入有机碱并在非水条件下反应，以防止酰氯水解；对芳香族酰氯，由于其水解速率较慢，故可以在水溶液中用无机碱中和生成的酸。例如：

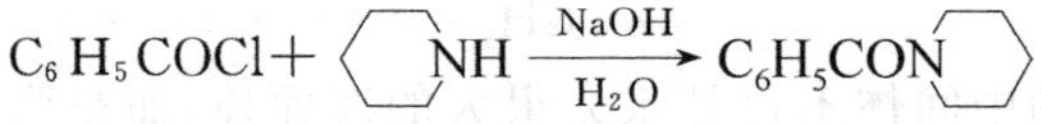

90%

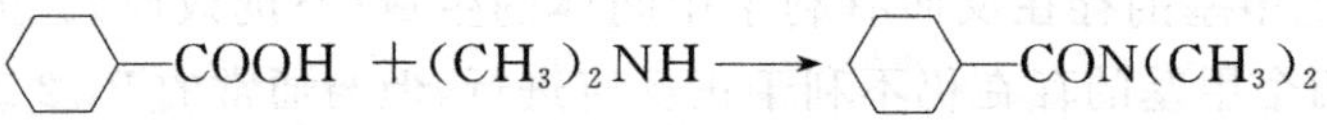

87%

由酯的氨（胺）解制备酰胺时不生成酸，反应条件温和，产物纯度较高，常用于酰胺键或肽键的合成。例如：

$$\begin{matrix} CH_3-CHCOOC_2H_5 \\ | \\ OH \end{matrix} + NH_3 \xrightarrow[25℃]{H_2O} \begin{matrix} CH_3-CHCONH_2 \\ | \\ OH \end{matrix}$$

72%

$$\begin{matrix} CH_2COOC_2H_5 \\ | \\ CN \end{matrix} + NH_3 \xrightarrow[25℃]{H_2O} \begin{matrix} CH_2CONH_2 \\ | \\ CN \end{matrix}$$

87%

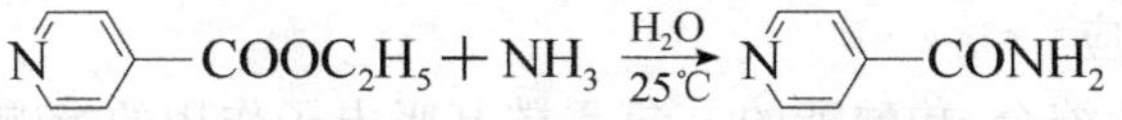

90%

此外，选择合适的羧酸衍生物与有机金属化合物反应，可制备一系列的酮或叔醇：

$$R{-}\overset{\overset{O}{\|}}{C}{-}L + R'M \longrightarrow R{-}\overset{\overset{O}{\|}}{C}{-}R'$$

$$R{-}\overset{\overset{O}{\|}}{C}{-}L + R'M \longrightarrow R{-}\underset{\underset{OH}{|}}{\overset{\overset{R'}{|}}{C}}{-}R'$$

羧酸衍生物与强亲核试剂（如 RLi、RMgX 等）进行反应时，首先生成亲核取代的中间产物酮，但酮往往不能分离得到，它与 RMgX 或 RLi 继续加成，最终得到叔醇。只有在特殊条件（如低温、降低亲核试剂活性、增大位阻等）下，才能使反应停留在中间产物酮的阶段。制备酮常选用酰氯与二烃基铜锂或二烃基镉等亲核性较弱的试剂作原料；或控制酰氯与格氏试剂的反应在低温下进行，并加入少量 CuCl 等过渡金属盐，以降低亲核试剂的反应活性。若只需制备叔醇，通常选用酯与亲核性较强的试剂（常用格氏试剂）作原料。例如：

$$CH_3COCl + Ph_2Cd \longrightarrow CH_3OPh$$

83%

$$CH_3COOC_2H_5 + CH_3(CH_2)_3MgBr \longrightarrow CH_3(CH_2)_3{-}\underset{\underset{OH}{|}}{\overset{\overset{CH_3}{|}}{C}}{-}(CH_2)_3CH_3$$

79%

$$HCOOC_2H_5 + C_2H_5MgBr \longrightarrow (C_2H_5)_2CHOH$$

70%

$$(CH_3)_3C\underset{\underset{CH_3}{|}}{C}HCOCl + (CH_3)_3C\underset{\underset{CH_3}{|}}{C}HMgCl \xrightarrow{CuCl} [(CH_3)_3C\underset{\underset{CH_3}{|}}{C}H]_2C{=}O$$

70%

$$NC(CH_2)_{10}COCl \xrightarrow{(CH_3CH_2CH_2CH_2)_2CuLi} NC(CH_2)_{10}COC_4H_9$$

95%

$$\begin{array}{l}CH_2CH_2COC_2H_5\\|\\CH_2CH_2COCl\end{array} \xrightarrow{(CH_3CH_2CH_2CH_2)_2CuLi} \begin{array}{l}CH_2CH_2COC_2H_5\\|\\CH_2CH_2COC_4H_9\end{array}$$

83%

3）酯缩合反应

(1) 克莱森酯缩合：羧酸酯的 $\alpha$-氢受羰基吸电子作用的影响，表现出较为明显的酸性($pK_a \approx 25$)，在强碱作用下可生成相应的烯醇负离子。该负离子再与体系中另一分子中的酯羰基反应，先加成，再消除，发生羰基上的亲核取代，生成 $\beta$-羰基酸酯，这个反应称为克莱森缩合反应。如果二元酸酯发生分子内酯缩合，生成环状 $\beta$-羰基酸酯，则称为狄克曼(Dieckmann)缩合反应。例如：

$$CH_3COOC_2H_5 \xrightarrow[C_2H_5OH]{C_2H_5ONa} CH_3COCH_2COOC_2H_5$$

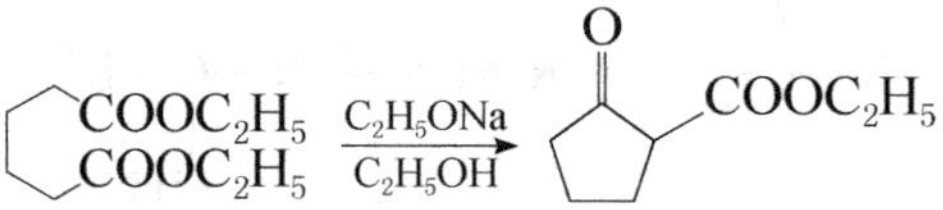

反应机理如下：

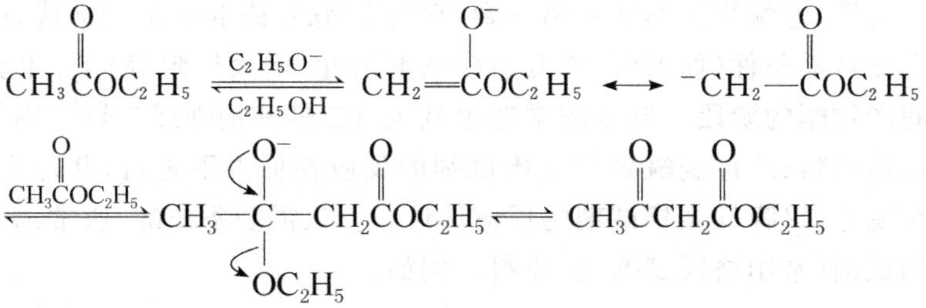

以上反应均为可逆反应，但生成的 $\beta$-羰基酸酯并没有通过逆反应分解。因为在最后一步生成 $\beta$-羰基酸酯后，由于 $\beta$-羰基酸酯为 1,3-二羰基化合物，中间亚甲基上的氢受两个羰基的活化作用，酸性增强($pK_a \approx 11$)，而反应中所用强碱醇钠(ROH 的 $pK_a$ 为 16～18)立即与 $\beta$-羰基酸酯反应生成更稳定的烯醇负离子：

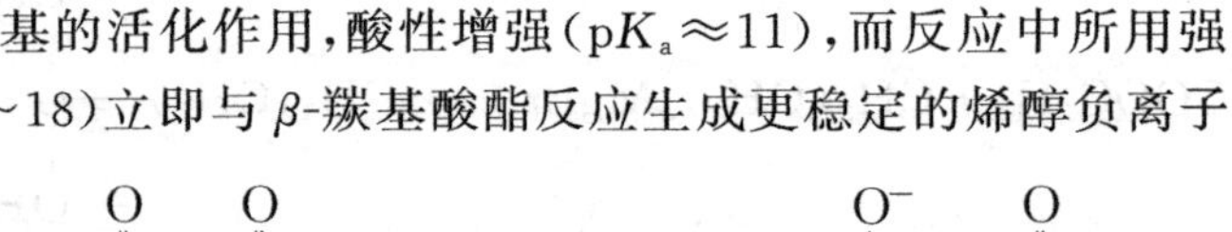

上述反应不可逆，从而使总的反应平衡不断向正反应方向移动，反应结束时加酸中和，即可得到缩合产物 $\beta$-羰基酸酯。

通过上述讨论不难看出，如 $\beta$-羰基酸酯中活泼亚甲基上的两个氢已被其他取代基取代，则不能生成稳定的烯醇负离子，这样的缩合产物将不能稳定存在。即使此类化合物由其他途径合成，也容易在一定条件下经逆反应途径分解，或转变成更稳定的化合物。例如：

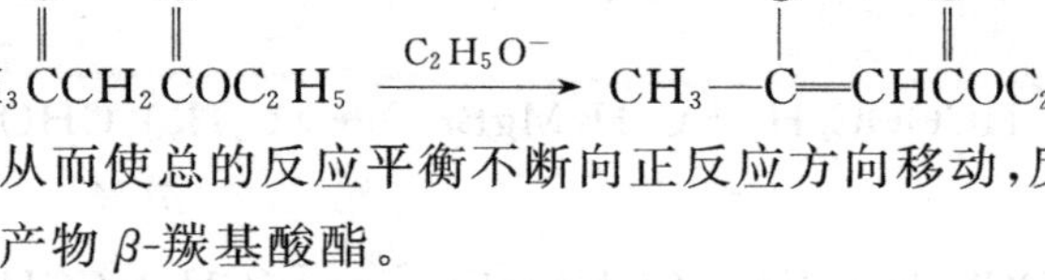

因为两个羰基之间的碳原子上无活泼氢原子，所以不能形成稳定的烯醇负离子，从

而不能生成另一方向的缩合产物 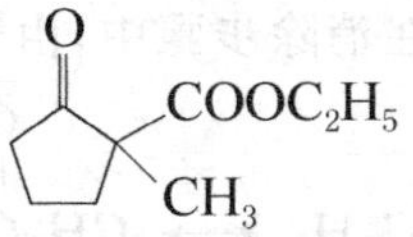 。如果将通过其他方法得到的该化合物用 $C_2H_5ONa/C_2H_5OH$ 处理，可以发现它会转变为更稳定的缩合产物：

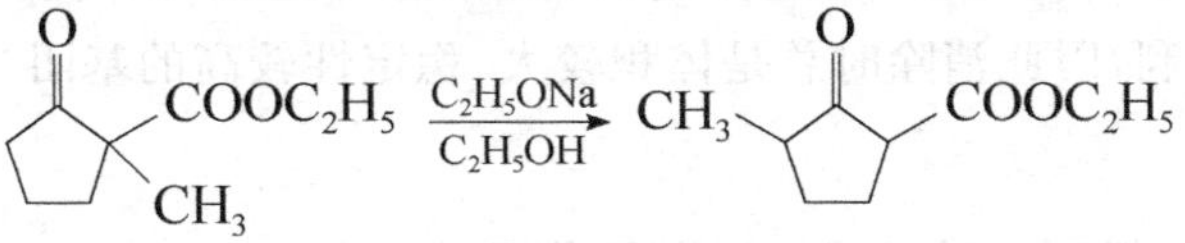

反应机理如下：

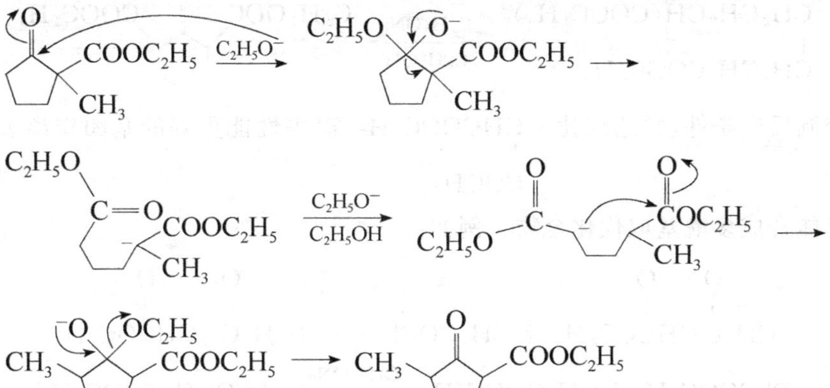

在酯缩合反应过程中，当生成 β-羰基酸酯的烯醇负离子后，由于烯醇负离子具有较强的亲核能力，看上去它应该可以继续与酯缩合生成二酰基或三酰基的缩合产物：

$$CH_3\overset{\overset{O}{\|}}{C}CH_2\overset{\overset{O}{\|}}{C}OC_2H_5 + CH_3\overset{\overset{O}{\|}}{C}OC_2H_5 \xrightarrow[C_2H_5OH]{C_2H_5O^-} (CH_3\overset{\overset{O}{\|}}{C})_2CH\overset{\overset{O}{\|}}{C}OC_2H_5 + (CH_3\overset{\overset{O}{\|}}{C})_3C\overset{\overset{O}{\|}}{C}OC_2H_5$$

实际上，在通常的酯缩合反应中，这种二酰基或三酰基化合物一般不可能得到，原因主要有如下两点：①在加成步骤中，当负离子与酯加成时，生成的四面体中间体为

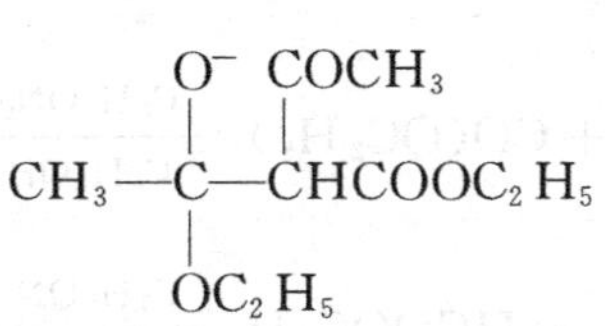

由于 $^{-}\underset{\underset{COCH_3}{|}}{C}HCOOC_2H_5$ 的体积比 $^{-}CH_2COOC_2H_5$ 大得多，因而使得加成反应所需

活化能较高，反应难以进行；②在消除步骤中，由于亲核试剂存在下列共振结构：

$$CH_3\overset{O}{\overset{\|}{C}}\bar{C}H\overset{O}{\overset{\|}{C}}OC_2H_5 \longleftrightarrow CH_3\overset{O^-}{\overset{|}{C}}{=}CH\overset{O}{\overset{\|}{C}}OC_2H_5$$

其稳定性比 $C_2H_5O^-$ 大得多，稳定性越大，离去能力越强，同时张力因素也对消除较大体积基团有利，因此消除时总是体积较大、稳定性较高的基团 $^{-}\underset{\textstyle COCH_3}{\underset{|}{C}}HCOOC_2H_5$ 脱落下来，从而不能得到二酰基或三酰基取代产物。例如：

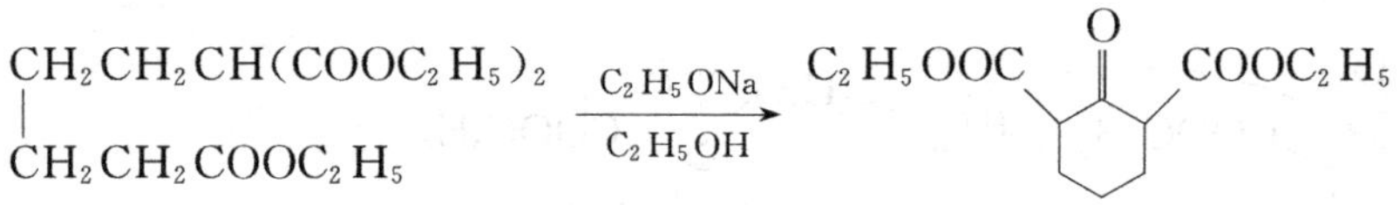

只有控制反应条件，并选用比 $^{-}\underset{\textstyle COCH_3}{\underset{|}{C}}HCOOC_2H_5$ 离去性能更好的基团作离去基团，才有可能合成多酰基取代化合物。例如：

$$CH_3\overset{O}{\overset{\|}{C}}\bar{C}H\overset{O}{\overset{\|}{C}}OC_2H_5 + CH_3COCl \longrightarrow (CH_3\overset{O}{\overset{\|}{C}})_2CH\overset{O}{\overset{\|}{C}}OC_2H_5$$

$$PhCOOC_2H_5 + CH_3COOC_2H_5 \xrightarrow[C_2H_5OH]{C_2H_5ONa} \underset{70\%}{PhCOCH_2COOC_2H_5}$$

与醛、酮的醇醛缩合类似，不同的酯发生交叉缩合时也会生成多种产物，它们结构相似，性质相近，分离困难，制备意义不大。如果选择一种不含 $\alpha$-氢的酯，将它先与碱混合，在混合物中再慢慢滴加另一种含 $\alpha$-氢的酯，即可控制反应朝希望的方向进行。例如：

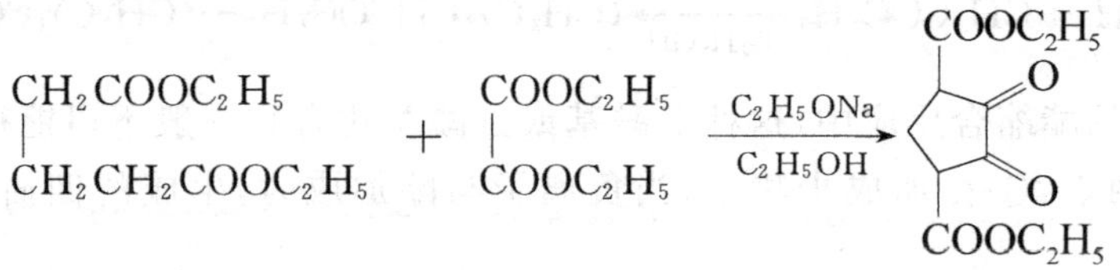

50%

$$PhCH_2COOC_2H_5 + CO(OC_2H_5)_2 \xrightarrow[C_2H_5OH]{C_2H_5ONa} \underset{86\%}{PhCH(COOC_2H_5)_2}$$

$$PhCH_2COOC_2H_5 + HCOOC_2H_5 \xrightarrow[C_2H_5OH]{C_2H_5ONa} Ph\underset{\textstyle CHO}{\underset{|}{C}}HCOOC_2H_5$$

90%

此外，可以将一种酯先用强碱（如 LDA、$NaNH_2$ 等）处理，使其完全转变成烯醇盐，再与另一种酯混合，从而得到所需产物。例如：

$$PhCH_2COOC_2H_5 \xrightarrow{NaNH_2} Ph\bar{C}HCOOC_2H_5 \xrightarrow{CH_3COOC_2H_5} \underset{\displaystyle COCH_3}{\underset{|}{PhCHCOOC_2H_5}}$$

（2）酮酯缩合：将醛、酮与羧酸酯一起用强碱处理，醛、酮生成负离子，对酯羰基进行亲核取代，生成 1,3-二酮衍生物，这种反应称为酮酯缩合。例如：

$$CH_3CH_2COOC_2H_5 + CH_3COCH_3 \xrightarrow{NaNH_2} \underset{60\%}{CH_3CH_2COCH_2COCH_3}$$

$$CH_3COOC_2H_5 + CH_3COCH_3 \xrightarrow[C_2H_5OH]{C_2H_5ONa} \underset{42\%}{CH_3COCH_2COCH_3}$$

在上述酮酯缩合反应中，由于醛、酮的 $\alpha$-氢酸性比酯的 $\alpha$-氢酸性强，显然强碱会优先从醛、酮脱去酸性较强的 $\alpha$-氢，生成相应的烯醇负离子。该负离子作为亲核试剂进行亲核加成时，由于醛、酮羰基的活性远高于酯羰基，负离子首先进攻的仍是醛、酮羰基，生成醇醛缩合产物：

$$CH_3-\overset{\displaystyle OH}{\underset{\displaystyle CH_3}{C}}-CH_2COCH_3$$

但最终产物中，醇醛缩合产物所占比例很小。因为该化合物的热力学稳定性并不突出，形成后也可通过逆反应分解。而酮和酯的交叉缩合产物 $CH_3COCH_2COCH_3$ 中，由于亚甲基上活性氢与碱作用生成很稳定的烯醇盐：

$$CH_3-\overset{\displaystyle O}{\overset{\|}{C}}-CH_2COCH_3 \xrightarrow[C_2H_5OH]{C_2H_5ONa} \left[CH_3-\overset{\displaystyle O^-}{\overset{|}{C}}=CHCOCH_3 \longleftrightarrow CH_3-\overset{\displaystyle O}{\overset{\|}{C}}-\bar{C}HCOCH_3\right]$$

反应基本不可逆，因此，尽管交叉缩合产物形成速率较慢，但由于是热力学控制产物，随着时间的推移，在产物中所占比例将越来越多。

酮酯缩合的主要副产物是酯与酯的缩合产物 $CH_3COCH_2COOC_2H_5$，由于它具有与主要产物相似的结构，其烯醇盐也有很高的热力学稳定性，随着反应时间延长，它也逐渐增多。

如果想避免生成上述副产物，可将酮先转化成烯醇盐再反应，或选择不含$\alpha$-氢的酯作原料，并控制适当反应条件，则可顺利生成预期产物。例如：

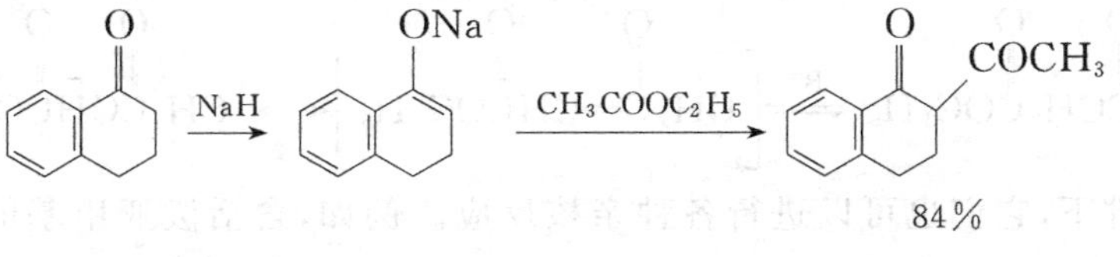


84%

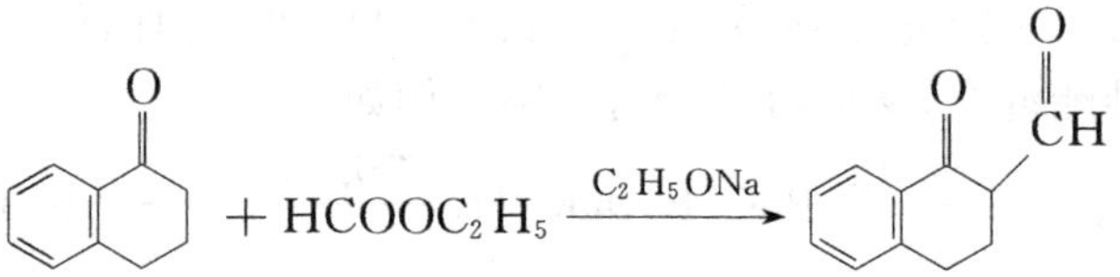

94%

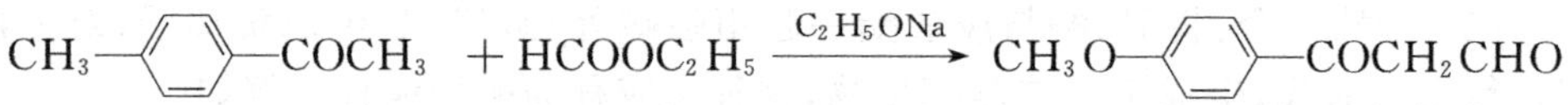

95%

$$PhCOOC_2H_5 + CH_3COPh \xrightarrow[150℃]{C_2H_5ONa} PhCOCH_2COPh$$

71%

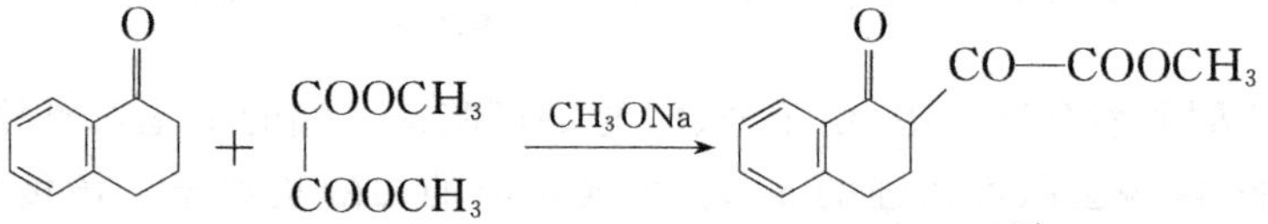

91%

如果所选用的酮羰基两边都有 $\alpha$-氢，因为是在强碱条件下作用，碱总是优先夺取酸性强、位阻小的质子，所以通常是在取代较少或酸性较强的一端生成缩合产物。例如：

$$CH_3CH_2COOC_2H_5 + CH_3COCH_2CH_3 \xrightarrow[50℃]{NaH}$$

$$CH_3CH_2COCH_2COCH_2CH_3 + CH_3CH_2COCH(CH_3)COCH_3$$

51%　　　　9%

$$CH_3COCH_2CH(CH_3)_2 + \begin{array}{l}COOCH_3\\|\\COOCH_3\end{array} \xrightarrow{CH_3ONa} (CH_3)_2CHCH_2COCH_2COCOOCH_3$$

84%

4) 1,3-二羰基化合物的一些重要反应与应用

由羧酸及其衍生物出发可得到一些重要的 1,3-二羰基化合物，如 1,3-二酮、$\beta$-羰基酸酯等，其中最常见、最重要的是乙酰乙酸乙酯和丙二酸二乙酯。对 1,3-二羰基化合物而言，中间亚甲基上的氢由于受两个羰基的影响，酸性较强，在酸碱作用下可生成烯醇或烯醇负离子：

$$CH_3\overset{O}{\overset{\|}{C}}CH_2\overset{O}{\overset{\|}{C}}OC_2H_5 \overset{H^+}{\rightleftharpoons} CH_3\overset{OH}{\overset{|}{C}}{=}CH\overset{O}{\overset{\|}{C}}OC_2H_5$$

$$CH_3\overset{O}{\overset{\|}{C}}CH_2\overset{O}{\overset{\|}{C}}OC_2H_5 \overset{B^-}{\rightleftharpoons} \left[CH_3\overset{O^-}{\overset{|}{C}}{=}CH\overset{O}{\overset{\|}{C}}OC_2H_5 \longleftrightarrow CH_3\overset{O}{\overset{\|}{C}}\overset{-}{C}H\overset{O}{\overset{\|}{C}}OC_2H_5\right]$$

在适当条件下，它们也可以进行各种亲核反应。例如，含活泼亚甲基的化合物与

醛、酮反应，生成 $\alpha,\beta$-不饱和羰基化合物，称为脑文格(Knoevenagel)反应：

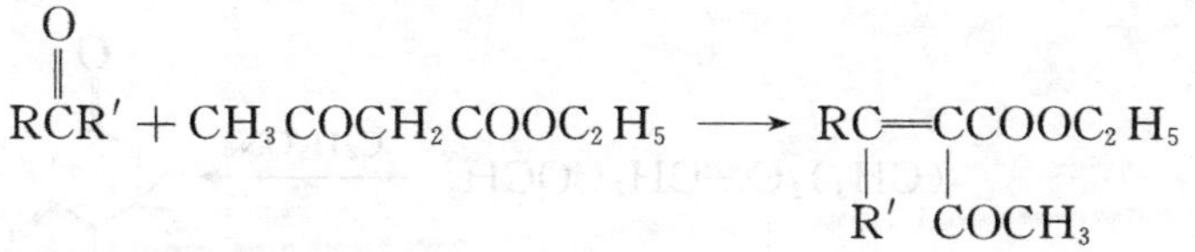

1,3-二羰基化合物中的羰基也可用—CN、—$NO_2$、—COOH 等其他吸电子基团代替，酸或碱均可催化反应，反应条件温和，产率较高，可用于合成 $\alpha,\beta$-不饱和羰基化合物。例如：

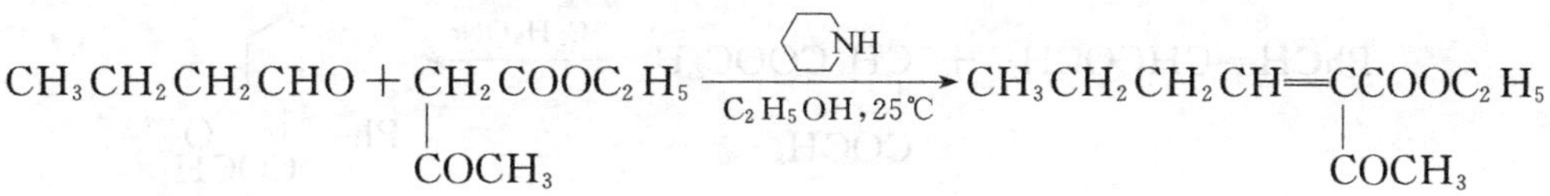

84%

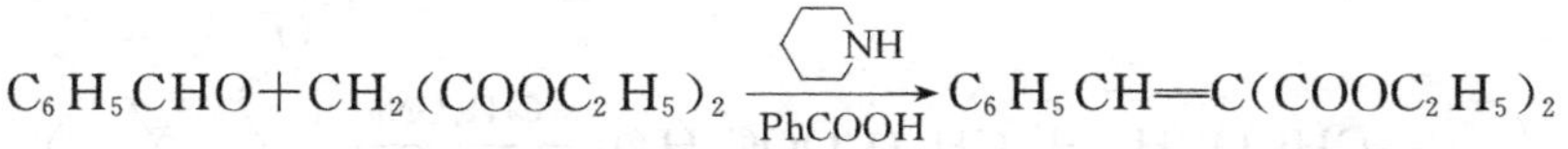

90%

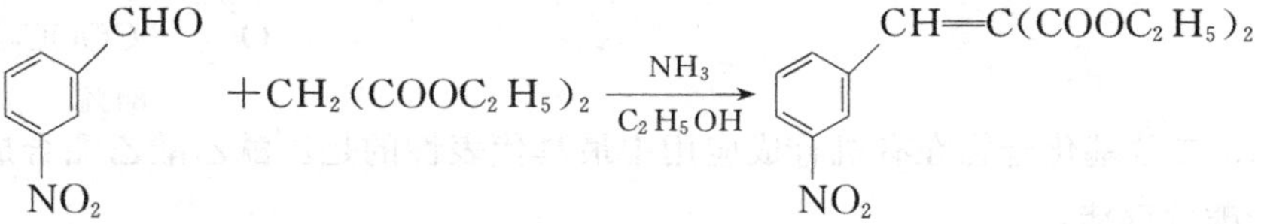

70%

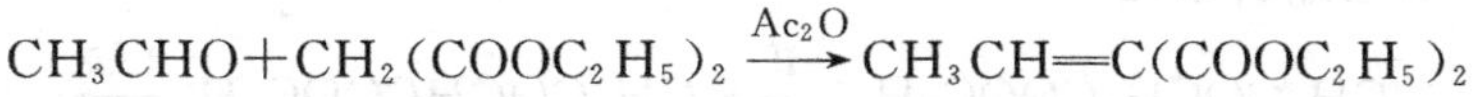

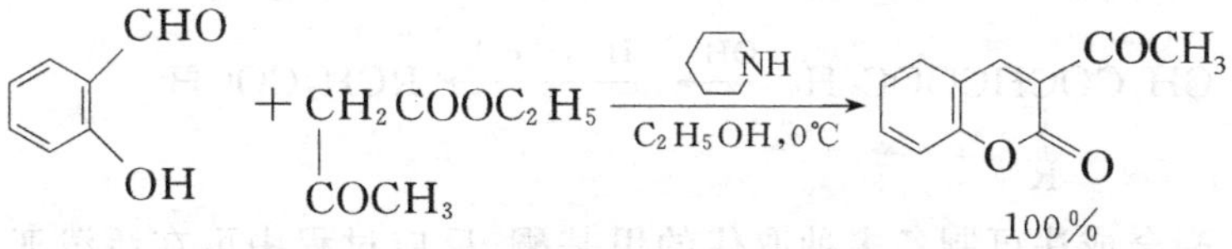

100%

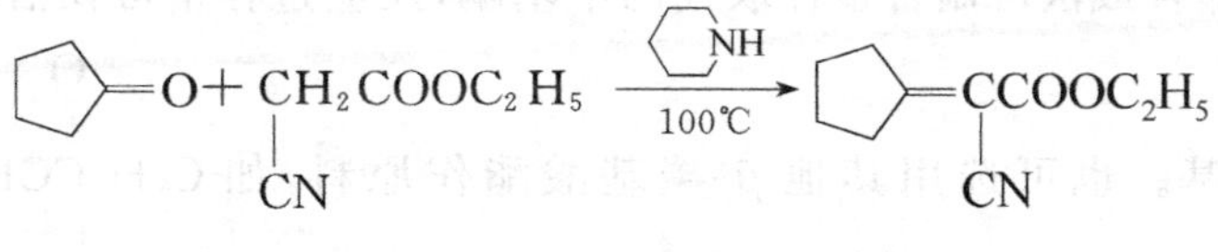

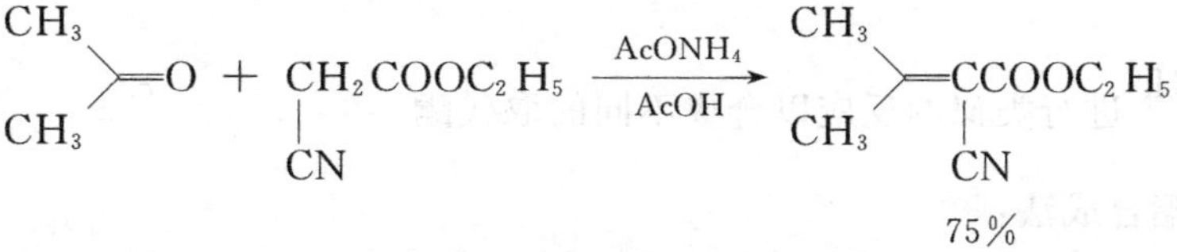

75%

1,3-二羰基化合物在碱作用下生成的碳负离子可与 $\alpha,\beta$-不饱和羰基化合物发生 1,4-共轭加成，得到 1,5-二官能团化合物，称为迈克尔(Michael)加成。这些加成产物由于官能团的性质与相互位置和反应条件都满足进一步反应的条件，有时会进一步发生成环反应，生成环状化合物。例如：

$$(CH_3)_2C{=}CHCOCH_3 + CH_2(COOC_2H_5)_2 \xrightarrow{C_2H_5ONa}$$

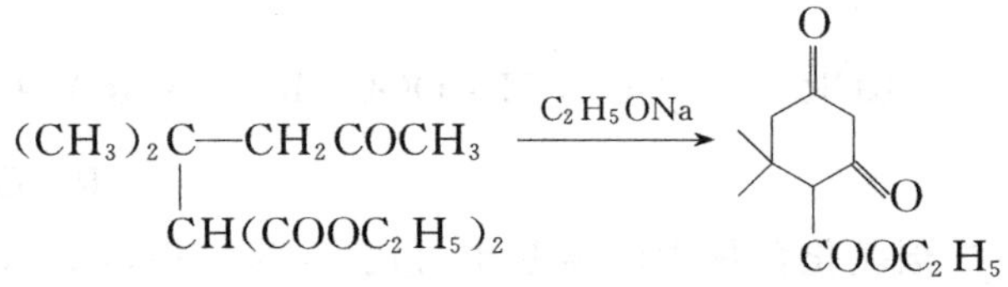

75%

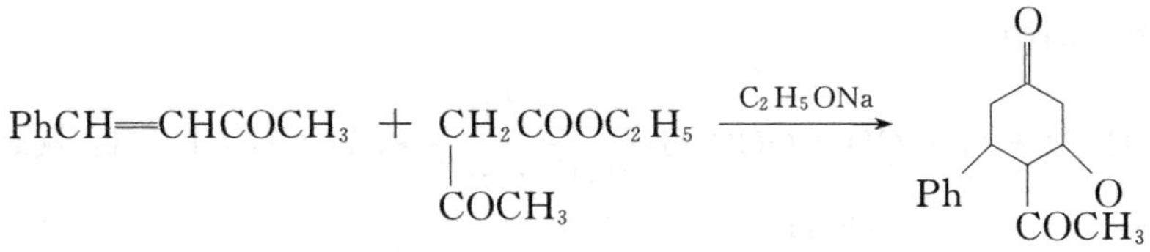

60%

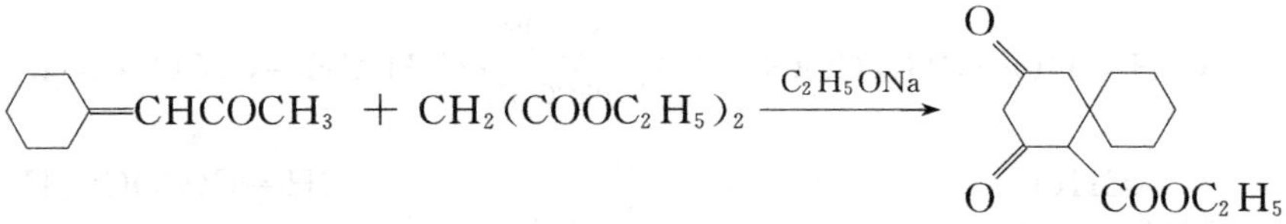

84%

1,3-二羰基化合物在有机合成应用中最具代表性的是乙酰乙酸乙酯合成法和丙二酸酯合成法。

乙酰乙酸乙酯合成法：

$$CH_3COCH_2COOC_2H_5 \xrightarrow{B^-} CH_3CO\overset{-}{C}HCOOC_2H_5 \xrightarrow{R-X}$$

$$CH_3COCH(R)COOC_2H_5 \xrightarrow{OH^-} \xrightarrow[\triangle]{H^+,\,-CO_2} RCH_2COCH_3$$

用乙酰乙酸乙酯合成法可制备多种取代的甲基酮，反应过程中可在活泼亚甲基上引入烃基或酰基。也可选用其他 $\beta$-羰基酸酯作原料，如 $C_6H_5\overset{O}{\overset{\|}{C}}CH_2\overset{O}{\overset{\|}{C}}OC_2H_5$、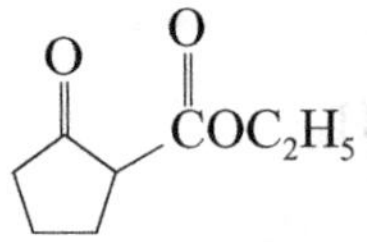进行类似的反应以合成不同的取代酮。

丙二酸酯合成法：

$$CH_2(COOC_2H_5)_2 \xrightarrow{B^-} \overset{-}{C}H(COOC_2H_5)_2 \xrightarrow{R-X}$$

$$RCH(COOC_2H_5)_2 \xrightarrow{OH^-} \xrightarrow[\triangle]{H^+,\,-CO_2} RCH_2COOH$$

用丙二酸酯合成法可合成多种取代乙酸。

如果要在乙酰乙酸乙酯或丙二酸酯活泼亚甲基上引入两个取代基，需合理安排反应顺序。通常情况下，体积大、反应活性低的基团先引入，而体积小、反应活性高的基团稍后引入，以保证反应顺利进行。

由于此反应生成的取代酮或取代酸还可通过基团的变换转变成其他化合物，因而在有机合成中得到广泛的应用。

乙酰乙酸乙酯合成法和丙二酸酯合成法的局限性在于烃基化试剂必须对碱较稳定，有足够的反应活性，体积不能太大，如叔卤代烃、芳基卤代烃、新戊基卤代烃等不能用作烃基化试剂。

反应示例：

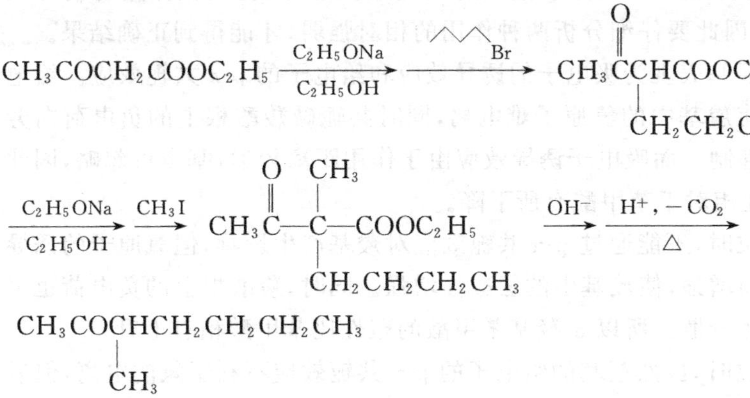

$$CH_2(COOC_2H_5)_2 \xrightarrow[C_2H_5OH]{C_2H_5ONa} \xrightarrow{CH_3CH(Br)COOC_2H_5} CH_3CH(COOC_2H_5)CH(COOC_2H_5)_2$$

$$\xrightarrow{OH^-} \xrightarrow[\triangle]{H^+, -CO_2} CH_3CH(COOH)CH_2COOH$$

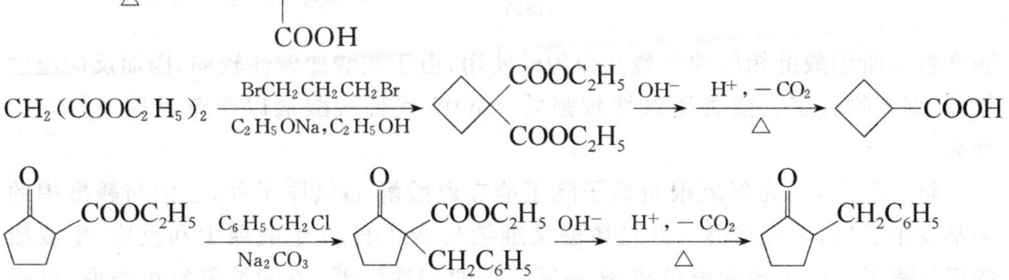

$$CH_3COCH_2COOC_2H_5 \xrightarrow{Na_2CO_3} \xrightarrow{C_6H_5COCl} CH_3COCH(COC_6H_5)COOC_2H_5$$

$$\xrightarrow{OH^-} \xrightarrow[\triangle]{H^+, -CO_2} CH_3COCH_2COC_6H_5$$

## 二、解题示例

【**例 10-1**】 已知下列实验事实,试说明原因。

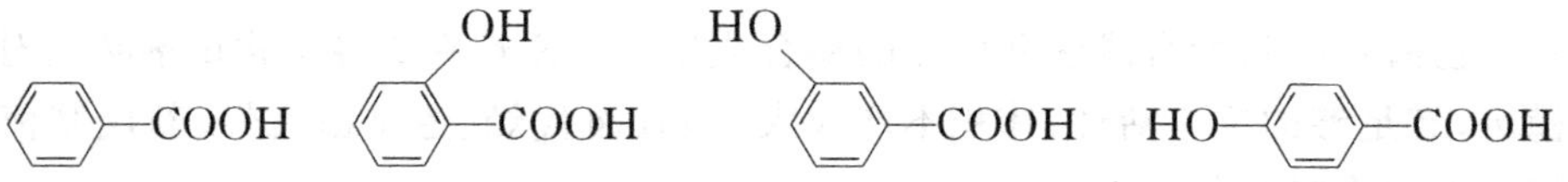

$pK_a$ 4.20 2.98 4.08 4.57

**解** 由于苯环上羟基既有诱导效应又有共轭效应,且共轭效应作用与诱导效应作用方向不一致,因此要仔细分析两种作用的相对强弱,才能得到正确结果。

苯环 4-位上的羟基表现为吸电子的诱导效应和给电子的 p-π 共轭效应。给电子的 p-π 共轭效应使羧基中的氢原子难电离,同时共轭碱羧酸根上的负电荷向芳环分散程度也受到抑制。而吸电子诱导效应由于作用距离较远,基本可忽略,因此 4-羟基苯甲酸的酸性相对于苯甲酸有所下降。

当羟基处于 3-位时,不能通过 p-π 共轭效应对羧基产生影响,但氧原子的诱导效应由于距离缩短而增强,使羧基中的氢酸性增强。同时,羧酸根上的负电荷也可通过诱导效应向芳环分散。所以 3-羟基苯甲酸的酸性比苯甲酸稍有上升。

当羟基处于 2-位时,虽然羟基的给电子的 p-π 共轭效应不利于氢的电离,但氧原子的诱导效应随距离缩短继续增强,同时,羟基上的氢原子可与共轭碱羧酸根形成氢键,对羧酸根负离子的稳定作用大大增强,它们的作用远超过 p-π 共轭效应的影响,所以 2-羟基苯甲酸的酸性最强。

【**例 10-2**】 柏琴(Perkin)反应如下:

$$PhCHO + (CH_3CO)_2O \xrightarrow[180℃]{CH_3COONa} \xrightarrow{H_2O} PhCH{=}CHCOOH$$

通常将与所用酸酐相应的羧酸盐作为碱使用,由于羧酸盐碱性较弱,因而反应温度较高,副产物较多。能否用碱性较强的 NaOH 代替羧酸盐以改善反应条件?为什么?

**解** 不能,因为氢氧根负离子除了能夺取酸酐 α-氢原子外,还能与酸酐中的羰基发生反应,生成羧酸。并且羧酸又继续与 NaOH 发生酸碱中和反应,生成羧酸根负离子。由于羧酸根负离子 α-氢原子的酸性极低,不能被氢氧根夺取,结果反应变得更加困难。而使用羧酸盐作碱,虽然羧酸根负离子也会与酸酐羰基发生反应,但产物仍然是酸酐,反应体系不会因此而改变。使用与酸酐相应的羧酸盐作为碱的又一目的是避免在与酸酐羰基作用时生成混合酸酐,从而避免反应产物复杂化。

**【例 10-3】** 下列酯缩合反应中，通常只得到化合物(A)，试说明为什么不生成化合物(B)。

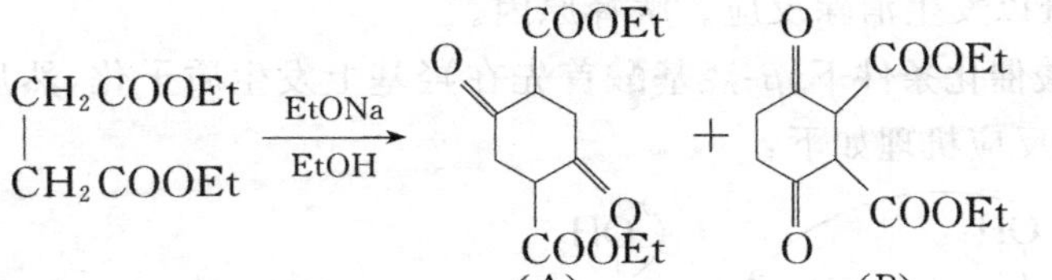

(A)　　(B)

**解**　在通常酯缩合反应过程中，反应能够进行到底的推动力是生成β-羰基酸酯的烯醇盐，如乙酸乙酯缩合生成乙酰乙酸乙酯：

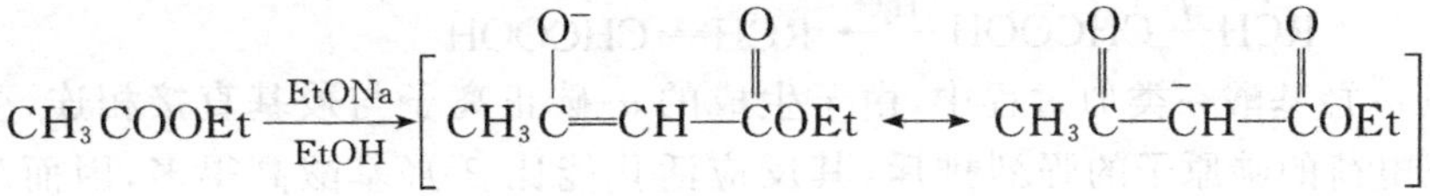

在丁二酸二乙酯的缩合过程中，首先生成中间产物(C)：

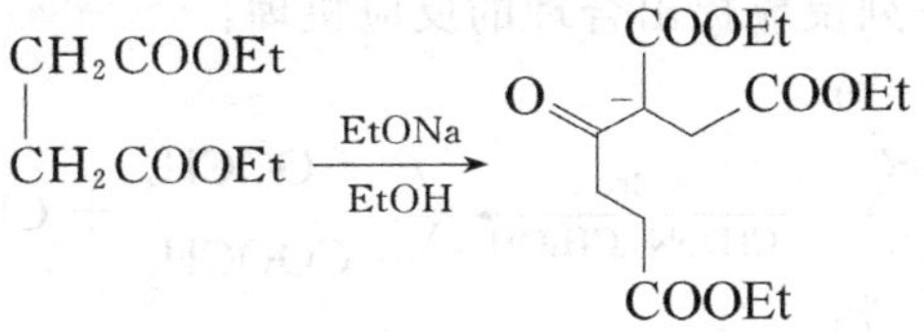

(C)

中间体(C)再进一步关环反应时，有两种关环方式，分别得到化合物(A)和化合物(B)，如下所示：

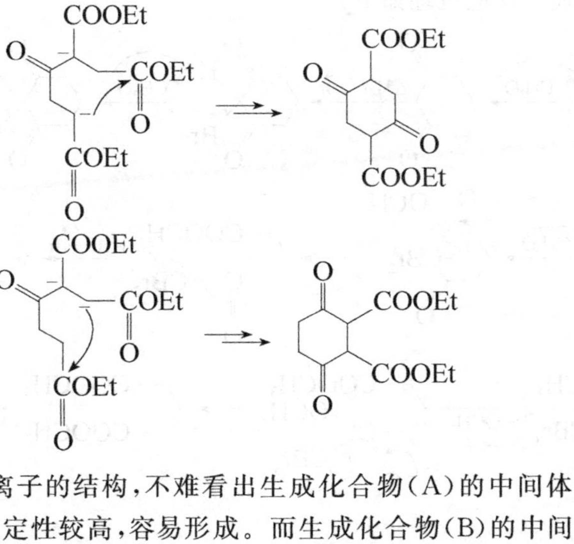

比较这两种中间体负离子的结构，不难看出生成化合物(A)的中间体负离子中两个负电荷距离较远，稳定性较高，容易形成。而生成化合物(B)的中间体负离子中两个负电荷直接相邻，排斥严重，稳定性较差，难以形成。因此，在丁二酸二乙酯的

缩合反应中,通常只生成化合物(A)。

**【例 10-4】** 酸催化条件下,$\beta$-羟基酸容易发生消除反应生成 $\alpha,\beta$-不饱和酸,但 $\alpha$-羟基酸则难以发生消除反应。解释原因。

**解** 在酸催化条件下,$\beta$-羟基酸首先在羟基上发生质子化,然后脱水、消除生成不饱和酸,反应机理如下:

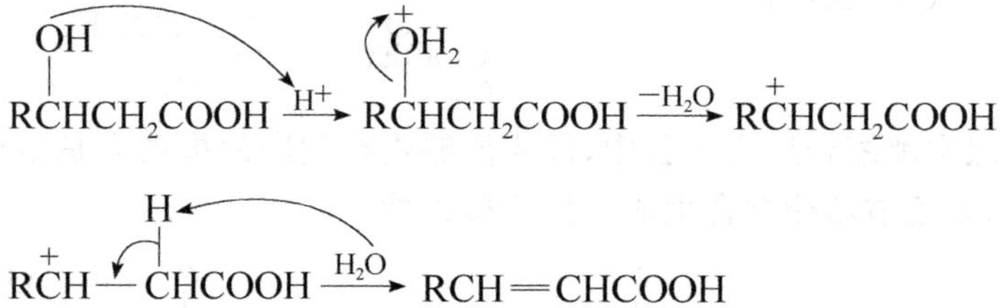

但 $\alpha$-羟基酸在类似过程中,由于生成的 $\alpha$-碳正离子与羧基直接相连,受羧基中带正电荷的碳原子的强烈排斥,其反应活化能比 $\beta$-羟基酸高得多,因而难以发生消除反应。

**【例 10-5】** 给下列反应提出合理的反应机理:

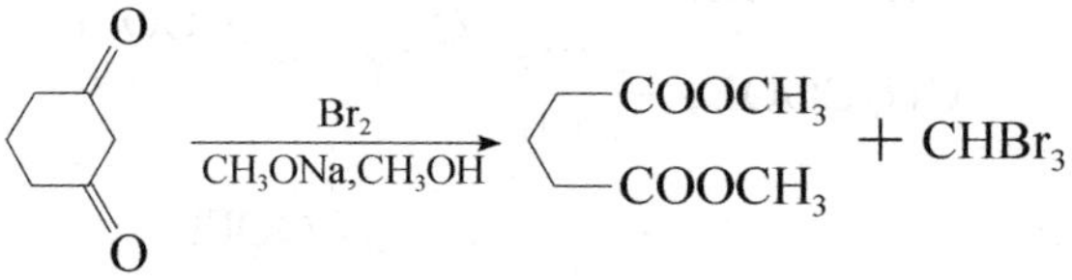

**解** 首先在活泼亚甲基上发生卤代反应,由于 $RCO-\bar{C}Br_2$ 负离子的稳定性、离去性比 $RO^-$ 更好,因此接着在羰基上发生亲核取代反应,最后发生类似于甲基酮的卤仿反应。反应机理如下:

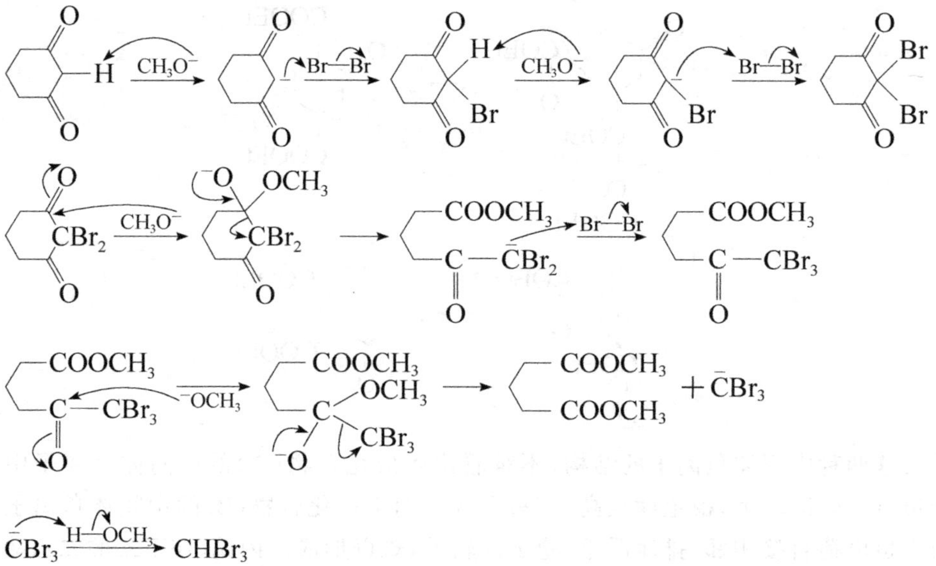

**【例 10-6】** 给下列反应提出合理的反应机理：

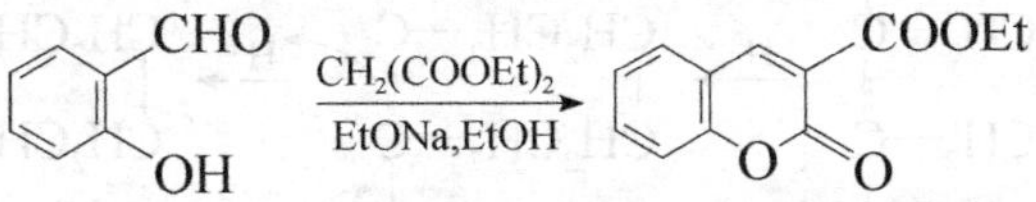

**解**　首先发生脑文格反应，再继续发生分子内的酯交换反应。

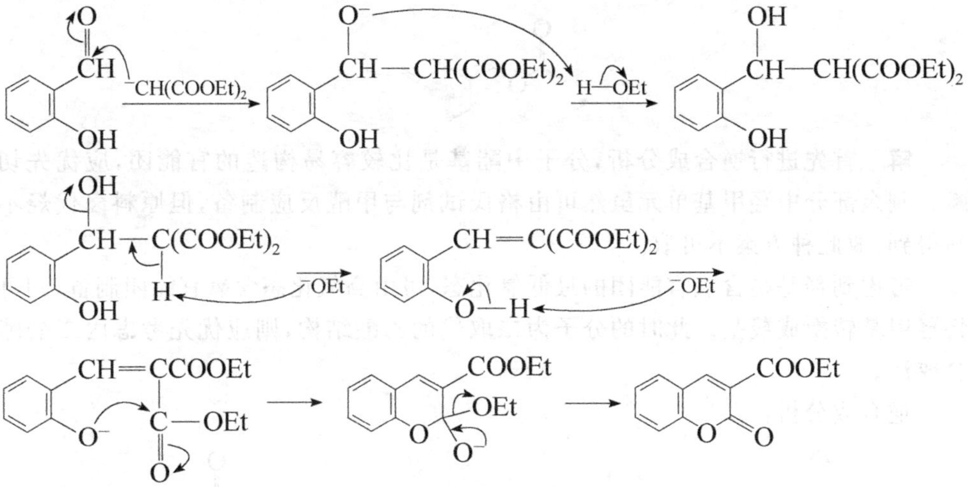

**【例 10-7】** 给下列反应提出合理的反应机理：

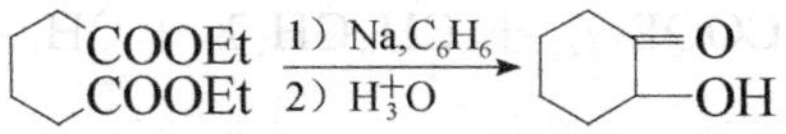

**解**　首先酯羰基与金属钠发生单电子转移，然后发生分子内的自由基偶联，生成的半缩酮结构消去乙氧基得到邻二酮，邻二酮继续与金属钠发生单电子转移，然后生成烯二醇盐，烯二醇盐酸化后异构化生成邻羟基酮。此反应称为酮醇缩合，可用于大环化合物的合成。具体反应机理如下：

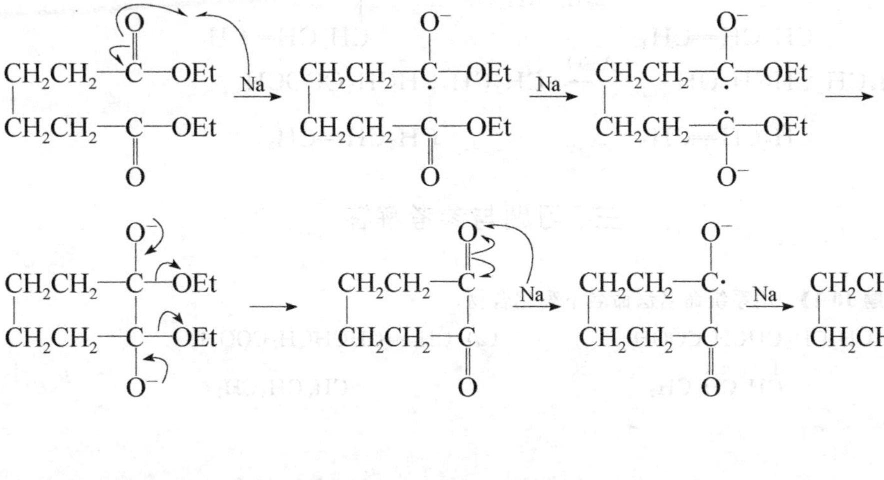

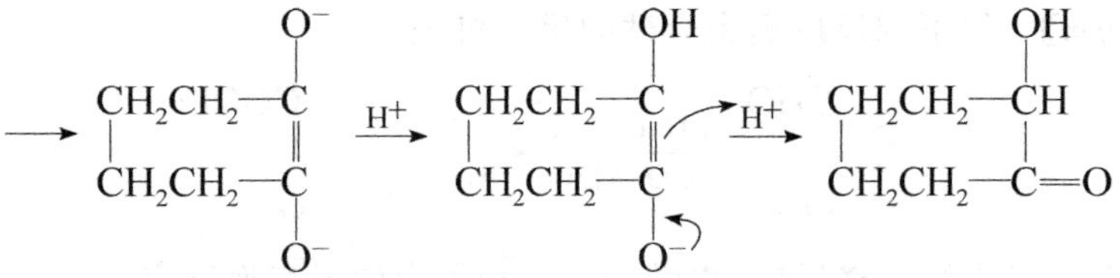

【例 10-8】 以不超过 4 个碳的简单有机化合物为原料合成下列化合物：

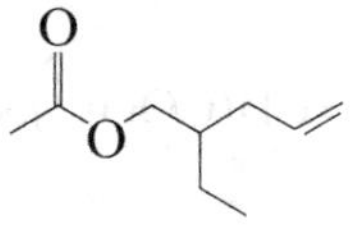

**解**　首先进行逆合成分析，分子中酯基是比较容易构造的官能团，应优先切断。剩余部分中羟甲基单元虽然可由格氏试剂与甲醛反应制备，但原料卤代烃不易得到，故此种方案不可取。

考虑到羟基是含氧官能团的最低氧化态，可由高氧化态含氧官能团制备，则可将羟甲基转换成羧基。此时的分子为二取代的乙酸结构，则应优先考虑丙二酸酯合成法。

逆合成分析：

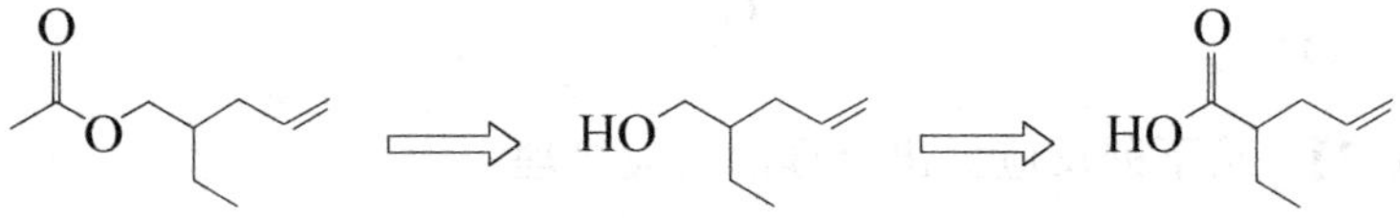

$$\Longrightarrow CH_2(COOEt)_2 + CH_3CH_2X + CH_2{=}CHCH_2X$$

合成：

$$CH_2(COOEt)_2 \xrightarrow[EtOH]{EtONa} \xrightarrow{CH_3CH_2I} \underset{\displaystyle |\atop \displaystyle CH_2CH_3}{CH(COOEt)_2} \xrightarrow[EtOH]{EtONa} \xrightarrow{CH_2{=}CHCH_2Cl}$$

$$CH_3CH_2\underset{\displaystyle |\atop \displaystyle CH_2CH{=}CH_2}{C}(COOEt)_2 \xrightarrow[2)H_3^+O,\triangle]{1)OH^-} CH_3CH_2\underset{\displaystyle |\atop \displaystyle CH_2CH{=}CH_2}{CH}COOH \xrightarrow{LiAlH_4}$$

$$CH_3CH_2\underset{\displaystyle |\atop \displaystyle CH_2CH{=}CH_2}{CH}CH_2OH \xrightarrow{Ac_2O} CH_3CH_2\underset{\displaystyle |\atop \displaystyle CH_2CH{=}CH_2}{CH}CH_2OCOCH_3$$

## 三、习题与参考解答

**【习题 10-1】** 用系统命名法命名下列化合物。

(1) $CH_3CH_2\underset{\displaystyle |\atop \displaystyle CH_2CH_2CH_3}{CH}CH_2COOH$　　(2) $CH_2{=}CH\underset{\displaystyle |\atop \displaystyle CH_2CH_2CH_3}{CH}CH_2COOH$

(3) 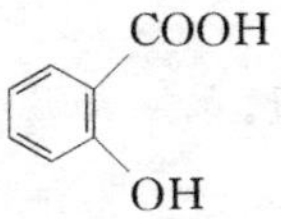

(4) 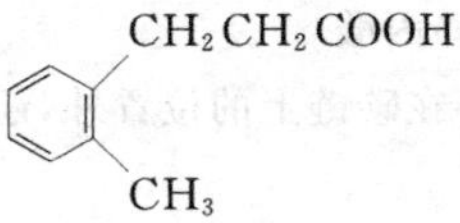

(5) 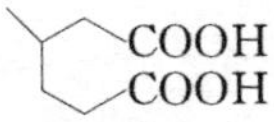

(6) HOOCC≡CCOOH

(7) $H\overset{O}{\overset{\|}{C}}\underset{\underset{OH}{|}}{CH}COOH$

(8) 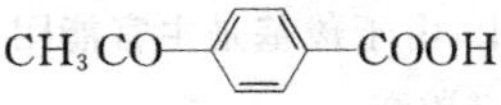

(9) $\begin{array}{l}CH_2COOH\\ \mid\\ CHCOOH\\ \mid\\ CH_2CH_2COOH\end{array}$

(10) 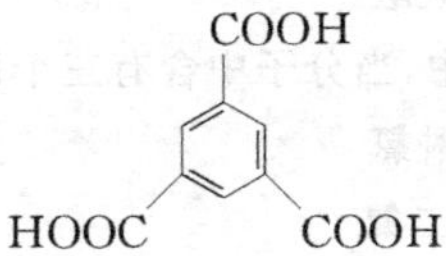

(11) 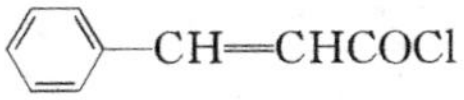

(12) 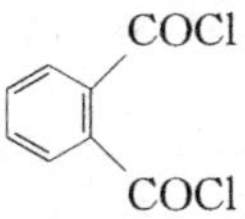

(13) $CH_3\overset{O}{\overset{\|}{C}}O\overset{O}{\overset{\|}{C}}CH_2CH_3$

(14) 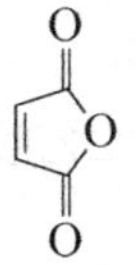

(15) $CH_3COOC(CH_3)_3$

(16) 

(17) $\begin{array}{l}COOCH_3\\ \mid\\ COOCH_3\end{array}$

(18) $\begin{array}{l}CH_2OCOCH_3\\ \mid\\ CH_2OCOCH_3\end{array}$

(19) $CH_3\overset{O}{\overset{\|}{C}}CH_2COOC_2H_5$

(20) $C_6H_5COCH_2COOC_2H_5$

(21) 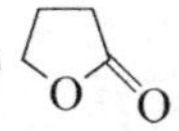

(22) 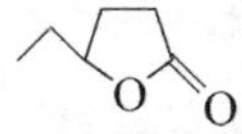

(23) $CH_3CONHC_6H_5$

(24) $C_6H_5CONHCH_3$

(25) $CH_2{=}CHCN$

(26) $NCCH_2COOH$

(27) $Cl\overset{O}{\overset{\|}{C}}CH_2CH_2\overset{O}{\overset{\|}{C}}OC_2H_5$

(28) 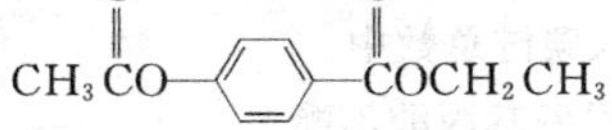

(29) $Cl\overset{O}{\overset{\|}{C}}OC_2H_5$

(30) 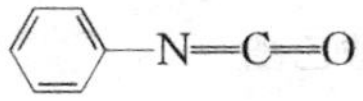

**解**　(1) 3-乙基己酸

(2) 3-丙基-4-戊烯酸

分子中有多个官能团时，应选择含官能团多的最长碳链。

(3) 2-羟基苯甲酸

(4) 3-(2-甲基苯基)丙酸

此时除需标明苯环在碳链上的位置外,还需指出甲基在苯环上的位置。

(5) 3-甲基己二酸

(6) 丁炔二酸

(7) 2-羟基-3-氧代丙酸

(8) 4-乙酰基苯甲酸

在(7)、(8)两题中,由于羧基是主官能团,故将羰基作为取代基。

(9) 1,2,4-丁烷三羧酸

(10) 1,3,5-苯三羧酸

在(9)、(10)两题中,当分子中含有三个以上羧基时,通常采用羧酸法命名。

(11) 3-苯基丙烯酰氯

(12) 邻苯二甲酰二氯

(13) 乙酸丙酸酐

(14) 顺丁烯二酸酐

(15) 乙酸叔丁酯

(16) 苯甲酸苯酯

(17) 乙二酸二甲酯

(18) (二)乙酸乙二醇酯或乙二醇二乙酸酯

(19) 3-氧代丁酸乙酯

(20) 3-苯基-3-氧代丙酸乙酯

(21) 4-丁酸内酯或 γ-丁(酸)内酯

(22) 4-己酸内酯

内酯命名时,通常选择含羧基和羟基的最长碳链,根据碳原子数称为某酸内酯,并在名称前标出内酯中羟基所在位置。

(23) 乙酰苯胺

通常不命名为 *N*-苯基乙酰胺。

(24) *N*-甲基苯甲酰胺

(25) 丙烯腈

(26) 氰乙酸

当—CN 作为主官能团时,它的碳原子计入碳链的总碳原子数中,而当它作为取代基时,它的碳原子不计入碳链总数中。

(27) 3-氯甲酰基丙酸乙酯

酰卤作为取代基时通常称之为卤甲酰基。

(28) 4-乙酰氧基苯甲酸乙酯

酯基 $R-\overset{\overset{\large O}{\|}}{C}-O-R'$ 作为取代基时,根据基团顺序可分别命名为某酰氧基或某烷氧羰基。

(29) 氯甲酸乙酯

(30) 异氰酸苯酯

**【习题 10-2】** 按题意要求选择正确答案。

(1) 下列化合物中，沸点最高的是

(a) $CH_3COCl$　　(b) $(CH_3CO)_2O$

(c) $CH_3COOCH_3$　　(d) $CH_3CONH_2$

(2) 下列化合物中，熔点最高的是

(a) 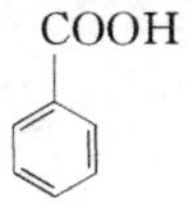　(b) 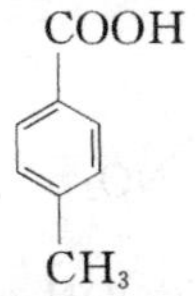　(c) 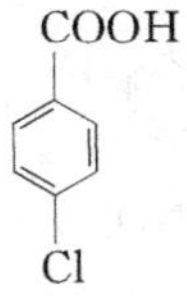　(d) 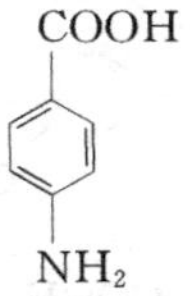

(3) 下列化合物中，p$K_a$ 值最大的是

(a) $CH_3COCl$　　(b) $(CH_3CO)_2O$

(c) $CH_3COOCH_3$　　(d) $CH_3CONH_2$

(4) 下列化合物中，烯醇含量最高的是

(a) $H\overset{O}{\overset{\|}{C}}CH_2\overset{O}{\overset{\|}{C}}CH_3$　　(b) $CH_3\overset{O}{\overset{\|}{C}}CH_2\overset{O}{\overset{\|}{C}}CH_3$

(c) $C_6H_5\overset{O}{\overset{\|}{C}}CH_2\overset{O}{\overset{\|}{C}}CH_3$　　(d) $CH_3\overset{O}{\overset{\|}{C}}CH_2\overset{O}{\overset{\|}{C}}OCH_3$

(5) 下列化合物中，在红外光谱中羰基吸收峰波长最长的是

(a) $CH_3COCH_3$　　(b) $CH_3CHO$

(c) $CH_3COCl$　　(d) $CH_3CONH_2$

(6) 下列化合物中，水解速率最快的是

(a) $CH_3COCl$　　(b) $(CH_3CO)_2O$

(c) $CH_3COOCH_3$　　(d) $CH_3CONH_2$

**解**　(1) (d)。酰胺分子中同时存在很强的偶极作用和氢键作用。

(2) (d)。分子形成内盐结构。

(3) (c)。虽然酰胺分子中羰基活性最低，$\alpha$-氢酸性最小，但由于酰基作用，氨基上的质子酸性大大增加，p$K_a$ 约为 16，远小于酯的 p$K_a$。

(4) (a)。羰基活性越高，其烯醇化倾向越大。

(5) (d)。羰基所连基团吸电子能力越弱，则羰基吸收波长越长，反之亦然。

(6) (a)。羰基碳缺电子程度越大，越容易与水发生加成-消除反应而水解。这里氯原子的 $-I$ 效应要大于 $+C$ 效应，使得酰氯分子中羰基碳最缺电子，所以反应活性最高。

**【习题 10-3】** 将下列各组化合物按照酸性强弱排序。

(1) $CH_3CH_2CH_2COOH$，$CH_3\underset{CH_3}{\underset{|}{C}}HCOOH$，$CH_2{=}CHCH_2COOH$，$CH{\equiv}CCH_2COOH$

(2) $FCH_2COOH$，$ClCH_2COOH$，$BrCH_2COOH$，$ICH_2COOH$

(3) 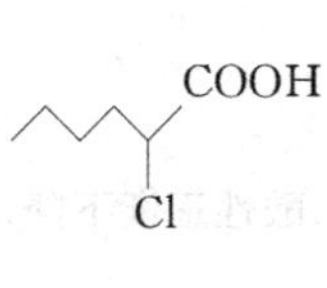，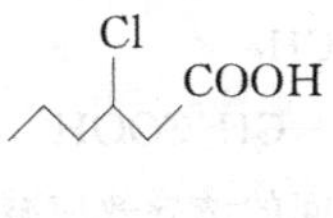，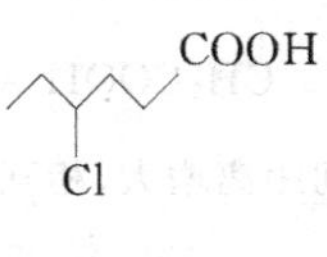，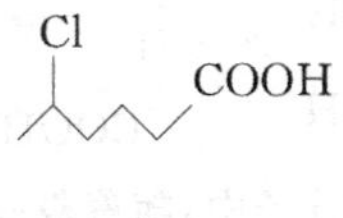

(4) 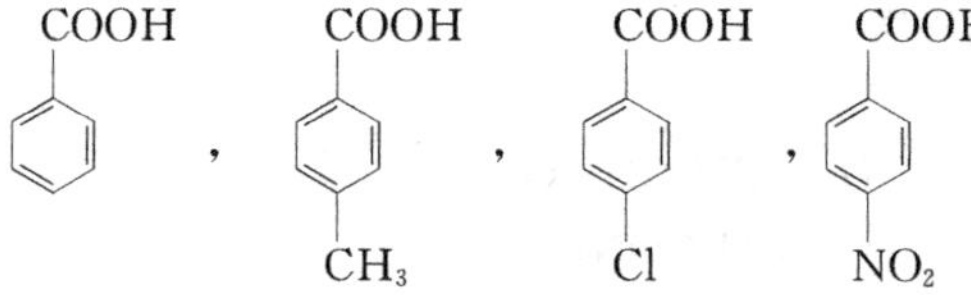

(5) 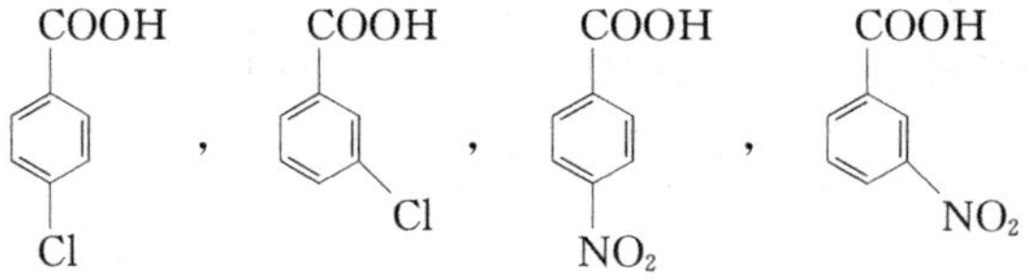

(6) 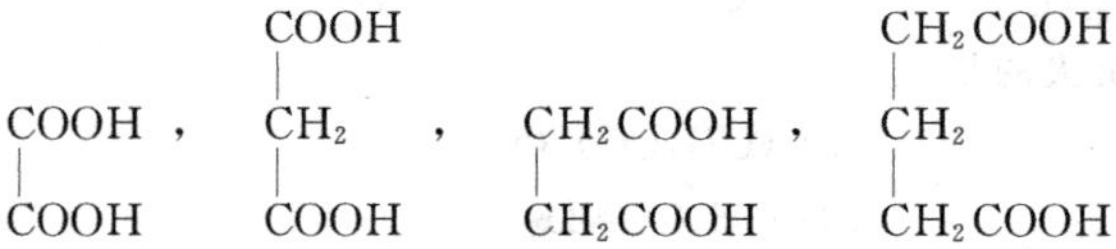

**解**　(1) $CH\equiv CCH_2COOH > CH_2=CHCH_2COOH > CH_3CH_2CH_2COOH > CH_3\overset{\overset{CH_3}{|}}{C}HCOOH$

羧基 α-碳原子上所连基团吸电子能力越强，酸性越大，而吸电子能力比较结果为 C(sp)＞C($sp^2$)＞C($sp^3$)，又因为甲基通常表现为一弱给电子基团，所以异丁酸的酸性最弱。

(2) $FCH_2COOH > ClCH_2COOH > BrCH_2COOH > ICH_2COOH$

卤素的吸电子诱导作用主要由它们的电负性决定。

(3) 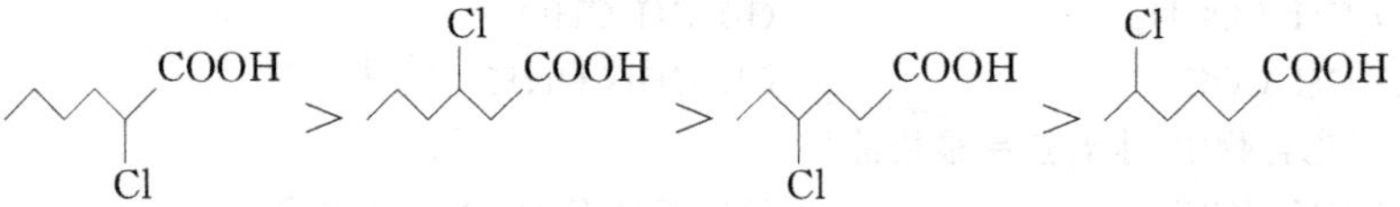

－I 诱导效应随距离增大而迅速下降，酸性也随之下降。

(4) 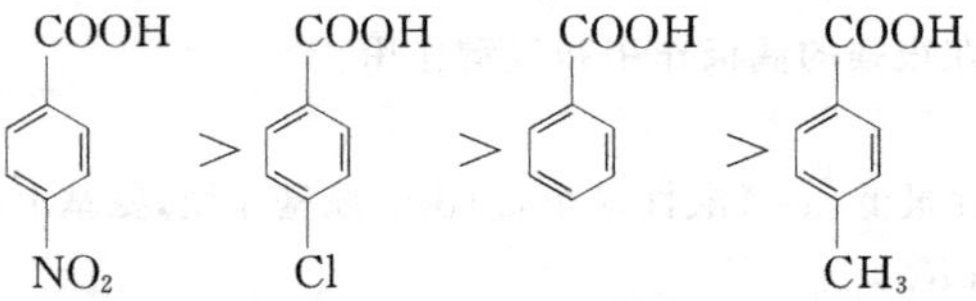

(5) 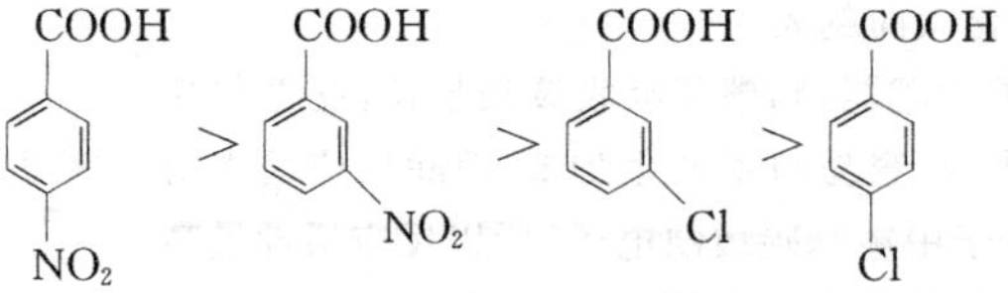

硝基的诱导效应和共轭效应方向一致，都是吸电子，而硝基在间位时共轭效应影响不到羧基，所以对硝基苯甲酸酸性强于间硝基苯甲酸。但对氯原子而言，其诱导效应为吸电子，共轭效应为给电子，两者作用相反，所以间氯苯甲酸酸性强于对氯苯甲酸。

(6) 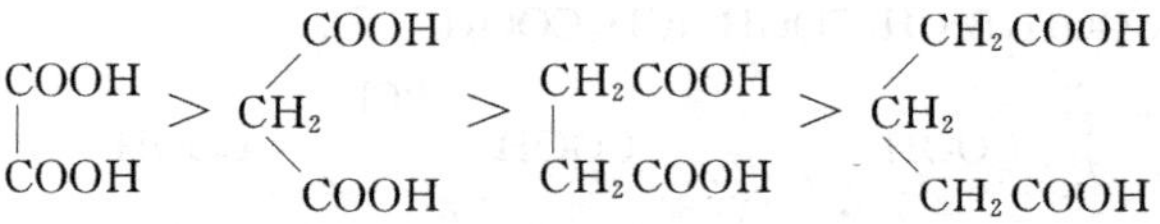

在二元酸分子中，随着羧基间距离增大，相互之间的诱导效应减弱，酸性逐渐下降。

**【习题 10-4】** 用通常的物理化学方法测定羧酸的相对分子质量时,发现测出的相对分子质量比由质谱法测出的相对分子质量大得多,甚至相差近一倍,试给出合理解释。

**解** 羧酸分子之间存在很强的偶极作用和氢键作用。通常情况下,羧酸主要以缔合的形式存在:

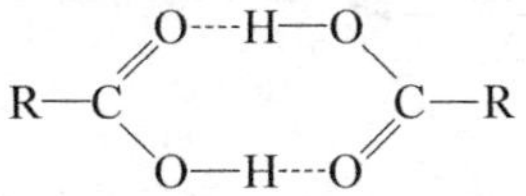

只有在稀溶液中或高温下该缔合体才发生离解,因此用普通方法测得的羧酸的相对分子质量要高于实际值。而在质谱条件下,羧酸分子的缔合体在高真空环境和外界高能激发下完全离解,所以此时测得的相对分子质量为实际值。

**【习题 10-5】** 已知 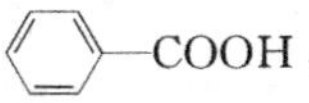、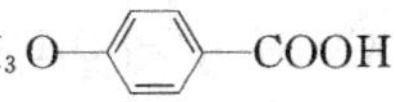 和 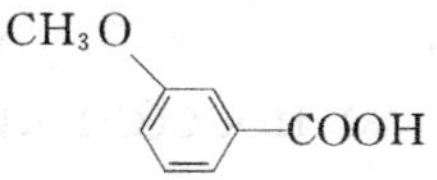 的 $pK_a$ 值分别为 4.20、4.47 和 4.09,试给出合理的解释。

**解** 在羧酸分子中,取代基的电性效应会影响羧酸的酸性。电性效应通常包括诱导效应、共轭效应以及场效应。苯环上的甲氧基因氧的电负性大,表现为－I 的诱导效应,而氧原子上的未共用电子对可与苯环形成 p-π 共轭,又表现为＋C 效应。对于间甲氧基苯甲酸,由于只受甲氧基的－I 诱导效应,酸性增强。而对甲氧基苯甲酸则受到甲氧基的－I 和＋C 两种效应的综合影响,其中＋C 效应的影响大于－I 效应,表现为酸性减弱。

**【习题 10-6】** 完成下列反应。

(1) $CH_3COONa \xrightarrow[250℃]{NaOH, CaO}$

(2) $\begin{matrix} CH_2COOH \\ | \\ CH_2COOH \end{matrix} \xrightarrow{\triangle}$

(3) 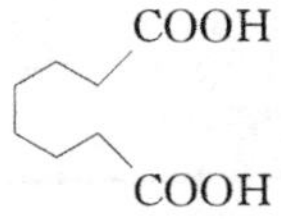 $\xrightarrow{\triangle}$

(4) 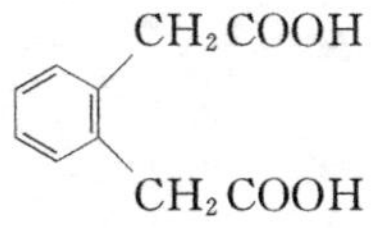 $\xrightarrow[\triangle]{Ba(OH)_2}$

(5) $CH_3COOH \xrightarrow[NaOH, C_2H_5OH]{电解}$

(6) $\begin{matrix} CH_2COOH \\ | \\ CH_2COOC_2H_5 \end{matrix} \xrightarrow[NaOH, C_2H_5OH]{电解}$

(7) $CH_3CH_2COOAg \xrightarrow[CCl_4, \triangle]{Br_2}$

(8) $CH_3CH_2COOH \xrightarrow[NaBr, C_6H_6, \triangle]{Pb(OAc)_4}$

(9) $CH_3\overset{O}{\overset{\|}{C}}COOH \xrightarrow[\triangle]{H_2O,H_2SO_4}$

(10) $CH_3\overset{O}{\overset{\|}{C}}CH_2COOH \xrightarrow[\triangle]{H_2O,H_2SO_4}$

**解**　(1) $CH_4+CO_2$

(2) 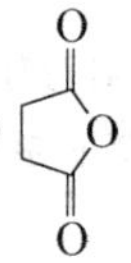

(3) $HOOC(CH_2)_6\overset{O}{\overset{\|}{C}}\left[O\overset{O}{\overset{\|}{C}}(CH_2)_6\overset{O}{\overset{\|}{C}}\right]_n OH$

(4) 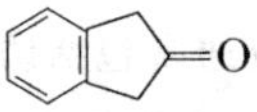

羧酸按其结构不同在加热时可发生脱水或脱羧反应。二元酸脱水成环酐时通常只形成五、六元环,碳链再增加时则生成聚酐或同时脱水脱羧成环酮。

(5) $CH_3CH_3$

(6) $\begin{array}{l}CH_2CH_2COOC_2H_5\\ |\\ CH_2CH_2COOC_2H_5\end{array}$

(7) $CH_3CH_2Br$

(8) $CH_3CH_2Br$

(9) $CH_3CHO$

(10) $CH_3COCH_3$

**【习题 10-7】**　完成下列反应。

(1) 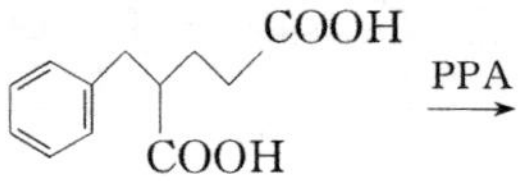

(2) 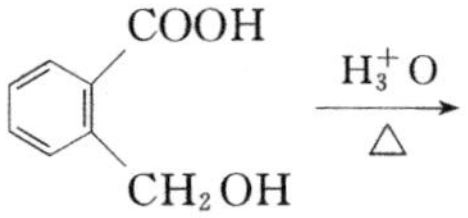

(3) $CH_3CH_2COOH \xrightarrow[PCl_3(少量)]{Cl_2} \xrightarrow{NaCN}$

(4) $CH_3CH_2COOH \xrightarrow[PCl_3(大量)]{Cl_2} \xrightarrow{CH_3CH_2OH}$

(5) 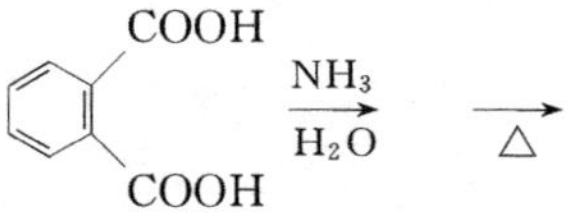

(6) 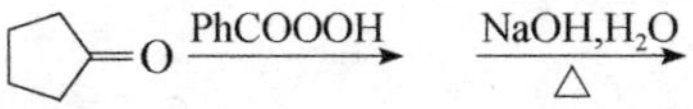

(7) 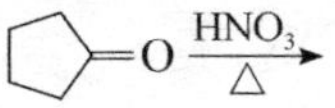

(8) $\begin{array}{l} COCH_2COOH \\ | \\ COCH_2COOH \end{array} \xrightarrow[\triangle]{浓\ KOH}$

**解** (1) 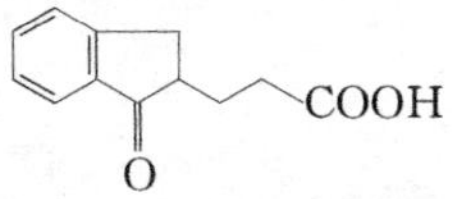

根据布朗克(Blanc)规则，通常优先生成五、六元环。

(2) 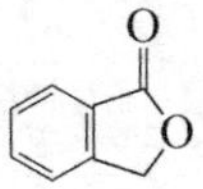

$\gamma$-羟基酸极易脱水生成内酯。

(3) $CH_3\underset{\displaystyle Cl}{\underset{|}{C}}HCOOH$　　$CH_3\underset{\displaystyle CN}{\underset{|}{C}}HCOOH$

(4) $CH_3\underset{\displaystyle Cl}{\underset{|}{C}}HCOCl$　　$CH_3\underset{\displaystyle Cl}{\underset{|}{C}}HCOOC_2H_5$

(5) 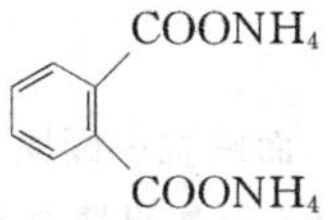　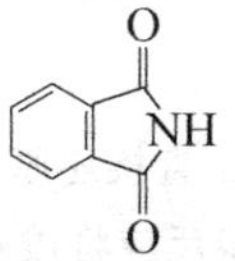

(6) 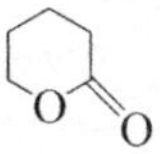　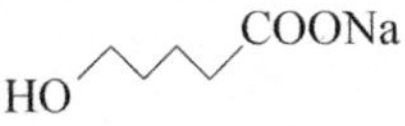

由环酮经过酸氧化得内酯，再碱性水解可得到末端羟基酸。

(7) 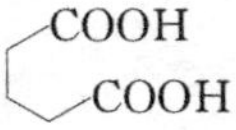

(8) $\begin{array}{l} \quad\ \ CH_2COOH \\ \quad\ \ \ | \\ HO\text{—}CCOOH \\ \quad\ \ \ | \\ \quad\ \ CH_2COOH \end{array}$

邻二酮在强碱作用下发生重排，生成相应的 $\alpha$-羟基酸。

**【习题 10-8】** 完成下列反应。

(1) $CH_3CH_2CH_2COOH \xrightarrow[Et_2O]{LiAlH_4}$

(2) $CH_3CH_2CH_2COOH \xrightarrow[THF]{B_2H_6}$

(3) $CH_3COCH_2CH_2COOCH_2CH_3 \xrightarrow{LiAlH_4}$

(4) $CH_3COCH_2CH_2COOCH_2CH_3 \xrightarrow{NaBH_4}$

(5) 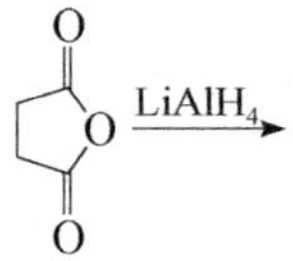


(6) 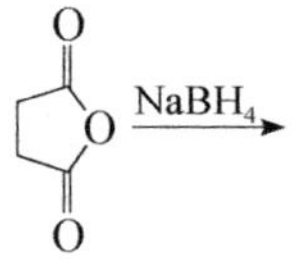


(7) $CH_3CH_2CH_2COOC_2H_5 \xrightarrow[EtOH]{Na}$

(8) $CH_3CH_2CH_2COOC_2H_5 \xrightarrow[Et_2O]{Na}$

(9) $CH_3CH_2CH_2COCl \xrightarrow[Pd, BaSO_4]{H_2}$

(10) $CH_3CH_2CH_2COCl \xrightarrow{LiAlH[OC(CH_3)_3]_3}$

(11) $CH_3CH_2CH_2CN \xrightarrow{LiAlH_4}$

(12) $CH_3CH_2CH_2CON(CH_3)_2 \xrightarrow{LiAlH_4}$

**解**　(1) $CH_3CH_2CH_2CH_2OH$

(2) $CH_3CH_2CH_2CH_2OH$

羧酸通常只被还原能力特别强的还原剂如 $LiAlH_4$ 直接还原成醇。而硼烷中硼原子上的空轨道可与羧基氧的未共用电子对形成配位键,能进一步反应将羧基还原。但如果羧基氧的电子云密度较低(如酰氯等)则不能被硼烷还原。

(3) $CH_3\underset{}{\overset{OH}{\overset{|}{C}}}HCH_2CH_2CH_2OH$

(4) $CH_3\overset{OH}{\overset{|}{C}}HCH_2CH_2COOC_2H_5$

$NaBH_4$ 的还原能力较弱,不能还原酯、酰胺、氰基、硝基等。

(5) 
$CH_2CH_2OH$
|
$CH_2CH_2OH$

(6) 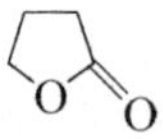


$NaBH_4$ 可还原酸酐,但环酐中第一个羰基被还原后,反应不能继续。

(7) $CH_3CH_2CH_2CH_2OH$

用钠加乙醇将酯基还原成醇,称为鲍维特(Bouveault)-布朗克还原。

(8) $CH_3CH_2CH_2\overset{HO}{\overset{|}{C}}H\overset{O}{\overset{\|}{C}}CH_2CH_2CH_3$

酯被钠在惰性溶剂中进行双分子还原时,先生成烯二醇钠,再水解,异构化生成 α-羟基酮。

(9) $CH_3CH_2CH_2CHO$

用活性较小的 $Pd/BaSO_4$（有时还需加喹啉或硫化物进行处理）作催化剂可使酰氯的还原停留在醛的阶段，称为罗森孟德（Rosenmund）还原。

(10) $CH_3CH_2CH_2CHO$

由于 $LiAlH[OC(CH_3)_3]_3$ 的还原活性较低，还原停留在醛的阶段。

(11) $CH_3CH_2CH_2CH_2NH_2$

(12) $CH_3CH_2CH_2CH_2N(CH_3)_2$

当酰胺氮原子上有氢原子时，需增加 $LiAlH_4$ 的用量并升高反应的温度。

**【习题 10-9】** 完成下列反应。

(1) 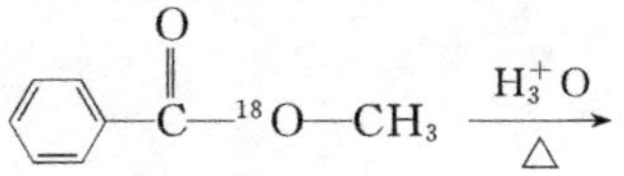

(2) 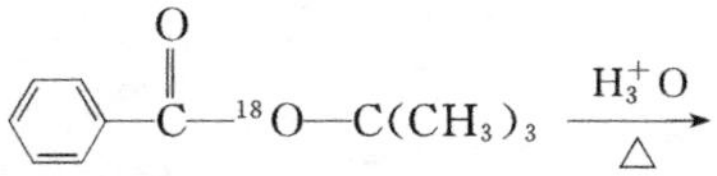

(3) 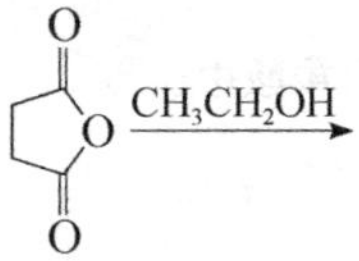

(4) 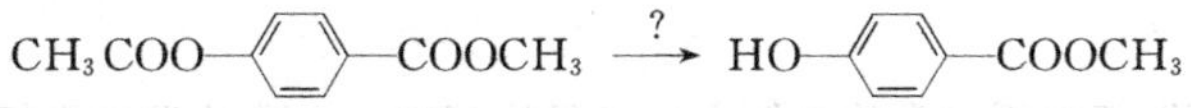

(5) $CH_3CH_2CH_2COOH + Cl-\overset{O}{\overset{\|}{C}}-Cl \longrightarrow$

(6) 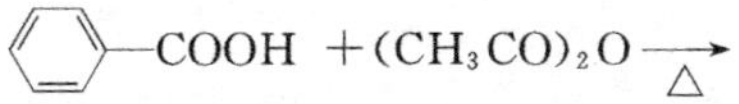

(7) $CH_3CH_2COOC_2H_5 + CH_3NH_2 \xrightarrow{\triangle}$

(8) $HOCH_2CH_2CH_2CN \xrightarrow[\triangle]{H_3^+O}$

(9) $CH_3CH_2CH_2COCl \xrightarrow[2)H_2O]{1)CH_3MgBr}$

(10) $CH_3CH_2CH_2COCl \xrightarrow[2)H_2O]{1)(CH_3)_2Cd}$

(11) 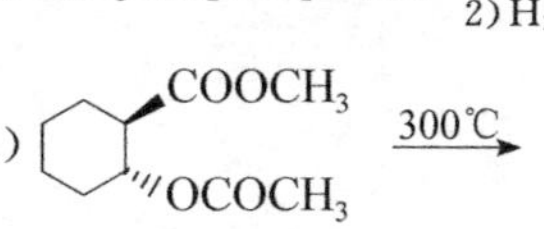

(12) 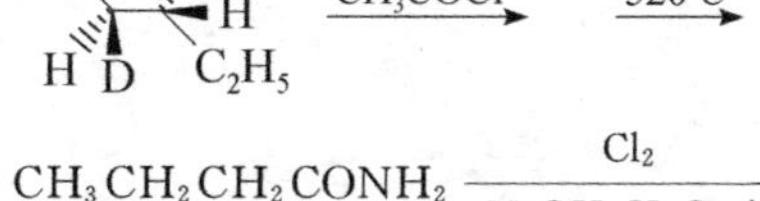

(13) $CH_3CH_2CH_2CONH_2 \xrightarrow[NaOH, H_2O, \triangle]{Cl_2}$

(14) 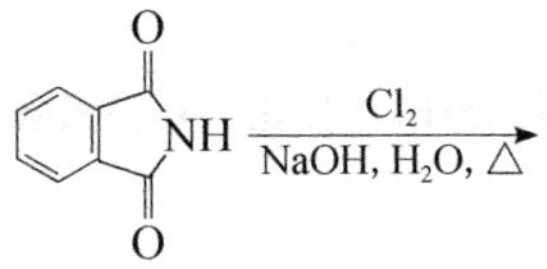

(15) $CH_3CH_2CH_2CONH_2 \xrightarrow[\triangle]{P_4O_{10}}$

(16) $CHCl_3 \xrightarrow[CH_3CH_2OH]{CH_3CH_2ONa}$

(17) $CH_2{=}C{=}O + CH_3COOH \longrightarrow$

(18) 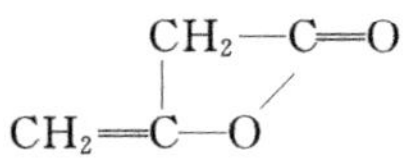 $+CH_3CH_2OH \longrightarrow$

**解**　(1) 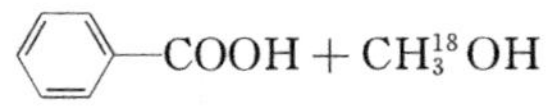

反应按双分子酰氧断裂,即 $A_{Ac}2$ 水解机理进行。

(2) 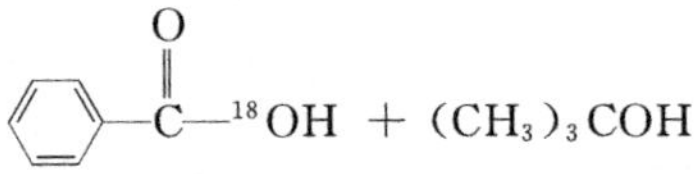

反应按单分子烷氧断裂,即 $A_{Al}1$ 水解机理进行,所以 $^{18}O$ 原子留在羧酸中。

(3) $CH_2COOH$ — $CH_2COOC_2H_5$

(4) $CH_3ONa/CH_3OH$

分子中有两个不同的酯基,不能用通常的水解方法来只使其中一个酯基发生水解,而用酯交换反应可以达到上述目的。

(5) $CH_3CH_2CH_2COCl + HCl + CO_2$

$Cl{-}\overset{O}{\overset{\|}{C}}{-}OH$ 不稳定,立即分解成 HCl 和 $CO_2$。

(6) 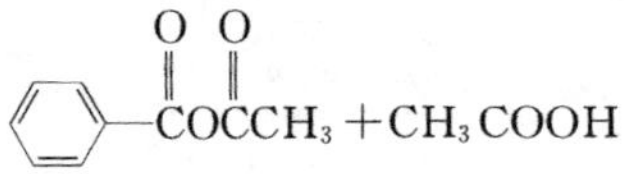

$CH_3COOH$ 沸点相对较低,可以从反应液中蒸馏出来,从而使反应进行下去。

(7) $CH_3CH_2CONHCH_3 + CH_3CH_2OH$

酯的胺解可用于在较温和的条件下制备酰胺(如肽键的合成等)。

(8) 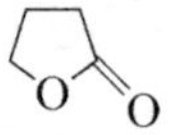

氰基水解生成的 $\gamma$-羟基酸立即环化生成内酯。

(9) $CH_3CH_2CH_2C(OH)(CH_3)CH_3$

(10) $CH_3CH_2CH_2COCH_3$

酰氯与较弱的亲核试剂如 $R_2Cd$ 或 $R_2CuLi$ 等反应生成酮。

(11) 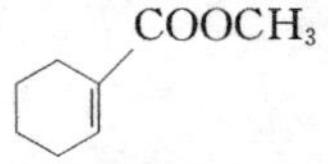


在高温下酯发生顺式热消除反应，消除酸性较强的氢原子。

(12) 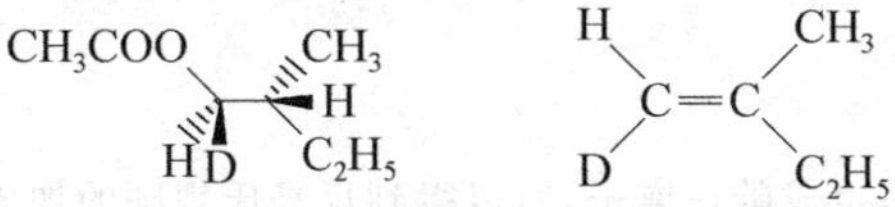


将醇先变成酯再进行热消除制得烯烃，可避免在酸催化下醇直接脱水时发生的重排反应。

(13) $CH_3CH_2CH_2NH_2$

(14) 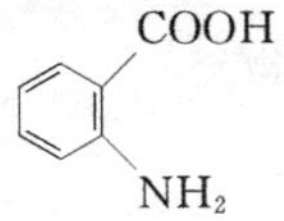


(15) $CH_3CH_2CH_2CN$

(16) $CH(OCH_2CH_3)_3$

(17) $(CH_3CO)_2O$

(18) $CH_3COCH_2COOC_2H_5$

**【习题 10-10】** 完成下列反应。

(1) 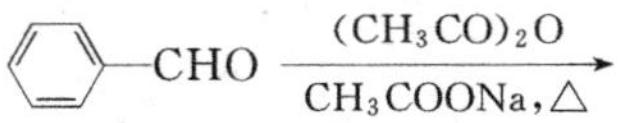


(2) $CH_2{=}CHCOOC_2H_5 \xrightarrow{HCl}$

(3) $CH_2{=}CHCH_2COOC_2H_5 \xrightarrow{HCl}$

(4) 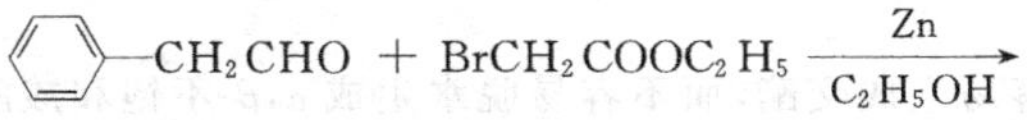


(5) $CH_3\underset{\displaystyle OH}{\underset{|}{C}}HCH_2COOC_2H_5 \xrightarrow[\triangle]{H^+}$

(6) $CH_3CH_2\underset{\displaystyle OH}{\underset{|}{C}}HCOOC_2H_5 \xrightarrow[\triangle]{H^+}$

(7) $Ph_3P + BrCH_2COOC_2H_5 \longrightarrow \qquad \xrightarrow[C_2H_5OH]{C_2H_5ONa} \qquad \xrightarrow{PhCHO}$

(8) 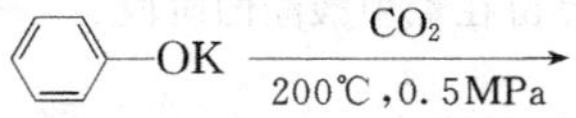


(9) $CH_3CH_2OH \xrightarrow[py]{COCl_2(\text{过量})}$

(10) 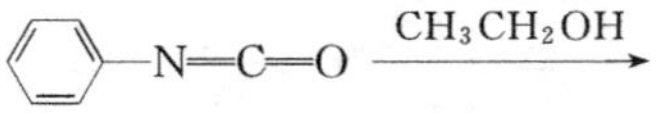


(11) 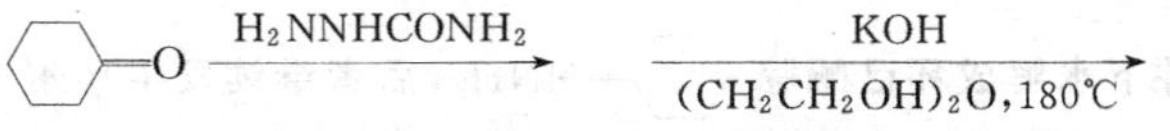

(12) 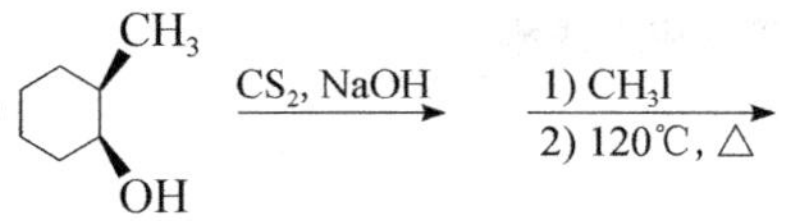

**解**　(1) 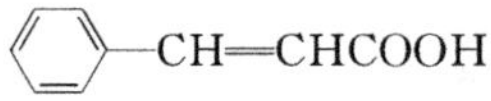

(2) 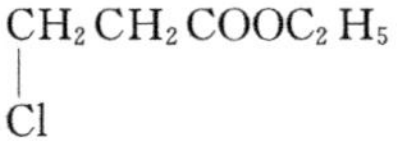

因为酯基是吸电子基团，其 $\alpha$-位不容易生成碳正离子，所以得到反马氏规则的加成产物。

(3) 

这时碳正离子离酯基较远，可以得到正常的符合马氏规则的加成产物。

(4) 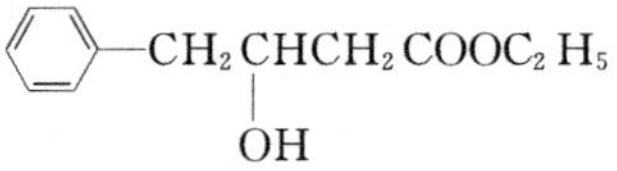

首先生成的有机锌试剂活性较低，只能与醛或酮羰基作用，而不与酯羰基作用，称为瑞佛马斯基(Reformatsky)反应。

(5) $CH_3CH{=}CHCOOC_2H_5$

(6) 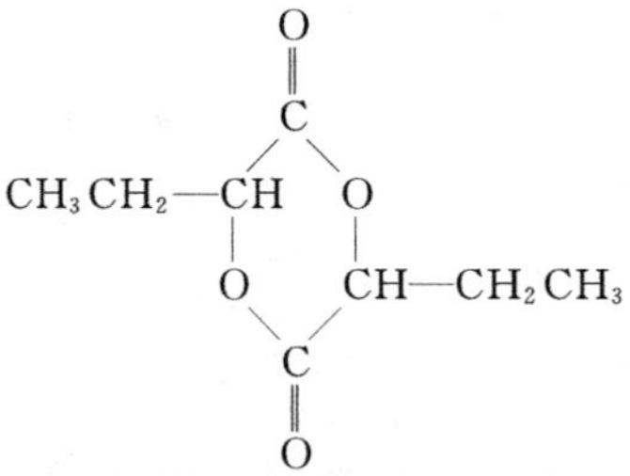

$\alpha$-羟基酸和 $\alpha$-羟基酸酯加热时容易生成交酯，而不容易脱水生成 $\alpha,\beta$-不饱和羧酸或羧酸酯。$\beta$-羟基酸或 $\beta$-羟基酸酯却容易脱水生成 $\alpha,\beta$-不饱和羧酸或羧酸酯。

(7) $Ph_3\overset{+}{P}CH_2COOC_2H_5 \cdot \overset{-}{Br}$　　$Ph_3P{=}CHCOOC_2H_5$　　$PhCH{=}CHCOOC_2H_5$

(8) 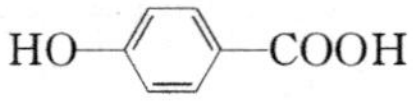

这是柯尔伯-施密特反应。酚钠盐主要生成邻羟基苯甲酸，酚钾盐主要生成对羟基苯甲酸。

(9) 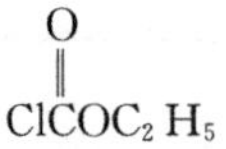

氯甲酸酯的反应活性比光气低，在此条件下可使反应停留在氯甲酸酯的阶段。

(10) 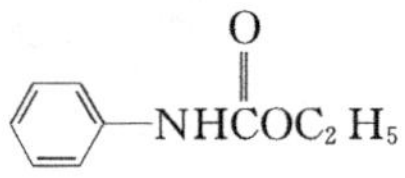

(11) 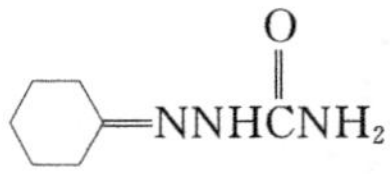　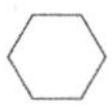

缩氨脲在高温、强碱条件下水解成环己酮腙 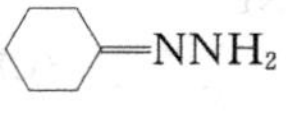，后者继续发生乌尔夫-凯惜纳-

黄鸣龙还原生成环己烷。

(12) 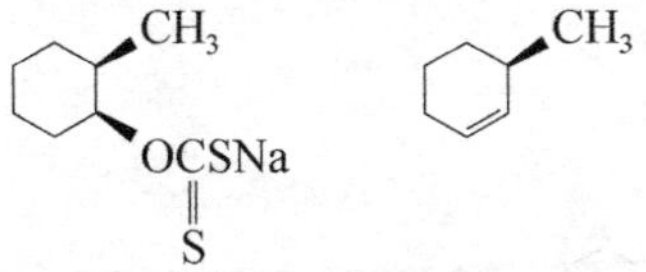

黄原酸酯的消除与羧酸酯消除相似，也是顺式消除。

**【习题 10-11】** 完成下列反应。

(1) $CH_3CH_2CH_2COOC_2H_5 \xrightarrow[C_2H_5OH]{C_2H_5ONa}$

(2) $CH_3CH_2CH_2COOC_2H_5 + C_6H_5COOC_2H_5 \xrightarrow[C_2H_5OH]{C_2H_5ONa}$

(3) $CH_3COOC_2H_5 + CH_3CHO \xrightarrow[C_2H_5OH]{C_2H_5ONa}$

(4) 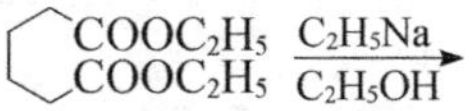

(5) 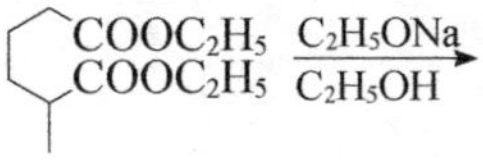

(6) 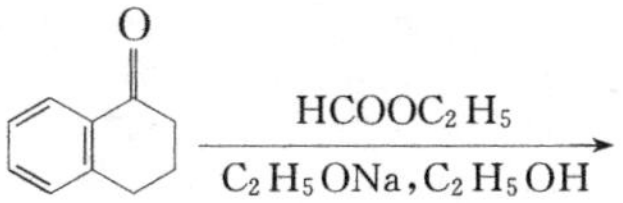

(7) 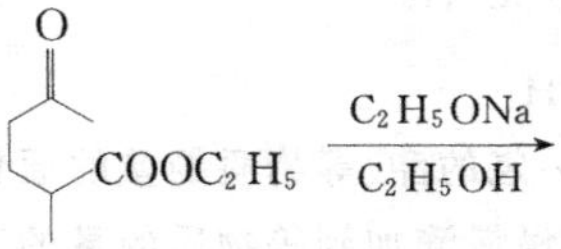

(8) $CH_3COCH_2COOC_2H_5 \xrightarrow[2)H_3^+O,\triangle]{1)浓\ NaOH}$

(9) $CH_3COCH_2COOC_2H_5 \xrightarrow[2)H_3^+O,\triangle]{1)稀\ NaOH}$

(10) $CH_3COCH_2COOC_2H_5 +$  $\xrightarrow[C_2H_5OH,\triangle]{C_2H_5ONa}$

(11) 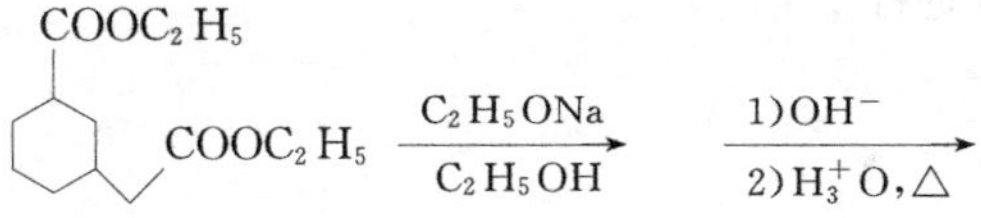

(12) 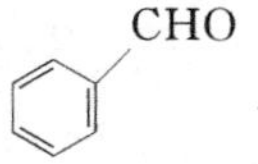 $\xrightarrow[C_2H_5ONa,C_2H_5OH,\triangle]{CH_3COCH_3}$ $\xrightarrow[C_2H_5ONa,C_2H_5OH,\triangle]{CH_3COCH_2COOC_2H_5}$

(13) 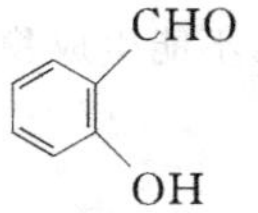 $+CH_3COCH_2COOC_2H_5$ 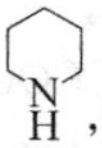 $\xrightarrow[0℃]{,C_2H_5OH}$

(14) 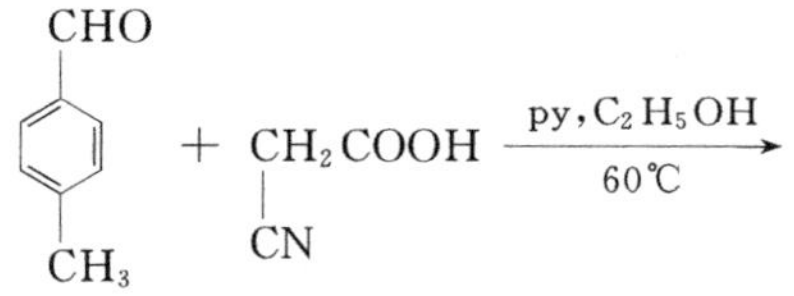

(15) 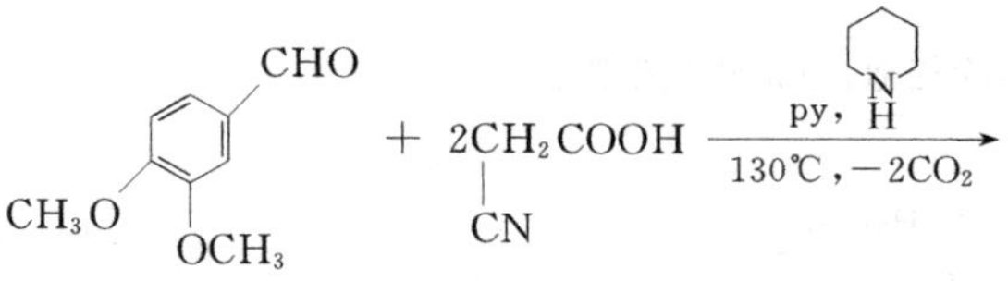

(16) 

(17) 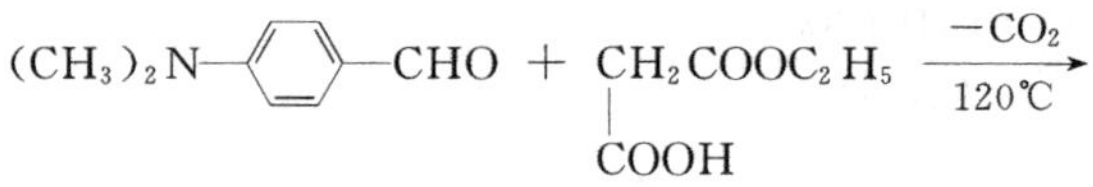

(18) $$\begin{array}{l}CH_2COOC_2H_5\\ |\\ CHCH_3\\ |\\ CH_2COOC_2H_5\end{array} + \begin{array}{l}COOC_2H_5\\ |\\ COOC_2H_5\end{array} \xrightarrow[CH_3CH_2OH]{CH_3CH_2ONa}$$

**解** (1) $\begin{array}{l}CH_3CH_2CH_2COCHCOOC_2H_5\\ \qquad\qquad\qquad\quad |\\ \qquad\qquad\qquad\quad CH_2CH_3\end{array}$

(2) $\begin{array}{l}C_6H_5COCHCOOC_2H_5\\ \qquad\quad |\\ \qquad\quad CH_2CH_3\end{array} + \begin{array}{l}CH_3CH_2CH_2COCHCOOC_2H_5\\ \qquad\qquad\qquad\quad |\\ \qquad\qquad\qquad\quad CH_2CH_3\end{array}$

通常交叉的克莱森酯缩合得到混合物,但采用一种无 $\alpha$-氢的酯、等物质的量的原料比和适当的加料顺序,可使某一产物成为主产物。例如,将丁酸酯慢慢滴加到等物质的量的苯甲酸酯和碱的混合液中,其主产物为 $\begin{array}{l}C_6H_5COCHCOOC_2H_5\\ \qquad\quad |\\ \qquad\quad CH_2CH_3\end{array}$。

(3) $CH_3COCH_2CHO$

醛、酮和酯缩合时,由于醛、酮羰基的活性大,优先发生醇醛缩合,但产物 $\beta$-羟基醛、酮的热力学稳定性并不是非常大,故又通过逆反应分解。而酮酯缩合却由于产物 $\beta$-羰基醛、酮生成相应的烯醇盐,反应不断地向正反应方向进行。

(4) 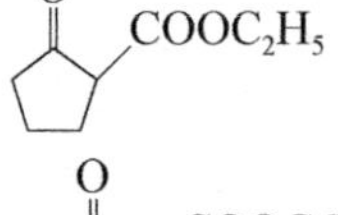

(5) 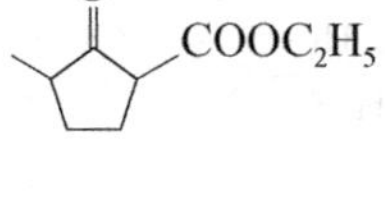

反应中按另一方向缩合的产物 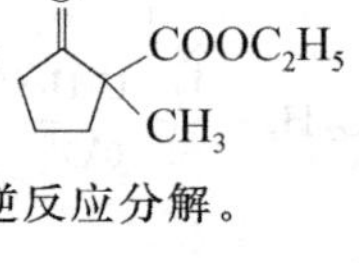 因 $\alpha$-碳上无氢原子,不能生成稳定的烯醇盐来转移产物,故生成后又会通过逆反应分解。

(6) 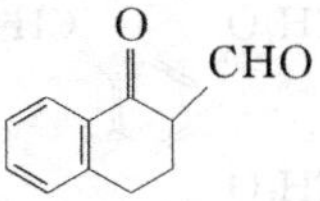

(7) 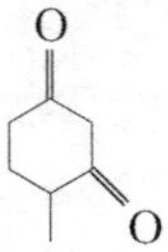

(8) $CH_3COOH$

β-酮酸酯在浓碱作用下生成相应的羧酸，称为成酸水解。

(9) $CH_3COCH_3$

β-酮酸酯在稀碱作用下发生成酮水解，先生成β-酮酸，后者再脱羧生成相应的酮。

(10) 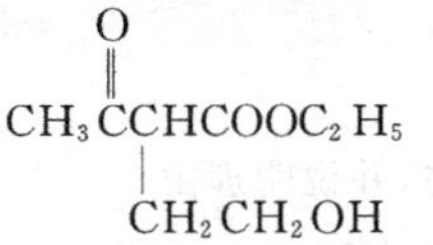

(11) 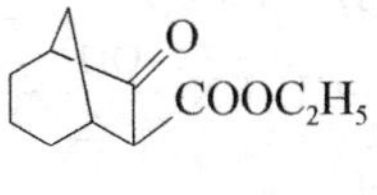　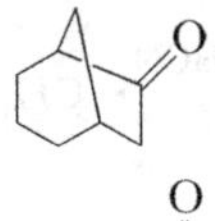

(12) 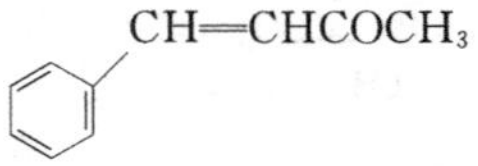　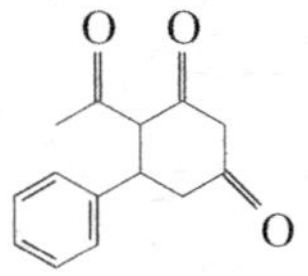

α,β-不饱和酮与乙酰乙酸乙酯发生迈克尔加成，生成 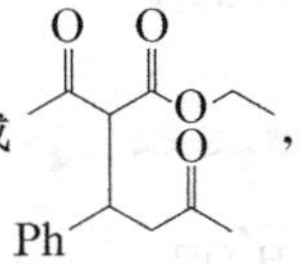，然后发生分子内酮酯缩合，生成最终产物。

(13) 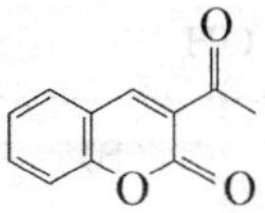

先经脑文格反应生成 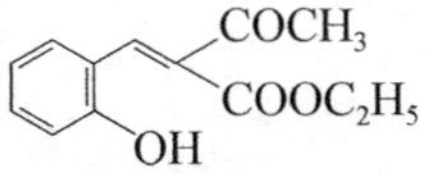，再继续发生分子内的酯交换，生成最后的产物。

(14) 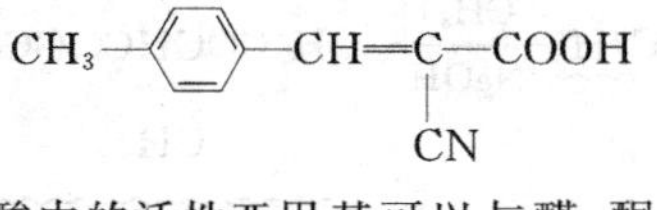

氰乙酸中的活性亚甲基可以与醛、酮发生脑文格缩合，产物在高温下还可发生脱羧得到α,β-不饱和腈的衍生物。

(15) 

反应先生成的 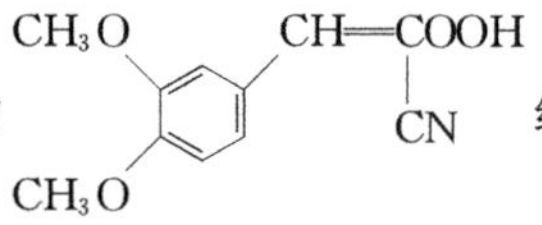 经脱羧得到 α,β-不饱和腈 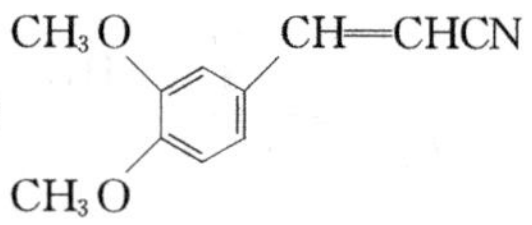

然后与氰乙酸发生迈克尔加成、脱羧，得最终产物。

(16) 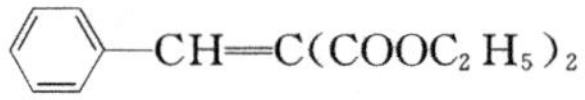

(17) 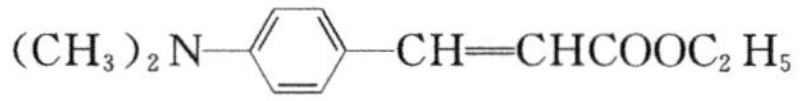

先缩合再脱羧，生成 α,β-不饱和酸酯。

(18) 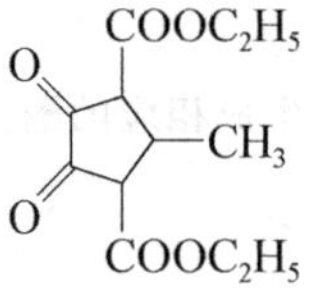

**【习题 10-12】** 指出下列反应步骤中与反应条件不符的产物，并说明理由。

(1) 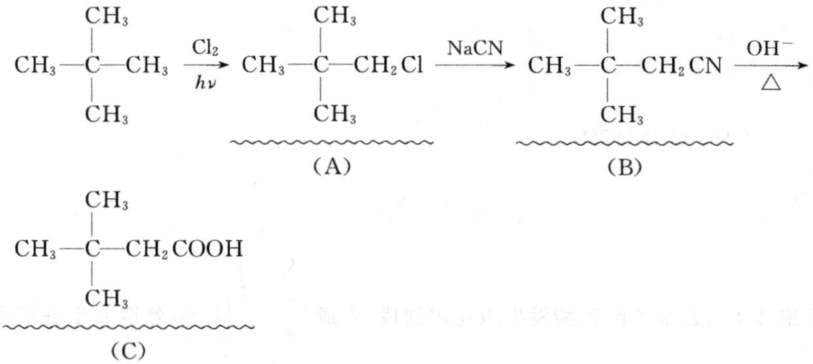

(2) 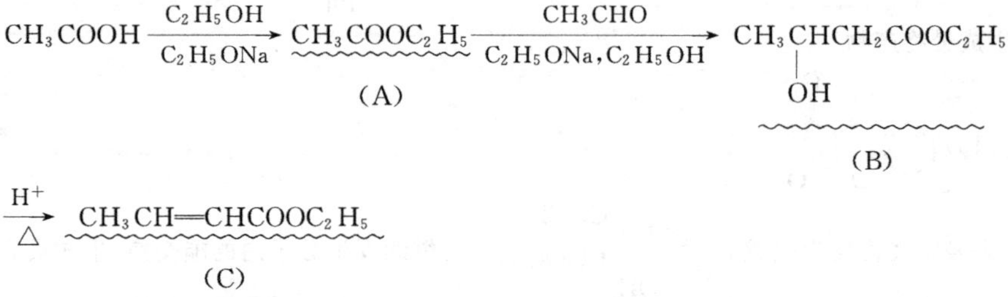

(3) 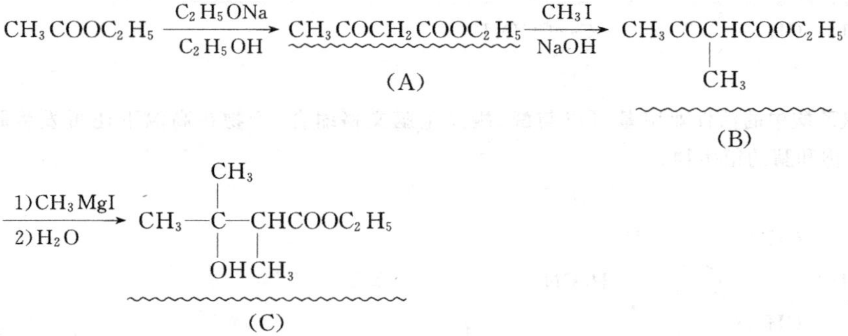

(4) 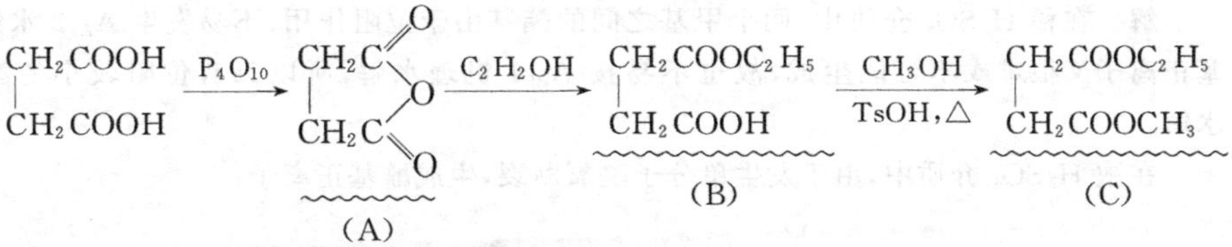

**解**　(1) (B)错。由于位阻作用,新戊基氯不能发生 $S_N2$ 反应。

(2) (A)错。在醇钠作用下不可能生成酯。

(B)错。由于醛羰基与酯羰基的活性差异,醛分子中的 α-氢更容易被夺走。另外,由于该反应产物不能生成更稳定的烯醇盐结构,即使生成后也会通过逆反应分解,最终生成稳定的烯醇盐 $CH_3C(=O)—CH(Na)CH(=O)$ 或 $CH_3C(=O)CH=CH(ONa)$ 。如果(A)先经 LDA 强碱处理,(B)能否生成?

(3) (C)错。格氏试剂与酮羰基和酯羰基都可发生反应。

(4) (C)错。酸催化下,原有的乙酯基会发生酯交换反应,结果生成混合物。

**【习题 10-13】**　通常二元酸的 $pK_{a1}$ 比相应的一元酸的 $pK_a$ 小,而 $pK_{a2}$ 则比相应的一元酸的 $pK_a$ 大,试解释原因。

**解**　当二元酸的两个羧基相距不太远时,羧基的 −I 效应使得另一个羧基上的氢原子的酸性增强,当氢电离后,羧基负离子上的负电荷可通过诱导效应得到分散。另一方面,如果分子中两个羧基的空间位置合适,羧基负离子还可以通过形成氢键而稳定,这些作用的结果都使得二元酸的 $pK_{a1}$ 值下降。但当分子中第二个羧基上的氢电离时,由于带负电荷的两个羧酸根之间的电场作用(场效应),分子的稳定性下降,因此第二级电离与相应的一元酸相比不太容易进行,故 $pK_{a2}$ 值上升。

**【习题 10-14】**　在羧酸衍生物 $CH_3COCl$、$(CH_3CO)_2O$、$CH_3COOC_2H_5$ 和 $CH_3CONH_2$ 的分子中都含有 $CH_3C(=O)—$ 结构,但却不能发生卤仿反应。试给出合理的解释。

**解**　在卤仿反应中,首先是 $OH^-$ 夺取 $CH_3CO—$单元中的 α-氢,生成的烯醇负离子再与卤素分子进一步反应。在醛、酮分子中,其 $CH_3CO—$单元中的 α-氢 $pK_a$ 为 16~17,可以被 $OH^-$ 夺取。而在 $CH_3COOCH_2CH_3$ 和 $CH_3CONH_2$ 分子中,氧或氮上的未共用电子对与羰基之间的 p-π 共轭作用降低了羰基的缺电子性,使得它们的 α-氢酸性降低,$OH^-$ 不能夺取其质子形成烯醇负离子,从而使反应不能进行。对酰卤和酸酐而言,虽然其 α-氢酸性较强,但在碱性条件下它们首先发生水解,生成羧酸或羧酸盐,其 α-氢的酸性同样很低,故卤仿反应也不能进行。

**【习题 10-15】**　已知下列反应事实,试给出合理的解释。

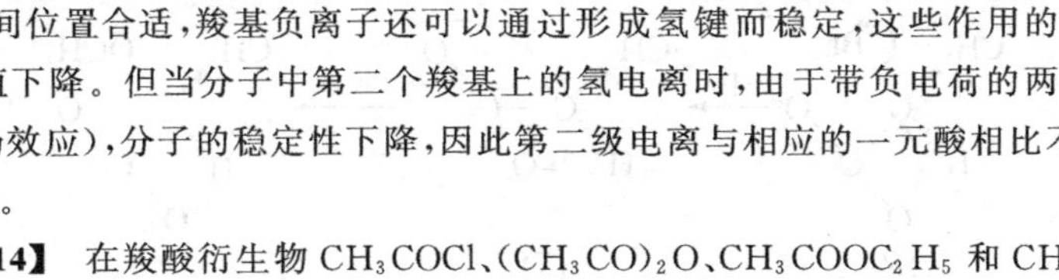

**解**　在稀 $H_2SO_4$ 介质中，两个甲基之间的酯基由于位阻作用，不易发生 $A_{Ac}2$ 水解。而甲基正离子又很难或不可能生成，故也不易按 $A_{Al}1$ 机理水解，所以只有位阻较小的酯基发生水解。

在浓 $H_2SO_4$ 介质中，由于发生单分子酰氧断裂，生成酰基正离子：

$$R-\overset{\displaystyle O}{\overset{\|}{C}}-OR' \xrightarrow{浓\ H_2SO_4} R-C\equiv\overset{+}{O} + R'OH$$

位阻的影响很小，故两个酯基均可按 $A_{Ac}1$ 机理水解。

**【习题 10-16】**　已知(*R*)-2-溴丙酸在稀甲醇钠的甲醇溶液中醇解，反应速率比 2-溴丙烷快 20 多倍，并且产物是(*R*)-2-甲氧基丙酸，试对此实验事实提出合理的解释。

**解**　2-溴丙烷的醇解反应主要按 $S_N2$ 和 $S_N1$ 机理：

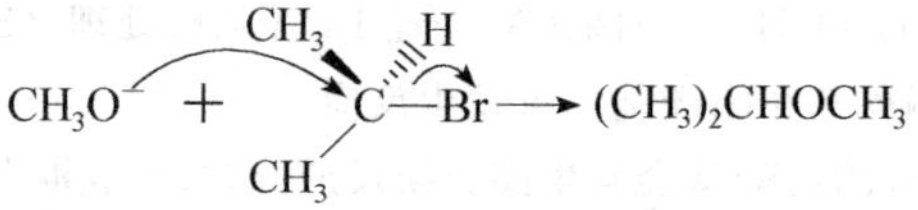

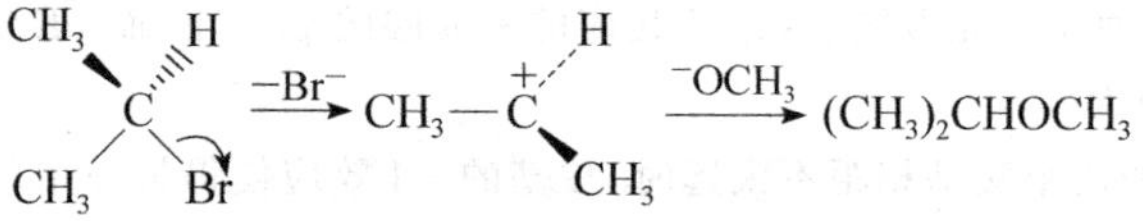

而在(*R*)-2-溴丙酸的醇解反应中，存在羧酸根负离子的邻基参与作用：

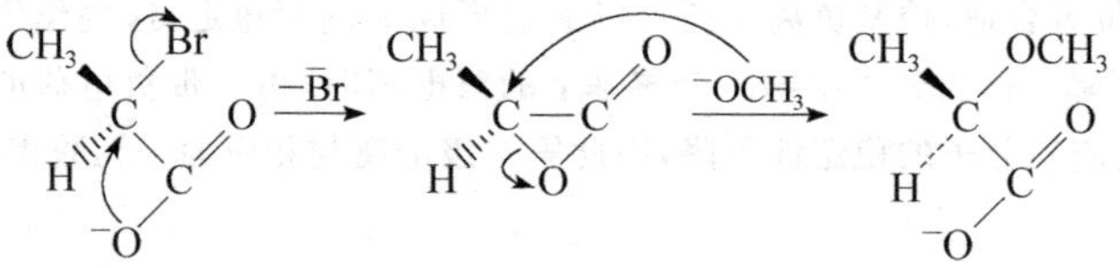

(*R*)　　　　(*S*)

由于邻基参与，反应速率大大加快。同时，对中心碳原子而言，相当于发生两次 $S_N2$ 反应，故最终产物的构型不变，仍保留 *R* 构型。

**【习题 10-17】**　乙酰氯遇水迅速水解，而苯甲酰氯的水解速率很慢，甚至可在水溶液中使用。试对此提出合理的解释。

**解**　乙酰氯水解反应机理如下：

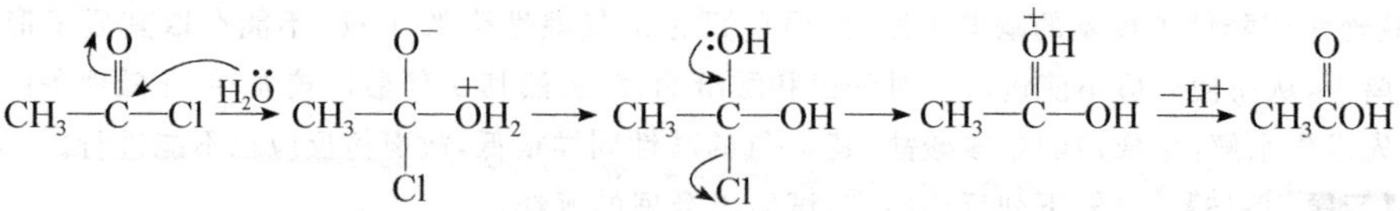

由于氯的－I 效应比＋C 效应大，羰基缺电子程度增加，很容易接受水分子的亲核进攻，且具四面体结构的中间体的空间张力也不太大，因此反应很容易进行。

而苯甲酰氯则由于苯环与羰基的 π-π 共轭，羰基的缺电子程度降低，活性减小，不易接受水分子的进攻：

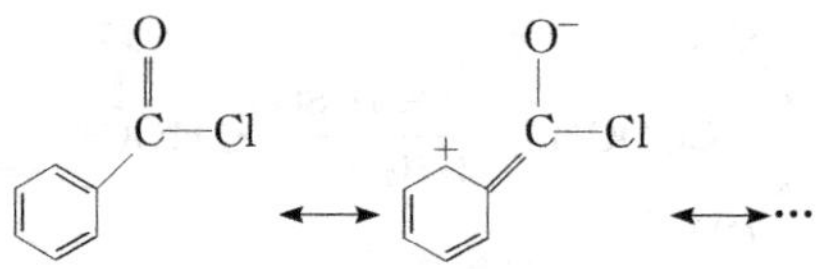

另外，在与水加成生成的四面体中间体中，因苯基体积较大，空间张力增加，从而导致水解反应的活化能升高，使得苯甲酰氯的反应活性下降。

**【习题 10-18】** 给下列反应提出合理的反应机理。

(1) $(C_6H_5)_3CCOOH \xrightarrow[CH_3OH]{浓 H_2SO_4} (C_6H_5)_3COCH_3$

(2) 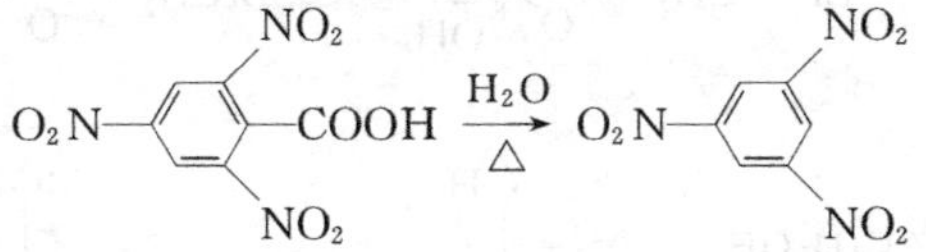

(3) 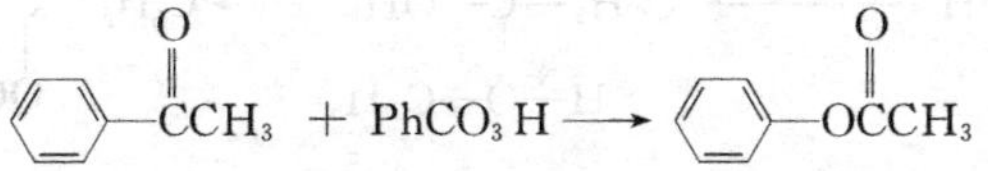

(4) 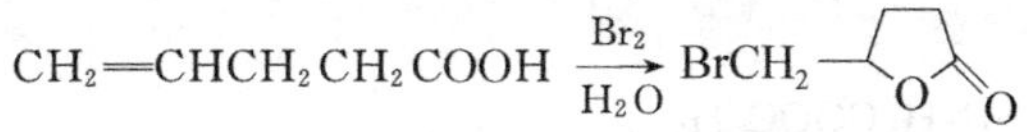

(5) $C_6H_5COOH + C_2H_5OH \xrightarrow{H^+} C_6H_5COOC_2H_5$

(6) 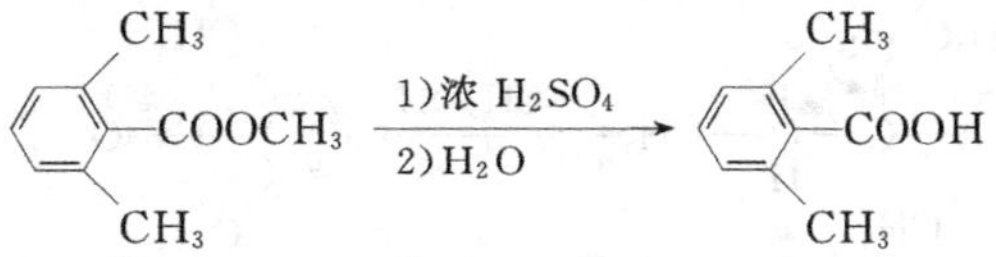

(7) $CH_3\overset{O}{\overset{\|}{C}}OC(C_6H_5)_3 \xrightarrow[CH_3OH]{H_2SO_4} CH_3COOH + CH_3OC(C_6H_5)_3$

**解** (1) 这是正离子机理的脱羧反应：

$$(C_6H_5)_3C\overset{O}{\overset{\|}{C}}OH \xrightarrow{H^+} (C_6H_5)_3C\overset{O:}{\overset{\|}{C}}-\overset{+}{O}H_2 \xrightarrow{-H_2O}$$

$$(C_6H_5)_3C\overset{+}{C\equiv O} \xrightarrow{-CO} (C_6H_5)_3\overset{+}{C} \xrightarrow{CH_3OH} (C_6H_5)_3C\overset{+}{O}(H)CH_3 \xrightarrow{-H^+} (C_6H_5)_3COCH_3$$

(2) 这是负离子机理的脱羧反应：

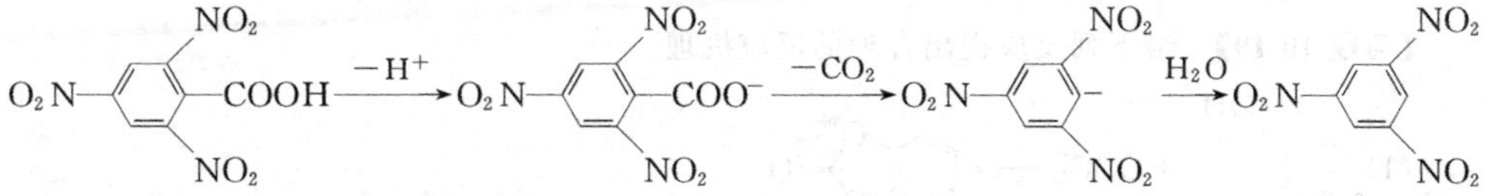

(3) 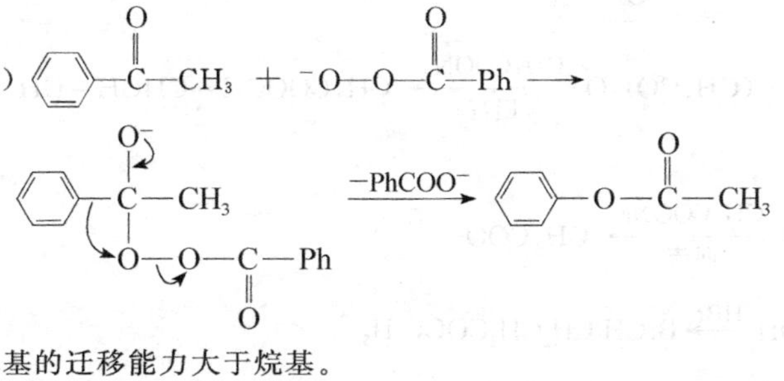

苯基的迁移能力大于烷基。

(4) 反应中首先生成溴鎓离子：

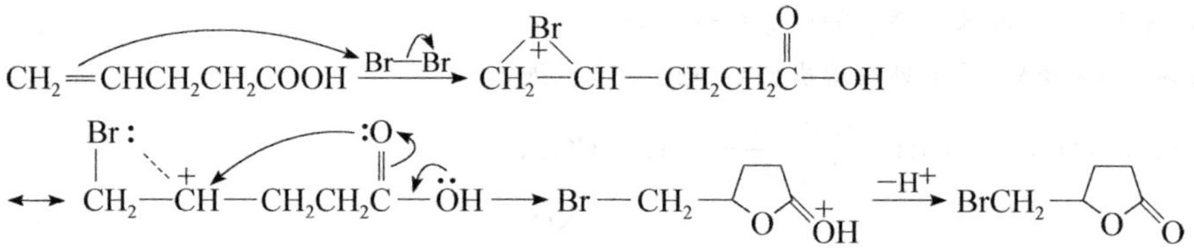

(5) 这是 $A_{Ac}2$ 反应：

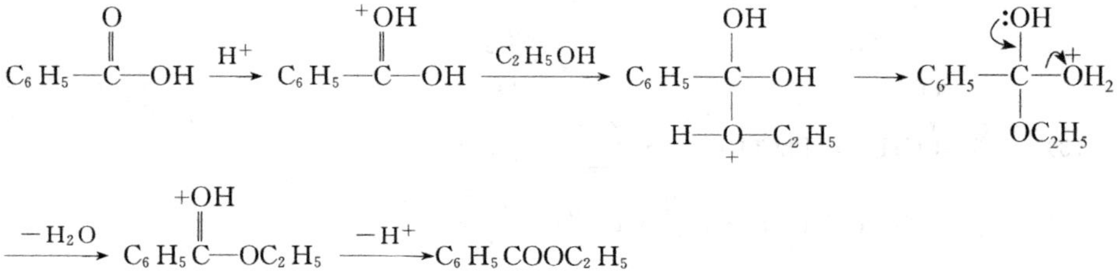

(6) 这是 $A_{Ac}1$ 反应：

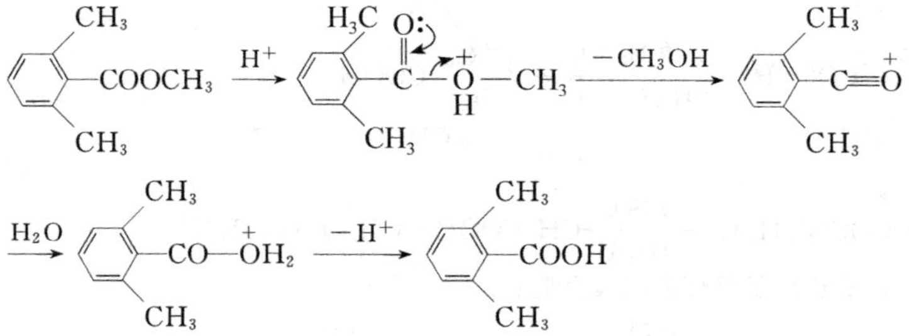

(7) 这是 $A_{Al}1$ 反应：

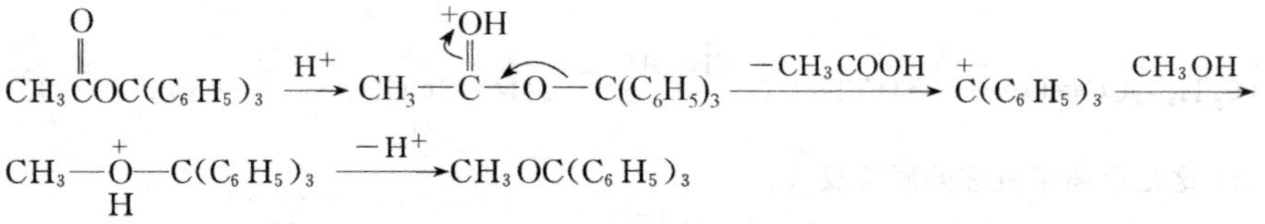

**【习题 10-19】** 给下列反应提出合理的反应机理。

(1) 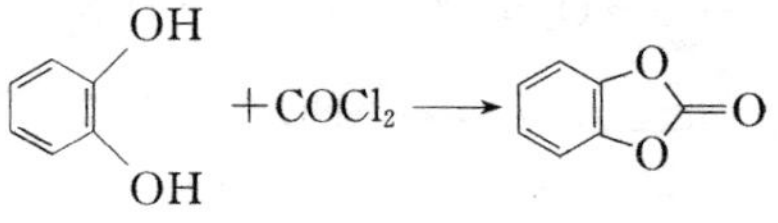

(2) $CH_3CH{=}CHCHO + (CH_3CO)_2O \xrightarrow[\text{回流}]{CH_3COONa} CH_3COOCH{=}CHCH{=}CH_2$

(3) 

(4) 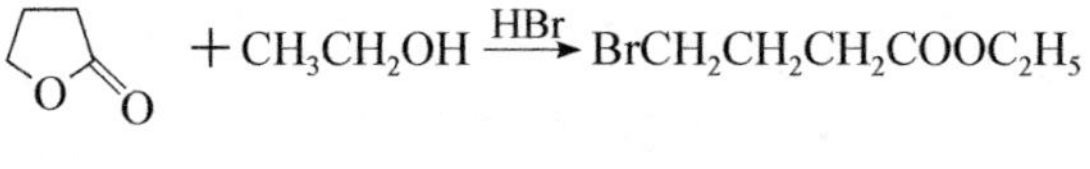

(5) 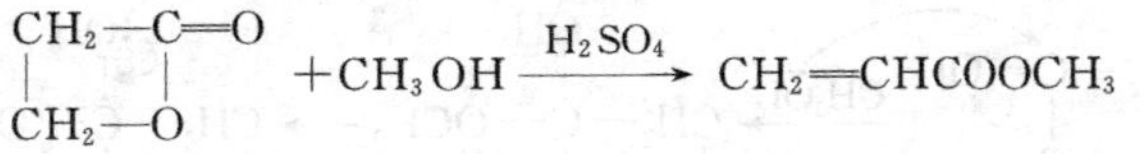

(6) 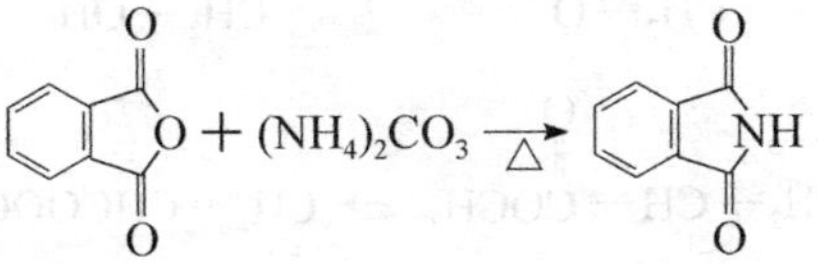

(7) $CH_3OCH_2CH_2CN \xrightarrow[H_2O,\triangle]{H_2SO_4} CH_2{=}CHCOOH$

**解**　(1)

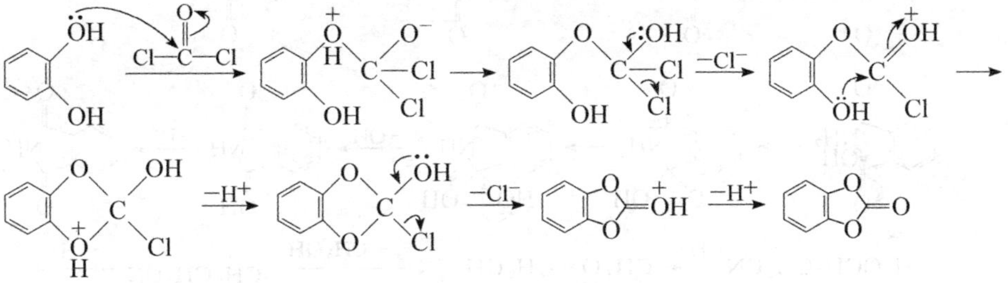

(2) 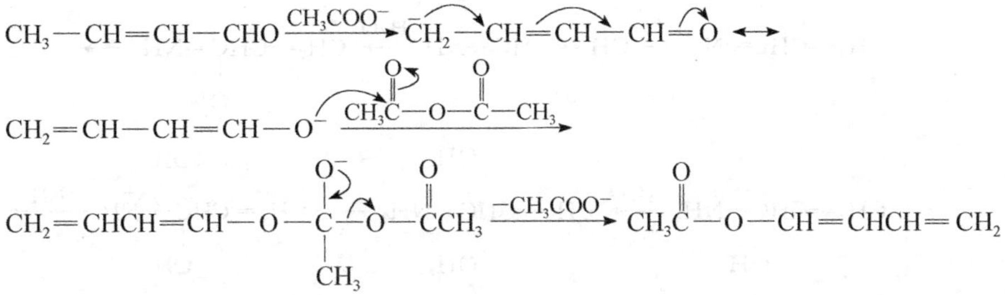

(3) 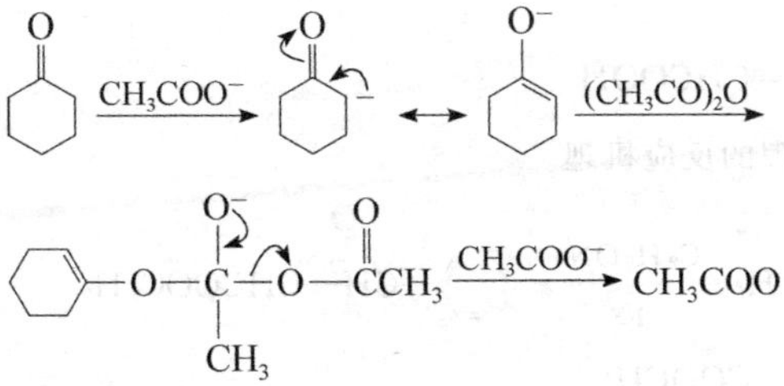

(4) 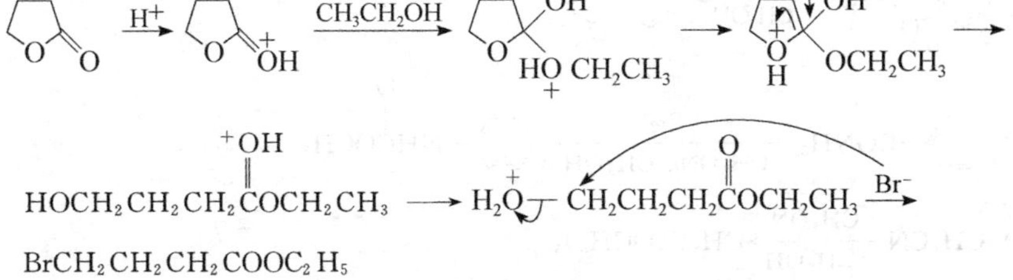

(5) 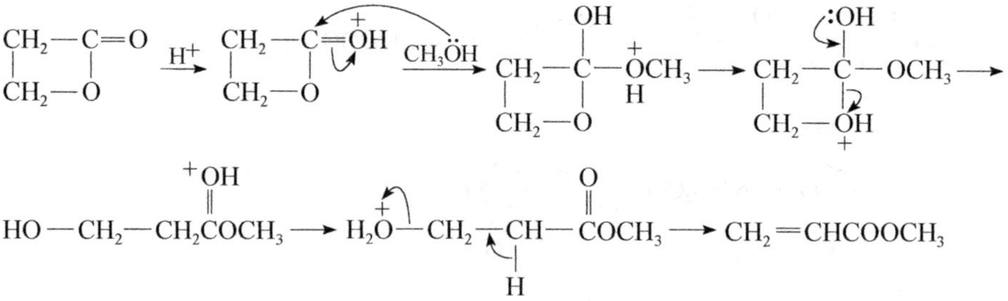

(6) 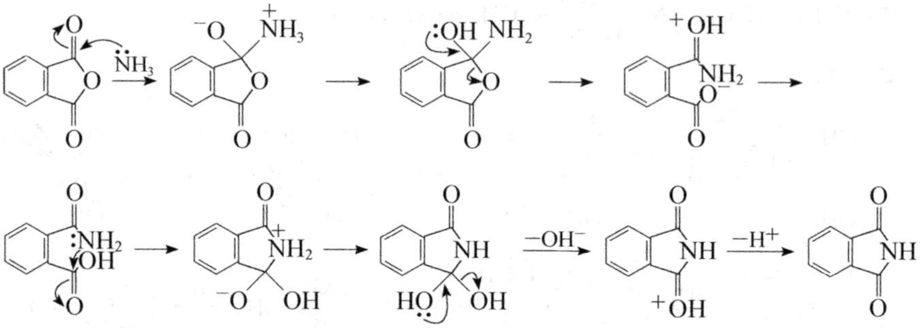

(7) 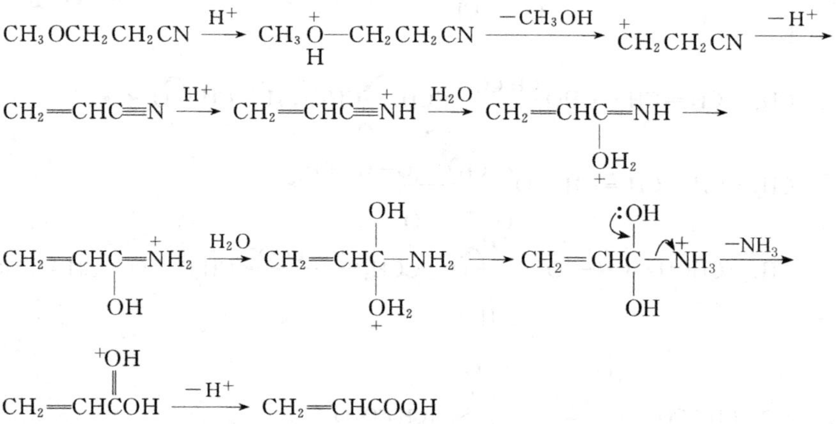

**【习题 10-20】** 给下列反应提出合理的反应机理。

(1) 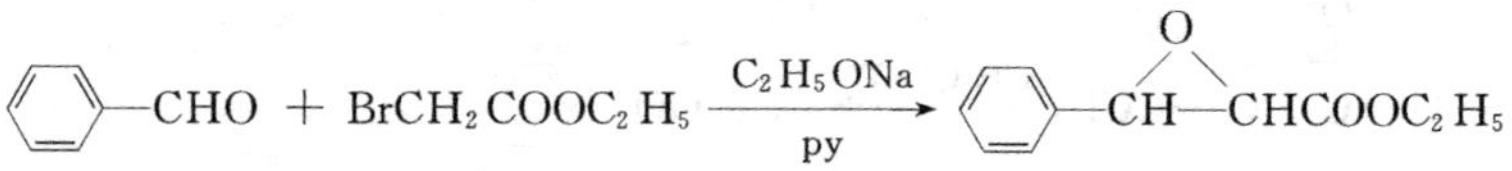

(2) 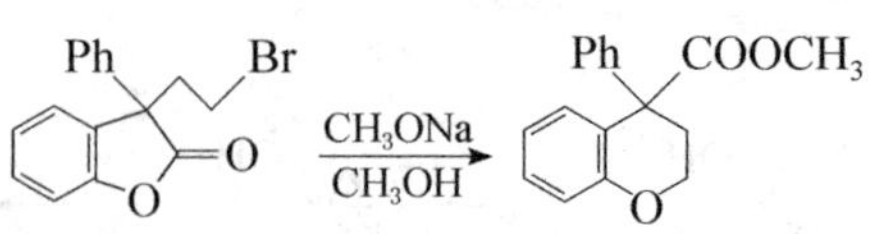

(3) 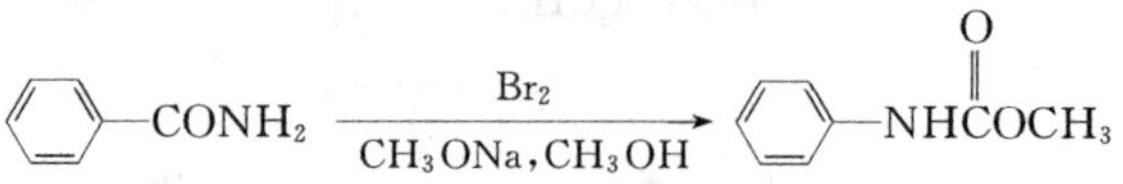

(4) $CH_3CN \xrightarrow[CH_3OH]{CH_3ONa} CH_3C(OCH_3)_3$

(5) 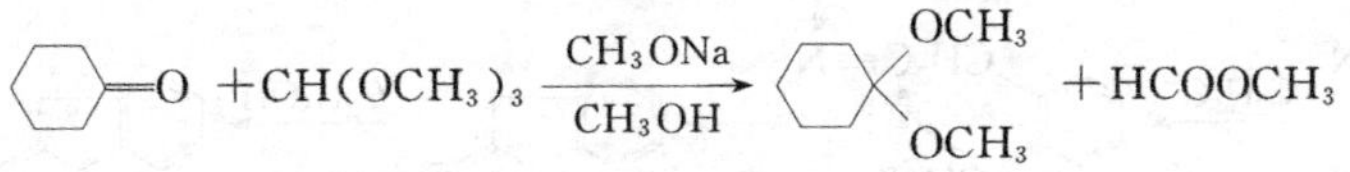

(6) 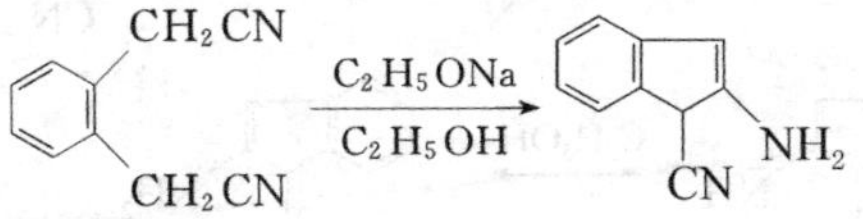

解　(1) 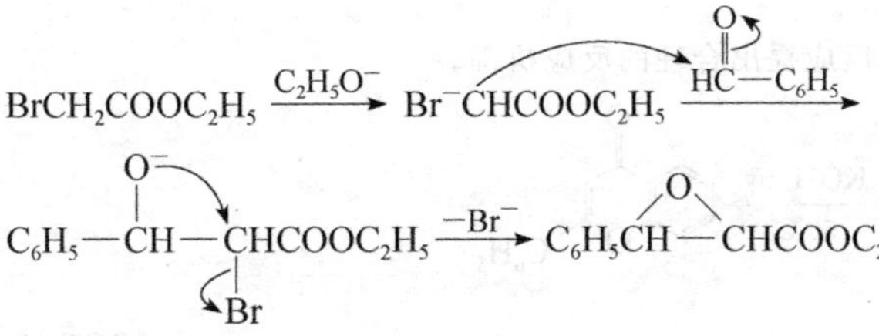

(2) 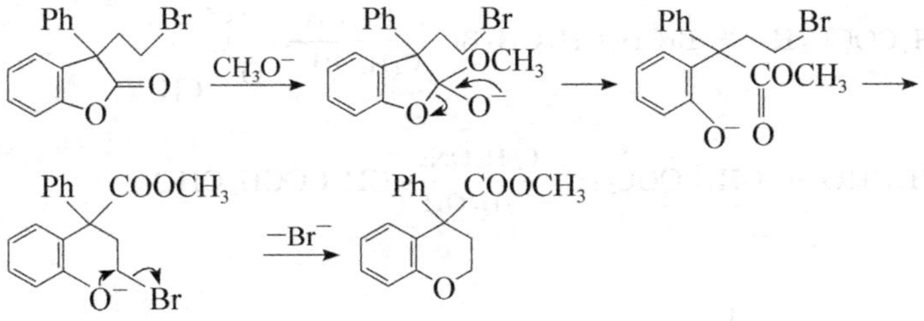

(3) 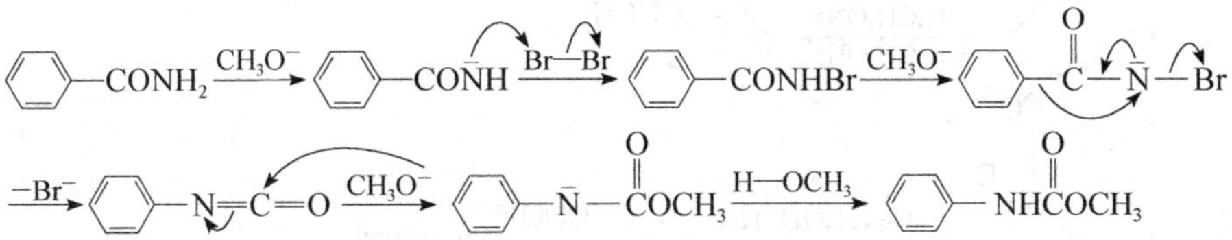

(4) 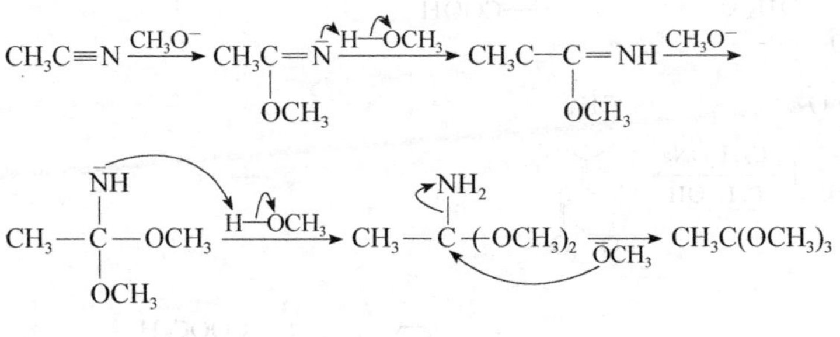

(5) 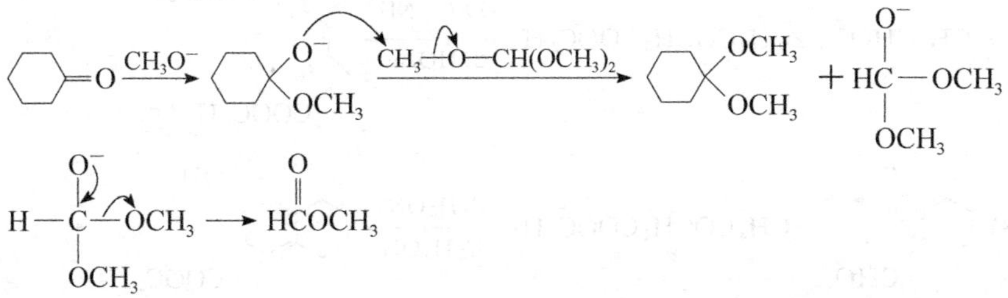

(6) 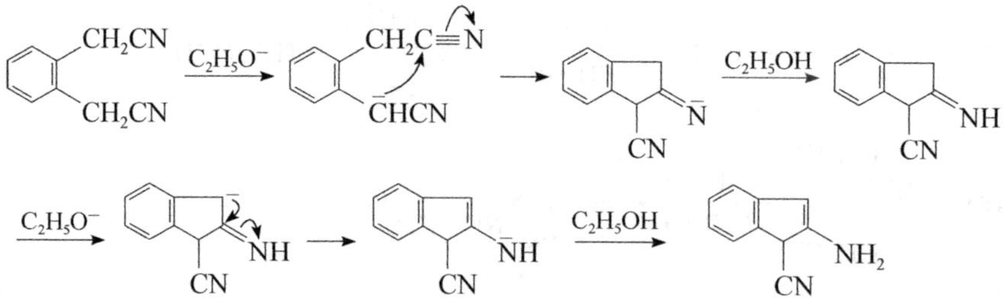

**【习题 10-21】** 给下列反应提出合理的反应机理。

(1) 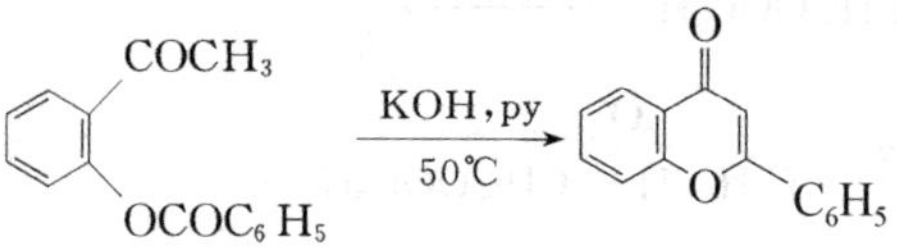

(2) 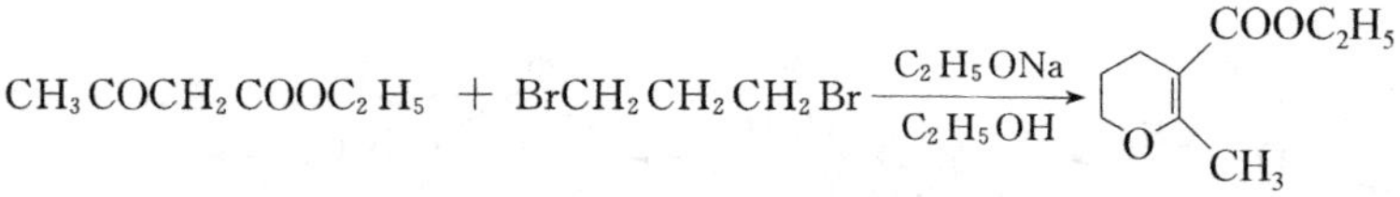

(3) $$CH_3CH(OH)CH_2CHO + CH_3COOC_2H_5 \xrightarrow[C_2H_5OH]{C_2H_5ONa} CH_3COCH_2CHO$$

(4) 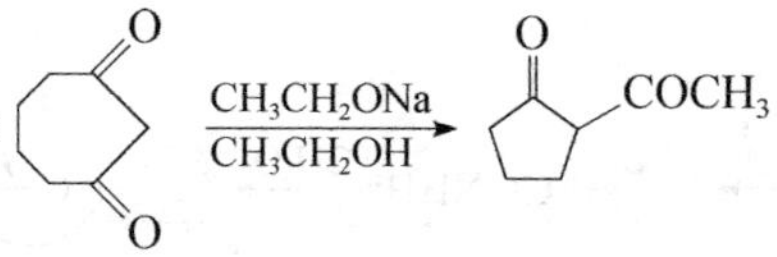

(5) 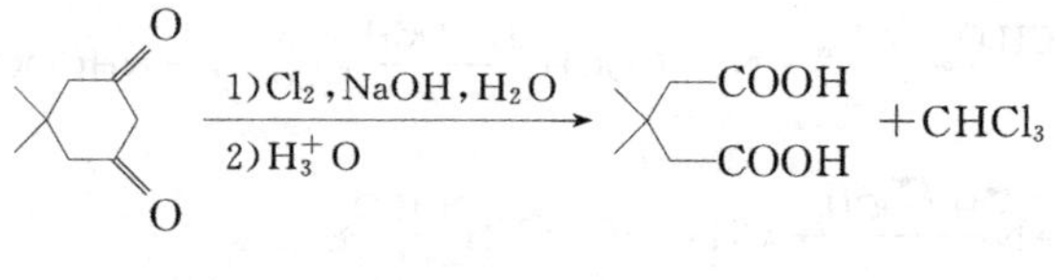

(6) 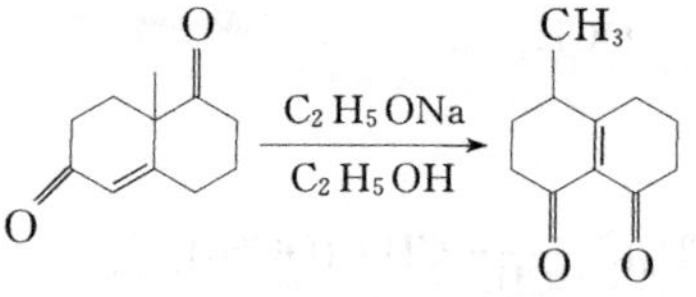

(7) 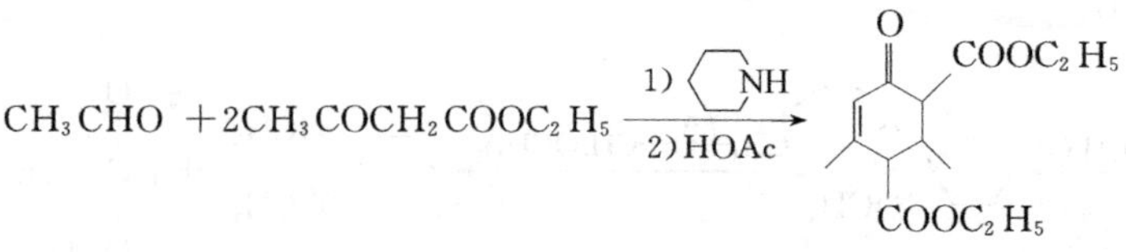

(8) 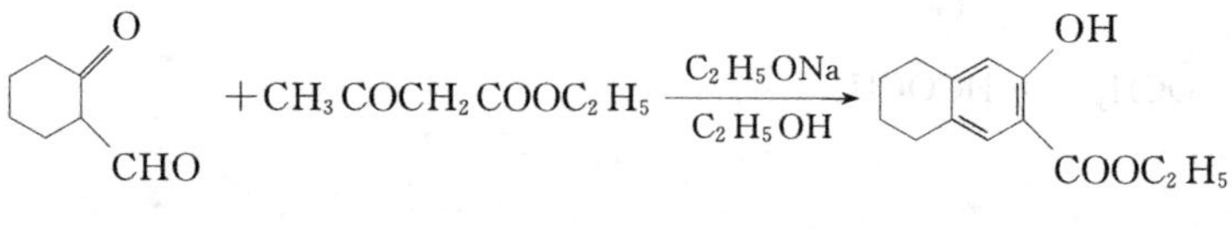

解　(1)

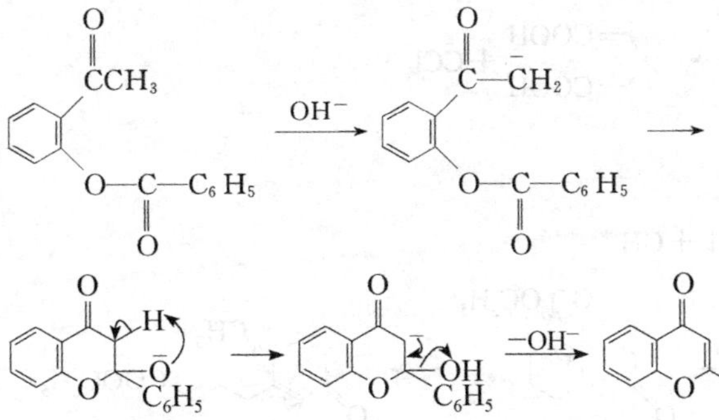

(2)

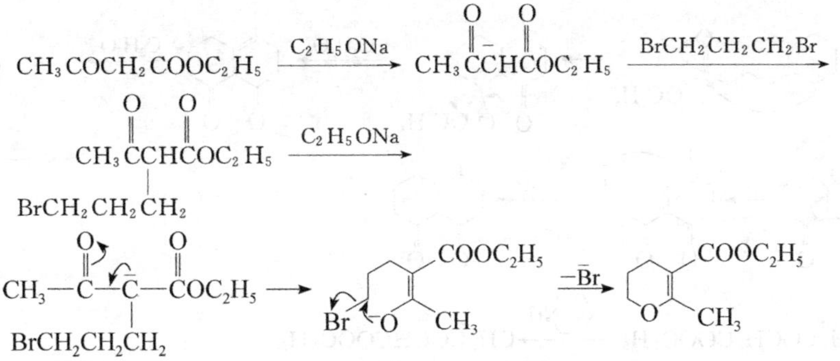

(3)

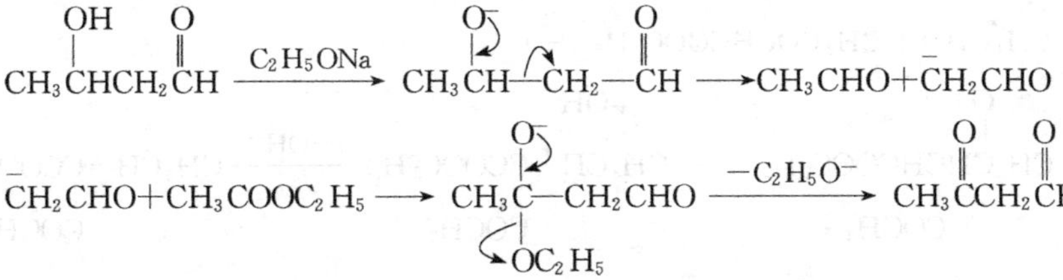

(4)

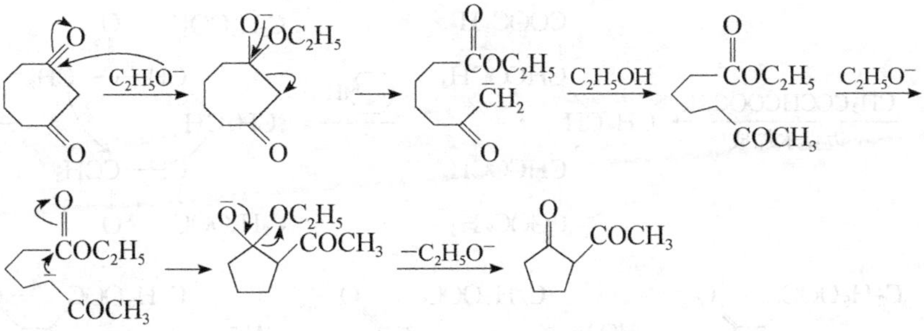

(5)

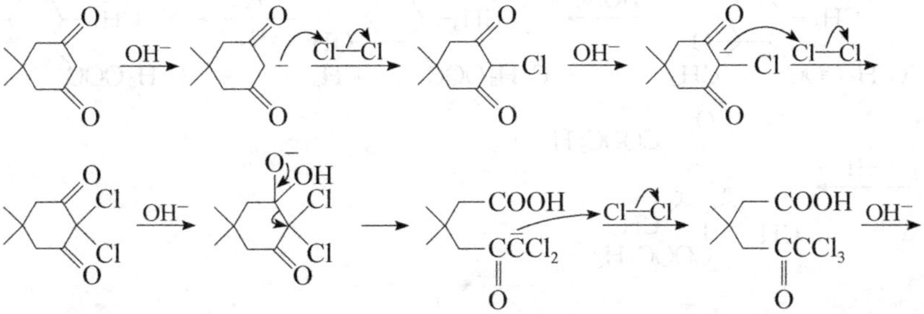

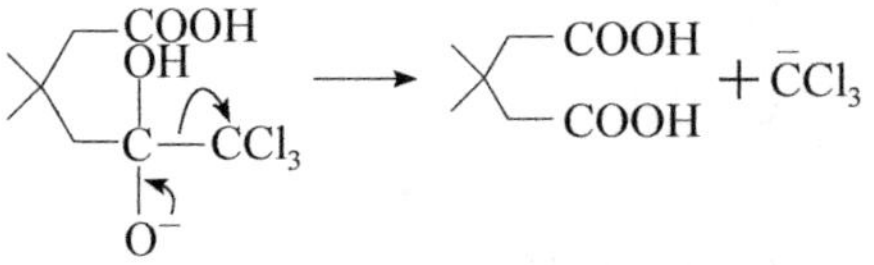

$$\bar{C}Cl_3 \xrightarrow{H—OH} CHCl_3 + OH^-$$

(6)

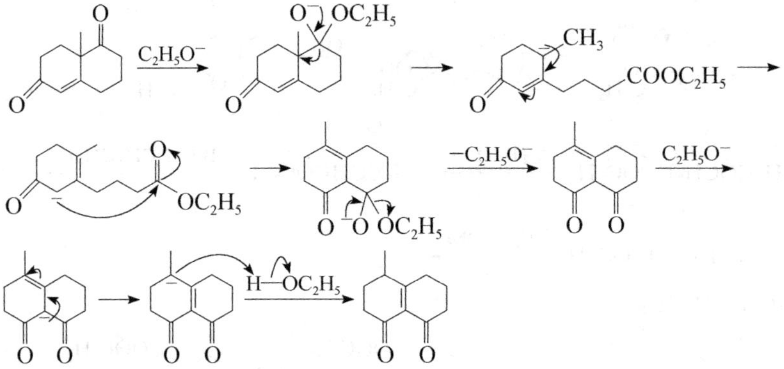

(7)

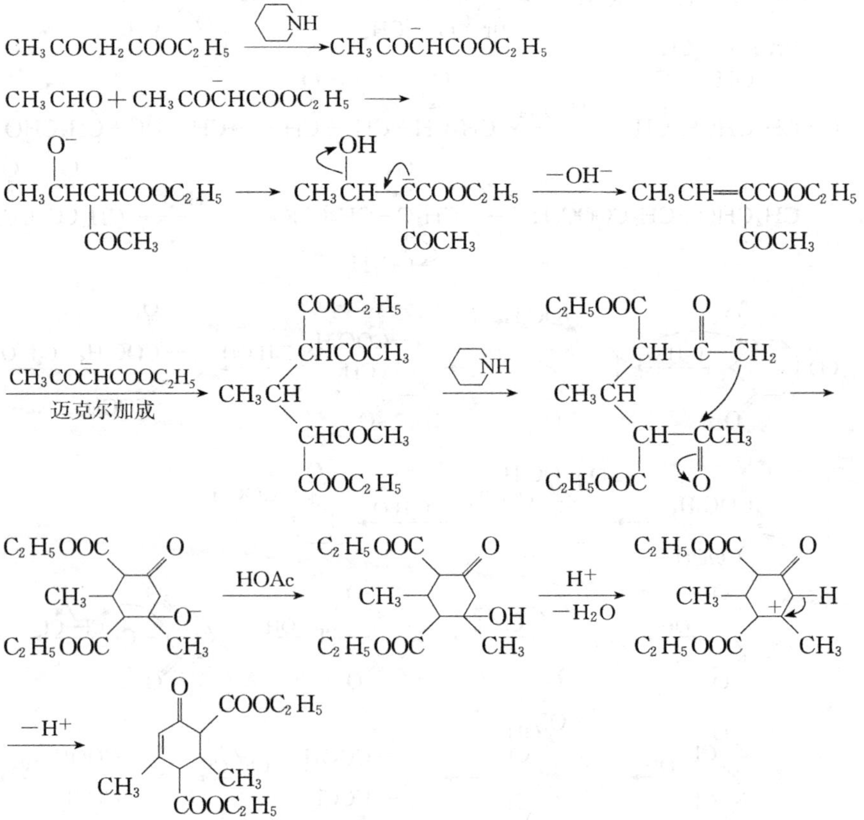

(8)

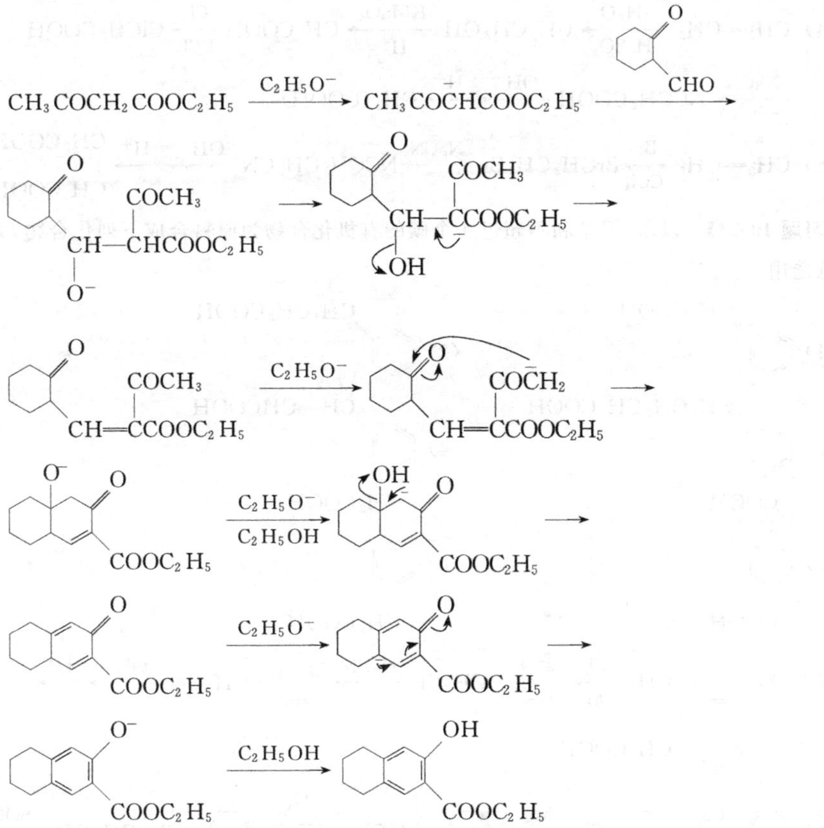

【习题 10-22】 以乙烯为原料合成下列化合物，无机试剂可任意选用。

(1) $CH_3CH_2COOH$　　(2) $CH_3CH_2CH_2COOH$

(3) $CH_2{=}CHCOOH$　　(4) $CH_2(COOH)_2$

(5) $\begin{matrix} CH_2COOH \\ | \\ CH_2COOH \end{matrix}$

**解** (1) $CH_2{=}CH_2 \xrightarrow{HBr} CH_3CH_2Br \xrightarrow{NaCN} CH_3CH_2CN \xrightarrow{H_3^+O} CH_3CH_2COOH$

(2) $CH_2{=}CH_2 \xrightarrow{HBr} CH_3CH_2Br \xrightarrow[Et_2O]{Mg} CH_3CH_2MgBr$

$$CH_2{=}CH_2 \xrightarrow{PhCOOOH} \underset{\diagdown O \diagup}{CH_2{-}CH_2} \xrightarrow[2)H_2O]{1)CH_3CH_2MgBr} CH_3CH_2CH_2CH_2OH$$

$$\xrightarrow[H^+]{KMnO_4} CH_3CH_2CH_2COOH$$

(3) $CH_2{=}CH_2 \xrightarrow[CCl_4]{Br_2} BrCH_2CH_2Br \xrightarrow[C_2H_5OH,\triangle]{NaOH} CH_2{=}CHBr \xrightarrow[THF]{Mg}$

$$CH_2{=}CHMgBr \xrightarrow[2)H_2O]{1)CO_2} CH_2{=}CHCOOH$$

(4) $CH_2{=\!=}CH_2 \xrightarrow[H_2SO_4]{H_2O} CH_3CH_2OH \xrightarrow[H^+]{KMnO_4} CH_3COOH \xrightarrow[PCl_3]{Cl_2} ClCH_2COOH$

$\xrightarrow{NaCN} NCCH_2COOH \xrightarrow{OH^-} \xrightarrow{H^+} CH_2(COOH)_2$

(5) $CH_2{=\!=}CH_2 \xrightarrow[CCl_4]{Br_2} BrCH_2CH_2Br \xrightarrow{NaCN} NCCH_2CH_2CN \xrightarrow{OH^-} \xrightarrow{H^+} \begin{array}{l} CH_2COOH \\ | \\ CH_2COOH \end{array}$

**【习题 10-23】** 以苯、甲苯和不超过 4 个碳的有机化合物为原料合成下列化合物，无机试剂可任意选用。

(1) 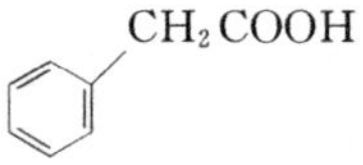

(2) 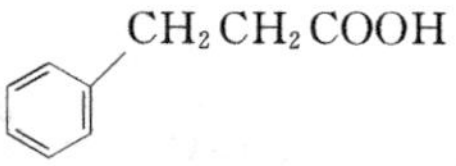

(3) 

(4) 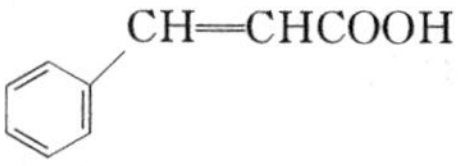

(5) 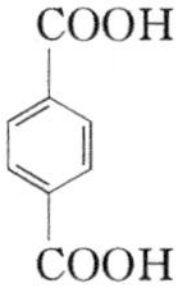

(6) 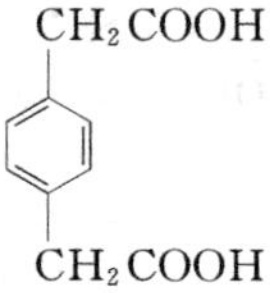

**解** (1) 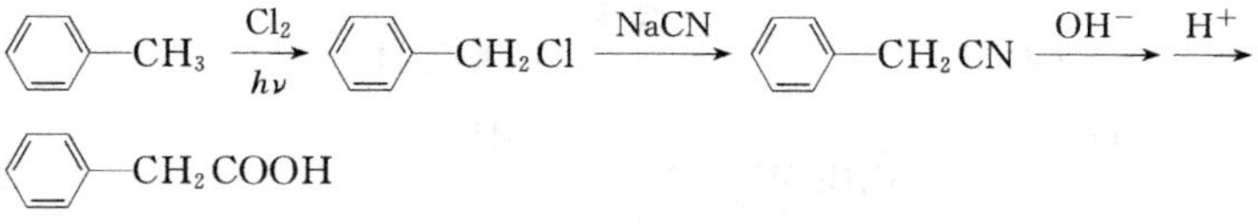

(2) 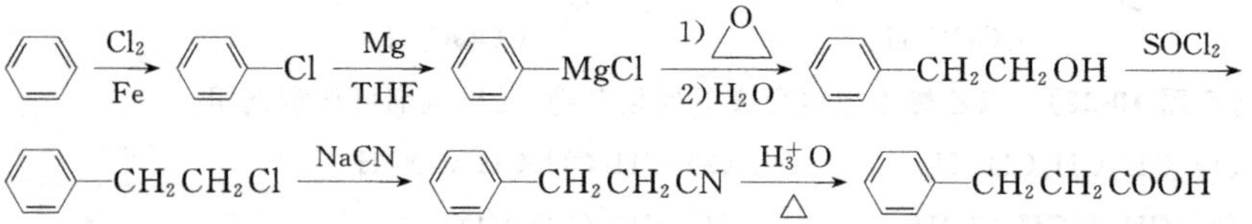

若按下法制备：

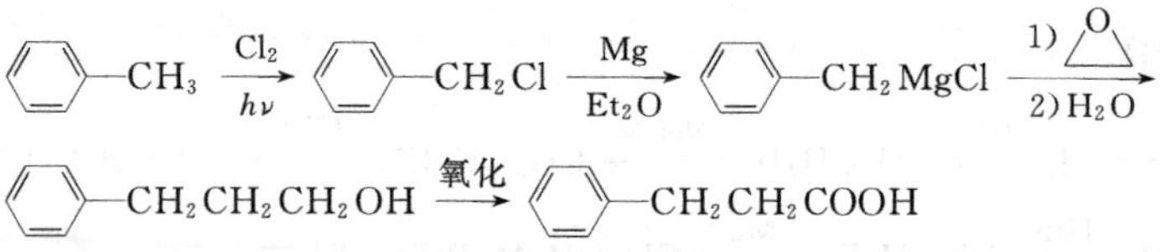

由于苄氯反应活性很高，用它制格氏试剂时，反应必须控制在低温(−30℃以下)，否则会产生大量偶联产物。

(3) 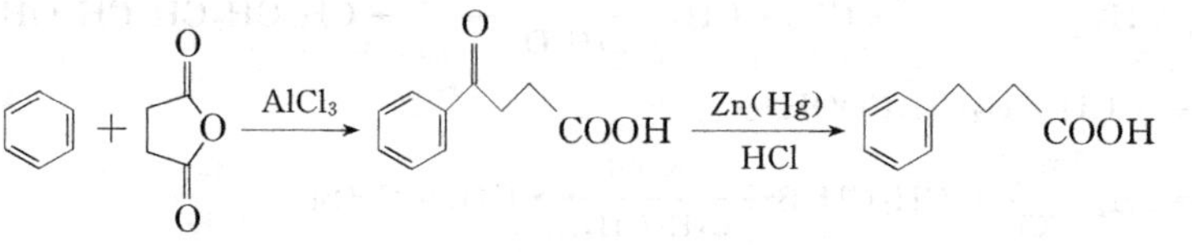

(4) 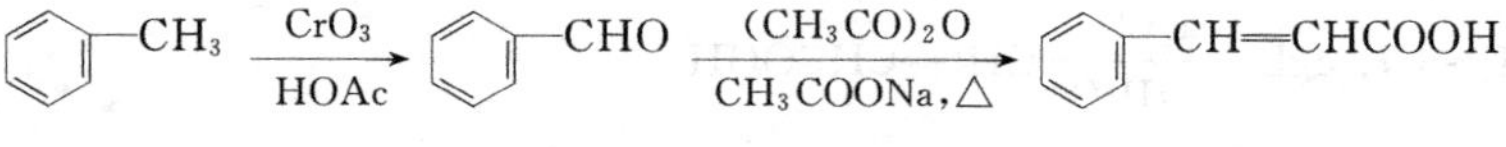

(5) 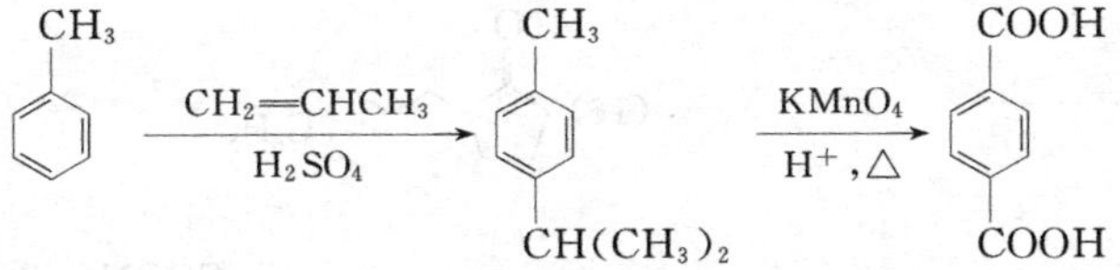

若使用 $CH_3I$ 等发生傅-克反应，则会有大量邻位产物，难以分离，而引入异丙基，则由于位阻作用，邻位产物要少得多。

(6) 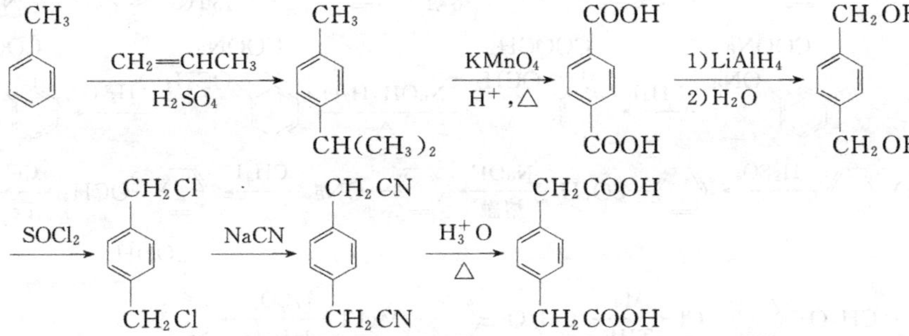

**【习题 10-24】** 以不超过 4 个碳的有机化合物和苯、甲苯等简单芳香族化合物为原料合成下列化合物，无机试剂可任意选用。

(1) 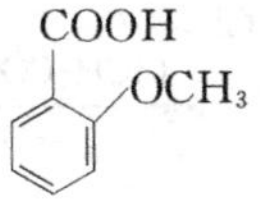

(2) 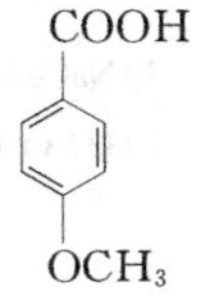

(3) 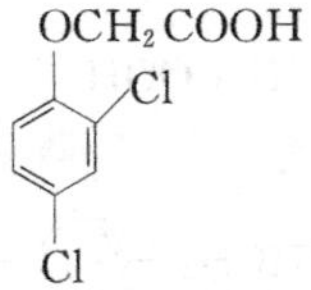

(4) 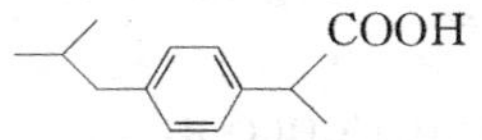

(5) 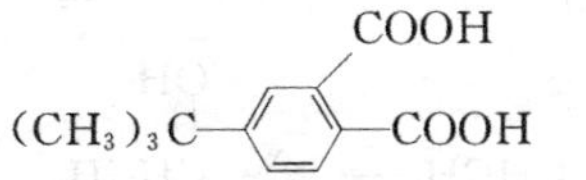

(6) 

(7) 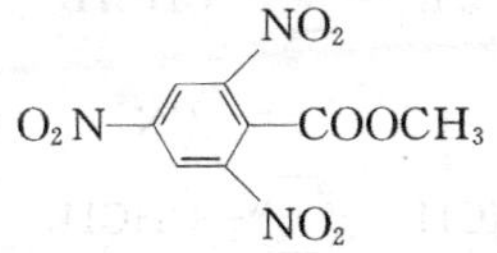

(8) $CH_2COOCH_3$ | $CH_2COOC_2H_5$

(9) $C_6H_5CH(COOC_2H_5)_2$

(10) 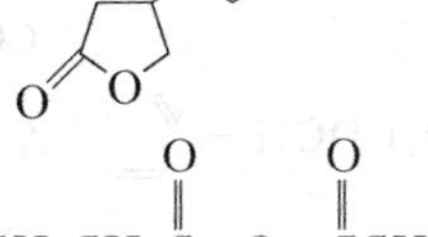

(11) $CH_3-{}^{14}C(CH_3)(CH_2CH_3)-COOH$ （$^{14}C$ 来自 $^{14}CO_2$）

(12) $CH_3CH_2\overset{O}{\overset{\|}{C}}-O-\overset{O}{\overset{\|}{C}}CH_2CH_2CH_3$

(13) $HOCH_2CH_2CH_2CH_2COOC_2H_5$

(14) 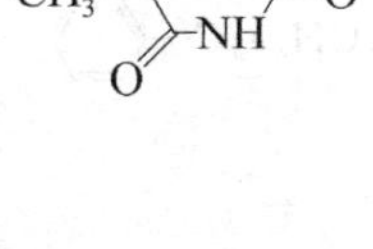

(15) 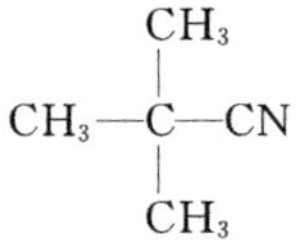

(16) 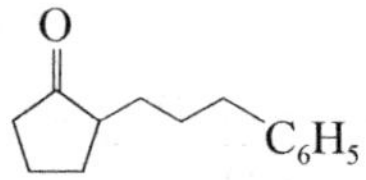

**解**　(1) 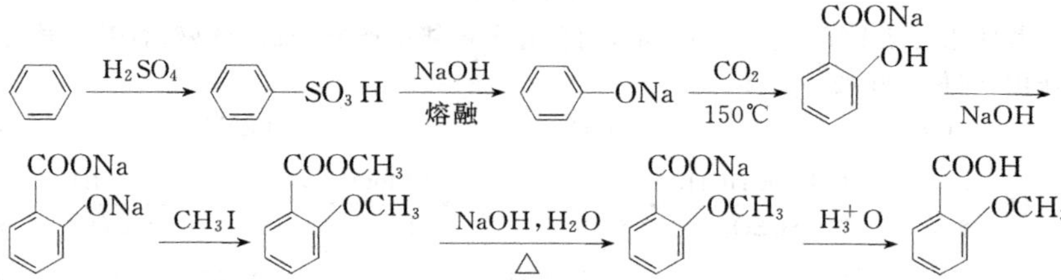

(2) 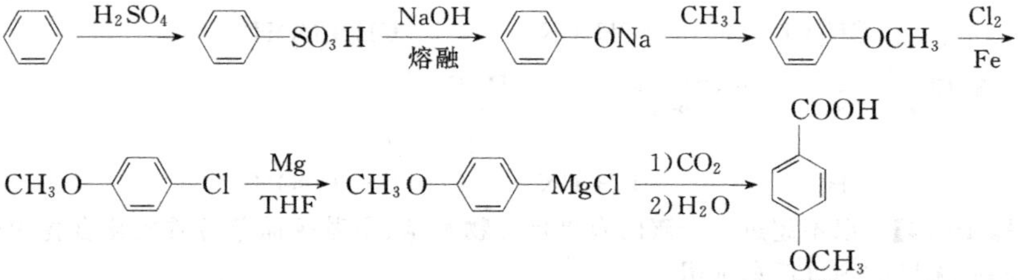

(3) 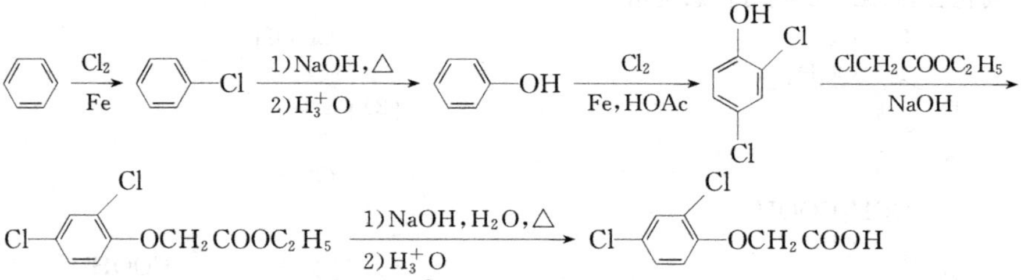

(4) 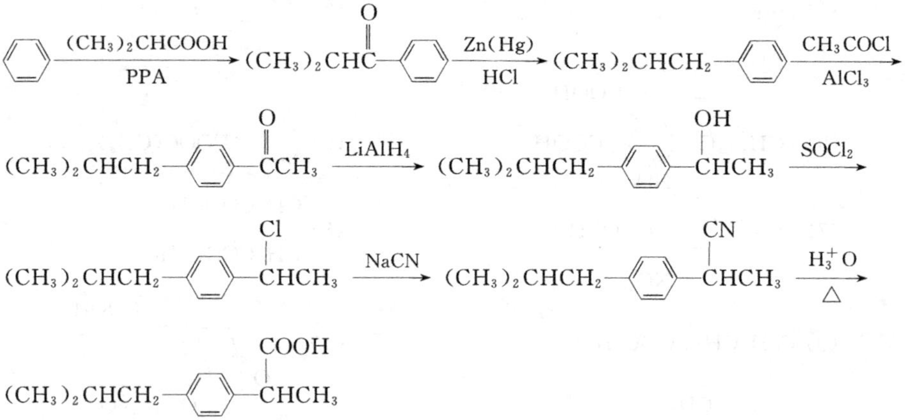

(5) 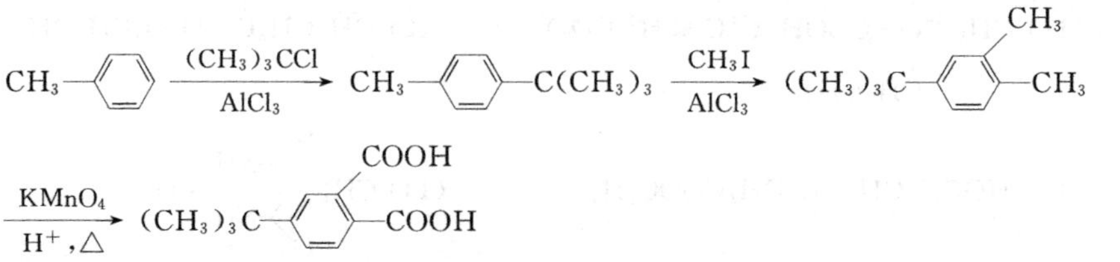

(6) 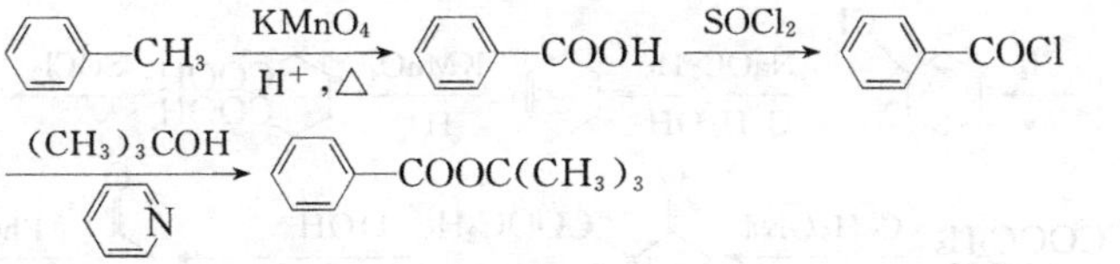


(7) 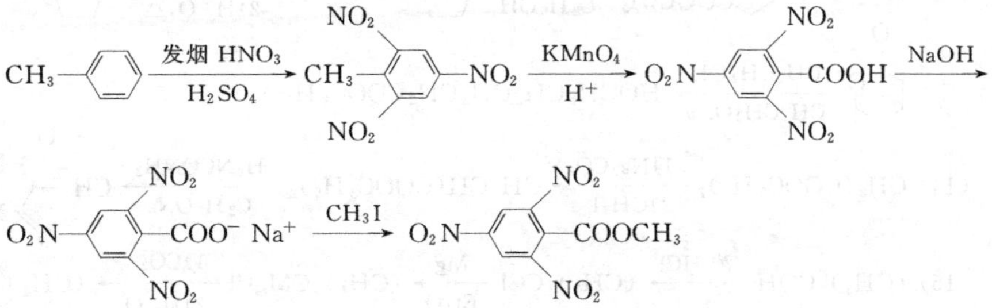


(8) 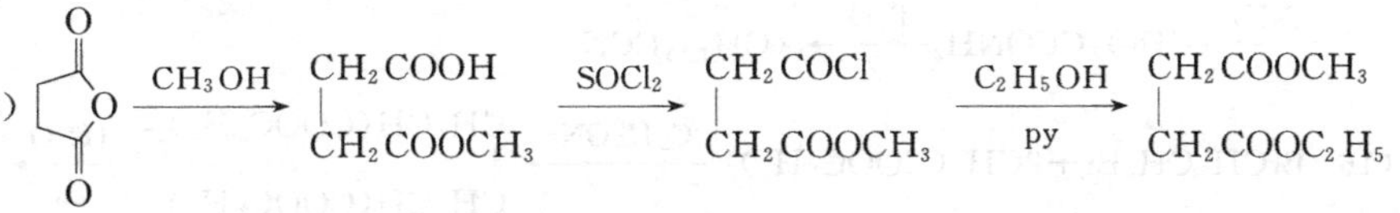


(9) 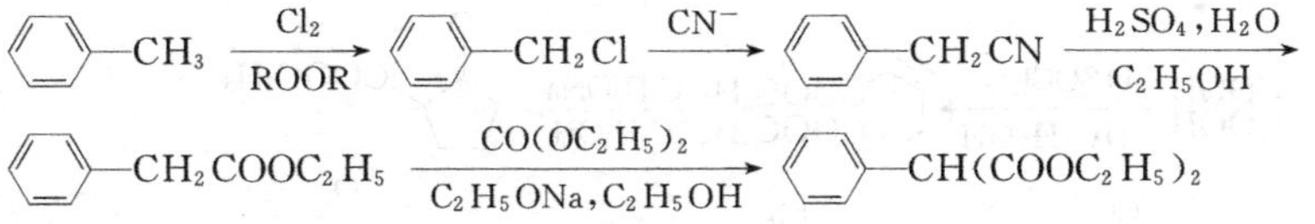


卤代苯不活泼,不可能用丙二酸酯烃基化制得。

(10) 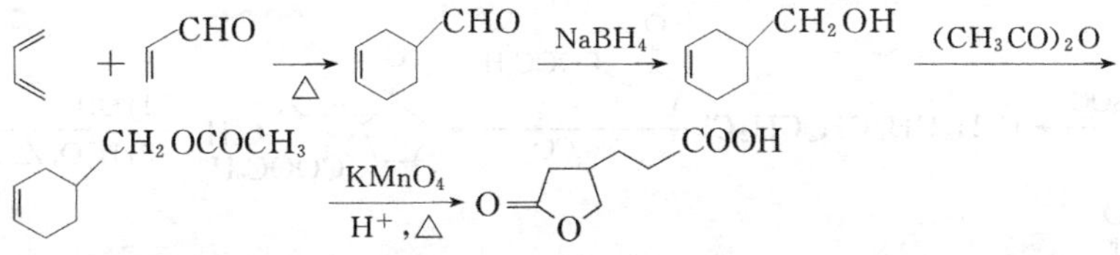


为避免醇羟基被氧化,需先将其酰化保护,最后一步反应中双键被氧化断裂成酸与酰基交换反应同时进行。$\gamma$-丁内酯比 $\delta$-戊内酯更容易形成。

(11) $CH_3CH_2I \xrightarrow[Et_2O]{Mg} CH_3CH_2MgI \xrightarrow[2)H_3^+O]{1)^{14}CO_2} CH_3CH_2^{14}COOH \xrightarrow[H_2SO_4]{CH_3OH} CH_3CH_2^{14}COOCH_3$

$$\xrightarrow[2)H_3^+O]{1)CH_3MgI} CH_3CH_2-{}^{14}\underset{CH_3}{\overset{CH_3}{C}}-OH \xrightarrow{SOCl_2} CH_3CH_2-{}^{14}\underset{CH_3}{\overset{CH_3}{C}}-Cl \xrightarrow[Et_2O]{Mg} CH_3CH_2-{}^{14}\underset{CH_3}{\overset{CH_3}{C}}-MgCl$$

$$\xrightarrow[2)H_3^+O]{1)CO_2} CH_3CH_2-{}^{14}\underset{CH_3}{\overset{CH_3}{C}}-COOH$$

(12) $CH_3CH_2COOH \xrightarrow{SOCl_2} CH_3CH_2COCl \xrightarrow{CH_3CH_2CH_2COONa}$

$$CH_3CH_2\overset{O}{\overset{\|}{C}}-O-\overset{O}{\overset{\|}{C}}CH_2CH_2CH_3$$

(13) 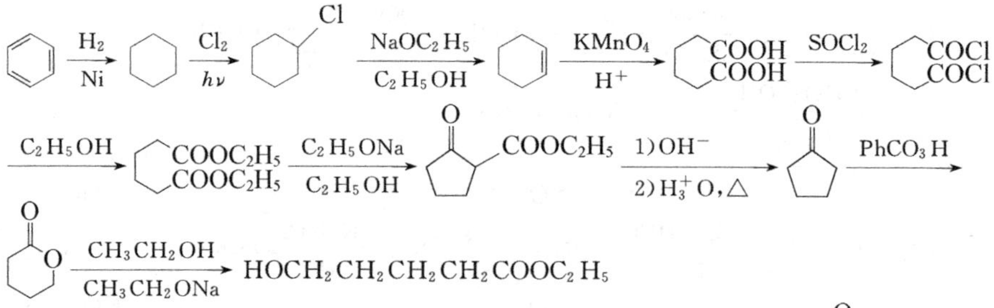

(14) 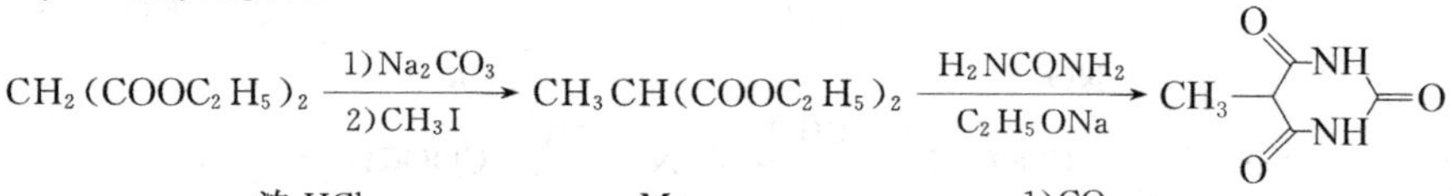

(15) $(CH_3)_3COH \xrightarrow{\text{浓 HCl}} (CH_3)_3CCl \xrightarrow[Et_2O]{Mg} (CH_3)_3CMgCl \xrightarrow[2)\,H_3^+O]{1)\,CO_2} (CH_3)_3CCOOH$

$\xrightarrow[\triangle]{NH_3} (CH_3)_3CCONH_2 \xrightarrow[\triangle]{P_4O_{10}} (CH_3)_3CCN$

(16) 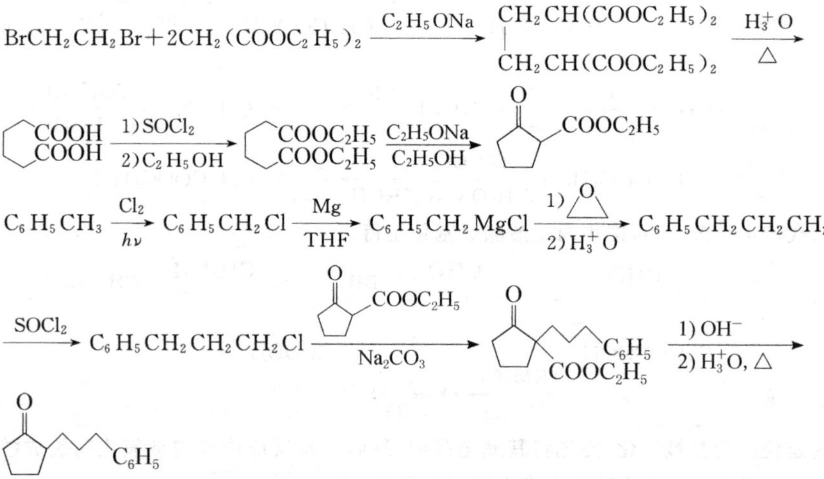

**【习题 10-25】** 以乙酰乙酸乙酯或丙二酸二乙酯、简单芳香族化合物和不超过 4 个碳的有机化合物为原料合成下列化合物,无机试剂可任意选用。

(1) $CH_3CH_2CH(CH_3)COCH_3$　　(2) $CH_3C(=O)CH_2CH_2CH_2COOH$

(3) $C_6H_5CH_2CH(CH_3)COOH$　　(4) $C_6H_5CH_2CH(COOH)CH_2COOH$

(5) 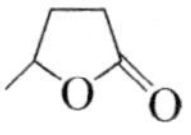　　(6) 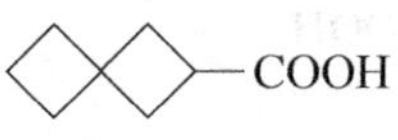

(7) 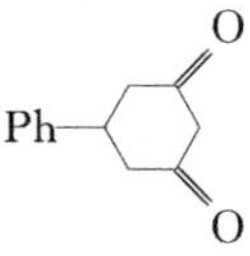　　(8) 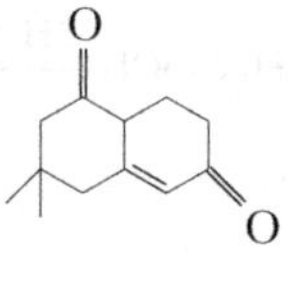

(9) 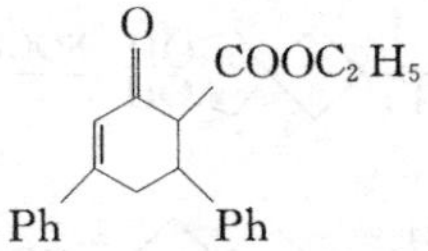　　(10) 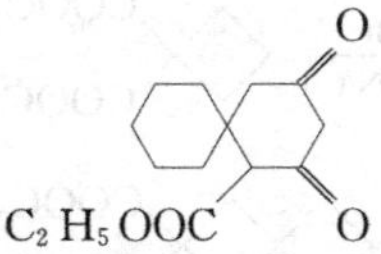

**解**　(1) $CH_3COCH_2COOC_2H_5 \xrightarrow[2)C_2H_5I]{1)NaOH} CH_3CO\underset{\underset{CH_2CH_3}{|}}{CH}COOC_2H_5$

$\xrightarrow[2)CH_3I]{1)NaOH} CH_3CO\overset{\overset{CH_3}{|}}{\underset{\underset{CH_2CH_3}{|}}{C}}COOC_2H_5 \xrightarrow[2)H_3^+O,\triangle]{1)OH^-} CH_3CH_2\underset{\underset{CH_3}{|}}{CH}COCH_3$

(2) 方法一：$CH_3\overset{\overset{O}{\|}}{C}CH_3 \xrightarrow{CH_2O,HN(CH_3)_2} CH_3\overset{\overset{O}{\|}}{C}CH_2CH_2N(CH_3)_2 \xrightarrow[NaOH,\triangle]{CH_2(COOC_2H_5)_2}$

$CH_3\overset{\overset{O}{\|}}{C}CH_2CH_2CH(COOC_2H_5)_2 \xrightarrow[2)H_3^+O,\triangle]{1)NaOH} CH_3\overset{\overset{O}{\|}}{C}CH_2CH_2CH_2COOH$

方法二：$CH_2{=}CHCOOH \xrightarrow[py]{SOCl_2} CH{=}CHCOCl \xrightarrow{C_2H_5OH} CH_2{=}CHCOOC_2H_5$

$\xrightarrow[Na_2CO_3]{CH_3COCH_2COOC_2H_5} CH_3\overset{\overset{O}{\|}}{C}\underset{\underset{COOC_2H_5}{|}}{CH}CH_2CH_2COOC_2H_5 \xrightarrow[\triangle]{NaOH}$

$CH_3\overset{\overset{O}{\|}}{C}\underset{\underset{COOH}{|}}{CH}CH_2CH_2COOH \xrightarrow[\triangle]{H_3^+O} CH_3\overset{\overset{O}{\|}}{C}CH_2CH_2CH_2COOH$

(3) $CH_2(COOC_2H_5)_2 \xrightarrow[2)C_6H_5CH_2Cl]{1)Na_2CO_3} C_6H_5CH_2CH(COOC_2H_5)_2 \xrightarrow[2)CH_3I]{1)Na_2CO_3}$

$C_6H_5CH_2\underset{\underset{CH_3}{|}}{C}(COOC_2H_5)_2 \xrightarrow[2)H_3^+O,\triangle]{1)NaOH} C_6H_5CH_2\underset{\underset{CH_3}{|}}{CH}COOH$

(4) $CH_2(COOC_2H_5)_2 \xrightarrow[2)C_6H_5CH_2Cl]{1)Na_2CO_3} C_6H_5CH_2CH(COOC_2H_5)_2 \xrightarrow[2)BrCH_2COOC_2H_5]{1)Na_2CO_3}$

$C_6H_5CH_2\underset{\underset{CH_2COOC_2H_5}{|}}{C}(COOC_2H_5)_2 \xrightarrow[2)H_3^+O,\triangle]{1)NaOH} C_6H_5CH_2\underset{\underset{CH_2COOH}{|}}{CH}COOH$

(5) $CH_3COCH_3 \xrightarrow[HOAc]{Br_2} CH_3COCH_2Br \xrightarrow[Na_2CO_3]{CH_2(COOC_2H_5)_2} CH_3COCH_2CH(COOC_2H_5)_2$

$\xrightarrow[2)H_3^+O]{1)NaBH_4} CH_3\underset{\underset{OH}{|}}{CH}CH_2CH(COOC_2H_5)_2 \xrightarrow[2)H_3^+O,\triangle]{1)NaOH}$ 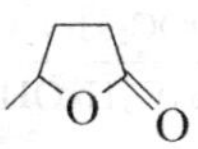

(6) 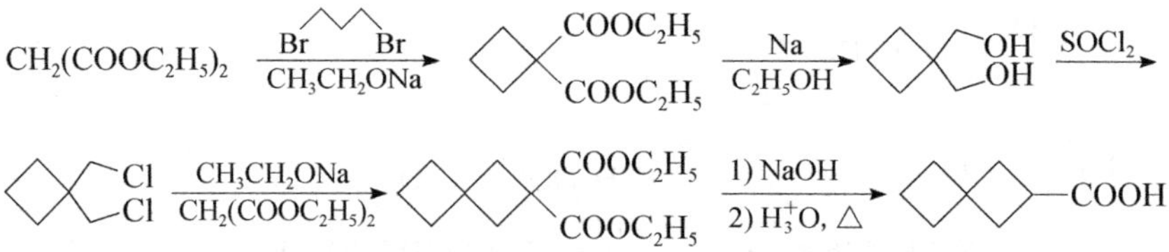

(7) 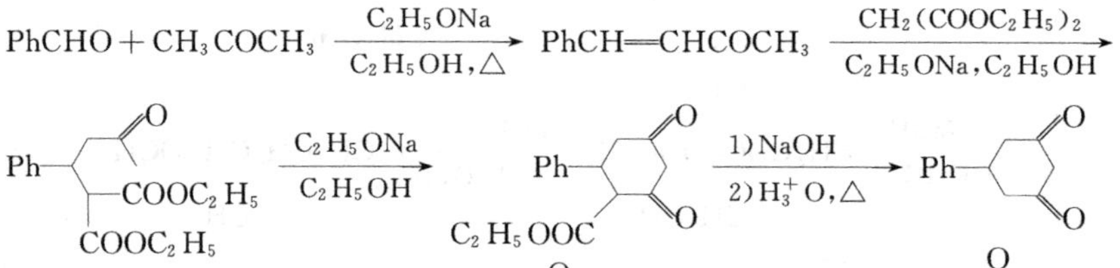

(8) 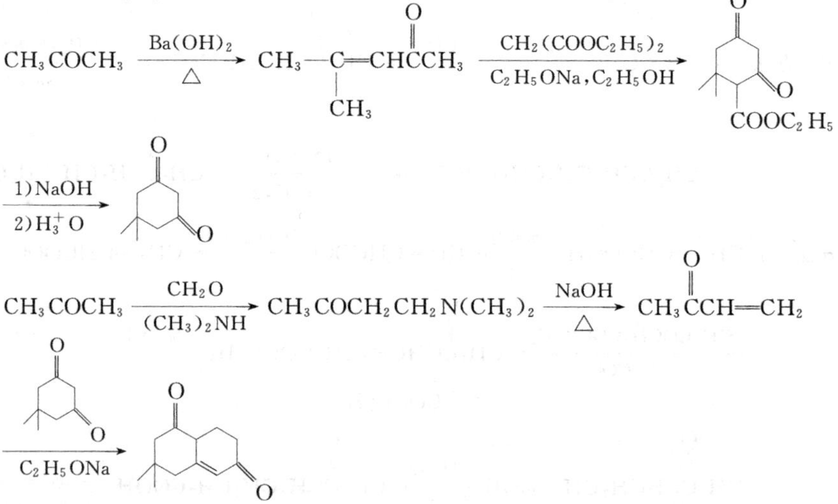

(9) 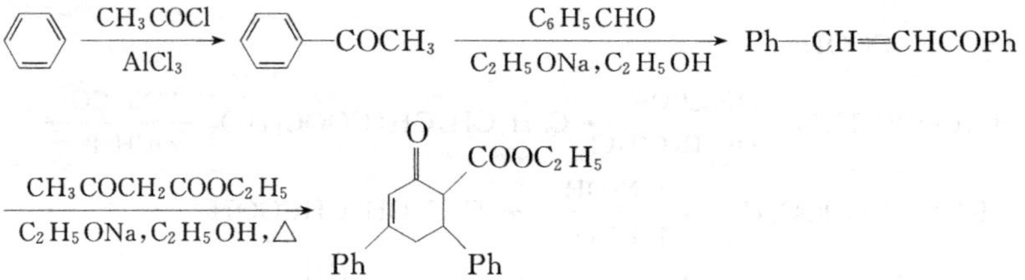

(10) 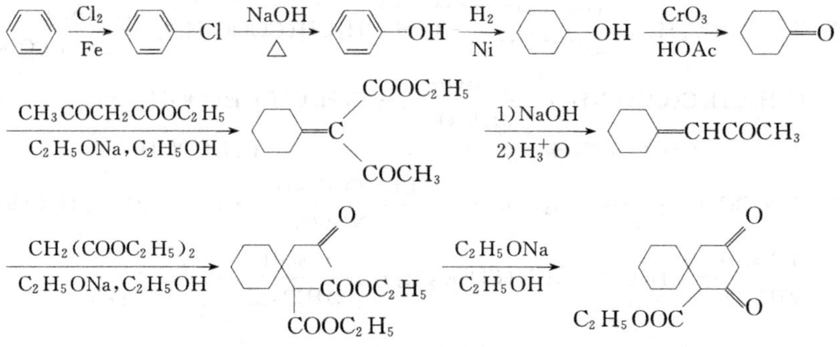

**【习题 10-26】** 用化学方法区别下列各组化合物。

(1) $CH_3CH_2COOH$，$CH_3CH(Br)COOH$，$CH_3CH(OH)COOH$，$CH_3CH=CHCOOH$

(2) $CH_3CH_2COCl$，$CH_3COCH_2Cl$，$ClCH_2CH_2CHO$，$CH_3CH_2CH_2CH_2Cl$

(3) 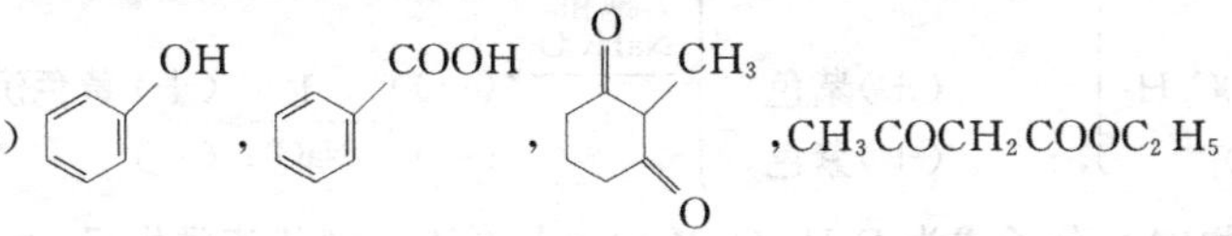

(4) 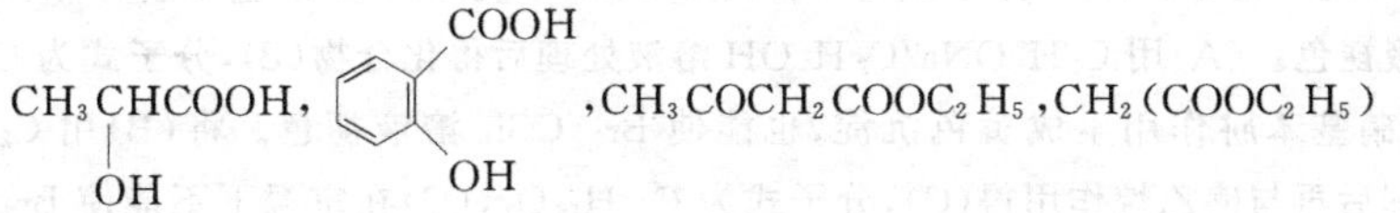

**解** (1)

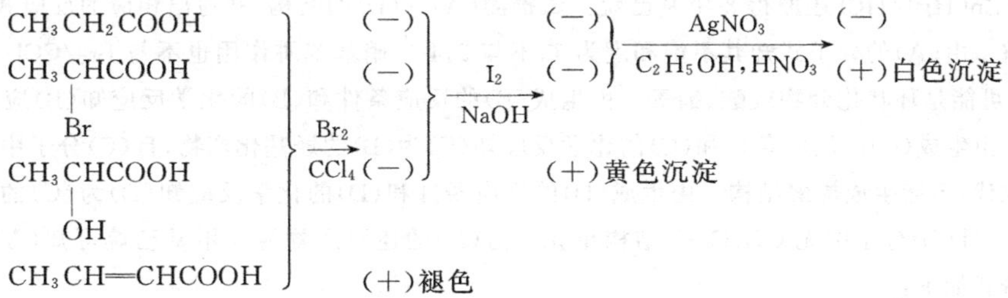


(2)

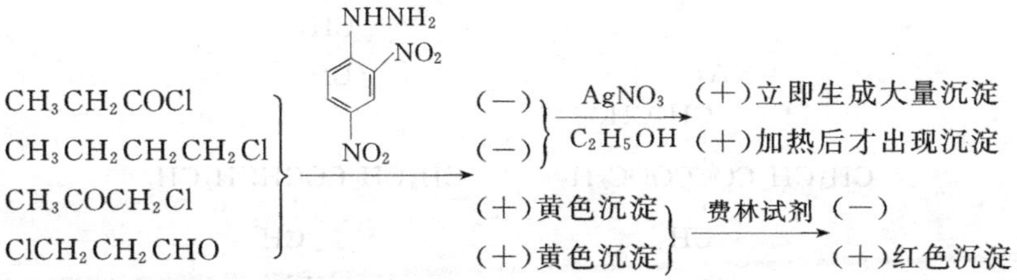


(3)

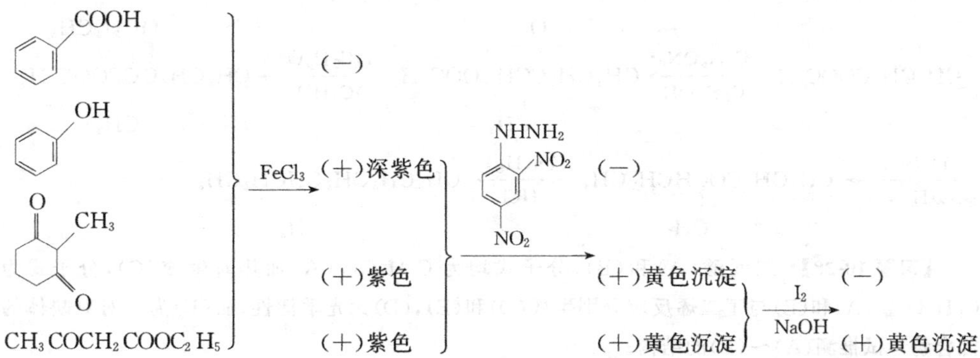

(4)

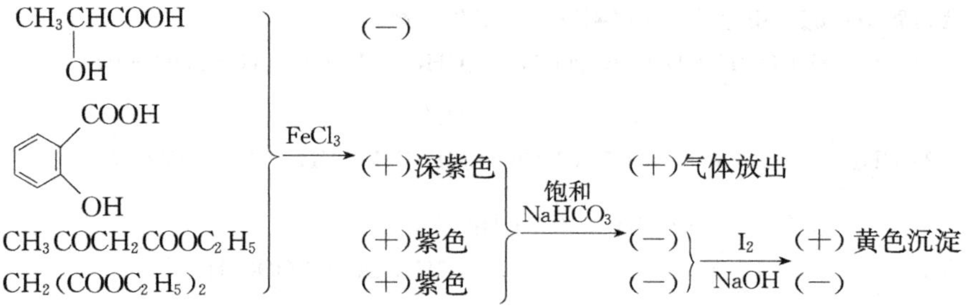


**【习题 10-27】** 化合物(A),分子式为 $C_5H_{10}O_2$,(A)不与 2,4-二硝基苯肼作用,也不能使 $Br_2/CCl_4$ 溶液褪色。(A)用 $C_2H_5ONa/C_2H_5OH$ 溶液处理后得化合物(B),分子式为 $C_8H_{14}O_3$,(B)与 2,4-二硝基苯肼作用生成黄色沉淀,也能使 $Br_2/CCl_4$ 溶液褪色。将(B)用 $C_2H_5ONa/C_2H_5OH$ 处理后再与碘乙烷作用得(C),分子式为 $C_{10}H_{18}O_3$,(C)在室温下不能使 $Br_2/CCl_4$ 褪色。将(C)用稀 NaOH 处理后再酸化加热得(D),分子式为 $C_7H_4O$,(D)不发生碘仿反应。将(D)用 Zn(Hg)/HCl 还原得 3-甲基已烷。试推测(A)~(D)的结构,并写出相应的反应式。

**解** 由(A)的分子式知其不饱和度为 1,不与 2,4-二硝基苯肼作用也不与 $Br_2/CCl_4$ 作用说明(A)可能是环状化合物或酸、酯等。由生成(B)的反应条件和(B)的化学反应知(B)应为 $\beta$-酮酸酯。由生成(C)的反应条件和(C)的化学反应知(C)为(B)的烃基化产物,且(C)分子中活泼氢已被取代,不能生成烯醇结构。由生成(D)的反应条件和(D)的化学反应知(D)为(C)的水解脱羧产物,且(D)分子中无 $CH_3CO$—结构单元。由(D)的还原产物为 3-甲基已烷可知(A)~(D)的构造式如下:

$CH_3CH_2COOC_2H_5$ (A)

$CH_3CH_2COCH(CH_3)COOC_2H_5$ (B)

$CH_3CH_2COC(CH_2CH_3)(CH_3)COOC_2H_5$ (C)

$CH_3CH_2COCH(CH_3)CH_2CH_3$ (D)

反应式如下:

$$CH_3CH_2COOC_2H_5 \xrightarrow[C_2H_5OH]{C_2H_5ONa} CH_3CH_2\overset{O}{\overset{\|}{C}}CH(CH_3)COOC_2H_5 \xrightarrow[2)C_2H_5I]{1)C_2H_5ONa} CH_3CH_2\overset{O}{\overset{\|}{C}}C(CH_2CH_3)(CH_3)COOC_2H_5$$

$$\xrightarrow[2)H^+,\triangle]{1)NaOH} CH_3CH_2COCH(CH_3)CH_2CH_3 \xrightarrow[HCl]{Zn(Hg)} CH_3CH_2CH_2CH(CH_3)CH_2CH_3$$

**【习题 10-28】** 二元酸(A)和(B),分子式均为 $C_4H_4O_4$,(A)加热时生成(C),分子式为 $C_4H_2O_3$。(A)和(B)与丁二烯反应分别生成(D)和(E),(D)无光学活性,而(E)为一对对映体的混合物。试推测(A)~(E)的结构。

**解** (A)、(B)、(C)的不饱和度分别为 3、3、4,故(A)和(B)应为在双键上不同取代的二元

酸，即

$CH_2{=}C(COOH)_2$ 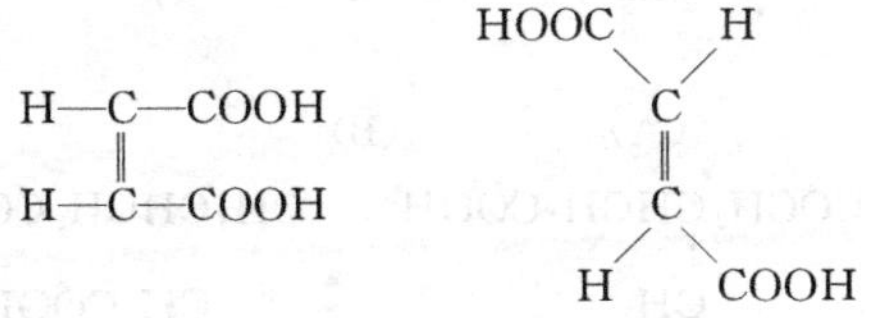

由于(A)加热时生成(C)，即分子内脱水成酐，故(A)应为 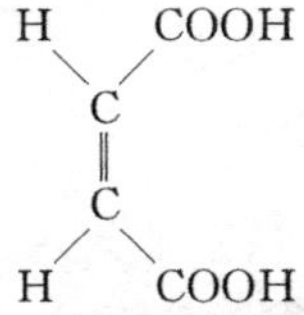 。(A)和(B)与丁二烯发生第尔斯-阿尔德反应生成六元环衍生物，由于(E)为一对对映体的混合物，故(B)应为 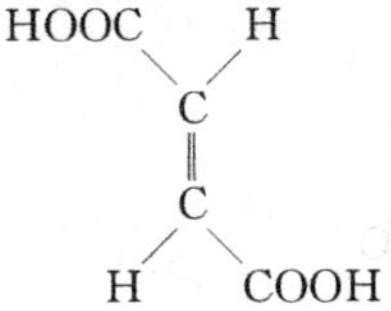 。因此，(A)～(E)的构造式如下：

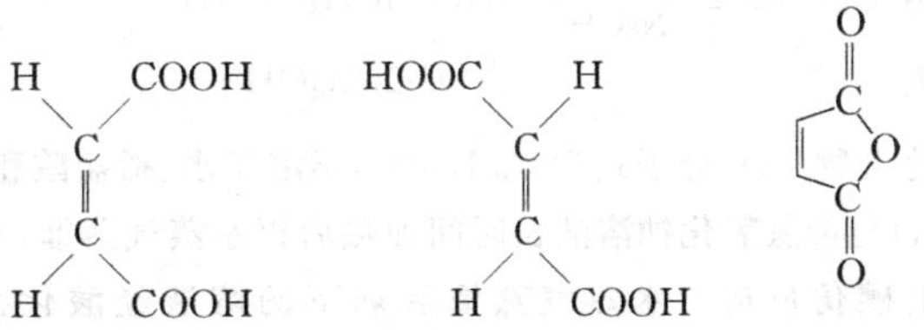

(A)　　(B)　　(C)

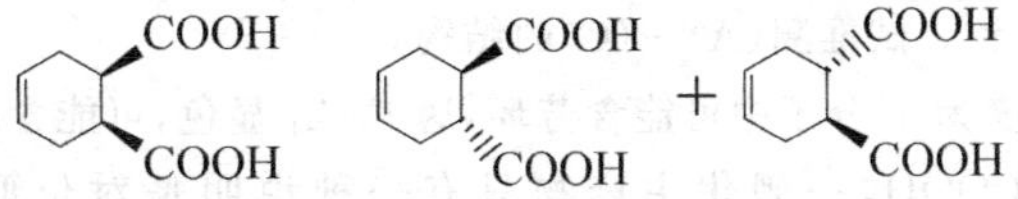

(D)　　(E)

【习题 10-29】 化合物(A)，分子式为 $C_7H_{12}$，催化加氢后生成(B)，分子式为 $C_7H_{14}$。(A)经臭氧化、还原水解后得到(C)，分子式为 $C_7H_{12}O_2$。(C)经湿的氧化银处理后生成(D)，分子式为 $C_7H_{12}O_3$。(D)可发生碘仿反应生成(E)，分子式为 $C_6H_{10}O_4$。(E)加热时转化为(F)，分子式为 $C_6H_8O_3$。(D)经 Zn(Hg)/HCl 还原生成 3-甲基己酸。试推测(A)～(F)的结构，并写出相应的反应式。

**解** (A)、(B)、(C)、(D)、(E)、(F)的不饱和度分别为 2、1、2、2、2、3。由(A)催化氢化得(B)，只吸收 1mol 氢，因此(B)中含一个环，则(A)含一个环、一个双键。由(A)经臭氧化还原性水解得(C)，(C)应为二羰基化合物，(C)能被 $Ag_2O$ 氧化为(D)，(C)至少含一个醛基。而(D)能发生碘仿反应，所以(C)、(D)中含 $CH_3\overset{\overset{\large O}{\|}}{C}—$ 单元。(D)能被 Zn(Hg)/HCl 还原成 3-甲基己酸，因此(D)的结构应为 $CH_3\overset{\overset{\large O}{\|}}{C}CH_2\underset{\underset{\large CH_3}{|}}{C}HCH_2COOH$，故推得(A)～(F)的构造式如下：

(A) (B) (C)

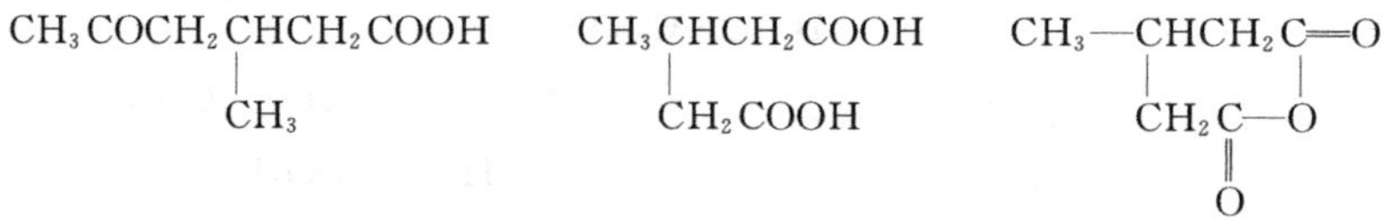

(D) (E) (F)

反应式如下：

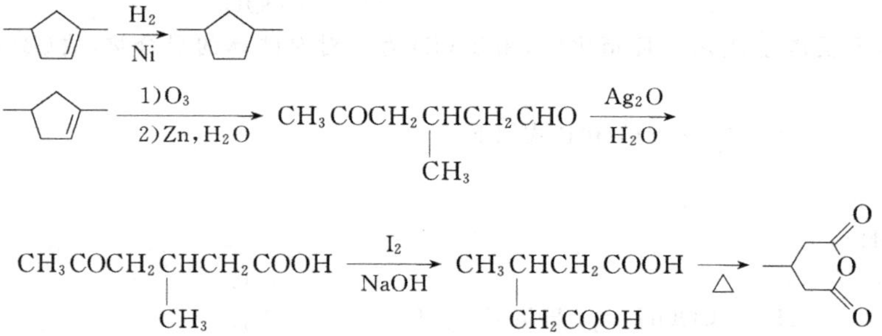

【习题 10-30】 化合物(A)，分子式为 $C_{10}H_{12}O_3$，不溶于水、稀盐酸和碳酸氢钠溶液，可溶于稀氢氧化钠溶液。(A)与稀氢氧化钠溶液长时间加热后再水蒸气蒸馏，从馏出液中可分离出化合物(B)，(B)可发生碘仿反应。水蒸气蒸馏后剩下的溶液经酸化得沉淀(C)，分子式为 $C_7H_6O_3$，(C)能与碳酸氢钠溶液作用放出二氧化碳，与三氯化铁溶液作用呈紫色，(C)发生一硝化反应时主产物只有一种。试推测(A)～(C)的结构。

**解** (C)的不饱和度为 5，分子中可能含芳环，遇 $FeCl_3$ 显色，可能含酚羟基，与 $NaHCO_3$ 作用放出 $CO_2$ 说明含—COOH，一硝化主产物只有一种说明是对位取代，故化合物(C)为 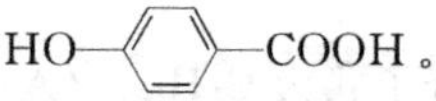。由化合物(A)的化学性质知分子中无羧基，有酚羟基，故(A)中可能含有酯基。比较(A)与(C)分子中的碳原子数，(B)的分子式应为 $C_3H_8O$，而(B)能发生碘仿反应，所以(B)应为 $CH_3CH(OH)CH_3$。(A)～(C)的构造式如下：

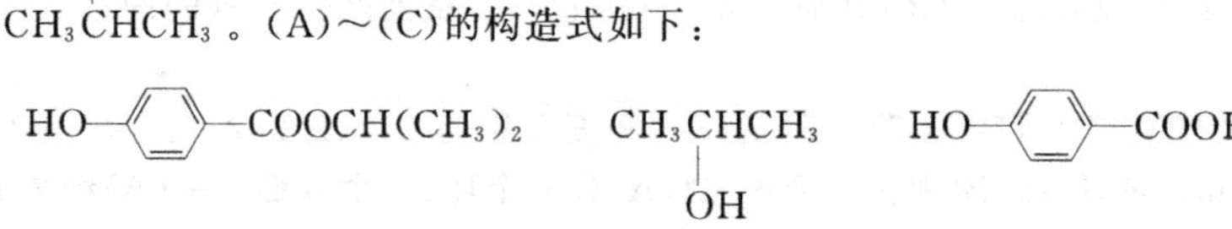

(A) (B) (C)

【习题 10-31】 根据所给数据推测下列化合物的结构。

(1) 化合物(A)，分子式为 $C_4H_8O_3$，$^1H$ NMR 谱数据如下：$\delta$/ppm：1.27(t，3H)、3.66(q，2H)、4.13(s，2H)、11.35(s，1H)。

(2) 化合物(A)，分子式为 $C_8H_8O_2$，IR 谱中 1725cm$^{-1}$ 有强吸收，$^1H$ NMR 谱数据如下：$\delta$/ppm：3.53(s，2H)、7.21(b，5H)、11.95(s，1H)。

(3) 化合物(A)，分子式为 $C_4H_8O_2$，IR 谱中 1740cm$^{-1}$ 有强吸收，$^1$H NMR 谱数据如下：$\delta$/ppm：1.25(t,3H)、2.03(s,3H)、4.12(q,2H)。

(4) 化合物(A)，分子式为 $C_4H_7N$，IR 谱中 2273cm$^{-1}$ 有吸收峰，$^1$H NMR 谱数据如下：$\delta$/ppm：1.33(d,6H)、2.82(m,1H)。

(5) 化合物(A)，分子式为 $C_3H_7NO$，IR 谱中 1660cm$^{-1}$ 有吸收，$^1$H NMR 谱数据如下：$\delta$/ppm：2.80(s,3H)、2.94(s,3H)、8.06(s,1H)。

**解**　(1) (A)的不饱和度为 1，$^1$H NMR 谱中 $\delta$ 11.35(s,1H)说明有羧基，1.27(t,3H)和 3.66(q,2H)说明有 $CH_3CH_2$—基团，并且该基团与强吸电子基团相连，即可能与氧原子相连。因此，化合物(A)的结构为 $CH_3CH_2OCH_2COOH$。

(2) (A)的不饱和度为 5，分子中可能含苯环。IR 谱 1725cm$^{-1}$ 有吸收说明含羰基。$^1$H NMR 谱中 $\delta$ 11.95(s,1H)说明分子中含羧基，$\delta$ 7.21(b,5H)说明分子中含一取代苯环。因此，化合物(A)的结构为 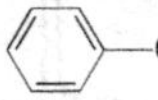—$CH_2COOH$ 。

(3) (A)的不饱和度为 1，IR 谱中 1740cm$^{-1}$ 处有吸收说明含羰基。$^1$H NMR 谱中 $\delta$ 1.25(t,2H)和 $\delta$ 4.12(q,2H)，说明分子中有 $CH_3CH_2$—单元，并且该单元与强吸电子基团相连，$\delta$ 2.03(s,3H)说明这是一个甲基，其邻位碳原子上无氢原子。因此，化合物(A)的结构应为 $CH_3\overset{\overset{\displaystyle O}{\|}}{C}OCH_2CH_3$ 。

(4) (A)的不饱和度为 2，IR 谱中 2273cm$^{-1}$ 处有吸收说明含叁键，可能是 C≡C 或C≡N。$^1$H NMR 谱中 $\delta$ 1.33(d,6H)和 $\delta$ 2.82(m,1H)说明这是一个异丙基单元，则分子中剩余部分只能是—CN。因此，化合物(A)的结构为$(CH_3)_2CHCN$。

(5) (A)的不饱和度为 1，IR 谱中 1660cm$^{-1}$ 处有吸收说明分子中含羰基。$^1$H NMR 谱中 $\delta$ 8.06(s,1H)为醛质子信号，即 $—\overset{\overset{\displaystyle O}{\|}}{C}H$ ，$\delta$ 2.80(s,3H)应为甲基信号，$\delta$ 2.94(s,3H)应为另一个甲基信号。因此，化合物(A)的结构应为 $H\overset{\overset{\displaystyle O}{\|}}{C}N(CH_3)_2$，其中两个甲基化学位移不等是因为酰胺键具有部分双键性质而产生的顺反异构差异。

**【习题 10-32】**　化合物(A)，分子式为 $C_7H_{13}O_2Br$，与羟胺和苯肼均无反应，IR 谱中 1740cm$^{-1}$ 处有强吸收，$^1$H NMR 谱数据如下：$\delta$/ppm：1.0(t,3H)、1.3(d,6H)、2.1(m,2H)、4.2(t,1H)、4.6(m,1H)。试推测(A)的合理结构。

**解**　(A)的不饱和度为 1，IR 谱中 1740cm$^{-1}$ 说明分子中有羰基。与羟胺和苯肼均无反应说明不是醛、酮或酰卤，则分子可能是酯。由 $^1$H NMR 谱数据可知，$\delta$ 1.0(t,3H)和 $\delta$ 2.1(m,2H)应为 $CH_3CH_2$—基团信号，并且该基团与含氢的碳原子相连，$\delta$ 1.3(d,6H)和 $\delta$ 4.6(m,1H)应为与强吸电子基团相连的异丙基信号，$\delta$ 4.2(t,1H)说明这是一个与亚甲基相邻的次甲基，并且该基团也与强吸电子基团相连。所以化合物(A)的合理结构应为 $CH_3CH_2\underset{\underset{\displaystyle Br}{|}}{C}HCOOCH(CH_3)_2$ 。

**【习题 10-33】**　化合物(A)，分子式为 $C_{10}H_{16}O_4$，能使 $Br_2/CCl_4$ 溶液褪色。IR 谱中 1725cm$^{-1}$ 处有强吸收，$^1$H NMR 谱如图 10-1 所示，试推测(A)的合理结构。

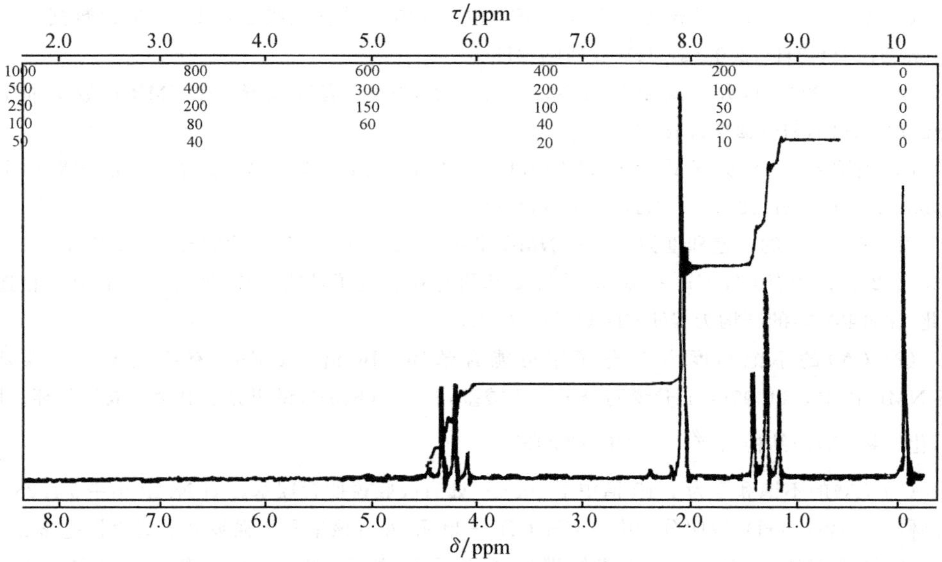


图 10-1　化合物的 ${}^1$H NMR 谱图(一)

积分曲线高度按各组吸收峰化学位移由大到小顺序为 8.5、13.5、14

**解**　(A)的不饱和度为 3，能使 $Br_2/CCl_4$ 溶液褪色说明分子中含不饱和键，IR 谱中 $1725cm^{-1}$处有强吸收说明分子中含羰基。${}^1$H NMR 谱(图 10-1)中不同氢原子数之比为 4∶6∶6。图 10-1 中 δ 1.3(t,6H)和 δ 4.3(q,4H)为两个相同的乙基信号，并且乙基与强吸电子基团相连，从 δ 值判断可能与氧原子相连。δ 2.1(s,6H)应为两个等同的甲基信号，并且甲基应与季碳原子相连。由于在烯键区无信号(δ 5.0～δ 6.0)，故可初步判断分子中有一个四取代的双键。综上所述，(A)的可能结构应为

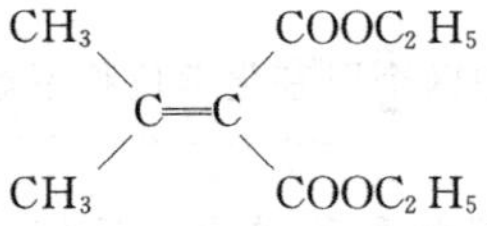


(Ⅰ)

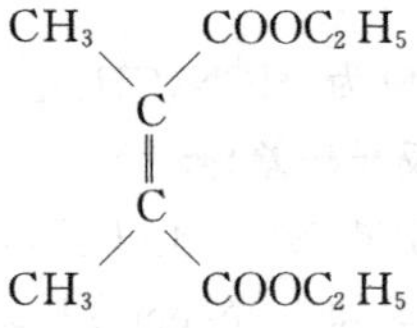


(Ⅱ)

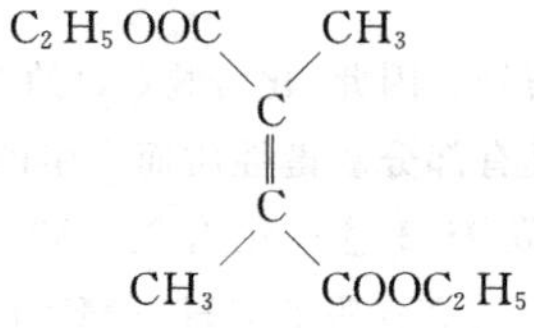


(Ⅲ)

实际分子为式(Ⅰ)。

**【习题 10-34】**　化合物(A)，分子式为 $C_{13}H_{18}O_2$，(A)的 IR 谱和${}^1$H NMR 谱分别如图 10-2 和图 10-3 所示，试推测(A)的合理结构。

**解**　(A)的不饱和度为 5，由${}^1$H NMR 谱(图 10-3)得分子中不同氢原子数之比为 4∶3∶2∶9。IR 谱(图 10-2)$1740cm^{-1}$强吸收表明分子中有羰基，$3100cm^{-1}$以上无吸收说明无羟基。图 10-3 中 δ 7.2(m,4H)表示分子中有一个二取代苯环，图 10-2 中 $810cm^{-1}$吸收进一步说明为对二取代。图 10-3 中 δ 1.2(s,9H)应为三个等同甲基的信号，并且甲基与季碳相连，构成叔丁基。δ 3.6(s,3H)应为与强吸电子基团相连的甲基信号，可能与氧原子相连。

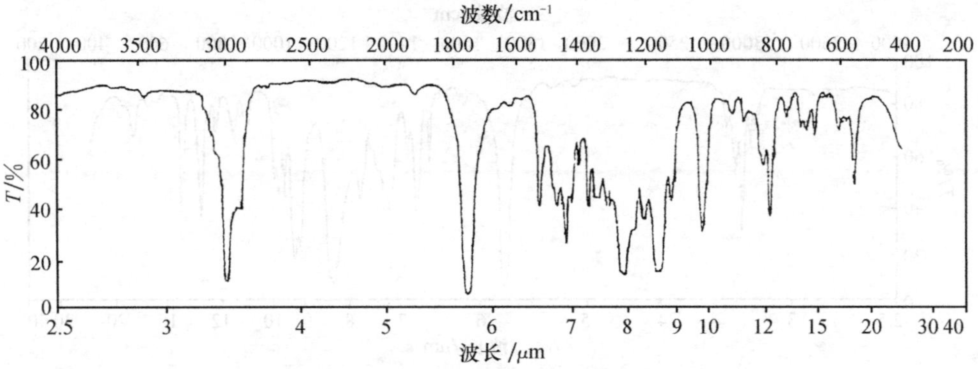


图 10-2 化合物的红外光谱图(一)

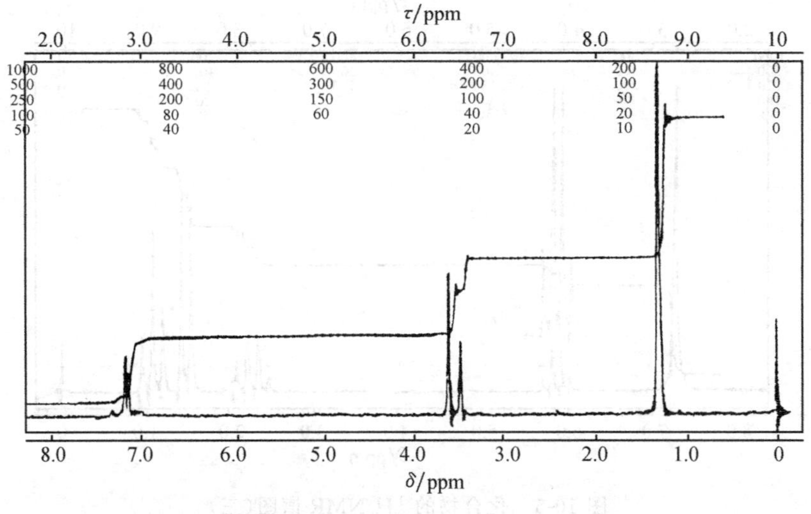


图 10-3 化合物的 $^1$H NMR 谱图(二)

积分曲线高度按各组吸收峰化学位移由大到小顺序为 9、6、4.5、18.5

δ 3.5(s,2H)为一亚甲基信号,其两侧均无含氢的碳原子。综上所述,(A)的合理结构应为

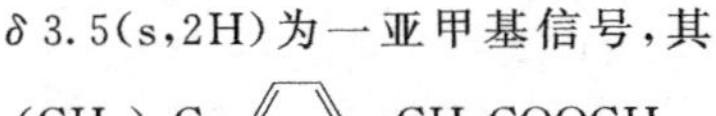 。

**【习题 10-35】** 化合物(A),分子式为 $C_{11}H_{14}O_2$,(A)的 IR 谱和$^1$H NMR 谱分别如图 10-4 和图 10-5 所示,试推测(A)的合理结构。

**解** (A)的不饱和度为 5,分子中可能含苯环。IR 谱(图 10-4)1740cm$^{-1}$处强吸收说明分子中含羰基,3100cm$^{-1}$以上无吸收说明分子中无羟基。由$^1$H NMR 谱(图 10-5)知分子中不同氢原子数之比为 5∶1∶2∶3∶3。δ 7.3(b,5H)证实分子中存在一取代苯环。δ 1.1(t,3H)和 δ 2.3(q,2H)说明分子中含有乙基结构,由 δ 值判断乙基应与羰基相连。δ 1.6(d,3H)和 δ 5.8(q,1H)说明分子中含有 $CH_3\underset{|}{C}H$— 结构单元,由化学位移值分析次甲基上应连有强吸

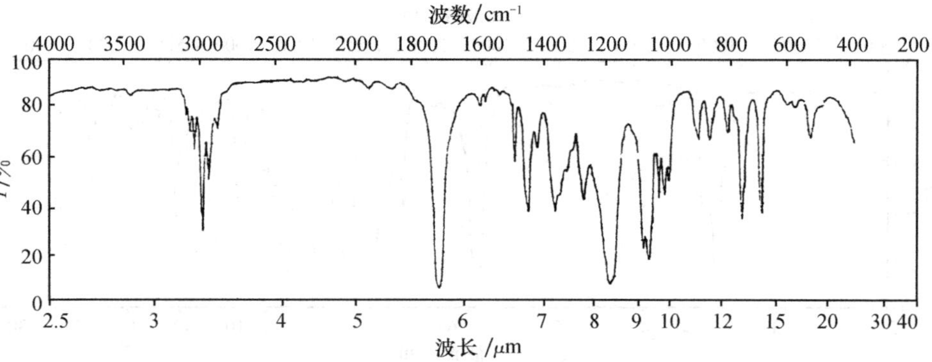


图 10-4　化合物的红外光谱图(二)

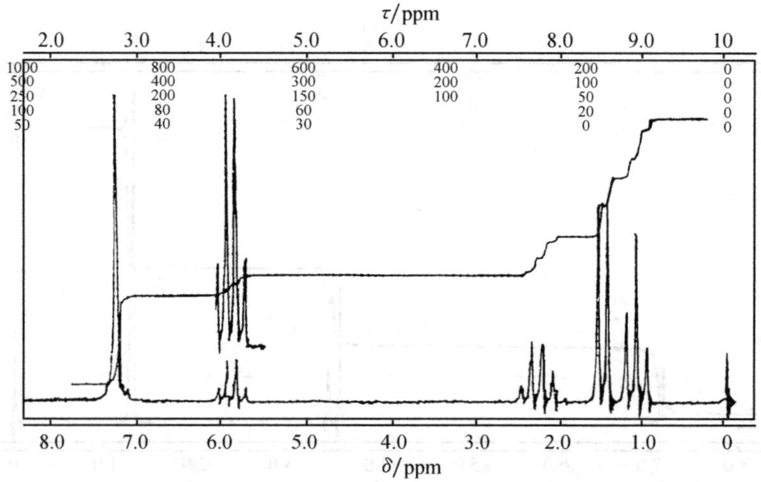


图 10-5　化合物的 $^1$H NMR 谱图(三)

积分曲线高度按各组吸收峰化学位移由大到小顺序为 13、3、5.5、8.5、8.5

电子基团。综上所述,(A)的可能结构应为

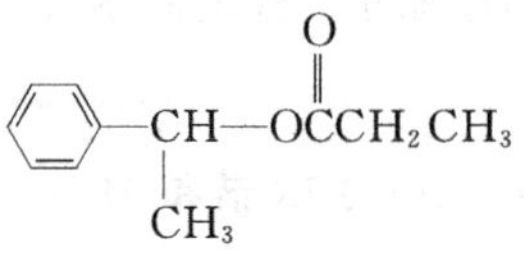

(Ⅰ)

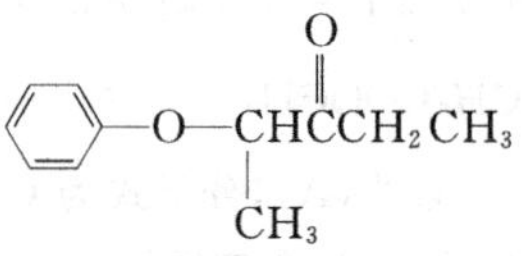

(Ⅱ)

实际分子为式(Ⅰ)。

**【习题 10-36】** 化合物(A),分子式为 $C_{10}H_8N_2$,不能使稀冷的高锰酸钾溶液褪色,(A)的 IR 谱和 $^1$H NMR 谱分别如图 10-6 和图 10-7 所示,试推测(A)的合理结构。

**解**　(A)的不饱和度为 8,分子中可能含芳环。IR 谱(图 10-6)2300cm$^{-1}$有强吸收说明含叁键,可能是C≡C或C≡N,3300cm$^{-1}$处无特征吸收说明无末端炔烃。(A)的化学性质说明分子

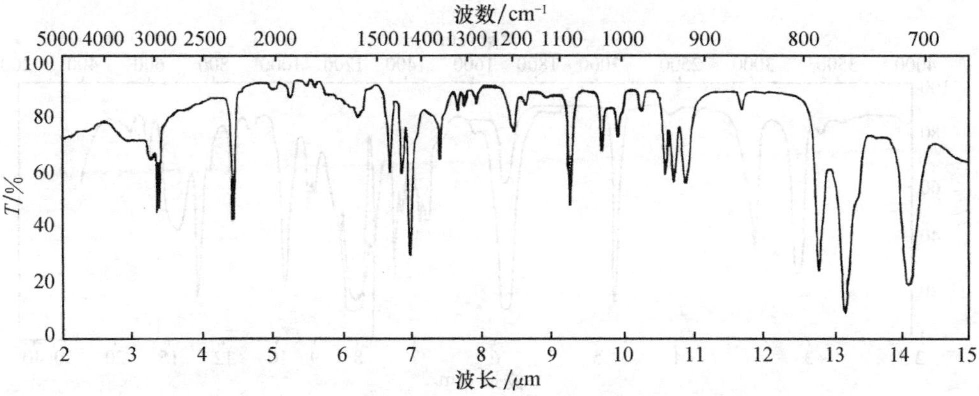


图 10-6　化合物的红外光谱图(三)

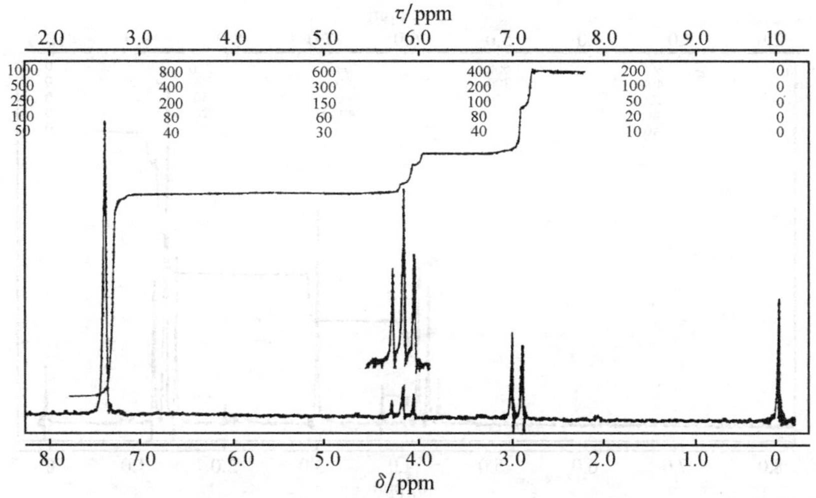


图 10-7　化合物的 $^1$H NMR 谱图(四)

积分曲线高度按各组吸收峰化学位移由大到小顺序为 27、5、11

中无烯、炔键,故应为氰基。$^1$H NMR 谱(图 10-7)说明分子中不同氢原子数之比为 5∶1∶2。δ 7.4(s,5H)说明分子中含一取代苯环。δ 4.2(t,1H)和 δ 3.0(d,2H)说明分子中含 $-\overset{|}{\mathrm{C}}\mathrm{H}-\mathrm{CH_2}-$ 单元,由 δ 值判断其两端均应连有强吸电子基团。由剩下的原子数和不饱和度分析其余部分应为两个氰基。因此(A)的合理结构应为 。

**【习题 10-37】** 化合物(A),分子式为 $C_5H_6O_2$,(A)的 IR 谱和 $^1$H NMR 谱分别如图 10-8 和图 10-9 所示,试推测(A)的合理结构。

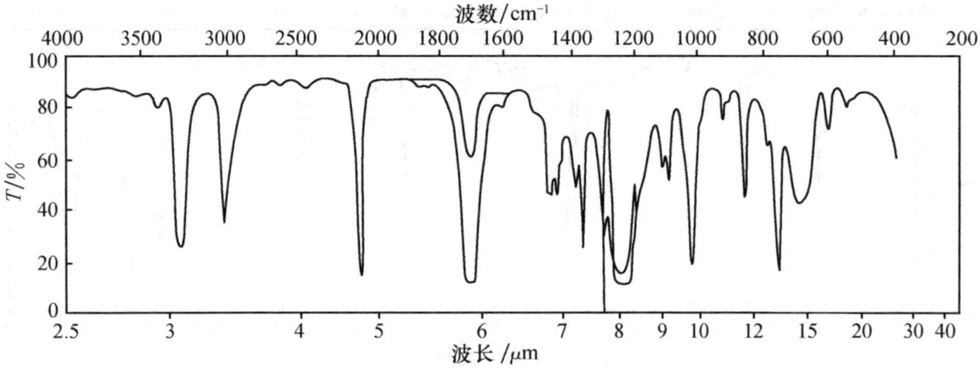


图 10-8　化合物的红外光谱图(四)

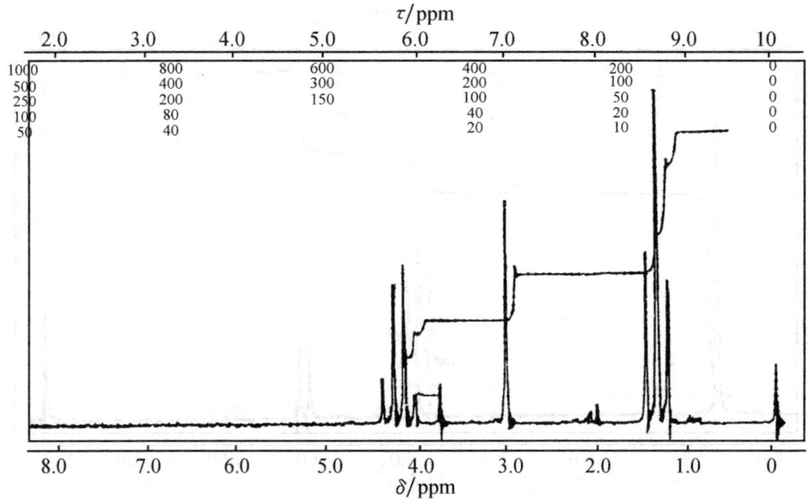


图 10-9　化合物的 ¹H NMR 谱图(五)

积分曲线高度按各组吸收峰化学位移由大到小顺序为 12、6、18.5

**解**　(A)的不饱和度为 3。IR 谱(图 10-8)中 $1720cm^{-1}$ 强吸收说明分子中含羰基,$2100cm^{-1}$ 处强吸收说明分子中含叁键,$3300cm^{-1}$ 处强吸收说明分子中含末端炔烃结构,$3400\sim3700cm^{-1}$ 附近无吸收说明分子中无羟基。$^1H$ NMR 谱(图 10-9)表明分子中不同氢原子数之比为 2∶1∶3。δ 4.2(q,2H)和 δ 1.2(t,3H)说明分子中含有乙基单元,由 δ 值判断乙基应与强吸电子基团相连,可能是氧原子。δ 3.0(s,1H)说明为末端炔键质子。综上所述,(A)的合理结构应为 $HC\equiv CCOOC_2H_5$。

**【习题 10-38】**　化合物(A),分子式为 $C_{11}H_{10}O_2$,(A)的 IR 谱和 $^1H$ NMR 谱分别如图 10-10 和图 10-11 所示,试推测(A)的合理结构。

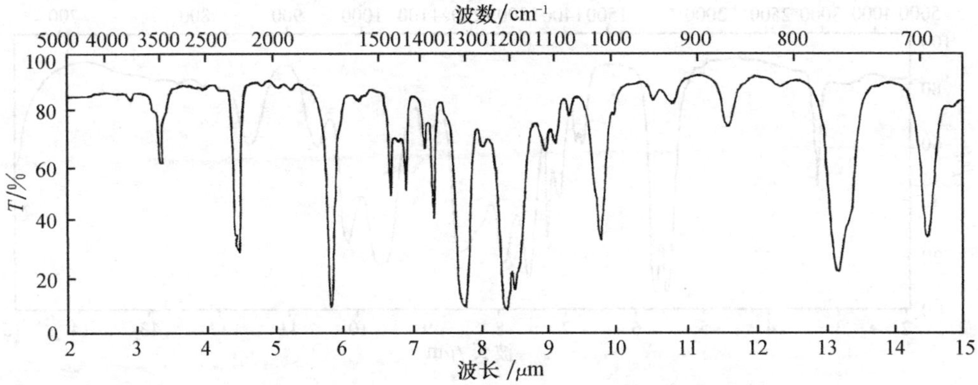


图 10-10　化合物的红外光谱图(五)

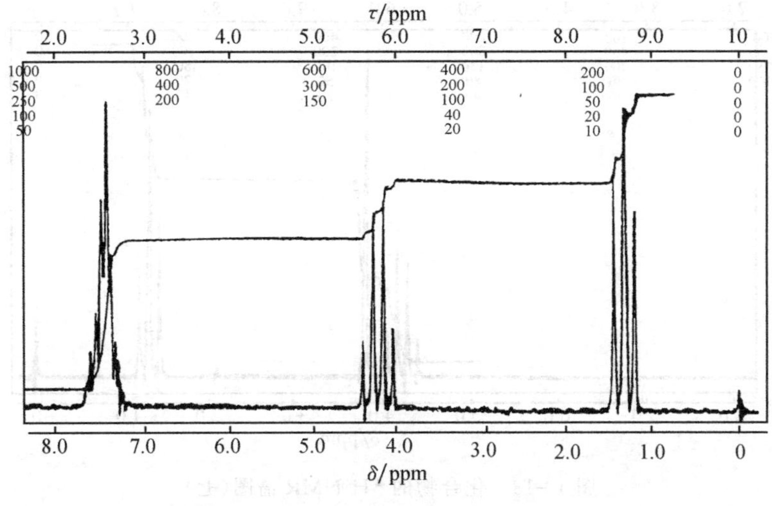


图 10-11　化合物的 $^1$H NMR 谱图(六)

积分曲线高度按各组吸收峰化学位移由大到小顺序为 21、8、12

**解**　(A)的不饱和度为 7,分子中可能含苯环。IR 谱(图 10-10)中 2250cm$^{-1}$ 处强吸收说明含叁键,1700cm$^{-1}$ 附近强吸收说明分子中含羰基,3100cm$^{-1}$ 以上无明显吸收峰说明分子中不含末端炔键和羟基。$^1$H NMR 谱(图 10-11)显示分子中不同氢原子数之比为 5∶2∶3。由 δ 7.4 (m,5H)证实分子中含一取代苯环。δ 4.2(q,2H)和 δ 1.3(t,3H)说明分子中含乙基单元,由 δ 值知乙基应与强吸电子基团相连,可能为氧原子。综上所述,(A)的合理结构应为 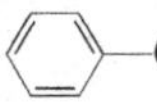$—C\equiv CCOOCH_2CH_3$ 。

**【习题 10-39】**　化合物(A),分子式为 $C_5H_7ClO_3$,暴露在空气中有白色烟雾产生。(A)的 IR 谱和 $^1$H NMR 谱分别如图 10-12 和图 10-13 所示,试推测(A)的合理结构。

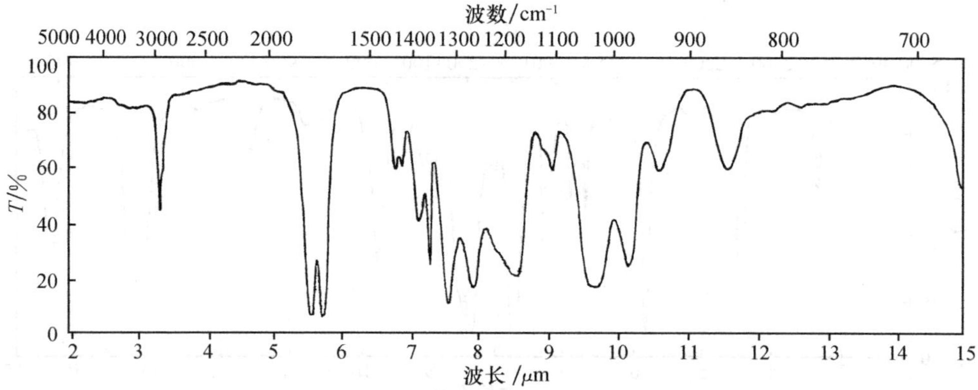


图 10-12　化合物的红外光谱图(六)

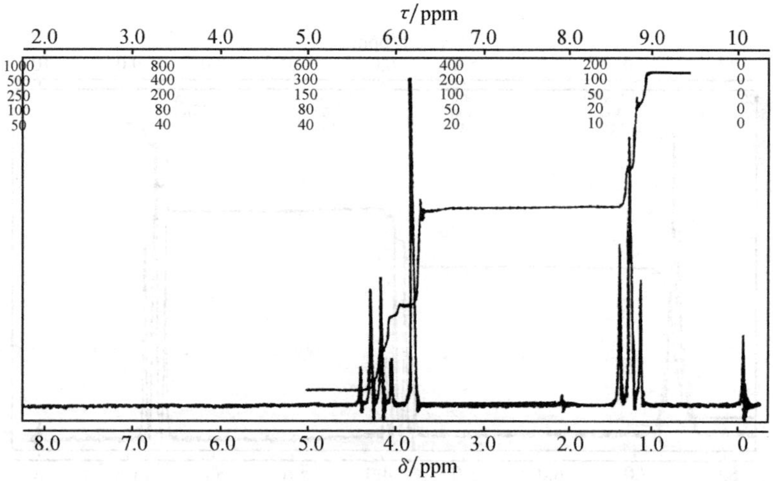


图 10-13　化合物的 $^1$H NMR 谱图(七)

积分曲线高度按各组吸收峰化学位移由大到小顺序为 11.5、12、18

**解**　(A)的不饱和度为 2,IR 谱(图 10-12)中 1750cm$^{-1}$和 1800cm$^{-1}$附近有两个强吸收峰,说明分子中含两个不同的羰基,3100cm$^{-1}$以上无明显吸收说明分子中不含羟基,结合 $^1$H NMR 谱可以排除羧酸的可能性。$^1$H NMR 谱(图 10-13)表明分子中不同氢原子数之比为 2∶2∶3。δ 4.3(q,2H)和 δ 1.3(t,3H)显示分子中含乙基单元,由 δ 值判断乙基应与强吸电子基团相连,可能是氧原子。由 δ 3.8(s,2H)知分子中含亚甲基结构,并且该亚甲基应与强吸电子基团相连,由 δ 值判断可能是两个羰基或一边羰基一边卤素。再由(A)在空气中发烟可判定分子中含酰卤基团。故(A)的合理结构应为 $\text{Cl}\overset{\text{O}}{\overset{\|}{\text{C}}}\text{CH}_2\overset{\text{O}}{\overset{\|}{\text{C}}}\text{OCH}_2\text{CH}_3$ 。

**【习题 10-40】**　化合物(A),分子式为 $C_{17}H_{16}O_4$,(A)的 IR 谱和 $^1$H NMR 谱分别如图 10-14 和图 10-15 所示,试推测(A)的合理结构。

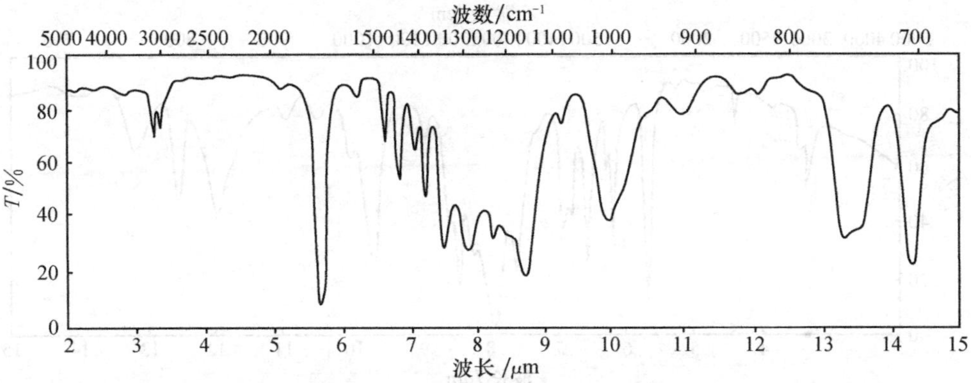


图 10-14 化合物的红外光谱图(七)

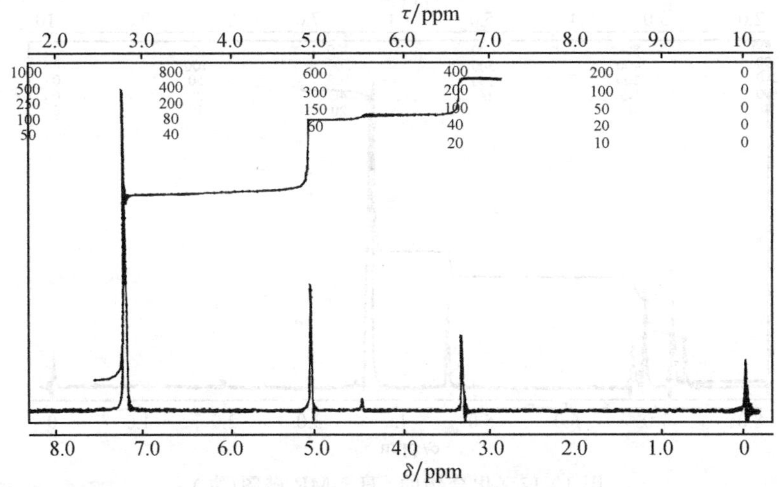


图 10-15 化合物的 $^1H$ NMR 谱图(八)

积分曲线高度按各组吸收峰化学位移由大到小的顺序为 25.5、10、5

**解** (A)的不饱和度为 10,分子中可能含芳环。IR 谱(图 10-14)中 $1750cm^{-1}$ 附近强吸收说明分子中含羰基,$3100cm^{-1}$ 以上无明显吸收说明分子中无羟基,$700cm^{-1}$ 和 $750cm^{-1}$ 两处强吸收说明分子中含一取代苯环。由 $^1H$ NMR 谱(图 10-15)得分子中不同氢原子数之比为 10∶4∶2。δ 7.3(s,10H)说明分子中含两个相同的一取代苯环,芳环氢近似单峰说明取代基的电性效应不强,未引起芳环氢的化学环境的显著差异,故可判断为烃基取代芳烃。δ 5.1(s,4H)为两个等同的亚甲基信号,并且亚甲基两端原子上不含氢原子。由 δ 值判断应与强吸电子基团相连,可能是氧原子或羰基。δ 3.3(s,2H)则是另一个独立的亚甲基信号,δ 值表示其应与吸电子基团相连。故(A)的合理结构应为 $CH_2(COOCH_2C_6H_5)_2$。

**【习题 10-41】** 化合物(A),分子式为 $C_{11}H_{11}NO_3$,不能使碱性高锰酸钾溶液褪色,(A)的 IR 谱和 $^1H$ NMR 谱分别如图 10-16 和图 10-17 所示,试推测(A)的合理结构。

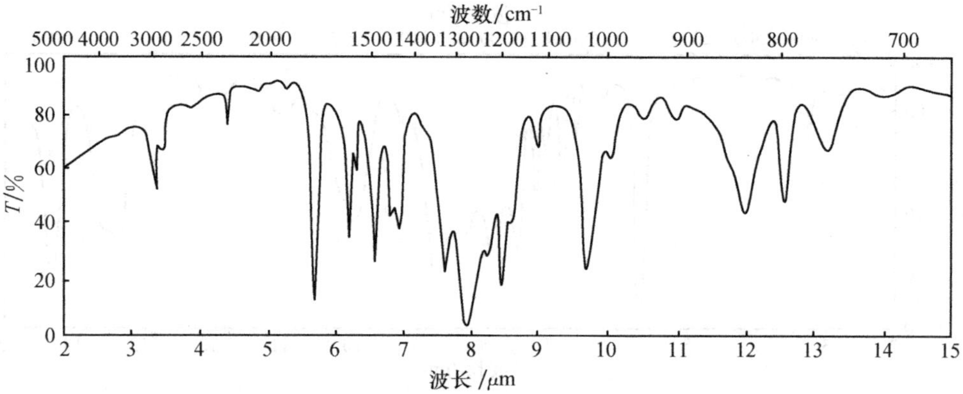


图 10-16　化合物的红外光谱图(八)

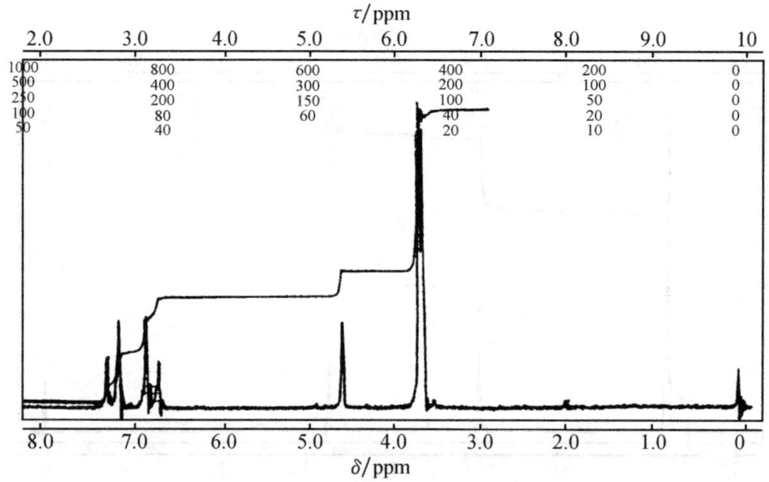


图 10-17　化合物的 $^1$H NMR 谱图(九)

积分曲线高度按各组吸收峰化学位移由大到小顺序为 14.5、3.5、22

**解**　(A)的不饱和度为 7,分子中可能含芳环。IR 谱(图 10-16)$1750cm^{-1}$附近的强吸收说明分子中含羰基,$2300cm^{-1}$附近吸收峰说明分子中有叁键,$3100cm^{-1}$以上无明显吸收说明分子中无羟基,即分子中也不存在羧基,$800cm^{-1}$和 $840cm^{-1}$附近吸收峰表示分子中含对二取代苯环。其化学性质说明分子中无炔键,故存在氰基。$^1$H NMR 谱(图 10-17)显示分子中不同氢原子数之比为 4∶1∶6。δ 7.0(m,4H)说明分子中含有一对位取代苯环。δ 4.6(s,1H)应为次甲基信号,δ 值说明次甲基上连有强吸电子基团。δ 3.7 处峰略有分叉,应为两个化学位移相差甚微的甲基信号。由 δ 值判断,两个甲基都应与氧原子相连。综上所述,(A)的可能结构有

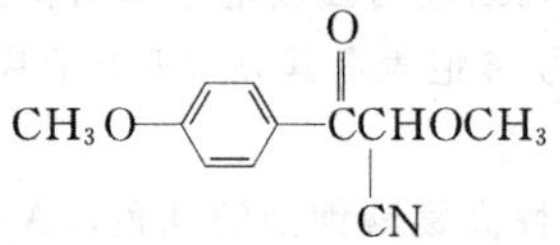

(Ⅰ)

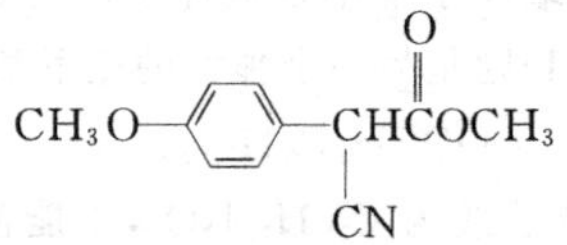

(Ⅱ)

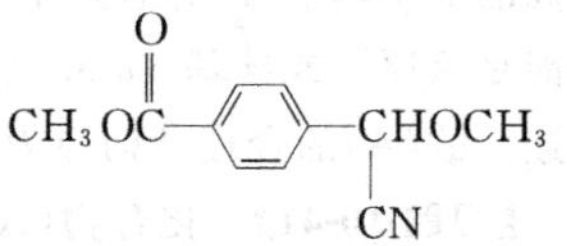

(Ⅲ)

实际分子为式(Ⅱ)。

**【习题 10-42】** 化合物(A),分子式为 $C_{12}H_{16}O_3$,(A)的 IR 谱和 $^1$H NMR 谱分别如图 10-18 和图 10-19 所示,试推测(A)的合理结构。

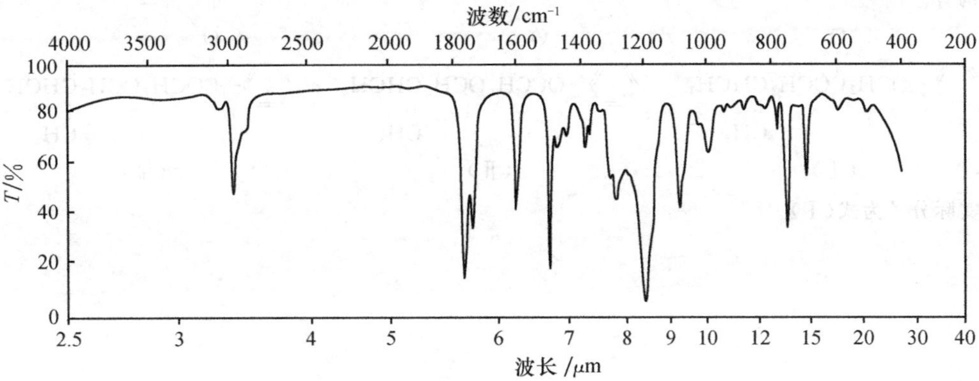


图 10-18　化合物的红外光谱图(九)

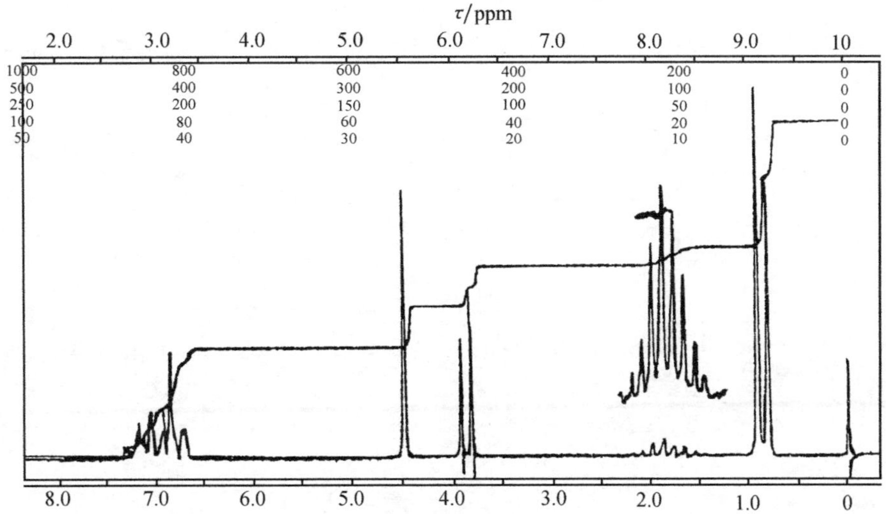


图 10-19　化合物的 $^1$H NMR 谱图(十)

积分曲线高度按各组吸收峰化学位移由大到小顺序为 13、5、5、2、15

**解**　(A)的不饱和度为 5,分子中可能含苯环。IR 谱(图 10-18)中 1750cm$^{-1}$ 附近强吸收说明分子中含羰基,3100cm$^{-1}$以上无明显吸收说明分子中无羟基和羧基,700cm$^{-1}$ 和 750cm$^{-1}$ 附近吸收峰说明分子中有一取代苯环。由 $^1$H NMR 谱(图 10-19)得分子中不同氢原子数之比为 5∶2∶2∶1∶6。δ 7.0(m,5H)证实分子中含一取代苯环,裂分情况复杂说明取代基电性效应很强,可能是氧原子或羰基直接与苯环相连。δ 4.6(s,2H)说明这是一个孤立的亚甲基,δ 值说明其应与强吸电子基团相连。δ 3.9(d,2H)说明这也是一个亚甲基,其邻位为次甲基,δ 值说明也与强吸电子基团相连,初步判断可能是氧原子。δ 0.9(d,6H)为两个相同的甲基信号,与一次甲基相连。δ 1.9(m,1H)说明应为一与亚甲基和甲基相连的次甲基。综上所述,(A)的可能结构有

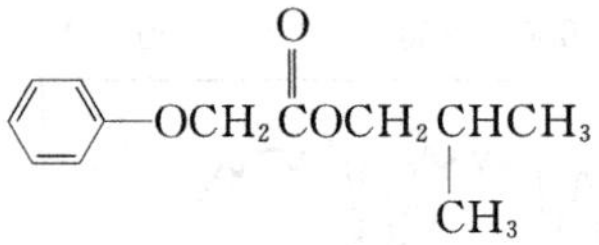

(Ⅰ)

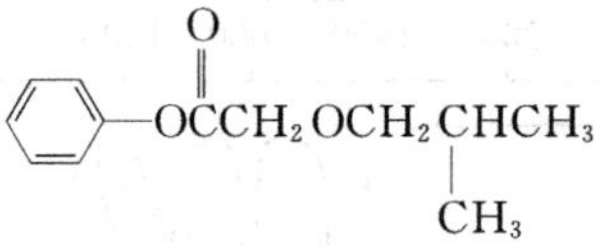

(Ⅱ)

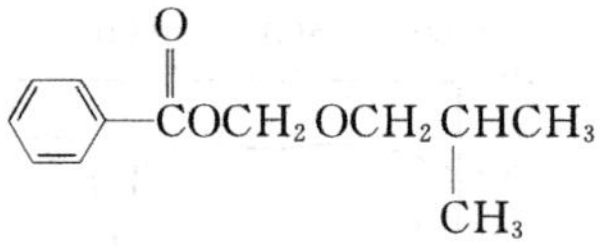

(Ⅲ)

实际分子为式(Ⅰ)。

# 第十一章　胺及其他含氮化合物

## 一、内容提要

### 1. 胺的结构

胺是 $NH_3$ 的烃基衍生物，烃基若为脂肪族则是脂肪胺，若为芳香族则是芳香胺。根据氮原子上烃基数目不同，可以分为伯胺、仲胺、叔胺、季铵盐和季铵碱。

在氨及胺中，氮原子为 $sp^3$ 杂化，氮原子上的一对未共用电子对占在 $sp^3$ 杂化轨道上。当氮原子上的三个基团不同时，理论上应该有旋光，但实际上并没有分离出旋光异构体，这是因为胺的结构与甲烷的正四面体结构相比，前者比较扁平，在常温下两种互为对映体的构型可以自由翻转，无法分离，所以不表现有旋光。

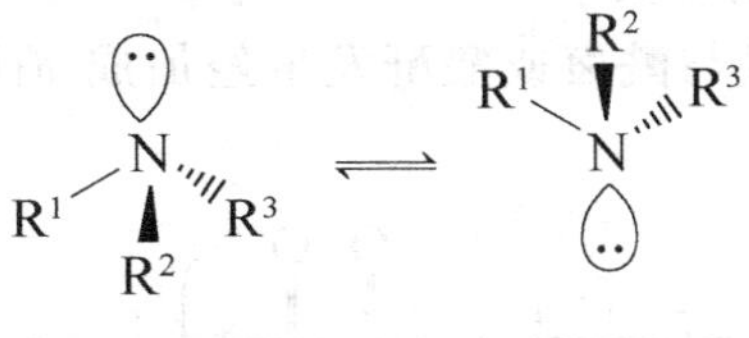


但在季铵盐及季铵碱中，当带正电荷的氮原子上连有四个不同基团时，就可以分离出旋光的对映异构体。

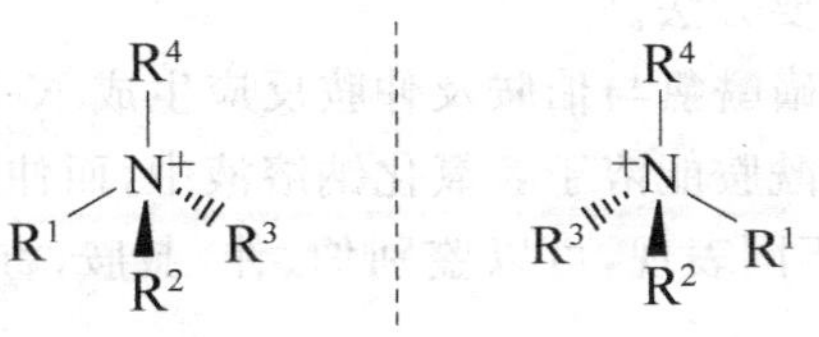


氨基或取代氨基是胺的官能团，氮原子上的未共用电子对决定了氨基或取代氨基具有碱性和亲核性，因此胺的性质和反应主要是由氮原子上未共用电子对、氮原子上的氢和氨基对烃基的影响所决定的。

### 2. 胺的性质和反应

1）碱性

胺的碱性是由于氮原子上的未共用电子对引起的。通常用胺的共轭酸的 $pK_a$ 值来衡量胺的碱性强弱，$pK_a$ 值越大则胺的碱性越强，反之，$pK_a$ 值越小，胺的碱性越弱。一般说来，脂肪胺碱性强于氨，而氨又强于芳香胺。例如：

$pK_a(CH_3\overset{+}{N}H_3)=10.62 \qquad pK_a(\overset{+}{N}H_4)=9.24 \qquad pK_a(Ph\overset{+}{N}H_3)=4.60$

胺的碱性受三种因素影响:电子效应、空间效应和溶剂化效应。氮原子周围电子云密度越高碱性越强,氮原子周围位阻越大碱性越弱,胺的溶剂化程度越高碱性越弱。

2) 胺的烃基化

胺既是碱,又是亲核试剂,可以与卤代烃发生亲核取代:

$$\underset{\text{伯胺}}{RNH_2}\xrightarrow[-HX]{RX}\underset{\text{仲胺}}{R_2NH}\xrightarrow[-HX]{RX}\underset{\text{叔胺}}{R_3N}\xrightarrow{RX}\underset{\text{季铵盐}}{R_4\overset{+}{N}X^-}\xrightarrow[H_2O]{Ag_2O}\underset{\text{季铵碱}}{R_4\overset{+}{N}OH^-}$$

季铵盐是离子型化合物,季铵碱是强碱,其强度相当于 NaOH、KOH。受热时季铵碱会发生 E2 消除,形成取代程度较低的烯烃,称为霍夫曼(Hofmann)消除,这种取代程度较低的烯烃称为霍夫曼烯烃。例如:

$$\left[\begin{array}{l}CH_3CH_2CH_2CHCH_3\\ \qquad\qquad\quad | \\ \qquad\qquad {}^+N(CH_3)_3\end{array}\right]OH^-\xrightarrow{\triangle}\underset{98\%}{CH_3CH_2CH_2CH{=}CH_2}+\underset{2\%}{CH_3CH_2CH{=}CHCH_3}$$

3) 胺的酰基化和兴斯堡反应

胺作为亲核试剂可以与酰卤或酸酐发生经加成-消除的亲核取代反应,生成酰胺:

$$RNH_2+R'COCl\left(\text{或 }R'\overset{O}{\overset{\|}{C}}O\overset{O}{\overset{\|}{C}}R'\right)\longrightarrow RNH\overset{O}{\overset{\|}{C}}R'$$

这是制备取代酰胺的重要方法。

苯磺酰氯或对甲苯磺酰氯与伯胺及仲胺反应生成 *N*-取代的磺酰胺,但与叔胺不反应。伯胺形成的磺酰胺能溶于氢氧化钠溶液中,而仲胺形成的磺酰胺则不溶,因此,利用它们的这种不同表现,可以鉴别伯、仲、叔胺,称为兴斯堡(Hinsberg)反应,或兴斯堡试验:

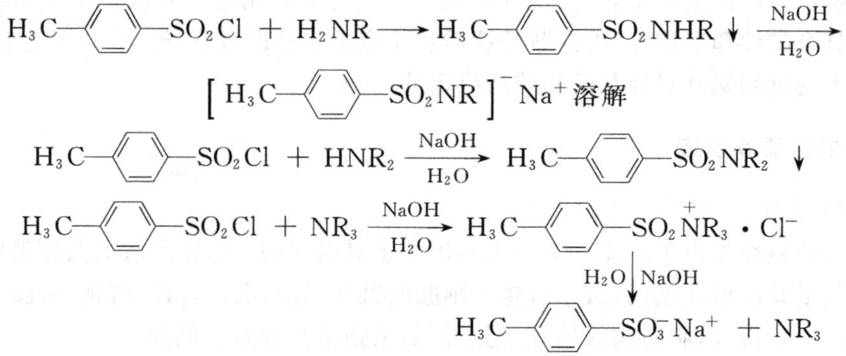

4）与亚硝酸反应

伯、仲、叔胺都可以与亚硝酸反应。脂肪族伯胺与亚硝酸反应后先生成脂肪族重氮盐，后者不稳定，很容易分解而得到醇、烯和卤代烷等的混合物。例如：

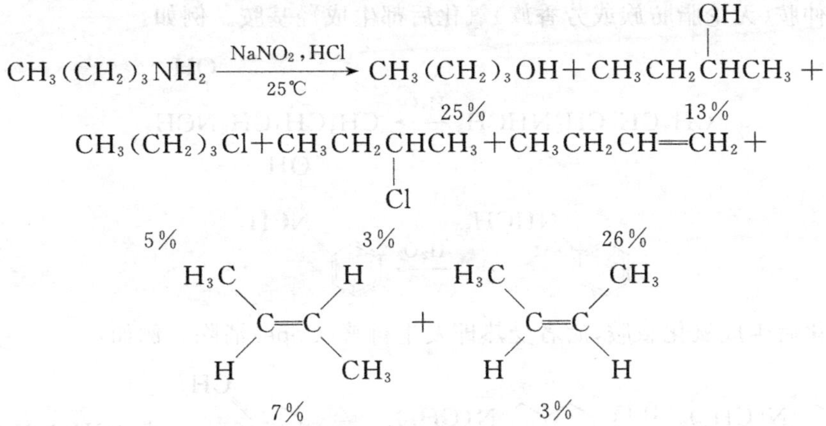

芳香族伯胺与亚硝酸作用生成芳香族重氮盐。例如：

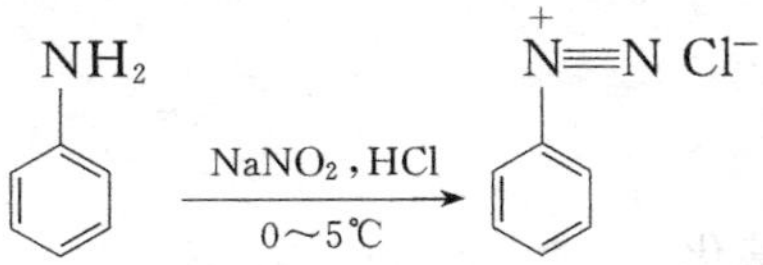

无论脂肪族还是芳香族仲胺都可以与亚硝酸作用生成 *N*-亚硝基化合物。例如：

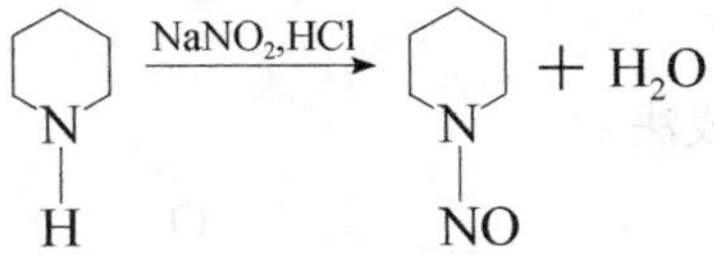

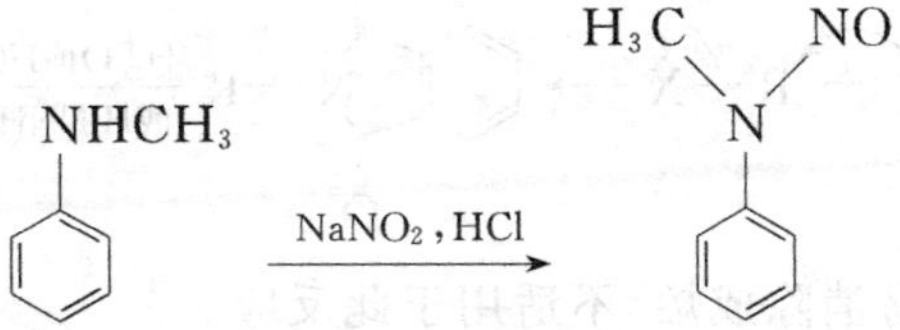

脂肪族叔胺由于氮上无氢，只能与亚硝酸成盐。例如：

$$(CH_3)_3N + HNO_2 \longrightarrow (CH_3)_3\overset{+}{N}H\ NO_2^-$$

芳香族叔胺则情况不同，往往在芳环上形成亚硝化产物。例如：

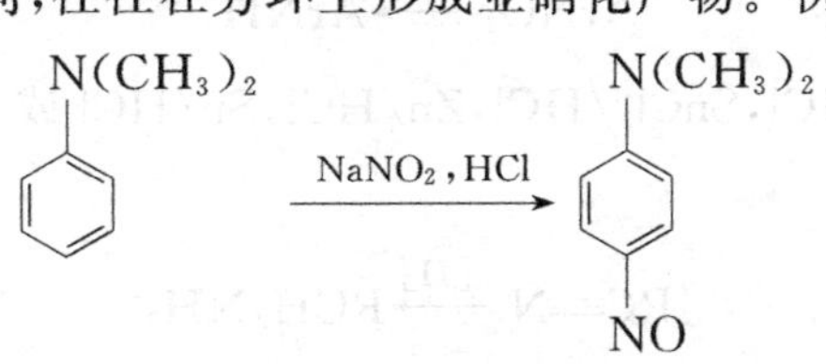

绿色晶体

对位若被占据,则—NO 进入邻位。

5) 氧化和科普消除

由于胺是好的电子给予体,因此胺都易被氧化。伯胺氧化产物复杂,没有实际意义。仲胺(无论脂肪族或芳香族)氧化后都生成羟基胺。例如:

$$CH_3CH_2CH_2NHCH_3 \xrightarrow{H_2O_2} CH_3CH_2CH_2N(OH)CH_3$$

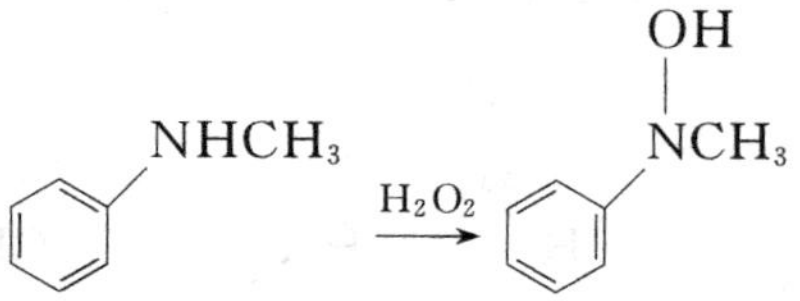

叔胺氧化后生成氧化叔胺,后者受热即发生科普(Cope)消除。例如:

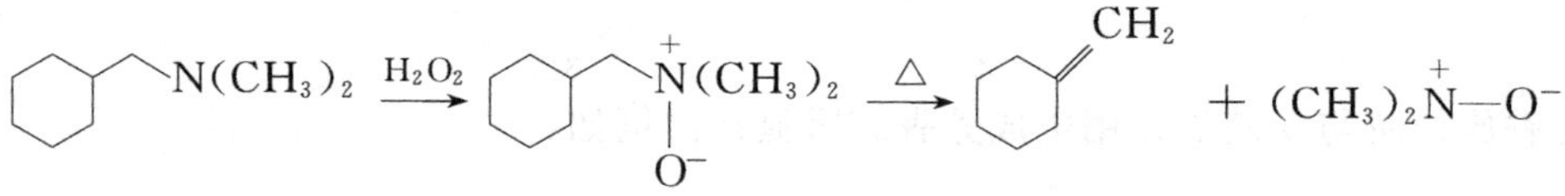

**3. 胺的制备**

1) 氨或胺的直接烷基化

氨或胺的直接烷基化往往得到不同胺的混合物,所以不适合实验室制备,工业制备上有一定意义。

2) 盖布瑞尔胺合成法

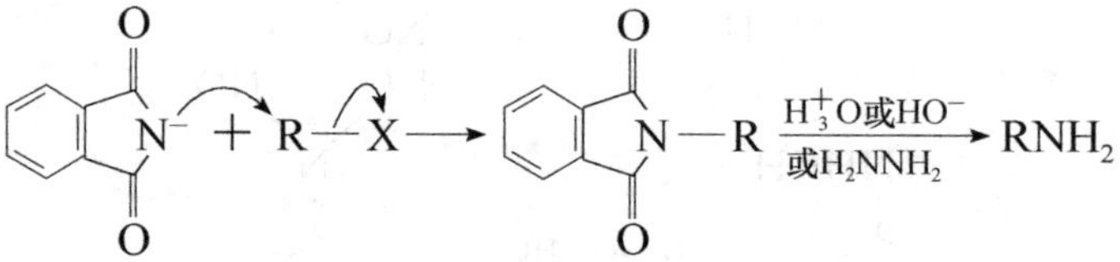

叔卤代烷在此反应中易消除成烯,不适用于此反应。

盖布瑞尔(Gabriel)反应是合成纯净伯胺的重要方法。

3) 硝基化合物还原

$$ArNO_2 \xrightarrow{[H]} ArNH_2$$

还原剂为 $H_2/Ni$,Fe/HCl,$SnCl_2/HCl$,Zn/HCl,Sn/HCl 或 NaSH。

4) 腈的还原

$$RC\equiv N \xrightarrow{[H]} RCH_2NH_2$$

脂肪族腈和芳香族腈都可以还原为相应的胺,还原剂可以是 $H_2/Ni$ 或

$LiAlH_4$。

5）肟的还原

$$R-\overset{\overset{\large NOH}{\|}}{C}-R' \xrightarrow{[H]} R-\overset{\overset{\large NH_2}{|}}{CH}-R'$$

R、R′为 H、烷基或芳基，还原剂可以是 $H_2/Ni$ 或 $LiAlH_4$。

6）还原氨化

$$R-\overset{\overset{\large O}{\|}}{C}-R'' + H_2NR' \rightleftharpoons R-\overset{\overset{\large NR'}{\|}}{C}-R'' \xrightarrow{[H]} R-\overset{\overset{\large HNR'}{|}}{CH}-R''$$

R、R′、R″为 H、烷基或芳基，还原剂可以是 $H_2/Ni$、$CH_2O/HCOOH$、$HCONH_2$ 等。此方法适用于合成各种伯、仲、叔胺。

7）酰胺还原

$$R-\overset{\overset{\large O}{\|}}{C}-NR'_2 \xrightarrow{[H]} RCH_2NR'_2$$

R、R′为 H、烷基或芳基，还原剂可以是 $LiAlH_4$ 或 $B_2H_6$。此方法适用于合成伯、仲、叔胺。

8）叠氮化物还原

$$RX + N_3^- \xrightarrow[-X]{} RN_3 \xrightarrow[Pd/CH_3OH]{H_2NNH_2} RNH_2$$

此方法适用于烷基或芳基叠氮化合物的还原，但叠氮化合物有爆炸性。

9）利用霍夫曼重排、柯提斯重排和施密特重排

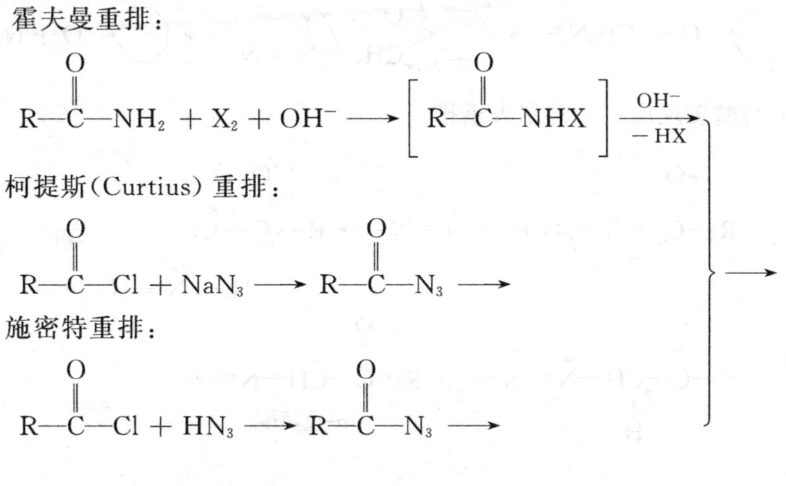

$$R-\overset{\overset{\displaystyle O}{\|}}{C}-\ddot{N}: \longrightarrow R-N=C=O \xrightarrow[-CO_2]{H_2O} RNH_2$$

**4. 重氮和偶氮化合物**

1）重氮甲烷

（1）与含活性氢化合物反应——甲基化：

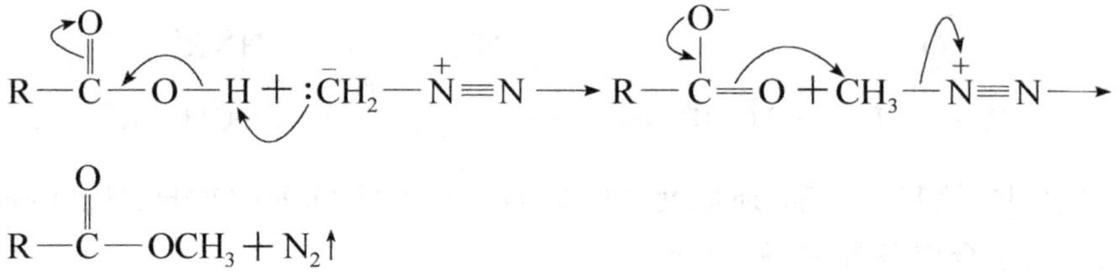

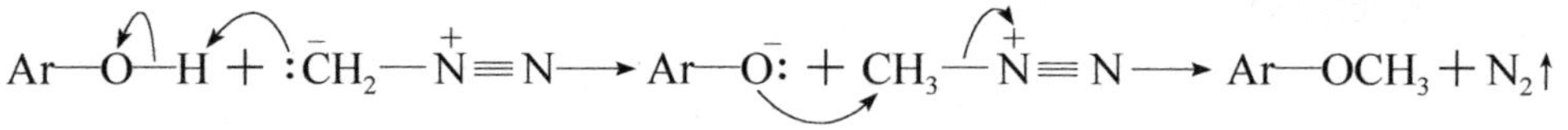

$CH_2N_2$ 不能使醇甲基化。

（2）与醛、酮反应：

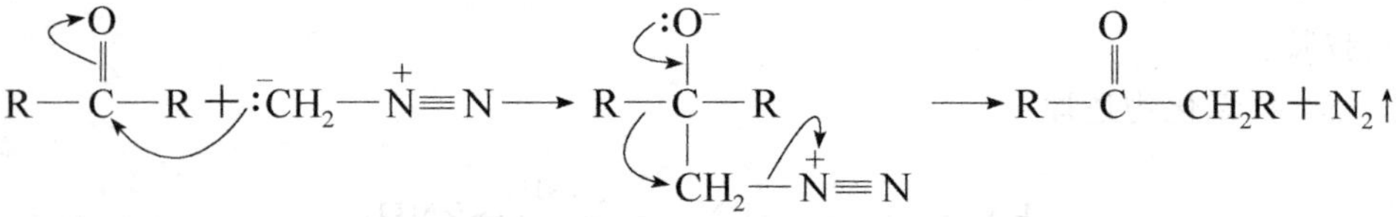

其结果是在羰基与 α-碳之间插入亚甲基。

此反应可用于扩环。例如：

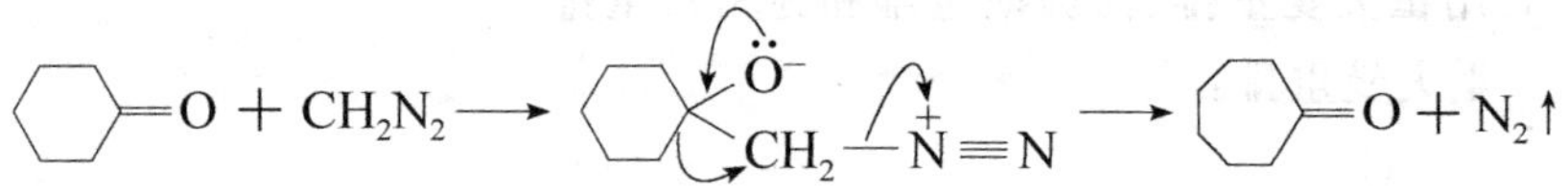

（3）与酰氯反应——乌尔夫重排：

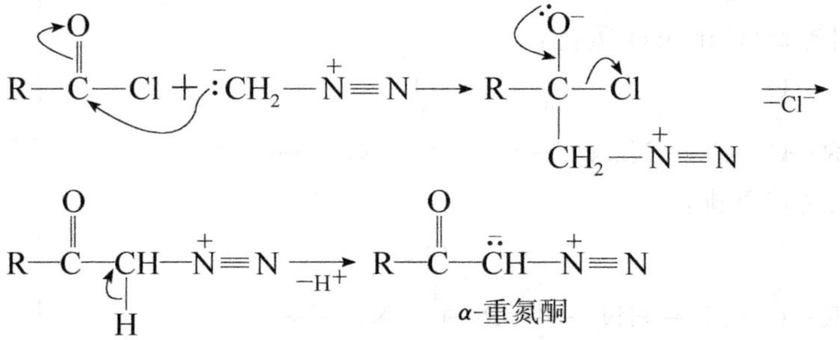

α-重氮酮

$\alpha$-重氮酮不稳定，在氧化银存在下加热分解，重排为烯酮：

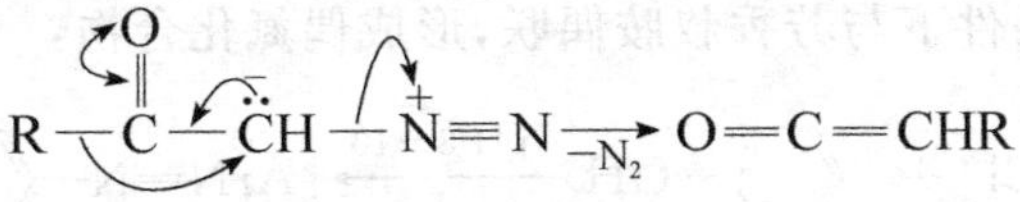

此即乌尔夫重排。

烯酮在水溶液中易水解，生成羧酸：

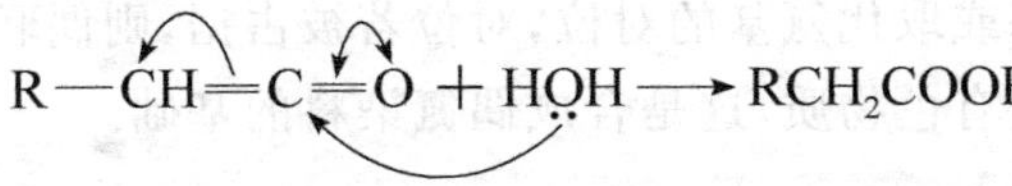

2) 芳香重氮盐

芳香重氮盐比脂肪重氮化合物重要得多。

(1) 取代反应：

$$ArNH_2 \xrightarrow[H_2O]{NaNO_2,H_2SO_4} \left[Ar\overset{+}{N}{\equiv}N\right] \xrightarrow[H_2O]{\triangle} ArOH + N_2\uparrow$$

$$Ar\overset{+}{N}{\equiv}NX^- \xrightarrow{H_3PO_2\text{ 或 }EtOH\text{ 或 }NaBH_4} Ar{-}H$$

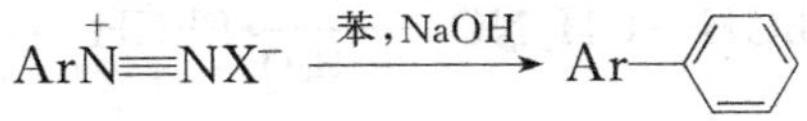

$$Ar\overset{+}{N}{\equiv}NX^- \xrightarrow{CuCl} Ar{-}Cl$$

$$Ar\overset{+}{N}{\equiv}NX^- \xrightarrow{CuBr} Ar{-}Br$$

$$Ar\overset{+}{N}{\equiv}NX^- \xrightarrow{CuCN} Ar{-}CN$$

桑德迈耳(Sandmeyer)反应

$$Ar\overset{+}{N}{\equiv}NX^- \xrightarrow{KI} ArI + N_2\uparrow$$

$$Ar\overset{+}{N}{\equiv}NX^- \xrightarrow{KS\overset{S}{\overset{\|}{C}}OEt} Ar{-}S\overset{S}{\overset{\|}{C}}OEt \xrightarrow[2)H^+]{1)KOH} ArSH$$

$$ArNH_2 \xrightarrow[HBF_4]{NaNO_2} Ar\overset{+}{N}{\equiv}NBF_4^- \xrightarrow[Cu]{NaNO_2} ArNO_2$$ 加特曼反应

$$ArNH_2 \xrightarrow[HF,BF_3]{NaNO_2} Ar\overset{+}{N}{\equiv}NBF_4^- \xrightarrow{\triangle} ArF + N_2 + BF_3$$ 席曼反应

(2) 还原为肼：

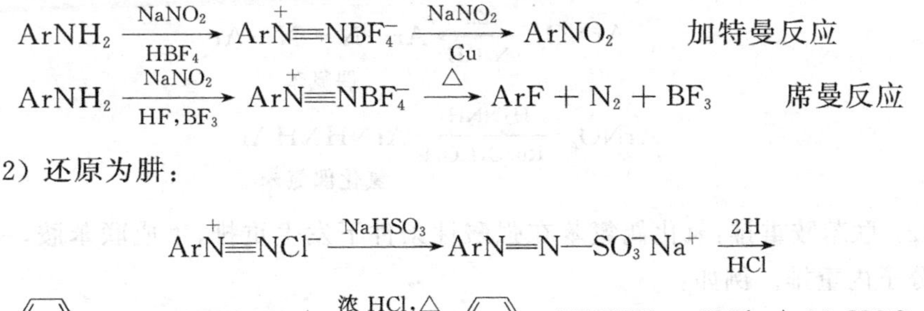

(3) 偶联反应:重氮盐既可以在弱碱性(pH 8～10)条件下与酚偶联,又可以在弱酸性(pH 5～7)条件下与芳香叔胺偶联,形成偶氮化合物:

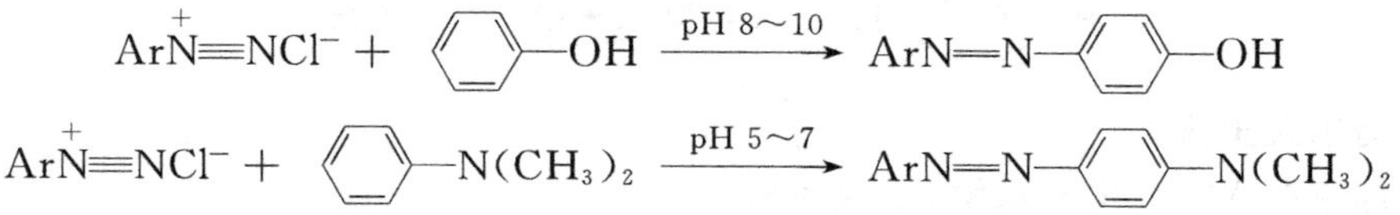

偶联通常发生在羟基或取代氨基的对位,对位若被占据,则偶联发生在邻位。所生成的偶氮化合物都是有色物质,这是合成偶氮染料的基础。

## 5. 硝基化合物

1) 脂肪族硝基化合物

受吸电子的硝基影响,脂肪族硝基化合物 α-碳上的氢具有酸性,遇碱生成亲核性强的碳负离子,后者可发生羟醛缩合型的反应。例如:

$$CH_3NO_2 \xrightarrow[H_2O]{-OH} \bar{C}H_2-NO_2 \xrightarrow[H_2O]{PhCH=O} PhCH(OH)-CH_2NO_2 \xrightarrow[-H_2O]{} PhCH=CHNO_2$$

2) 芳香族硝基化合物

(1) 还原:使用不同的还原剂,芳香族硝基化合物可以还原为不同的产物:

$$ArNO_2 \xrightarrow[H_2O]{Zn,NH_4Cl} ArNHOH$$

芳基羟胺

$$ArNO_2 \xrightarrow[NaOH]{As_2O_3} Ar-\overset{O^-}{\overset{|}{N^+}}=N-Ar$$

氧化偶氮苯

$$ArNO_2 \xrightarrow[NaOH]{Zn} Ar-N=N-Ar$$

偶氮苯

$$ArNO_2 \xrightarrow[Ru/C,KOH]{H_2NNH_2} ArNHNHAr$$

氢化偶氮苯

(2) 联苯胺重排:氢化偶氮苯在强酸性条件下发生重排,生成联苯胺,一般认为是分子内重排。例如:

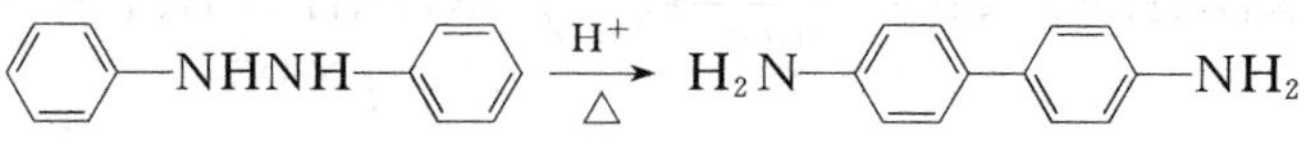

如果对位被占据,则重排发生在邻位:

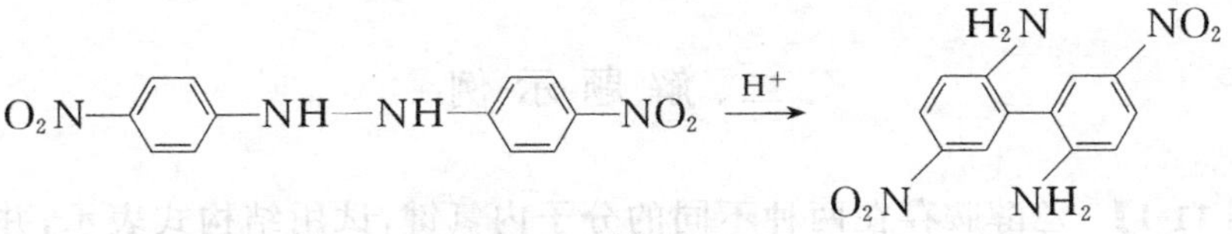

联苯胺重排是合成对称性联苯化合物的重要方法。

(3) 芳香族硝基化合物芳环上的亲核取代反应：在卤代芳烃中，卤素的邻、对位上有硝基等强吸电子基团存在时，卤素很容易被带有负电荷或含有孤电子对的亲核试剂取代，发生芳环上的亲核取代反应。所以硝基等强吸电子基团是芳环上亲核取代反应的邻、对位致活基团。离去基团的邻、对位上的硝基等强吸电子基团增加，有利于芳环上亲核取代反应的进行。

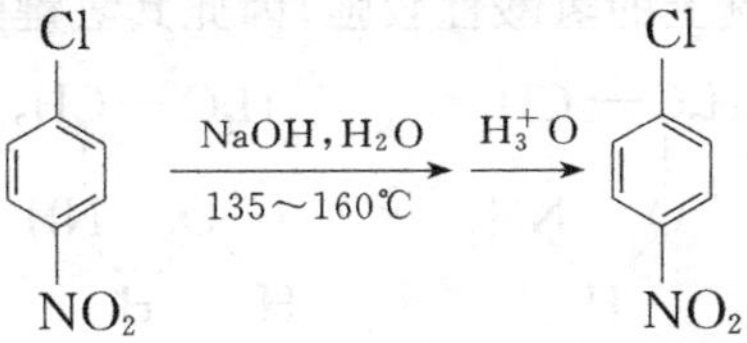

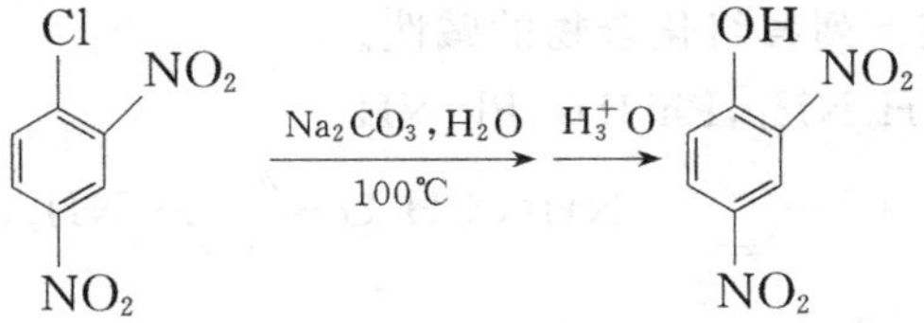

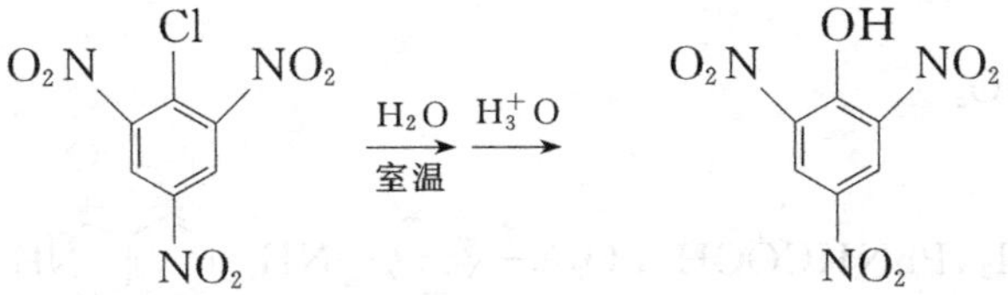

离去基团除卤素外，还可以是—$NO_2$、—$N_2$、—$OSO_2R$、—$N^+R_3$、—OAr、—OR、—$NR_2$ 等。例如：

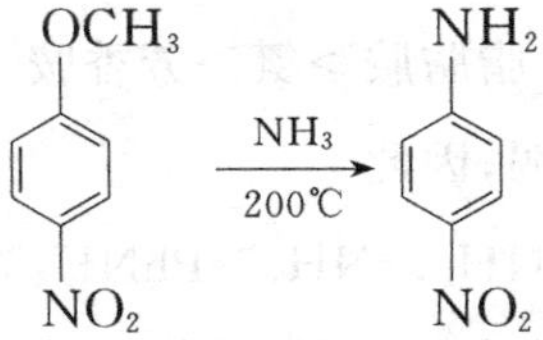

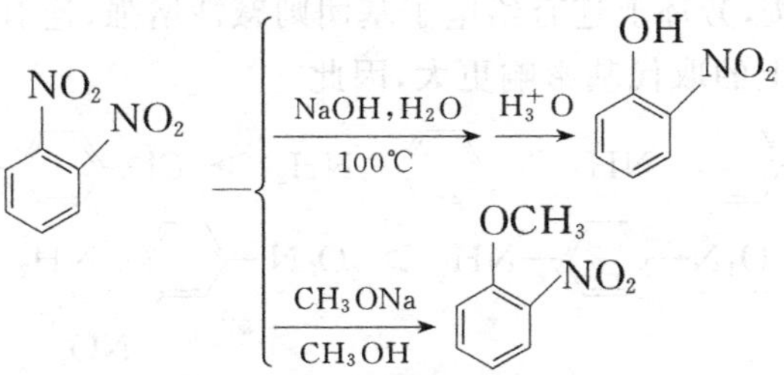

## 二、解 题 示 例

**【例 11-1】** 乙醇胺存在两种不同的分子内氢键,试用结构式表示,并比较其相对强弱。

**解**　乙醇胺的两种不同分子内氢键为

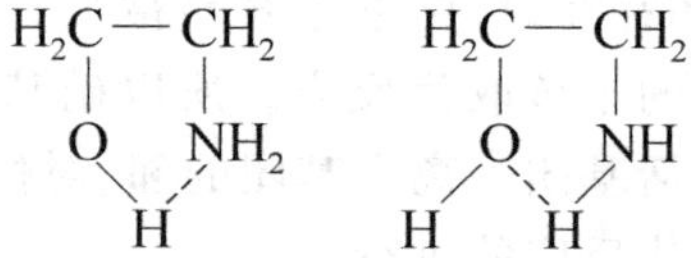

由于氧的电负性大于氮,氧上的氢酸性较强,因此其氢键强弱为

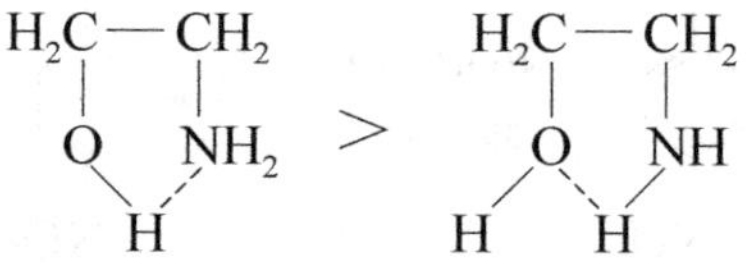

**【例 11-2】** 比较下列各组化合物的碱性。

(1) $NH_3$, $CH_3CH_2NH_2$, $PhNH_2$, $Ph_2NH$

(2)

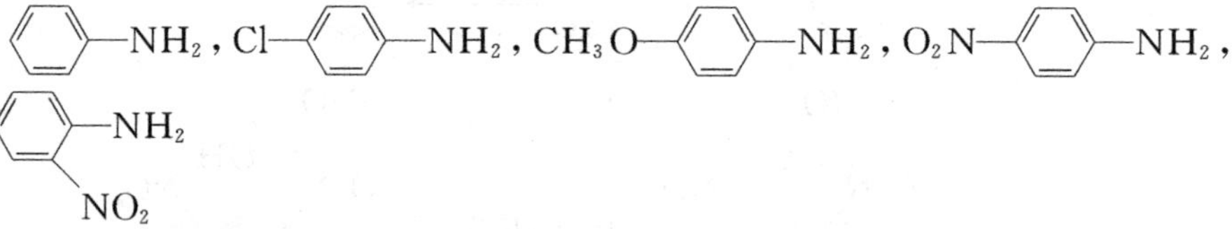

(3) $PhNH_2$, $PhNHCOCH_3$,

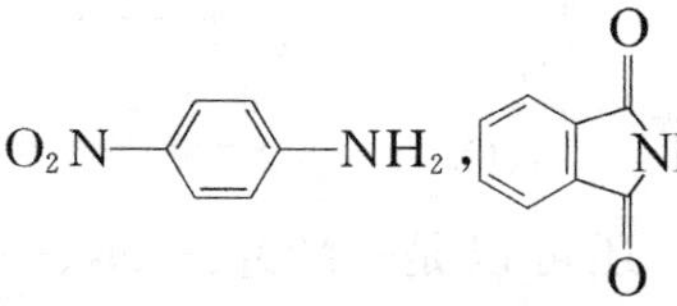

, $(CH_3)_4\overset{+}{N}OH^-$

**解**　(1) 胺的碱性总的规律是

脂肪胺>氨>芳香胺

氮原子所连芳基越多,碱性越弱,因此

$$CH_3CH_2NH_2 > NH_3 > PhNH_2 > Ph_2NH$$

(2) 对于芳香胺,芳环上连有给电子基团则碱性增强,连有吸电子基团则碱性减弱,氨基邻、对位上的取代基影响更大,因此

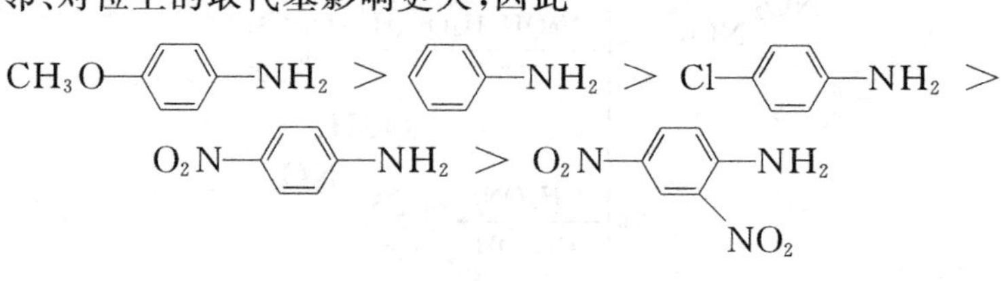

(3) 季铵碱在水溶液中完全电离，其碱性与 KOH、NaOH 相当。酰胺或酰亚胺中由于羰基与氮原子之间的 p-π-共轭，碱性大大降低，因此

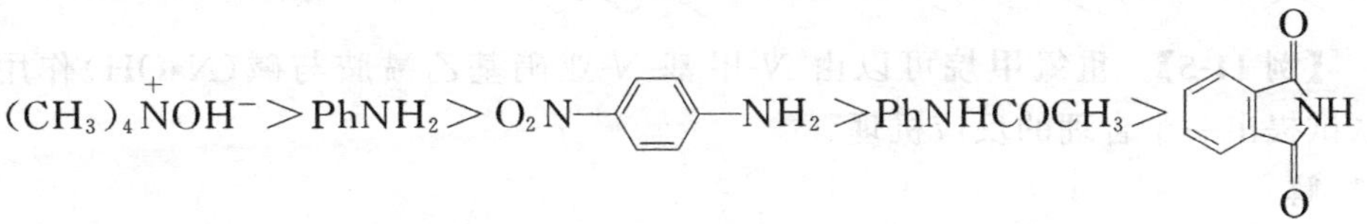


**【例 11-3】** 以 3-甲基丁酸为原料合成下列化合物。

(1) $(CH_3)_2CHCH_2NH_2$　　(2) $(CH_3)_2CHCH_2CH_2NH_2$

(3) $(CH_3)_2CHCH_2CH_2CH_2NH_2$

**解**　(1) 碳数减少一个，形成伯胺，应当用霍夫曼重排：

$$(CH_3)_2CHCH_2COOH \xrightarrow{NH_3} \xrightarrow[\triangle]{H_2O} (CH_3)_2CHCH_2CONH_2 \xrightarrow[NaOH]{Br_2} (CH_3)_2CHCH_2NH_2$$

(2) 由(1)得到的酰胺还原：

$$(CH_3)_2CHCH_2CONH_2 \xrightarrow{LiAlH_4} (CH_3)_2CHCH_2CH_2NH_2$$

(3) 增加一个碳，形成伯胺，应当用$^-CN$ 对伯卤代烷的亲核取代，然后还原：

$$(CH_3)_2CHCH_2COOH \xrightarrow{LiAlH_4} (CH_3)_2CHCH_2CH_2OH \xrightarrow{PBr_3} (CH_3)_2CHCH_2CH_2Br$$

$$\xrightarrow{NaCN} (CH_3)_2CHCH_2CH_2CN \xrightarrow{LiAlH_4} (CH_3)_2CHCH_2CH_2CH_2NH_2$$

**【例 11-4】** 毒芹碱($C_8H_{17}N$)是一种仲胺，经霍夫曼彻底甲基化，消耗 2mol $CH_3I$，然后用潮湿氧化银处理并加热，生成 5-(*N*,*N*-二甲氨基)-1-辛烯。试推测其结构，并写出各步反应式。

**解**　该化合物的不饱和度为 1。

仲胺转化为季铵盐，进而转化为季铵碱，必须消耗 2mol $CH_3I$。由于霍夫曼消除后产物为 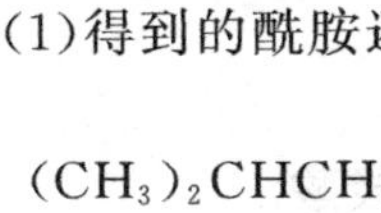

，显然该分子中氮原子上的两个甲基是毒芹碱甲基化后新增加的，因此毒芹碱分子中的氮原子必然是环的一部分。考虑到霍夫曼消除要形成一个取代程度较低的霍夫曼烯烃，因此毒芹碱的结构应为

反应式如下：

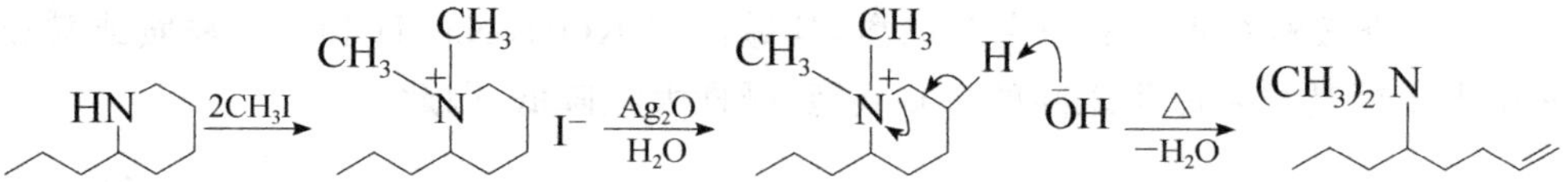

【例 11-5】 重氮甲烷可以由 $N$-甲基-$N$-亚硝基乙酰胺与碱(NaOH)作用生成,试提出一个合理的反应机理。

**解**

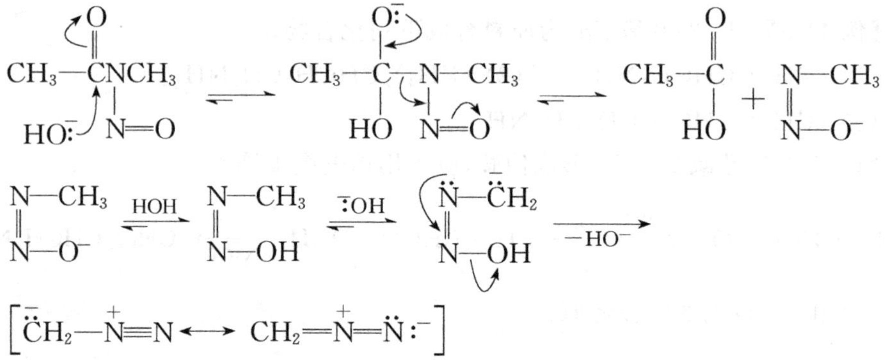

【例 11-6】 由甲苯合成 3,3′-二甲基-4,4′-联苯二羧酸。

**解** 完全对称的联苯型化合物首选的合成方法是利用联苯胺重排。可按逆合成法推出各步反应的前体。

逆合成分析:

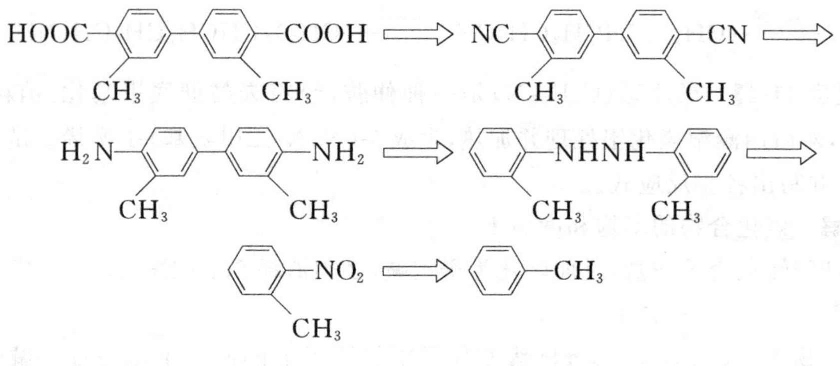

合成:

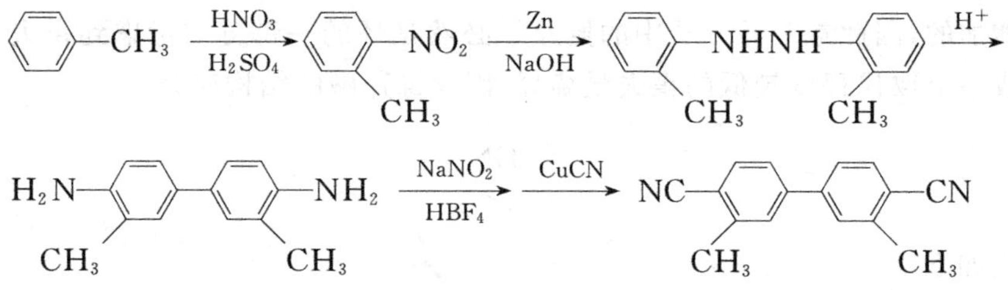

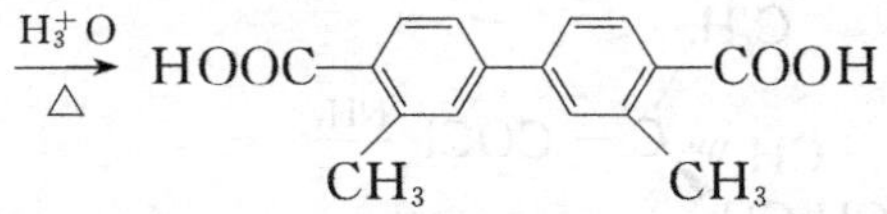

**【例 11-7】** 顺-氢氧化-(4-叔丁基环己基)-三甲基胺在加热条件下能发生霍夫曼消除反应，得到相应的烯烃，而反-氢氧化-(4-叔丁基环己基)-三甲基胺在同样条件下却不能发生霍夫曼消除反应，试解释其原因。

**解**　不管是顺式还是反式异构体，在它们的稳定构象中，叔丁基都占在 e 键上。而霍夫曼消除为 E2 消除，在消除时要求离去基团和 $\beta$-H 处于反式共平面，在顺式异构体中有两个反式共平面的 $\beta$-H，符合消除的立体要求。而反式异构体中却没有真正的反式共平面的 $\beta$-H，所以不能发生霍夫曼消除。

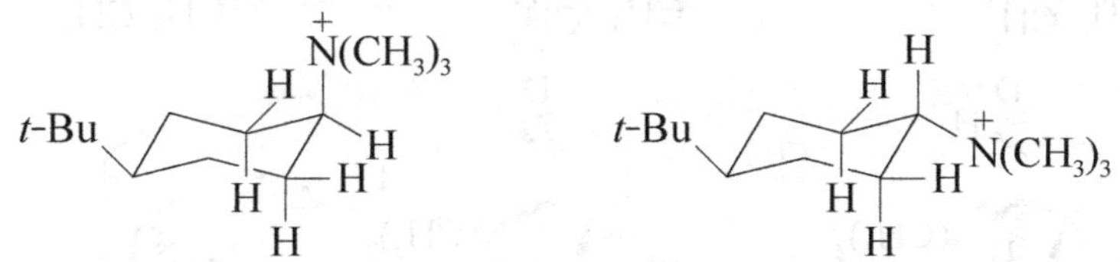

顺式　　　　　　　　反式

**【例 11-8】** 如何实现下列转变？

(1) 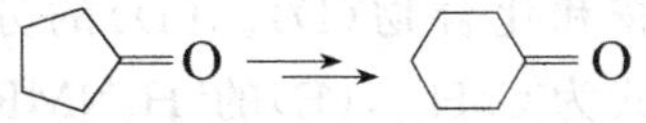

(2) 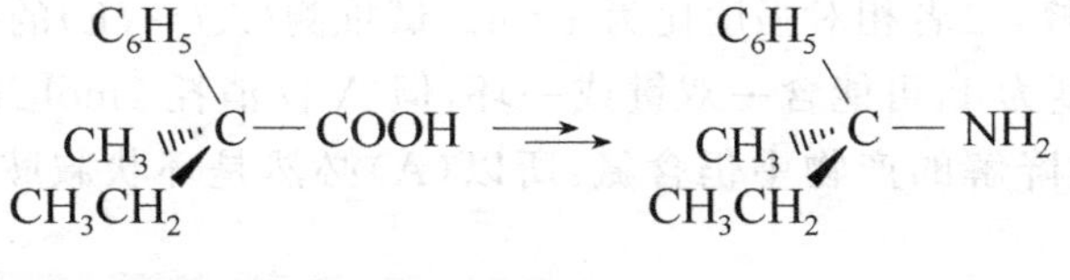

(3) 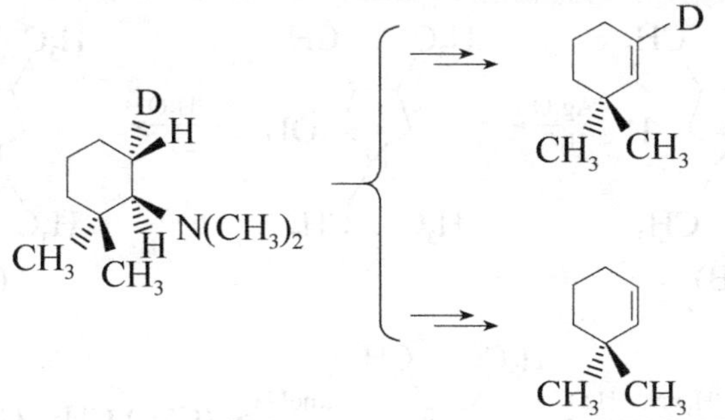

**解**　(1) 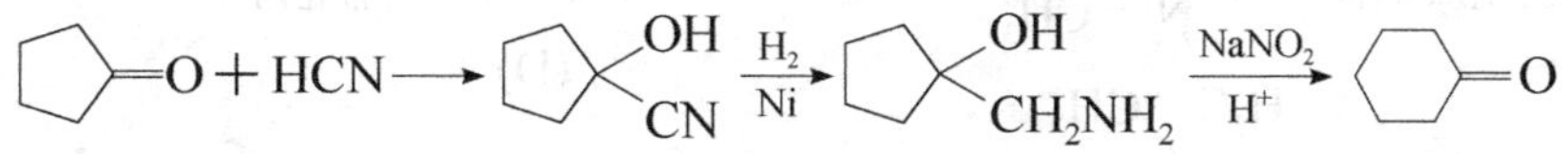

(2) 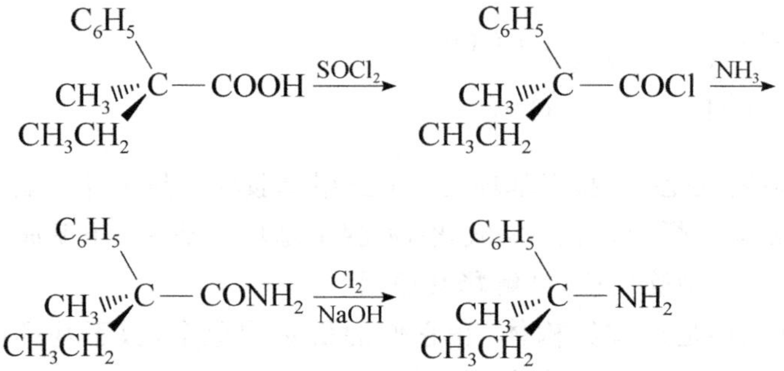

(3) 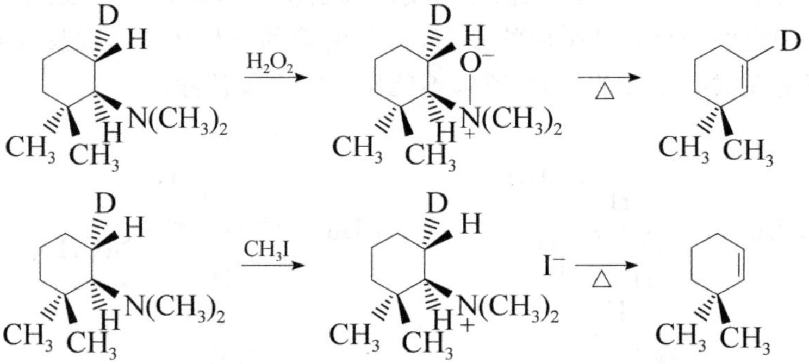

**【例 11-9】** 化合物(A),分子式为 $C_7H_{15}N$,经碘甲烷处理得一水溶性盐(B),分子式为 $C_8H_{18}NI$。(B)与潮湿氧化银共热得化合物(C),分子式为 $C_8H_{17}N$。(C)再经碘甲烷处理,与潮湿氧化银共热,得三甲胺和化合物(D)。(D)的分子式为 $C_6H_{10}$,催化加氢可吸收 2mol 氢生成(E),分子式为 $C_6H_{14}$,(E)的$^1H$ NMR 谱显示一组七重峰和一组二重峰,二者相对强度比为 1∶6。试推测(A)~(E)的构造式。

**解**　(A)的不饱和度为 1,可能含一双键或一环,但 A 仅消耗 1mol$CH_3I$ 形成季铵盐,且(A)经霍夫曼降解的产物中仍含氮,所以(A)必然是环状叔胺,具体的反应如下:

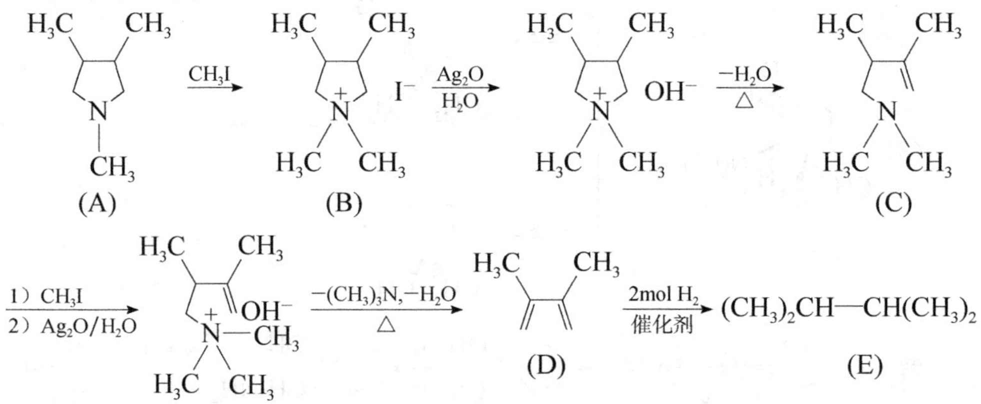

**【例 11-10】** 化合物(A),分子式为 $C_9H_{11}NO_2$,无手性,可溶于酸而不溶于碱。

(A)经酸性水解生成甲醛和另一化合物(B)，分子式为 $C_8H_{11}NO_2$，(B)既可溶于酸又可溶于碱。(A)与过量 $CH_3I$ 反应后再与潮湿氧化银共热，得化合物(C)，分子式为 $C_9H_8O_2$，(C)能使 $Br_2/CCl_4$ 褪色，(C)经 $KMnO_4$ 加热氧化后水解生成 3，4-二羟基苯甲酸和甲醛。试推测(A)～(C)的构造式。

**解**

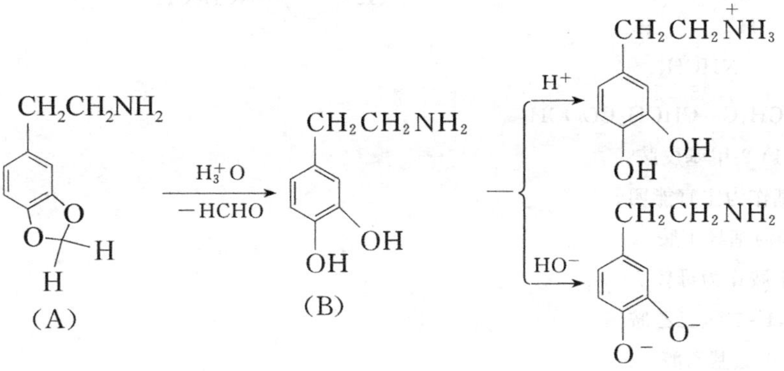

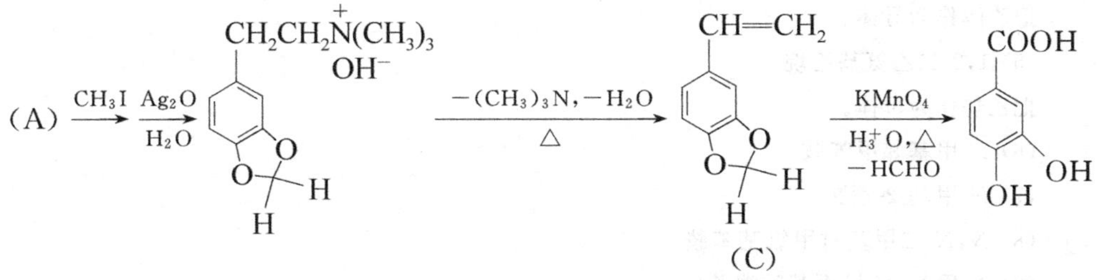

## 三、习题与参考解答

**【习题 11-1】** 命名下列化合物。

(1) $CH_3CH_2CH_2CHCH_2NH_2$（CH 上连 $CH_3$）

(2) $(CH_3)_2CHCH_2NHCH(CH_3)_2$

(3) $CH_3CH_2N(CHClCH_3)_2$

(4) $CH_3NHCH_2CH_2OH$

(5) $CH_3CH_2NHCH_2CH_2NHCH_2CH_3$

(6) 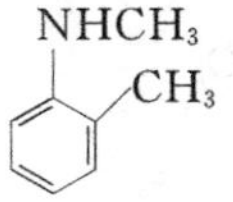

(7) 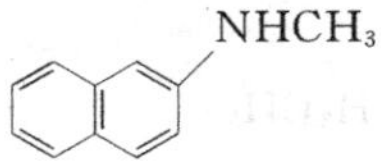

(8) 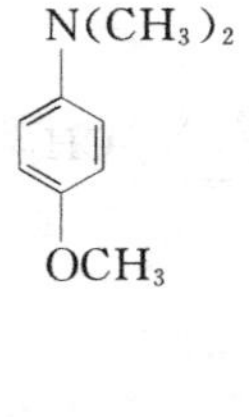

(9) 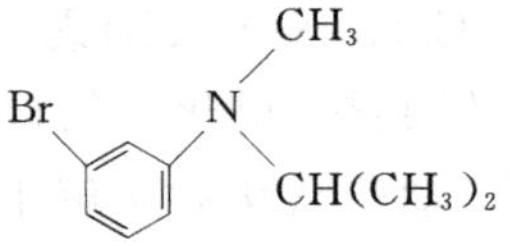　　(10) 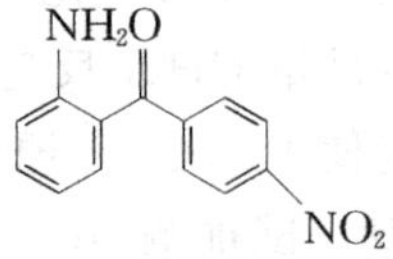

(11) 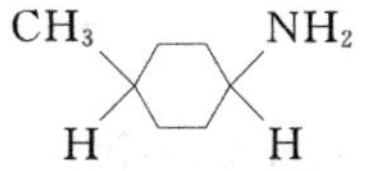　　(12) 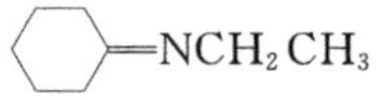

(13) $CH_3\overset{NHCH_3}{\overset{|}{C}}{=}CHCH_2COOCH_3$

**解**　(1) 2-甲基戊胺

把氨基作为主官能团。

(2) 异丙基异丁胺

把异丁胺作为母体。

(3) 1,1′-二氯三乙胺

(4) 2-甲氨基乙醇

把乙醇作为母体。

(5) 1,2-二乙氨基乙烷

把乙烷作为母体。

(6) *N*-甲基邻甲苯胺

(7) *N*-甲基-2-萘胺

(8) *N*,*N*-二甲基对甲氧基苯胺

(9) *N*-甲基-*N*-异丙基间溴苯胺

(10) 2-氨基-4′-硝基二苯甲酮

(11) 顺-4-甲基-1-环己胺

把氨基作为主官能团。

(12) *N*-乙基环己基亚胺

(13) 4-甲氨基-3-戊烯酸甲酯

**【习题 11-2】**　命名下列化合物。

(1) 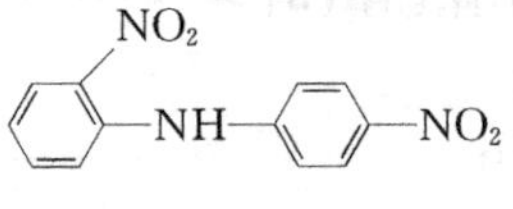　　(2) 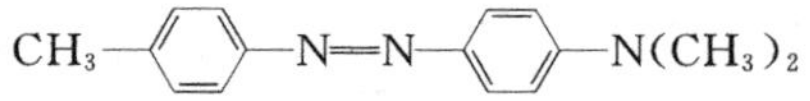

(3) $(CH_3)_2CHCH_2NCO$　　(4) 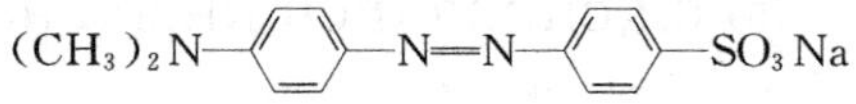

(5) 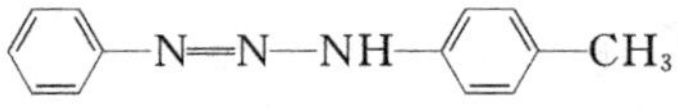　　(6) $N_2CH\overset{O}{\overset{\|}{C}}OCH_2CH_2CH_3$

(7) $CH_3CH_2\overset{O}{\overset{\|}{C}}N_3$　　(8) 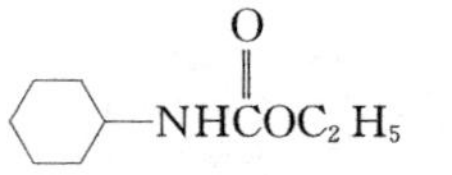

(9) 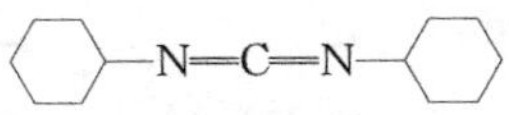

(10) 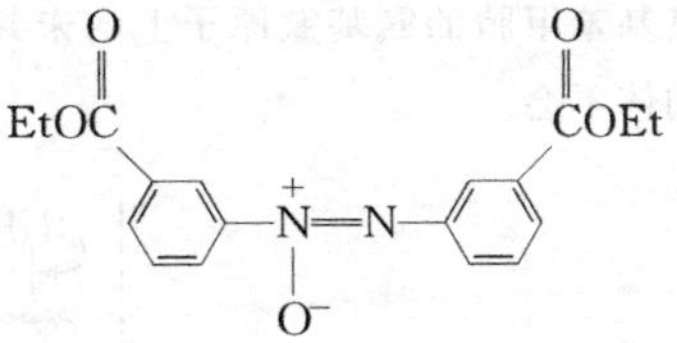

(11) 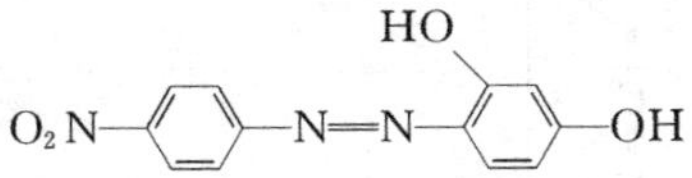

(12) 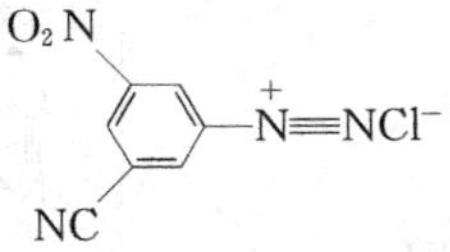

(13) 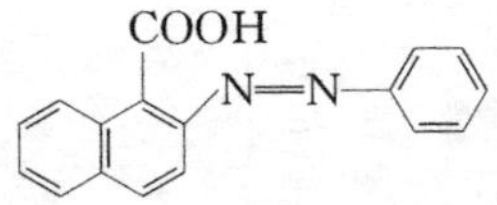

(14) 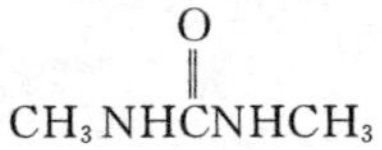

**解**　(1) 2,4′-二硝基二苯胺

(2) 4-甲基-4′-*N*,*N*-二甲氨基偶氮苯

(3) 异氰酸异丁酯

(4) 4′-二甲氨基偶氮苯-4-磺酸钠(俗名甲基橙)

(5) 苯重氮氨基对甲苯

(6) 重氮乙酸丙酯

(7) 丙酰基叠氮

(8) 环己基氨基甲酸乙酯

(9) 二环己基碳化二亚胺(DCC)

(10) 3,3′-二乙氧羰基氧化偶氮苯

(11) 4-硝基-2′,4′-二羟基偶氮苯

(12) 3-氰基-5-硝基重氮苯盐酸盐(或氯化-3-氰基-5-硝基重氮苯)

(13) 1-羧基萘-2-偶氮苯

(14) *N*,*N*′-二甲基脲

**【习题 11-3】**　下列各对化合物中,哪一个在水溶液中碱性较强?给予简要解释。

(1) 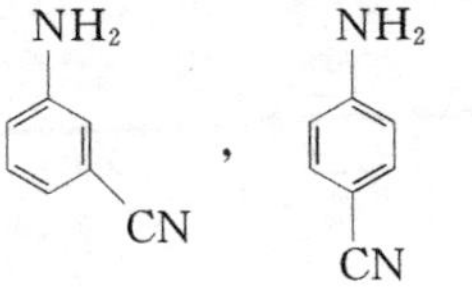

(2) 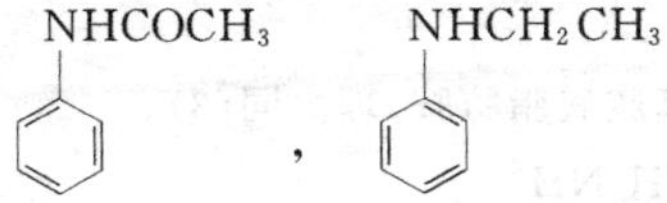

(3) 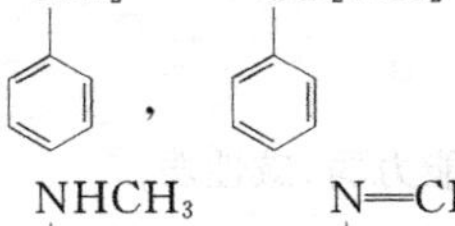

(4) 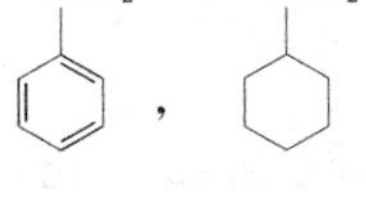

(5) 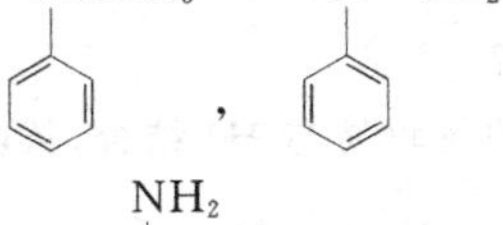

**解**　(1) 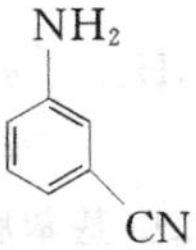

对氨基苯甲腈的氨基氮原子上的未共用电子对可以离域到—C≡N的氮原子，碱性减弱，而间位异构体不会。

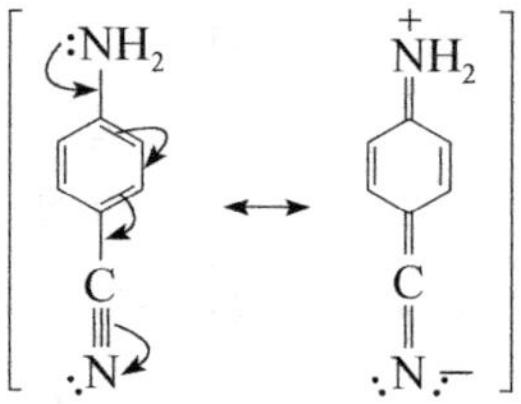

(2) 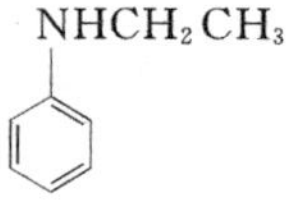

酰胺氮原子上的未共用电子对因 p-π 共轭而导致碱性减弱。

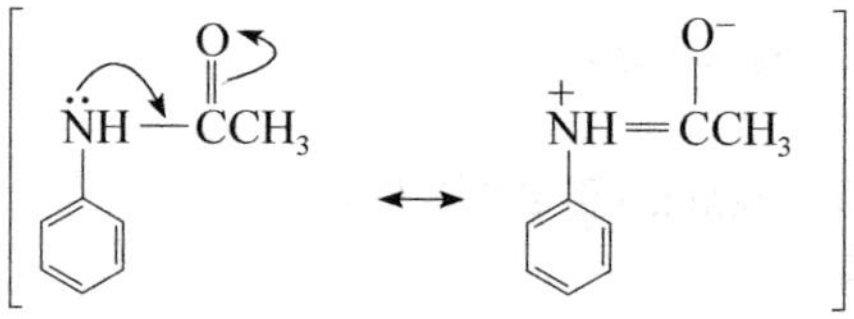

(3) 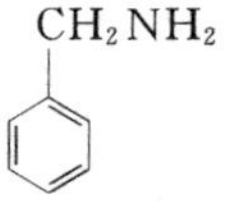

苄胺属脂肪胺，而苯胺属芳香胺，后者氮原子上未共用电子对可以发生如下离域：

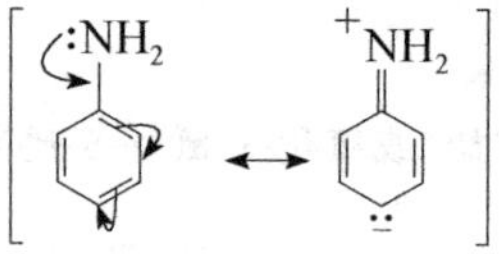

(4) 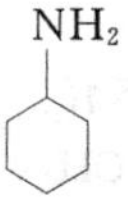

环己基胺属脂肪胺，理由同(3)。

(5) 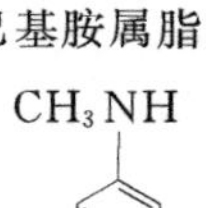

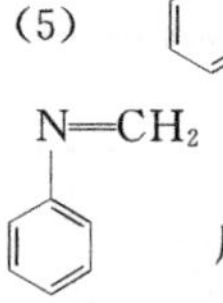 属亚胺，氮原子属 $sp^2$ 杂化，s 成分较高，结合 $H^+$ 能力弱，碱性弱。

**【习题 11-4】** $HO(CH_2)_4NH_2$ 的共轭酸和共轭碱是什么？

**解** 这个分子中存在一个羟基和一个氨基，电负性较小的氮较易与 $H^+$ 结合，氧电负性较大，羟基的氢易离解，故共轭酸为 $HO(CH_2)_4\overset{+}{N}H_3$，共轭碱为 $^-O(CH_2)_4NH_2$。

**【习题 11-5】** 解释下列现象。

(1) *N*,*N*-二甲基苯胺的碱性只略强于苯胺，而 2,6-二甲基-*N*,*N*-二甲基苯胺的碱性却比

2,6-二甲基苯胺强得多。

(2) 4-氰基苯胺的碱性只略强于 4-硝基苯胺。

**解**　(1) 在 *N*,*N*-二甲基苯胺分子中 *N*,*N*-二甲基与两个邻位氢彼此之间的空间位阻很小，因此与苯胺相似，氮原子上未共用电子对可以通过 p-π 共轭较好地离域到苯环上，因而碱性只略强于苯胺。而 2,6-二甲基-*N*,*N*-二甲基苯胺分子中 *N*,*N*-二甲氨基与两个邻位甲基之间因空间位阻原因，二甲氨基发生扭曲，氮原子上未共用电子对难以通过 p-π 共轭离域到苯环上，因此碱性比 2,6-二甲基苯胺强得多。

(2) 4-氰基苯胺和 4-硝基苯胺分子中，氮上未共用电子对都可离域到对位的氮或氧上，但是氮的电负性略小于氧，故前者碱性略强于后者。

**【习题 11-6】**　羧酸在水中的酸性比在乙醇中的酸性强 $10^5$ 倍，而铵盐在类似情况下只强 10 倍，为什么？

**解**　无论是羧酸还是铵盐，它们在质子溶剂中都会发生如下反应：

$$RCOOH + H—Sol \rightleftharpoons RCOO^- + H—Sol^+—H$$

$$R\overset{+}{N}H_3 + H—Sol \rightleftharpoons RNH_2 + H—Sol^+—H$$

羧酸溶于水或醇之后，由不带电荷的分子变为带电荷的离子，而水对 $RCOO^-$ 的溶剂化能力比乙醇强得多。而 $R\overset{+}{N}H_3$ 在这两种溶剂中的情况是：反应前后都有一个带正电荷的离子，水对 $R\overset{+}{N}H_3$ 和 $H—Sol^+—H$ 的溶剂化能力差不多，因而对 $R\overset{+}{N}H_3$ 的离解并没有太大的促进作用。又由于水接受质子的能力比乙醇略强，因此 $R\overset{+}{N}H_3$ 在水中的酸性比在乙醇中略强。

**【习题 11-7】**　下列三种胺具有相似的结构，碱性却明显不同，为什么？

(1) 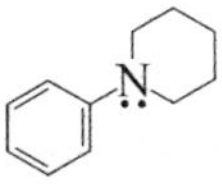 (共轭酸的p$K_a$ 5.2)　　(2) 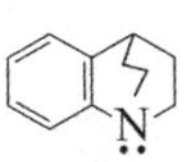 (7.79)　　(3)  (10.58)

**解**　共轭酸 p$K_a$ 值越大，碱性越强。三种胺的氮上都有未共用电子对，但(3)中氮原子上未共用电子对不能离域，因此碱性最强。(1)和(2)氮上未共用电子对虽然都有可能离域到苯环上，但(2)因刚性结构，离域趋势较小，因此碱性略强于(1)。

**【习题 11-8】**　完成下列反应，写出各步主要有机产物。

(1) 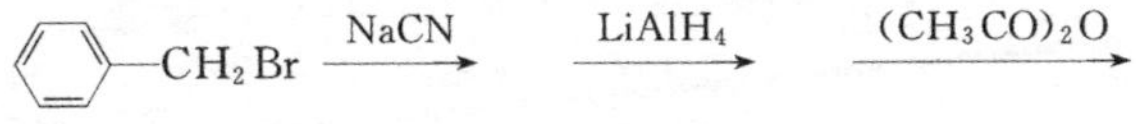


(2) 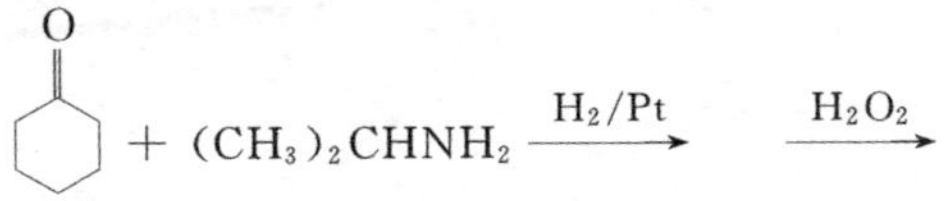


(3) 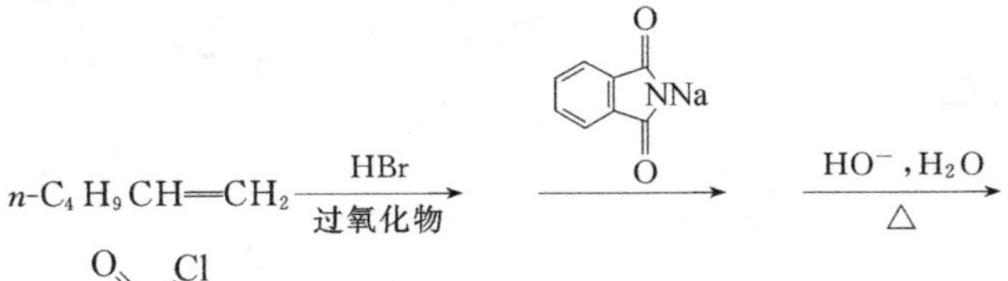


(4) 

(5) 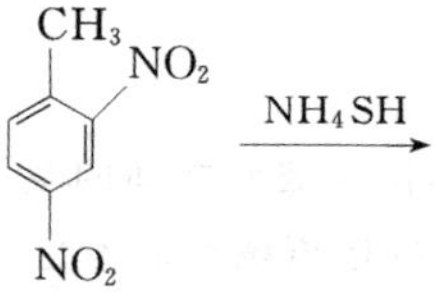

(6) 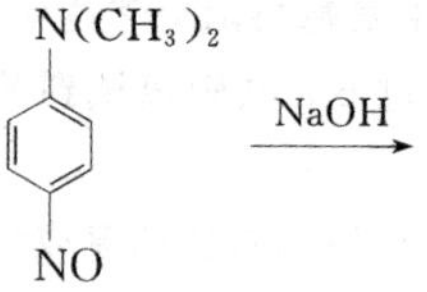

(7) 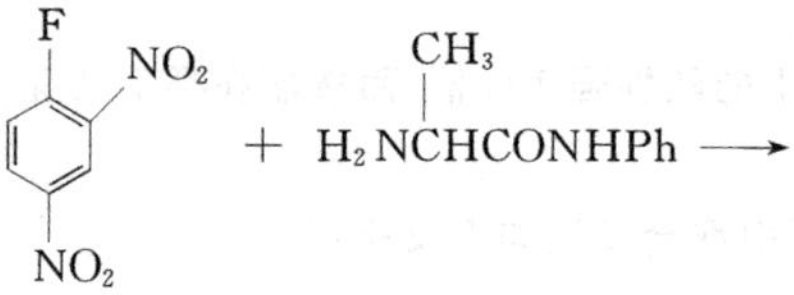

(8) 

(9) 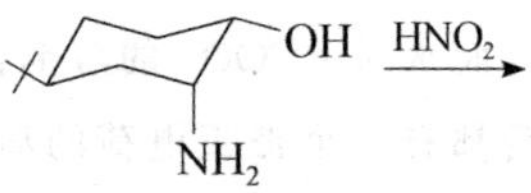

(10) 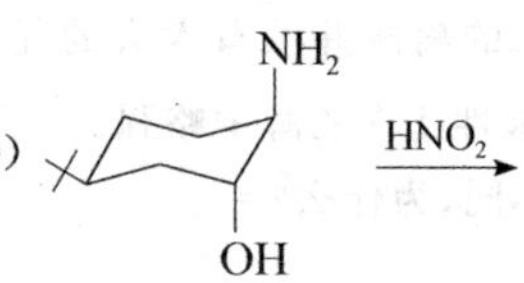

(11) 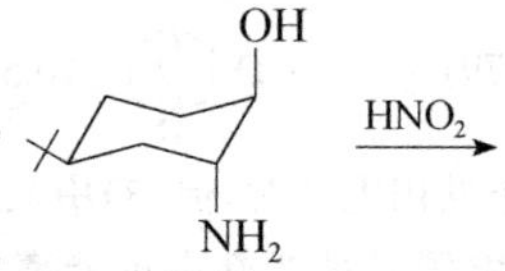

(12) 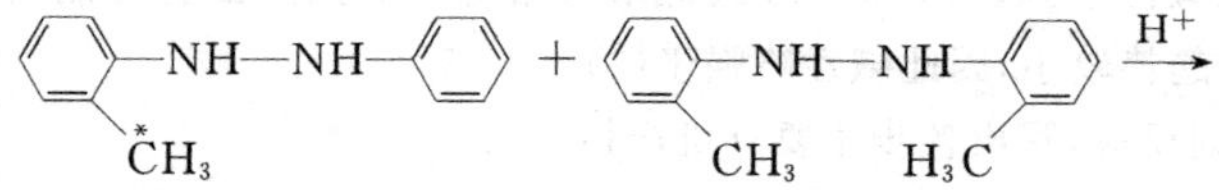

(13) 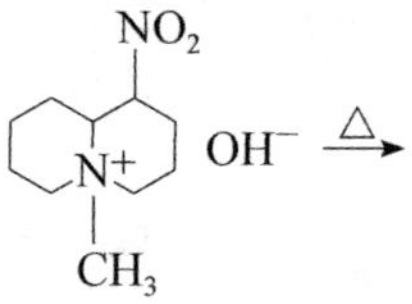

(14) 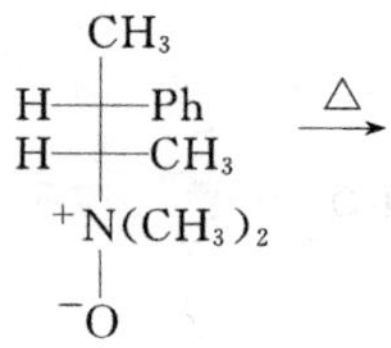

(15) 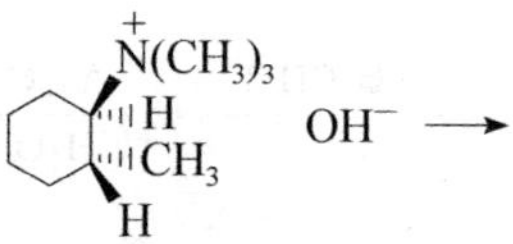

(16) 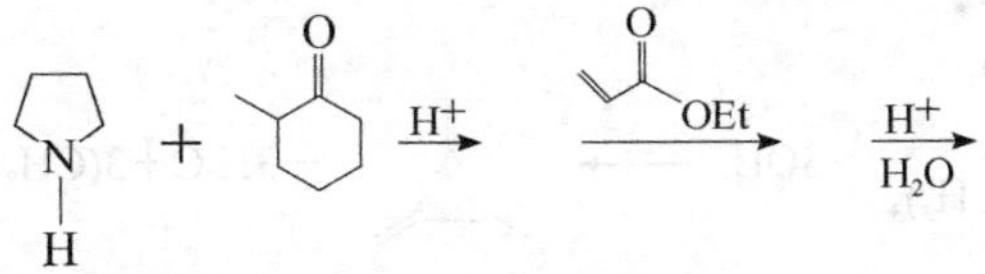

(17) 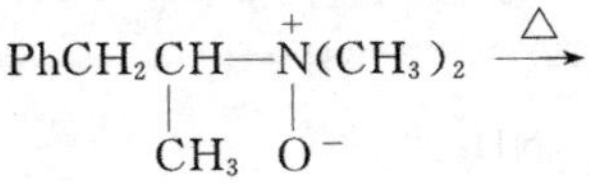

(18) 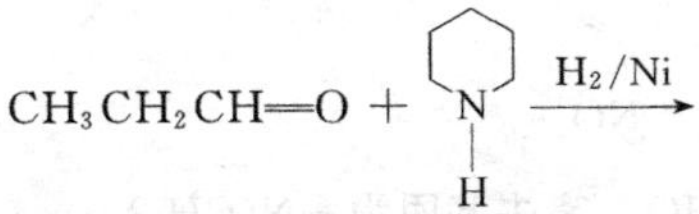

(19) $(CH_3)_3CCH_2NH_2 \xrightarrow{HNO_2}$

(20) 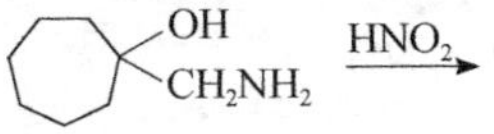

**解** (1) 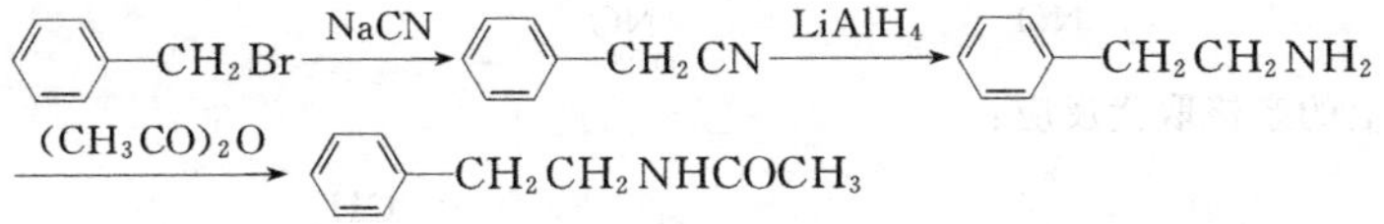

(2) 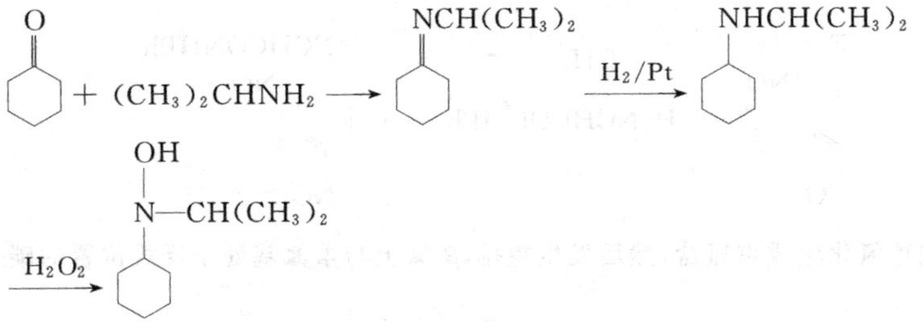

(3) 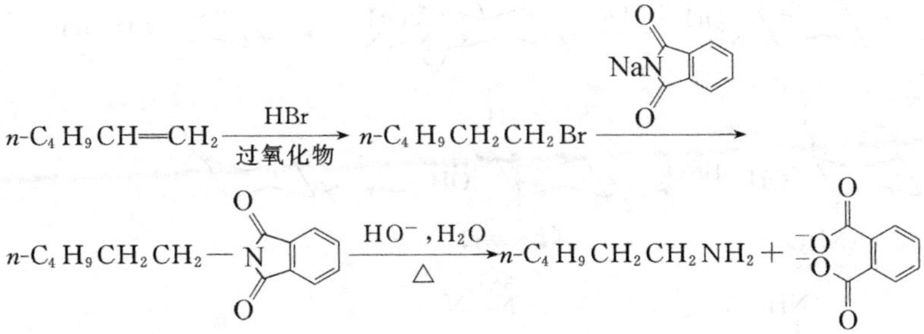

(4) 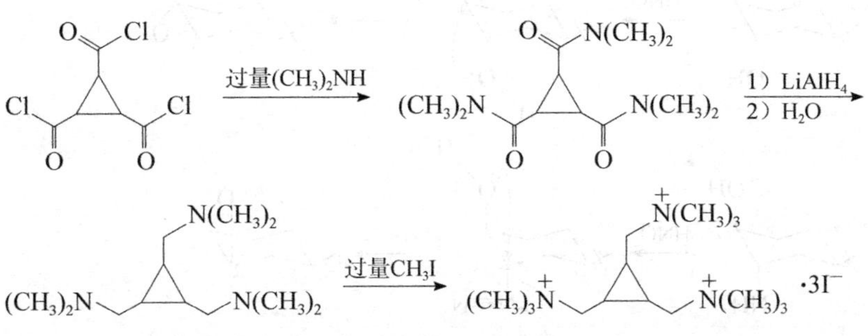

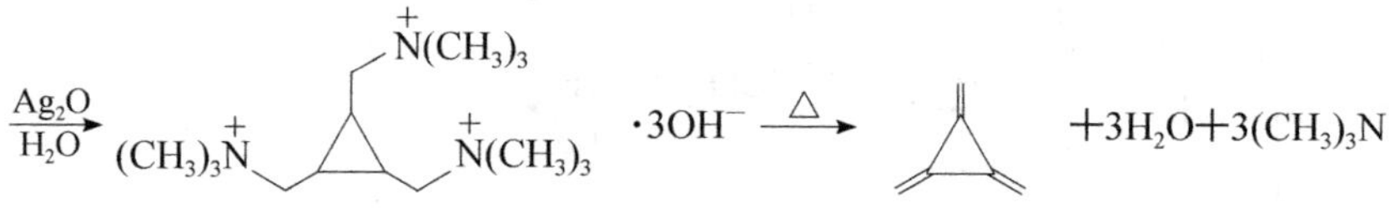

(5) $NH_4SH$ 是部分还原剂：

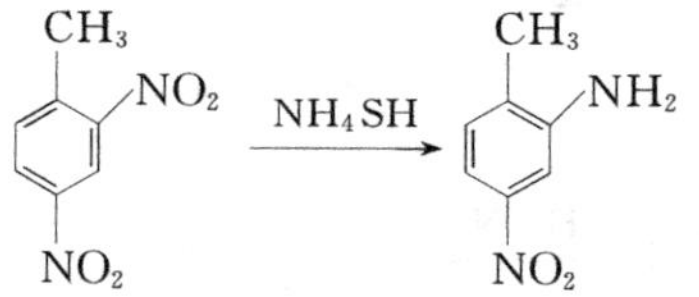

(6) 这是芳环上的亲核取代反应，亲核试剂为 $HO^-$，离去基团为—$N(CH_3)_2$：

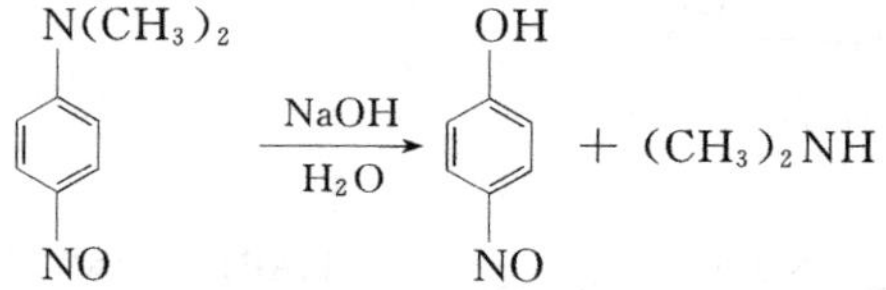

(7) 芳环上的亲核取代反应：

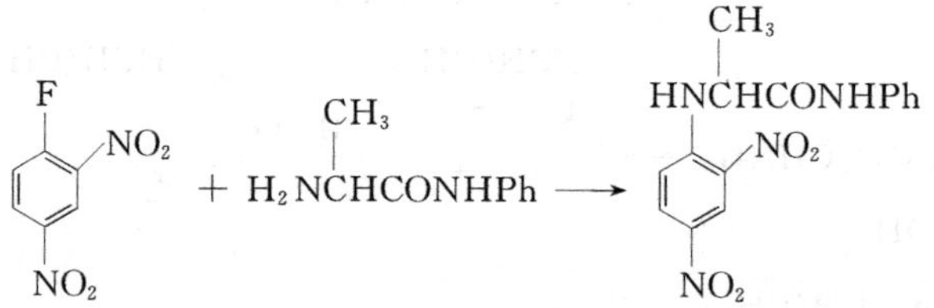

(8) 伯胺先重氮化生成重氮盐，然后发生重排，β-碳上与重氮基处于反式位置的碳迁移：

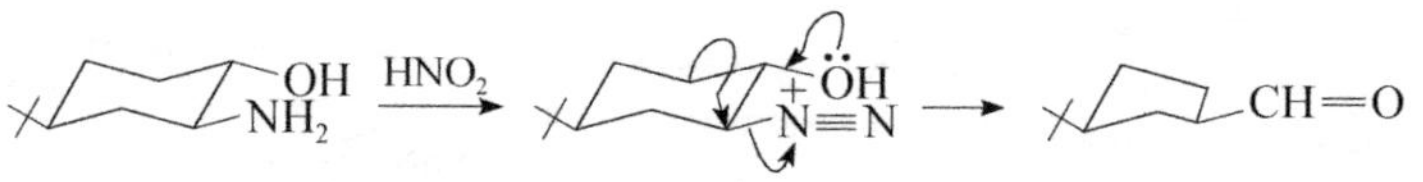

(9) 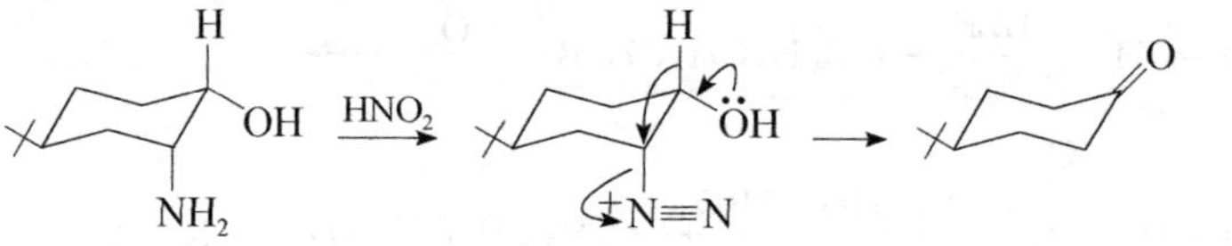

(10) 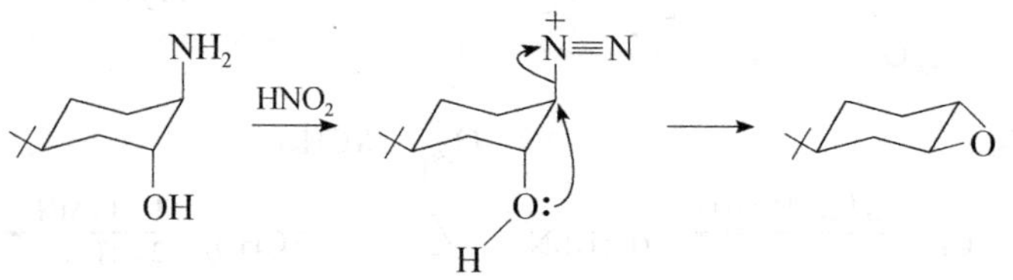

(11) 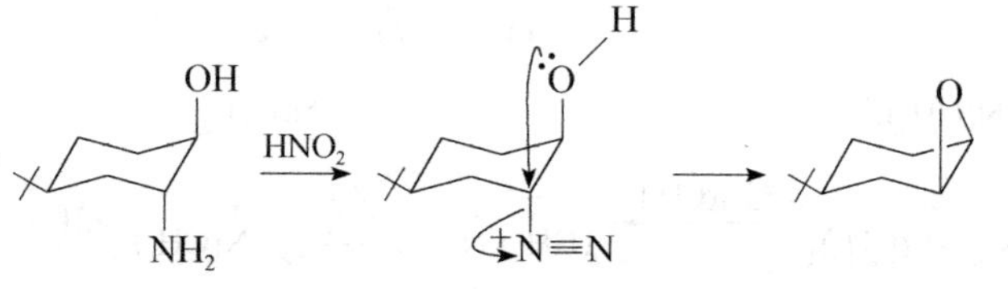

(12) 联苯胺重排为分子内重排，所以没有交叉重排产物：

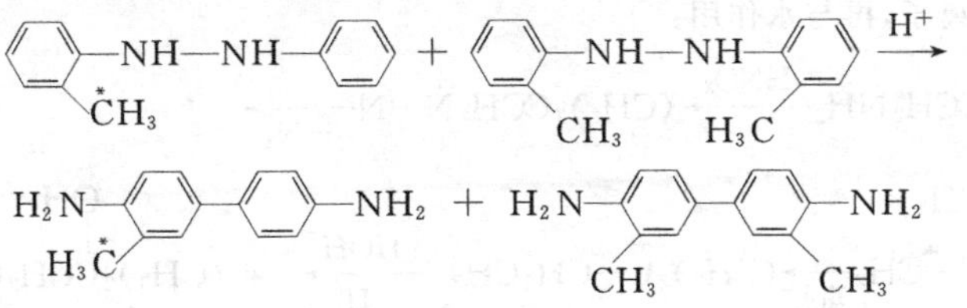

(13) 霍夫曼消除，与—$NO_2$ 相连的碳上的氢酸性较强，易脱去：

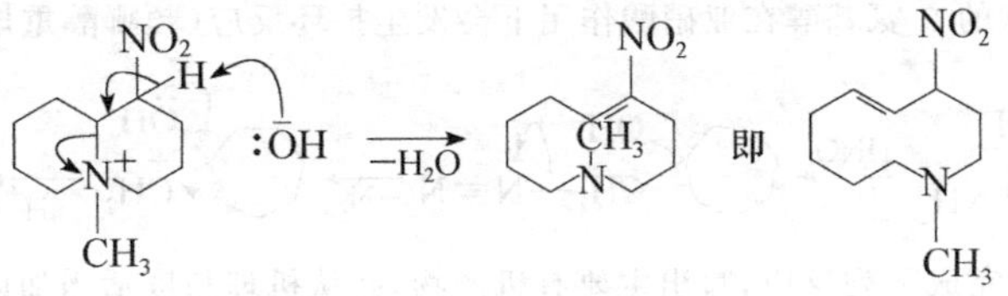

(14) 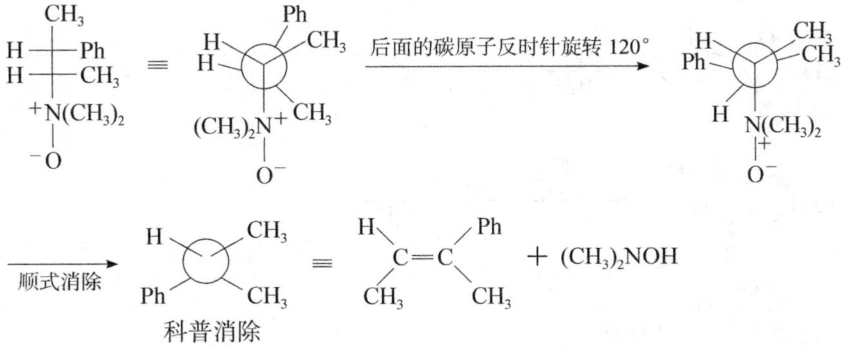


(15) 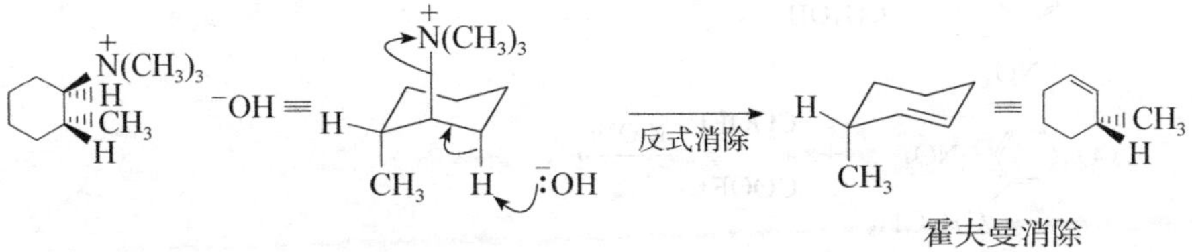


(16) 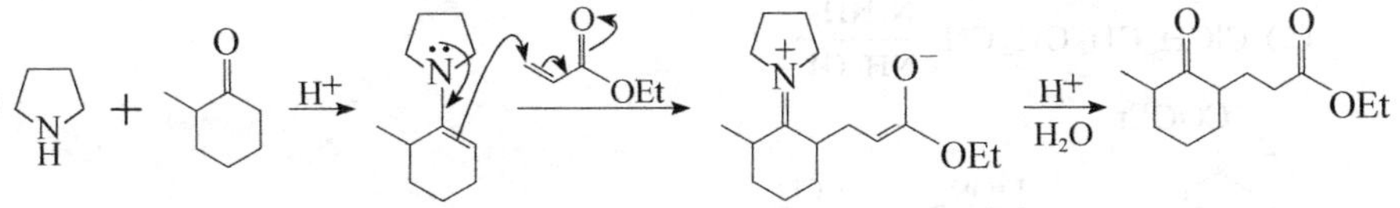

(17) 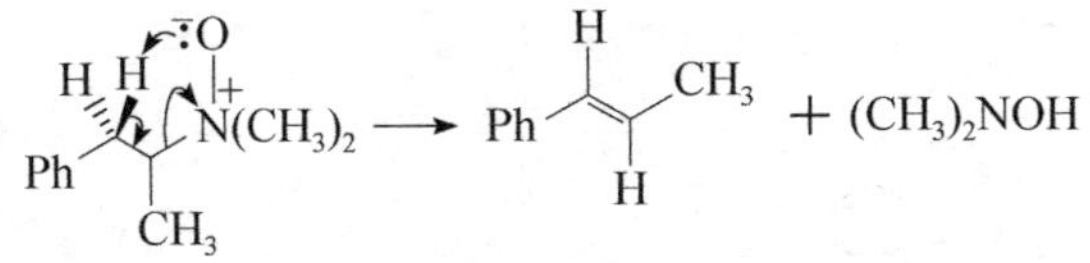

苄基氢酸性较强，易消除，同时形成共轭体系更大的稳定烯烃。

(18) 醛与仲胺首先形成烯胺，进一步氢化为叔胺：

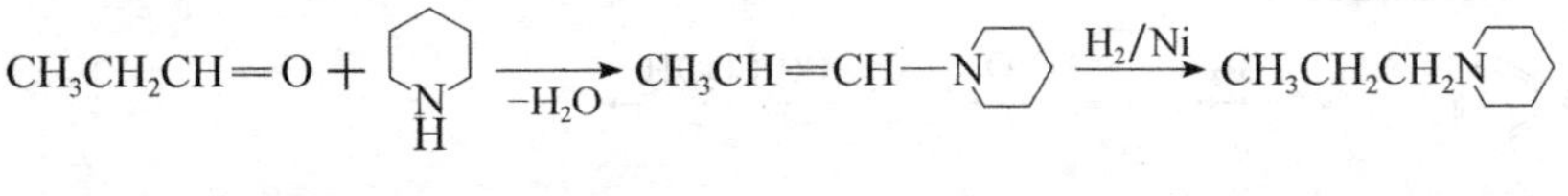

(19) 脂肪族伯胺与 $HNO_2$ 作用发生重氮化，然后脱去 $N_2$，形成的不稳定伯碳正离子重排为较稳定的碳正离子，再与水作用：

$$(CH_3)_3CCH_2NH_2 \xrightarrow{HNO_2} (CH_3)_3CCH_2\overset{+}{N}{\equiv}N \xrightarrow[-N_2]{}$$

$$(CH_3)_2\underset{}{\overset{CH_3}{\overset{|}{C}}}-\overset{+}{C}H_2 \xrightarrow[\text{重排}]{} (CH_3)_2\overset{+}{C}-CH_2CH_3 \xrightarrow[-H^+]{HOH} (CH_3)_2\overset{OH}{\overset{|}{C}}CH_2CH_3$$

**捷姆扬诺夫(Demjanov)重排**

(20) 这种环状的β-氨基醇在亚硝酸作用下会发生扩环反应(频哪醇重排的一种引申)：

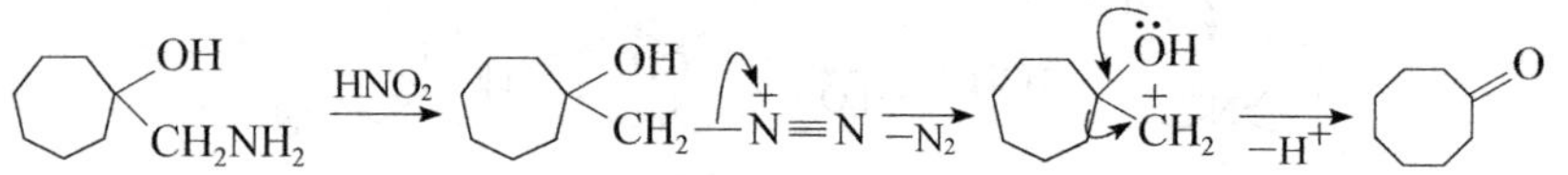

【习题 11-9】 完成下列反应，写出主要有机产物，并从机理角度适当加以描述。

(1) 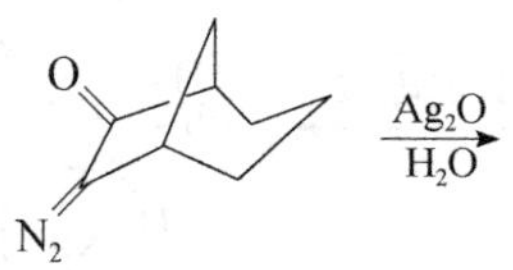

(2) 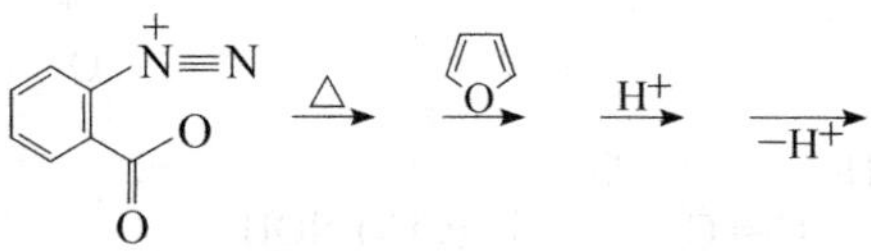

(3) 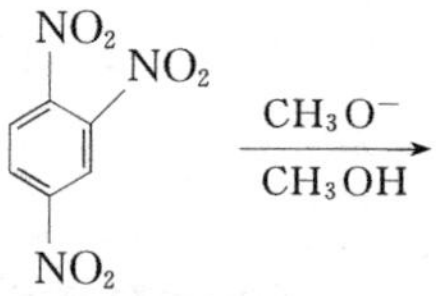

(4) 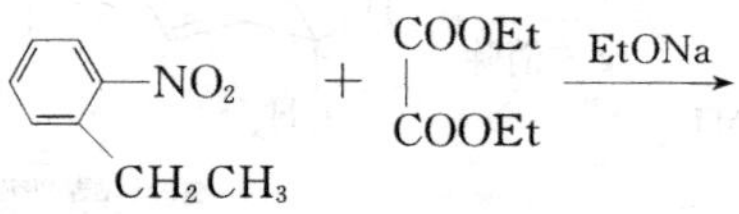

(5) $ClCH_2CH_2CH_2CN \xrightarrow[NH_3(l)]{NaNH_2}$

(6) 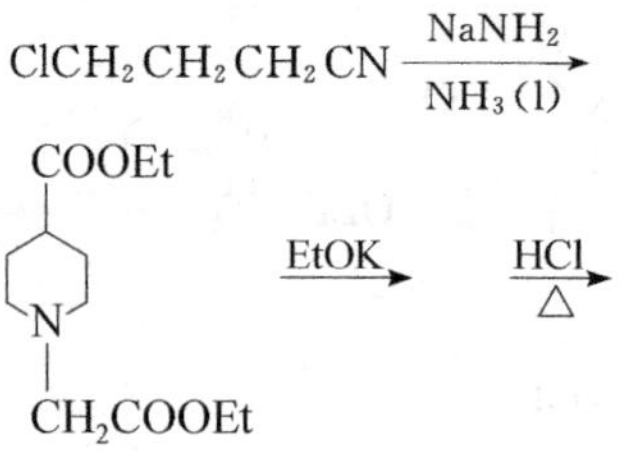

(7) 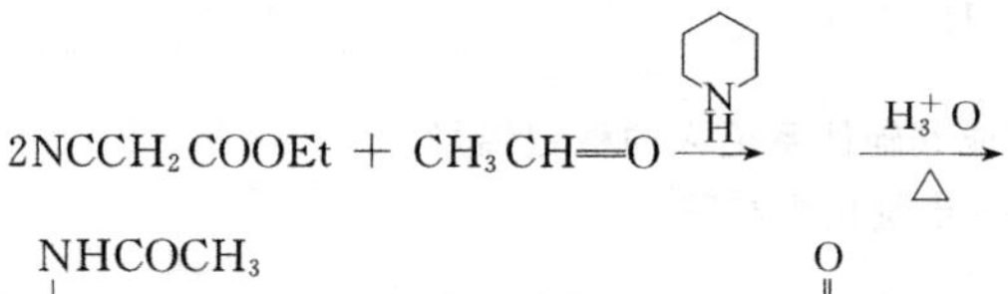

(8) 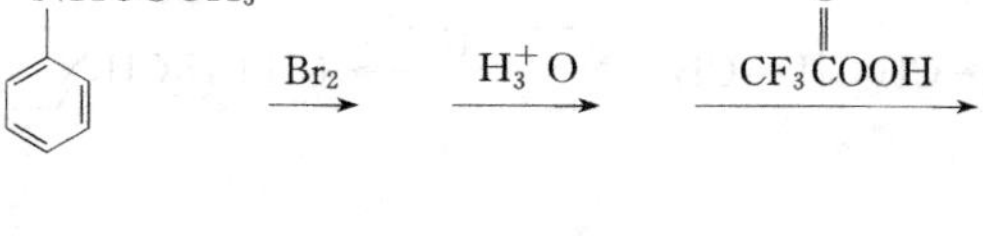

(9) 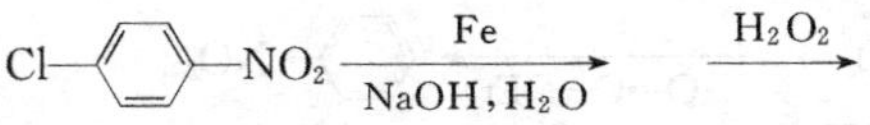


(10) 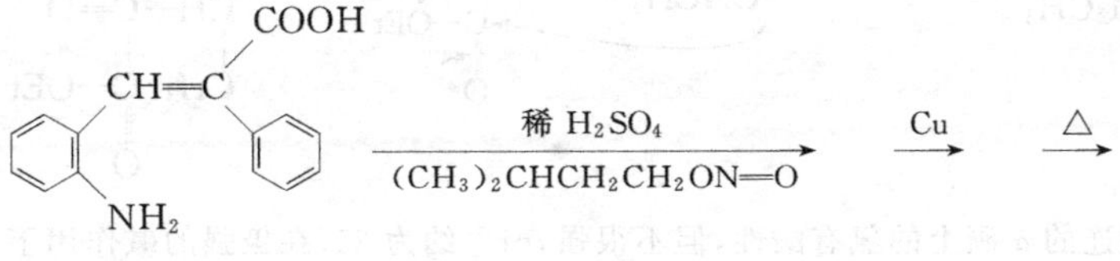


(11) 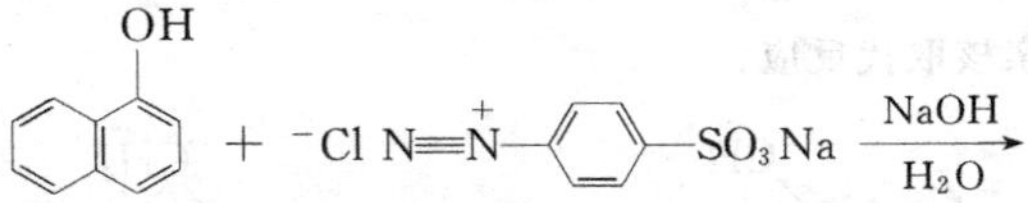


(12) 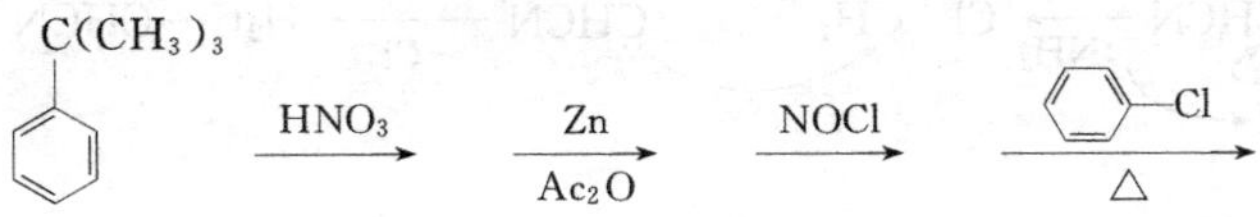


(13) 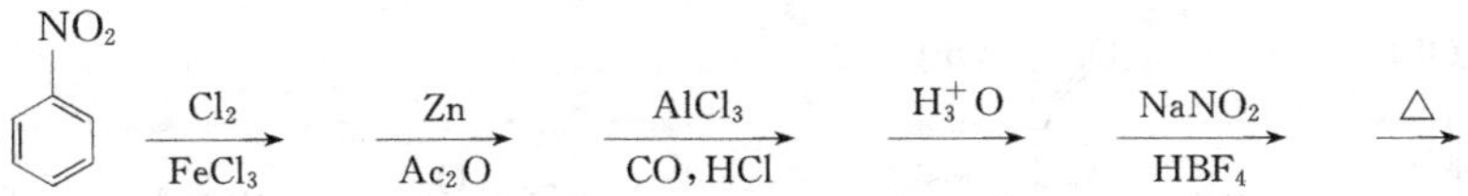


**解**　(1) $\alpha$-重氮酮在潮湿氧化银作用下发生乌尔夫重排：

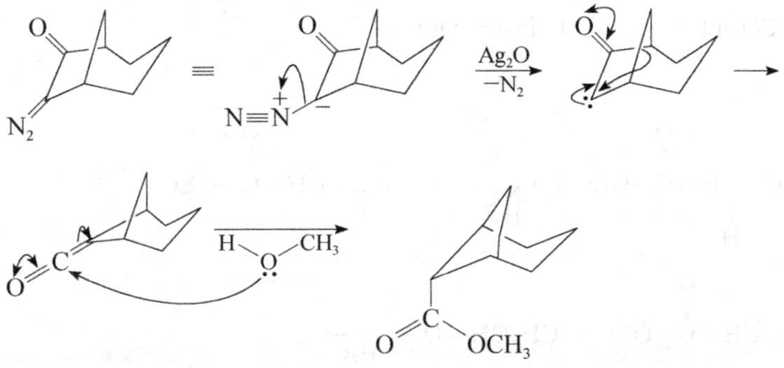


(2) 在加热条件下，首先失羧和失去氮，形成苯炔，再与呋喃发生第尔斯-阿尔德反应：

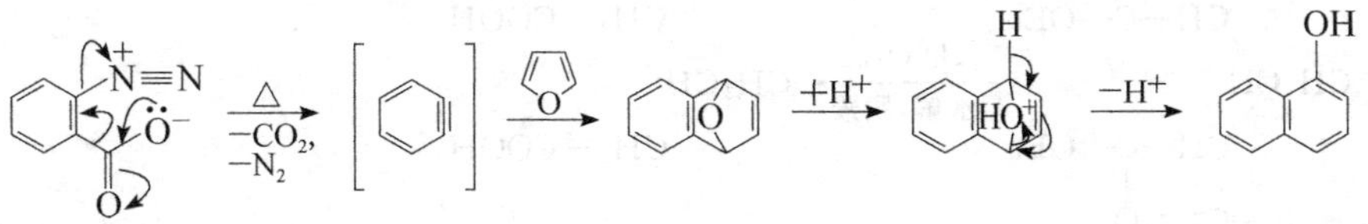


(3) 这是芳环上的亲核取代反应，亲核试剂进攻芳环上电子云密度最低的 $C_1$ 位：

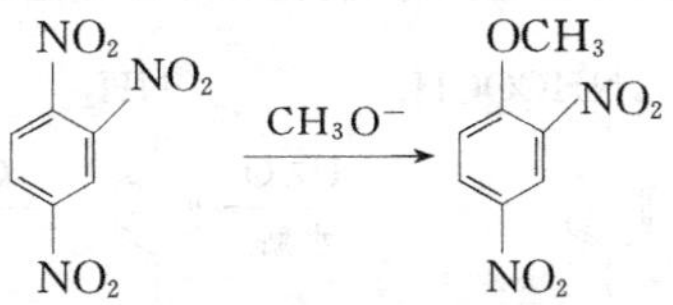


(4) 苯环上与—$NO_2$ 处于邻位的乙基 $\alpha$-碳上的氢有酸性(相当于在 $CH_3NO_2$ 的 C—N 之间插入—CH ═CH—)，在强碱作用下转化为碳负离子，然后与乙二酸二乙酯缩合：

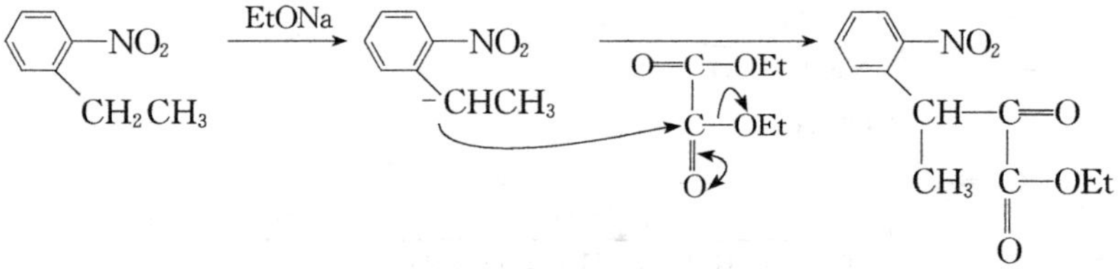

(5) 与氰基相连的 α-碳上的氢有酸性,但不很强,$pK_a$ 约为 25,在极强的碱作用下会脱去质子,形成碳负离子,然后发生分子内亲核取代反应:

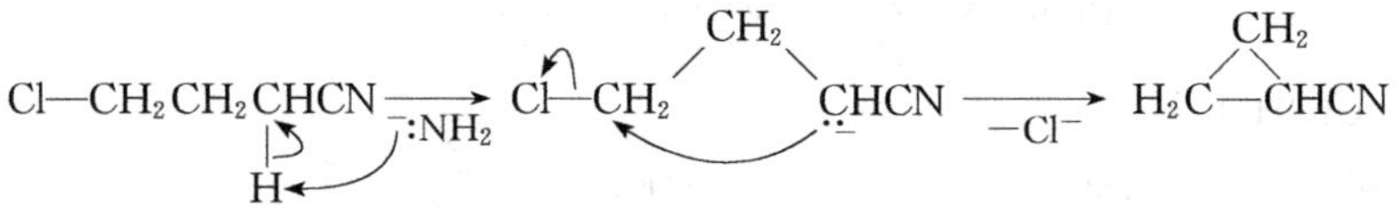

(6)

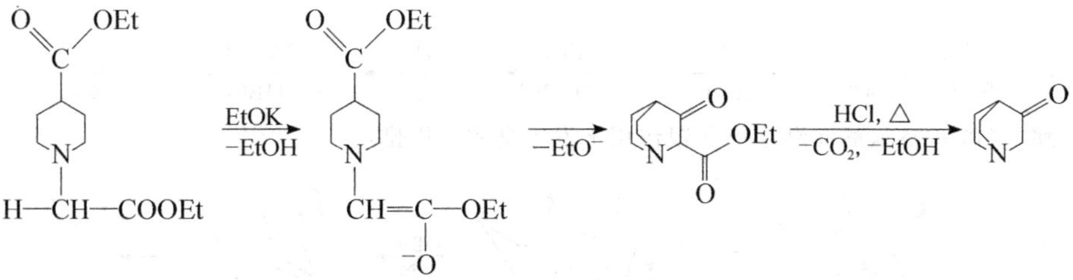

(7)

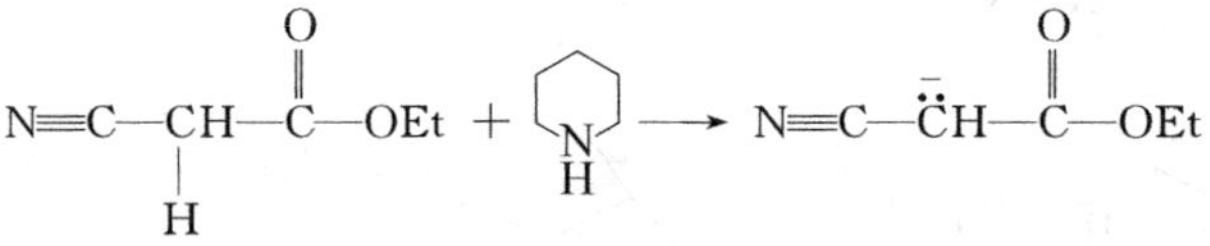

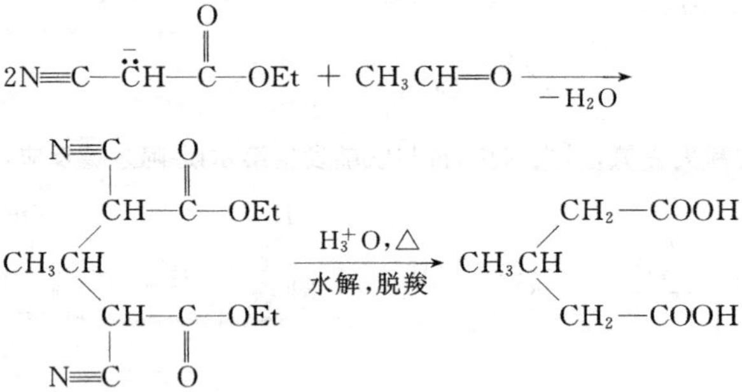

(8) 乙酰氨基为体积大的邻、对位定位基,溴化优先在对位发生:

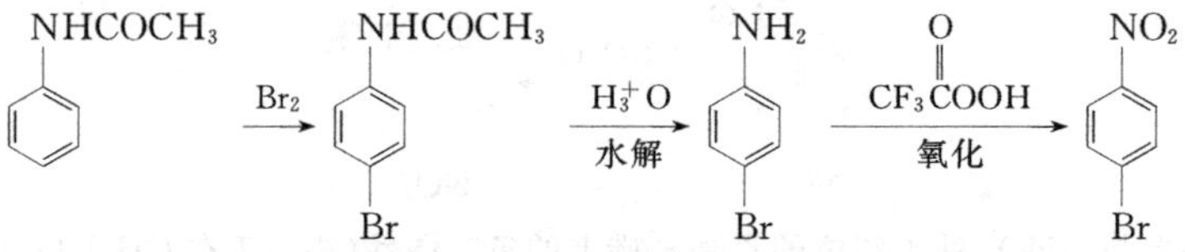

(9) Fe+NaOH 是较弱的还原剂,把芳香硝基化合物还原为偶氮苯,进而被 $H_2O_2$ 氧化:

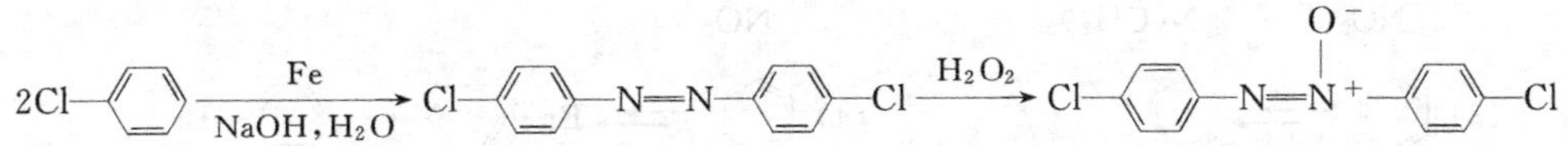

(10) 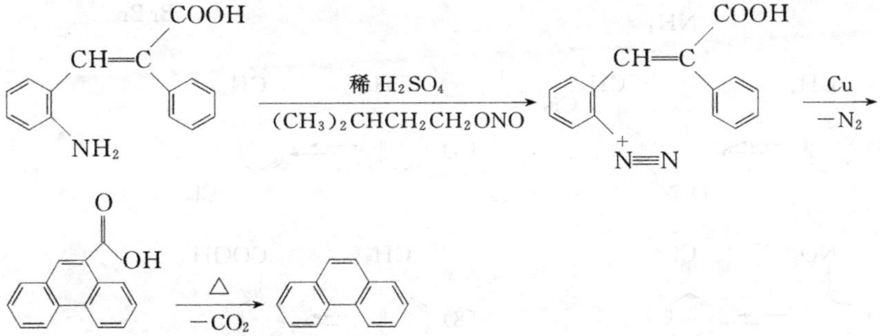

Pschorr反应

(11) 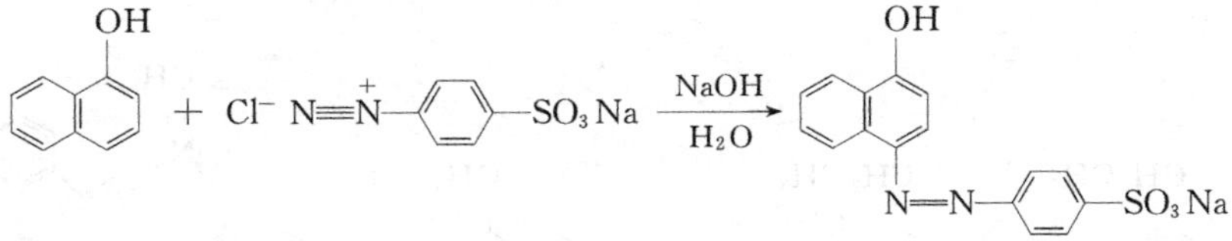

(12) 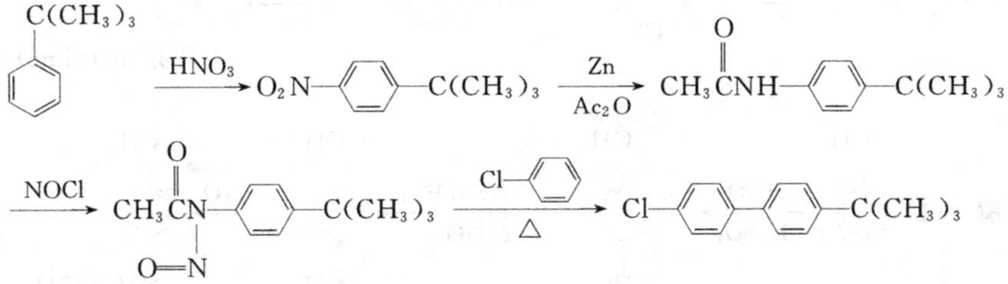

(13) 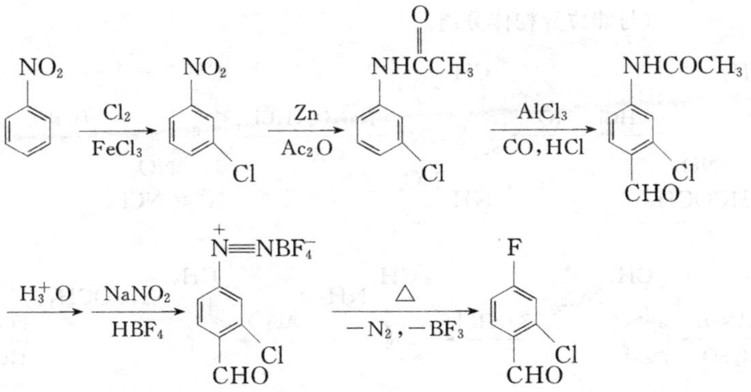

**【习题 11-10】** 如何实现下列转化？

(1) 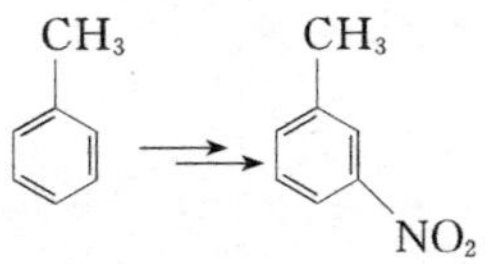

(2) 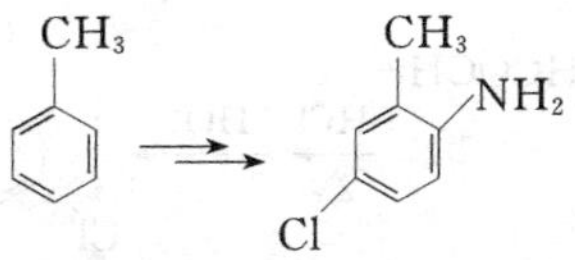

(3) 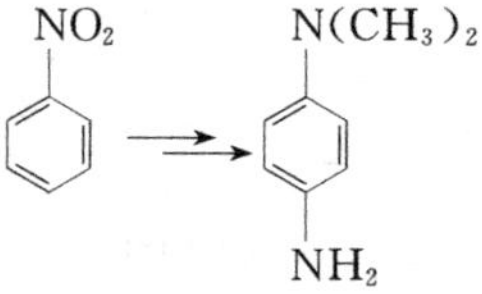

(4) 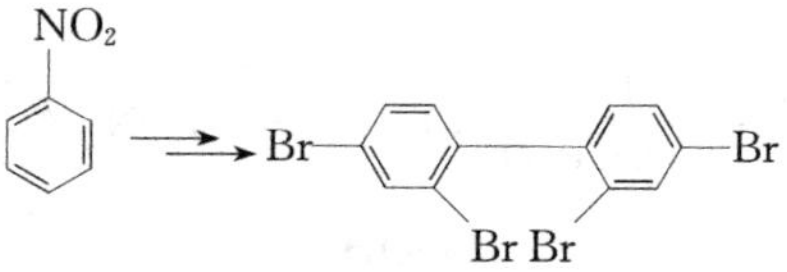

(5) 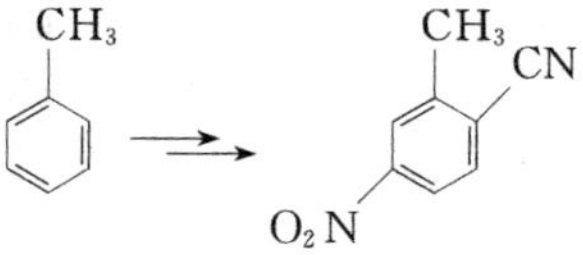

(6) 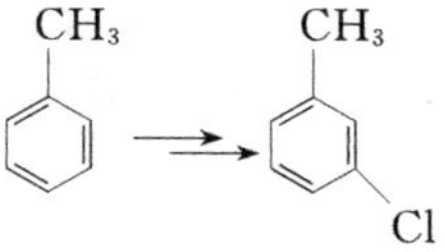

(7) 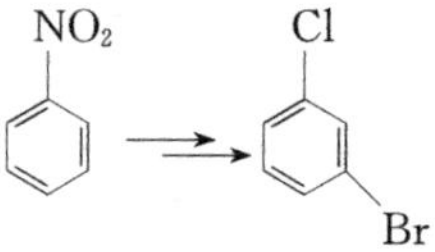

(8) 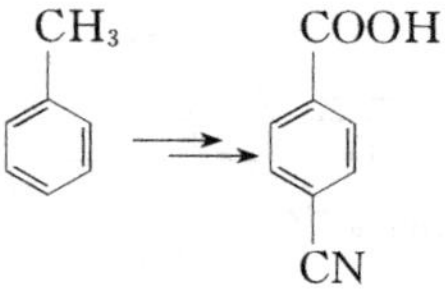

(9) 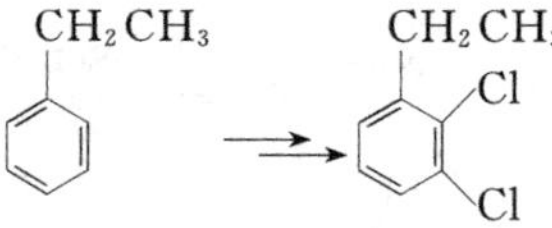

(10) 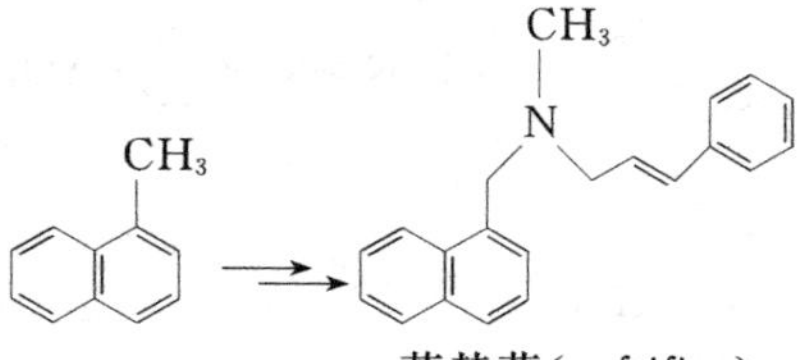

萘替芬(naftifine)

解 (1) 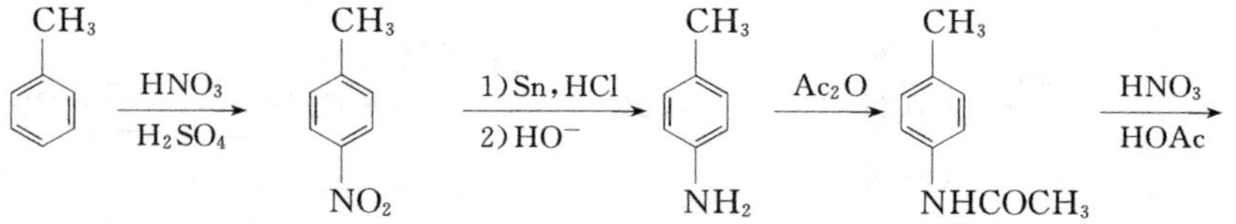

(与邻位异构体分离)

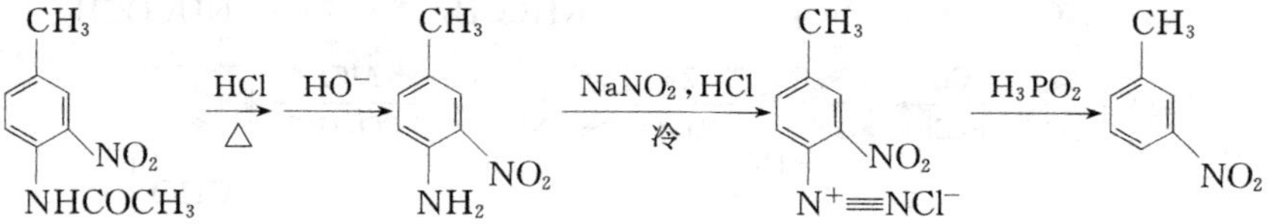

(2) 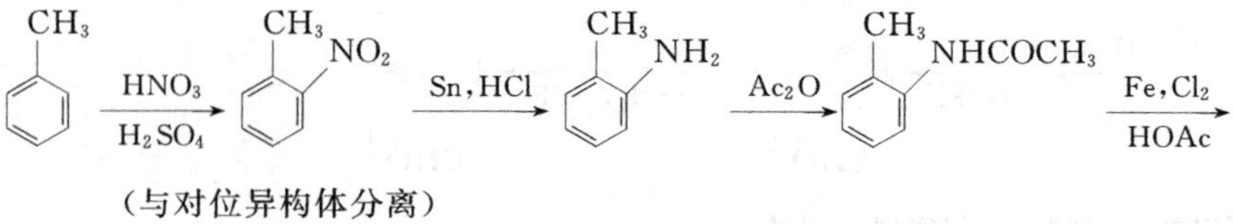

(与对位异构体分离)

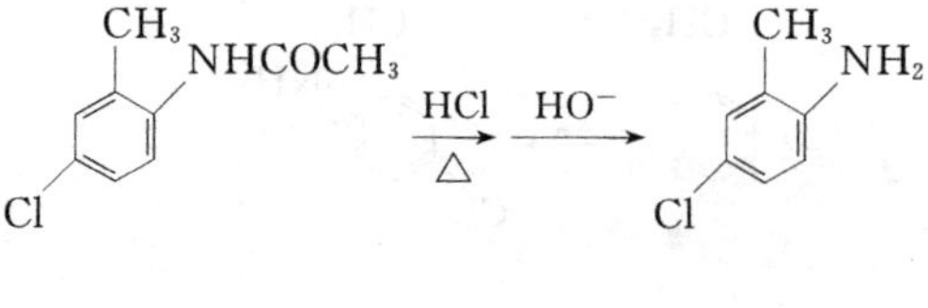

(3) 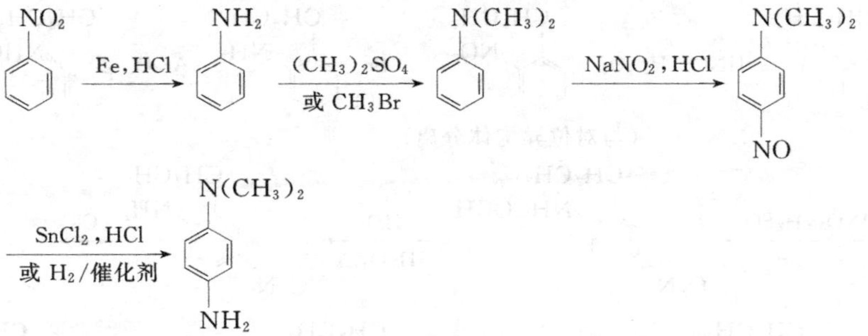

$N,N$-二甲苯胺的苯环十分活泼，直接硝化会导致多元硝化，故先亚硝化再还原。

(4) 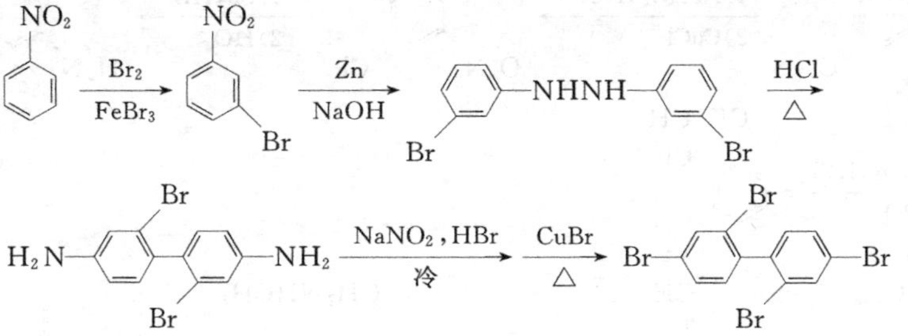

(5) 由(2)得

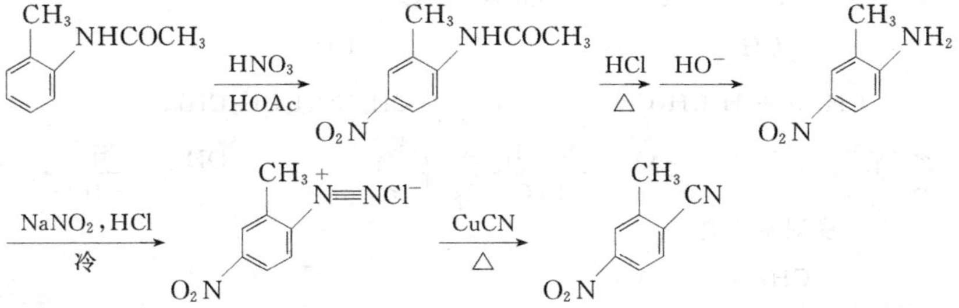

(6) 由(1)得

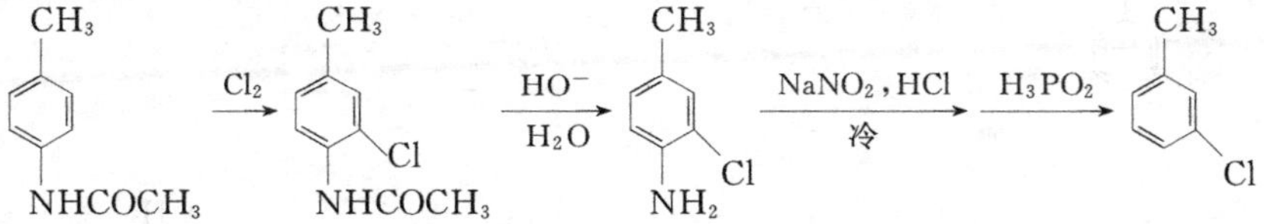

(7) 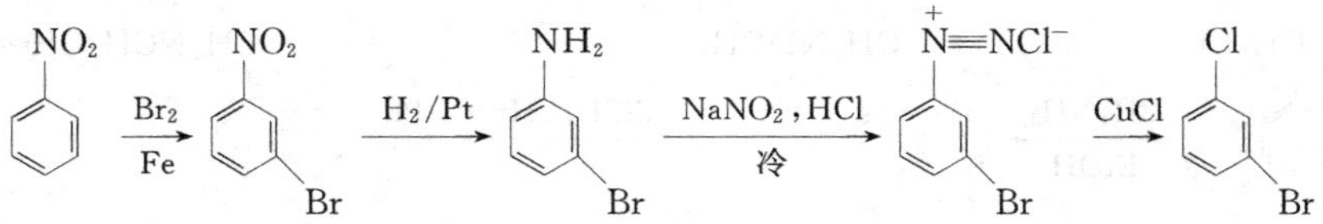

(8) 由(1)得

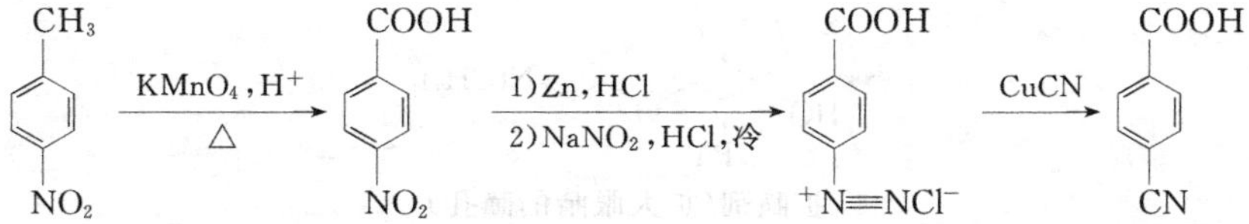

(9)

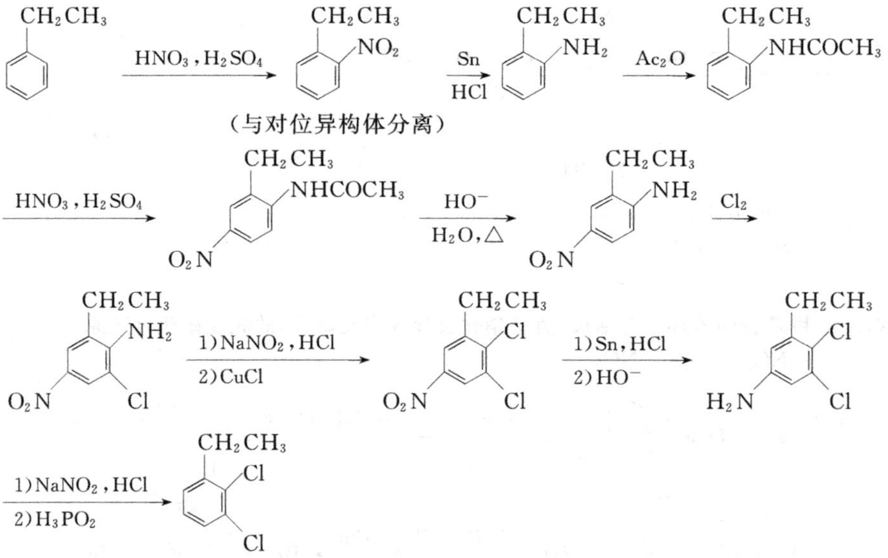


(10)

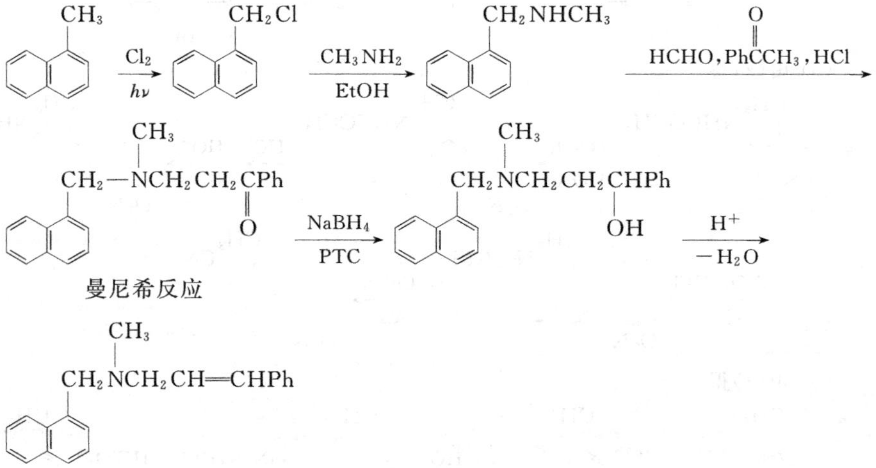


或

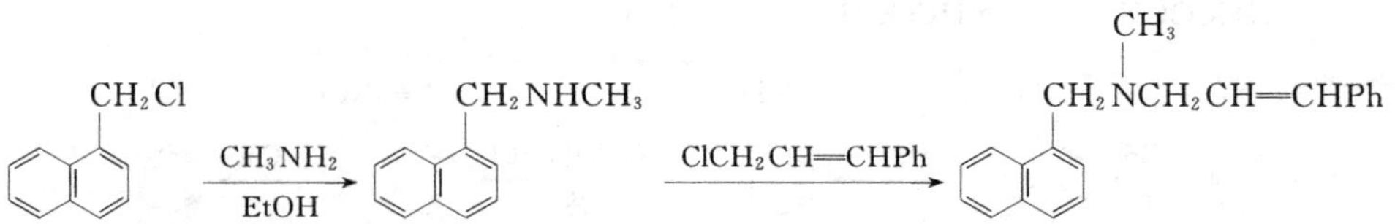

**【习题 11-11】** 如何合成下列化合物?

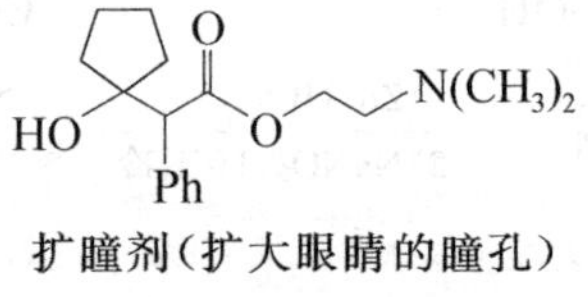

扩瞳剂(扩大眼睛的瞳孔)

**解**

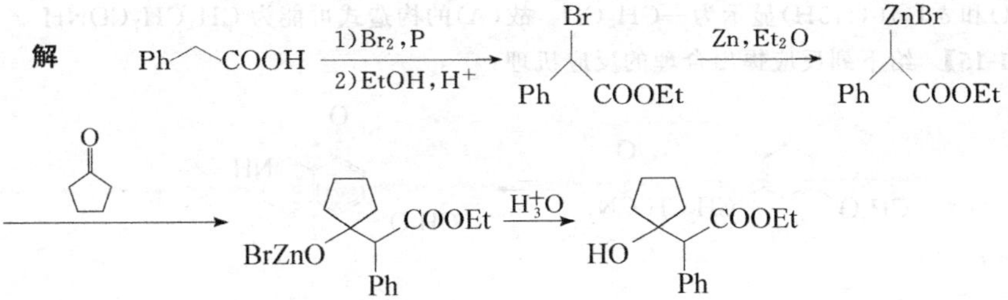

瑞佛马斯基反应

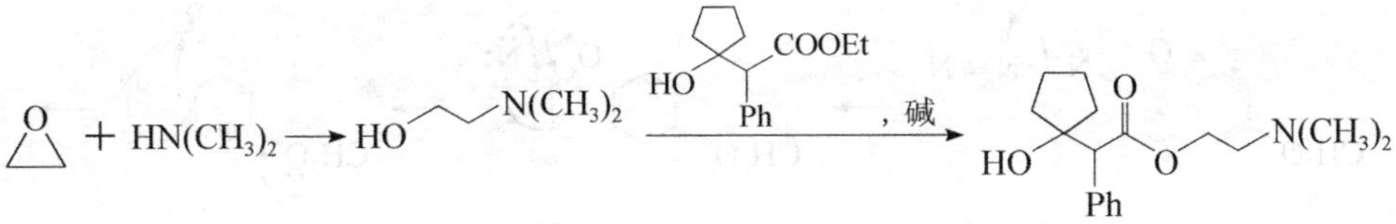

酯交换

**【习题 11-12】** 由简单的开链化合物合成下列化合物：

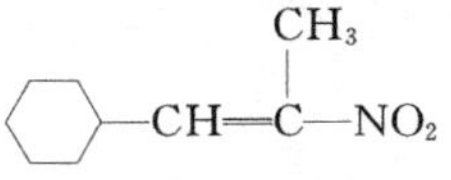

**解**

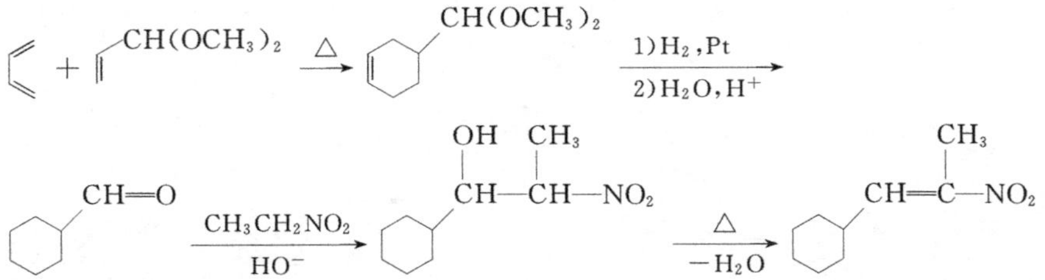

**【习题 11-13】** 芳香伯胺在 pH=1 以下可以发生重氮化，而脂肪伯胺在 pH=3 以下却不能发生重氮化，由此实现了以下转化：

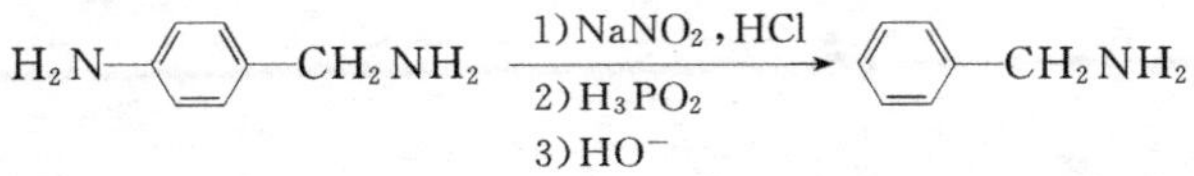

试对这种反应的选择性提出解释。

**解** 为了发生重氮化，伯胺必须以游离氨基形式反应，胺的质子化降低其亲核性。脂肪胺碱性比芳香胺强，在 pH=3 左右时脂肪胺已质子化，故不能重氮化；芳香胺在 pH=1 时虽有一部分以 $Ar\overset{+}{N}H_3$ 形式存在，但同时还有足够浓度的游离 $ArNH_2$ 进行重氮化。

**【习题 11-14】** 化合物(A)，分子式为 $C_3H_7NO$，UV 谱：219nm($\varepsilon$=60)；IR 谱：3413cm$^{-1}$，3236cm$^{-1}$，1667cm$^{-1}$；$^1H$ NMR：$\delta$/ppm：6.50(br，s，2H)，2.25(q，2H)，1.10(t，3H)，$J$=7.5Hz。试推测(A)的构造式，并简述推导过程。

**解** (A)的不饱和度为 1，表明可能含一双键或一单环的化合物，但 UV 谱中 219nm($\varepsilon$=60)显示(A)可能为酰胺，故排除了单环化合物的可能性。IR 谱中 3413cm$^{-1}$、3236cm$^{-1}$、1667cm$^{-1}$进一步显示为酰胺—$CONH_2$。而$^1H$ NMR 谱中 $\delta$ 6.5(br，s，2H)表明可能为—$NH_2$，

$\delta$ 2.25(q,2H)和 $\delta$ 1.10(t,3H)显示为—$CH_2CH_3$,故(A)的构造式可能为 $CH_3CH_2CONH_2$。

**【习题 11-15】** 给下列反应提出合理的反应机理:

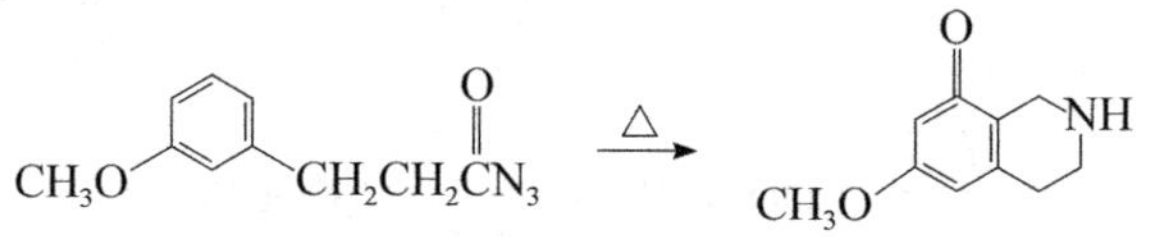

**解**

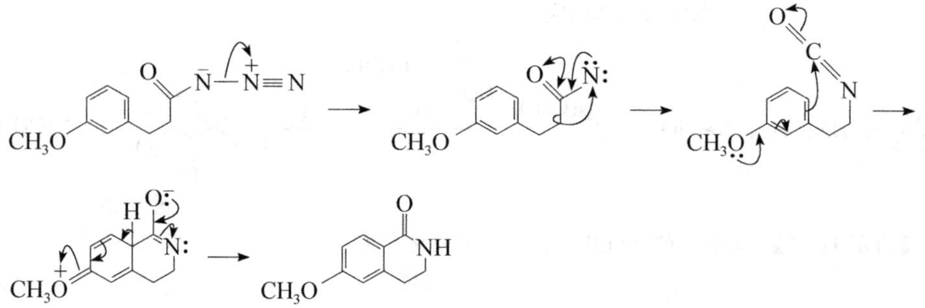

# 第十二章　杂环化合物

## 一、内 容 提 要

杂环化合物通常是指成环的原子除碳以外还含有杂原子(通常是氧、氮、硫)并且具有芳香性的化合物,即芳香杂环化合物。杂环化合物中以五元、六元杂环化合物以及它们的稠杂环化合物最为普遍,也最重要。

### 1. 五元杂环化合物

吡咯

呋喃

噻吩

在吡咯、呋喃和噻吩的环上,四个碳和杂原子彼此都以 $sp^2$ 杂化轨道交盖形成相应的 σ 键,组成一个平面的环。这五个原子各有一个 p 轨道,其中碳的 p 轨道上有一个 p 电子,杂原子的 p 轨道上有两个 p 电子。五个 p 轨道彼此平行,侧面交盖,构成具有六个 p 电子的环状共轭体系,因此它们都具有一定的芳香性。它们的离域能分别是:呋喃 $66.9kJ \cdot mol^{-1}$,吡咯 $87.8kJ \cdot mol^{-1}$,噻吩 $121.3kJ \cdot mol^{-1}$,其离域能都比苯的 $150kJ \cdot mol^{-1}$ 小得多,因此它们的芳香性大小为

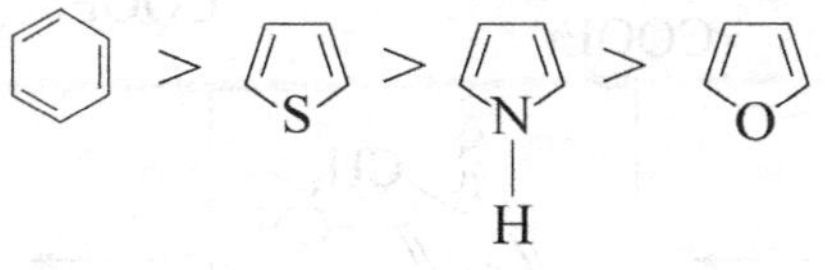

由于环上五个原子共用六个电子,因此电子云密度比苯环大,实验证实其芳香亲电取代反应的活性大小为

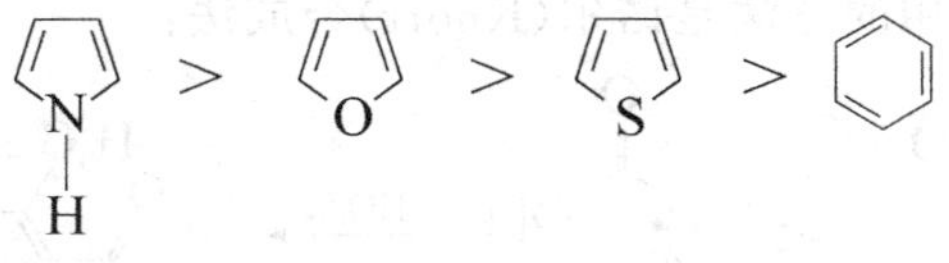

虽然噻吩的活性小于呋喃和吡咯,然而仍比苯的活性大得多,其亲电取代的相对反应速率为苯的 $10^3 \sim 10^5$ 倍。吡咯、呋喃、噻吩亲电取代主要发生在 α-位。例如:

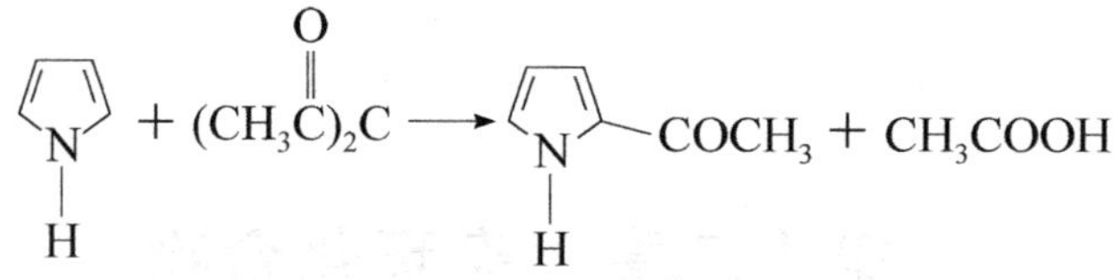

60%

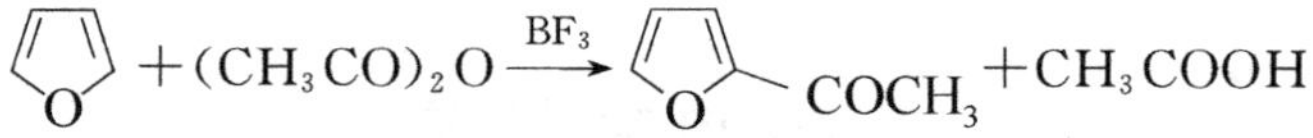

75～92%

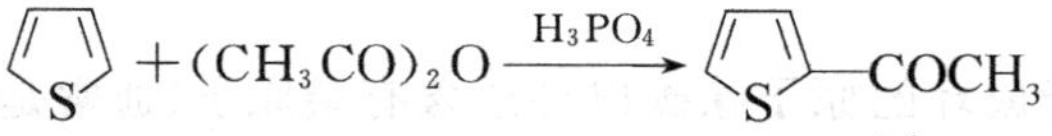

94%

吡咯和呋喃环的活性与苯胺相似，可以与重氮化合物偶联：

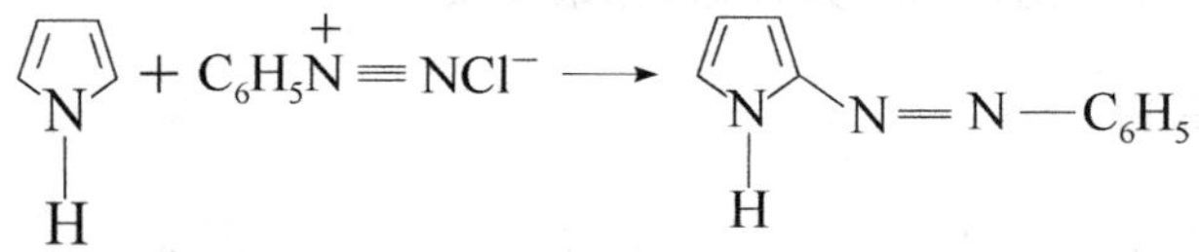

呋喃、吡咯、噻吩结构中的“顺丁二烯”部分在一定条件下都可以作为双烯体与亲双烯体发生第尔斯-阿尔德反应。例如：

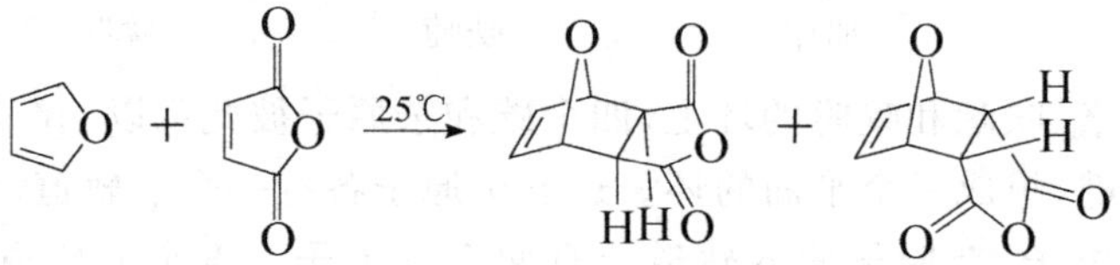

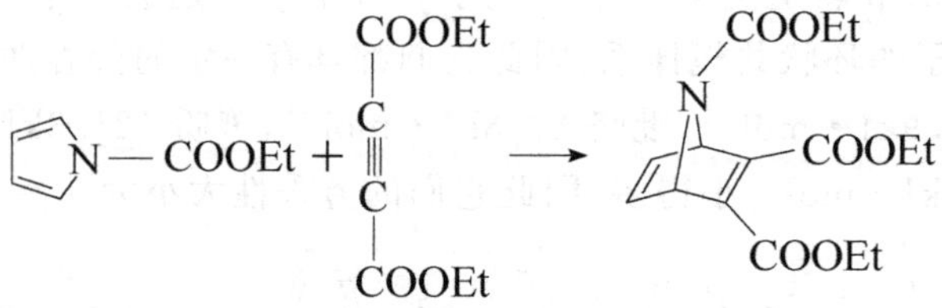

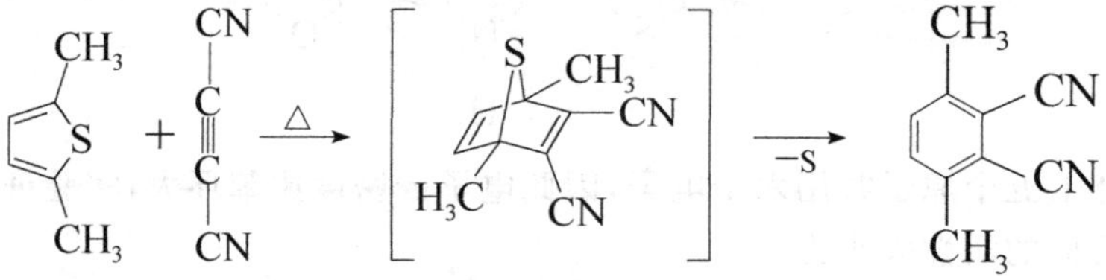

合成吡咯环最常用的方法是诺尔(Knorr)合成法：

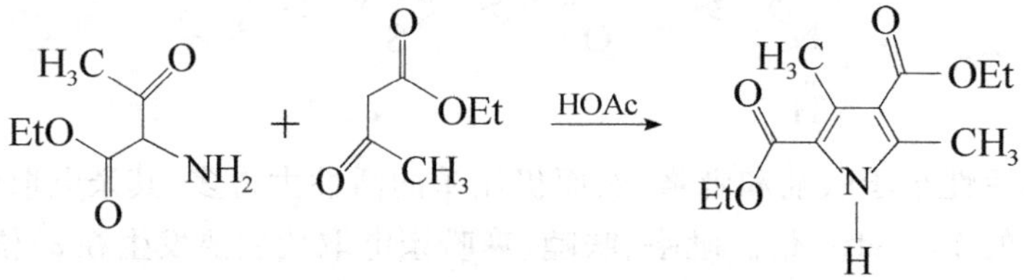

利用帕尔(Paal)-诺尔合成法既可以合成吡咯环，又可以合成呋喃或噻吩环：

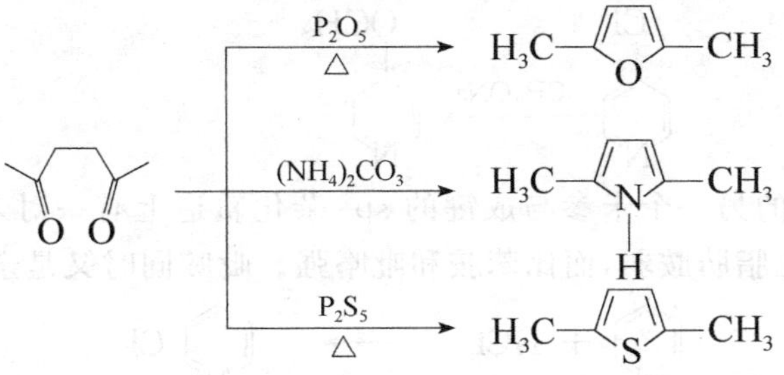


## 2. 六元杂环化合物

吡啶是含有一个氮原子的六元杂环化合物，其中氮和碳均以两个 $sp^2$ 杂化轨道与相邻的两个碳形成 $\sigma$ 键，另外以一个 p 轨道与五个碳的 p 轨道一起组成六电子共轭体系，因此吡啶也具有芳香性，它既可以发生芳香亲电取代反应，又可以发生芳香亲核取代反应。但由于氮的电负性比碳强，吡啶环上电子云密度比苯要低，其亲电取代反应活性仅与硝基苯相似。

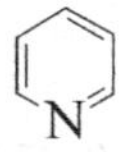

吡啶

吡啶亲电取代反应主要发生在 $\beta$-位。例如：

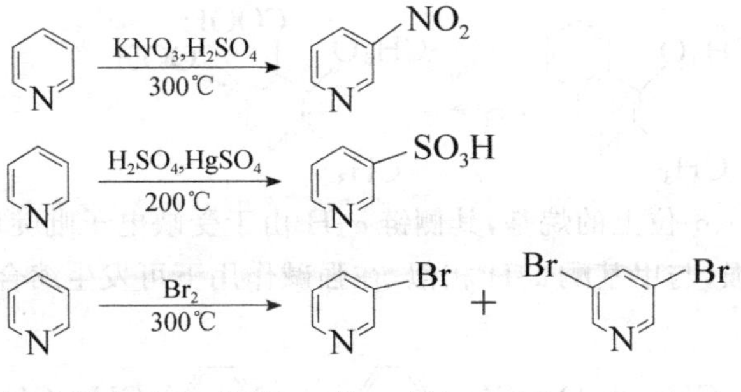


其亲核取代反应主要发生在 $\alpha$-位和 $\gamma$-位。例如：

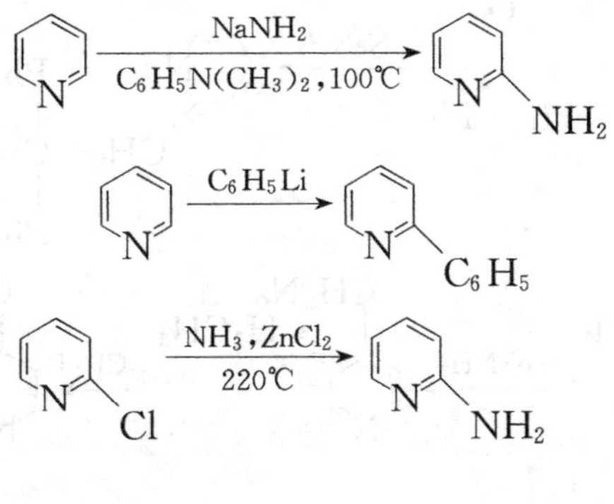

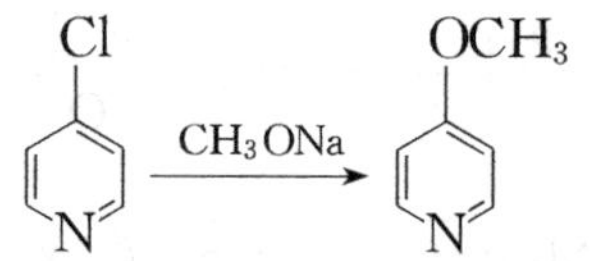

吡啶氮原子的另一个未参与成键的 $sp^2$ 杂化轨道上有一对未共用电子对，故显碱性，其碱性比脂肪胺弱，而比苯胺和吡咯强。吡啶同时又是亲核试剂。例如：

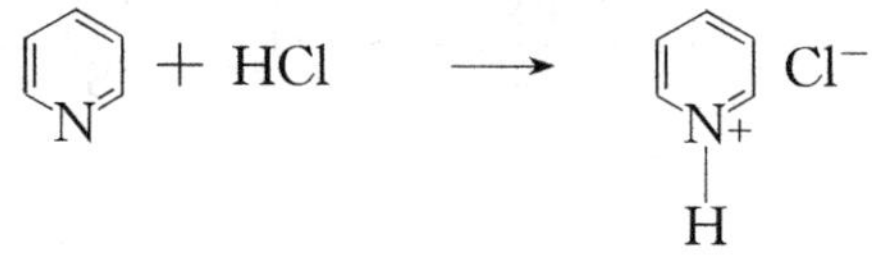

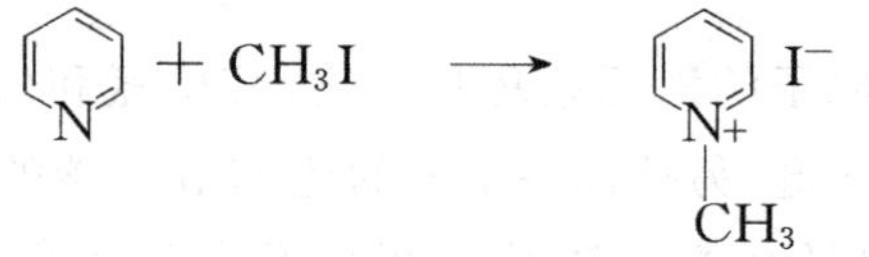

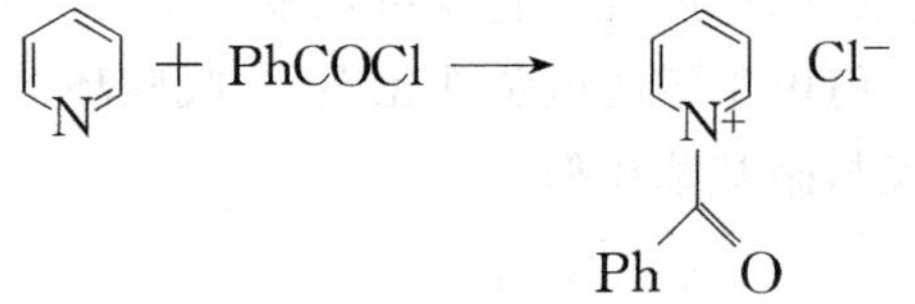

好的酰化试剂

吡啶环比苯环更稳定，这表现在氧化反应中：

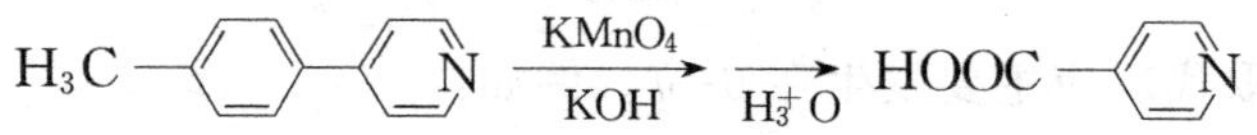

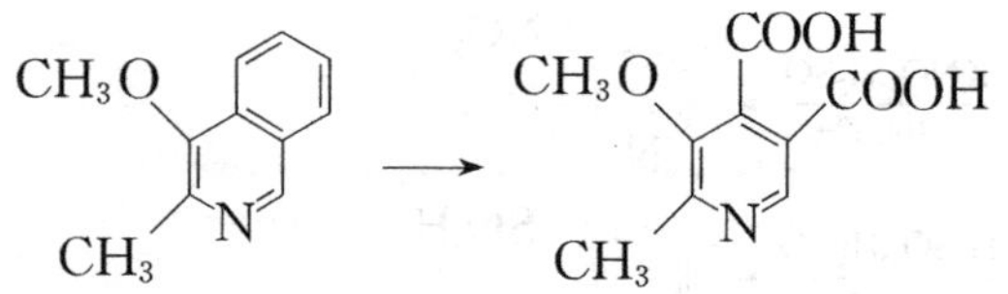

吡啶环 2-、4-、6-位上的烷基，其侧链 $\alpha$-H 由于受缺电子吡啶环的影响，酸性比甲苯($pK_a=41$)强，与甲基酮 $\alpha$-H 相似，在强碱作用下可发生缩合、加成、取代等反应。例如：

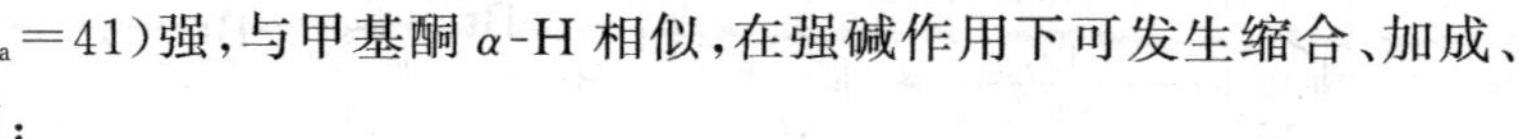

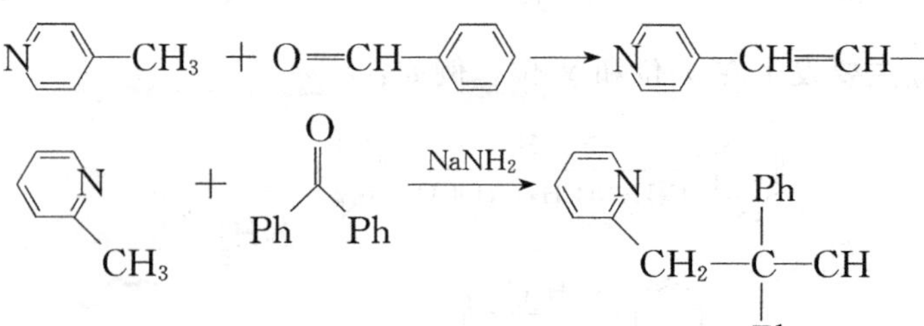

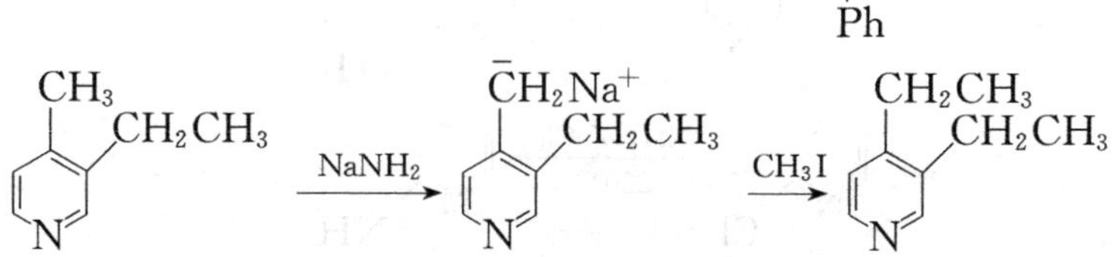

吡啶环的合成有韩奇(Hantzsch)合成法:由两分子的β-酮酸酯与一分子的醛和一分子的氨缩合,先生成二氢吡啶环系,再氧化脱氢,即生成相应的对称取代的吡啶:

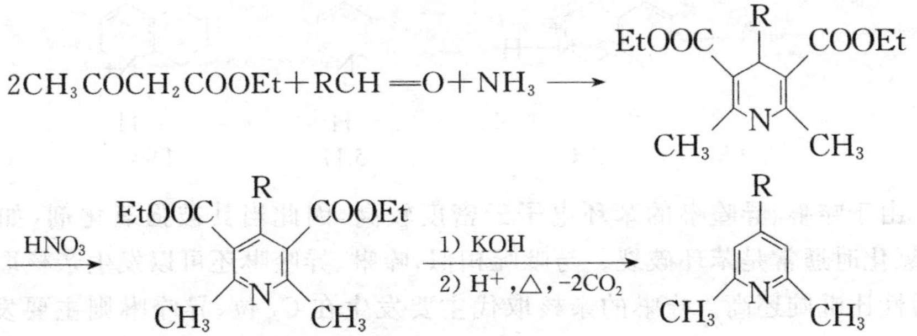


韩奇合成法应用非常广泛,是合成各种取代吡啶最简便的方法。

另一种广泛使用的方法是由一分子的β-二羰基化合物与一分子的氰基乙酰胺在六氢吡啶催化下进行缩合,然后氯化、还原而得吡啶环系化合物。例如:

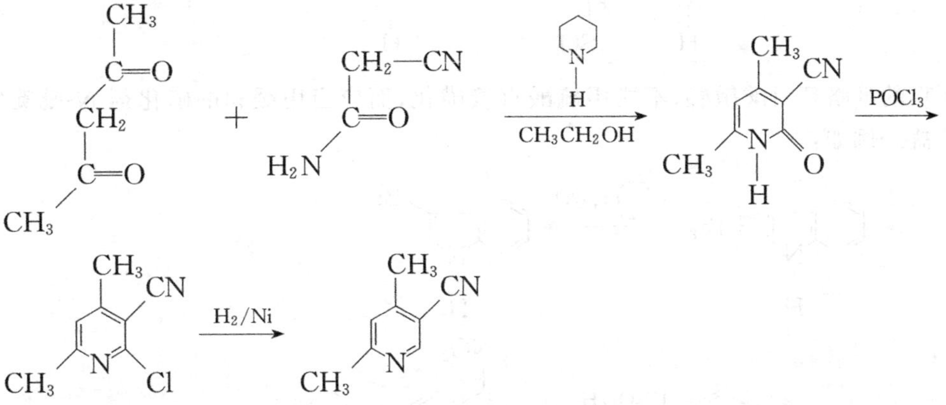


### 3. 稠杂环化合物

稠杂环中最重要的是吲哚、喹啉和异喹啉:

吲哚由吡咯环与苯环稠合而成,喹啉、异喹啉则是由吡啶环与苯环稠合而成的。它们都具有芳香性,因此都可以发生亲电取代反应。吲哚发生亲电取代反应的活性比未稠合的吡咯环低,但比苯环活性高,取代主要发生在 $C_3$ 位。喹啉和异

喹啉分子中,苯环的电子云密度高于吡啶环,因此亲电取代反应主要发生在 $C_5$ 和 $C_8$ 位。喹啉、异喹啉都是叔胺,但喹啉的碱性比吡啶弱,而异喹啉的碱性比吡啶稍强,它们相应的共轭酸的 $pK_a$ 分别为

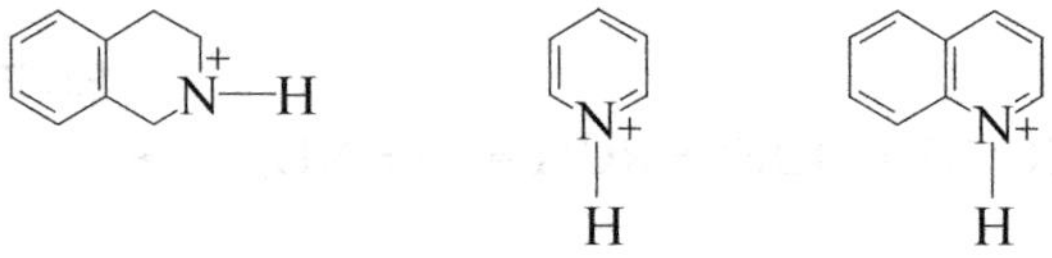

$pK_a$　　5.4　　5.17　　4.94

由于喹啉、异喹啉的苯环电子云密度较高,因此当其被强氧化剂(如 $KMnO_4$ 等)氧化时通常是苯环破裂。与吡啶相似,喹啉、异喹啉还可以发生亲核取代,其反应活性比吡啶还高。喹啉的亲核取代主要发生在 $C_2$ 位,异喹啉则主要发生在 $C_1$ 位。它们代表性的反应为

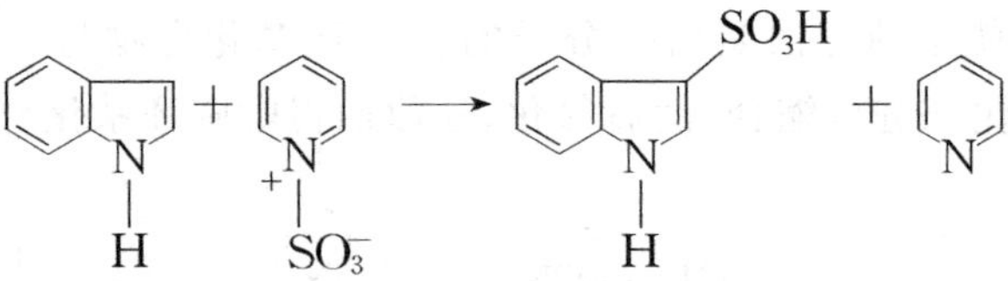

吲哚的吡咯环对酸敏感,不能用硫酸直接磺化,而应当用缓和的磺化剂 *N*-吡啶磺酸盐。例如:

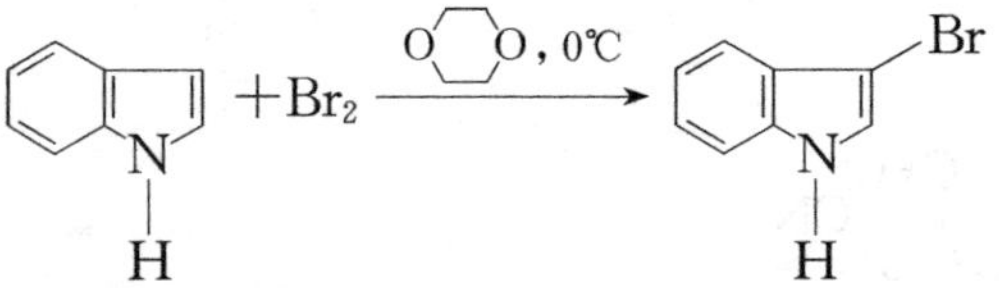

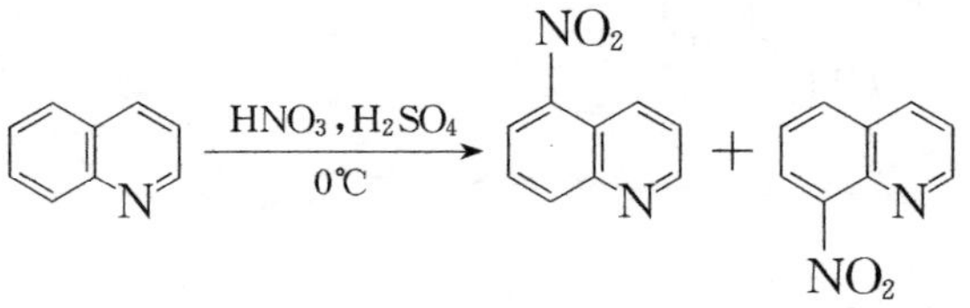

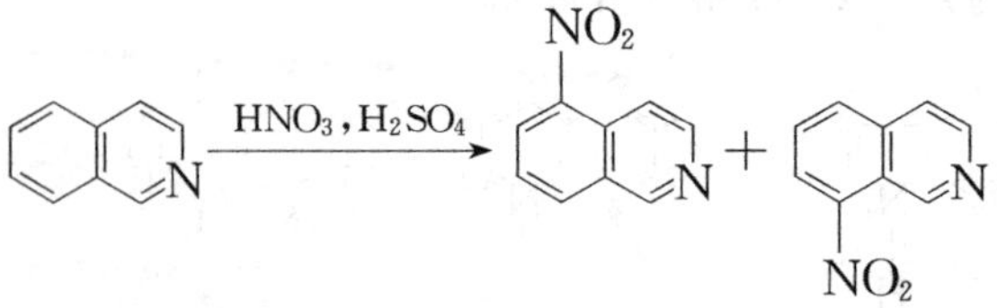

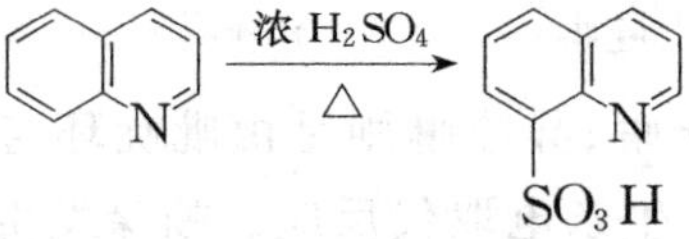

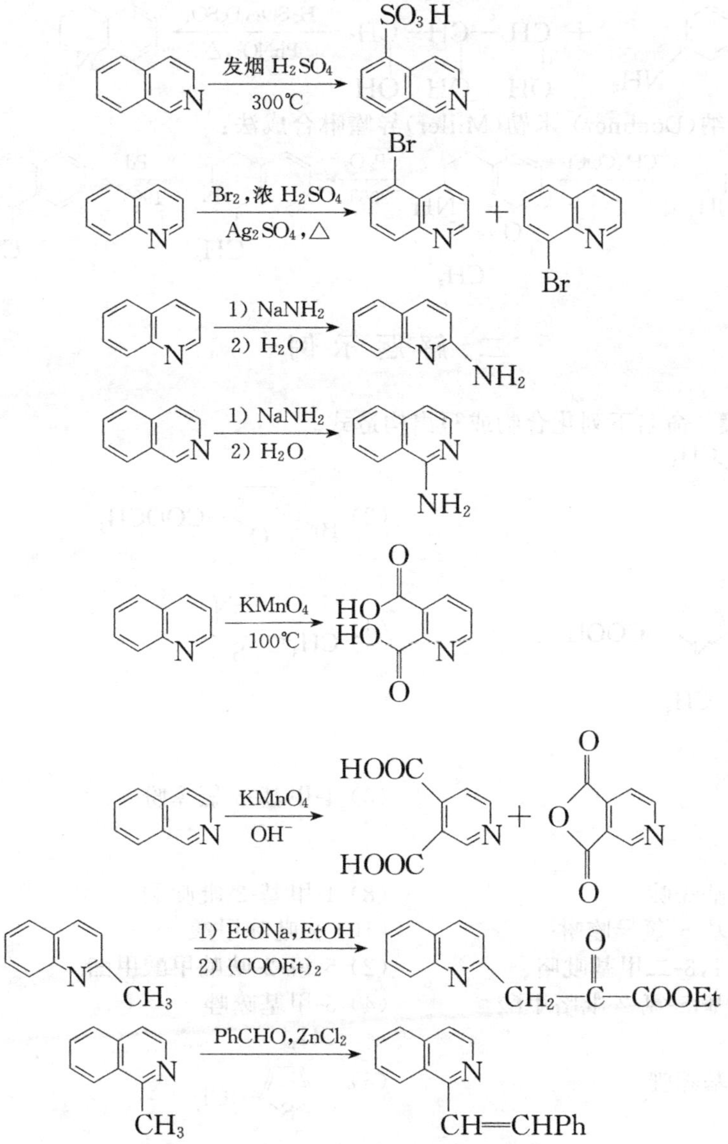


吲哚环、喹啉环和异喹啉环的合成方法有以下几种：

(1) 费歇尔吲哚合成法：

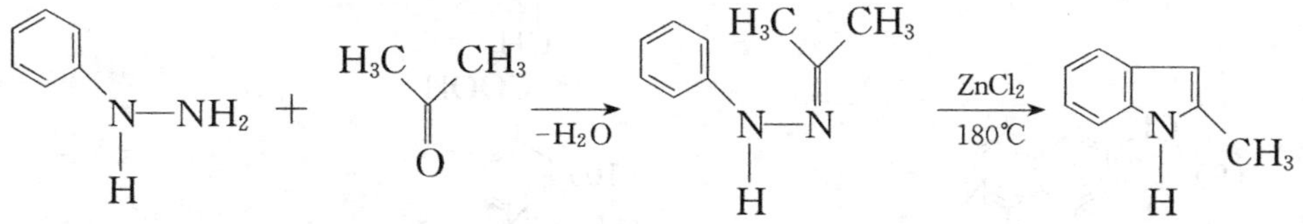


(2) 斯克洛甫(Skraup)喹啉环合成法：

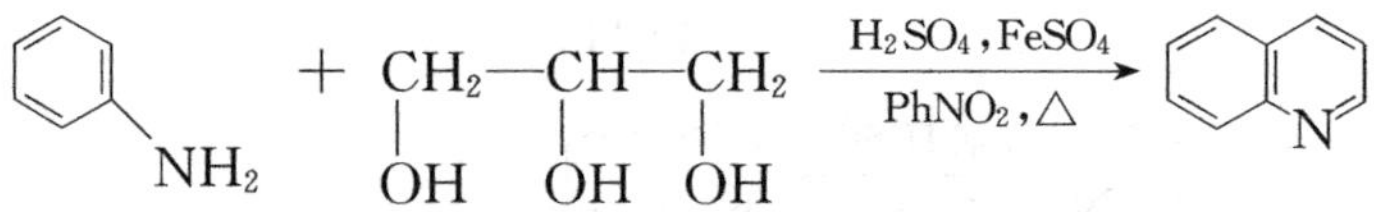


(3) 多布纳(Döebner)-米勒(Miller)异喹啉合成法：

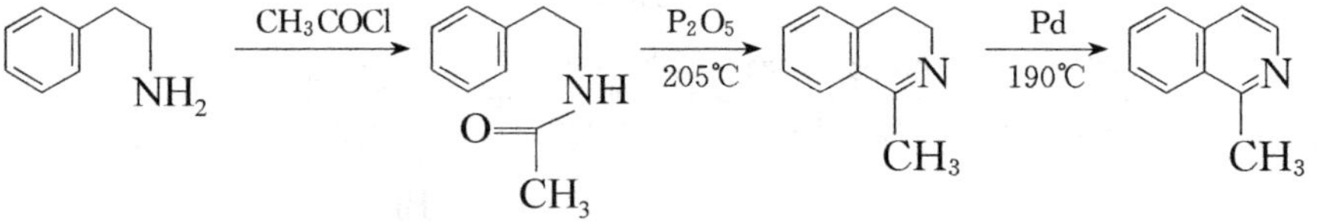


## 二、解题示例

**【例 12-1】** 命名下列化合物或写出构造式。

(1) 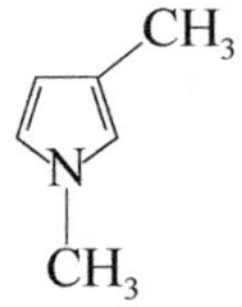


(2) 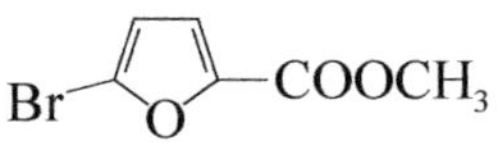


(3) 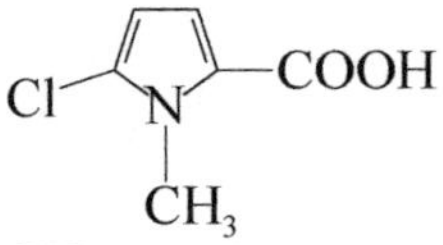


(4) 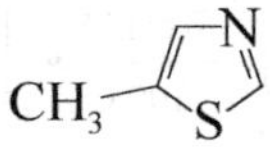


(5) 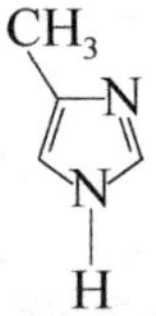


(6) 4-甲基-2-氯噻吩

(7) 4-氨基嘧啶　　(8) 1-甲基-2-吡啶酮

(9) 1-甲基-6-氯异喹啉　　(10) γ-吡啶甲酸

**解**　(1) 1,3-二甲基吡咯　　(2) 5-溴-2-呋喃甲酸甲酯

(3) 1-甲基-5-氯-2-吡咯甲酸　　(4) 5-甲基噻唑

(5) 4-甲基咪唑　　(6) 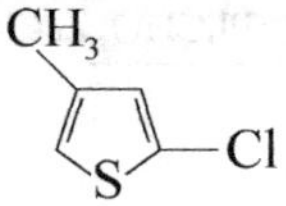


(7) 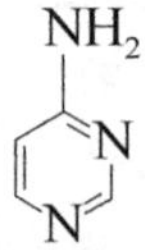


(8) 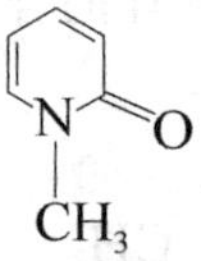


(9) 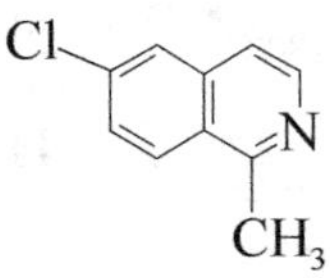


(10) 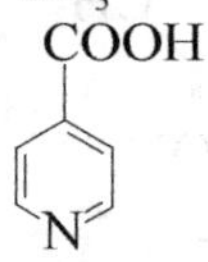

【例 12-2】　为什么五元杂环的芳香性顺序是噻吩＞吡咯＞呋喃？

**解**　这三个化合物环上的杂原子电负性顺序为 O＞N＞S，与其相应的呋喃、吡咯、噻吩分子中，O、N、S 的未共用电子对向芳环的给电子能力正好相反，S 最强，O 最差，因此三者的芳香性顺序为噻吩＞吡咯＞呋喃。

【例 12-3】　吡咯属于仲胺，可是没有碱性，反而具有一定的酸性，咪唑（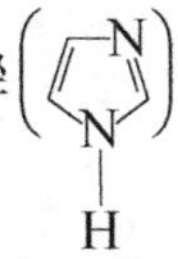）虽然有两个氮原子，酸性却比吡咯还强，试解释原因。

**解**　吡咯环的 N 上一对 p 电子参与形成芳香环状共轭体系，若与酸结合则失去芳香性，所以碱性很弱。而吡咯失去一个质子后形成的负离子仍然具有芳香性，所以吡咯具有一定的酸性，其 $pK_a = 16.5$。与吡咯相比，咪唑酸性更强一些，$pK_a = 14.52$，原因在于咪唑失去质子后所形成的负离子不仅仍保留其芳香性，并且负离子的共振结构中有两个完全等价，因而更加稳定。

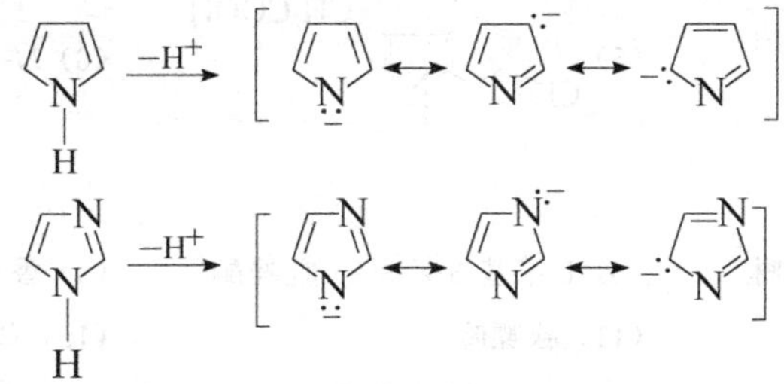

【例 12-4】　如何由 4-甲基吡啶合成下列化合物？

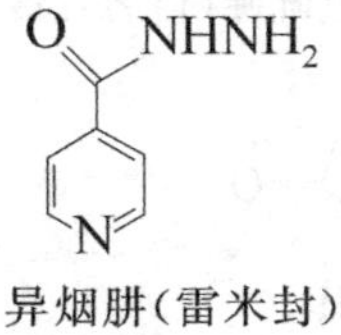

异烟肼（雷米封）

**解**

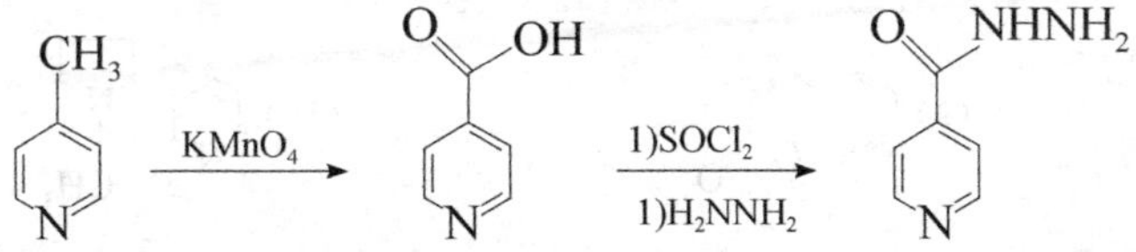

【例 12-5】　写出下列化合物分别与甘油发生斯克洛甫反应所得产物的构造式并命名。

（1）邻苯二胺　　　（2）间苯二胺

**解**　（1）与邻苯二胺作用只能生成一种斯克洛甫反应产物：

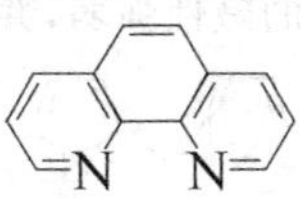

4,5-二氮菲

(2) 与间苯二胺作用生成两种产物：

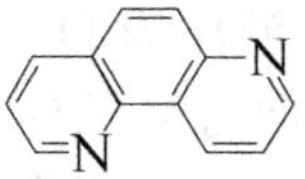 + 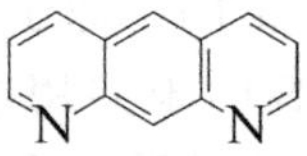

1,5-二氮菲　　1,8-二氮蒽

## 三、习题与参考解答

**【习题 12-1】** 命名下列化合物或写出构造式。

(1) 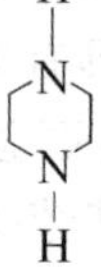　(2) 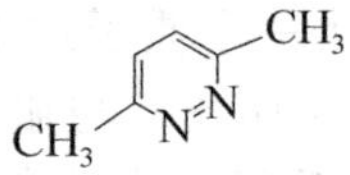　(3) 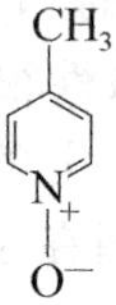

(4) 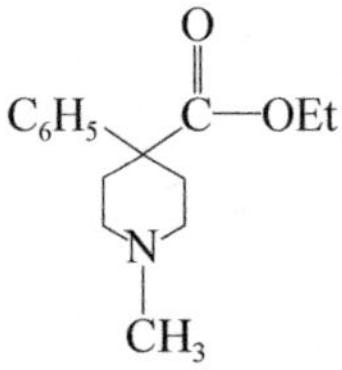　(5) 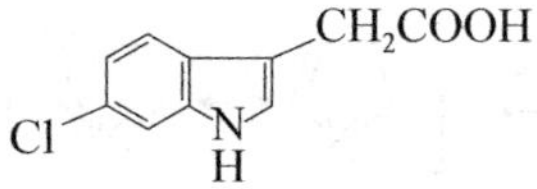　(6) *N*-甲基吡咯烷酮

(7) 7-甲基-5-溴喹啉　(8) 1-甲基-3-乙基-5-吡唑酮　(9) 香豆素

(10) 尼古丁　(11) 腺嘌呤　(12) 鸟嘌呤

**解** (1) 六氢吡嗪　(2) 3,6-二甲基哒嗪　(3) 4-甲基吡啶-*N*-氧化物

(4) *N*-甲基-4-苯基-4-乙氧羰基六氢吡啶(俗名杜冷丁)

(5) 6-氯吲哚-3-乙酸　(6) 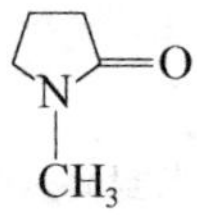　(7) 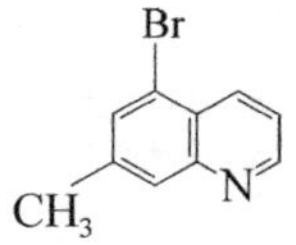

(8) 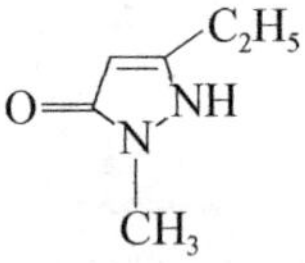　(9) 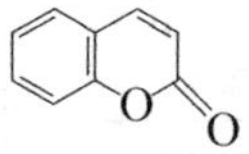　(10) 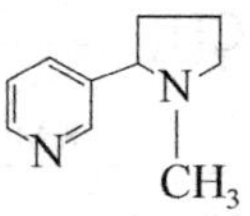

(11) 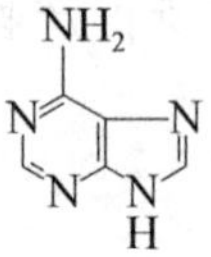　(12) 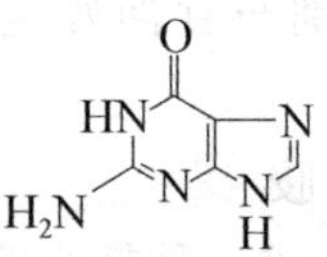

**【习题 12-2】** 比较下列各对化合物的碱性强弱,并简述理由。

(1) 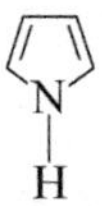，　(2) ，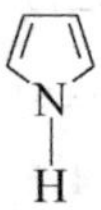

(3) 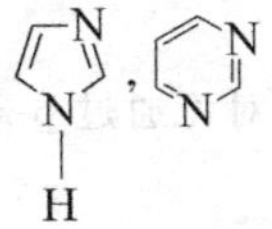　　(4) 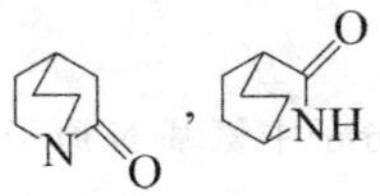

(5) 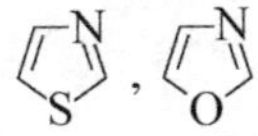　　(6) 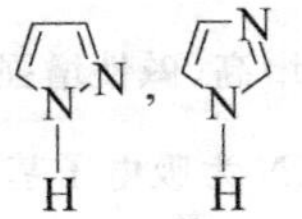

(7) 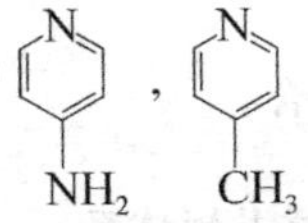　　(8) 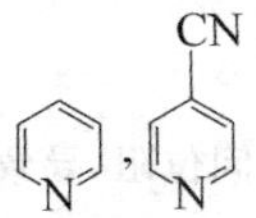

(9) 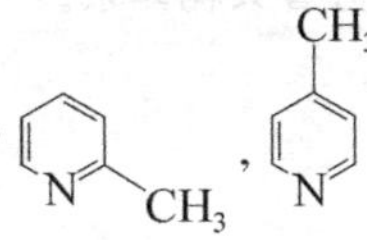　　(10) 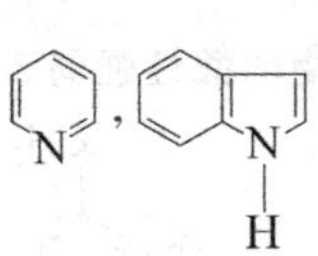

**解**　(1)  碱性较强。虽然二者都为仲胺，但  氮原子上的一对电子参与形成芳香共轭体系，碱性减弱。

(2) 吡唑 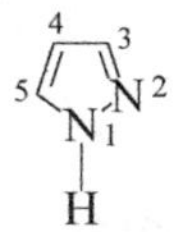 碱性较强。因为 2-位 N 原子上的一对电子不参与形成芳香共轭体系。

(3) 嘧啶 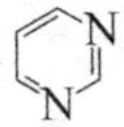 碱性较强。虽然二者都有两个 N 原子，但咪唑 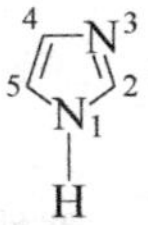 分子中仅 3-位 N 原子上的一对电子未参与形成芳香共轭体系，而嘧啶的两个 N 原子的未共用电子对都没有参与形成芳香共轭体系，容易与质子结合。

(4) 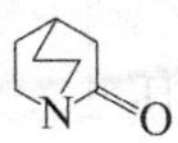 碱性较强。二者都为酰胺，但前者 N 原子属桥头原子，该 N 原子上的未共用电子对难以离域，碱性略强，而后者 N 原子属桥上原子，未共用电子对较易离域，碱性较弱。

(5)  碱性较强。因为 S 原子电负性远低于 O。

(6) 咪唑碱性较强。由于其共轭酸结构对称，共振杂化体中两个经典结构式等价，稳定性增加，不易释放出质子。

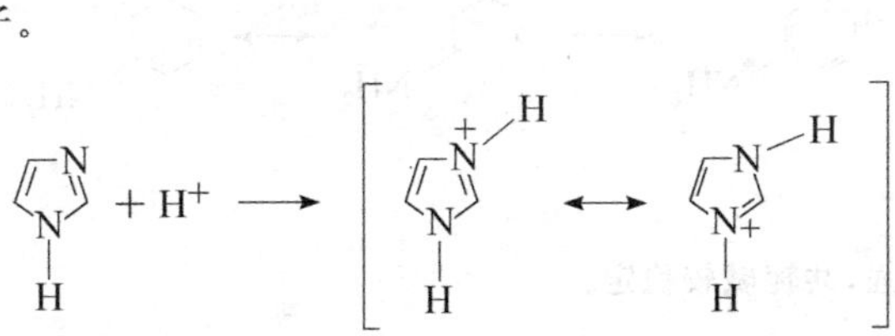

(7) 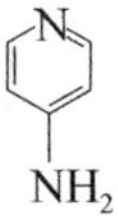 碱性较强。因 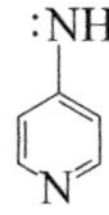 分子中氨基 N 原子上一对未共用电子对可通过 p-π 共轭体系而使吡啶环上 N 原子周围电子云密度增高,碱性增强。

(8) 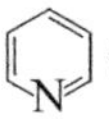 碱性较强。后者分子中—CN 为吸电子基团,导致碱性减弱。

(9) 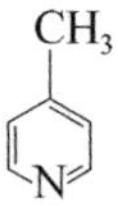 碱性较强。因邻位甲基的空间位阻,导致 $H^+$ 难以与 N 结合。

(10) 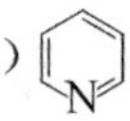 碱性较强。因其 N 原子上的未共用电子对不参与形成芳香共轭体系。

**【习题 12-3】** 比较下列各对化合物的酸性强弱。

(1) 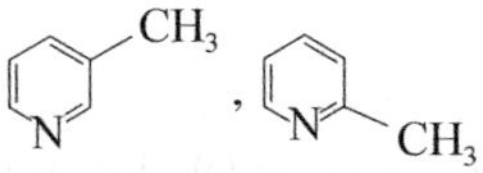　(2) 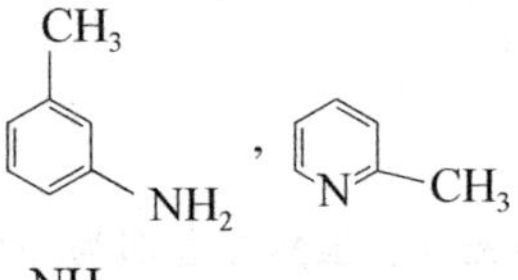

(3) 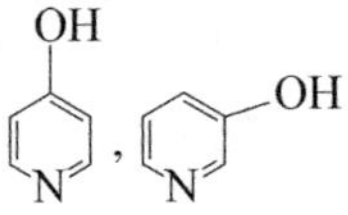　(4) 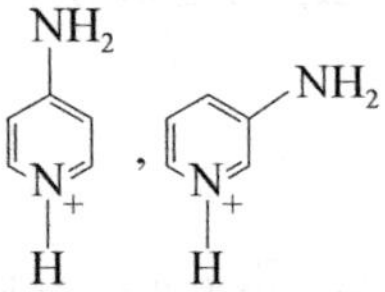

(5) 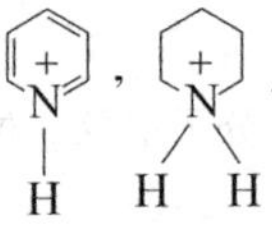　(6) 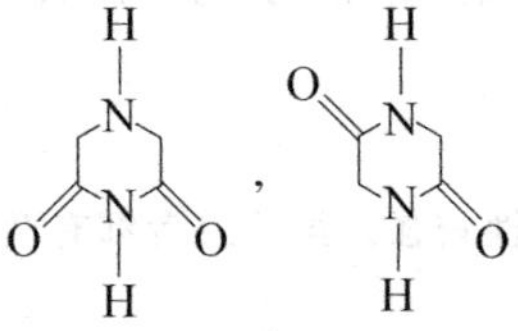

**解** (1) 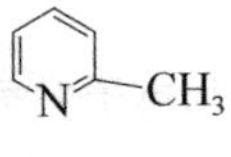 酸性较强,其共轭碱的负电荷可以分散到电负性较强的 N 原子上:

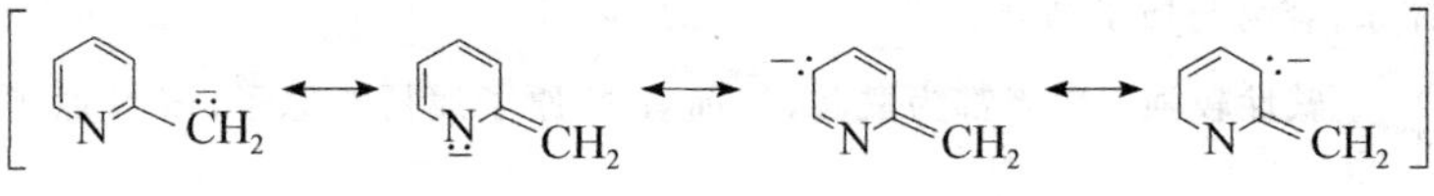

(2) 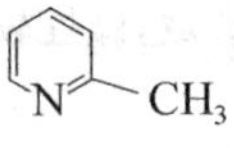 酸性较强。前者相应共轭碱负电荷不能分散到 N 原子上:

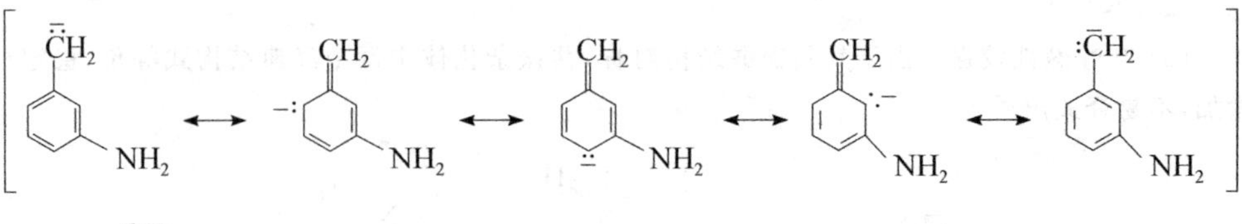

(3) 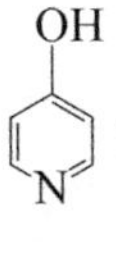 酸性较强,共轭碱较稳定:

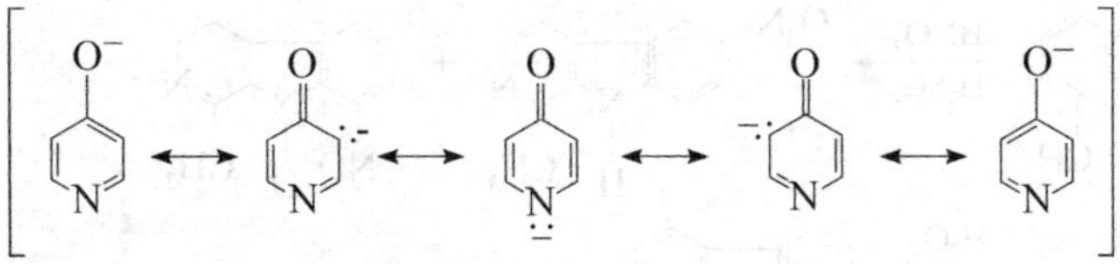

(4) 后者由于诱导效应而使其酸性较强。

(5) 吡啶碱性比脂肪胺弱，相应共轭酸 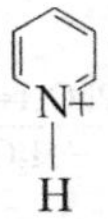 酸性则较强。

(6) 由于两个邻近羰基的强吸电子作用，前者酸性较强。

**【习题 12-4】** 1-甲基异喹啉比 3-甲基异喹啉酸性强，如何用共振论解释？

**解** 两个化合物的酸性都表现在甲基氢的酸性上。可通过它们共轭碱的稳定性来说明。在保留一个苯环的情况下，1-甲基异喹啉相应的共轭碱可写出三个共振结构式：

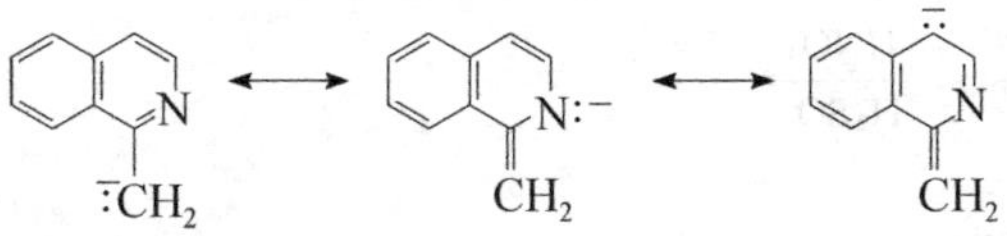

其中一个极限式中的负电荷可以落在电负性较大的 N 原子上。而 3-甲基异喹啉相应的共轭碱只能写出两个共振结构式：

故它们的共轭碱稳定性为

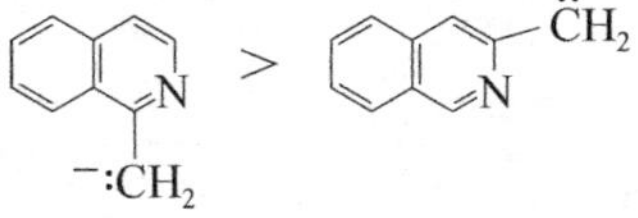

而酸性强弱则为

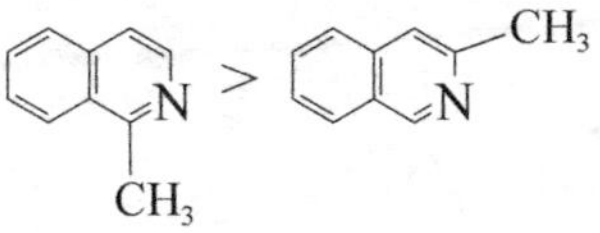

**【习题 12-5】** 下列化合物中哪一个氮原子碱性较强？

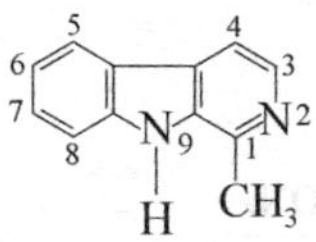

当它分别用下列试剂处理时会生成什么产物？

(1) $HNO_3/H_2SO_4$　　(2) $H_2O_2/H_2O$　　(3) PhCHO/NaOH

**解** 2-位上 N 原子属于吡啶环上的 N 原子，碱性比 9-位的 N 原子强，因 9-位氮质子化后吡咯环芳香性被破坏。

(1) 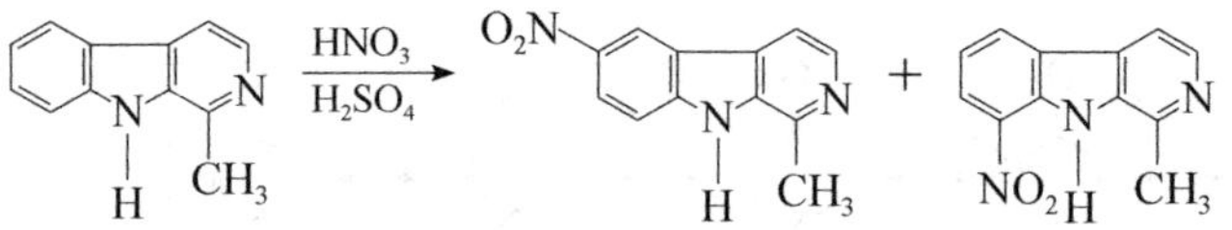

(2) 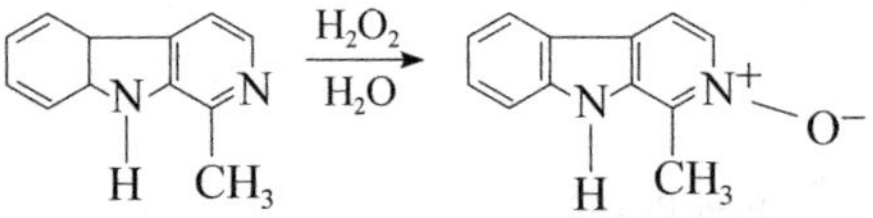

(3) 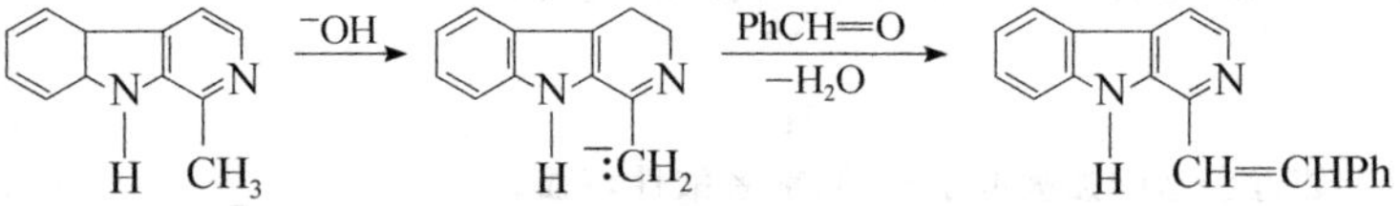

【习题 12-6】 完成下列反应，写出主要有机产物。

(1) 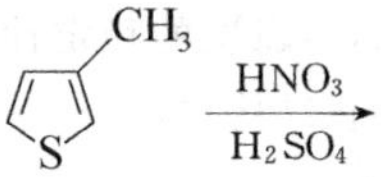

(2) 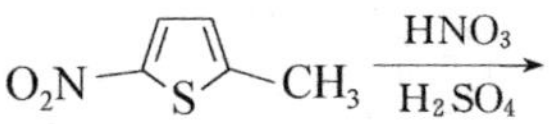

(3) 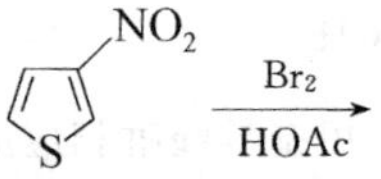

(4) 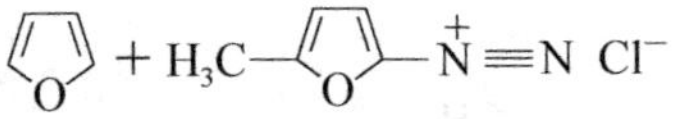

(5) 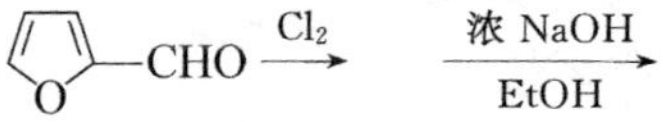

(6) 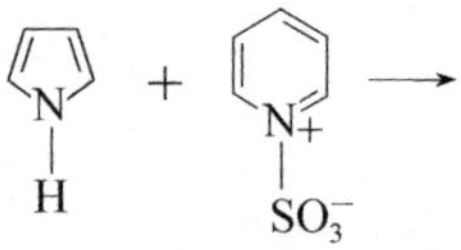

(7) 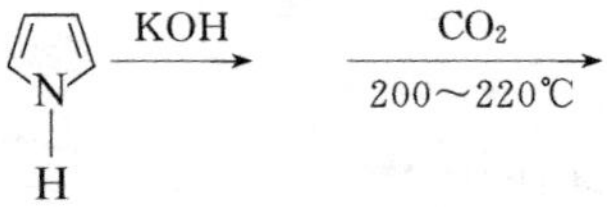

(8) 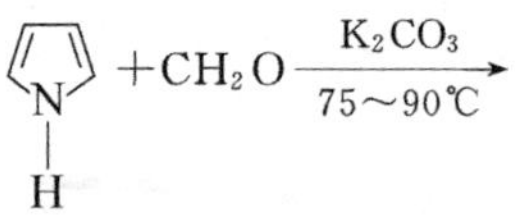

(9) 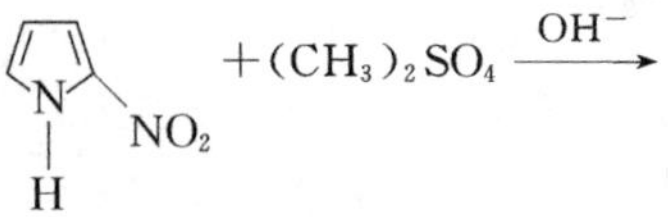

(10) 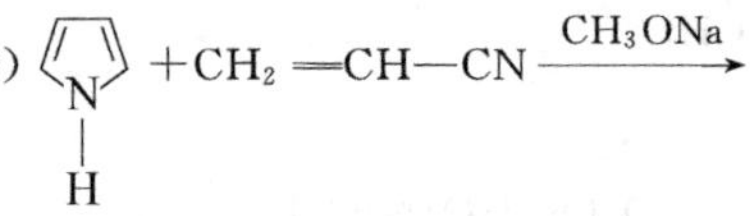

解 (1) 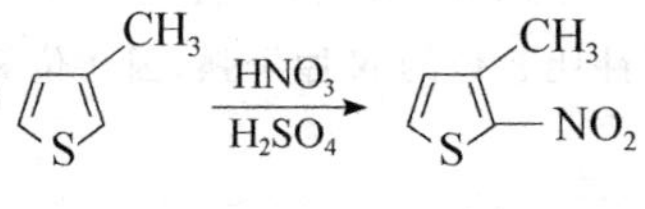

(2) 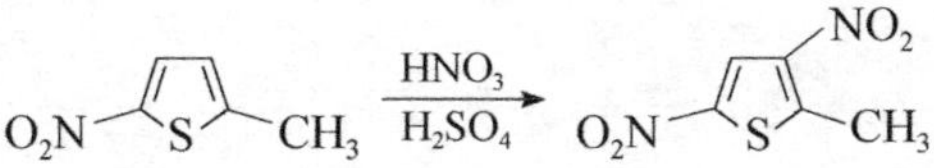

(3) 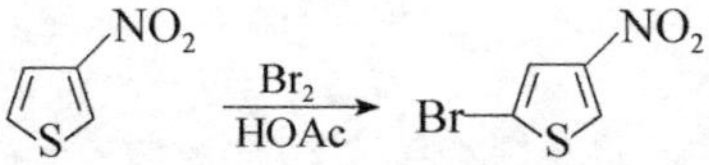

(4) 呋喃 $\alpha$-位活泼,可以发生偶联：

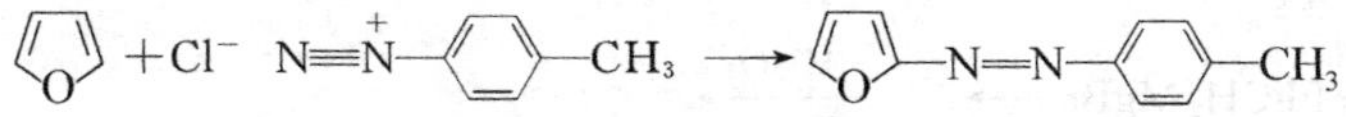

(5) 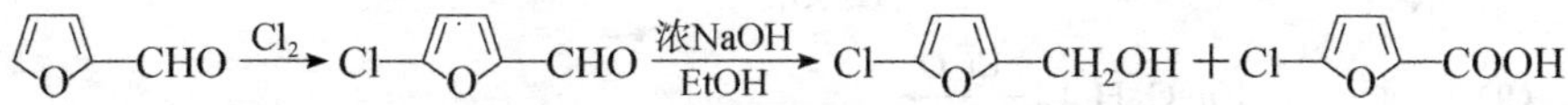

(6) 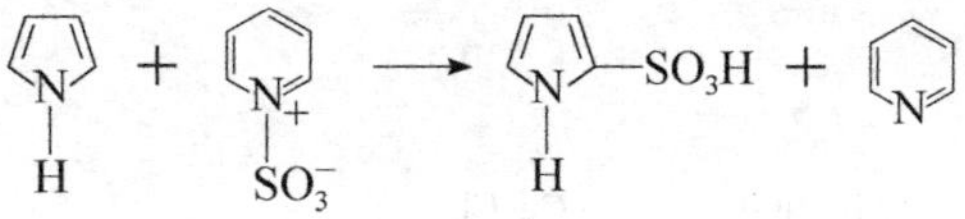

(7) 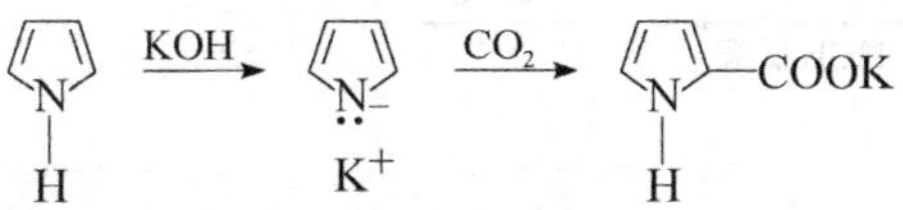

(8) 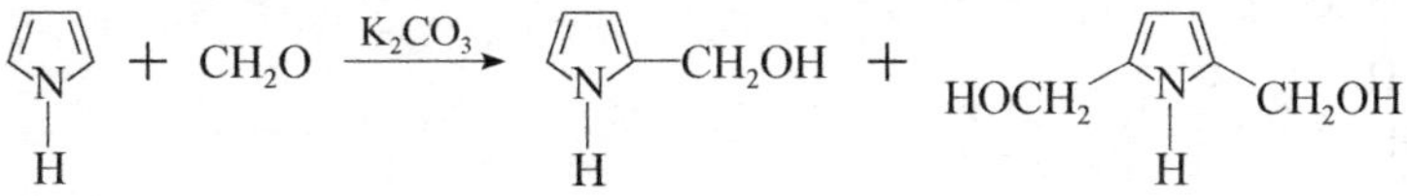

(9) 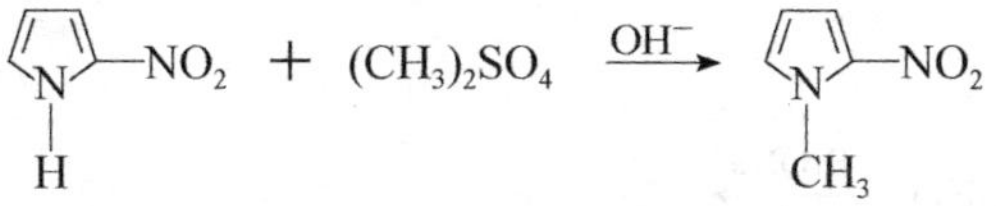

(10) 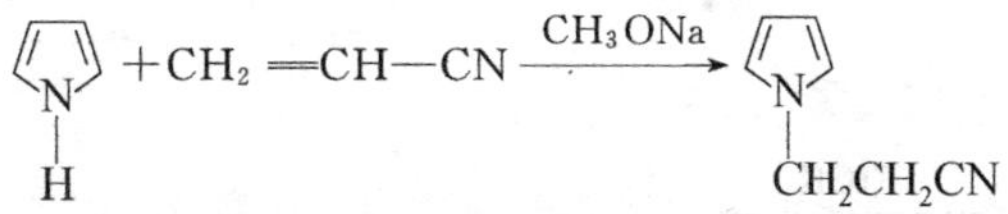

**【习题 12-7】** 完成下列反应,写出主要有机产物。

(1) 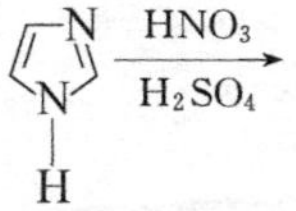

(2) 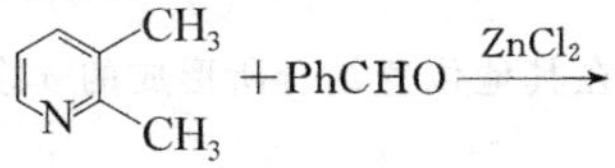

(3) 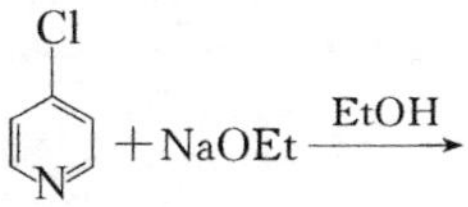

(4) 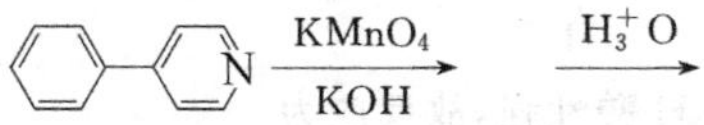

(5) 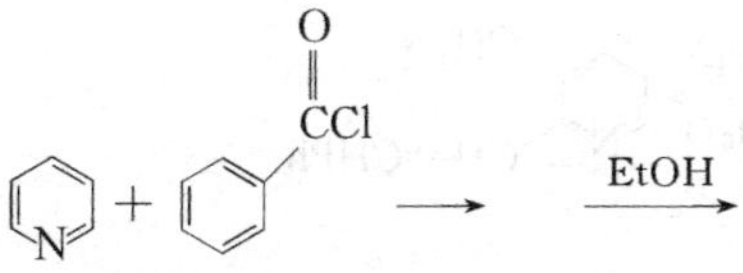

(6) 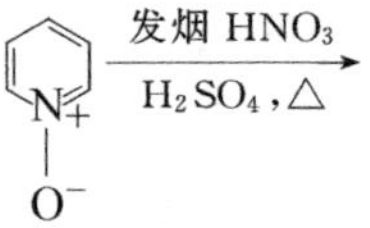


(7) 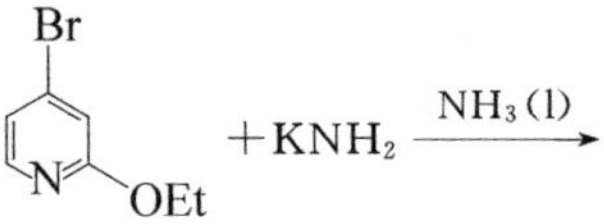


(8) 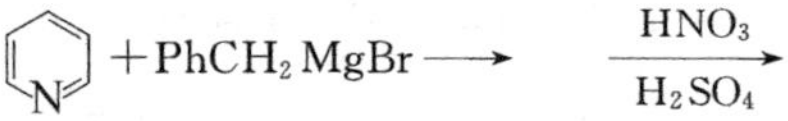


(9) 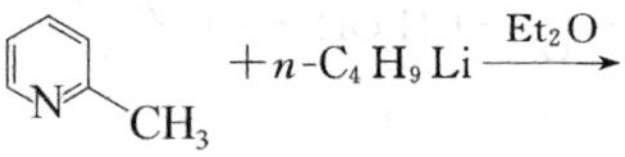


(10) 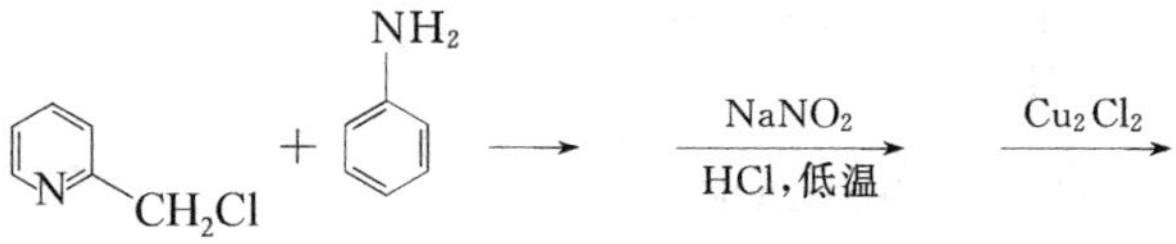


(11) 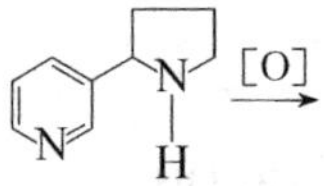


(12) 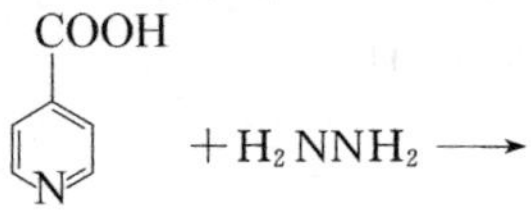


(13) 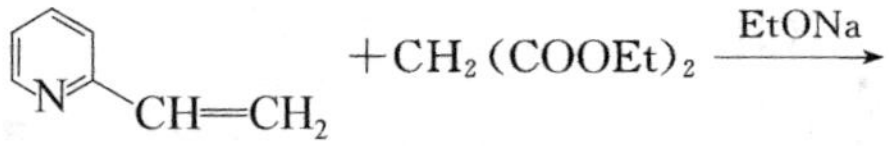


(14) 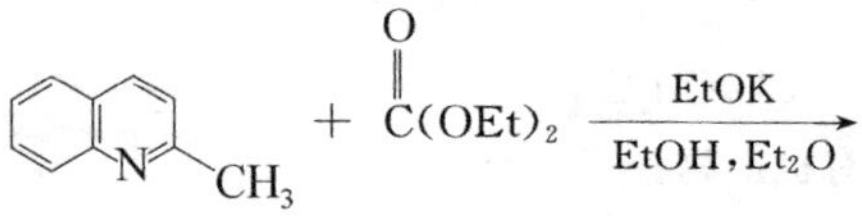


(15) 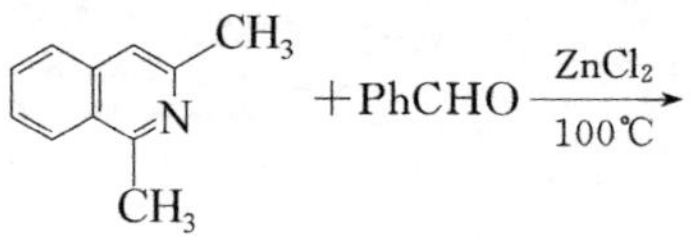


**解**　(1) 硝酰正离子与 $C_5$ 结合所形成的 σ 络合物比在其他位置结合所形成的 σ 络合物都稳定,故反应为

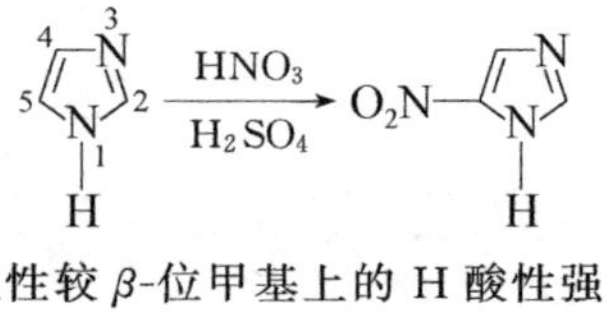


(2) 吡啶 α-位甲基上的 H 酸性较 β-位甲基上的 H 酸性强,故反应为

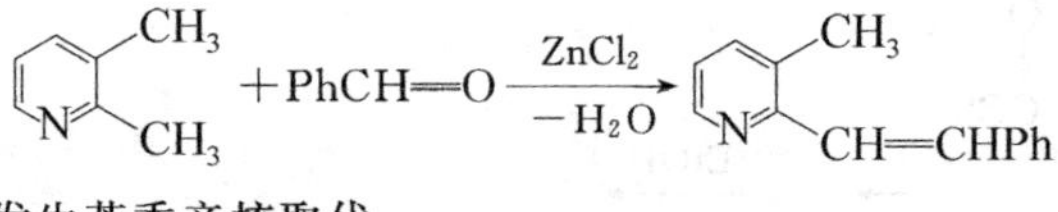


(3) 吡啶 γ-位易发生芳香亲核取代:

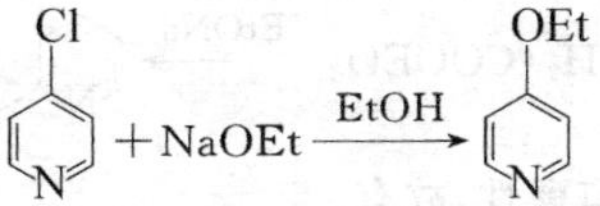

(4) 苯环上电子云密度较吡啶环上的高，易被氧化：

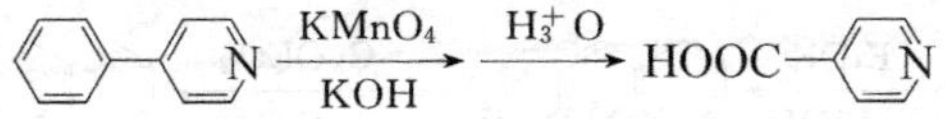

(5) 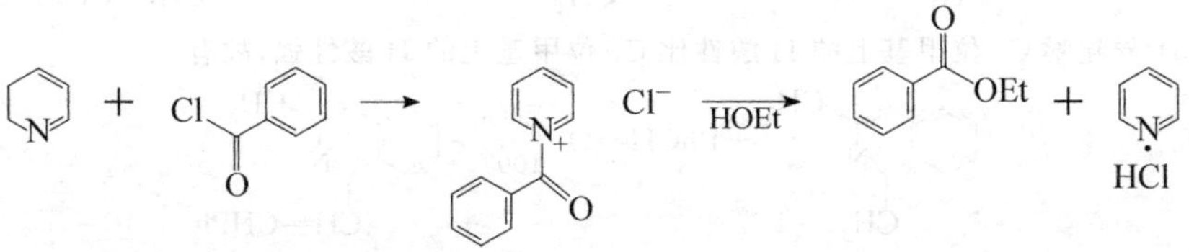

(6) 氧化吡啶 γ-位易发生亲电取代：

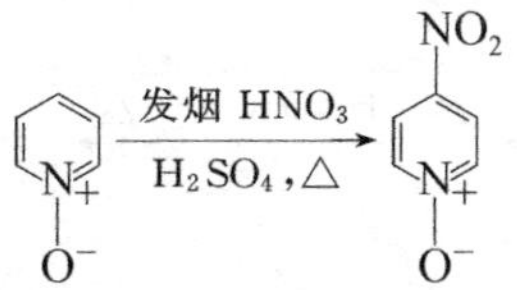

(7) γ-位的溴离去倾向大，易发生亲核取代：

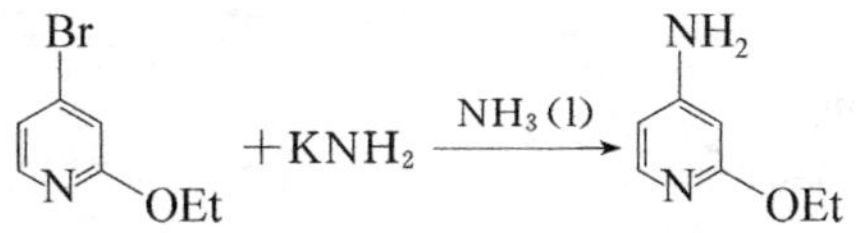

(8) 格氏试剂是亲核试剂，易进攻吡啶 α-位：

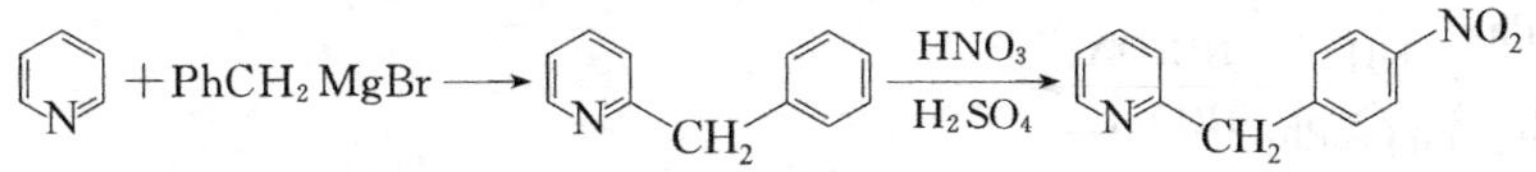

(9) 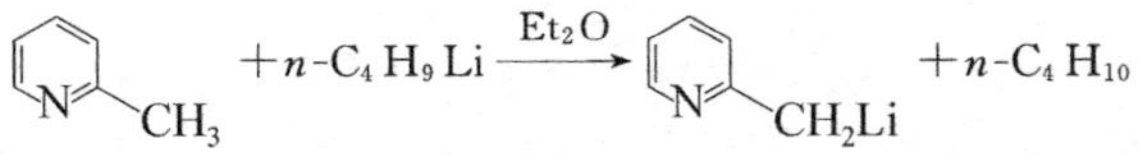

(10) 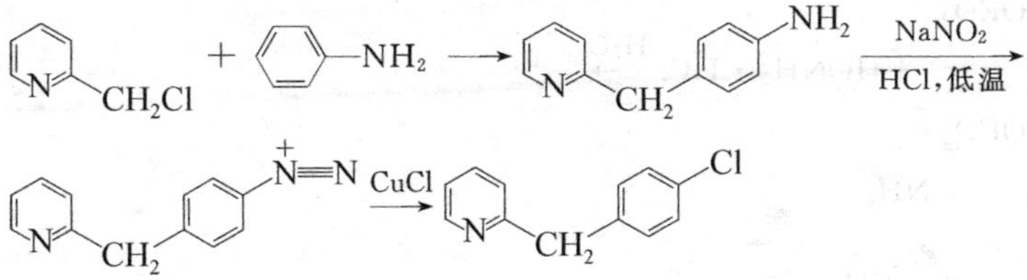

(11) 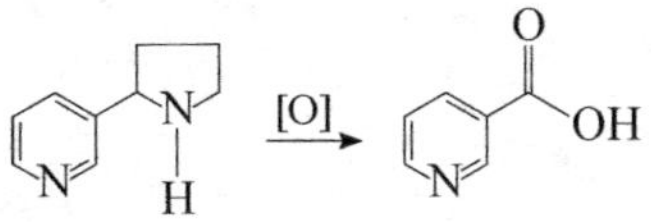

(12) 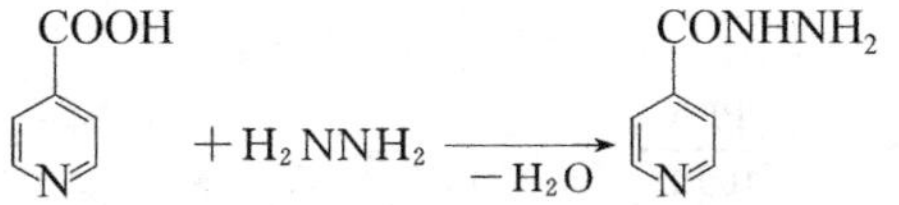

(13) α-乙烯基吡啶具有 α,β-不饱和羰基化合物的性质，可以与稳定的碳负离子发生迈克尔加成：

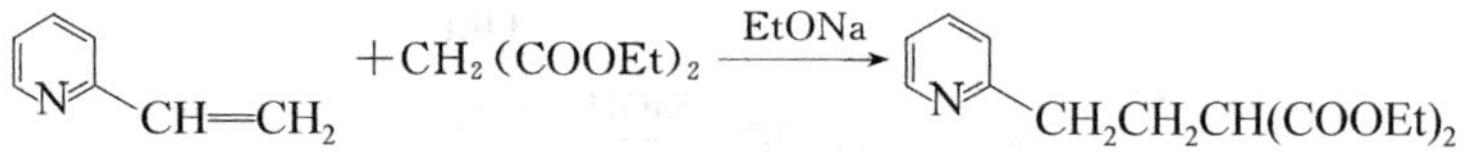

(14) 喹啉 2-位甲基的 H 具有酸性,故有

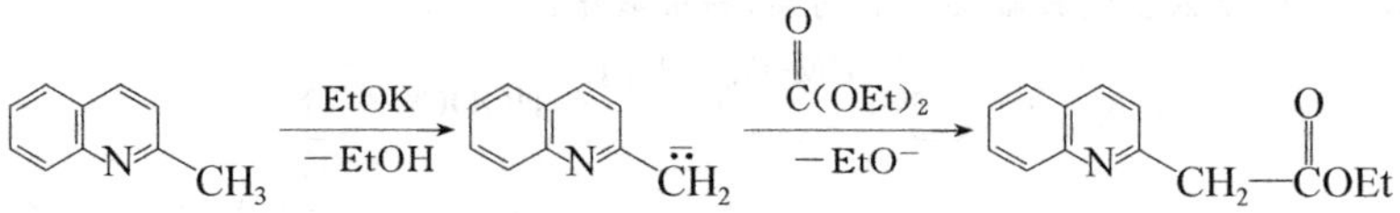

(15) 异喹啉 $C_1$-位甲基上的 H 酸性比 $C_3$-位甲基上的 H 酸性强,故有

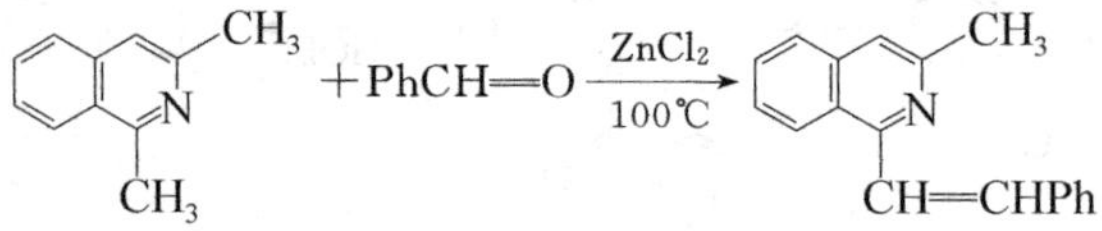

**【习题 12-8】** 完成下列反应,写出主要有机产物。

(1) 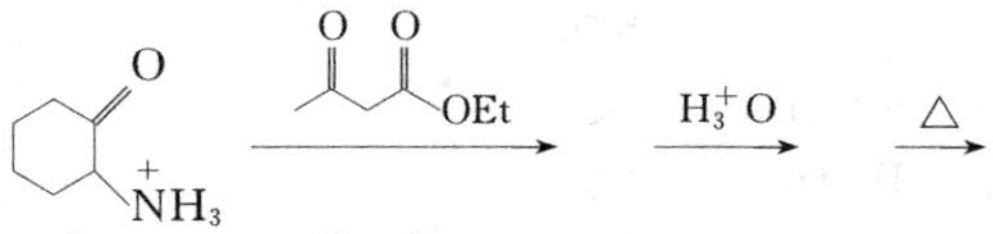

(2) 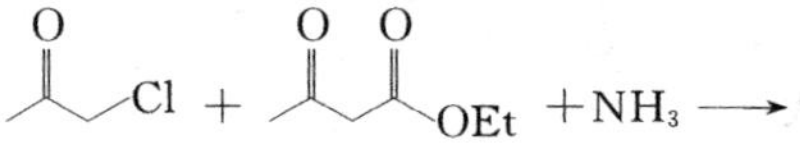

(3) 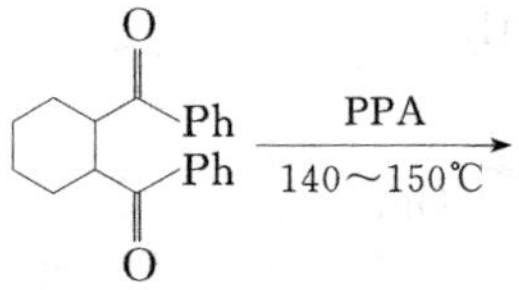

(4) 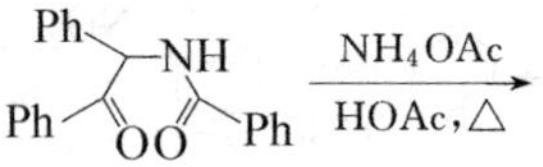

(5) 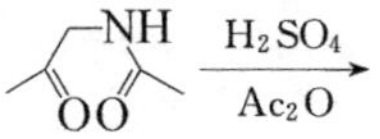

(6) 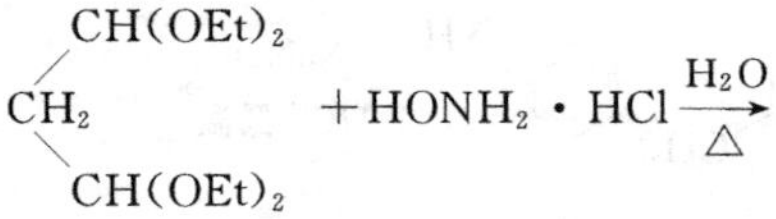

(7) 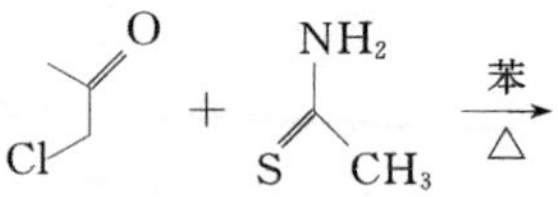

(8) 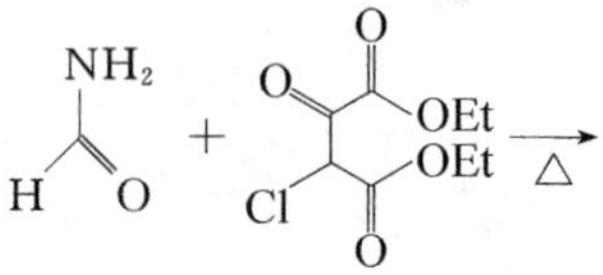

(9) 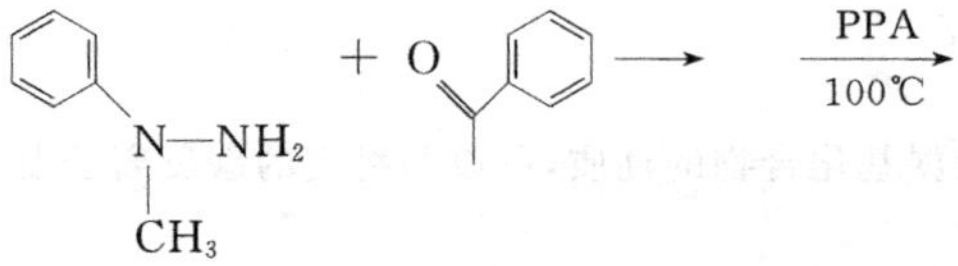

(10) 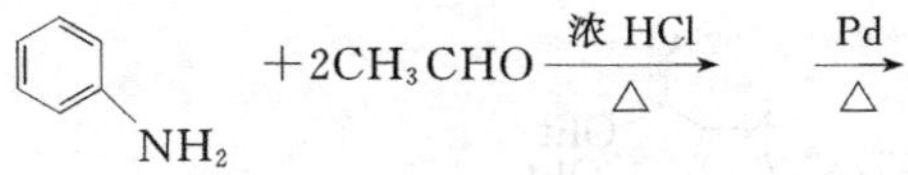

(11) 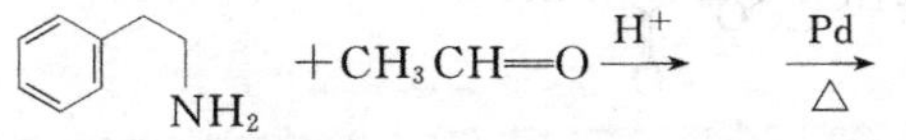

**解** (1) 这是诺尔吡咯环合成法的一个典型实例：

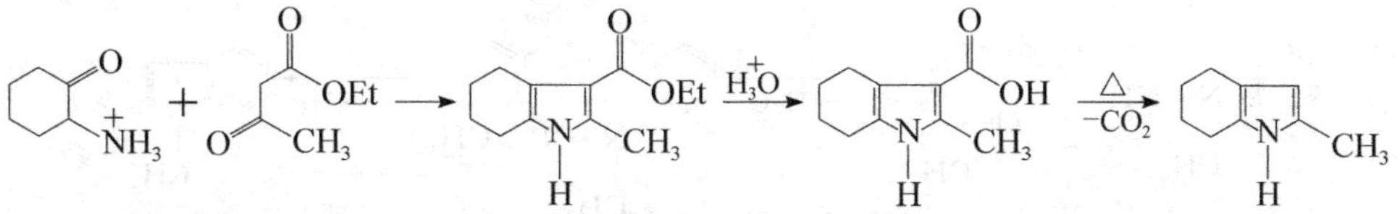

(2) 这是韩奇吡咯环合成法：

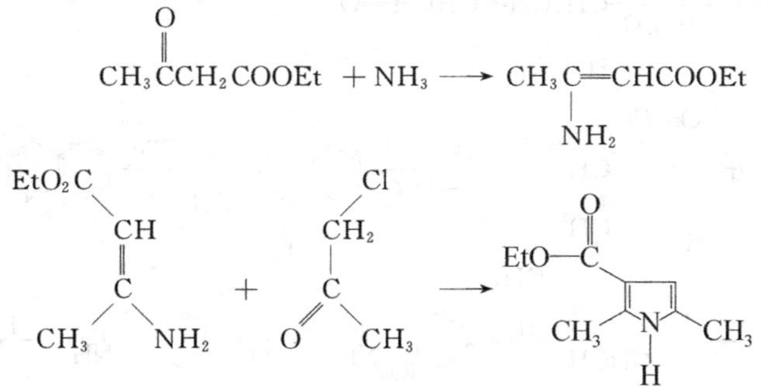

(3) 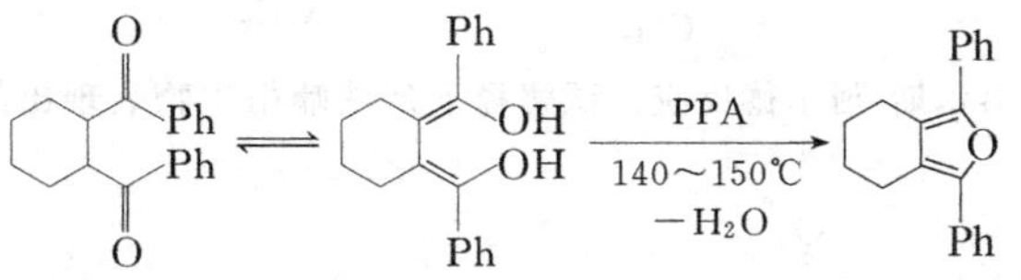

(4) 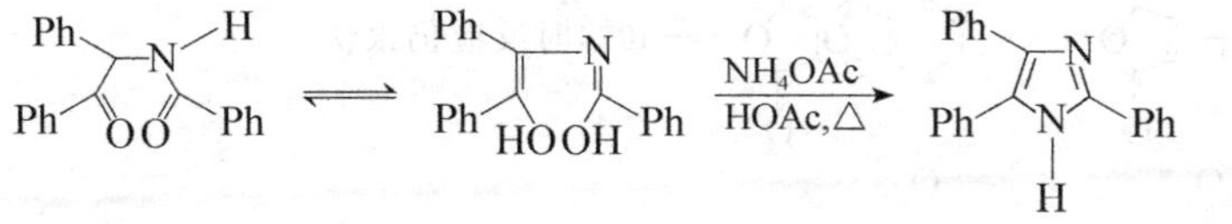

(5) 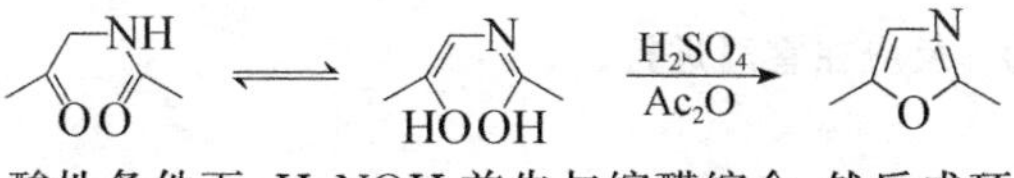

(6) 酸性条件下，$H_2NOH$ 首先与缩醛缩合，然后成环、脱水：

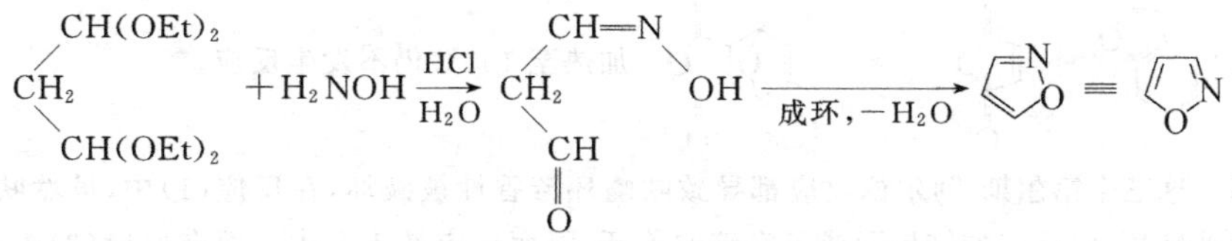

(7) 首先硫代乙酰胺与氯代丙酮缩合、脱 HCl，然后环合形成噻唑环：

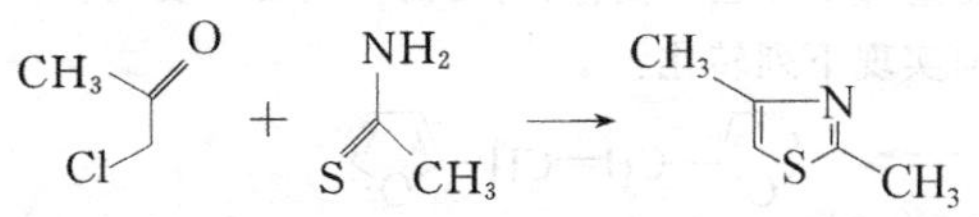

(8) 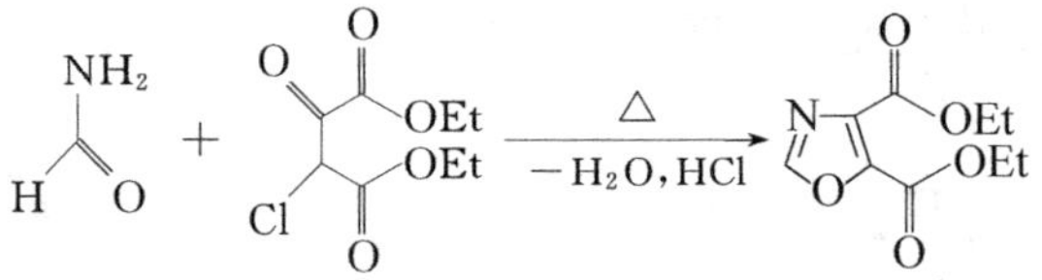

(9) 这是费歇尔吲哚合成法的一个例子：

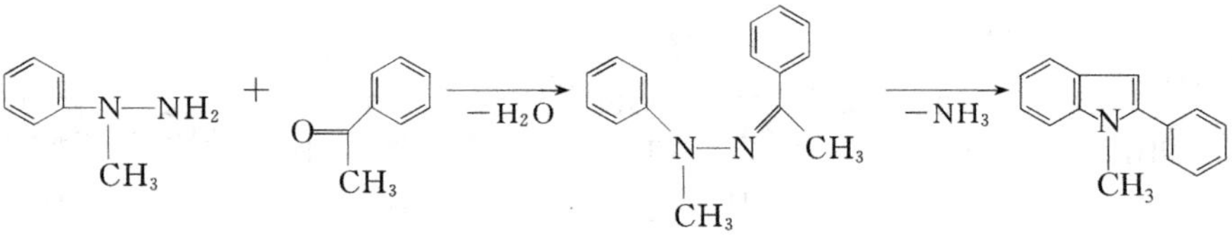

(10) $2CH_3CH{=}O \xrightarrow[-H_2O]{HCl} CH_3CH{=}CHCH{=}O$

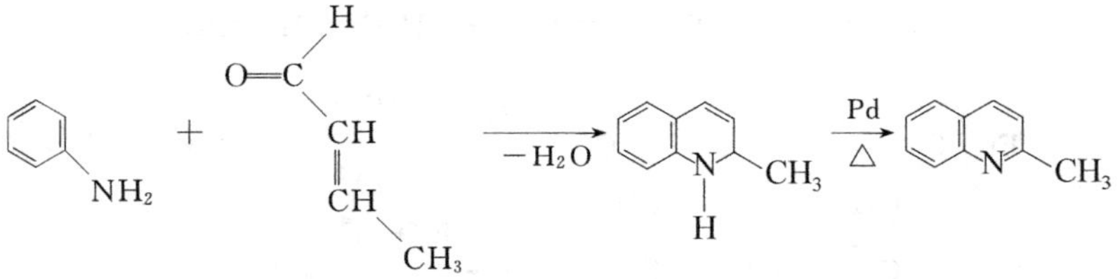

(11) 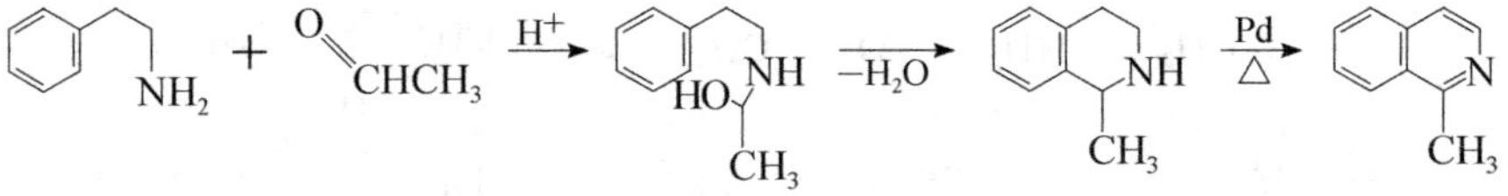

**【习题 12-9】** 呋喃可以发生第尔斯-阿尔德反应。试解释下列呋喃衍生物表现出的不同反应性。

(1) 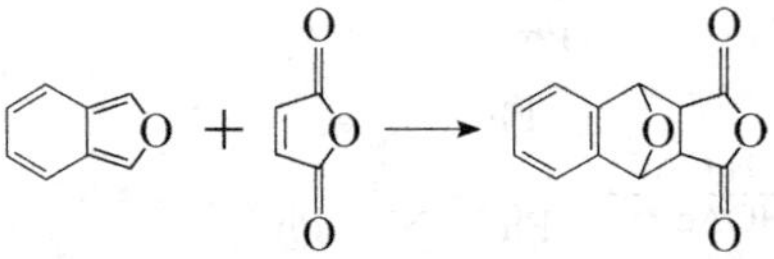 −50℃时反应仍很快

(2) 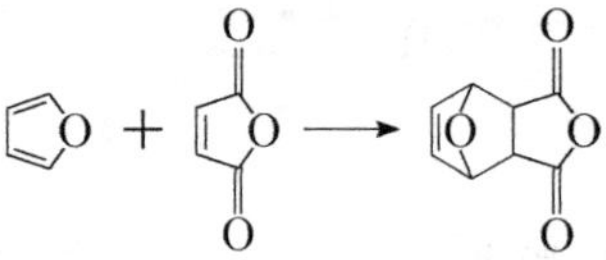 反应在室温进行。

(3) 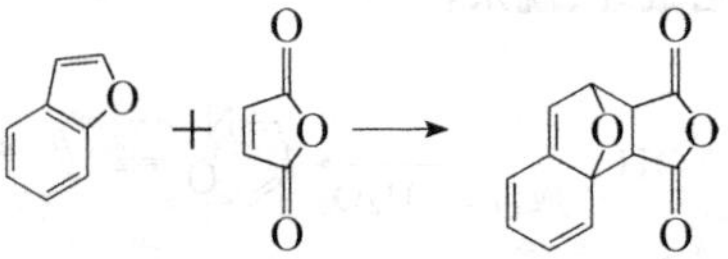 加热至100℃仍不发生反应。

**解** 这三个第尔斯-阿尔德反应都导致呋喃环芳香性被破坏，在反应(1)中，虽然呋喃环的芳香性被破坏，但反应的结果形成了完整的苯环，因而反应易于发生。而在反应(3)中，不仅呋喃环的芳香性被破坏，完整的苯环也不复存在，因而反应难以发生。

**【习题 12-10】** 如何实现下列转化？

(1) 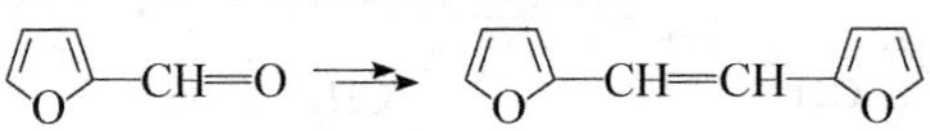

(2) 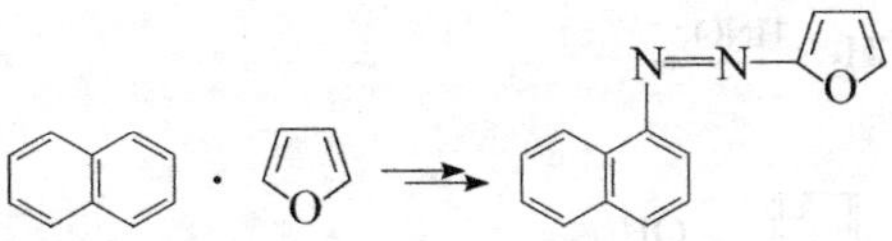

(3) 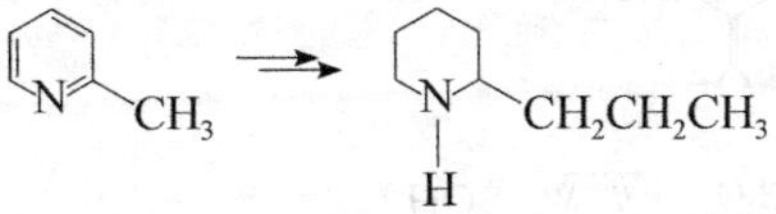

(4) 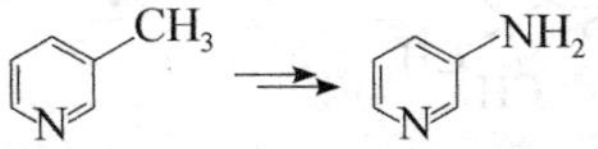

(5) 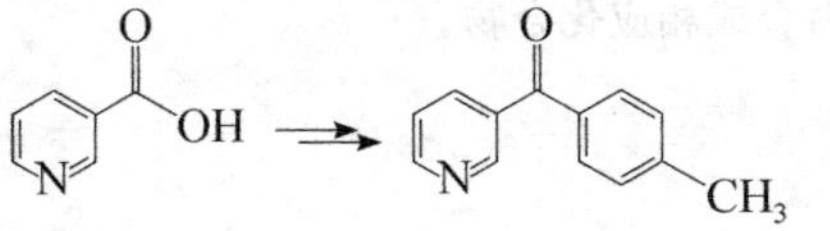

(6) 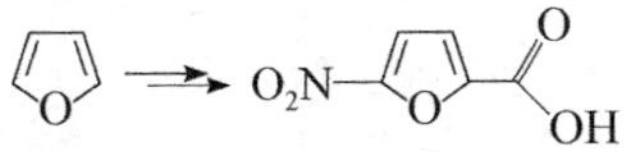

(7) 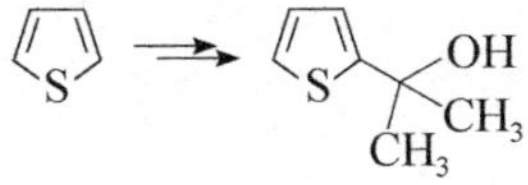

解　(1) 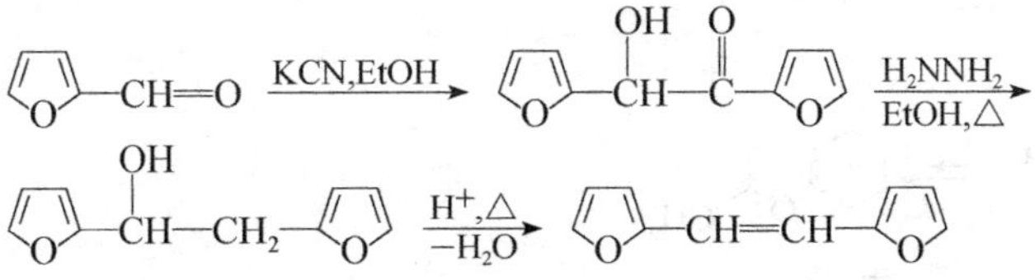


(2) 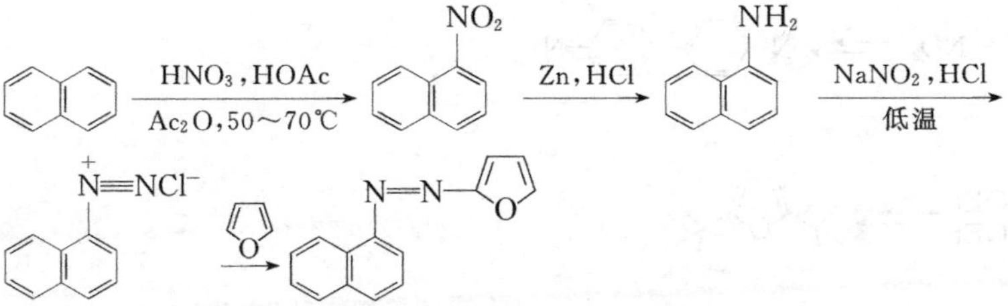


(3) 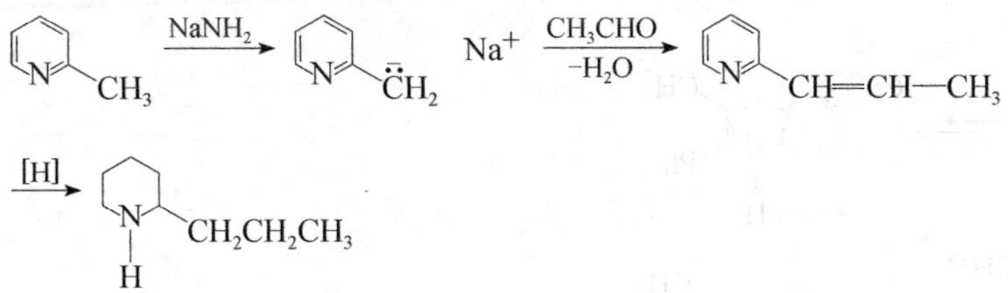


(4) 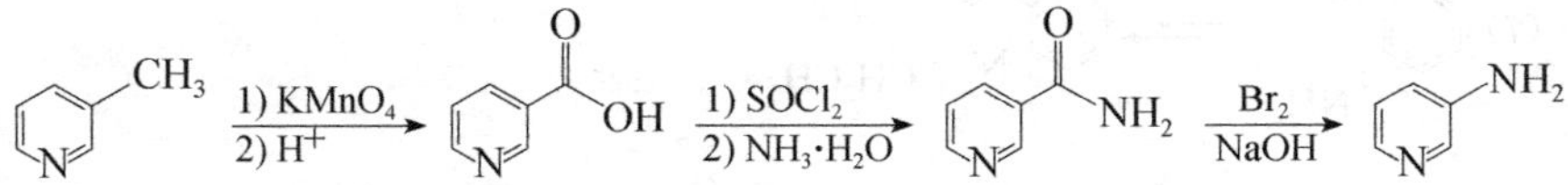


(5) 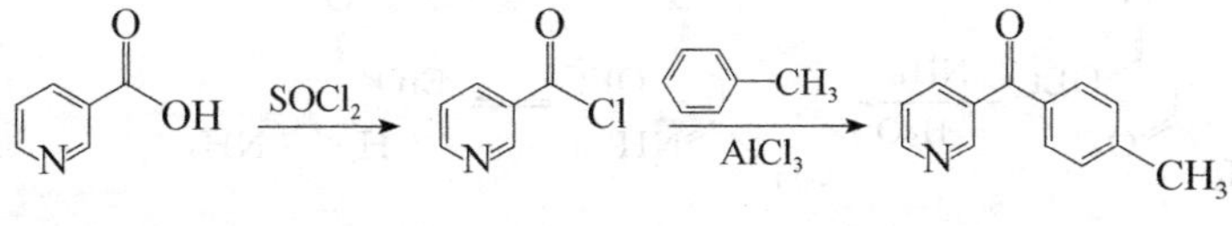

(6) 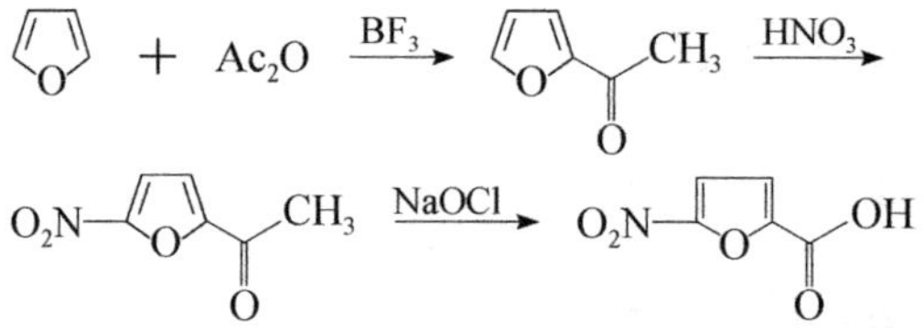


(7) 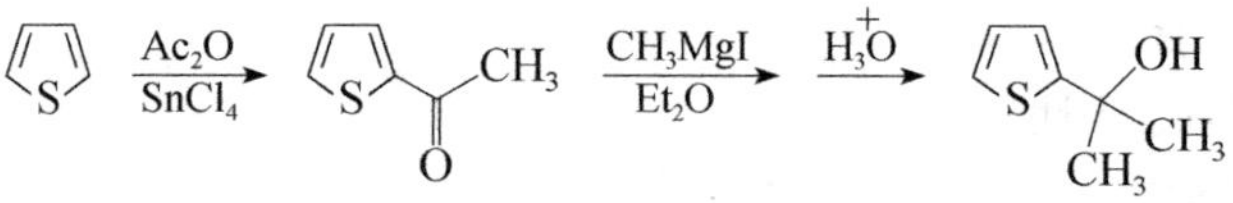


**【习题 12-11】** 以下列非杂环化合物为原料合成相应化合物。

(1) 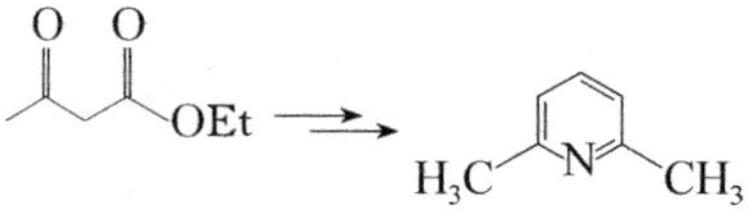


(2) 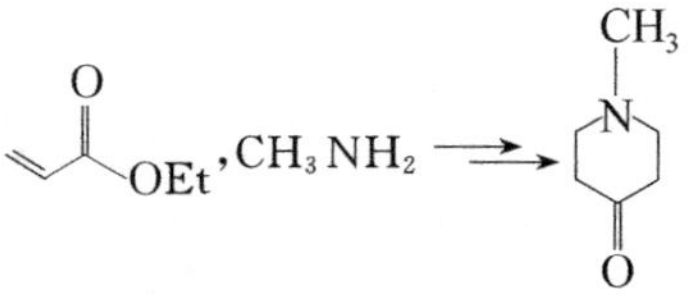


(3) 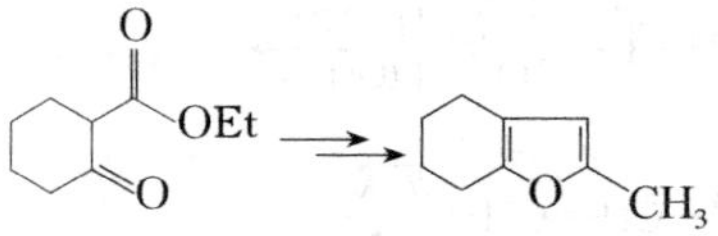


(4) 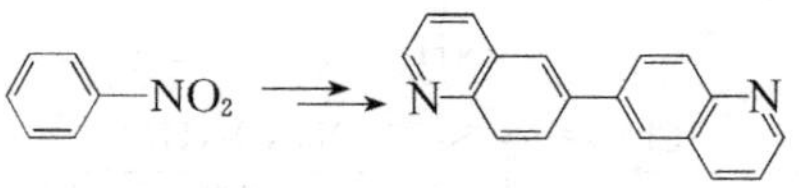


(5) 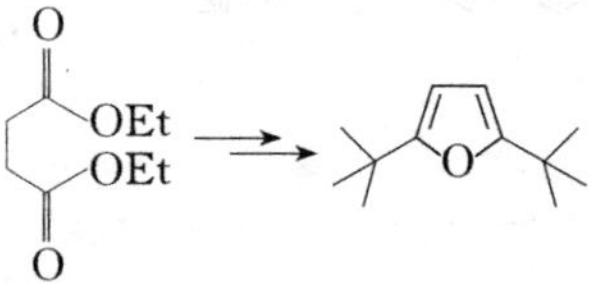


(6) 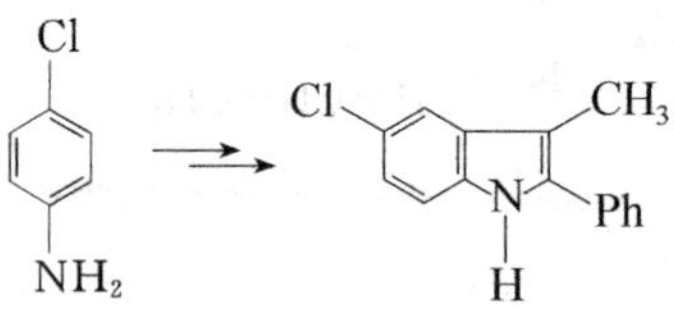


(7) 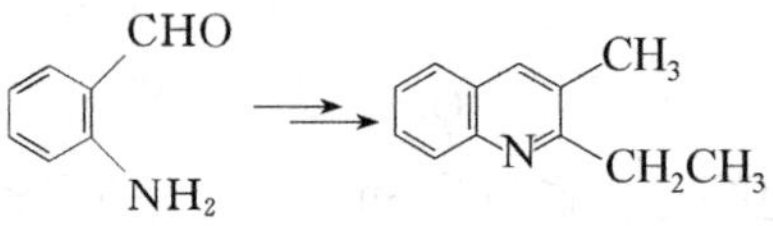


**解** (1) 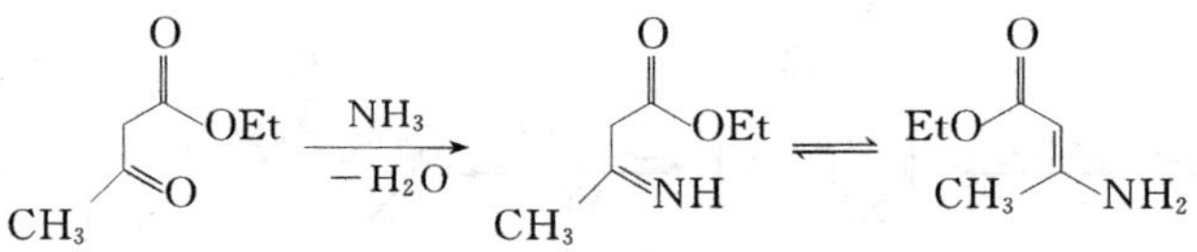

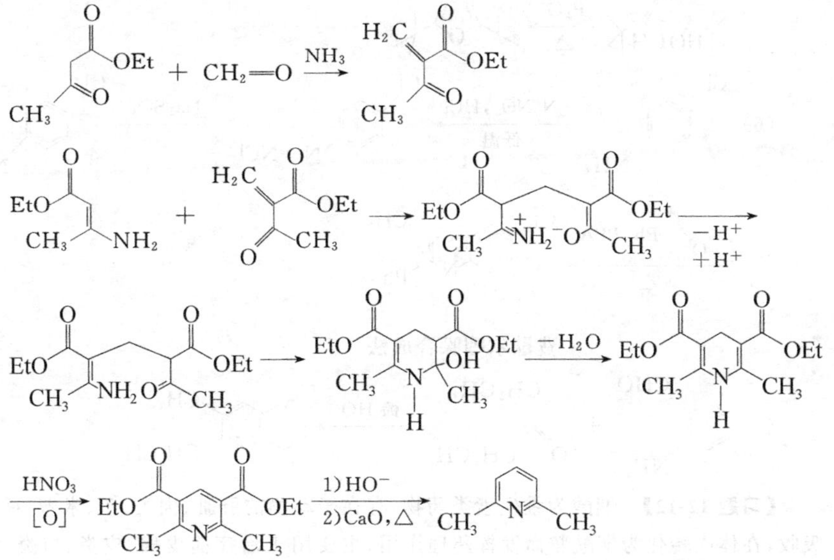

(2) 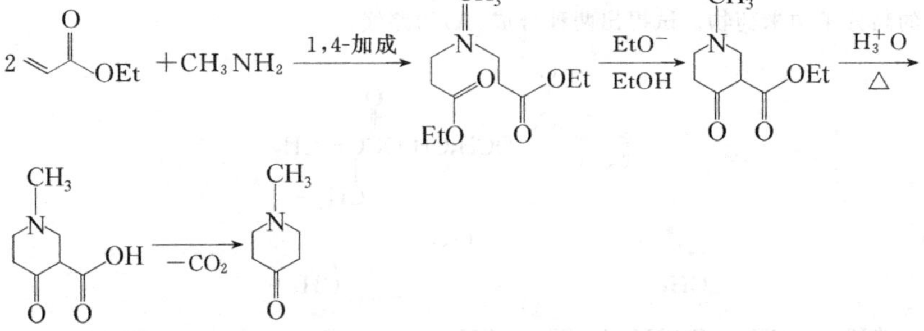

(3) 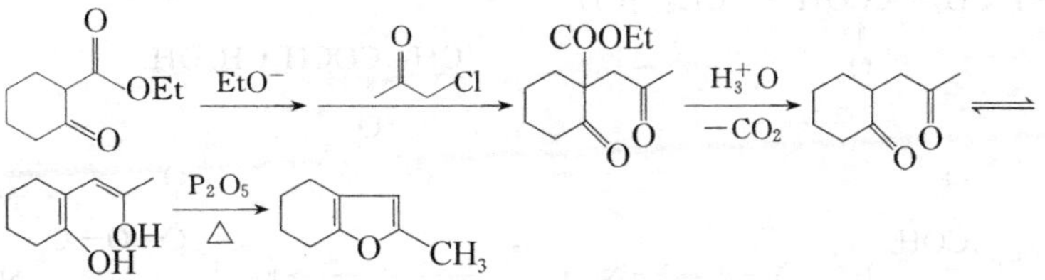

(4) 

斯克洛甫反应

(5) 

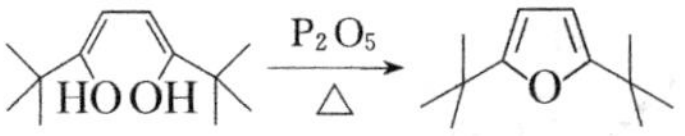

(6) 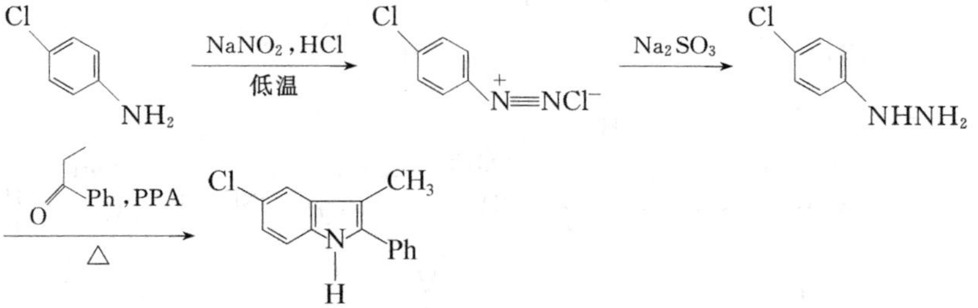

费歇尔吲哚合成法

(7) 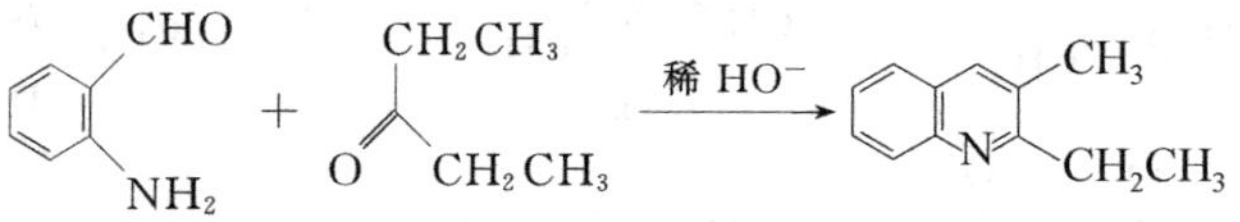

【习题 12-12】 烟酸为维生素类药物，存在于动物的肝脏、肉类、鱼、米糠、豆类中，经胃肠道吸收，在体内转化为烟酰胺而发挥药理作用，主要用于治疗糙皮病、皮炎、口炎、舌炎，也可用于血管扩张和高脂血症的治疗。化合物(A)是一种带烟酸的可聚合单体，将其聚合后可制成真正意义上的高分子纳米药物。试提出两种合成(A)的路线。

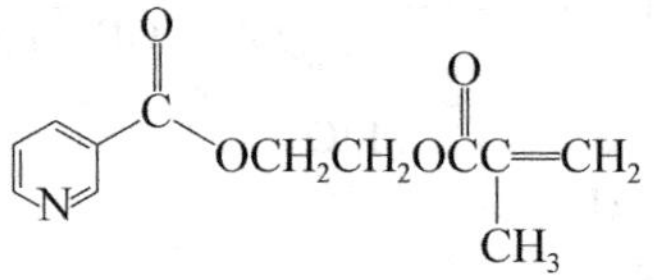

(A)

**解** 路线一：

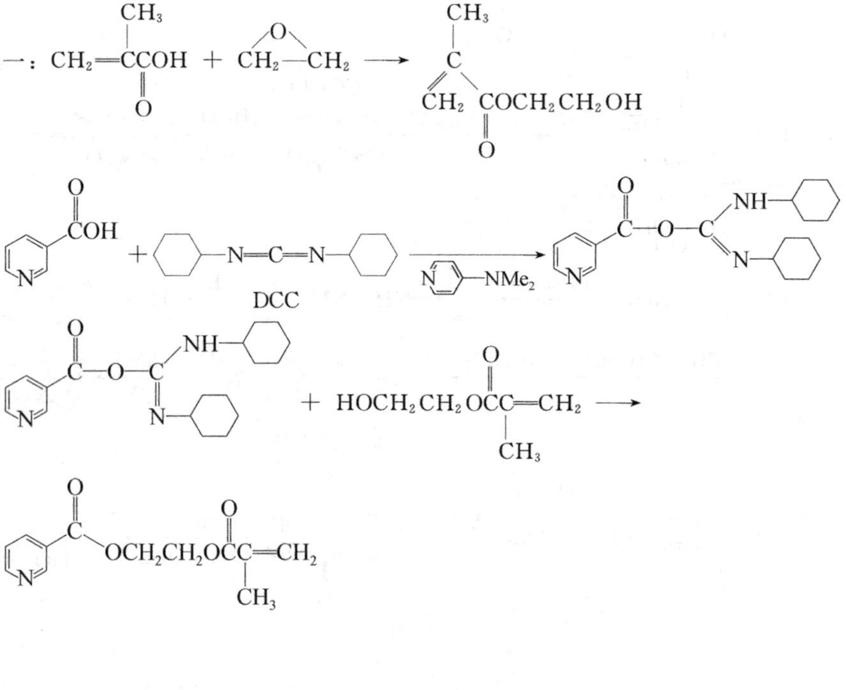

路线二：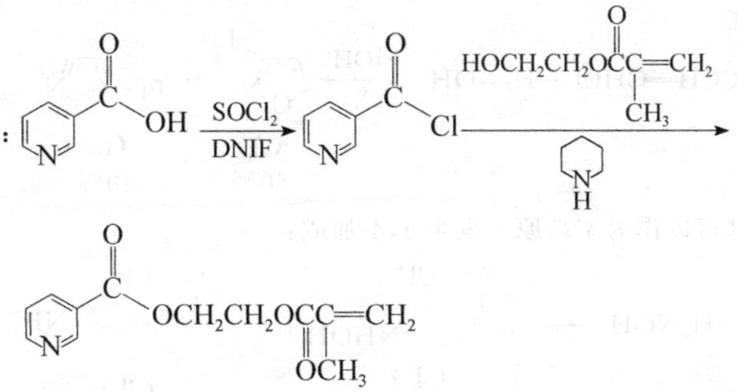

【习题 12-13】　托拉塞米(torasemide)是 1993 年以来在欧洲许多国家上市的一种降压利尿药，结构为

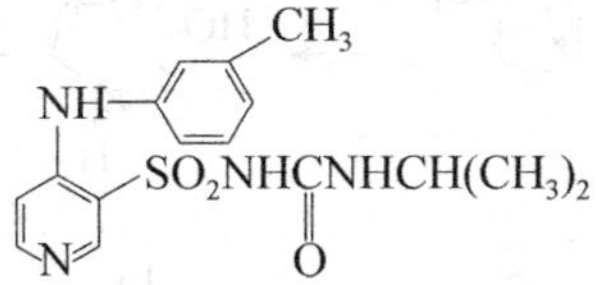

试以 4-羟基吡啶为基本原料合成。

**解**　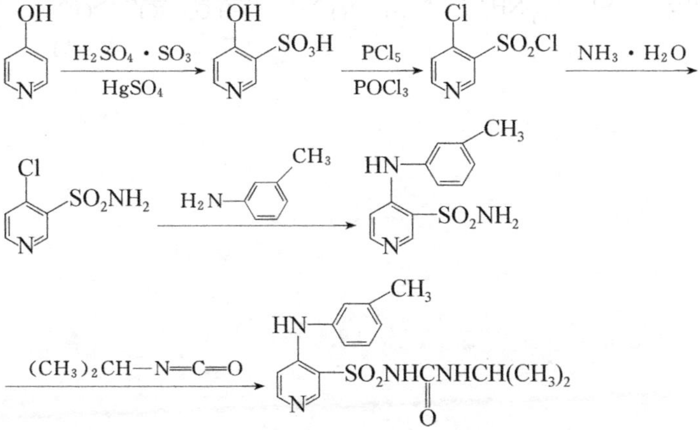

【习题 12-14】　给下列反应提出一个合理的反应机理：

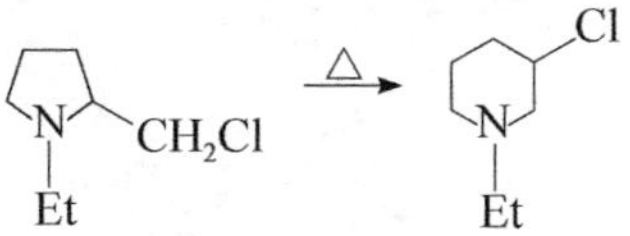

**解**　由于四氢吡咯的环被扩大，因此它的氮原子必须与环外的亚甲基相连，其反应机理如下(邻基参与)：

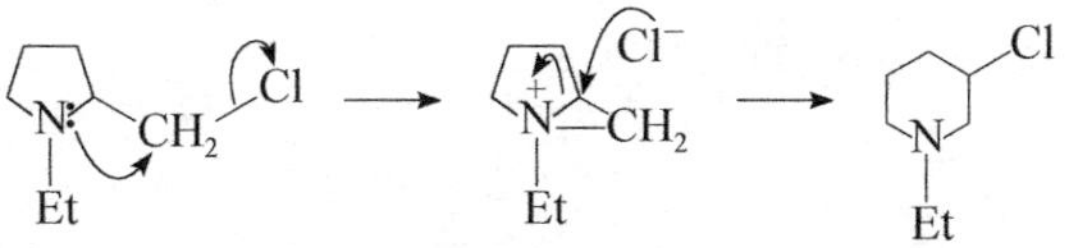

【习题 12-15】　给下列反应提出一个合理的反应机理：

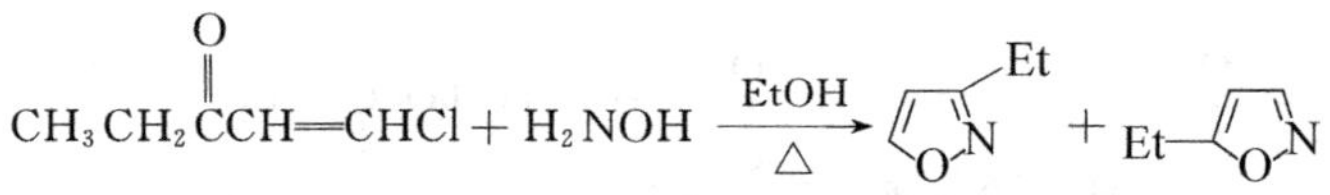

(A) 60%　　(B) 40%

**解**　羟氨的 N 和 O 都可以作为亲核原子发生 1,4-加成：

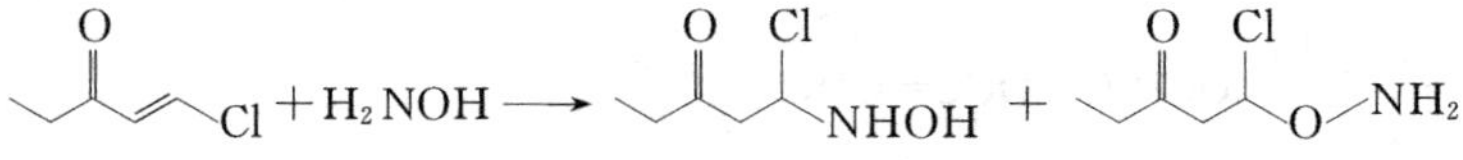

(Ⅰ)　　(Ⅱ)

(Ⅰ)和(Ⅱ)环合即分别生成(B)和(A)：

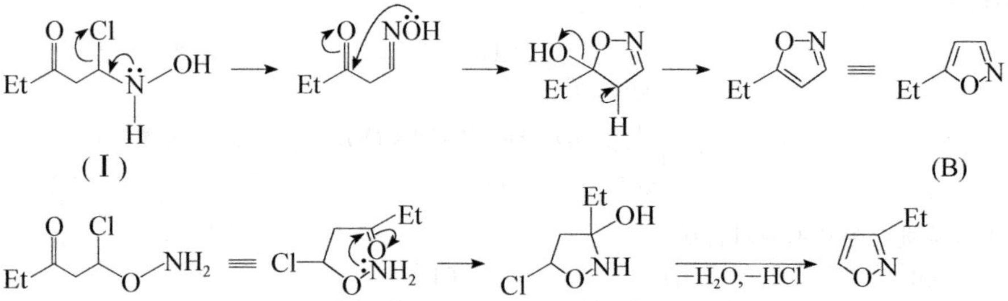

(Ⅰ)　(B)　(Ⅱ)　(A)

# 第十三章 糖、氨基酸及其他

## 一、内容提要

### 1. 糖的分类和结构

(1) 单糖、低聚糖和多糖。

(2) 还原性糖和非还原性糖。能还原费林试剂、土伦试剂或本尼迪克特试剂的糖称为还原性糖，单糖和多数二聚糖为还原性糖。不能还原上述试剂的糖称为非还原性糖，多糖都为非还原性糖。

(3) 醛糖和酮糖的结构特征，糖的变旋光作用。

(4) D型糖和L型糖的结构特征。

(5) 糖的费歇尔投影式和哈武斯(Haworth)式。

### 2. 单糖的化学性质

(1) 氧化反应：

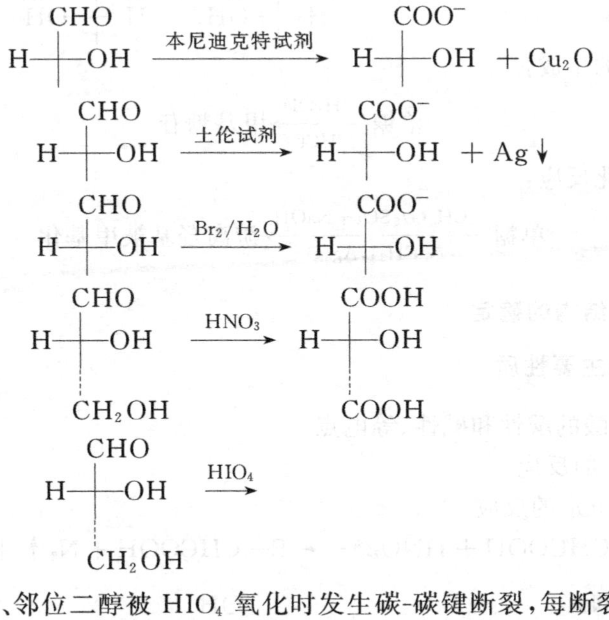


邻位羰基醇、邻位二醇被 $HIO_4$ 氧化时发生碳-碳键断裂，每断裂一个碳-碳键，相当于连上一个羟基，在同一碳原子上连有两个或多个羟基时，则两个羟基之间去一分子水，所以单糖氧化后生成甲酸和甲醛。

(2) 还原反应：

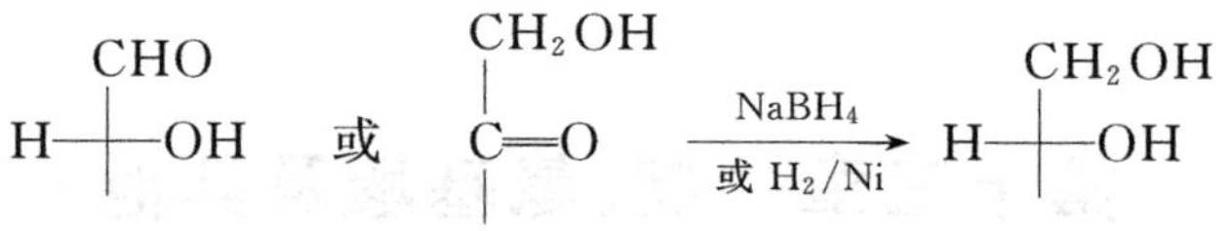

(3) 成脎反应：

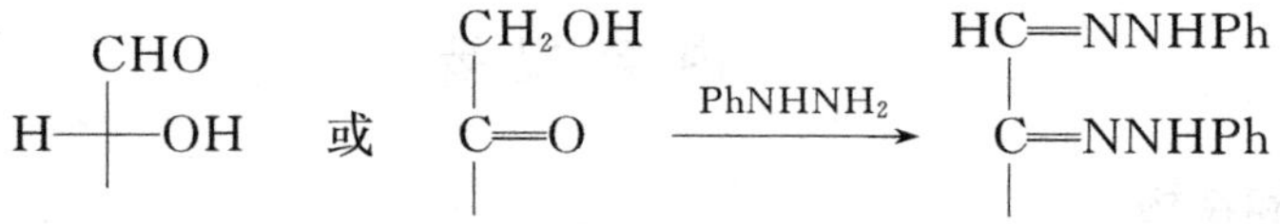

(4) 差向异构化：

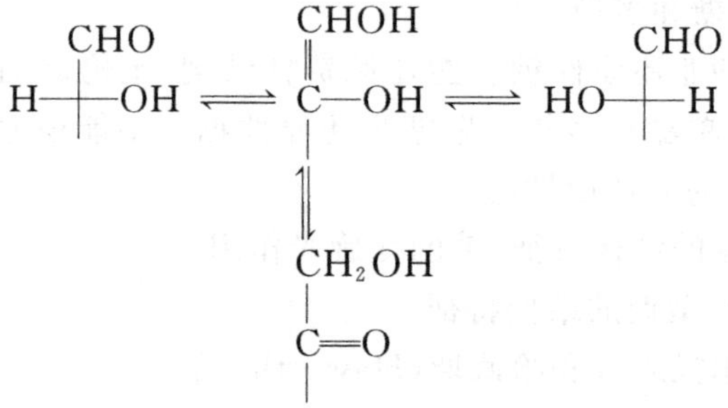

(5) 加 HCN：

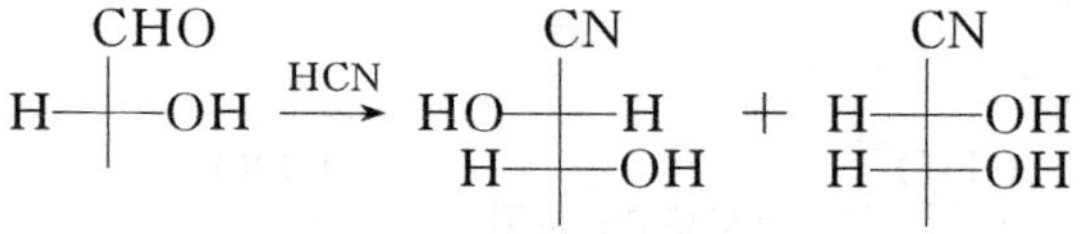

(6) 糖苷的生成：

$$\text{单糖}\xrightarrow[HCl]{CH_3OH}\text{甲基糖苷}$$

(7) 甲基化反应：

$$\text{单糖}\xrightarrow[\text{或 } CH_3I,Ag_2O]{(CH_3O)_2SO_2+NaOH}\text{游离羟基被甲基化}$$

**3. 单糖和二糖结构的确定**

**4. α-氨基酸的主要性质**

1) α-氨基酸的酸性和碱性、等电点

2) —$NH_2$ 的反应

(1) 与 $HNO_2$ 的反应：

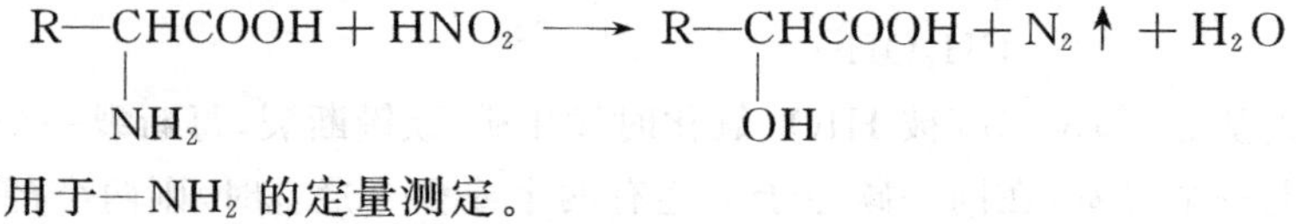

此反应可用于—$NH_2$ 的定量测定。

(2) 酰化：

$$\underset{\displaystyle NH_2}{R-\underset{|}{C}HCOOH} + R'COCl \longrightarrow \underset{\displaystyle NHCOR'}{R-\underset{|}{C}HCOOH}$$

3) —COOH 的反应

酯化：

$$\underset{\displaystyle NH_2}{R-\underset{|}{C}HCOOH} + R'OH \xrightarrow{H^+} \underset{\displaystyle {}^+NH_3}{R-\underset{|}{C}HCOOR'}$$

4) 由$-NH_2$和—COOH 共同引起的反应

(1) 双分子环酰胺的生成：

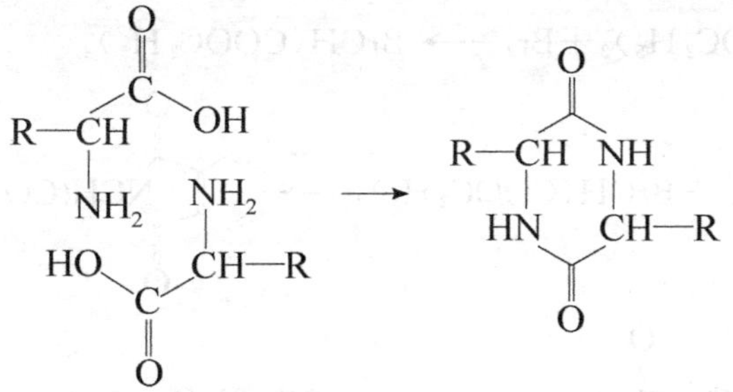

(2) 与重金属离子的成盐络合反应：

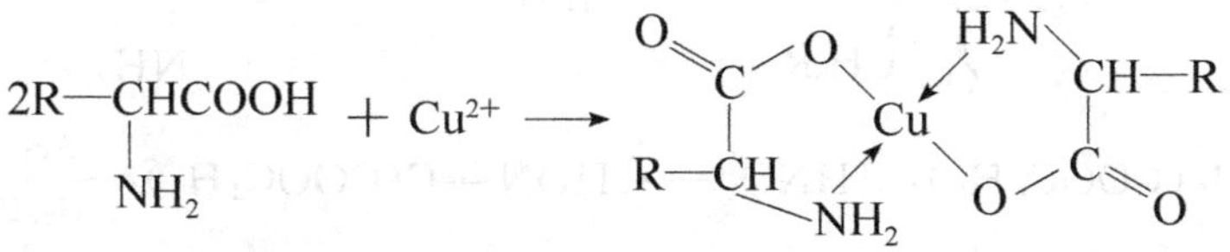

(3) 与水合茚三酮的反应：

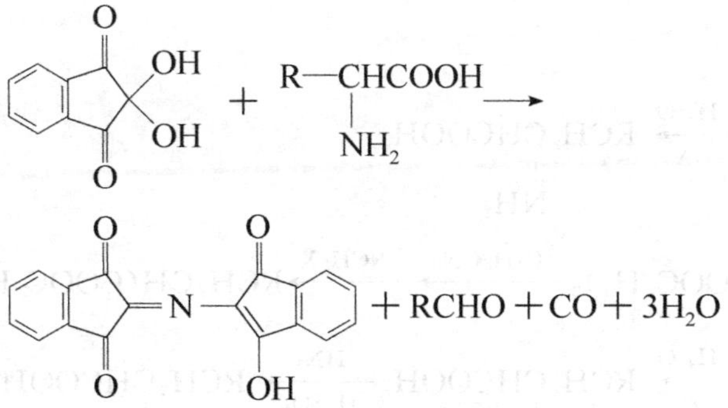

产物呈现蓝色或紫色，此方法可用于$\alpha$-氨基酸的定性分析。

## 5. $\alpha$-氨基酸的合成

1) $\alpha$-卤代酸的氨解

$$\underset{\displaystyle X}{R-\underset{|}{C}HCOOH} \xrightarrow{NH_3} \underset{\displaystyle NH_2}{R-\underset{|}{C}HCOOH}$$

2) α-羰基酸的还原氨化

$$R-\underset{\underset{O}{\|}}{C}COOH + NH_3 \xrightarrow[Pt]{H_2} R-\underset{\underset{NH_2}{|}}{C}HCOOH$$

3) 斯特雷克合成

$$RCHO + HCN + NH_3 \longrightarrow R-\underset{\underset{NH_2}{|}}{C}HCN \xrightarrow{H_3^+O} R-\underset{\underset{NH_2}{|}}{C}HCOOH$$

4) 丙二酸酯合成法

(1) $CH_2(COOC_2H_5)_2 + Br_2 \longrightarrow BrCH(COOC_2H_5)_2$

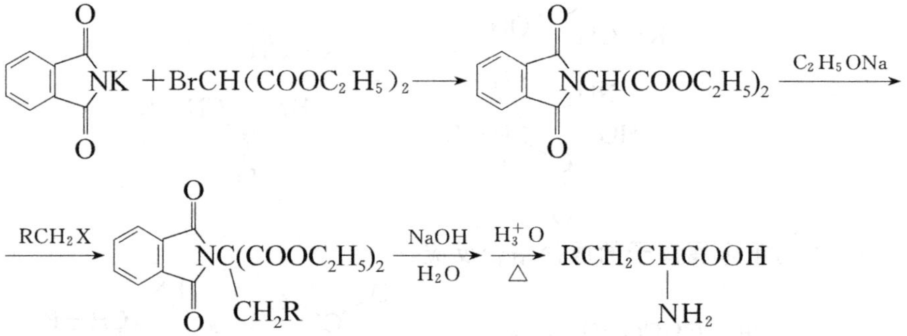

(2) $CH_2(COOC_2H_5)_2 + HNO_2 \longrightarrow HON{=}C(COOC_2H_5)_2 \xrightarrow[H_2/Pt]{Ac_2O}$

$$CH_3CONHCH(COOC_2H_5)_2 \xrightarrow{C_2H_5ONa} \xrightarrow{RCH_2X} CH_3CONH\underset{\underset{CH_2R}{|}}{C}(COOC_2H_5)_2$$

$$\xrightarrow[H_2O]{NaOH} \xrightarrow[\triangle]{H_3^+O} RCH_2\underset{\underset{NH_2}{|}}{C}HCOOH$$

(3) $CH_2(COOC_2H_5)_2 \xrightarrow{C_2H_5ONa} \xrightarrow{RCH_2X} RCH_2CH(COOC_2H_5)_2$

$$\xrightarrow[H_2O]{NaOH} \xrightarrow[\triangle]{H_3^+O} RCH_2\underset{\underset{COOH}{|}}{C}HCOOH \xrightarrow[H_2SO_4]{HN_3} RCH_2\underset{\underset{NH_2}{|}}{C}HCOOH$$

**6. 多肽**

1) 多肽结构的确定

多肽分子中氨基酸的排列顺序以及各氨基酸的测定可以使用端基分析法和部分水解法等方法确定。

(1) 端基分析：

(a) N-端氨基酸的测定：包括2,4-二硝基氟苯(DNFB)法、5-(二甲氨基)萘-1-磺酰氯法、异硫氰酸苯酯法[艾德曼(Edman)降解]。

(b) C-端氨基酸的测定：可用羧肽酶催化水解法。

(2) 酶催化下的部分水解：利用酶的选择性水解，使多肽水解成不同的小碎片，再进行端基分析。

2) 多肽的合成

多肽的合成是氨基酸与氨基酸(同种或异种)之间形成酰胺键(肽键)的过程。为了使氨基酸按指定的顺序形成肽键，而避免各氨基酸自身之间的反应，必须要先将各氨基酸的氨基或羧基进行保护。

(1) 氨基的保护：常用的保护基有苄氧羰基 $C_6H_5CH_2OCO$—(简写为CBZ)，叔丁氧羰基 $(CH_3)_3COCO$—(简写为BOC)。另外，对甲苯磺酰基、三苯甲基也可以用作保护基。

(2) 羧基的保护：常用使羧基形成苄酯或叔丁酯等酯化的方法保护羧基，然后在温和的条件下水解或氢解(如苄酯)的方法脱去保护基。

(3) 肽键的生成：将游离的羧基(—COOH)转变成酰氯(—COCl)、酰基叠氮(—$CON_3$)或加入DCC使之活化，然后在温和的条件下与游离的氨基反应生成相应的肽键。

## 二、解题示例

**【例 13-1】** 写出将开链式葡萄糖改写成哈武斯式的过程。

**解**

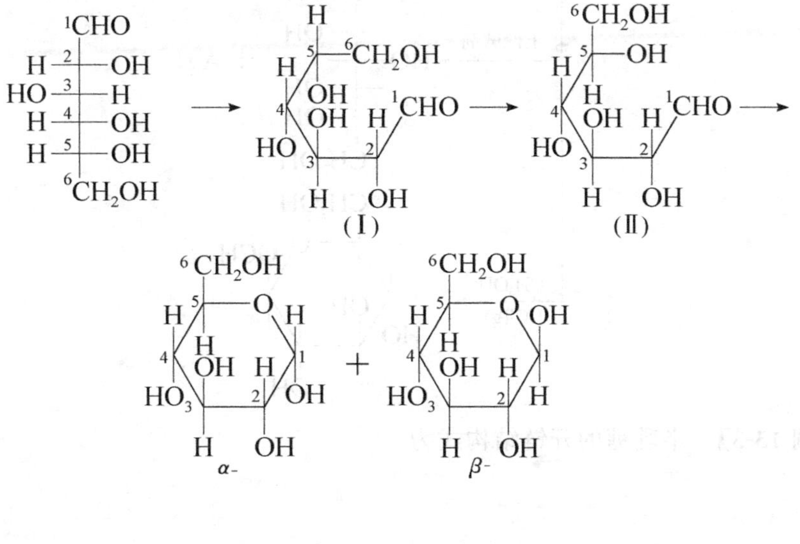

可以将开链结构式先右侧翻成(Ⅰ),然后使手性碳 $C_5$ 沿 $C_4$-$C_5$ 轴反时针旋转 120°得(Ⅱ),使 $CHO(C_1)$与 $C_5$ 上的羟基形成环状半缩醛,这时 $C_1$ 成手性碳,所以有 α-和 β-两不同异构体。

**【例 13-2】** 写出 β-D-(+)-吡喃葡萄糖分别与 $HNO_3$、$Br_2/H_2O$、2,4-二硝基苯肼、土伦试剂、$CH_3OH$(干燥 HCl 催化)反应的产物。

**解**

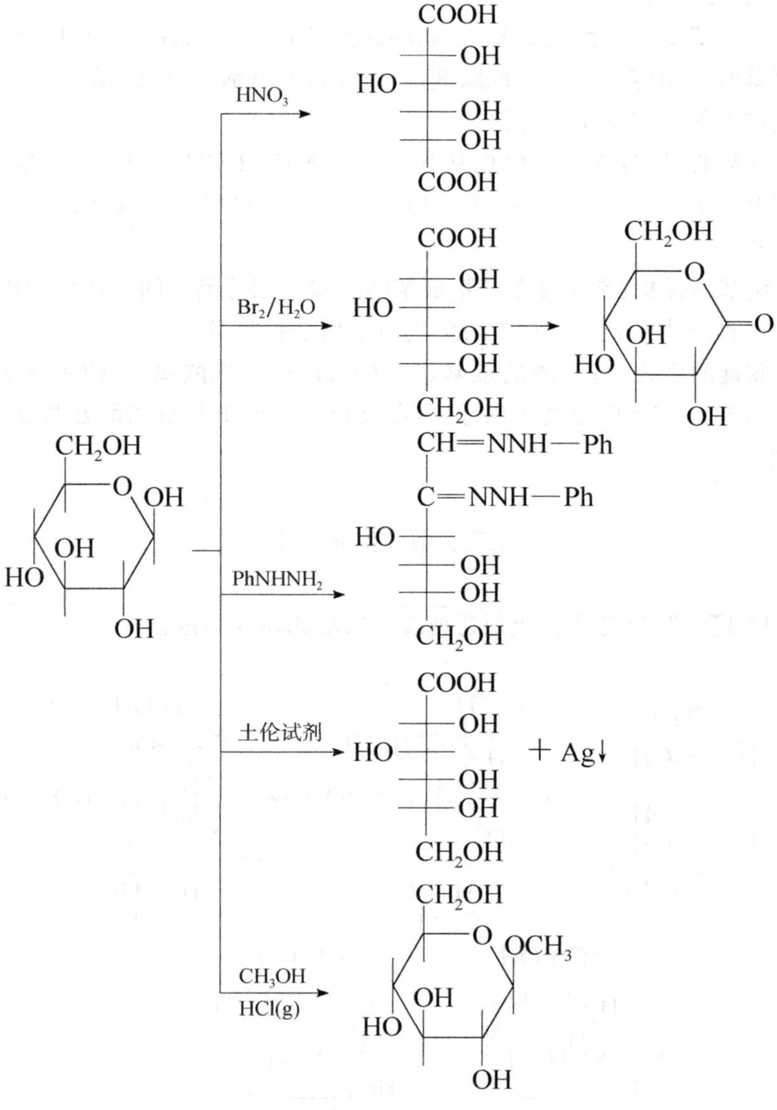


**【例 13-3】** 半乳糖的开链结构式为

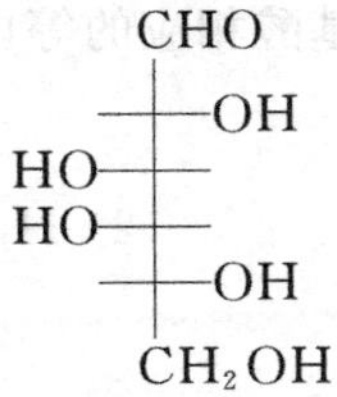

用哈武斯式表示 α-D-(＋)-吡喃半乳糖和 β-D-(＋)-吡喃半乳糖的结构式，并写出它们相应的稳定构象式。

**解**

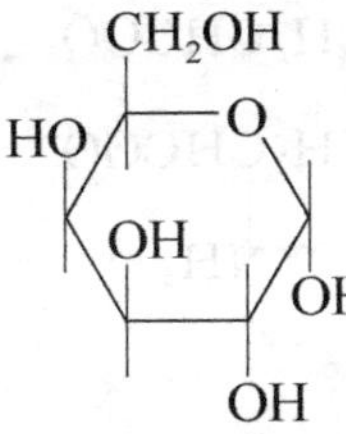

α-D-(+)-吡喃半乳糖

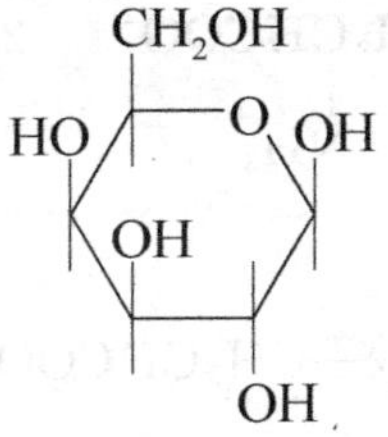

β-D-(+)-吡喃半乳糖

相应的稳定构象式为

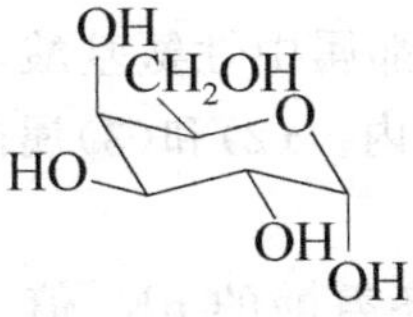

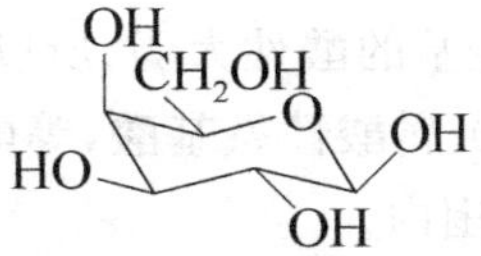

**【例 13-4】** 某二糖分子式为 $C_{12}H_{22}O_{11}$，不还原费林试剂，没有变旋光作用，不生成脎，也不被 $Br_2/H_2O$ 氧化成糖酸，用 α-葡萄糖苷酶或酸催化水解仅得到 D-葡萄糖，若先甲基化后再水解，则仅得到 2,3,4,6-四-*O*-甲基-D-葡萄糖，试推测该二糖的结构。

**解** 该二糖为二分子葡萄糖经苷键连接，从其化学性质和被 α-葡萄糖苷酶水解及先甲基化后再水解仅得到 2,3,4,6-四-*O*-甲基-D-葡萄糖，说明是二分子 α-葡萄糖在 $C_1$ 经苷键连接。其结构式和相应的构象式为

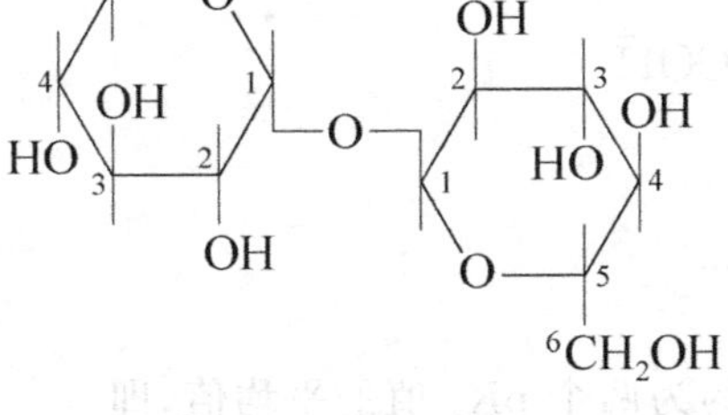

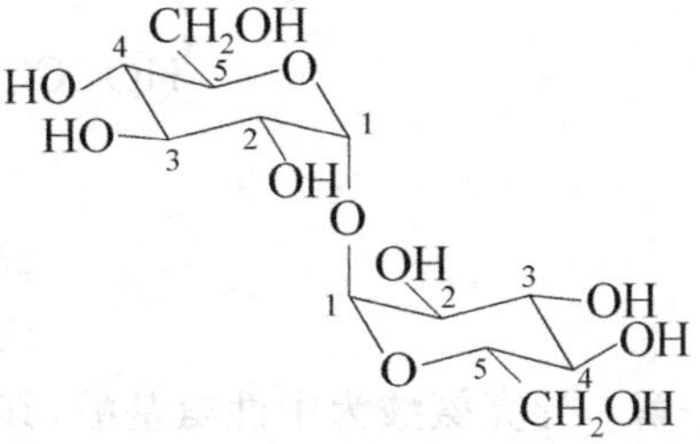

**【例 13-5】** 下面给出某些氨基酸相应的等电点,试从氨基酸的结构说明它们的不同。

(1) 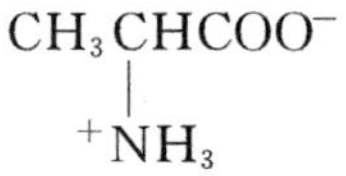 6.00

(2) 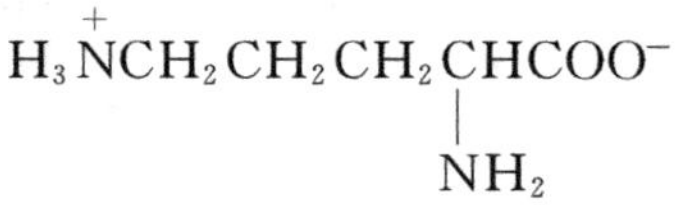 9.74

(3) 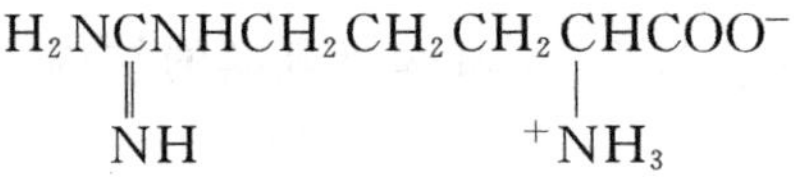 10.76

(4) 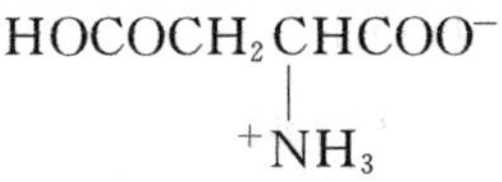 2.77

(5) 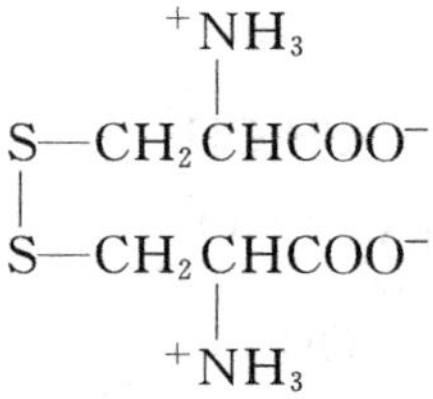 4.60

(6) 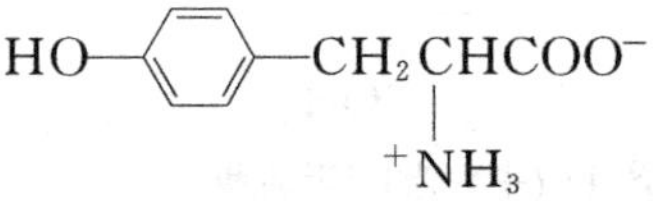 5.66

**解** 一般而言,中性 $\alpha$-氨基酸的等电点为 4.5～6.3,酸性 $\alpha$-氨基酸的等电点为 2.8～3.2,碱性 $\alpha$-氨基酸的等电点为 7.6～10.8。

(6)中酚羟基的酸性太弱,所以(1)、(5)和(6)都属中性氨基酸,等电点在微酸性范围内。(4) 属酸性氨基酸,等电点在酸性范围内。(2)和(3)属碱性氨基酸,等电点在碱性范围内。

**【例 13-6】** 下面给出异亮氨酸、赖氨酸和天冬氨酸的 $pK_a$ 值,分别估计它们的等电点(pI 值)。

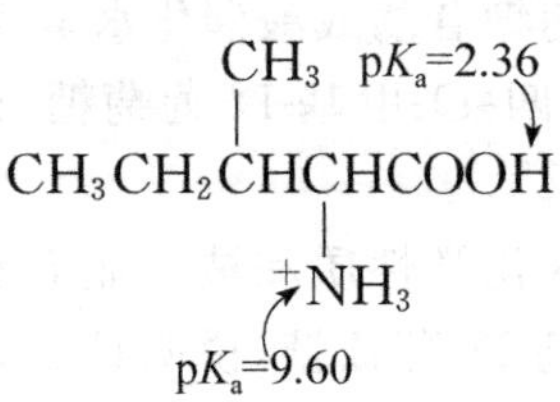


异亮氨酸

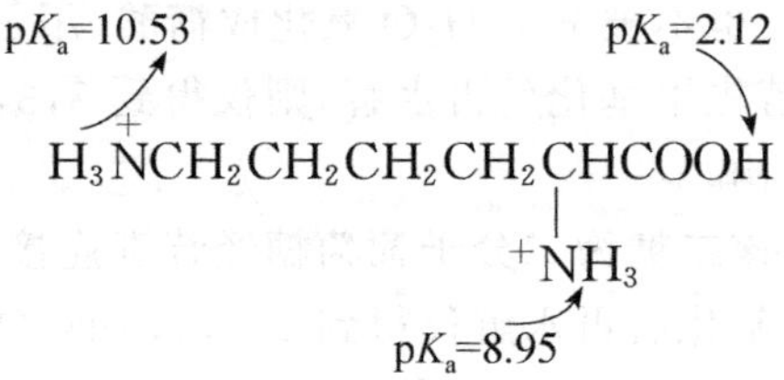


赖氨酸

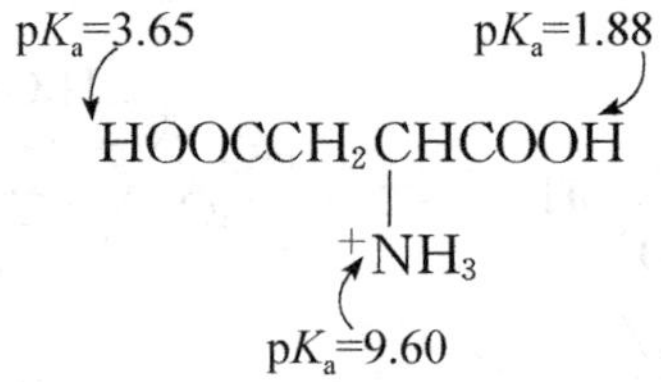


天冬氨酸

**解** 异亮氨酸为中性氨基酸,其等电点约为两个 $pK_a$ 值的平均值,即

$$pI=\frac{2.36+9.60}{2}=5.98 \quad（实际值为 6.02）$$

赖氨酸为碱性氨基酸，其等电点约为两个最高的 $pK_a$ 值的平均值，即

$$pI=\frac{8.95+10.53}{2}=9.74 \quad（实际值为 9.74）$$

天冬氨酸为酸性氨基酸，其等电点约为两个最低的 $pK_a$ 值的平均值，即

$$pI=\frac{1.88+3.65}{2}=2.77 \quad（实际值为 2.77）$$

**【例 13-7】** 由丙二酸二乙酯、亚硝酸和适当试剂合成下列化合物：

$$p\text{-}HOC_6H_4CH_2CH(\overset{+}{N}H_3)COO^-$$

酪氨酸

**解** $CH_2(COOC_2H_5)_2 + HNO_2 \longrightarrow [O{=}N{-}CH(COOC_2H_5)_2] \longrightarrow$

$$HO{-}N{=}C(COOC_2H_5)_2 \xrightarrow{H_2/Pt} \xrightarrow{(CH_3CO)_2O} CH_3CONHCH(COOC_2H_5)_2$$

$$\xrightarrow[p\text{-}CH_3COOC_6H_4CH_2Cl]{C_2H_5O^-} CH_3CONHC(COOC_2H_5)_2 \quad (\text{C 上连 } CH_2C_6H_4OCOCH_3\text{-}p)$$

$$\xrightarrow{NaOH} \xrightarrow[\triangle]{H_3^+O} p\text{-}HOC_6H_4CH_2CH(\overset{+}{N}H_3)COO^-$$

**【例 13-8】** 由丙二酸二乙酯、邻苯二甲酰亚胺钾和适当试剂合成下列化合物：

$$CH_3SCH_2CH_2CH(\overset{+}{N}H_3)COO^-$$

蛋氨酸

**解** $CH_2(COOC_2H_5)_2 + Br_2 \longrightarrow BrCH(COOC_2H_5)_2$

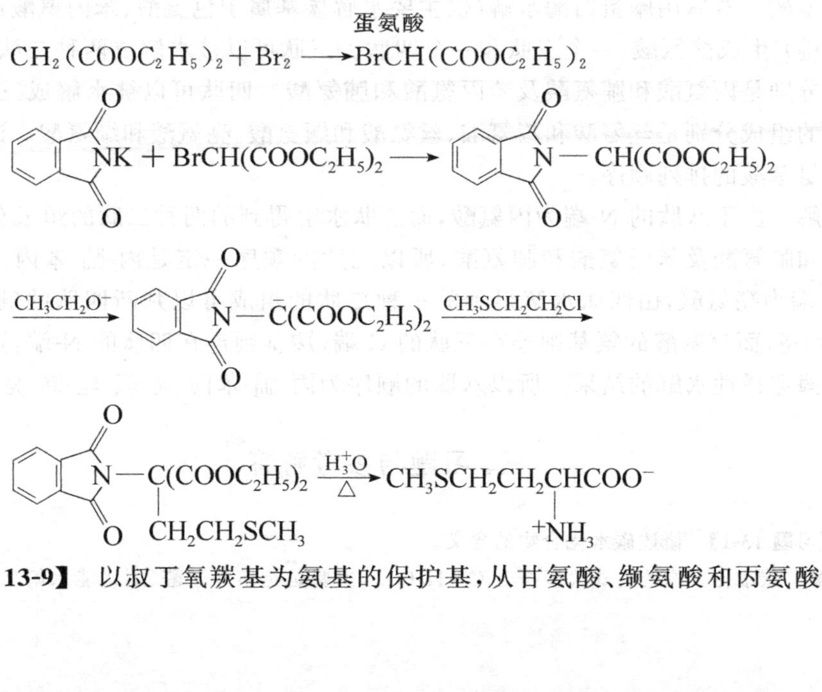

**【例 13-9】** 以叔丁氧羰基为氨基的保护基，从甘氨酸、缬氨酸和丙氨酸合成

甘-缬-丙三肽。

**解**

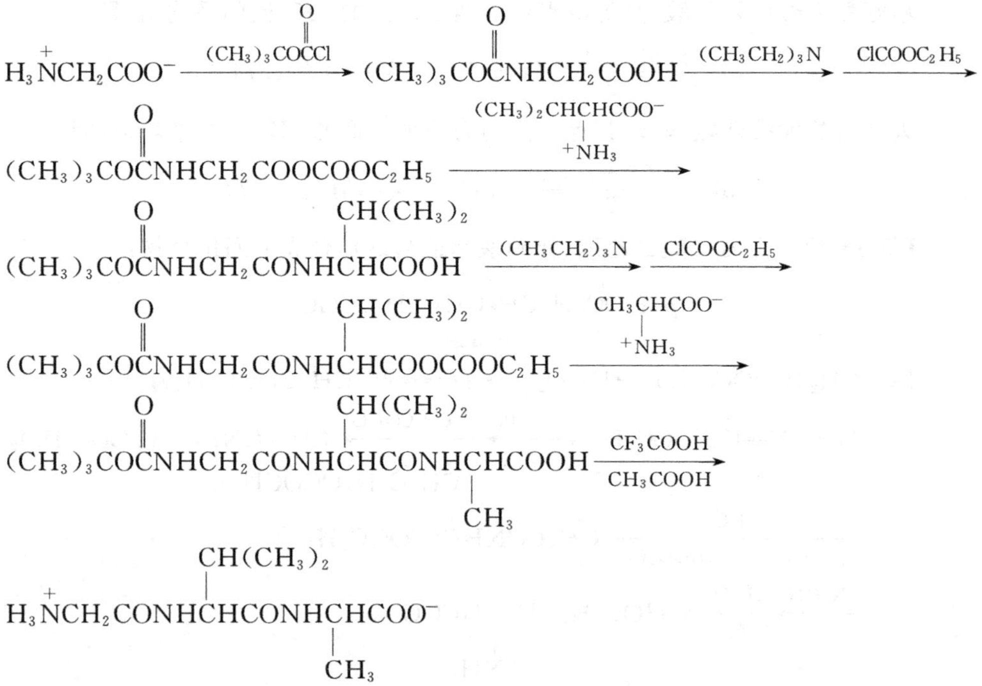

**【例 13-10】** 某八肽经分析为由丙氨酸、亮氨酸、赖氨酸、苯丙氨酸、脯氨酸、丝氨酸、酪氨酸和缬氨酸以等物质的量比组成,端基分析显示 N-端为丙氨酸,C-端为亮氨酸。八肽用糜蛋白酶水解(仅主要水解羰基属于色氨酸、苯丙氨酸或酪氨酸的肽键)生成酪氨酸、一个三肽和一个四肽。三肽可以被水解成两种二肽,二肽的组成分别是丙氨酸和脯氨酸及苯丙氨酸和脯氨酸。四肽可以被水解成三种二肽,二肽的组成分别是丝氨酸和赖氨酸、丝氨酸和缬氨酸、亮氨酸和缬氨酸。试推测八肽中氨基酸的排列顺序。

**解** 由于八肽的 N-端为丙氨酸,而三肽水解得到的两种二肽的组成分别是丙氨酸和脯氨酸及苯丙氨酸和脯氨酸,所以三肽的顺序一定是丙-脯-苯丙。而八肽的 C-端为亮氨酸,由四肽水解得到的三种二肽的组成可以判断四肽的顺序为赖-丝-缬-亮,而酪氨酸的氨基则连在三肽的 C-端,羧基则连在四肽的 N-端,这符合糜蛋白酶选择性水解的结果。所以八肽的顺序为丙-脯-苯丙-酪-赖-丝-缬-亮。

## 三、习题与参考解答

**【习题 13-1】** 概述碳水化合物的含义。

**解** 碳水化合物的通式大多符合 $C_n(H_2O)_m$,主要是指多羟基醛、酮或能水解生成多羟基醛、酮的化合物。葡萄糖、果糖、蔗糖、淀粉、纤维素等都属于碳水化合物，根据其结构和性质又可分为单糖、低聚糖和多糖。单糖及大多数二糖为还原性糖，而多糖为非还原性糖。

**【习题 13-2】** 简述 D、L 及 $d$、$l$ 的不同意义。

**解** 大写 D 和 L 在碳水化合物中用于表示相应糖的相对构型。在 20 世纪初，有机化合物的绝对构型还无法测定，因此用相对构型来表示各化合物的构型关系。相对构型是以甘油醛为标准，将 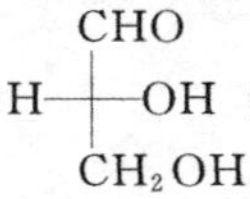 的构型定为右旋甘油醛，以大写字母 D 表示其构型，而 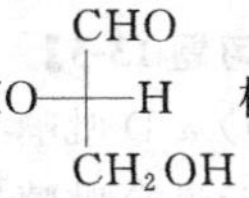 构型为左旋甘油醛，以大写字母 L 表示其构型。然后将糖中编号最大的一个手性碳原子的构型与甘油醛的构型比较，与 D-(+)-甘油醛构型相同的糖为 D 型糖，如自然界存在的葡萄糖和果糖都属 D 型糖，与 L-(−)-甘油醛构型相同的糖为 L 型糖。大写 D 和 L 与旋光方向没有对应关系。而 $d$、$l$ 是旋光方向的一种表示方法，$d$ 表示右旋，$l$ 表示左旋，现在通常用(+)与(−)表示。

**【习题 13-3】** 用费歇尔投影式表示 D-葡萄糖和 D-果糖的开链结构式，并用 $R/S$ 表示其手性碳原子的构型。

**解** D-葡萄糖：

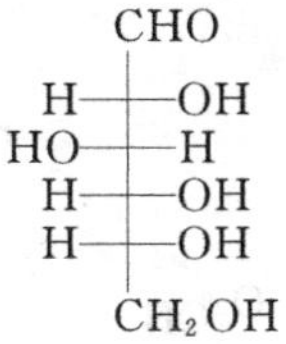

(2$R$,3$S$,4$R$,5$R$)-2,3,4,5,6-五羟基己醛

D-果糖：

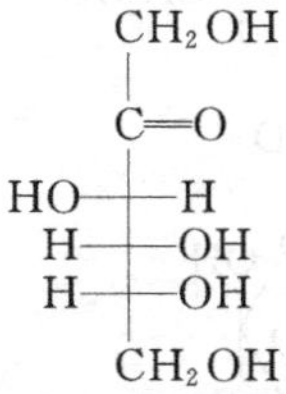

(3$S$,4$R$,5$R$)-1,3,4,5,6-五羟基-2-己酮

**【习题 13-4】** 写出 D-葡萄糖和 D-果糖的环状结构式。

**解**

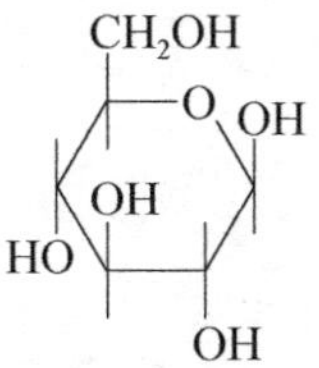

$\beta$-D-吡喃葡萄糖

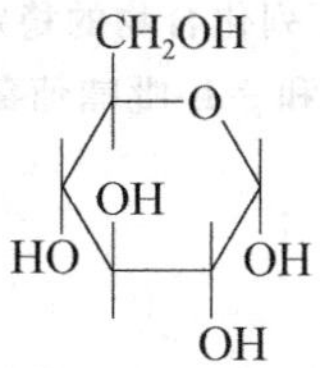

$\alpha$-D-吡喃葡萄糖

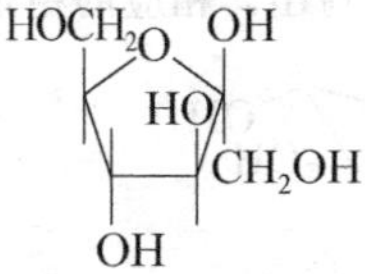

$\beta$-D-呋喃果糖

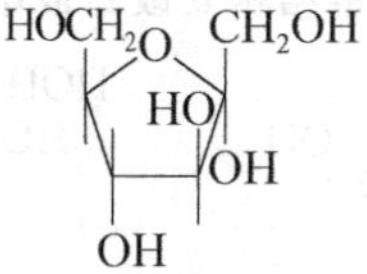

$\alpha$-D-呋喃果糖

在吡喃型的哈武斯式中,当 $C_1$ 上的 OH 与 $C_5$ 上的 $CH_2OH$ 在环的同一边时称为 β-正位异构体,而在环的两边的称为 α-正位异构体。α-与 β-正位异构体也称端基差向异构体。此原则同样适用于呋喃型结构中,当 $C_2$ 上的 OH 与 $C_5$ 上的 $CH_2OH$ 在环的同一边时称为 β-正位异构体,而在环的两边的称为 α-正位异构体。由糖的开链结构式改写成环状的吡喃型或呋喃型结构式是必须熟练掌握的基本内容。

**【习题 13-5】** 写出下列化合物的哈武斯式。

(1) α-D-吡喃半乳糖

(2) β-D-吡喃甘露糖

(3) α-D-吡喃果糖和 β-D-吡喃果糖

(4) α-L-呋喃阿拉伯糖

(5) α-D-吡喃木糖和 α-L-吡喃木糖

**解** 可以先写出相应糖的开链结构式,然后写出其哈武斯式。

(1) 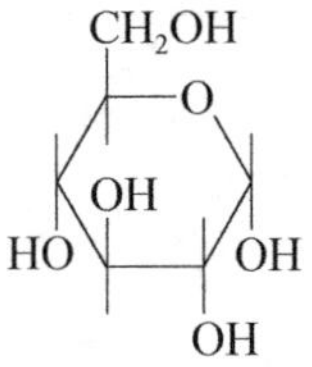

(2) 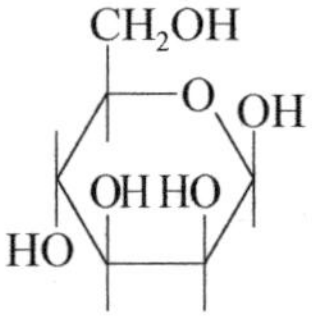

(3) 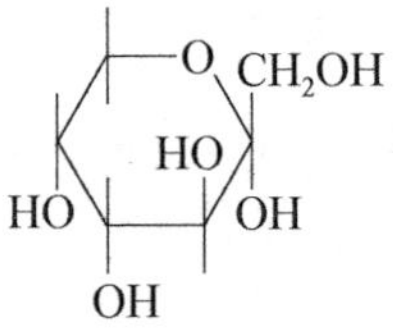

α-D-

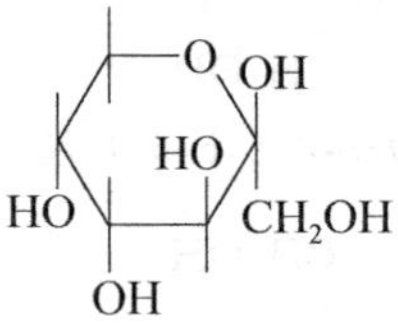

β-D-

(4) 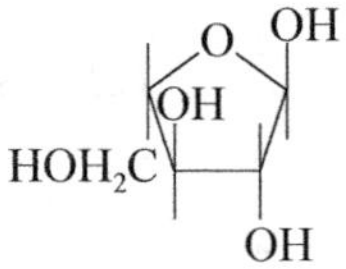

(5) 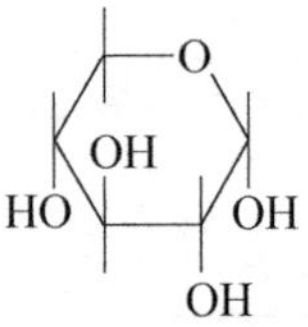

α-D-

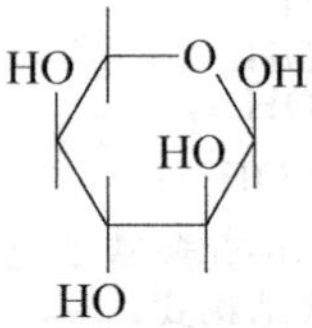

α-L-

**【习题 13-6】** 写出下列化合物的稳定构象式。

(1) β-D-吡喃葡萄糖和 β-L-吡喃葡萄糖

(2) α-D-吡喃半乳糖

(3) β-D-吡喃甘露糖

(4) α-D-吡喃艾杜糖

(5) α-D-吡喃塔罗糖和 β-D-吡喃塔罗糖

**解** 先将相应糖的开链结构式改写成哈武斯式,再写出其相应的稳定构象式。

(1) 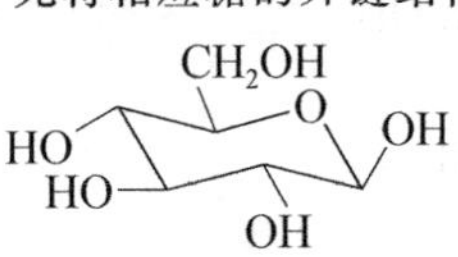

β-D-

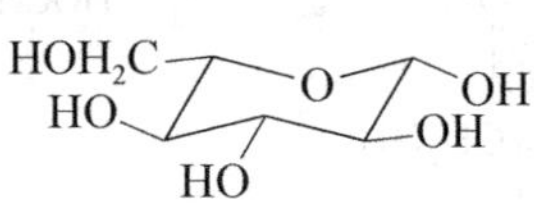

β-L-

(2) 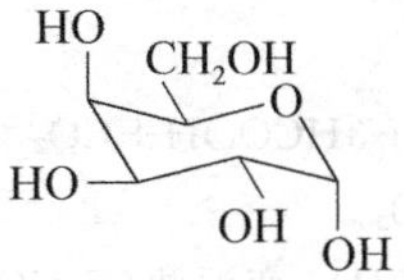
(3) 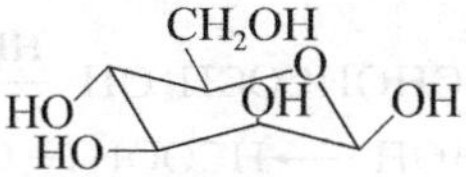

(4) 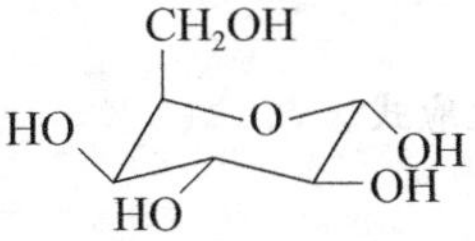
(5) 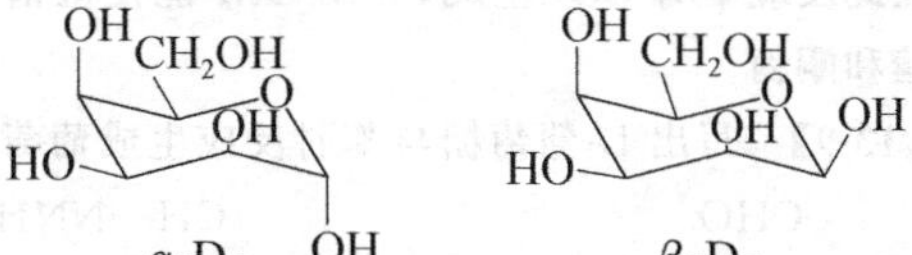

α-D-　　β-D-

【习题 13-7】 D-葡萄糖和 D-果糖在碱性条件下可建立平衡，试写出其平衡反应式。

解 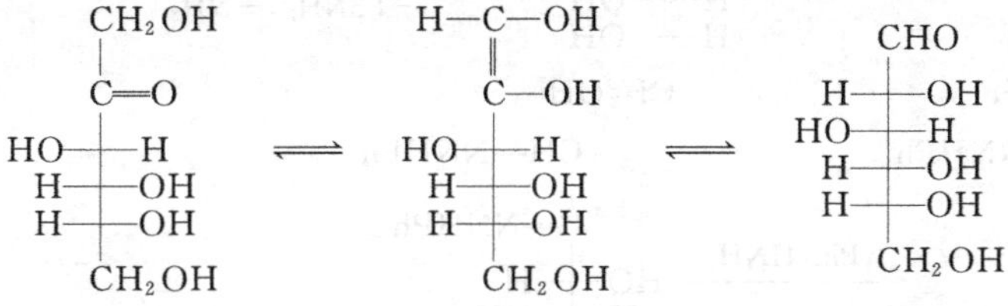

D-果糖　　烯二醇结构　　D-葡萄糖

由于在形成烯二醇时可以有 $E$ 和 $Z$ 两种构型异构体，因此当异构化为醛糖时，除得到 D-葡萄糖外，还可以得到其 $C_2$ 的差向异构体 D-甘露糖。其平衡反应式如下：

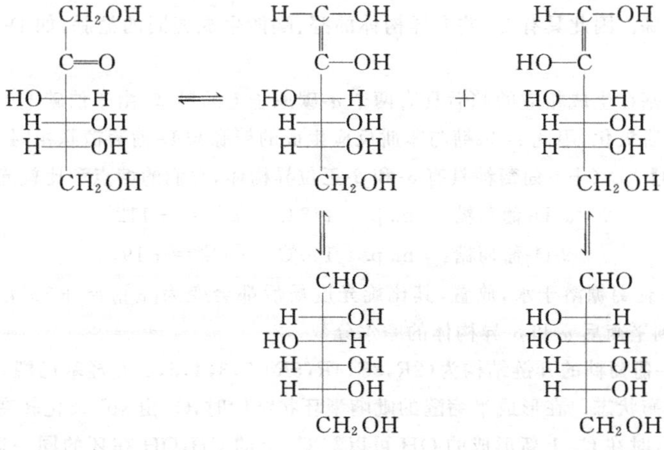

D-葡萄糖　　D-甘露糖

正因为酮糖与醛糖之间有上述平衡，所以 D-果糖作为酮糖仍与费林试剂及土伦试剂显正反应。

由此可见，醛糖可以通过烯二醇与酮糖建立平衡，酮糖也可以通过烯二醇与 $C_2$ 差向异构体的两个不同醛糖建立平衡。

【习题 13-8】 写出下列醛糖（$HOCH_2CHOHCHOHCHOHCHOHCHO$）和酮糖（$HOCH_2CHOHCHOHCHOHCOCH_2OH$）与 $HIO_4$ 反应的产物。如何利用上述反应来区别醛糖和酮糖？

解 $HOCH_2CHOHCHOHCHOHCHOHCHO \xrightarrow{HIO_4} HCHO + 5HCOOH$

其中，$HOCH_2 \longrightarrow HCHO$，而—CHOH、—CHO $\longrightarrow$ HCOOH。

$$HOCH_2CHOHCHOHCHOHCOCH_2OH \xrightarrow{HIO_4} 2HCHO + 3HCOOH + CO_2$$

其中，$HOCH_2 \longrightarrow HCHO$，—CHOH $\longrightarrow$ HCOOH，—C═O $\longrightarrow CO_2$。

酮糖在此反应中有 $CO_2$ 生成，利用 $CO_2$ 能使澄清石灰水 $Ca(OH)_2$ 变混浊($CaCO_3\downarrow$)，可以区别醛糖和酮糖。

**【习题 13-9】** 写出 D-葡萄糖与苯肼反应生成葡萄糖脎的反应式。

**解**

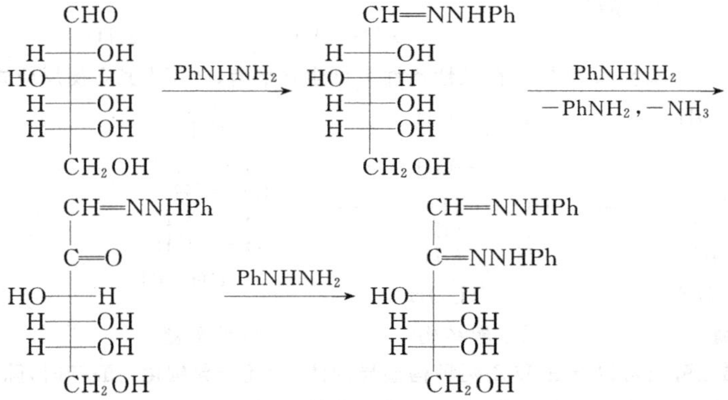


苯肼具有氧化性，能将腙的 α-碳原子上的羟基氧化成相应的酮羰基，酮羰基进一步与苯肼反应生成相应的脎。因此具有 $C_2$ 差向异构体的醛、酮能生成相同的糖脎，如 D-葡萄糖和 D-甘露糖。

酮糖中酮羰基在生成相应的腙后具有两个 α-碳原子上的羟基，由于伯碳上的羟基比仲碳上的羟基容易被苯肼氧化，因此 D-果糖与苯肼反应生成的糖脎与 D-葡萄糖脎相同。

**【习题 13-10】** D-(+)-葡萄糖具有 α-和 β-正位异构体，它们的熔点和比旋光度不同：

α-D-葡萄糖：　m. p.　146℃　$[\alpha]_D^{20} = +112°$

β-D-葡萄糖：　m. p.　150℃　$[\alpha]_D^{20} = +19°$

然而将 α-或 β-D-葡萄糖溶于水，放置，其比旋光度最后都会变为$[\alpha]_D^{20} = +52.7°$。试解释其原因，并计算在达到平衡后 α-和 β-异构体的摩尔分数。

**解** D-(+)-葡萄糖的开链结构为(2*R*,3*S*,4*R*,5*R*)-2,3,4,5,6-五羟基己醛，它与其吡喃型环状结构处于平衡状态。在形成半缩醛的吡喃型环状结构时，$C_1$ 由 $sp^2$ 杂化转变为 $sp^3$ 杂化的新手性碳原子，这时在 $C_1$ 上新形成的 OH 可以与 $C_5$ 上的 $CH_2OH$ 在环的同一边或两边，分别构成 β-或 α-正位异构体，它们可以通过开链结构建立平衡、互变：

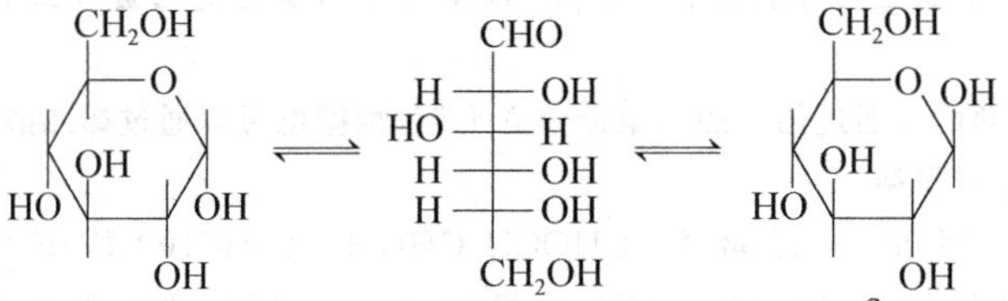

α-　　　　　　　　　　β-

当 α-或 β-正位异构体溶于水，放置后都会变成$[\alpha]_D^{20} = +52.7°$的平衡混合物。这种现象称为变旋光现象。糖苷则没有变旋光现象。

在平衡混合物中，假定 $\alpha$-异构体的摩尔分数为 $x$，则 $\beta$-异构体为 $1-x$，有

$$112^\circ \times x + 19^\circ \times (1-x) = 52.7^\circ$$

解方程得

$$x = 36.2\% \qquad 1-x = 63.8\%$$

即在平衡混合物中 $\alpha$-异构体占 36.2%，$\beta$-异构体占 63.8%。平衡混合物中 $\beta$-正位异构体占优势的原因是 $\beta$-$D$-吡喃葡萄糖的椅式构象中，所有的取代基都在 e 键上，而 $\alpha$-D-呋喃葡萄糖的椅式构象中 $C_1$ 上的 OH 占在 a 键上。

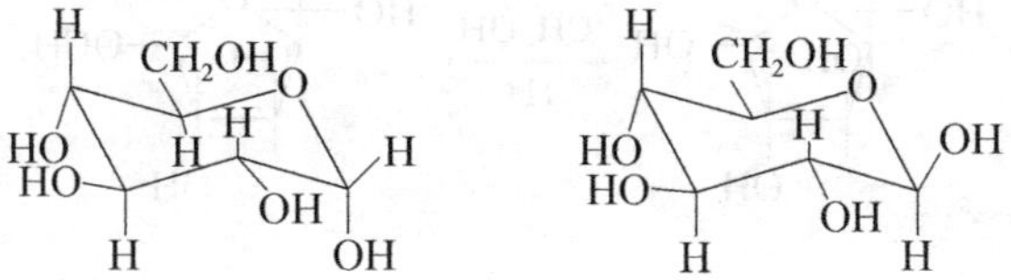

**【习题 13-11】** 醛糖与苯肼反应生成脎，与费林试剂作用显正反应（$Cu_2O\downarrow$，砖红色），表现为典型的醛基性质，但与典型的醛试剂席夫试剂和饱和 $NaHSO_3$ 溶液不显正反应，试解释原因。

**解**　醛糖通常以环状半缩醛的形式存在，而具开链醛基结构的浓度极低（<0.02%），但由于与苯肼的成脎反应及与费林试剂的反应都是不可逆反应，低浓度的开链醛基结构与上述试剂作用后可由环状结构与开链结构的平衡来补充，从而显示明显的正反应，说明其醛基的存在。而与席夫试剂和饱和 $NaHSO_3$ 的反应是可逆反应，且反应平衡偏向于低浓度的醛基一边，因而不显醛基的正反应。

**【习题 13-12】** D-葡萄糖通常以半缩醛的环状结构（>99.5%）存在，环状结构可能为六元环的吡喃型或五元环的呋喃型，即

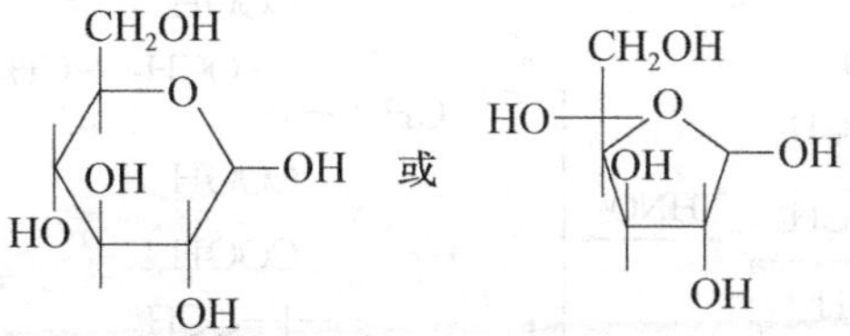

如何用化学方法确定其环的大小？

**解**　方法一：将糖经下列反应，再对最后产物进行分析，可以用来判断环的大小。

第一步：在 HCl 催化下，用 $CH_3OH$ 使 $C_1$ 上的 OH 甲基化，即生成相应的糖苷。

第二步：在 NaOH 存在下，用 $(MeO)_2SO_2$ 使其余的 OH 全部甲基化，生成相应的甲醚。

第三步：将得到的五甲基化产物用稀盐酸水解，这时只有作为缩醛的苷水解到相应的醛基，并游离出相应的醇羟基，不同的环状结构经上述处理后的水解产物不同。即

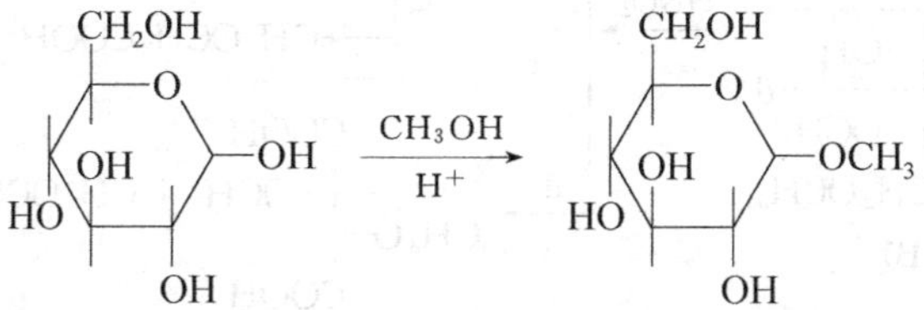

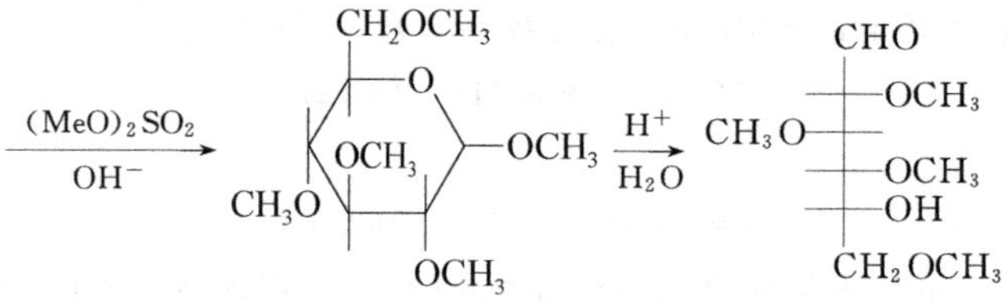

(A)

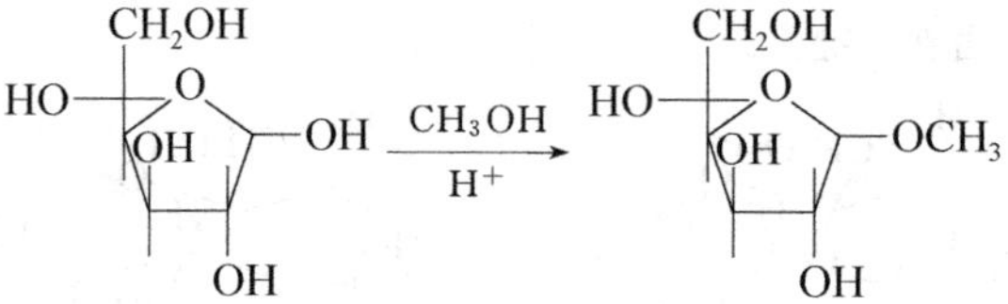

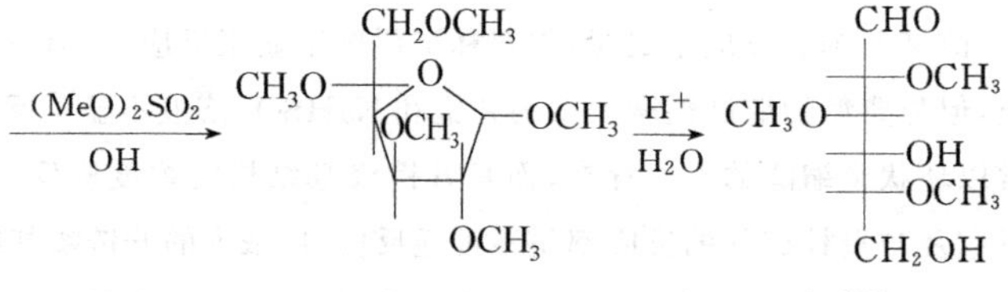

(B)

第四步:分别将(A)和(B)用 $HNO_3$ 氧化,通常是—CHO 及与$\underset{|}{\overset{|}{\mathrm{C}}}\mathrm{HOH}$相邻的两个碳原子被氧化为—COOH,因此有

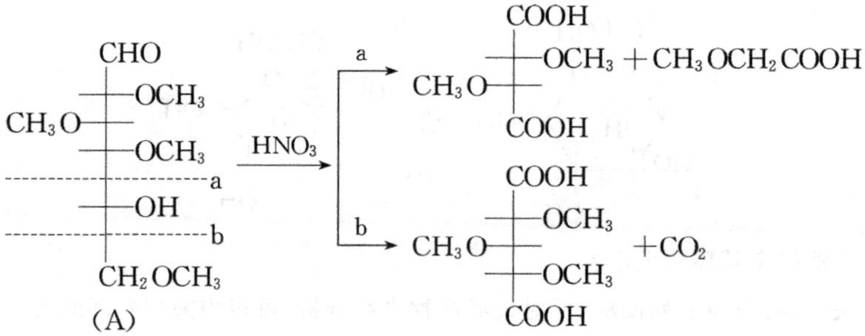

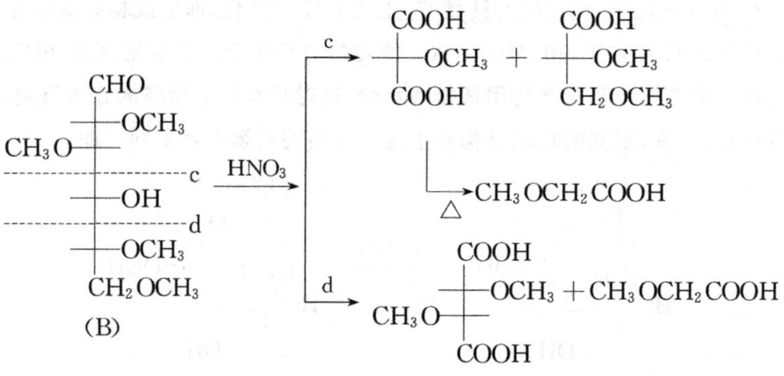

由于五元环和六元环结构不同，经上述四步反应后最终产物也不同，通过对最终产物的分析可以确定其结构。D-葡萄糖主要以六元环的结构存在。上述方法是确定糖结构时曾使用的化学方法。

方法二：首先与方法一中的第一步相同，先制得相应的糖苷。然后将糖苷用 $HIO_4$ 及 $Br_2/H_2O$ 氧化，比较氧化后的产物，从而确定其环的大小。反应式如下：

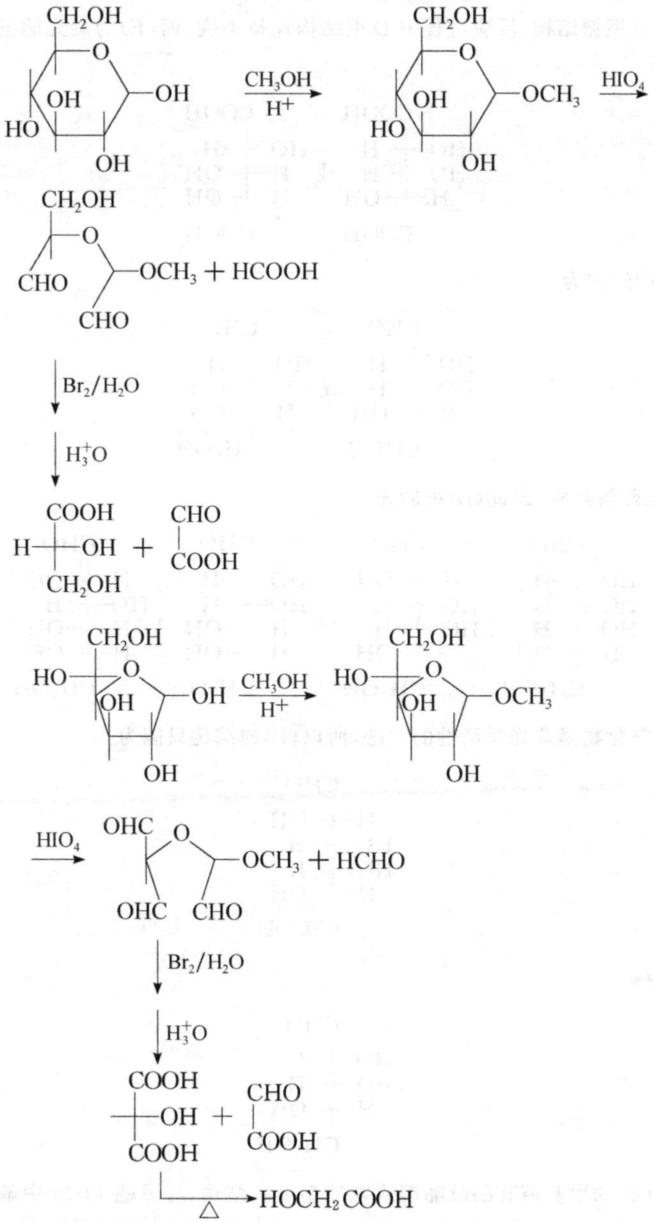

**【习题 13-13】** 某天然化合物(A),分子式为 $C_7H_{14}O_6$,为 D 型非还原性糖,无变旋光现象。(A)经稀盐酸水解得到还原性糖(B),分子式为 $C_6H_{12}O_6$,(B)经硝酸氧化得到非光学活性的二元酸(C),分子式为 $C_6H_{10}O_8$。(B)经芦福(Ruff)降解得到还原性糖(D),分子式为 $C_5H_{10}O_5$,(D)经硝酸氧化生成光学活性的二元酸(E),分子式为 $C_5H_8O_7$。若将(A)先后用 $(CH_3O)_2SO_2$/NaOH、稀盐酸、热 $HNO_3$ 处理,则得到 2,3-二甲氧基丁二酸和 2-甲氧基丙二酸。试推测(A)~(E)的结构,并用反应式表示其反应过程。

**解** (A)为 D 型糖结构,反应过程中 D 型结构保持不变,而(E)为旋光的五碳二元酸,因此其可能的结构为

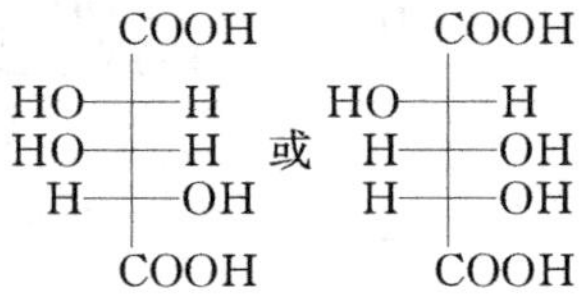

从而可推出(D)的结构为

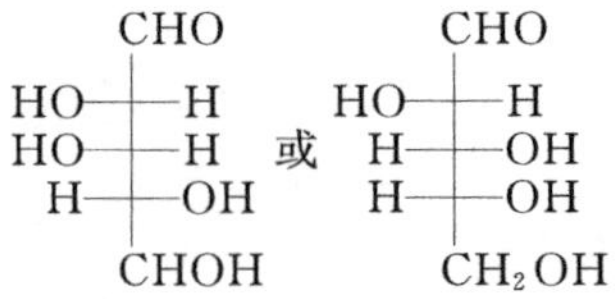

(D)为(B)的芦福降解产物,因此(B)可能为

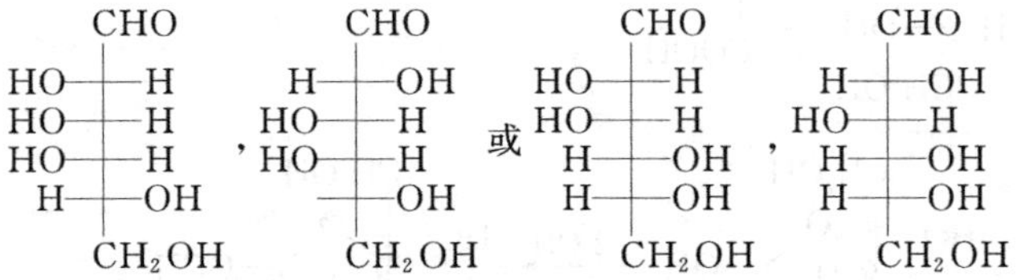

而(B)的 $HNO_3$ 氧化物是非光学活性的二酸,所以(B)的结构只能为

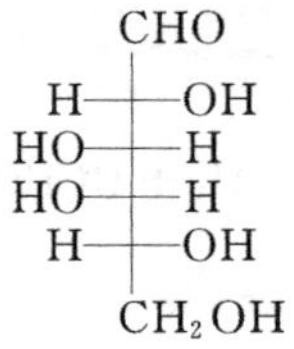

由此可见,(D)为

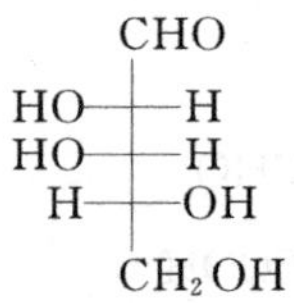

由题意知(A)为(B)的甲基糖苷的吡喃型或呋喃型环状结构,与习题 13-12 中解题方法一相似,分析(A)经 $(CH_3O)SO_2$/NaOH、稀盐酸、热 $HNO_3$ 处理后的产物,可以确定(A)~(E)的结构为

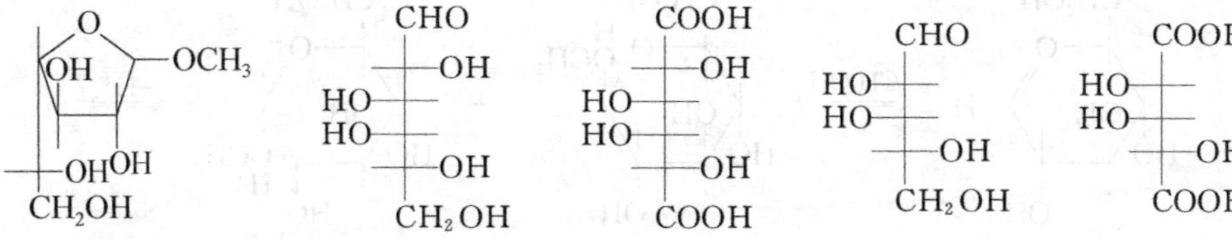

(A)　(B)　(C)　(D)　(E)

反应过程如下：

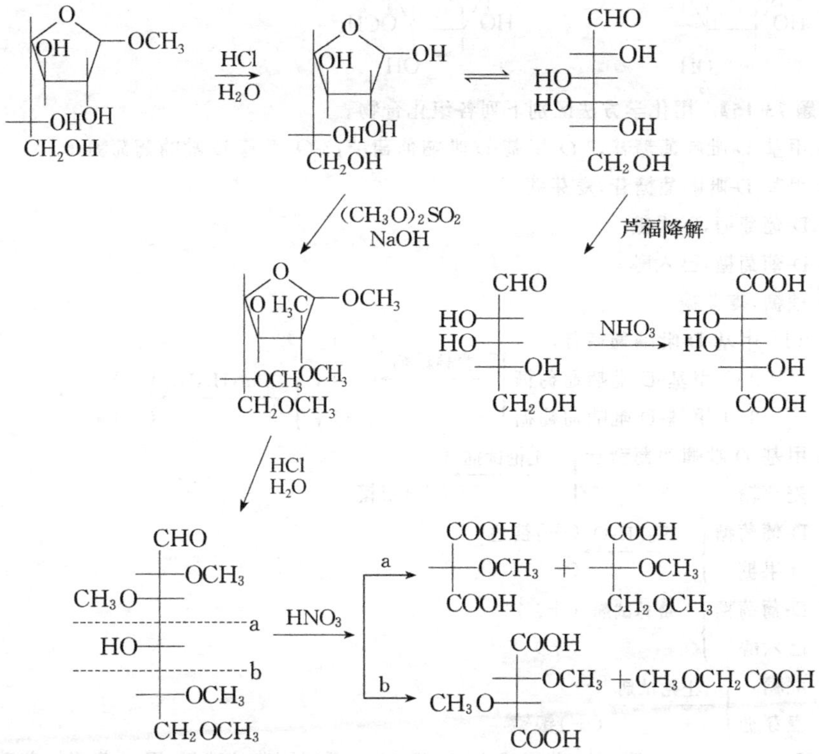


**【习题 13-14】** D-吡喃葡萄糖在干燥 HCl 作用下与甲醇反应，生成甲基-$\alpha$-D-吡喃葡萄糖苷和甲基-$\beta$-D-吡喃葡萄糖苷，试写出其成苷的机理。

**解**　D-吡喃葡萄糖为半缩醛结构，其成苷的机理与由半缩醛生成缩醛的机理相似：

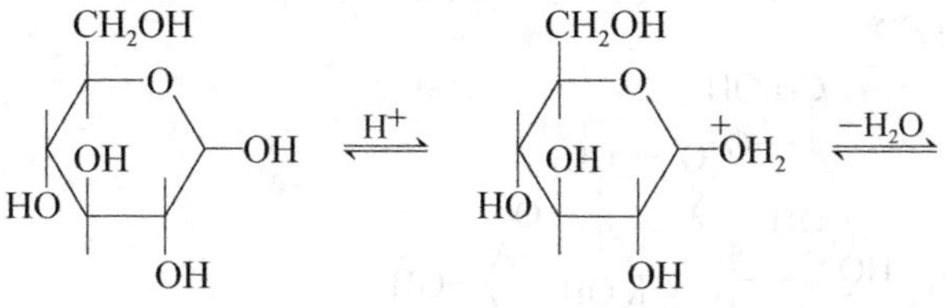

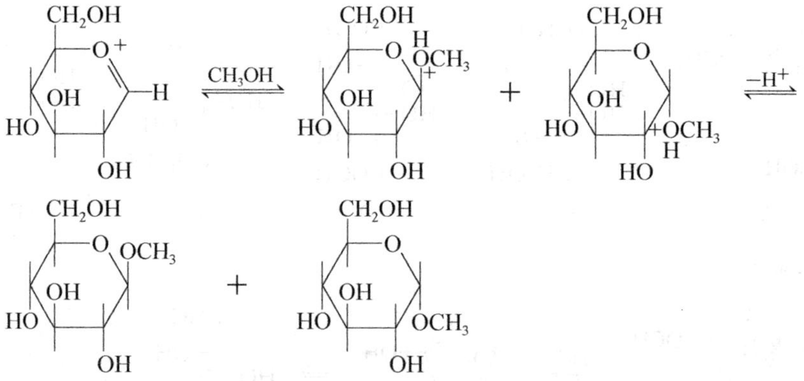

【习题 13-15】 用化学方法区别下列各组化合物。

(1) 甲基-D-吡喃葡糖苷,2-*O*-甲基-D-吡喃葡萄糖,3-*O*-甲基-D-吡喃葡萄糖

(2) 甲基-D-吡喃葡糖苷,麦芽糖

(3) D-葡萄糖,D-果糖

(4) D-葡萄糖,己六醇

(5) 蔗糖,麦芽糖

**解** (1) 甲基-D-吡喃葡糖苷 (−)；2-*O*-甲基-D-吡喃葡萄糖、3-*O*-甲基-D-吡喃葡萄糖 $\xrightarrow{\text{费林试剂}}$ (+)↓、(+)↓；再 $\xrightarrow{PhNHNH_2}$ (−)、(+)↓

(2) 甲基-D-吡喃葡萄糖苷、麦芽糖 $\xrightarrow{\text{土伦试剂}}$ (−)、(+)银镜

(3) D-葡萄糖、D-果糖 $\xrightarrow{Br_2/H_2O}$ (+)褪色、(−)

(4) D-葡萄糖、己六醇 $\xrightarrow{\text{费林试剂}}$ (+)↓、(−)

(5) 蔗糖、麦芽糖 $\xrightarrow{\text{土伦试剂}}$ (−)、(+)银镜

【习题 13-16】 某二糖(A),分子式为 $C_{12}H_{22}O_{11}$,可还原费林试剂,用*β*-葡萄糖苷酶水解为两分子吡喃葡萄糖。若将(A)甲基化后再水解,则得到等量的 2,3,4,6-四-*O*-甲基-D-吡喃葡萄糖和 2,3,4-三-*O*-甲基-D-吡喃葡萄糖。试推测(A)的结构,并写出其稳定构象式。

**解** 由题可知此二糖为*β*-葡萄苷,甲基化后的水解产物说明此二糖为 6-*O*-(*β*-D-吡喃葡糖苷基)-D-吡喃葡萄糖。其结构式为

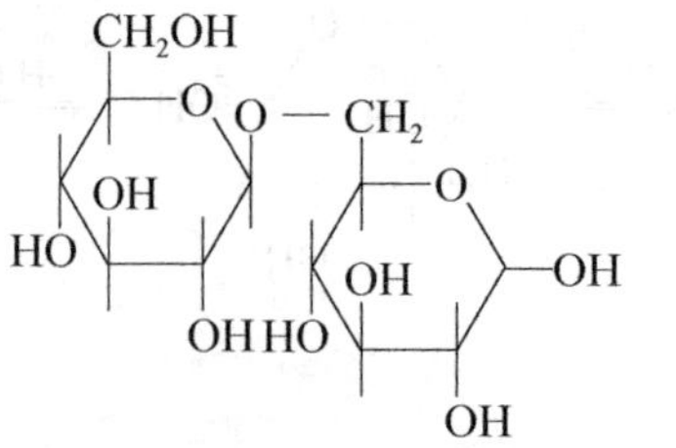

其稳定构象式为

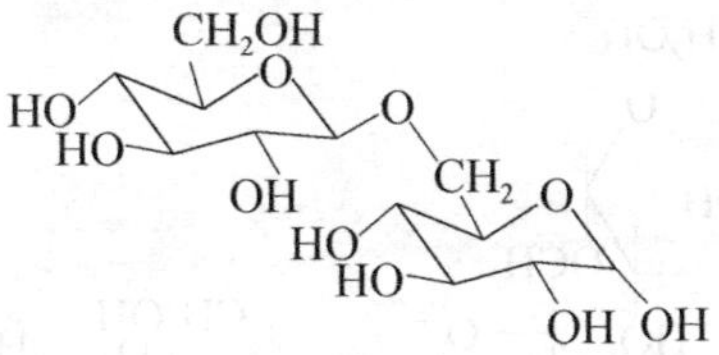

【习题 13-17】 某二糖(A),分子式为 $C_{11}H_{20}O_{10}$,不能还原费林试剂,但可被 α-葡萄糖苷酶水解成 D-葡萄糖和 D-戊糖。(A)与 $(CH_3O)_2SO_2/NaOH$ 作用生成七甲氧基衍生物(B)。(B)经酸水解后得 2,3,4,6-四-*O*-甲基-D-葡萄糖和三-*O*-甲基戊糖(C),(C)经溴水氧化生成 2,3,4-三-*O*-甲基-D-核糖酸。试推测(A)的结构,并写出其稳定构象式。

**解**　二糖为非还原性糖,因此它既是葡萄糖苷,又是戊糖苷,对葡萄糖,它一定是 α-葡萄糖苷,但对戊糖,它可能为 α-或 β-戊糖苷。因此(A)的结构为

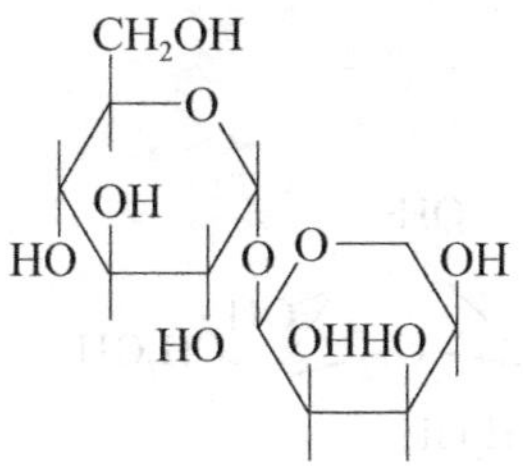

或

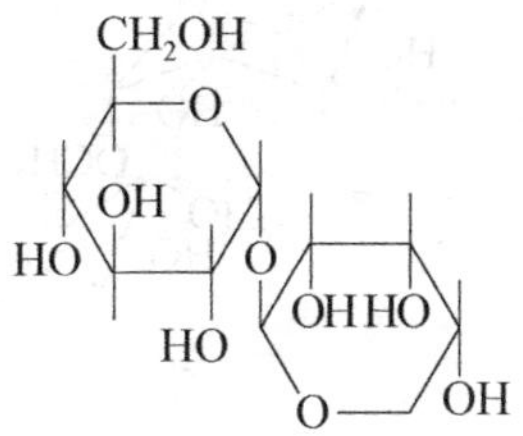

其相应的稳定构象式为

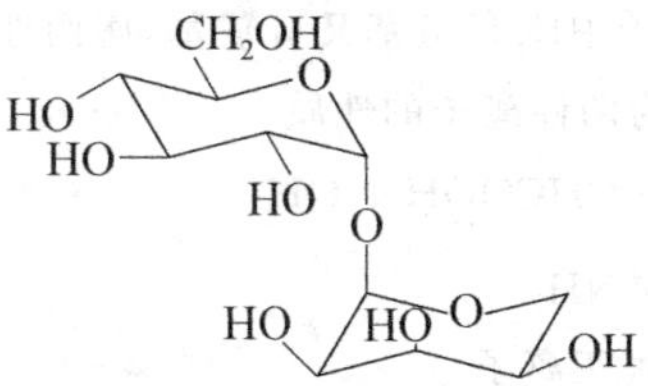

及

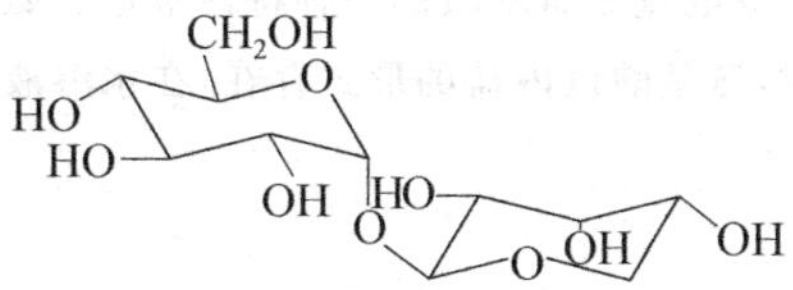

(C)的开链结构应该为

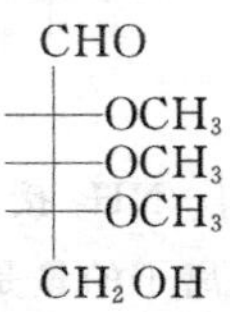

【习题 13-18】 (+)-棉子糖存在于棉子及甜菜制糖的副产物糖蜜中,其分子式为 $C_{18}H_{32}O_{16}$,为非还原性糖。用酸水解时生成等物质的量的 D-半乳糖、D-葡萄糖和 D-果糖。若用 α-半乳糖苷酶水解,则生成等物质的量的 D-半乳糖和蔗糖。棉子糖完全甲基化后再水解,则得到 1,3,4,6-四-*O*-甲基-D-果糖、2,3,4,6-四-*O*-甲基-D-半乳糖和 2,3,4-三-*O*-甲基-D-葡萄糖。试推测(+)-棉子糖的结构式,并写出它的稳定构象式。

**解**　(+)-棉子糖为非还原性糖,说明分子中不存在自由的醛羰基和酮羰基。它被 α-半乳糖苷酶水解,说明它是 α-半乳糖苷,而蔗糖既是 α-D-葡糖苷又是 β-果糖苷,所以棉子糖的结构

式为

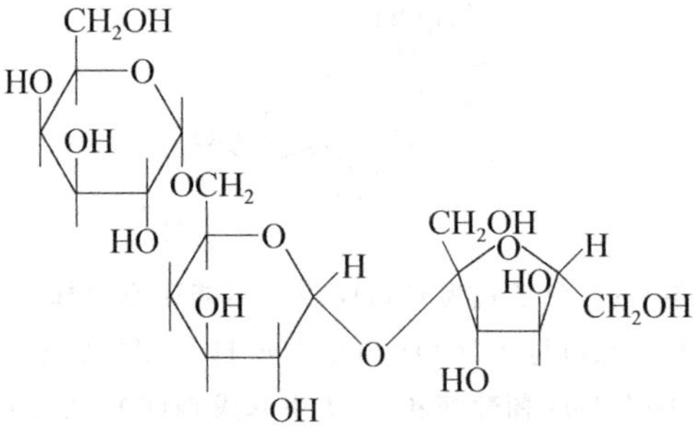

其稳定构象式为

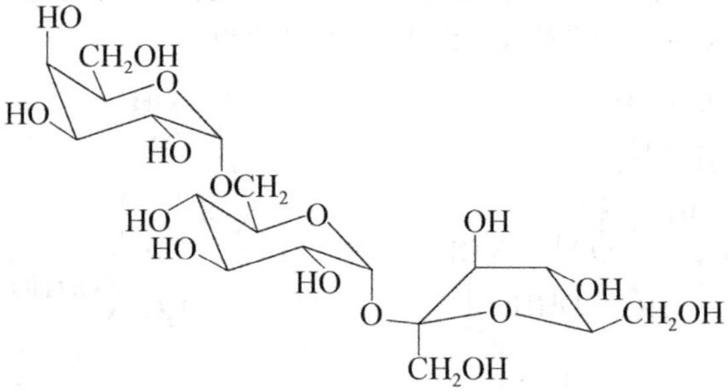

**【习题 13-19】**　什么是等电点？

**解**　等电点是氨基酸的一种特性常数。氨基酸分子中既有氨基又有羧基，属两性化合物。在固态时，氨基酸以内盐的形式存在，在水溶液中表现为两性离子的性质：

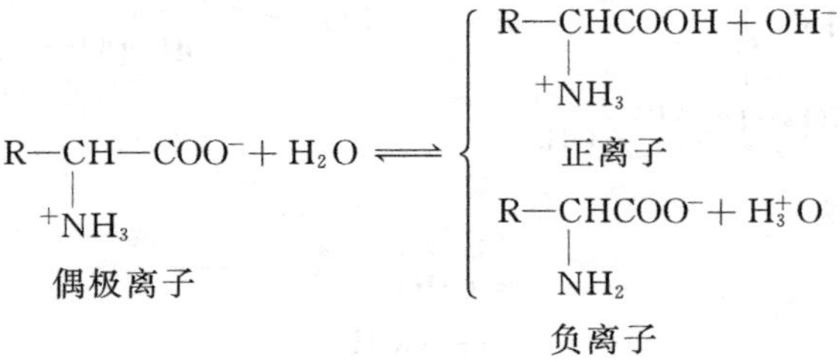


由于不同氨基酸中—COOH 的离解能力和—$NH_2$ 接受质子的能力并不完全相等，因此各氨基酸在纯水溶液中，其正离子、负离子和偶极离子的量是不完全相等的。但可以利用酸或碱对其溶液的 pH 进行调节，使两种方式电离的量相等，这时氨基酸将主要以偶极离子的形式存在。此时在电场中，氨基酸处于电中性状态，既不向阳极移动，也不向阴极移动，这时溶液的 pH 称为该氨基酸的等电点。

**【习题 13-20】**　某氨基酸能完全溶于 pH=7 的纯水中，而所得氨基酸的溶液 pH=6。该氨基酸的等电点在什么范围内？是大于 6、小于 6、还是等于 6？

**解**　该氨基酸溶于 pH=7 的纯水后，其溶液的 pH=6，说明偶极离子在水中生成相应的负离子略多于相应的正离子，即

$$RCH(\overset{+}{N}H_3)COO^- + H_2O \rightleftharpoons \begin{cases} RCH(\overset{+}{N}H_3)COOH + OH^- & \text{(略少)} \\ RCH(NH_2)COO^- + H_3O^+ & \text{(略多)} \end{cases}$$

因此必须利用酸才能调节到其等电点，所以其等电点应该小于 6。

**【习题 13-21】** 氨基酸为两性化合物，既具有碱性又具有酸性，但即使是只有一个羧基和一个氨基的氨基酸其等电点也不等于 7，简述其原因。

**解**　氨基酸通常以偶极离子的形式存在，对只有一个羧基和一个氨基的中性氨基酸，其偶极离子可表示为 $RCH(\overset{+}{N}H_3)COO^-$，其酸性应来自—$\overset{+}{N}H_3$，碱性则来自—$COO^-$。一般情况下，—$\overset{+}{N}H_3$ 的离解程度要比—$COO^-$ 的水解程度大。因此，必须利用酸来抑制—$\overset{+}{N}H_3$ 的离解。所以它们的等电点都不等于 7，而一般都小于 7（对于多氨基的氨基酸，其等电点大多会大于 7）。

**【习题 13-22】** 赖氨酸是含两个氨基和一个羧基的氨基酸，其结构为

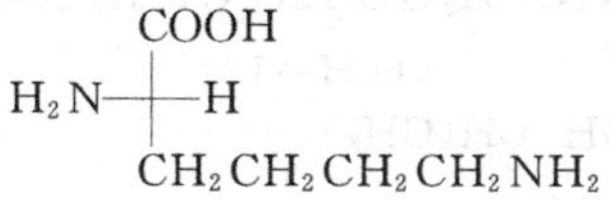

试写出其在强酸性水溶液中和强碱性水溶液中存在的主要形式，并估计其等电点的 pH。

**解**　在强酸性水溶液中主要以 $H_3\overset{+}{N}CH_2CH_2CH_2CH_2CH(\overset{+}{N}H_3)COOH$ 形式存在：

$$H_3\overset{+}{N}CH_2CH_2CH_2CH_2CH(NH_2)COO^- + 2H_3^+O \rightleftharpoons H_3\overset{+}{N}CH_2CH_2CH_2CH_2CH(\overset{+}{N}H_3)COOH + 2H_2O$$

在强碱性水溶液中主要以 $H_2NCH_2CH_2CH_2CH_2CH(NH_2)COO^-$ 形式存在：

$$H_3\overset{+}{N}CH_2CH_2CH_2CH_2CH(NH_2)COO^- + OH^- \rightleftharpoons H_2NCH_2CH_2CH_2CH_2CH(NH_2)COO^-$$

其在水溶液中存在下列平衡：

$$H_3\overset{+}{N}CH_2CH_2CH_2CH_2CH(NH_2)COO^- + H_2O \rightleftharpoons H_3\overset{+}{N}CH_2CH_2CH_2CH_2CH(\overset{+}{N}H_3)COO^- + OH^-$$

因此必须要加碱才能抑制其离解，使其主要以 $H_3\overset{+}{N}CH_2CH_2CH_2CH_2CH(NH_2)COO^-$ 的形式存在，所以其等电点的 pH 应大于 7（实际上 pH＝9.7）。

**【习题 13-23】** 写出下列二肽和三肽的结构，并指出它们在 pH 分别为 2、7 和 12 的水溶液中的主要离子形式。

(1) 甘-甘　　(2) 赖-甘　　(3) 丙-天冬-缬

**解** (1) $H_2NCH_2CONHCH_2COOH$

$$\underset{(pH=2)}{H_3\overset{+}{N}CH_2CONHCH_2COOH} \quad \underset{(pH=7)}{H_3\overset{+}{N}CH_2CONHCH_2COO^-} \quad \underset{(pH=12)}{H_2NCH_2CONHCH_2COO^-}$$

(2) $H_2N(CH_2)_4CH(NH_2)CONHCH_2COOH$

$$\underset{(pH=2)}{H_3\overset{+}{N}(CH_2)_4CH(\overset{+}{N}H_3)CONHCH_2COOH}$$

$$H_3\overset{+}{N}(CH_2)_4CH(NH_2)CONHCH_2COO^- \text{ 和 } H_3\overset{+}{N}(CH_2)_4CH(\overset{+}{N}H_3)CONHCH_2COO^-$$

(pH=7)

$$\underset{(pH=12)}{H_2N(CH_2)_4CH(NH_2)CONHCH_2COO^-}$$

(3) $CH_3CH(NH_2)CONHCH(CH_2COOH)CONH—CH(CH(CH_3)_2)COOH$

$$\underset{(pH=2)}{CH_3CH(^+NH_3)CONHCH(CH_2COOH)CONH—CH(CH(CH_3)_2)COOH}$$

$$\underset{(pH=7)}{CH_3CH(^+NH_3)CONHCH(CH_2COO^-)CONH—CH(CH(CH_3)_2)COO^-} \quad \underset{(pH=12)}{CH_3CH(NH_2)CONHCH(CH_2COO^-)CONH—CH(CH(CH_3)_2)COO^-}$$

**【习题 13-24】** 以合成苯丙氨酸(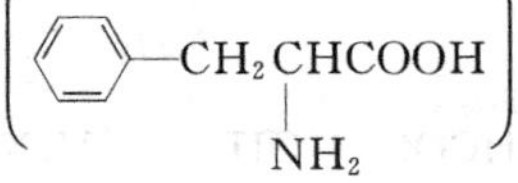)为例，简述 α-氨基酸的几种合成方法。

**解** (1) α-卤代酸的氨化：

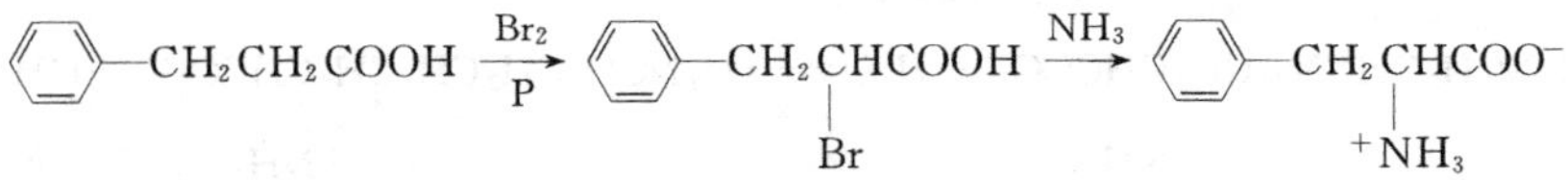

通常 $NH_3$ 必须过量，以抑制氨的多烃基化。如果用 α-卤代酸酯经盖布瑞尔反应再水解，则可以得到比较纯净的产物：

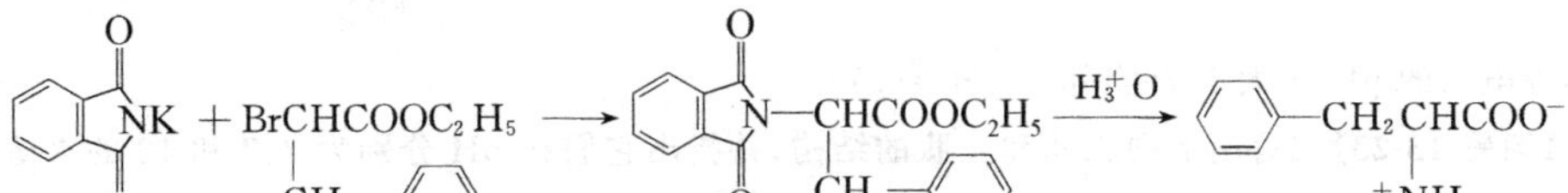

另外，在羧酸的 α-位卤化时，容易引起严重副反应的不宜直接用此法。例如，用此法合成丝氨酸时易发生下列反应：

$$\mathrm{HOCH_2CH_2COOH \xrightarrow[P]{Br_2} BrCH_2CH(Br)COOH}$$

在合成酪氨酸时易发生下列反应：

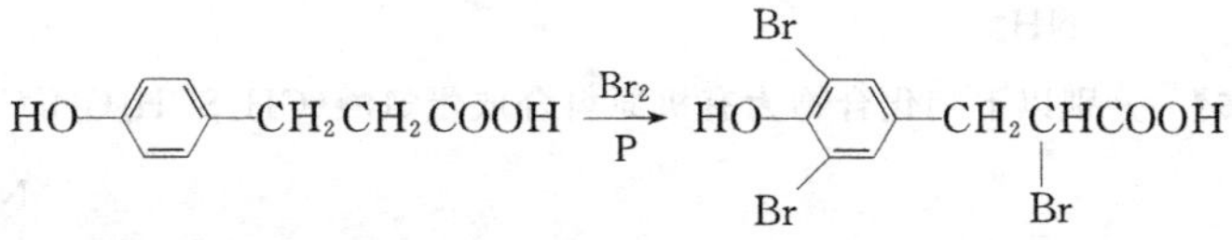

若将 HO—作适当保护，合成后再解除保护，此合成法仍可考虑。

(2) 丙二酸酯法：

(a) 施密特反应：

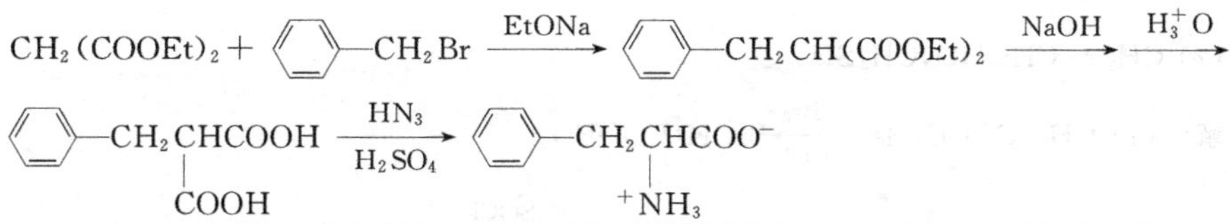

叔卤代烃不能作为烃基化试剂使丙二酸酯烃基化，叔卤代烃在此反应条件下发生消除反应，所以氨基酸 $\mathrm{(CH_3)_3CCH(\overset{+}{N}H_3)COO^-}$ 不能用此方法合成。

(b) 盖布瑞尔反应：

$$\mathrm{CH_2(COOEt)_2 \xrightarrow[CCl_4]{Br_2} BrCH(COOEt)_2}$$

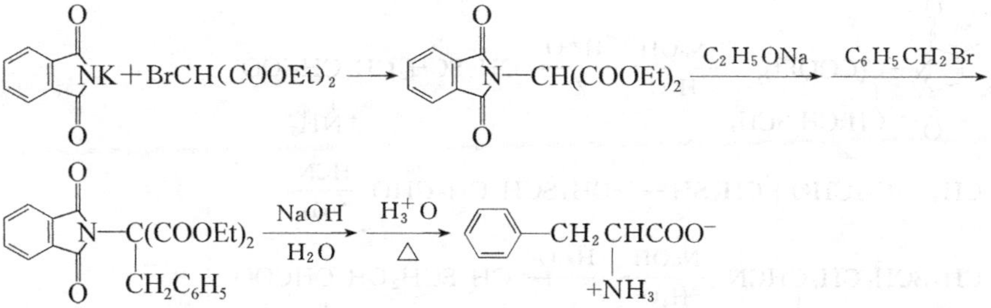

(c) $\mathrm{CH_2(COOEt)_2 \xrightarrow{HNO_2} HON{=}C(COOEt)_2 \xrightarrow[H_2/Pt]{Ac_2O} CH_3CONHCH(COOEt)_2}$

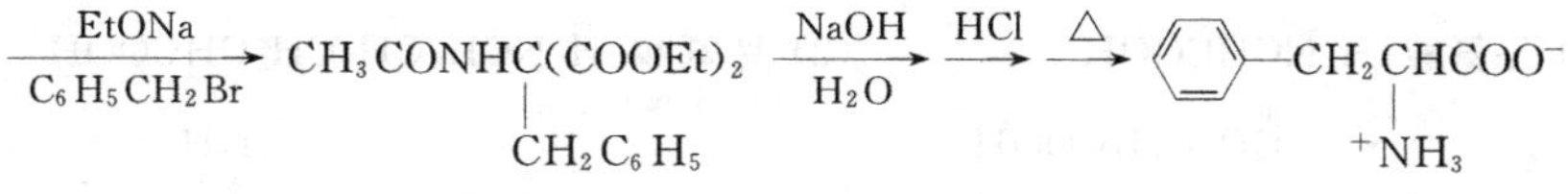

(3) 斯特雷克合成：

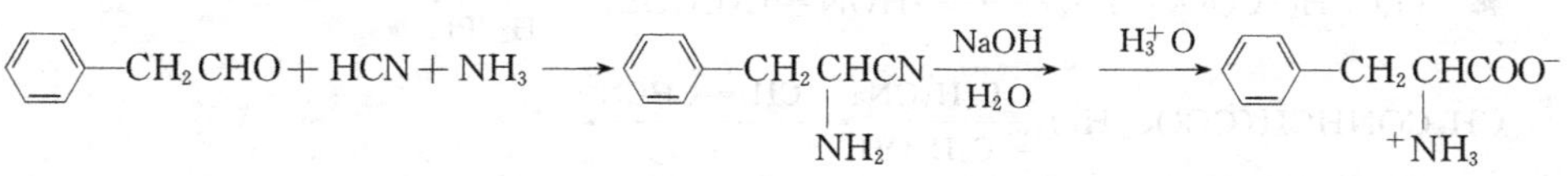

(4) 还原氨化:

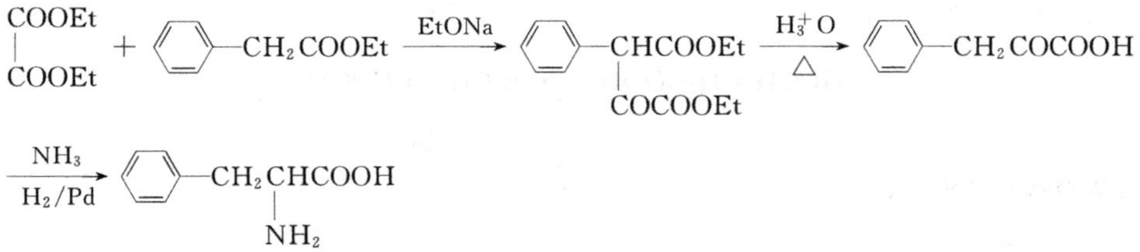

【习题 13-25】 分别以下列化合物为有机原料合成蛋氨酸($CH_3SCH_2CH_2CH(\overset{+}{N}H_3)COO^-$)。

(1) 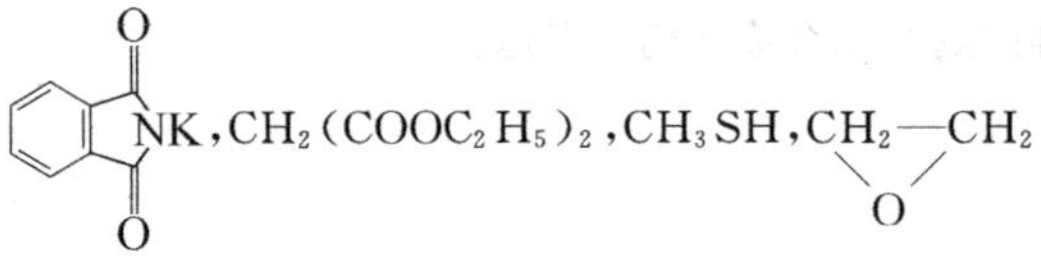

(2) $CH_2{=}CHCHO, CH_3SH$

**解** (1) $CH_2(COOC_2H_5)_2 \xrightarrow[CCl_4]{Br_2} BrCH(COOEt)_2$

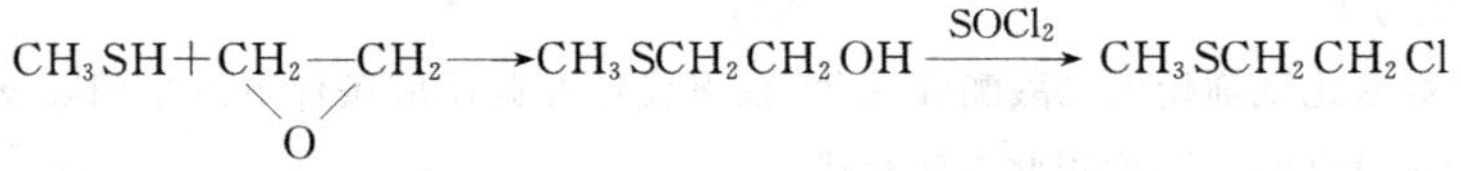

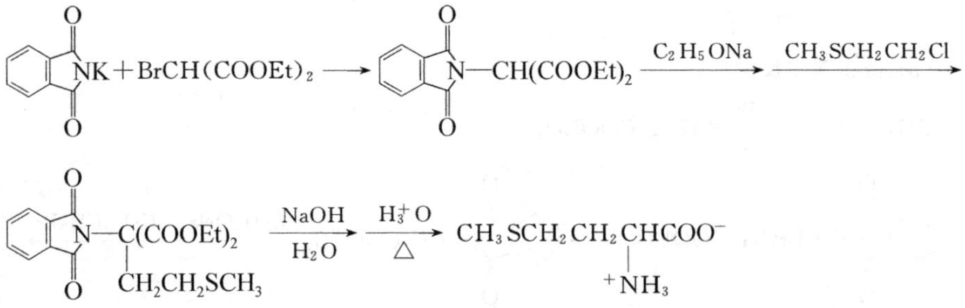

(2) $CH_2{=}CHCHO + CH_3SH \longrightarrow CH_3SCH_2CH_2CHO \xrightarrow[NH_3]{HCN}$

$CH_3SCH_2CH_2CH(NH_2)CN \xrightarrow[H_2O]{NaOH} \xrightarrow{H_3^+O} CH_3SCH_2CH_2CH(\overset{+}{N}H_3)COO^-$

【习题 13-26】 试用丙二酸二乙酯及丙烯腈合成下列化合物。

(1) 谷氨酸 $H_2NCH(CH_2CH_2COOH)COOH$　　(2) 鸟氨酸 $H_2NCH_2CH_2CH_2CH(NH_2)COOH$

**解** (1) $CH_2(COOC_2H_5)_2 \xrightarrow{HNO_2} HON{=}C(COOEt)_2 \xrightarrow[H_2/Pt]{Ac_2O}$

$CH_3CONHCH(COOC_2H_5)_2 \xrightarrow[C_2H_5OH]{C_2H_5ONa} \xrightarrow{CH_2{=}CHCN}$

$$CH_3CONHC(COOC_2H_5)_2(CH_2CH_2CN) \xrightarrow[\triangle]{HCl} H_3\overset{+}{N}{-}CH(CH_2CH_2COOH)COO^-$$

谷氨酸

(2) $$CH_3CONHC(COOC_2H_5)_2(CH_2CH_2CN) \xrightarrow[P.T.]{H_2/Ni} CH_3CONHC(COOC_2H_5)_2(CH_2CH_2CH_2NH_2) \longrightarrow$$

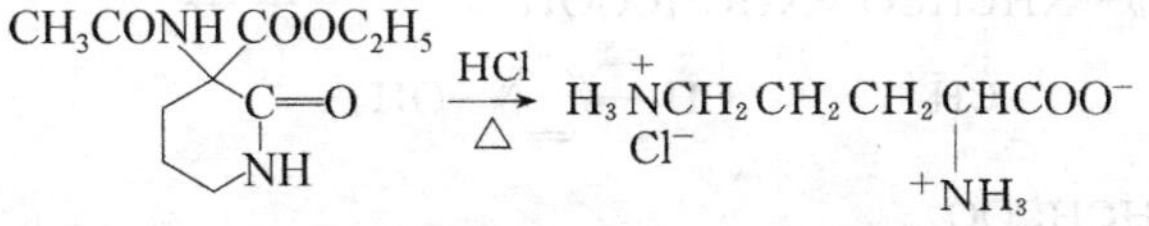

乌氨酸盐酸盐

**【习题 13-27】** 用化学方法区别下列各组化合物。

(1) $H_2NCH(CH_2COOH)COOH$，$CH_2(COOH)_2$

(2) $C_6H_5CH_2CH(NH_2)COOH$，$C_6H_5CH_2CH(NHCOCH_3)COOH$

(3) $H_2NCH(CH_2OH)COOH$，$H_2NCH(CHCH_3(OH))COOH$

**解** (1) $H_2NCH(CH_2COOH)COOH$、$CH_2(COOH)_2$ $\xrightarrow{HNO_2}$ 前者 (+) $N_2\uparrow$；后者 (−)

(2) $C_6H_5CH_2CH(NH_2)COOH$、$C_6H_5CH_2CH(NHCOCH_3)COOH$ $\xrightarrow{稀\ HCl}$ 前者 (+) 溶解；后者 (−)

(3) $H_2NCH(CH_2OH)COOH$、$H_2NCH(CHCH_3(OH))COOH$ $\xrightarrow{NaOH/I_2}$ 前者 (−)；后者 (+) $CHI_3\downarrow$

**【习题 13-28】** 以苄氧羰基为氨基的保护基团，写出用游离氨基酸合成甘-丙-酪三肽的反应式。

**解**

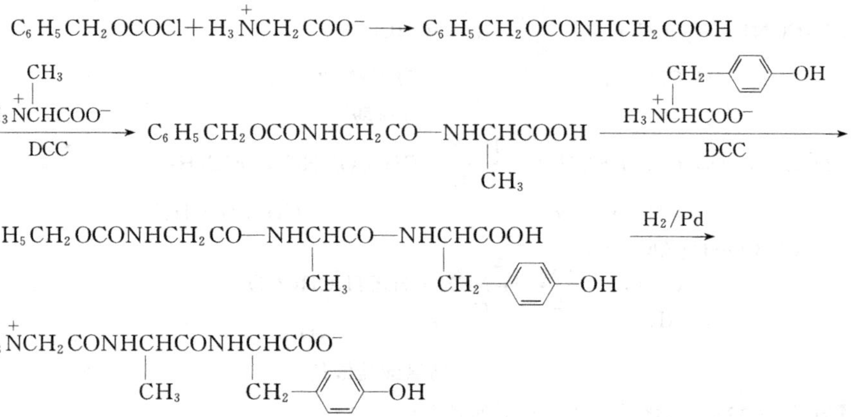

甘-丙-酪

苄氧羰基保护基可以用氢解的方法解除。

**【习题 13-29】** 利用苄氧羰基保护氨基、酯保护羧基的方法，写出合成丙-缬-苯丙-丙-丙五肽的反应式。

**解**

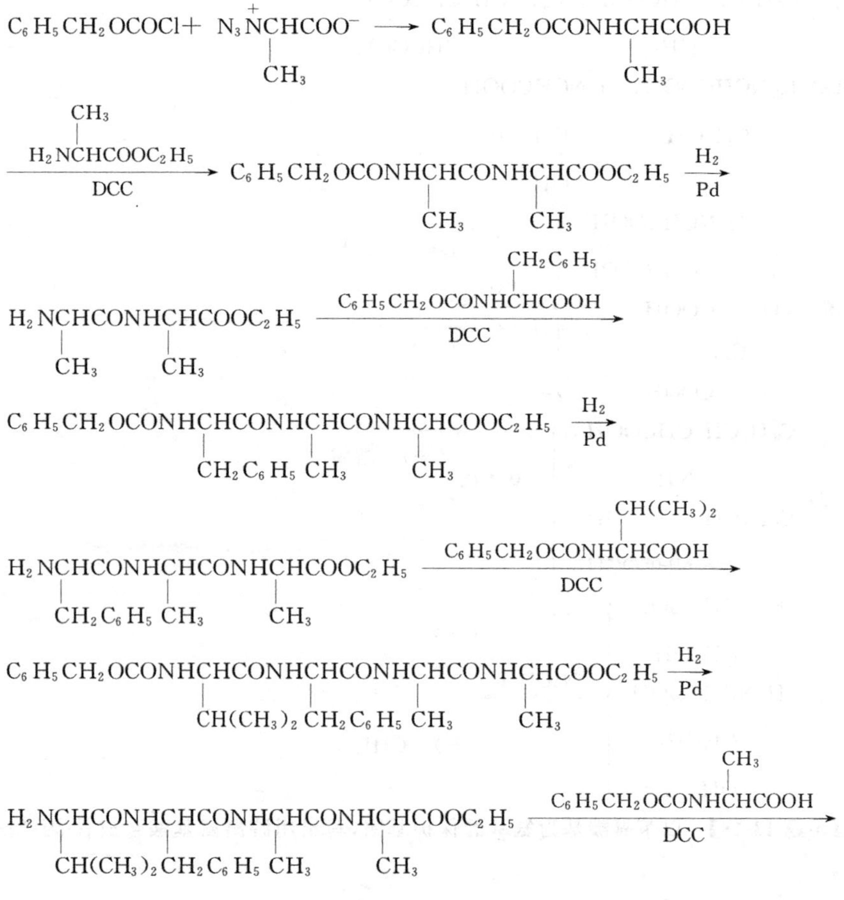

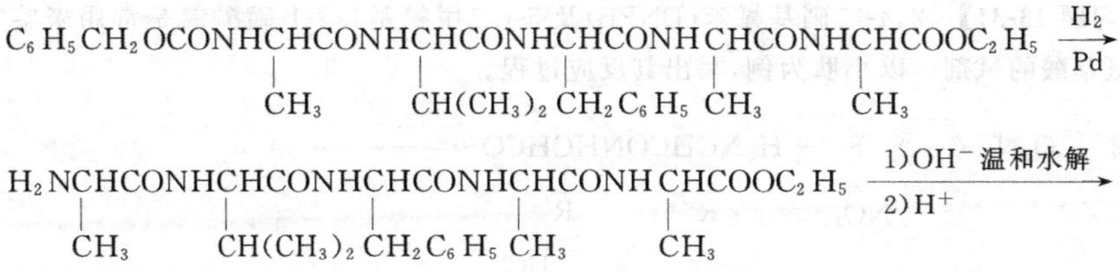

丙-缬-苯丙-丙-丙

【习题 13-30】 艾德曼降解是测定肽链顺序的方法之一，它是利用异硫氰酸苯酯与多肽的N-端氨基发生加成反应，产物在无水条件下用酸处理，使 N-端氨基从肽链上断裂下来，重复进行上述步骤，从而测得多肽的顺序。试以蛋-异亮-精三肽为例，写出其逐步降解的反应式。

解

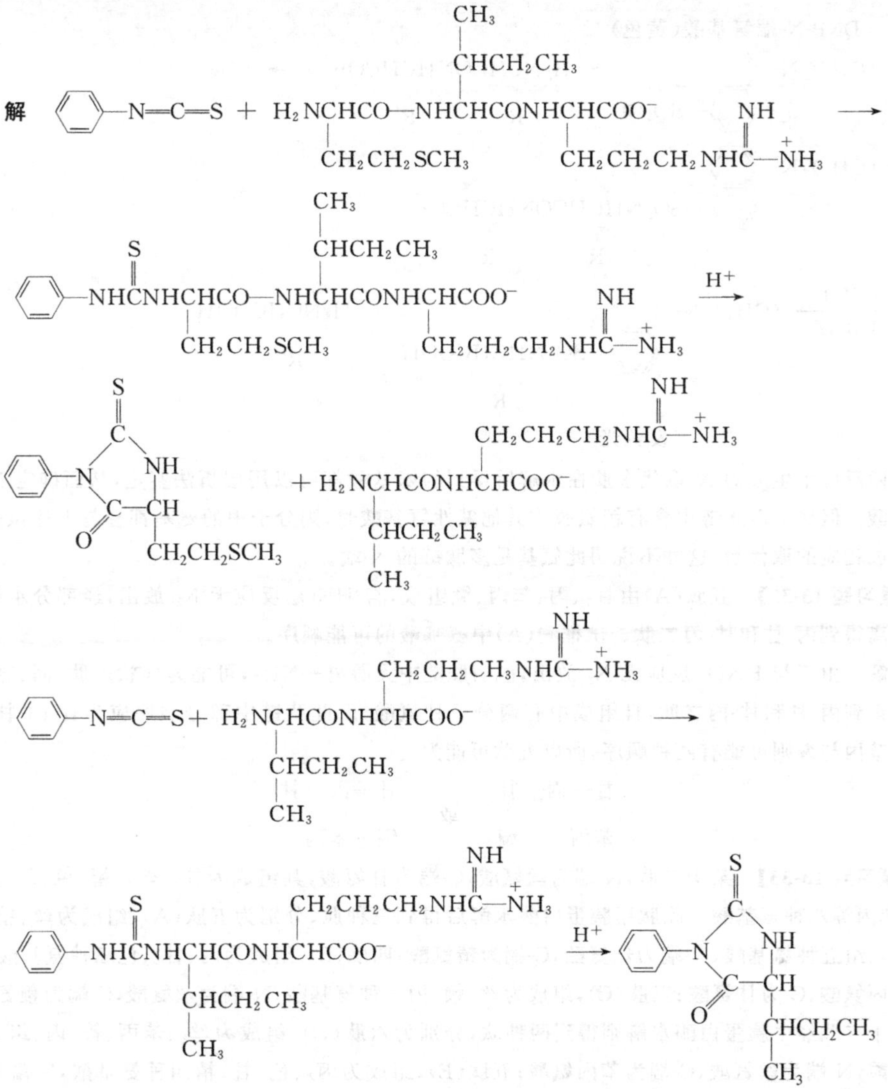

**【习题 13-31】** 2,4-二硝基氟苯(DNFB)及 5-(二甲氨基)萘-1-磺酰氯是常用来鉴定多肽中 N-端氨基酸的试剂。以小肽为例，写出其反应过程。

**解**

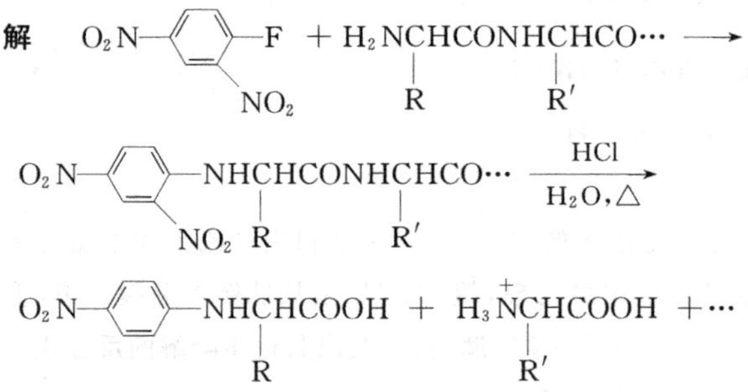

DNP-N-端氨基酸(黄色)

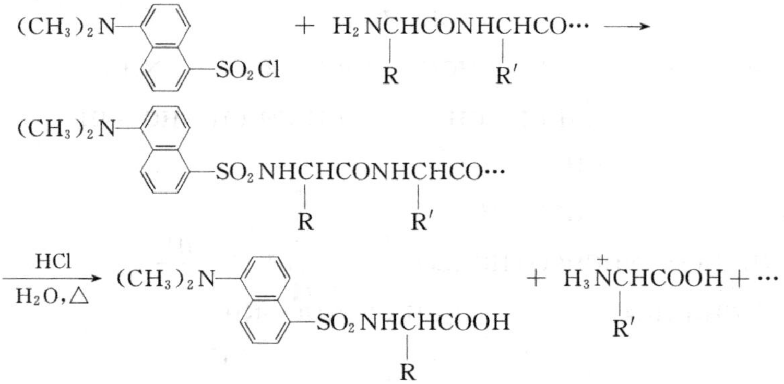

(发荧光)

上述两反应中生成的 *N*-取代多肽在水解后得到的氨基酸都可以用层析法鉴定，从而确定 N-端氨基酸。但如果多肽链中含有赖氨酸或其他碱性氨基酸时，则分子中的氨基都会与上述试剂作用生成相应的取代物，这并不说明此氨基是多肽链的 N-端。

**【习题 13-32】** 五肽(A)由甘$_2$、丙、苯丙、缬组成，与 $HNO_2$ 反应无 $N_2$ 放出，经部分水解后能分离得到丙-甘和甘-丙二肽。试推测(A)中氨基酸的可能顺序。

**解** 由于与 $HNO_2$ 反应无 $N_2$ 放出，说明肽链中无游离—$NH_2$，可能为环状多肽，而二肽中分离得到丙-甘和甘-丙二肽，且组成中有两分子甘氨酸，因此肽链中部分顺序应为甘-丙-甘，剩下的苯丙与缬则可能有两种顺序，所以五肽可能为

**【习题 13-33】** 某十二肽，N-端为丝氨酸，C-端为甘氨酸，其组成为甘$_2$、丝$_2$、精、色、丙$_3$、组、赖、苯丙等八种氨基酸。此肽用胰蛋白酶水解后得到三种肽，分别为五肽(A)，组成为丝、精、苯丙、丙、组五种氨基酸，N-端为丝氨酸，C-端为精氨酸；四肽(B)，组成为丙、甘$_2$、色三种氨基酸，N-端为丙氨酸，C-为甘氨酸；三肽(C)，组成为丝、赖、丙三种氨基酸，N-端为丝氨酸，C-端为赖氨酸。若该十二肽经牛胰蛋白酶水解则得到两种肽，分别为六肽(D)，组成为丝$_2$、苯丙、赖、丙、组五种氨基酸，N-端为丝氨酸，C-端为苯丙氨酸；五肽(E)，组成为丙$_2$、色、甘、精四种氨基酸，N-端为丙

氨酸,C-端为色氨酸。试根据以上事实推测该十二肽的结构。

**解**　按照题意,三肽(C)的顺序是已知的,因此根据其他肽链的组成及C-端和N-端氨基酸,可以找到其共同的衔接点。

三肽(C)为丝-丙-赖

六肽(D)为丝-丙-赖-丝-组-苯丙

五肽(A)为　　　　　丝-组-苯丙-丙-精

五肽(E)为　　　　　　　　　　丙-精-丙-甘-色

四肽(B)为　　　　　　　　　　　　　　丙-甘-色-甘

十二肽为丝-丙-赖-丝-组-苯丙-丙-精-丙-甘-色-甘

# 第十四章　周环反应

## 一、内容提要

### 1. 周环反应理论简介

在有机化学发展过程中,有一类反应并不能用通常的离子型机理和自由基机理解释。这些反应通常经协同的环状过渡态一步完成,反应不受取代基极性、溶剂或催化剂的影响,而受热反应条件或光反应条件的影响很大,不同条件下的产物截然不同,产物具有高度的立体专一性。例如:

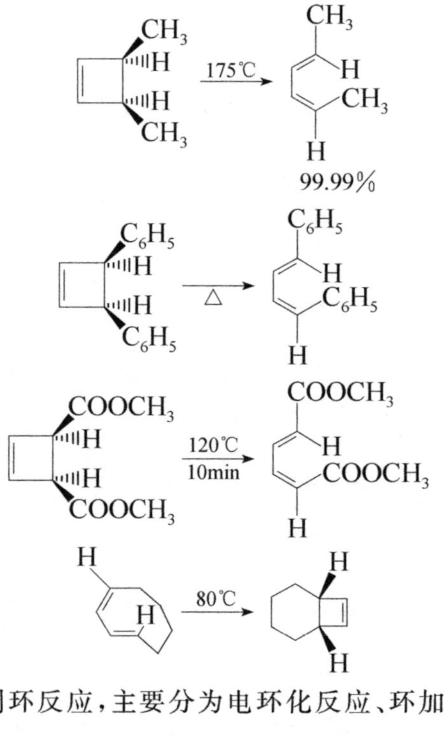


以上这些反应统称为周环反应,主要分为电环化反应、环加成反应和 σ 迁移反应三类。

1965 年,著名化学家伍德沃德(Woodward)和霍夫曼在总结前人经验的基础上,提出了协同反应中轨道对称性守恒的原则,圆满地解决了上述问题。对轨道对称性守恒原理的理论处理有三种,即前线轨道理论、能量相关理论和芳香过渡态理论。这里我们主要在前线轨道理论的基础上进行讨论。

1）前线轨道理论

前线轨道理论是福井谦一提出的，前线轨道理论认为在由原子结合成分子的化学反应中，原有的原子轨道通过线性组合成新分子的分子轨道，原来各原子所带电子重新从能级最低的分子轨道开始依次填充到各分子轨道上，这样进入成键轨道的电子数大于进入反键轨道的电子数，从而使体系能量降低。其中被电子占据的能量最高的轨道称为最高已占轨道(HOMO)，没有被电子占据的能量最低的轨道称为最低未占轨道(LUMO)。HOMO 和 LUMO 都称前线轨道(FOMO)。

在由若干小分子结合成新的分子时，对成键作出贡献的也是最外层的分子轨道和外层电子。

前线轨道理论认为，两个分子相互作用时，由一个分子的最高已占轨道与另一个分子的最低未占轨道相互作用形成新分子的成键和反键轨道。价电子填充到能量较低的成键轨道上，反键轨道则为无电子填充的空轨道，新分子体系的总能量降低。

2）轨道对称性

分子轨道可用波函数 $\psi$ 表示，也可用几何图形表示。它不仅形状不同，而且位相有差别。以乙烯的 $\pi$ 轨道为例图示如下(其中波函数 $\psi$ 位相为正相的部分用阴影表示)：

成键轨道 $\pi$　　　　反键轨道 $\pi^*$

讨论轨道对称性时，必须先选定对称操作元素。通常选用的对称元素有两个：$C_2$ 和 $m$。$m$ 为垂直于分子平面且平分 $\pi$ 键的平面，$C_2$ 为分子平面与 $m$ 面两平面的交线：

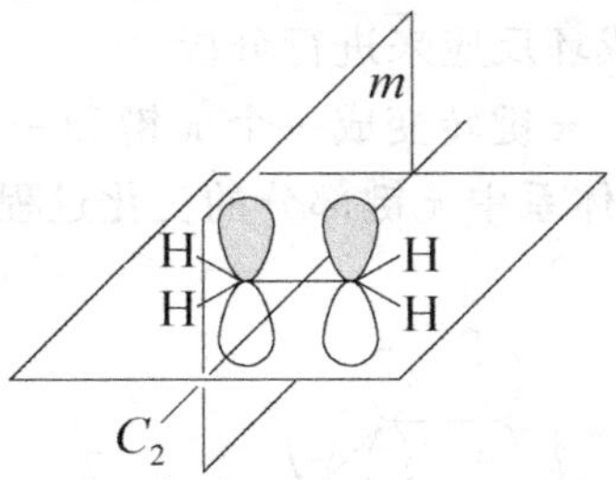


当分子完成某一对称元素操作后，若分子轨道完全复原，则称分子轨道对该对称元素是对称的，用 S 表示。若操作后分子轨道形状相同，但位相相反，则称分子轨道对该对称元素是反对称的，用 A 表示。例如，乙烯 $\pi$ 轨道对这两种对称元素操作的结果如下：

| | $C_2$ | $m$ |
|---|---|---|
| $\pi^*$ | S | A |
| $\pi$ | A | S |

3) 轨道对称性守恒原则

轨道对称性守恒原则的内容是:基元反应在整个反应过程中,反应物分子轨道、过渡态分子轨道以及产物分子轨道的对称性,对于所选定的对称元素而言,必须始终保持不变。此时的反应为对称性允许的反应,反应所需活化能较低,可以顺利进行。反之,若对称性发生变化,则为对称性禁阻的反应,通常情况下不易发生。

需指出的是,对称性禁阻的反应并非完全不能进行,只是按协同反应时所需活化能很高,通常情况下不易发生。

**2. 电环化反应**

直线形共轭多烯烃通过环状过渡态进行的环化反应及其逆反应称为电环化反应。根据参加反应的 π 电子数可分为 $4n(n=1,2,3,\cdots)$ 体系、$4n+2(n=0,1,2,\cdots)$ 体系。

1) $4n$ 体系

以顺-3,4-二甲基环丁烯开环成(2$E$,4$Z$)-2,4-己二烯的反应为例:

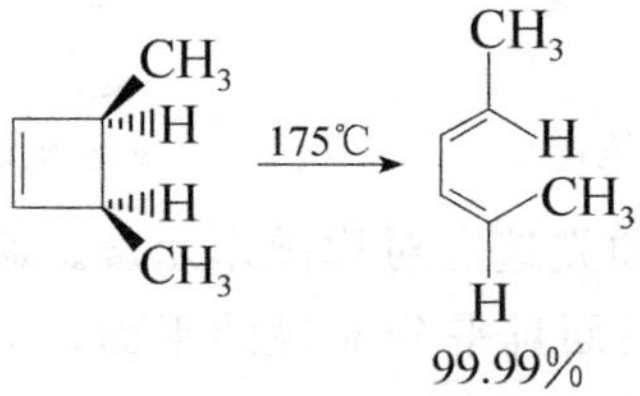


根据微观可逆性原则,电环化反应的正反应和逆反应途径相同。我们从比较直观的逆反应——丁二烯成环反应来进行分析。

反应中丁二烯中的两个 π 键转变成一个 π 键和一个 σ 键,分子中其余部分未发生变化,因此只需要考察体系中 π 键部分的变化过程。首先,列出丁二烯 π 键部分的分子轨道:

$\psi_4$ 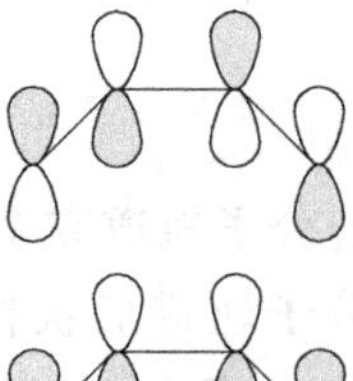 ——

$\psi_3$ 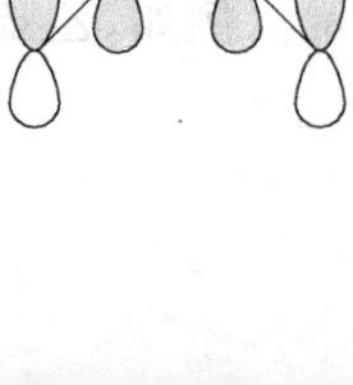 —— LUMO

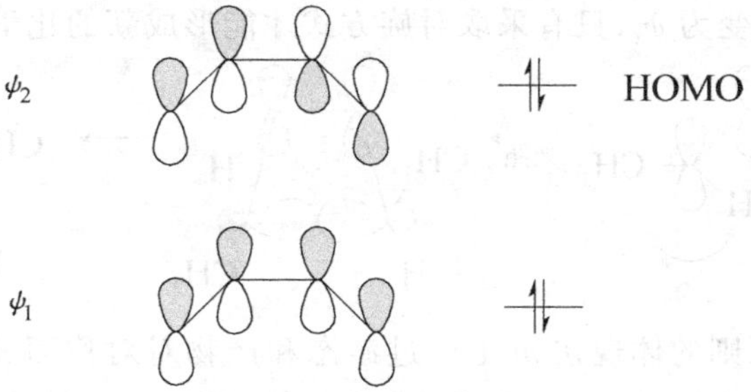


由此可见出，$\pi$ 分子轨道对对称元素 $C_2$ 来说，是按反对称、对称交替变化的，对对称元素 $m$ 来说，是按对称、反对称交替变化的。反应时，前线轨道理论认为是分子的最高已占轨道转化为一个新的 $\sigma$ 键。在基态(加热条件)下，由 HOMO 可见，只有采取顺旋方式才可能使分子轨道位相相同的一端相互接近并交盖，结果是两原子间的电子云密度增大，形成新的 $\sigma$ 键并关环。由于在基态时 $4n$ 体系的 HOMO 都具有相同的对称性，加热时都必须采用顺旋方式关环。

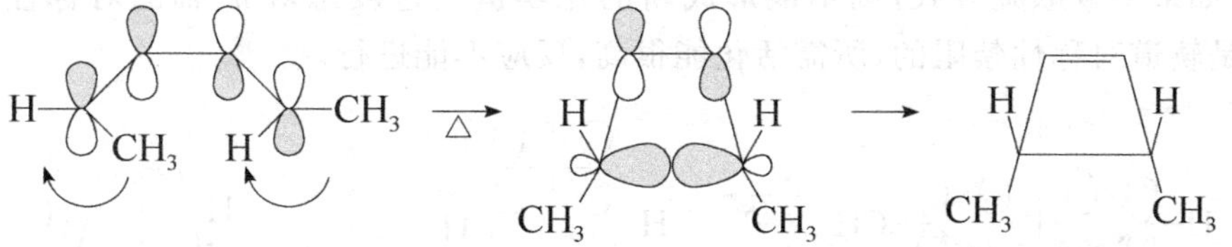


轨道对称性守恒原则体现在 $C_2$ 上，过渡态和产物对 $C_2$ 轴始终保持对称性不变，是对称性允许的反应，所需活化能较低，反应可顺利进行。

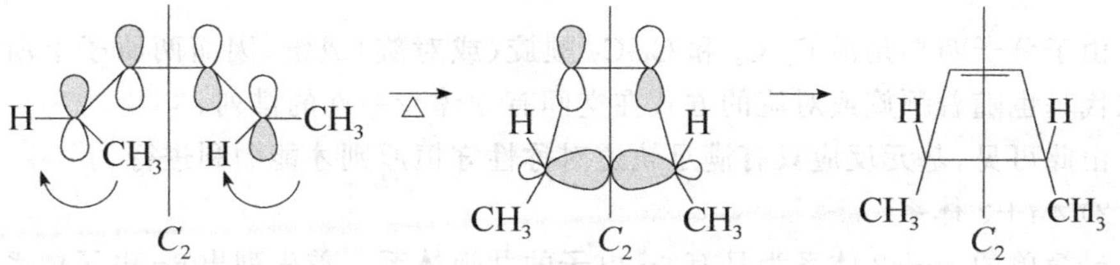


如果采取对旋方式，只能使分子轨道位相相反的一端接近，它们不能相互交盖，结果是两原子间的电子云密度降低，因而不能形成新的化学键关环。从轨道对称性来分析，在过渡态中 $C_2$ 轴对称性被破坏，是轨道对称性禁阻的反应，所需活化能很高，反应不能进行。

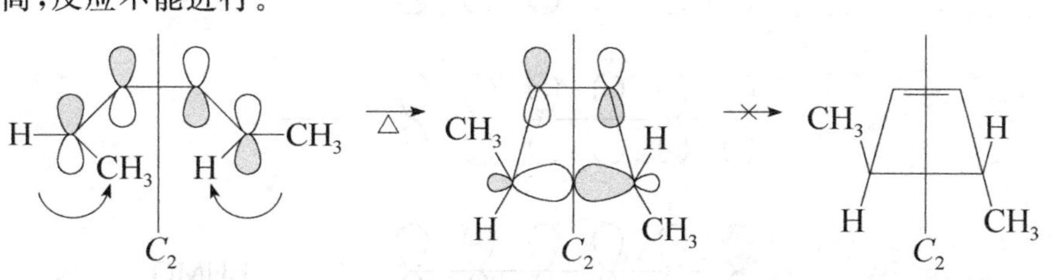


在激发态(光照条件)下，由于一个电子从成键轨道 $\psi_2$ 被激发到反键轨道 $\psi_3$ 上，此

时分子的 HOMO 变为 $\psi_3$，只有采取对旋方式才能形成新的化学键并关环：

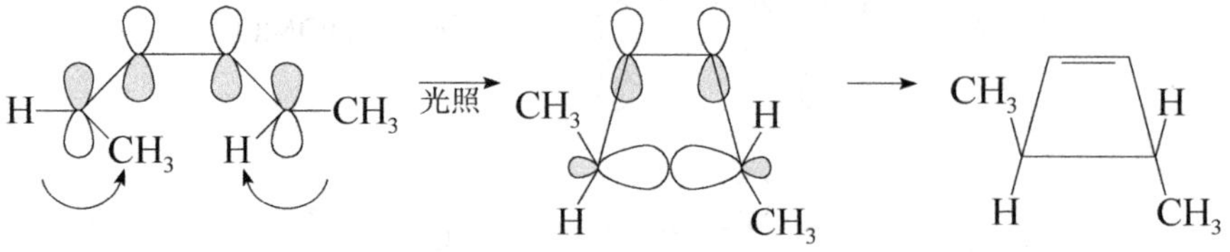


轨道对称性守恒原则的体现在 $m$ 上。过渡态和产物对对称面 $m$ 始终保持对称性不变。这是对称性允许的反应，所需活化能较低，反应可顺利进行。

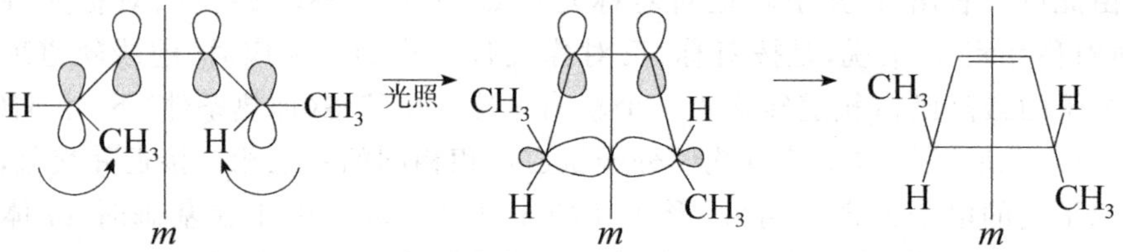


如果采取顺旋方式，则不能形成新的化学键。过渡态对 $m$ 轴的对称性被破坏，是轨道对称性禁阻的，所需活化能很高，反应不能进行。

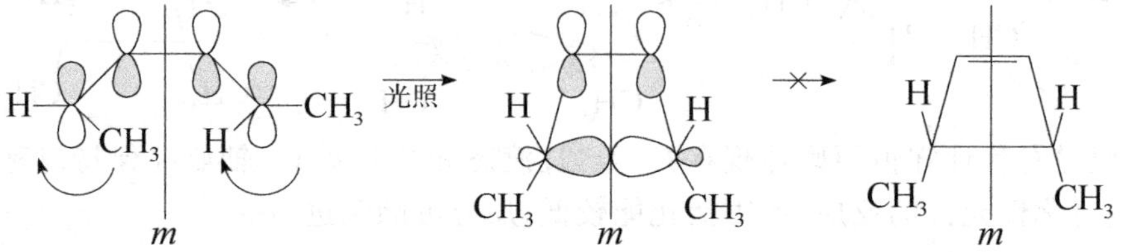


由于分子两端是沿 $C_2$-$C_3$ 和 $C_4$-$C_5$ 顺旋(或对旋)成键，因而两原子上所连接的取代基也随着顺旋或对旋的方式在空间有立体专一性的排列。

由此可见，基元反应只有满足轨道对称性守恒原则才能顺利进行。

2) $4n+2$ 体系

最简单的 $4n+2$ 体系为具有 $6\pi$ 电子的共轭体系。首先列出 $6\pi$ 电子体系分子的 $\pi$ 轨道：

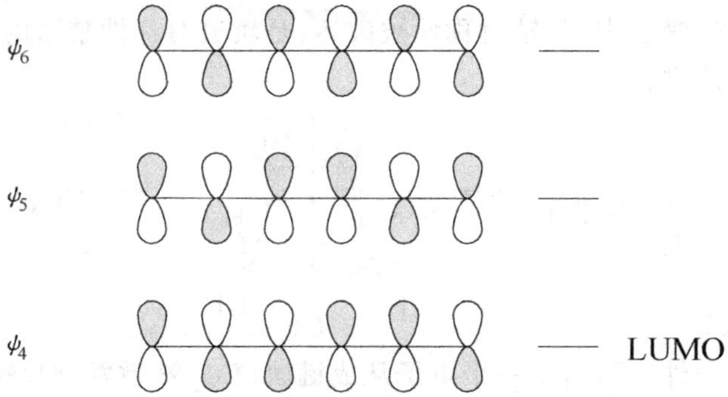

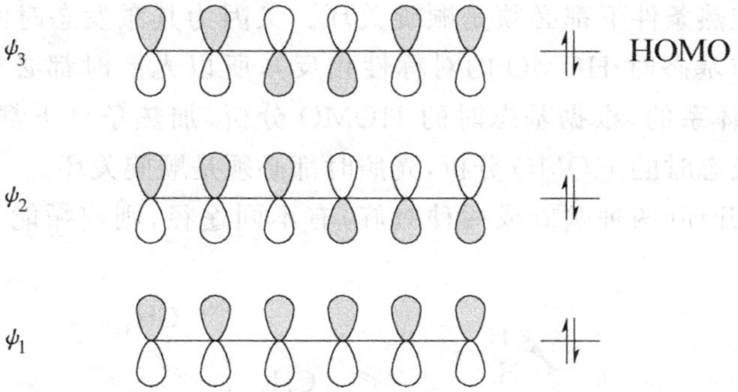


$\pi$ 分子轨道对对称元素 $C_2$ 来说，也是按反对称、对称交替变化的，对对称元素 $m$ 来说，同样也是按对称、反对称交替变化的。但 $4n+2$ 体系分子的 HOMO 和 LUMO 对 $C_2$ 和 $m$ 的对称性正好与 $4n$ 体系相反，所以反应产物的立体化学取向与 $4n$ 体系也相反，即在加热时生成对旋产物，光照时生成顺旋产物。例如，(2$E$,4$Z$,6$E$)-2,4,6-辛三烯在基态和激发态条件下的电环化反应。

在基态条件下：

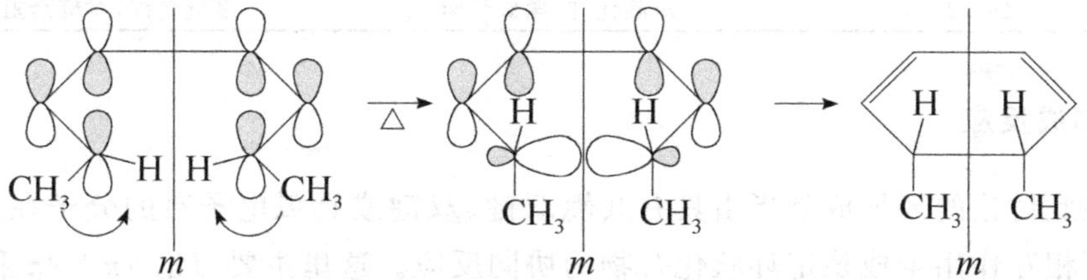


基态对旋关环，过渡态和产物对对称面 $m$ 始终保持对称性不变，是对称性允许的反应，所需活化能较低，反应可顺利进行。

在激发态条件下：

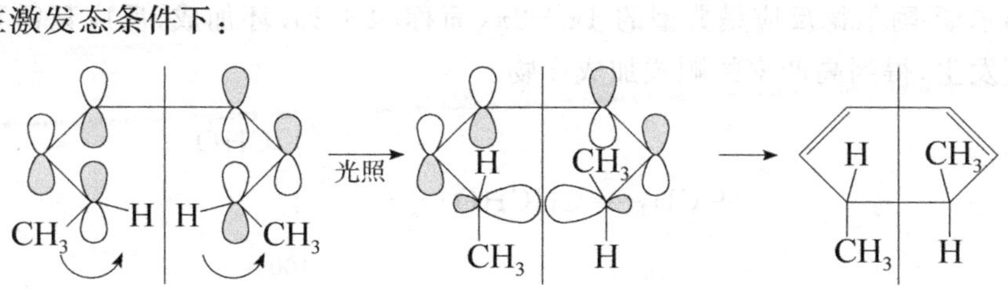


激发态顺旋关环，过渡态和产物对对称面 $C_2$ 始终保持对称性不变，是对称性允许的反应，所需活化能较低，反应可顺利进行。

在电环化反应中，由开链共轭多烯转变为环烯烃或由环烯烃转变为开链共轭多烯烃，$\pi$ 电子数均按开链共轭多烯中的 $\pi$ 电子数计算。由于电环化反应为可逆反应，因此正、逆反应所经过的途径相同，关环和开环的旋转方式也相同。

对于更大的开链共轭多烯，凡符合 $4n$ 体系的，其基态时的 HOMO 都具有相同的对称性,加热条件下都必须是顺旋关环。又因为其激发态时的 HOMO 的对称性都相同(与基态时 HOMO 的对称性相反),所以光照时都必须是对旋关环。凡符合 $4n+2$ 体系的,根据基态时的 HOMO 分析,加热条件下都必须是对旋关环,而根据激发态时的 HOMO 分析,光照时都必须是顺旋关环。

如果旋转开环(两种顺旋或两种对旋)有不同途径,则遵循能量最低的原则。例如:

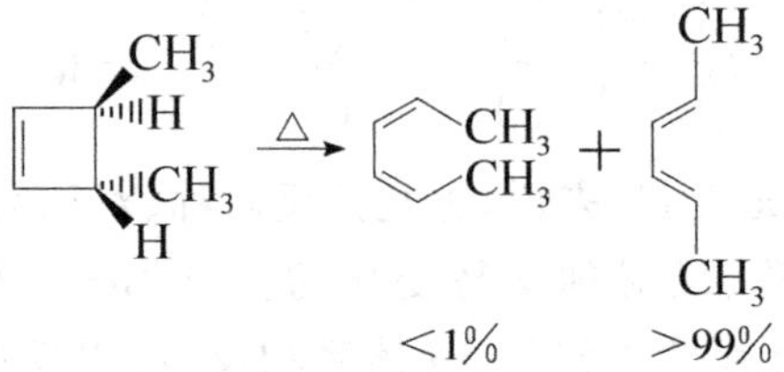


对电环化反应加以归纳,可总结得到以下规律:

| 共轭体系 π 电子数 | 加热(基态) | 光照(激发态) |
|---|---|---|
| $4n$ | 顺旋允许,对旋禁阻 | 对旋允许,顺旋禁阻 |
| $4n+2$ | 对旋允许,顺旋禁阻 | 顺旋允许,对旋禁阻 |

**3. 环加成反应**

在此讨论的环加成是指由具有共轭双键、双键或具孤电子对的分子在光或热作用下相互作用生成稳定环状化合物的协同反应。这里主要讨论 $4\pi+2\pi$ 和 $2\pi+2\pi$ 环加成反应。

1) $4\pi+2\pi$ 环加成

第尔斯-阿尔德反应是典型的 $4\pi+2\pi$(简称[4+2])环加成,反应只需稍稍加热即可发生,得到高产率的顺式加成产物:

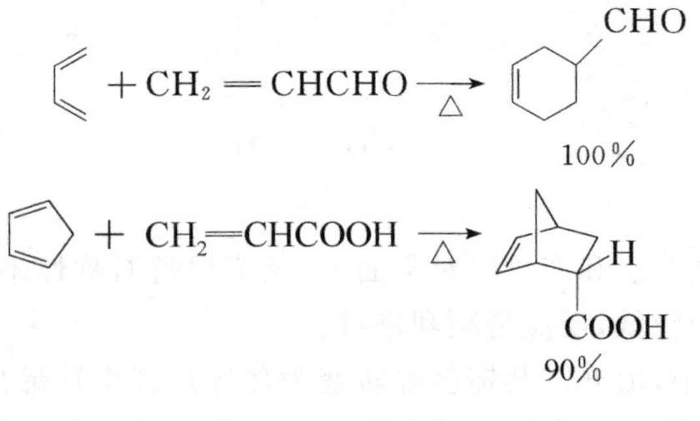


以丁二烯与乙烯的环加成反应为例,对其机理进行讨论:

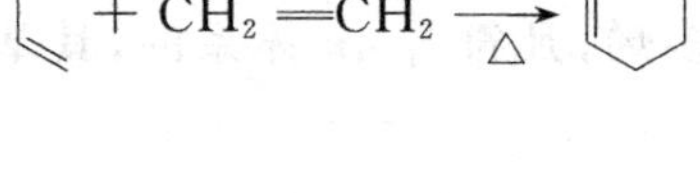

基态时，共轭二烯烃分子 π 键的 HOMO 轨道和 LUMO 轨道分别为 $\psi_2$ 和 $\psi_3$：

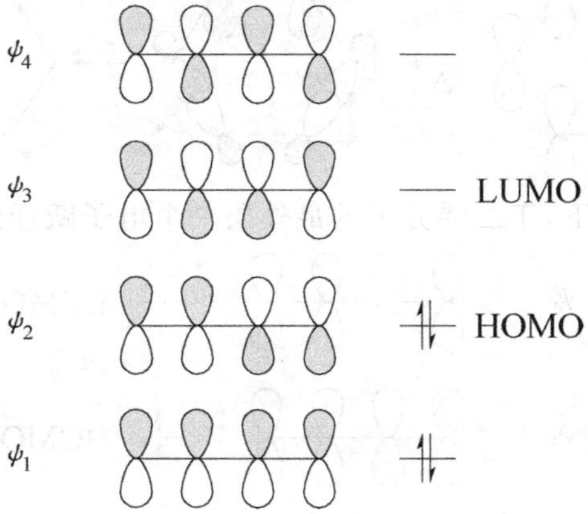


而乙烯分子 π 键的 HOMO 轨道和 LUMO 轨道分别如下：

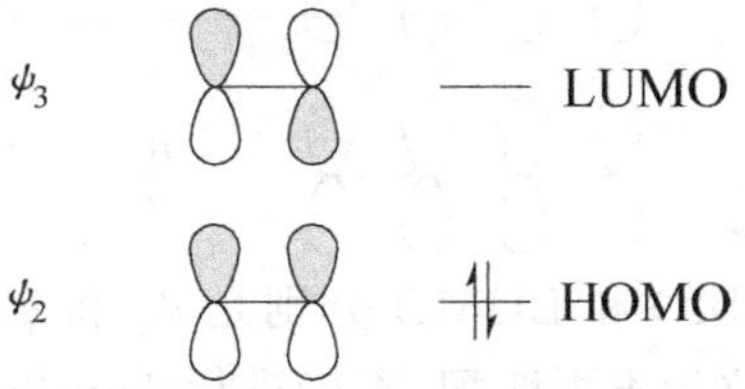


前线轨道理论认为，当两分子发生环加成反应时，电子从一个分子的 HOMO 轨道进入另一分子的 LUMO 轨道，两个分子轨道相互作用产生新分子的两个分子轨道，一个是能量更低(相比于作用前低能量的分子轨道)的成键轨道，一个是能量更高(相比于作用前高能量的分子轨道)的反键轨道。

在环加成过程中，两个分子相互作用形成 σ 键时，必须使转化成 σ 键的两个 π 轨道达到最大程度的同位相重叠，这就要求两个 π 轨道采取同位相的在同面加成的方式。因此，对环加成反应，产物的构型总是取向顺式加成，得到立体专一性加成产物。

由上面的前线分子轨道可见，无论是用丁二烯的 HOMO 与乙烯的 LUMO 进行加成，还是用乙烯的 HOMO 与丁二烯的 LUMO 进行加成，其轨道两端的位相都能相互匹配。因此，反应所需活化能较低，在加热条件下可以顺利进行 $4\pi+2\pi$ 的环加成反应(热允许)。

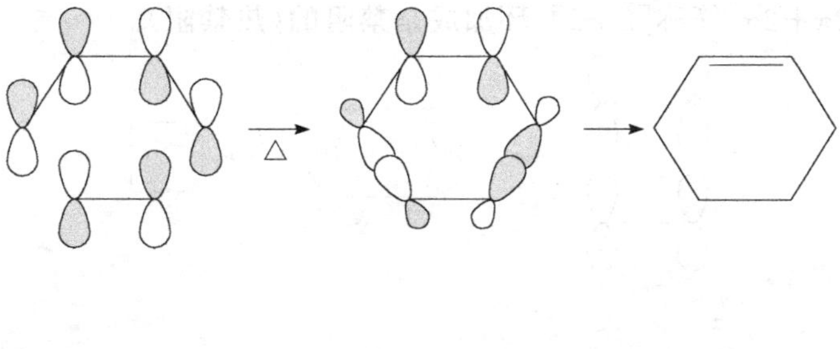

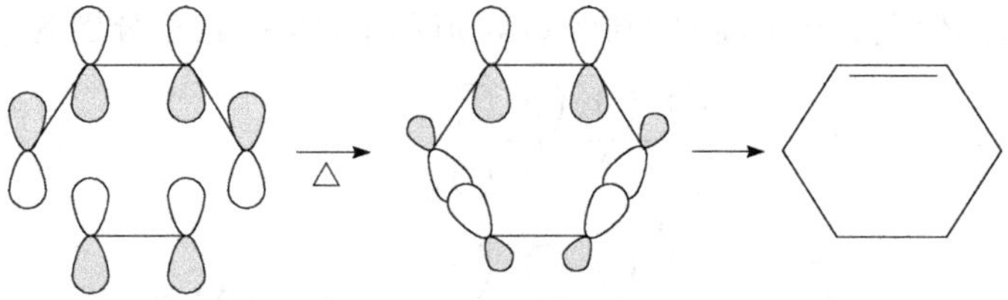

如果在光照条件下,丁二烯分子的最外层一个电子跃迁到反键轨道 $\psi_3$ 上:

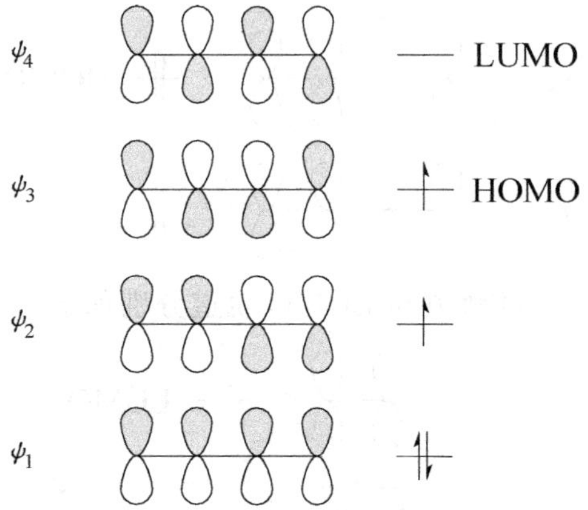


此时分子的前线轨道 HOMO 和 LUMO 分别是 $\psi_3$ 和 $\psi_4$,它与乙烯分子的前线轨道 LUMO 或 HOMO 的位相不再匹配,不能进行 $4\pi+2\pi$ 的环加成反应(光禁阻)。

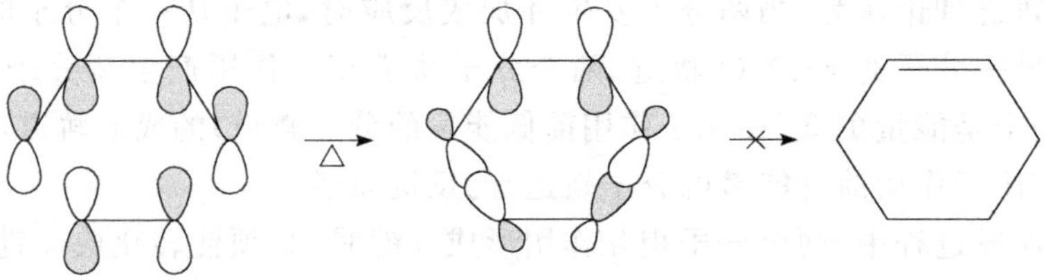

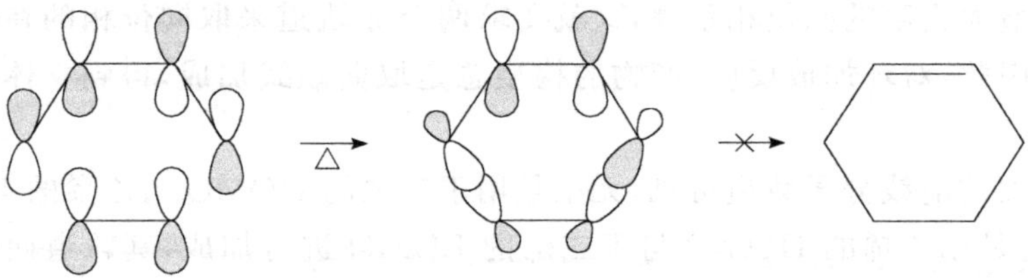

2) $2\pi+2\pi$ 环加成

由乙烯的 $\pi$ 分子轨道可见,两个分子的 HOMO 和 LUMO 位相不相匹配,故在基态时的 $2\pi+2\pi$(简称[2+2])环加成是禁阻的(热禁阻)。

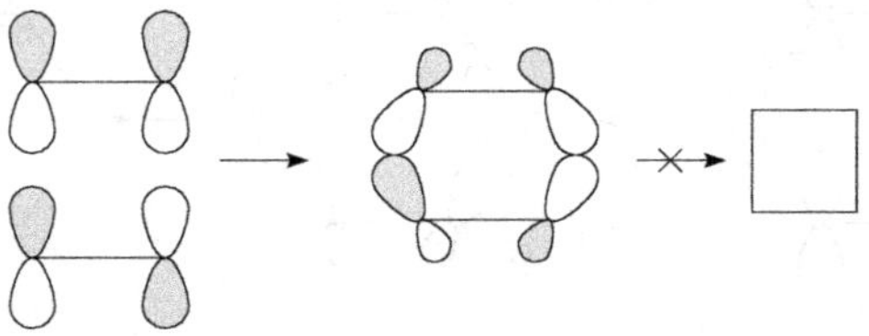

但在光照条件下，一个分子的电子跃迁到反键轨道 $\psi_2$ 上：

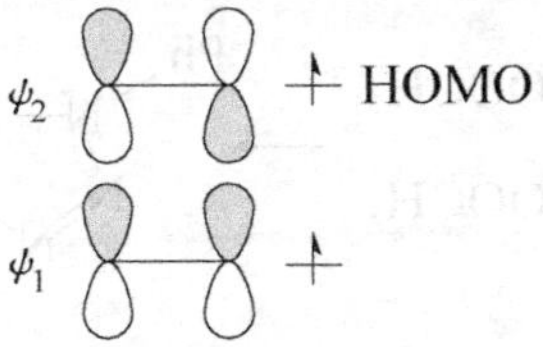


此时 $\psi_2$ 成为该分子的 HOMO，它和另一分子 LUMO 的位相匹配，故在激发态时的[2＋2]环加成是允许的(光允许)，反应可顺利进行，得到立体专一性的顺式加成产物。

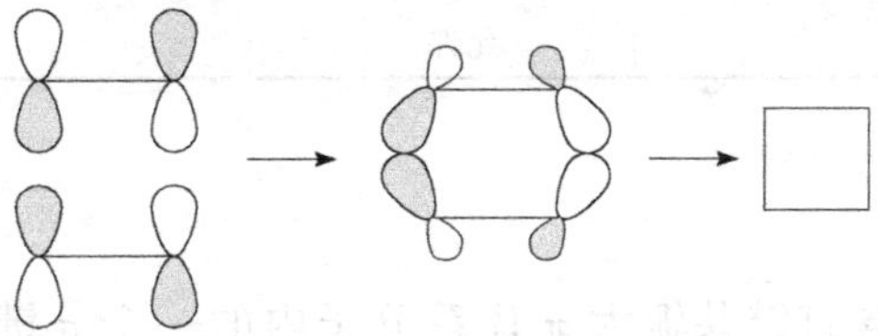

例如：

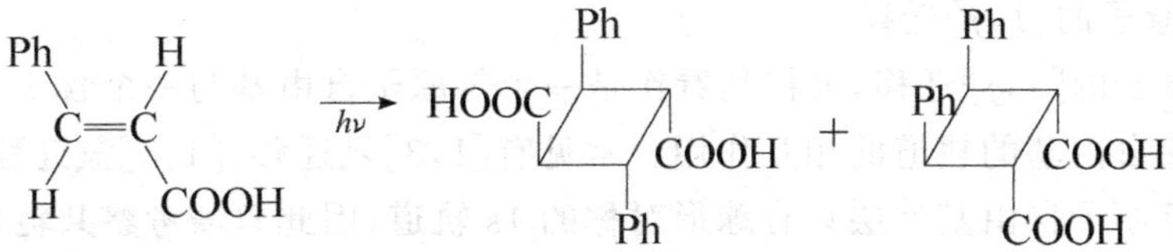


3）1,3-偶极加成

有一些结构具有 1,3-偶极的分子也能发生环加成反应。常见的 1,3-偶极分子有 $O_3$，$RN_3$，RCH ═NNHR′，$RNO_2$ 等。它们发生环加成反应时，其反应规律由 1,3-偶极分子中所含 π 电子数决定。由于 1,3-偶极分子通常含有 4 个 π 电子，因此常发生[4＋2]环加成反应。

例如，臭氧和烯烃的加成反应：

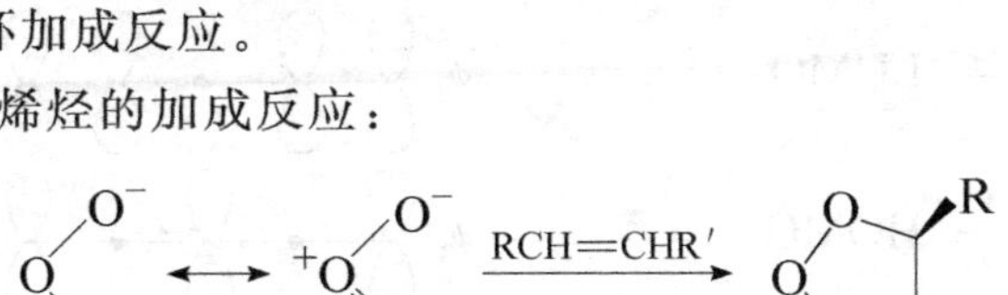


苯腙衍生物和烯烃的反应：

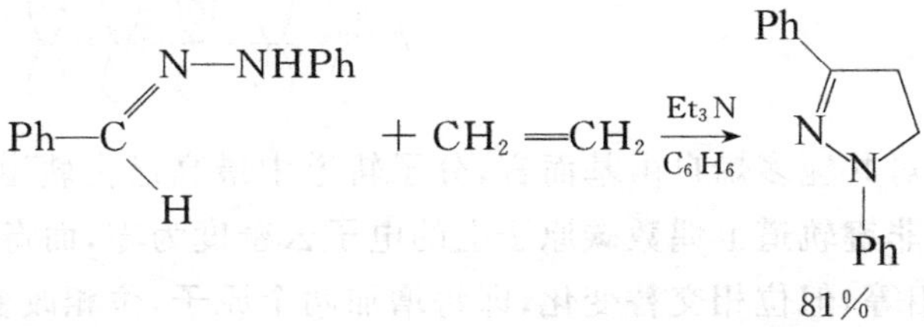

叠氮化物和不饱和键的反应：

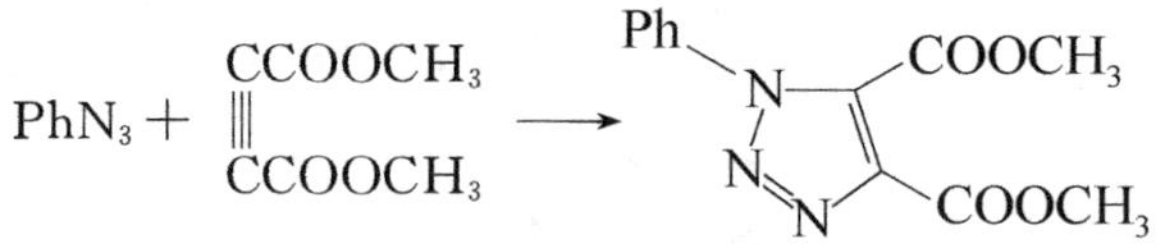

4）环加成反应的规律

在环加成反应中，反应规律取决于反应体系的 π 电子总数，结果如下：

| 体系的 π 电子总数 | 加热(基态) | 光照(激发态) |
|---|---|---|
| $4n$ | 禁阻 | 允许 |
| $4n+2$ | 允许 | 禁阻 |

### 4. σ 迁移反应

σ 迁移反应是指含直链共轭大 π 体系分子内的一个 σ 键通过环状过渡态，由共轭大 π 体系的一端迁移至另一端，同时伴随着 π 键转移的反应。

1）氢原子的[1,$j$]迁移

对氢原子的[1,$j$]迁移，可将其看作是一个氢原子自由基与一个含 $j$ 个 p 电子的共轭多烯自由基的轨道的相互作用。常见有[1,3]氢迁移、[1,5]氢迁移等。

由于氢原子自由基外层只有球形对称的 1s 轨道，因此只需考察共轭多烯自由基 π 轨道的对称性。以烯丙基自由基和戊二烯自由基为例，首先列出自由基的 π 轨道：

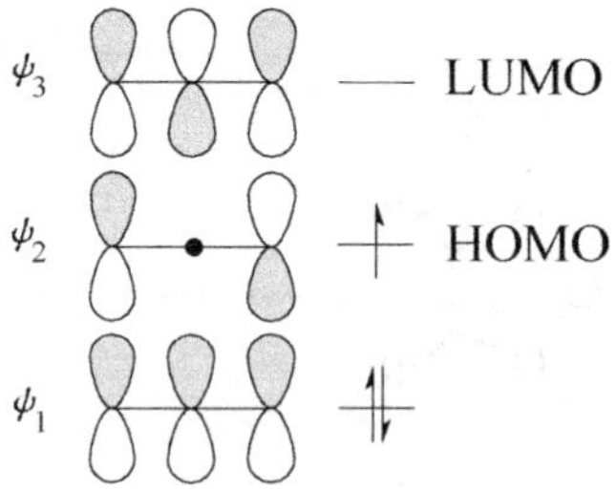


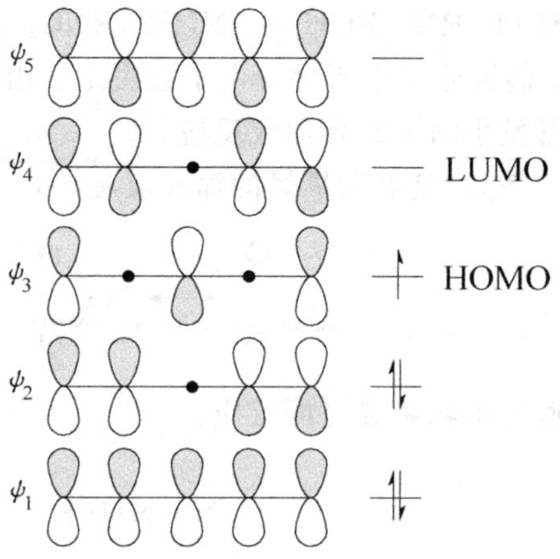


由上可以看到，对共轭多烯自由基而言，分子轨道中最高已占轨道 HOMO 是 π 体系的非键轨道，非键轨道上偶数碳原子上的电子云密度为零，而奇数碳原子上的电子云密度数值相等，但位相交替变化，即每增加两个原子，位相改变一次。

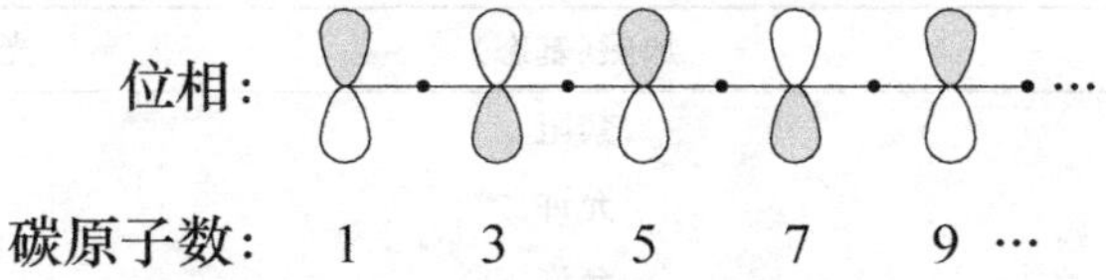


在 $\sigma$ 迁移中,由氢原子自由基 1s 轨道与共轭多烯自由基的最高已占轨道 HOMO相互作用形成新的 $\sigma$ 键。对烯丙烯自由基而言,考察它们的轨道匹配性可以发现,其两端位相与氢原子自由基 1s 轨道位相不匹配。因此,在基态条件下,氢原子的[1,3]同面迁移是禁阻的。

对氢原子的[1,3]异面迁移而言,虽然轨道位相相互匹配,但由于它需跃过分子平面(节面),反应所需活化能很高,通常情况下不容易发生。因此,对氢原子而言,基态条件下不易发生[1,3]迁移。

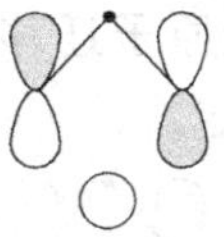

但在激发态条件(光照)下,由于最外层电子跃迁到反键轨道上,此时轨道的位相相互匹配,允许发生[1,3]同面迁移。因此,光照条件下,氢原子的[1,3]同面迁移是允许的。

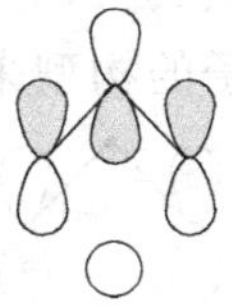

对氢原子的[1,5]迁移而言,由于戊二烯自由基 HOMO 两端位相相同,它与氢原子自由基 1s 轨道位相匹配,因此,在基态条件下,氢原子的[1,5]同面迁移是允许的。

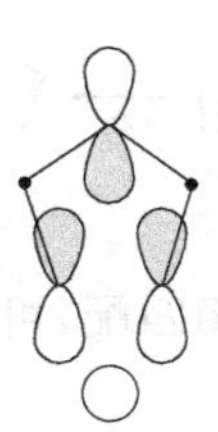

与前面的讨论类似,在激发态(光照)条件下,由于戊二烯自由基的最外层电子跃迁到反键轨道 $\psi_4$ 上,此时它与氢原子自由基 1s 轨道位相不再匹配,因此在激发态条件下氢原子的[1,5]同面迁移是禁阻的。

综上所述,对氢原子的[1,*j*]迁移,反应规律如下:

| 迁移方式 | 加热(基态) | 光照(激发态) |
|---|---|---|
| [1,3]同面 | 禁阻 | 允许 |
| [1,3]异面 | 允许 | 禁阻 |
| [1,5]同面 | 允许 | 禁阻 |
| [1,5]异面 | 禁阻 | 允许 |

若 $j$ 为 7,9 等可依此类推。

需要强调的是,对于异面迁移,尽管对称性允许,但由于氢原子需跃过分子平面,反应活化能很高,通常情况下不易发生。

2) 碳原子的[1,$j$]迁移

由于碳原子自由基最外层轨道为 p 轨道,它有位相相反的两瓣,因此反应比氢原子略为复杂一点。

对氢原子迁移是禁阻的反应,碳原子迁移可以通过改变构型的方法实现,即发生迁移时伴随迁移碳原子的构型改变。

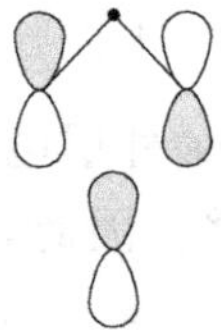

以碳原子的[1,3]迁移为例,虽然其[1,3]同面迁移位相不匹配,不能发生正常的迁移反应。但它可通过改变碳原子的构型来满足其位相的要求:

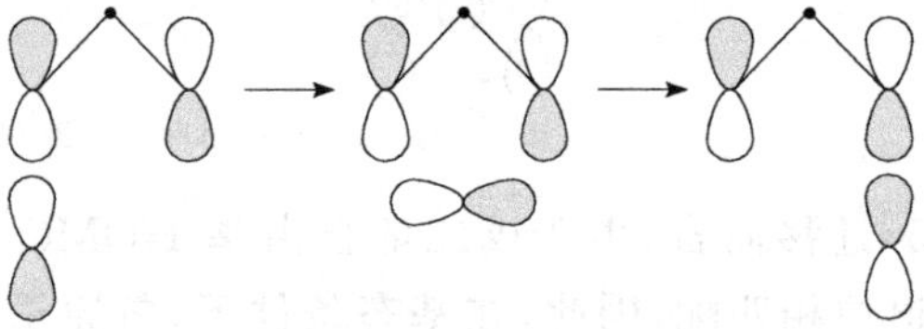

例如:

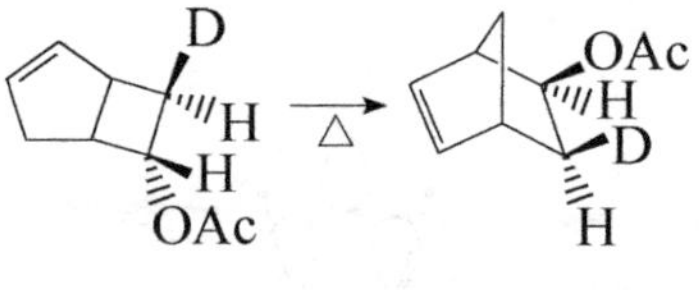


对碳原子的[1,5]迁移,由于位相匹配,可发生正常的迁移反应(迁移碳原子构型保持不变)。

3) [$i$,$j$]迁移

[$i$,$j$]迁移有各种类型,最常见的有[3,3]σ 迁移(又称科普重排)。对于[3,3]迁移,可看作是两个烯丙基(式)自由基的相互作用,对烯丙基自由基而言,其两个分子轨道 HOMO 两端的位相匹配。因此,在基态(加热)下,可以顺利发生反应,生成[3,3]迁移的产物。

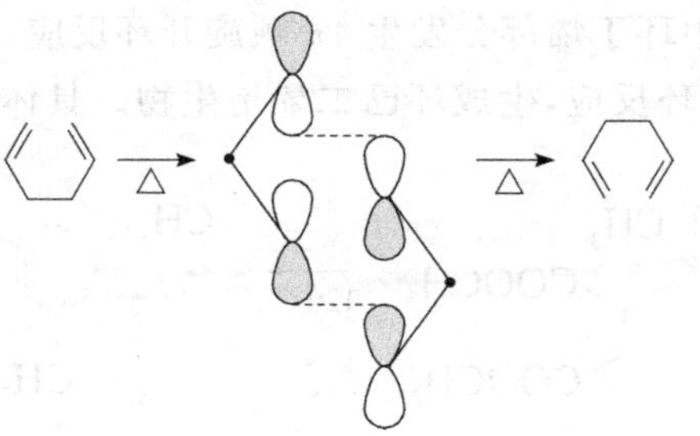

常见的克莱森重排也是[3,3]σ 迁移反应：

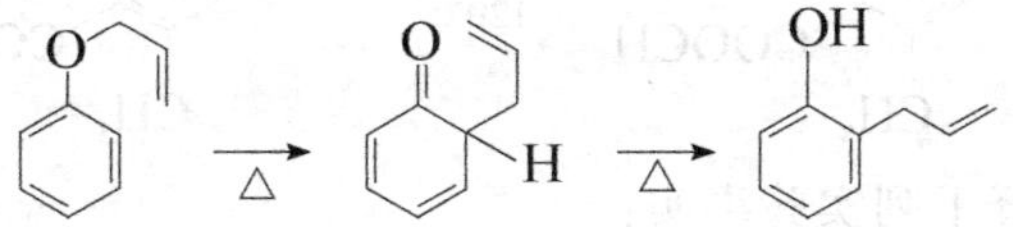

反应物首先发生[3,3]迁移，生成中间产物环己二烯酮衍生物，后者再经酮-烯醇互变异构转化为最终产物。

除了可发生[3,3]迁移外，还可发生[5,5]、[7,7]等 σ 迁移。

σ 迁移的平衡受重排前后两种化合物的热力学相对稳定性控制。例如：

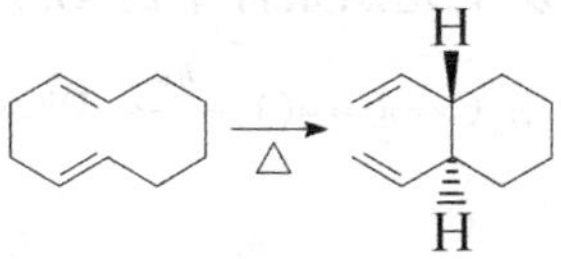

反应物为十元环，产物为六元环，由于跨环张力的消除，产物的热力学稳定性高得多，促使平衡向右进行。又如：

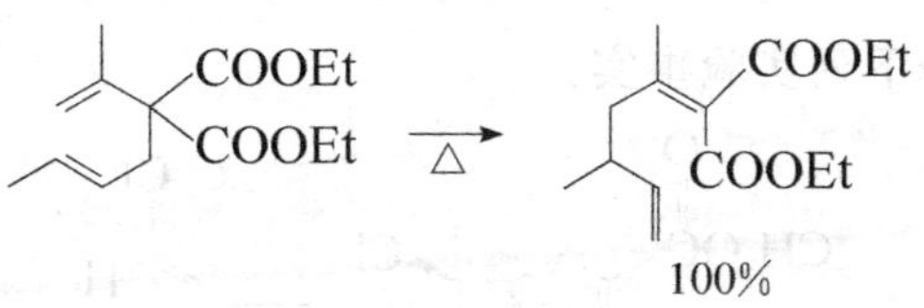

由于产物形成稳定的共轭大 π 体系，反应物完全转化为产物。

## 二、解题示例

**【例 14-1】** 解释下列实验事实：

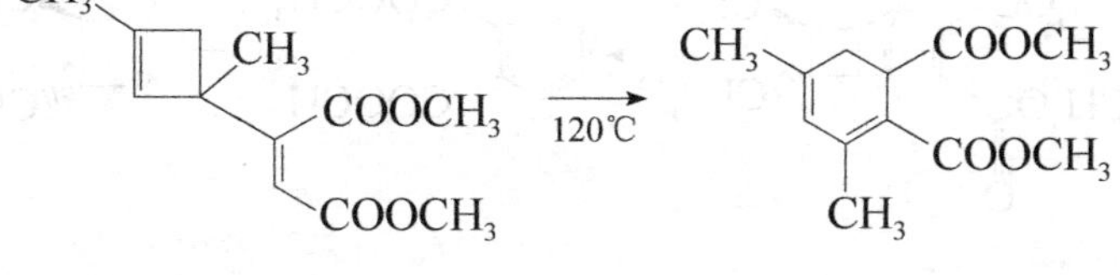

**解** 首先是原料中环丁烯部分发生 4π 顺旋开环反应,得到己三烯衍生物。然后发生 6π 体系对旋成环反应,生成环己二烯衍生物。具体反应如下:

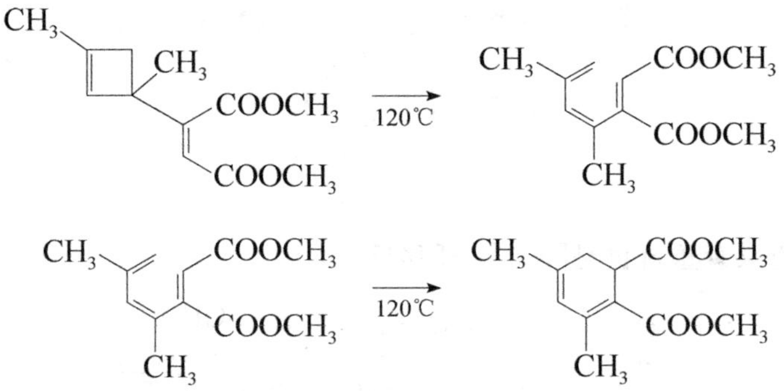

**【例 14-2】** 解释下列实验事实:

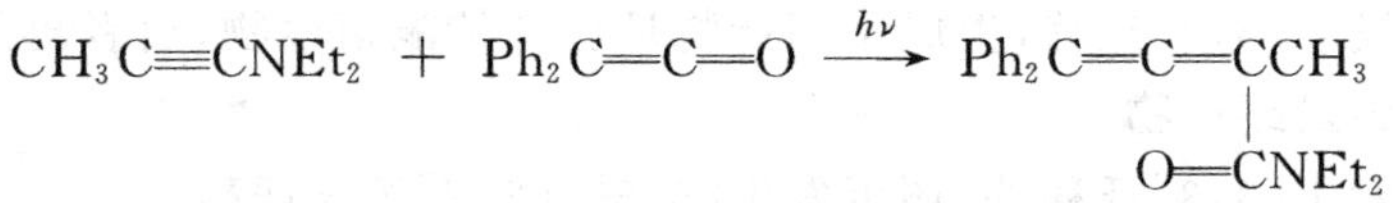

**解** 首先是两个原料之间发生光照条件下的[2+2]环加成反应,生成氧杂环丁烯衍生物,然后该衍生物再发生光照条件下的 4π 对旋开环反应,生成最终产物。

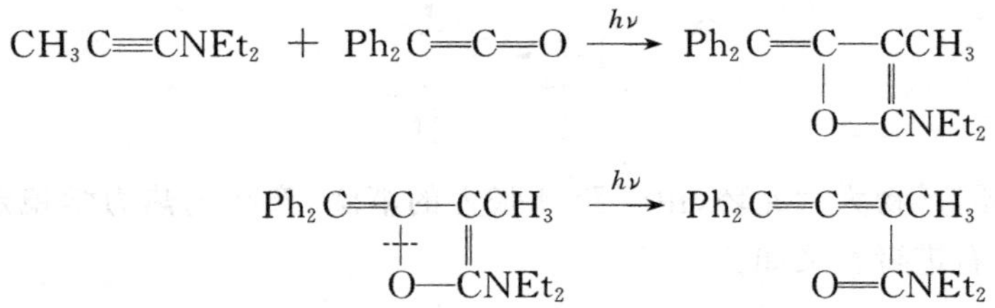

**【例 14-3】** 解释下列实验事实:

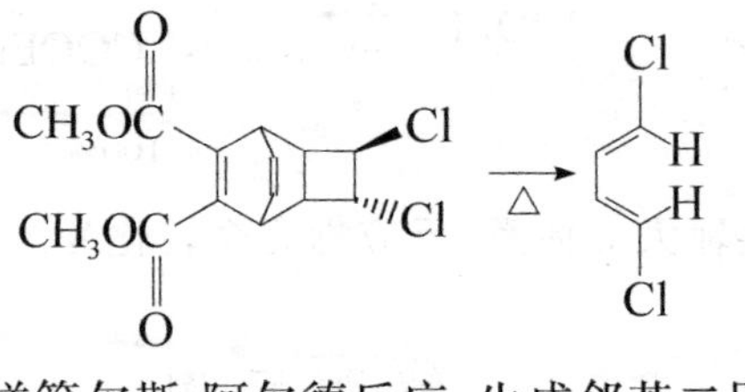

**解** 原料首先发生逆第尔斯-阿尔德反应,生成邻苯二甲酸二甲酯和环丁烯衍生物,环丁烯衍生物再发生 4π 顺旋开环反应得到产物。具体反应如下:

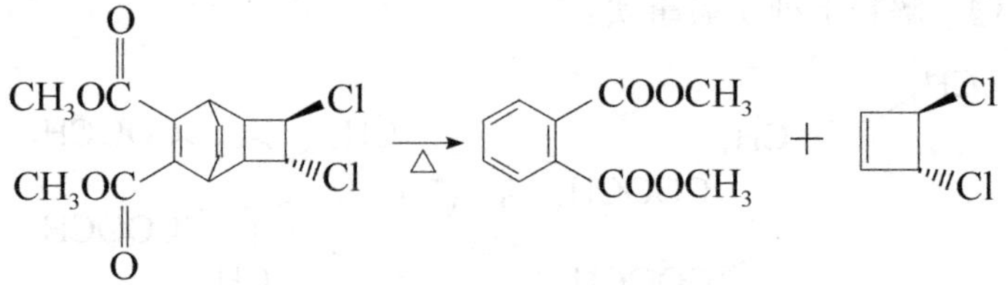

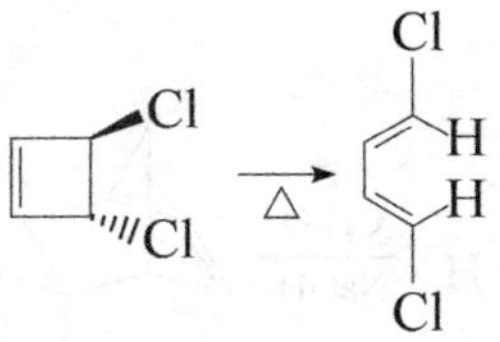


**【例 14-4】** 下列化合物在 100℃时，其$^1$H NMR 谱中只有一个信号，$\delta$＝4.22ppm(s,10H)，给出合理解释。

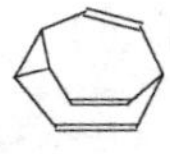

瞬烯(bullvalene)

**解**　在瞬烯分子中，由于三元环张力较大，分子有通过相邻 π 键经[3,3]σ 迁移反应打开三元环释放张力的趋势。但由于分子结构的特殊性，一旦[3,3]σ 迁移反应完成，在分子的另一端恰巧又产生一个三元环，重新回到起点，使得分子始终不停地进行[3,3]σ 迁移：

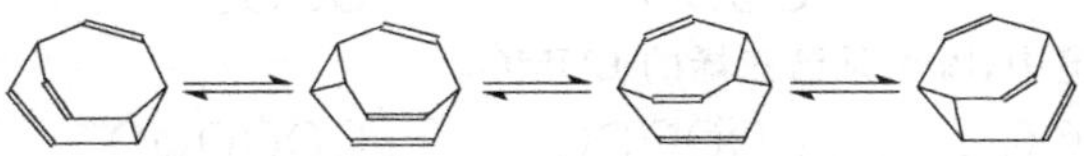

在此过程中，由于所有氢原子都在轮流扮演顶角氢、烯键氢和三元环氢原子的角色，使得它们的信号平均化，因此$^1$H NMR 谱中只在 $\delta$＝4.22ppm 处出现单峰。

**【例 14-5】** 用丙烯醛为主要原料合成下列化合物：

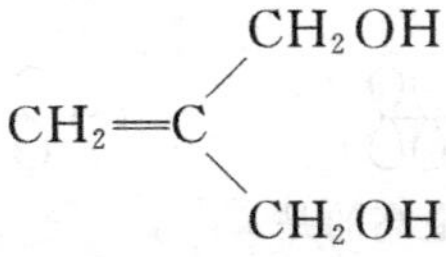


**解**　在 $CH_2$ ═CHCHO 中，醛基具有吸电子作用，通常可活化 α-氢，容易在 α-位生成碳负离子，进而与甲醛缩合得到产物。但由于 α，β-不饱和键的存在，此种活化作用受到严重抑制。因此，如能够设法暂时屏蔽不饱和键，此合成路线即可获得成功。

由于第尔斯-阿尔德反应可逆，此处利用第尔斯-阿尔德反应就是一种很好的保护或屏蔽双键的方法。

逆合成分析：

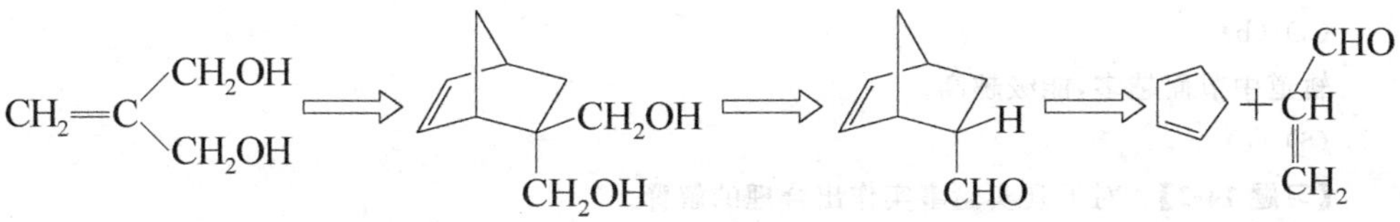

合成：

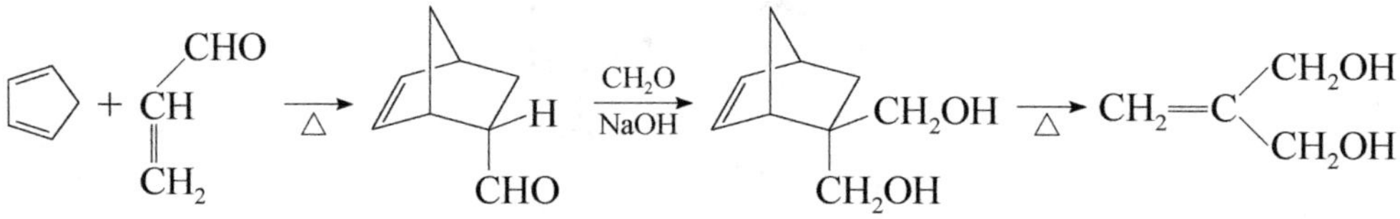

在合成中，首先用环戊二烯保护双键，然后在醛基的 $\alpha$-位引入羟甲基，同时利用康尼查罗反应将醛基一并还原成羟基，再通过逆第尔斯-阿尔德反应除去环戊二烯单元即得到产物，合成路线简捷明了。

## 三、习题与参考解答

**【习题 14-1】** 按题意要求选择正确答案。

(1) 下列分子轨道中，哪个是丁二烯的 HOMO

(a) 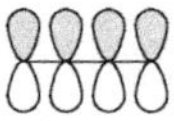　(b) 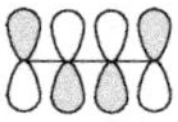　(c) 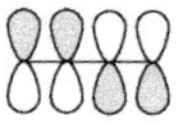　(d) 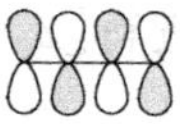

(2) 下列分子轨道中，哪个是己三烯的 LUMO

(a) 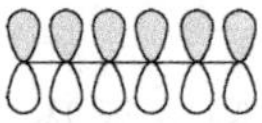　(b) 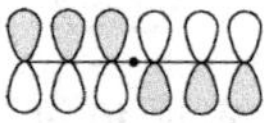　(c) 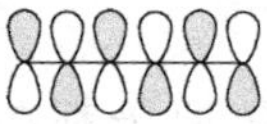　(d) 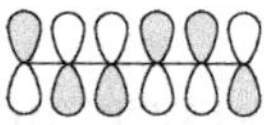

(3) 烯丙基自由基的非键轨道 $\psi_2$ 是

(a) 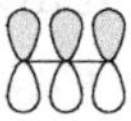　(b) 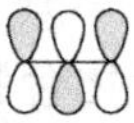　(c) 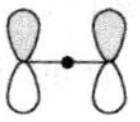　(d) 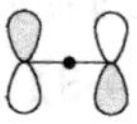

(4) 烯丙基负离子的 LUMO 是

(a) 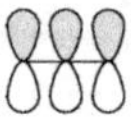　(b) 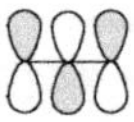　(c) 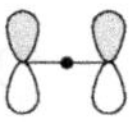　(d) 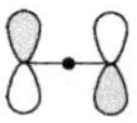

(5) 下列四个分子轨道中，能级最高的是

(a) 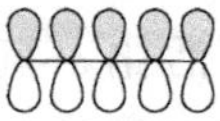　(b) 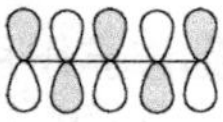　(c) 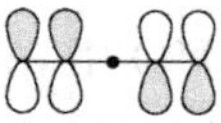　(d) 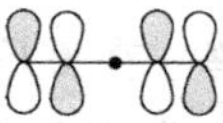

(6) 戊二烯正离子的 HOMO 是

(a) 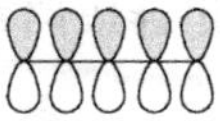　(b) 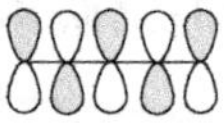　(c) 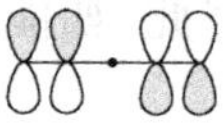　(d) 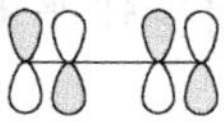

**解**　(1) (c)

(2) (d)

(3) (d)

(4) (b)

(5) (b)

轨道中节面越多，能级越高。

(6) (c)

**【习题 14-2】** 对下列实验事实作出合理的解释。

(1) 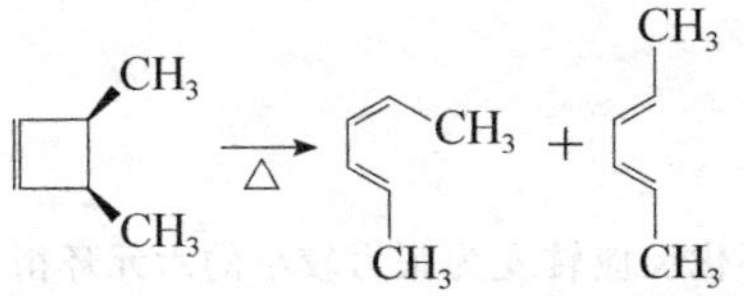

99.9% 0.005%

(2) 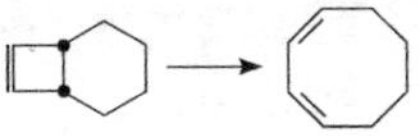 反应需在 250℃时才能发生

 反应在 0℃时即能很快完成

**解** (1) 在产物中，当两个双键都为 $E$ 构型时，在热力学上是更稳定的。但因周环反应的产物结构是由分子轨道的对称性所决定的，对于 $4\pi$ 电子体系，热反应条件下顺旋开环才是对称性允许的，故主要产物为(2$Z$,4$E$)-2,4-己二烯。

(2) 对反应 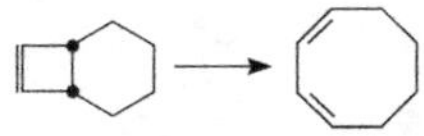 而言，这是一个对旋开环反应，而 $4\pi$ 体系的对旋开环反应在基态是对称性禁阻的，只有加热到很高温度(或在光照条件下)使基态分子转化为激发态时，$4\pi$ 体系的对旋开环才是对称性允许的。

对反应 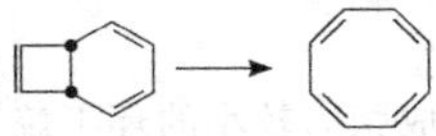 而言，在基态时虽然四元环部分的对旋开环是禁阻的，但六元环部分的对旋开环是对称性允许的，因此反应可顺利进行。

**【习题 14-3】** 完成下列反应。

(1) 

(2) 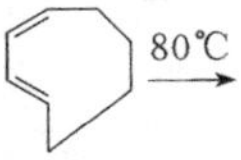

(3) 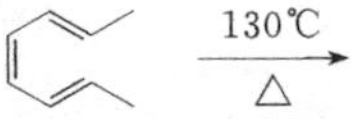

(4) 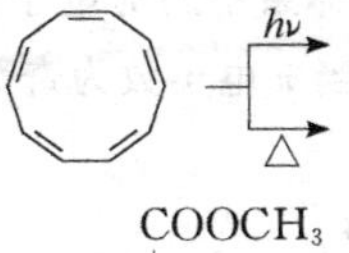

**解** (1) 

由于热力学稳定性的差异，另一种顺旋产物  含量非常少。

(2) 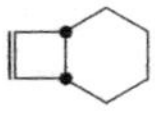

(3) 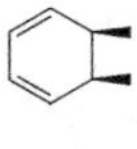

(4) $h\nu$: 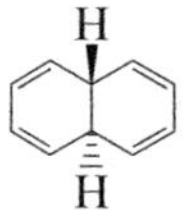 △: 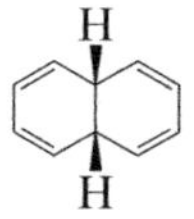

[10]轮烯分子的张力很大,易通过 $6\pi$ 体系的环化反应转变为张力较小的六元环衍生物。

**【习题 14-4】** 给下列反应提出合理的反应机理。

(1) 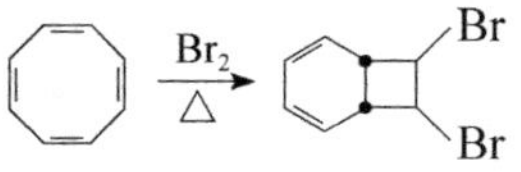

(2) 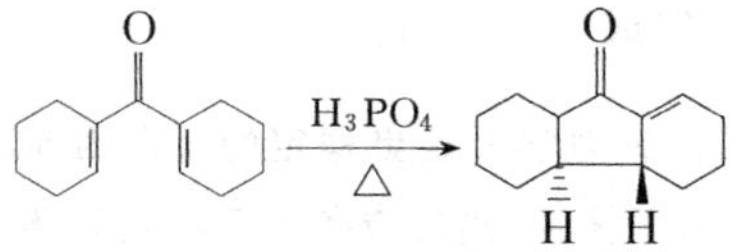

(3) 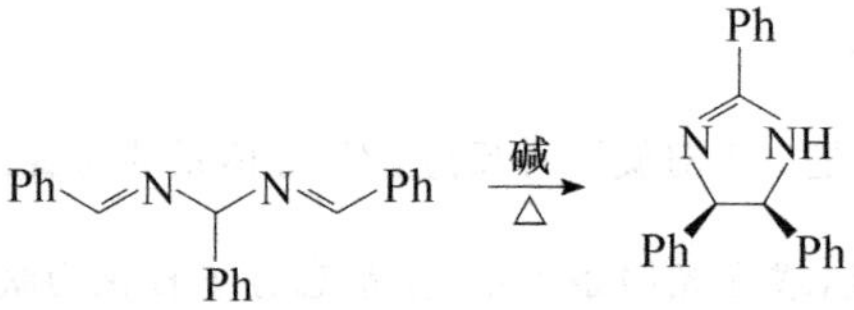

**解** (1) 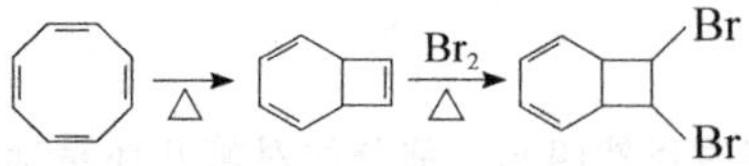

由于环丁烯的张力较大,因此该双键更容易与 $Br_2$ 反应生成张力较小的环丁烷衍生物。

(2) 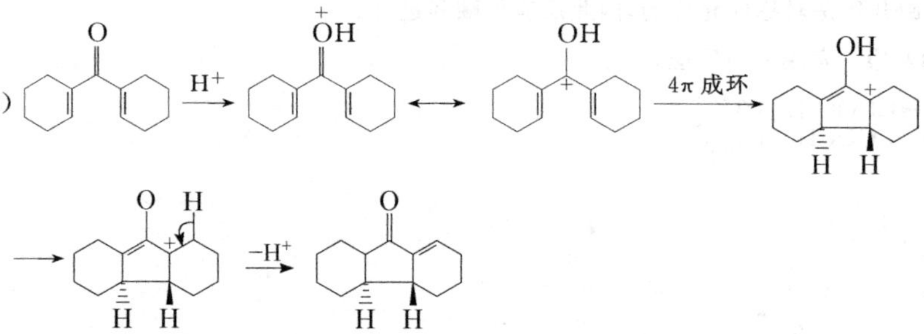

由奇数原子构成共轭体系时,化合物的周环反应规律取决于共轭体系中的 $\pi$ 电子数。当 $\pi$ 电子数为偶数时反应的规律与相同电子数的偶数原子共轭体系相同,当 $\pi$ 电子数为奇数时反应的规律与 $n+1$ 个电子的共轭体系相同。

(3) 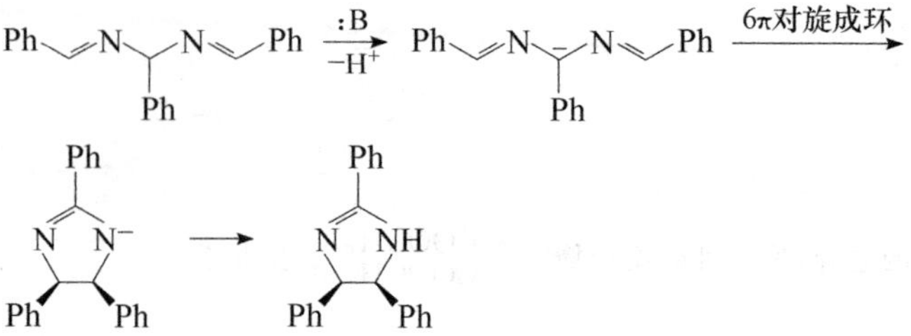

**【习题 14-5】** 完成下列反应。

(1) 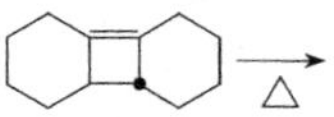

(2) 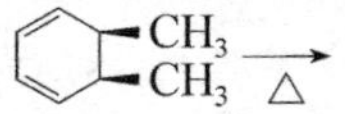

(3) 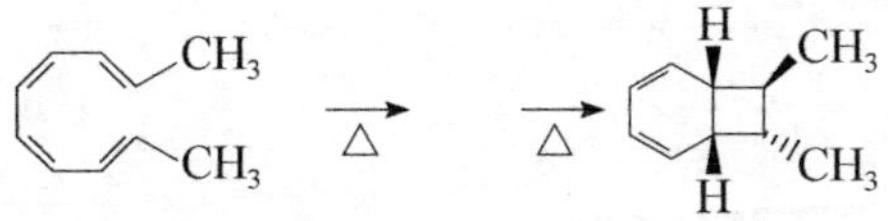

(4) 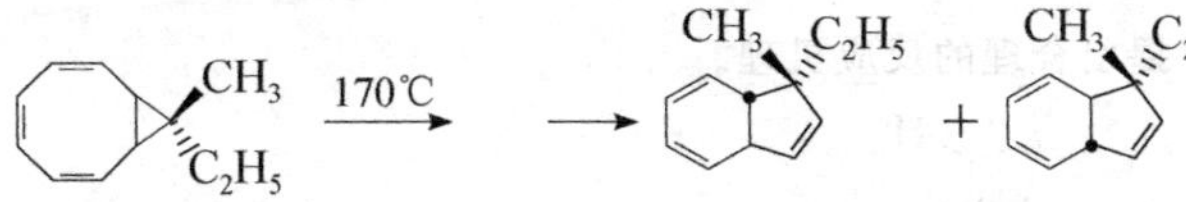

(5) 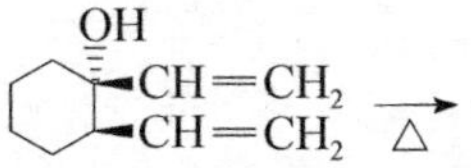

**解** (1) 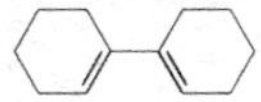

(2) 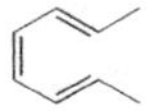

(3) 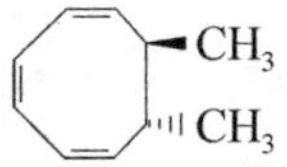

(4) 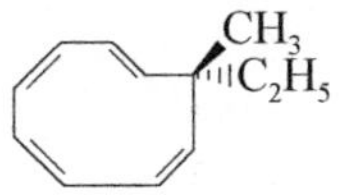

(5) 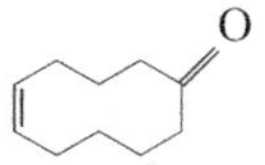

由于发生[3,3]迁移是通过环己烷的椅式构象进行的，因此最终生成的双键为 $Z$ 式。

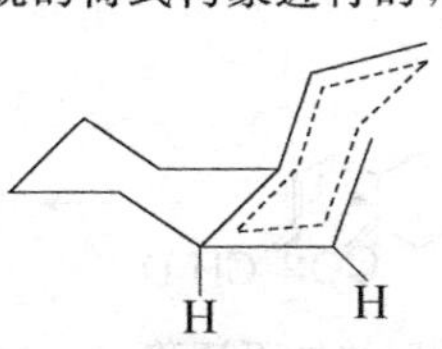

**【习题 14-6】** 1,4-二环庚三烯基苯在加热或光照条件下双键位置可发生一系列变化，试指出每次变化所对应的周环反应名称。

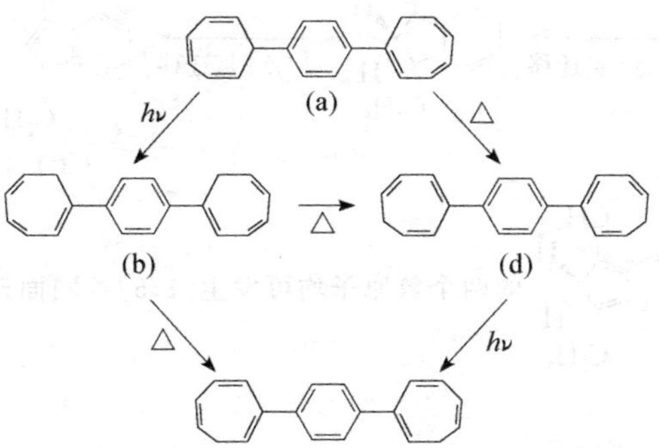

**解** (a)⟶(b) [1,7]氢迁移

(b)⟶(c) [1,5]氢迁移

(a)⟶(d) [1,5]氢迁移

(d)⟶(c) [1,7]氢迁移

(b)⟶(d) [1,5]氢迁移

**【习题 14-7】** 给下列反应提出合理的反应机理。

(1) 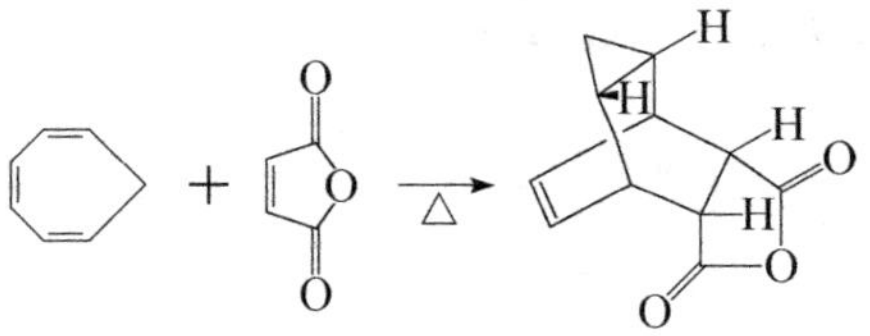

(2) 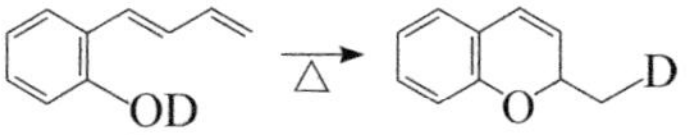

(3) 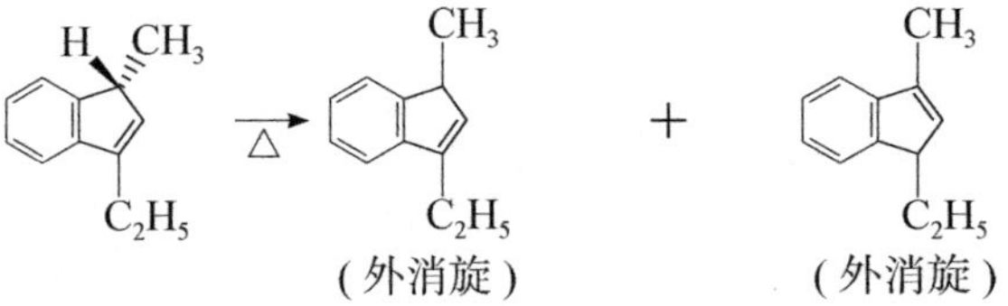


**解** (1) 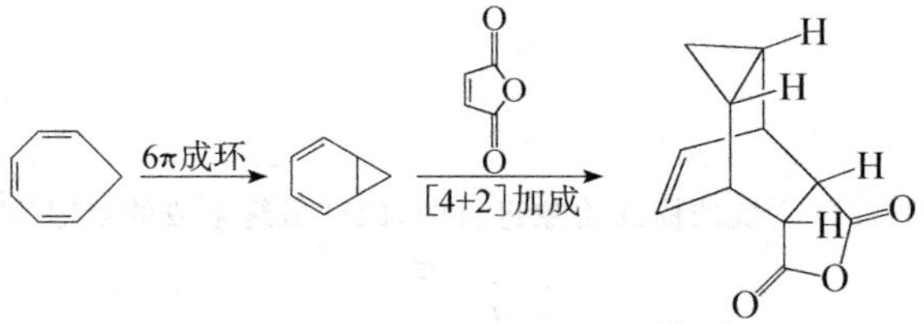


(2) 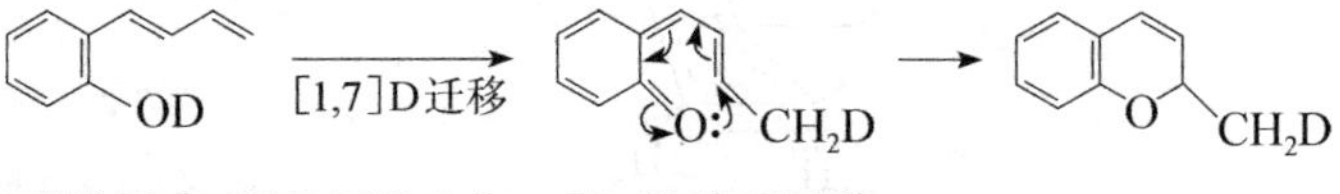


由于碳链扭曲,因此可发生[1,7]D的异面迁移。

(3) 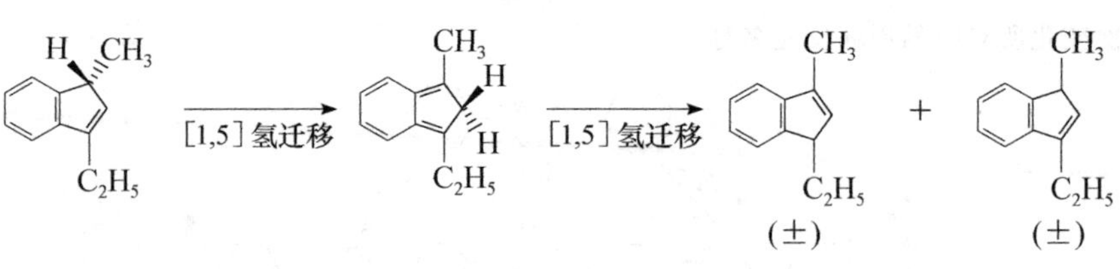


由于中间化合物 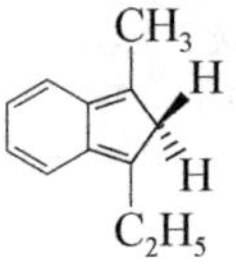 的两个氢原子均可发生[1,5]氢同面迁移,故得到的两个化合物都是外消旋体。

**【习题 14-8】** 合成下列化合物。

(1) 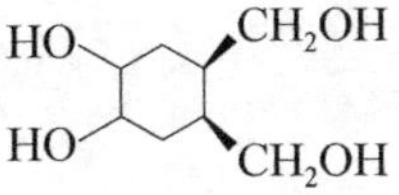

(2) 以不超过 5 个碳的有机化合物为原料合成 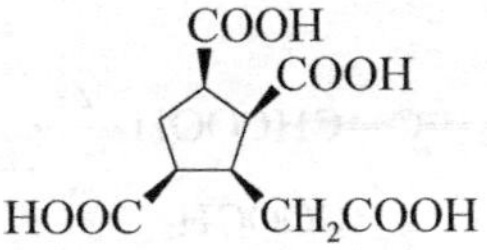

**解** (1) 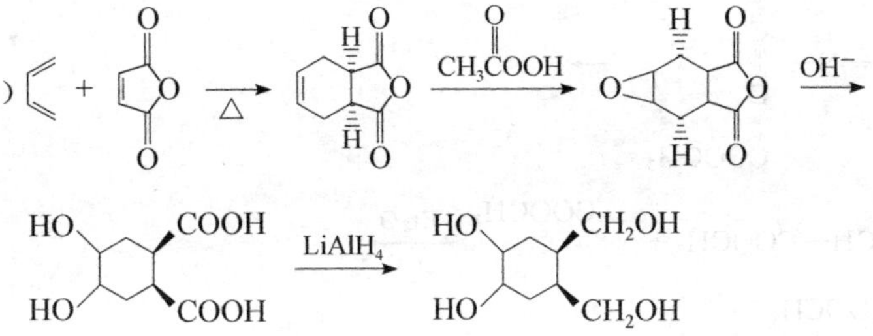

(2) 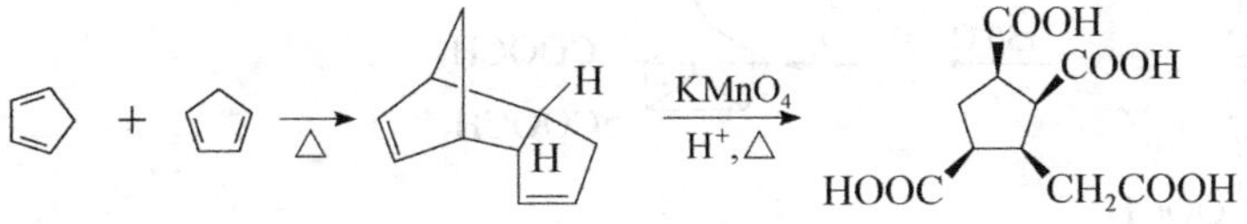

【习题 14-9】 完成下列反应。

(1) 

(2) 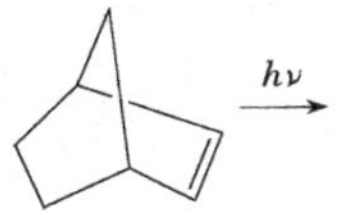

(3) 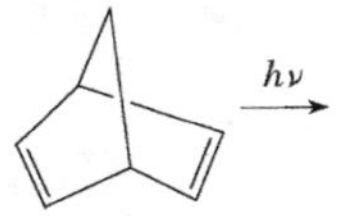

(4) 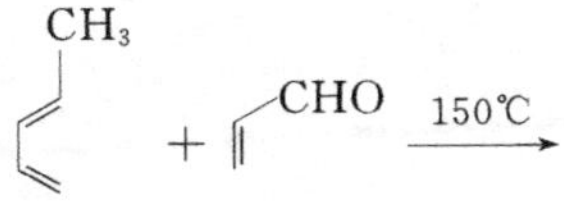

(5) 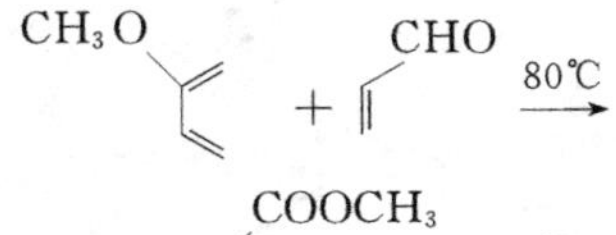

(6) 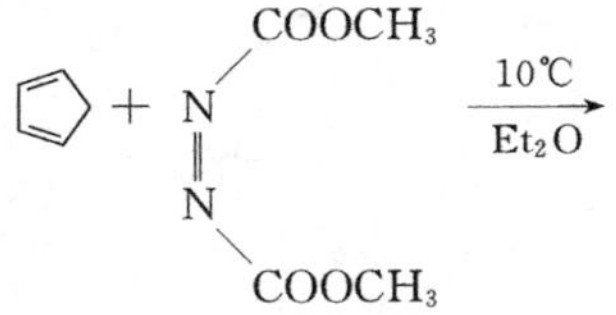

(7) 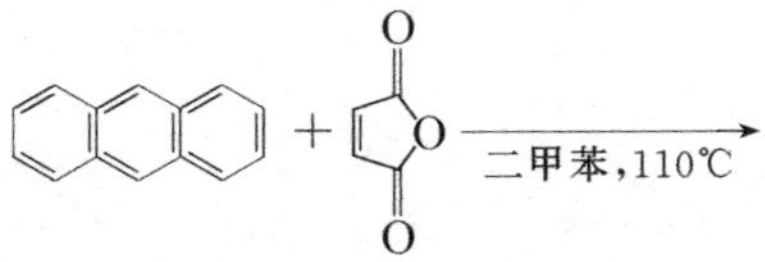

(8) 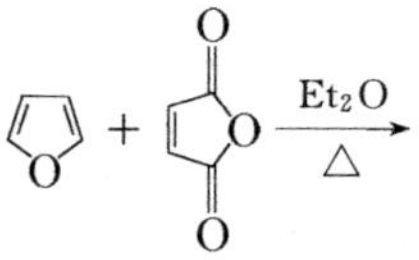

(9)  + $CH_2$═C═CHCOOH $\xrightarrow{\triangle}$

(10) $Ph\overset{-}{N}—N═\overset{+}{N}$ + $CH_3OOC—C≡C—COOCH_3$ ⟶

(11) $\overset{+}{N}═N—\overset{-}{C}H—COOCH_3$ +  $\xrightarrow[20℃]{Et_2O}$

(12) 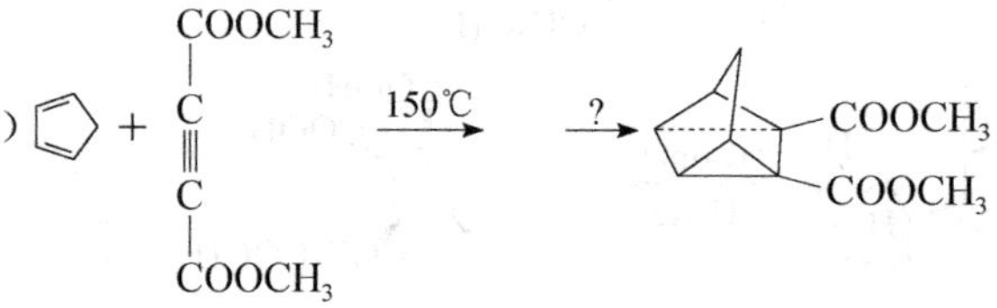

**解**　(1) 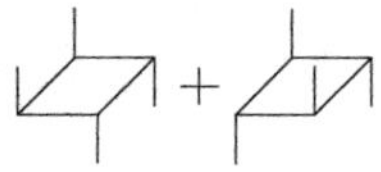

(2) 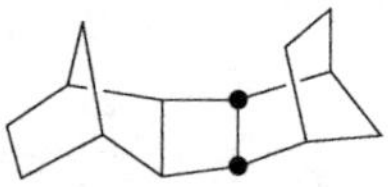

由于位阻作用,两个环系相互反应时,主要生成反式加成产物。

(3) 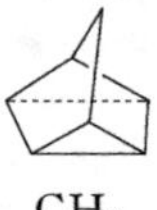

(4) 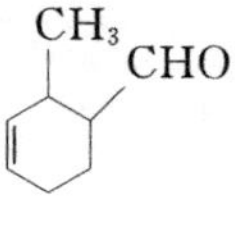

(5) 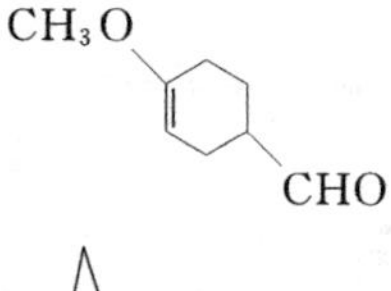

(6) 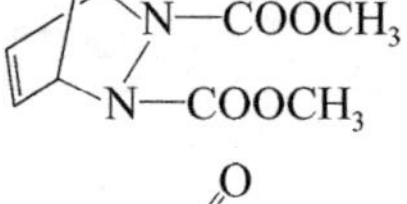

(7) 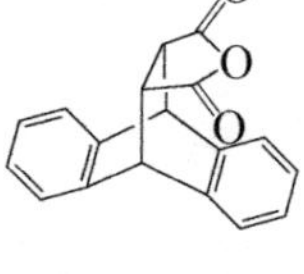

(8) 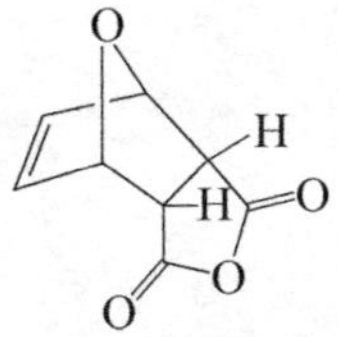


(9) 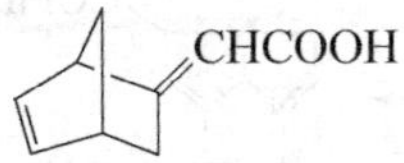


由于产物热力学稳定性的差异，主要产物为 $\alpha,\beta$-不饱和羧酸。

(10) 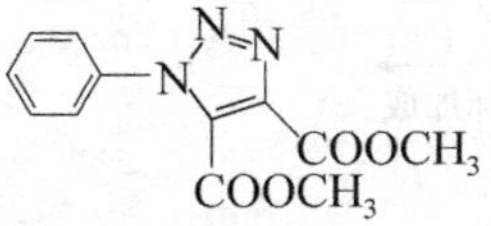


对于叠氮化合物或其他 1,3-偶极化合物，由于 p-π 共轭作用，3 个原子上的 4 个电子形成一个 4π 体系，因此可发生一系列 4π 电子体系的周环反应。

(11) 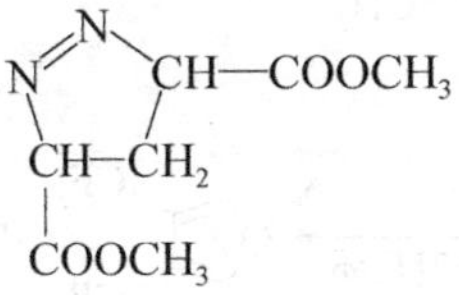


(12) 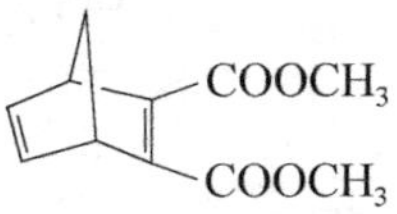


$h\nu$

【习题 14-10】 给下列反应提出合理的反应机理。

(1) 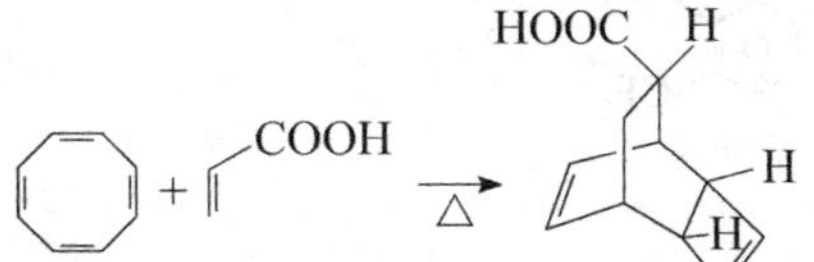


(2) 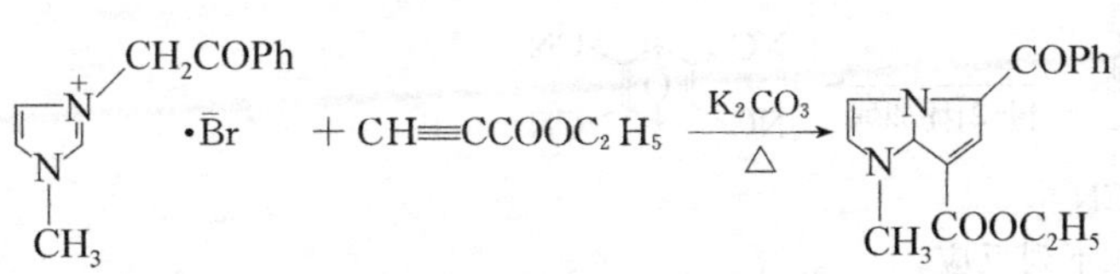


(3) 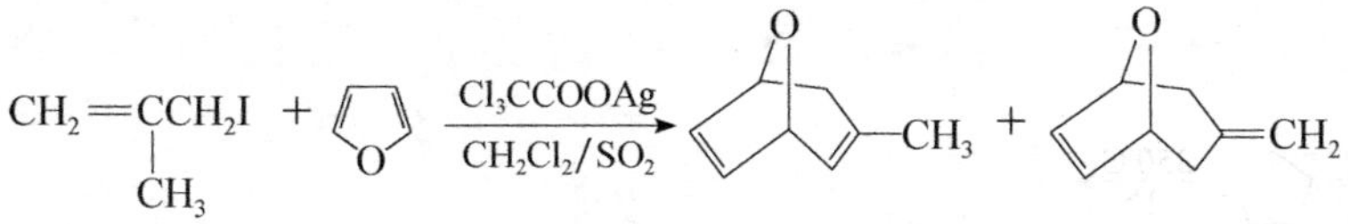


(4) 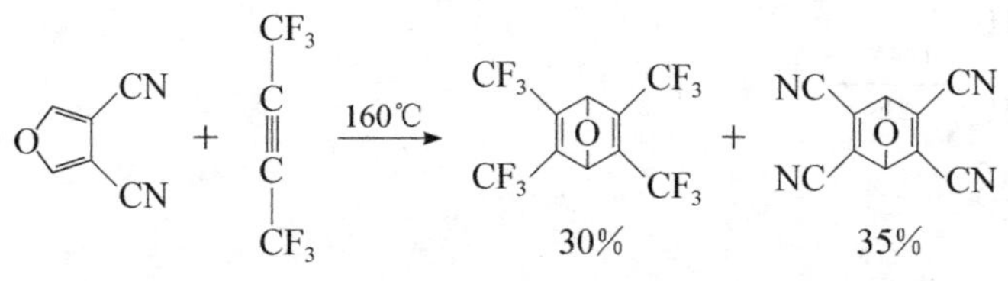

**解**　(1)

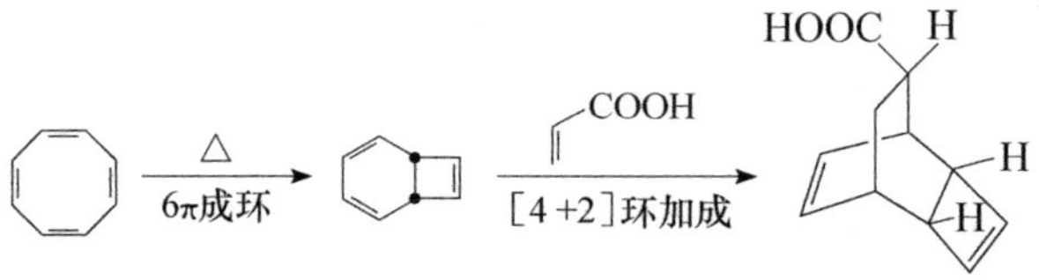

(2)

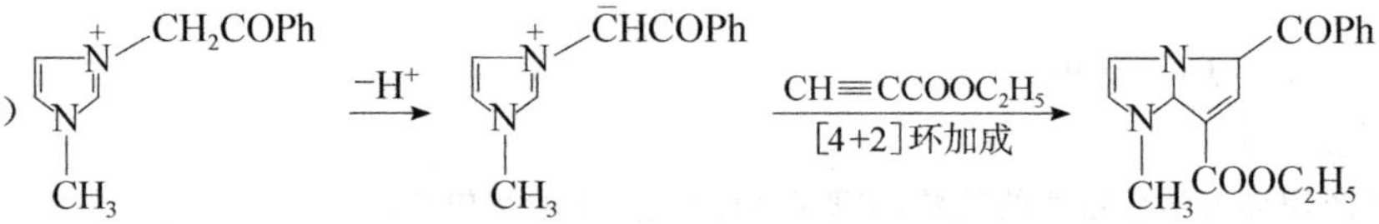

(3)

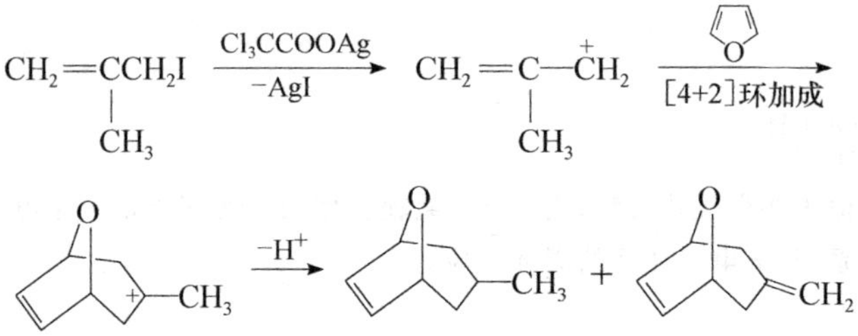

(4)

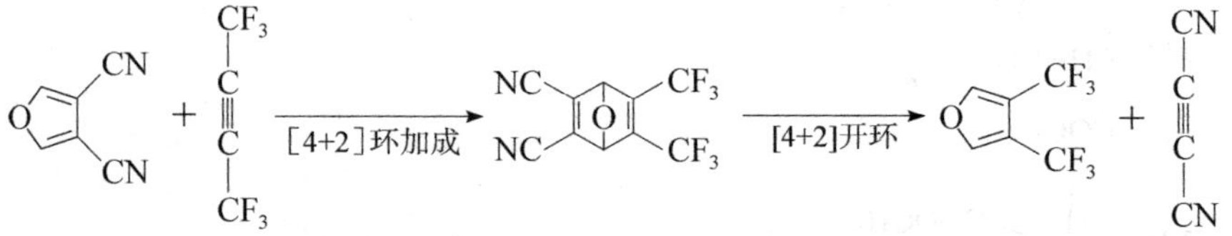

第尔斯-阿尔德反应为可逆反应。

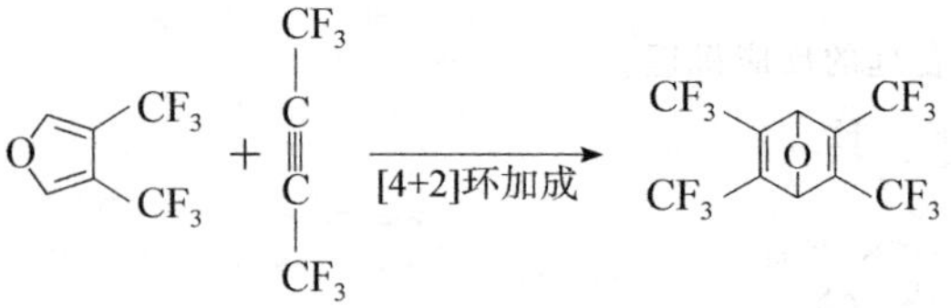

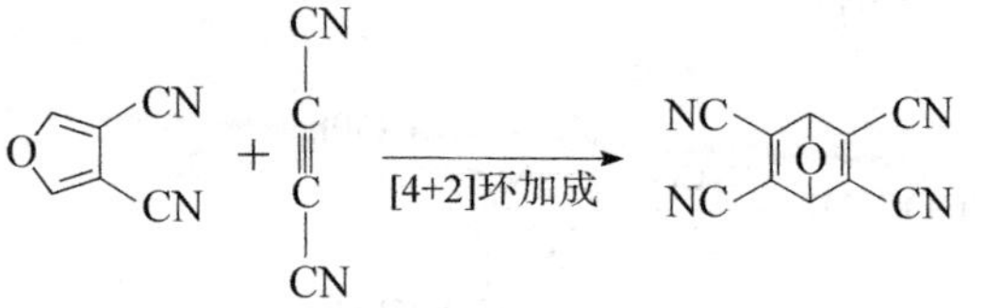

**【习题 14-11】**　完成下列反应。

(1)

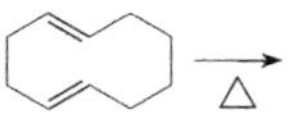

(2)

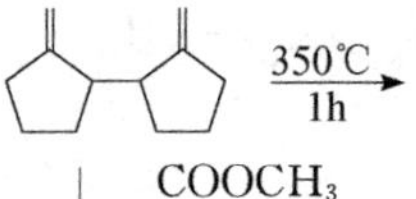

(3)

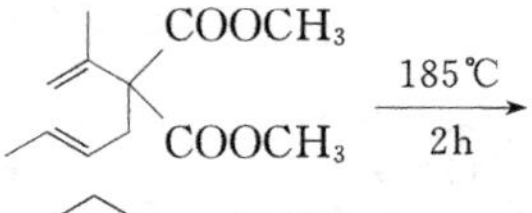

(4)

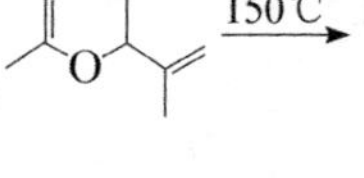

**解**　(1) 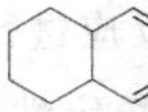

(2) 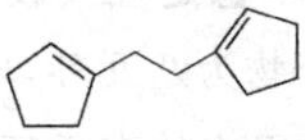

(3) 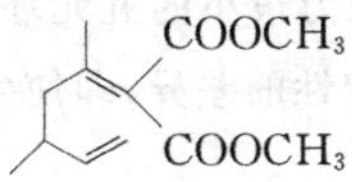

(4) 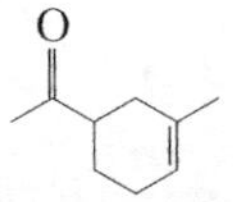

上述题目都属[3,3]C 迁移。

**【习题 14-12】**　指出下列周环反应过程中的机理名称。

(1) 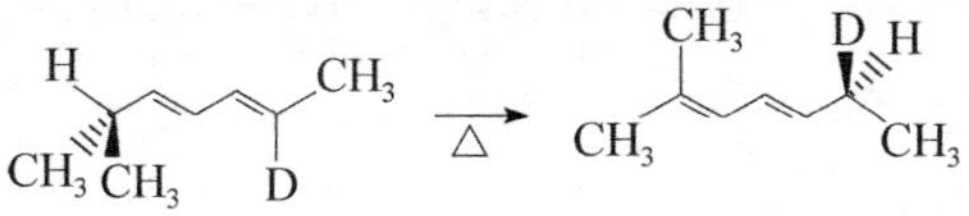

(2) 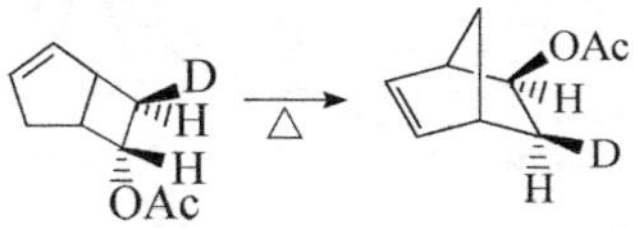

(3) 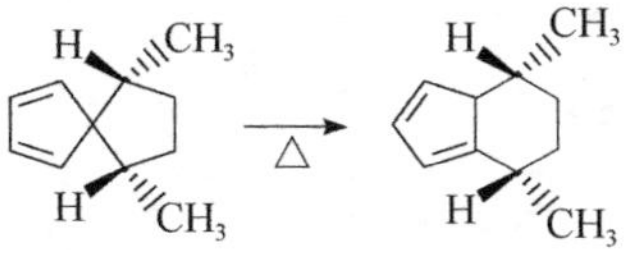

(4) 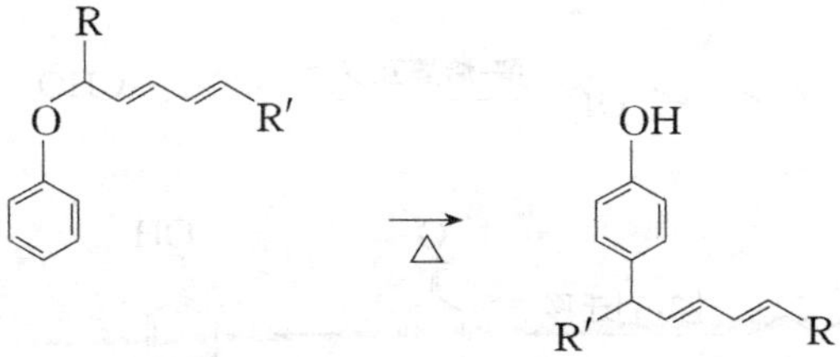

**解**　(1) [1,5]氢原子的同面迁移

(2) [1,3]碳原子的同面迁移

(3) [1,5]碳原子的同面迁移

(4) [5,5]σ 迁移

**【习题 14-13】**　对下列实验事实作出合理的解释。

(1)  反应在−40℃即可发生

(2) 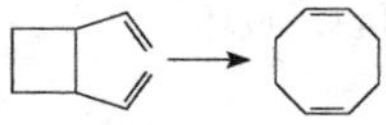 反应需在 120℃下进行

(3) 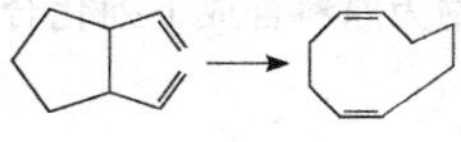 反应需在 220℃下进行，且只有 5%的原料转化为产物

**解** 在周环反应中,除了轨道对称性以外,化合物的热力学稳定性对反应进行的方向与程度也有很大的影响。在反应(1)中,三元环的张力很大,而产物的热力学稳定性又较高,导致[3,3]迁移很容易发生。在反应(2)中,四元环的张力比三元环要小,而产物为八元环,环张力又比七元环大,所以需要较高的温度才能反应。在反应(3)中,原料是张力很小的五元环体系,产物是张力很大的九元环体系,尽管提高了反应温度,但由于热力学稳定性的差异,即使生成了产物,也容易通过逆反应返回原料,故平衡时只有5%的原料转变为产物。

**【习题14-14】** 给下列反应提出合理的反应机理。

(1) 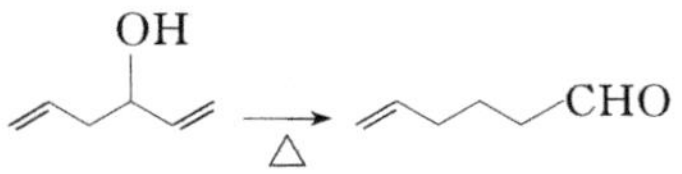


(2) 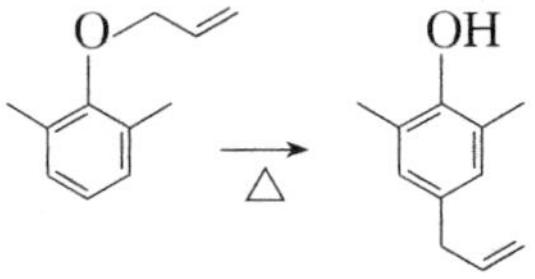


(3) 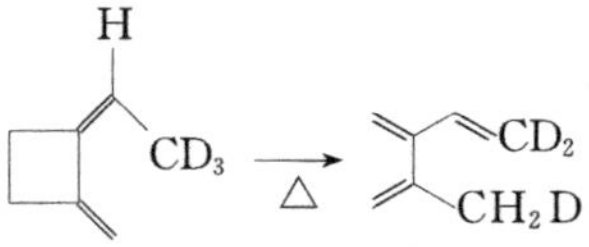


(4) 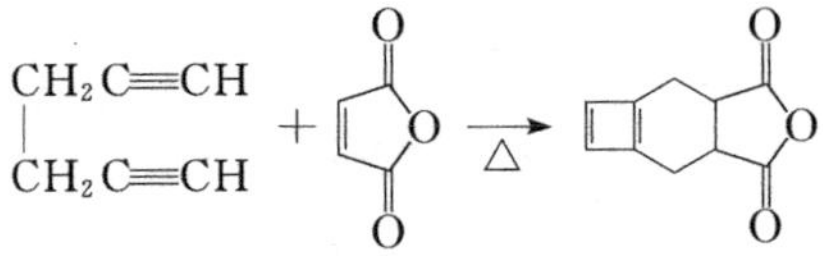


**解** (1) 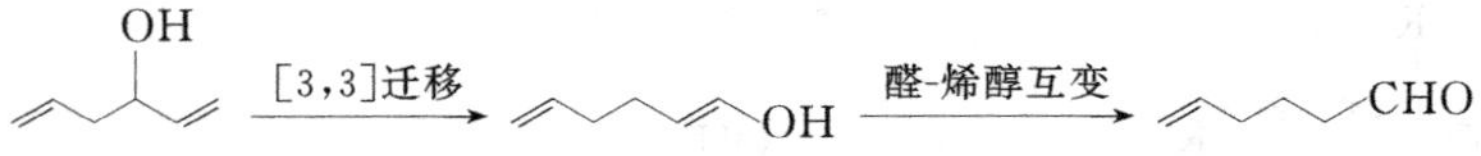


(2) 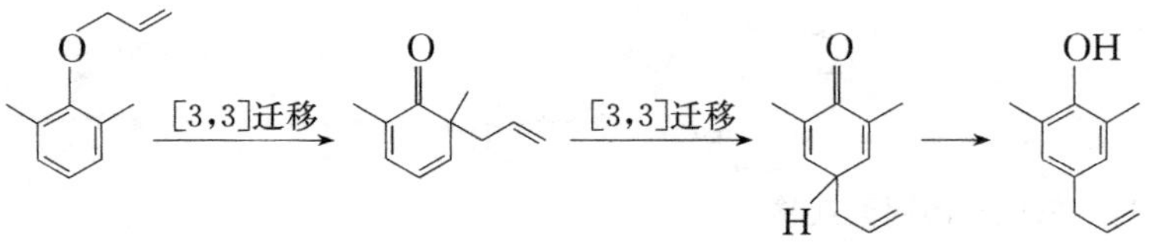


(3) 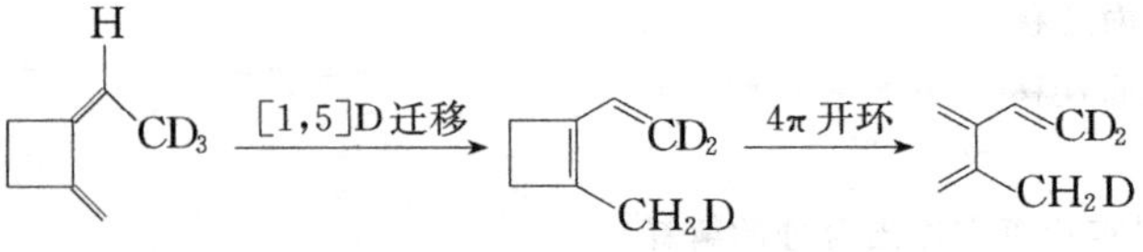


(4) 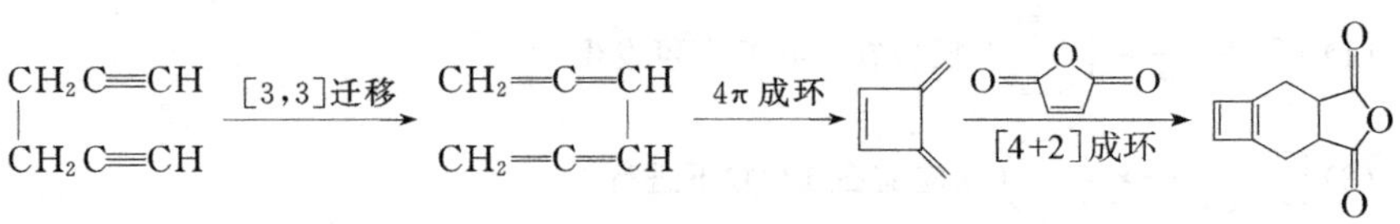


**【习题14-15】** 以苯、甲苯和其他不超过4个碳的有机化合物为原料合成下列化合物,无机试剂任意选用。

(1) 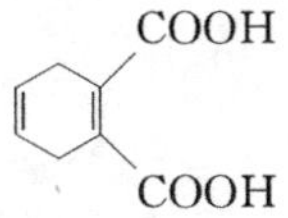　(2) 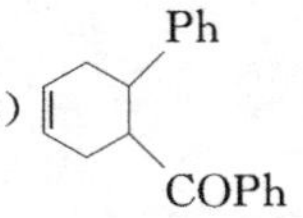　(3) 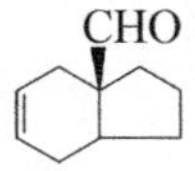

(4) 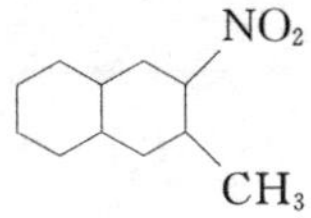　(5) 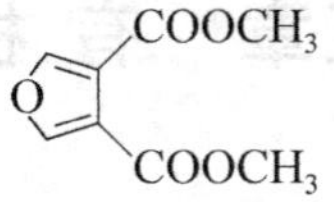

**解**　(1) 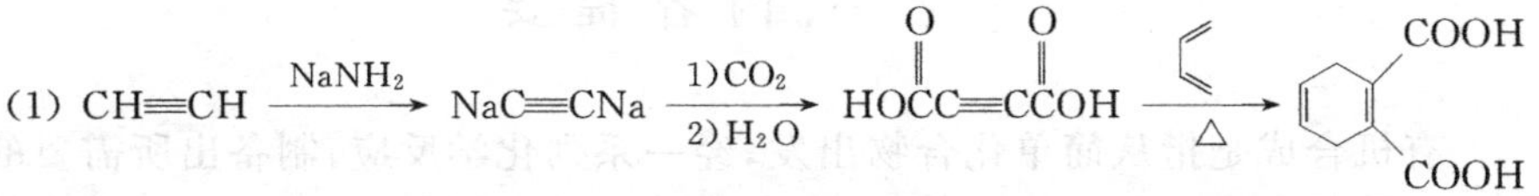

(2) 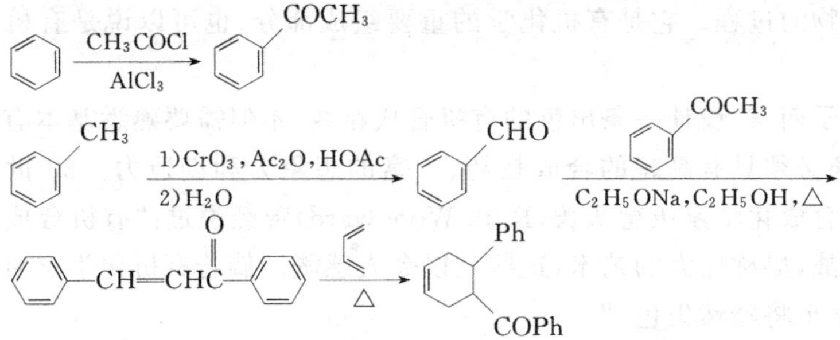

(3) 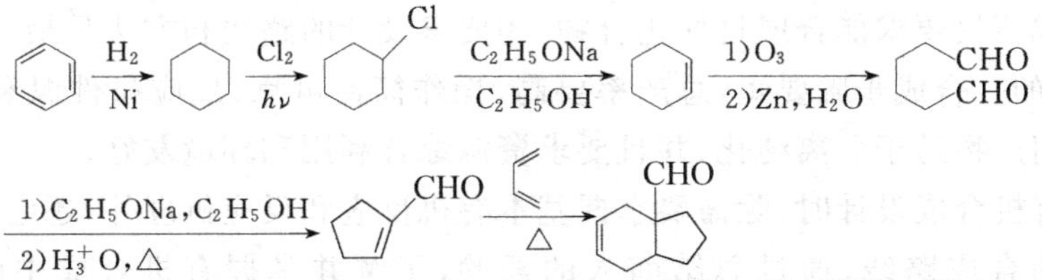

(4) 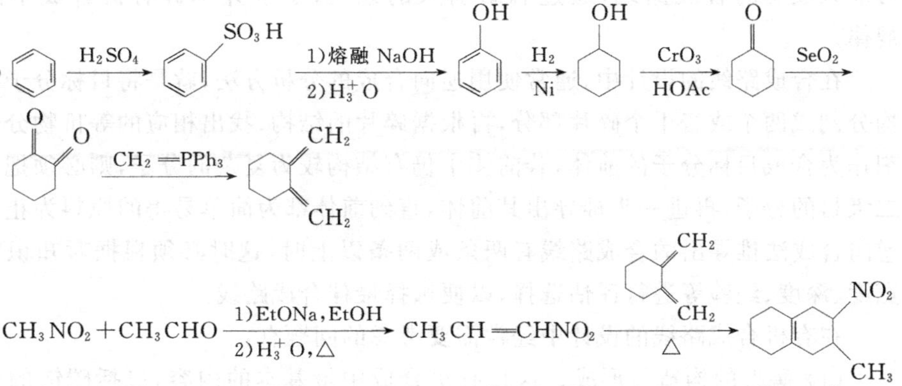

(5) 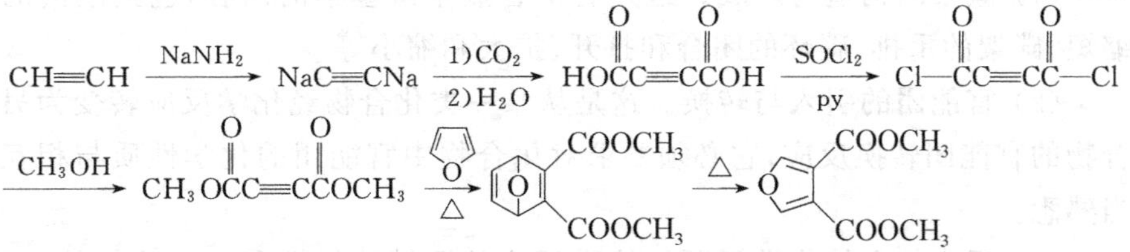

# 第十五章　有机合成

## 一、内容提要

有机合成是指从简单化合物出发，经一系列化学反应，制备出所需要的结构复杂的有机化合物的过程。它是有机化学的重要组成部分，也可以说是有机化学的最终目的。

对复杂分子而言，设计一条出色的有机合成路线，不但需要熟悉基本有机反应和反应机理，还必须具有高超的合成技巧、丰富的想象力和创造力。20世纪最著名的美国有机合成化学家伍德沃德(R. B. Woodward)曾经说过："有机合成中不乏刺激、冒险、挑战，堪称伟大的艺术，这些足以令人感慨。倘若有机化学家对此失去激情，有机化学也将黯然失色。"

有机合成不仅要求能合成目标化合物，还要求设计的路线和方法是最方便、最有效、最经济的。合成步骤要短，总产率要高，操作简便可靠，反应条件温和，各步的产物或中间产物易于分离纯化，并且要求资源综合利用和环境友好。

在学习有机合成设计时，除需要掌握基本有机反应和反应机理外，还应当多学习前人成功的合成路线，通过总结前人的经验，了解并掌握有机合成中的一些规律。

在合成路线的设计中，通常使用逆向合成的分析方法，就是将目标分子按其结构分割成两个或若干个碎片部分，再根据碎片的结构，找出相应的等价物分子或试剂作为合成目标分子的前体，若前体中仍有结构较为复杂的分子，则必须把它当作二级目的分子，再进一步推导出其前体，直到前体都为简单易得的原料为止。在用逆向合成法推导出的合成路线有两条或两条以上时，这时必须根据对知识掌握的宽度、深度、经验等进行评估选择，以便选择最佳合成路线。

在有机合成路线的设计中经常需要考虑的问题有：

(1) 碳架的构造与形成。这是有机合成中最基本的内容，包括碳链的增长和缩短、碳架的重排、碳环的闭合和打开、扩大和缩小等。

(2) 官能团的引入与转换。这是从某一类化合物经化学反应转变为另一类化合物的官能团转换反应，它必须要求对化合物中官能团的化学性质与相互关系相当熟悉。

(3) 反应的立体化学问题。熟悉反应的区域选择性和立体选择性，有利于正确使用逆向合成法，推导出具有一定立体要求的目标分子的前体和所用试剂，从而设计出合理的合成路线。

**1. 碳架的构造与形成**

目标化合物具有特定的碳架结构，在合成中需使用碳链的增长、缩短、成环开环以及重排等方法来实现。

1）有关碳链增长的反应

这是指利用各种加成、取代、缩合、偶联以及重排的方法使总碳数增加。

(1) 格氏试剂参加的反应：

(a) 与醛和酮的反应。

(b) 与卤代烃的反应。

(c) 与羧酸衍生物的反应。

(d) 与其他试剂的反应。

(2) 活泼亚甲基上的烃化反应：

(a) 卤代烃与 $\beta$-二酮、$\beta$-羰基酸酯、$\beta$-羰基腈等的反应。

(b) 酮经烯胺在羰基的 $\alpha$-位上烃化。

(3) 分子间的缩合反应：

(a) 羟醛缩合。

(b) 脑文格反应。

(c) 克莱森酯缩合。

(d) 克莱森-施密特反应。

(e) 瑞佛马斯基反应。

(f) 达参(Darzens)反应。

(g) 柏琴反应。

(h) 迈克尔反应。

(i) 安息香缩合。

(j) 曼尼希反应。

(4) 其他：

(a) 芳环上的烃化与酰化。

(b) 维悌希(Wittig)反应。

(c) 酮的双分子还原。

(d) 烯烃的羰基化反应。

(e) 阿恩特(Arndt)-艾斯特(Eister)反应。

(f) 炔化物的烃化。

(g) 伍尔兹(Wurtz)反应。

(h) 弗利斯(Fries)重排。

以上只是碳链增长的常见反应,不可能包括基础有机化学中碳链增长的全部反应。

2) 有关碳链缩短的反应

(1) 烯烃的臭氧化及 $KMnO_4$ 氧化。

(2) $\alpha$-二醇,$\alpha$-羟基醛、酮的 $KMnO_4$ 氧化。

(3) 芳环侧链的氧化。

(4) $\alpha$-或 $\beta$-羰基酸的脱羧反应。

(5) 烷基或芳基从碳原子重排到杂原子上的反应,如霍夫曼重排、柯提斯重排、贝克曼(Beckmann)重排、拜尔(Baeyer)-维立格(Villiger)重排等。

(6) 卤仿反应。

3) 成环反应

在分子中的适当位置同时能提供碳正和碳负的化合物(通常为双官能团化合物)在适当条件下可以成环。这是两分子单官能团化合物之间相互作用使碳链增长的反应在具双官能团化合物分子内的体现,主要包括:

(1) 环化加成反应。

(2) 烯烃与碳烯的加成。

(3) 二元羧酸酯的狄克曼缩合和酮醇缩合。

对于开环反应,环的扩大和缩小都是相应的碳架重组、增长和缩短等反应在碳环化合物中的体现。

**2. 有关官能团的反应**

这是利用官能团的性质,使某官能团在特定的试剂和条件下转变成另一单官能团或多官能团化合物的单一过程的反应。它涉及加成、消除、取代、氧化还原、重排等反应,主要包括官能团的引入、官能团的变换以及官能团的极性变换等方面:

(1) 官能团的引入:主要指从不含官能团的底物上引入官能团以及从已含官能团的底物上引入新的官能团。通常情况下,不含官能团的化合物(如烷烃)可通过卤代的方法引入卤素。在分子中已有官能团的情况下引入官能团,可根据原官能团的特点以及待引入官能团的性质及位置来决定引入方法,如取代、氧化、还原、加成、消除、重排等。

(2) 官能团的变换:主要指官能团的相互转换、保护基团的使用以及官能团的消除。许多官能团不能直接引入,此时必须在不改变碳架结构以及官能团位置的情况下,对原有官能团进行转换。例如,烷、烯、炔、卤代烃、醇、醛、酮、酸、腈、酯等官能团可以进行相互转换,氧化程度不同的官能团则通过氧化还原反应相互转换。

对多官能团化合物，为防止其他官能团发生不必要的反应或干扰，必须将该官能团进行保护，待反应结束后再将其恢复，这也是一种官能团的转换，如常见的将氨基转变成酰胺，羟基转变成醚，羰基转变成缩醛、缩酮等。

(3) 官能团的极性变换：主要指官能团的正、负极性转换。当分子中官能团极性不匹配时，必须对极性进行变换，如将卤代烃转换成碳负离子，将硝基转换成氨基等。

**3. 立体化学要求**

许多有机化合物具有特定的立体构型，必须选用具有立体选择性的化学反应来构筑碳架或是引入、变换官能团。

常见的可选用的具有立体选择性的反应有：烯烃、炔烃的顺式或反式加成，周环反应，$S_N2$ 反应，E2 反应，酯的热消除反应，叔胺氧化物的热消除反应，环氧化合物的开环等。

**4. 有机合成设计**(逆合成分析)

逆合成分析要求对目标分子进行合理的切断，即找出合适的合成前体，进行切断时必须满足以下要求：①有合理的切断机理；②目标分子得到最大程度的简化；③反应容易控制、操作简便、副反应少、产率高。

对目标分子进行分析时，有些位置可以优先考虑进行切断，如杂原子处切断，碳链分支处切断，有特定拼装反应处切断等。例如，1,4-或 1,5-二官能团化合物可考虑迈克尔加成，1,3-二酮可考虑酮与酯的交叉缩合等。

有时不仅需要考虑切断，还必须根据目标分子的特定结构对原有官能团进行变换或增删，以及对目标分子的特定位置进行连接或重排。例如，1,6-或 1,7-二官能团化合物可考虑由六元环开环制备等。

## 二、解题示例

**【例 15-1】** 以适当原料合成下列化合物：

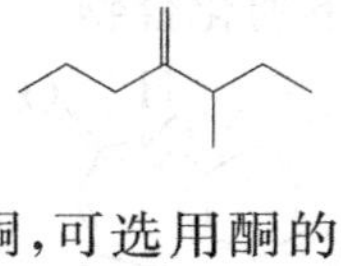

**解**　化合物为一不同取代的酮，可选用酮的通用合成方法如醇转换或羧酸转换的方法进行，相应的逆合成分析如下：

由醇制备：

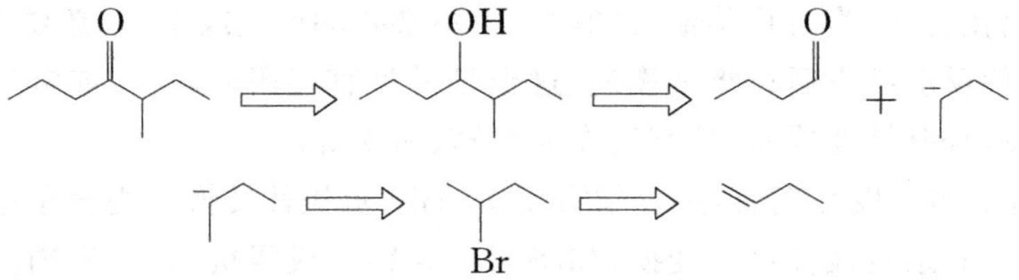

由羧酸制备：

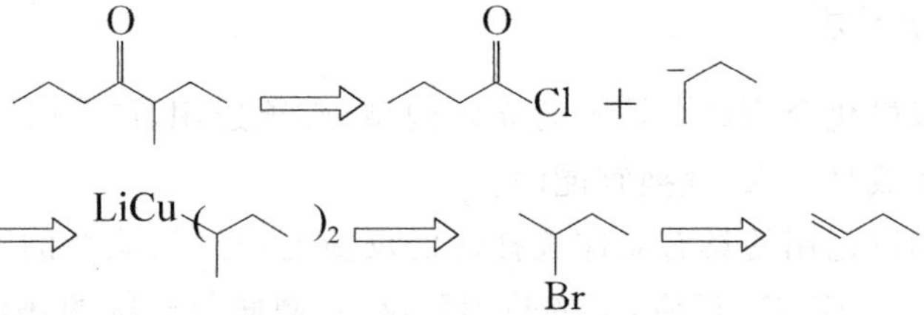

这两条路线中都需要使用有机金属化合物(绝对无活性氢条件),操作不便。

但对目标化合物进一步考察发现,在分子中增加一个酯基后,该化合物还可使用$\beta$-羰基酸酯合成法制备。

逆合成分析：

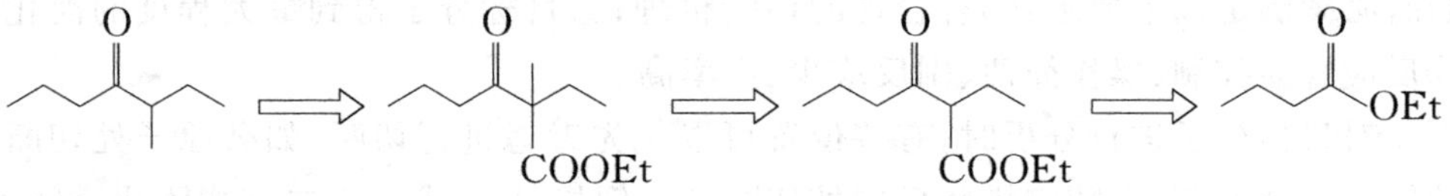

由于不使用有机金属化合物,可操作性大大增加。

合成：

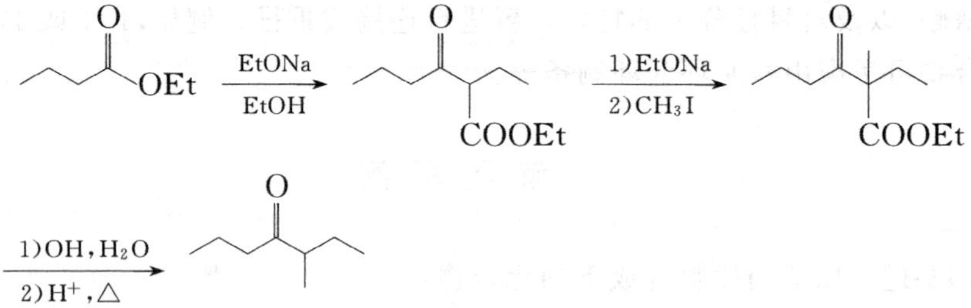


**【例 15-2】** 以适当原料合成下列化合物：

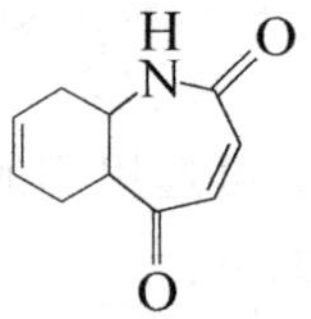

**解**　化合物中含有一个七元杂环,通常情况下不易直接合成,但考虑到贝克曼

重排反应,该七元环即被简化成六元环。为防止分子中其他官能团发生反应,还需进行一些官能团的保护。

逆合成分析:

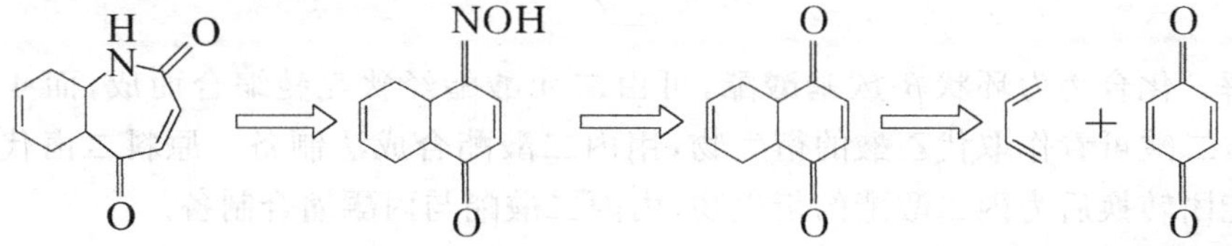

合成:

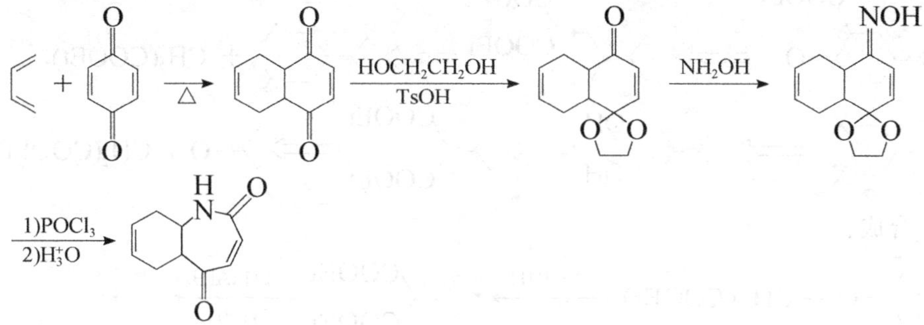

【例 15-3】 以适当原料合成下列化合物:

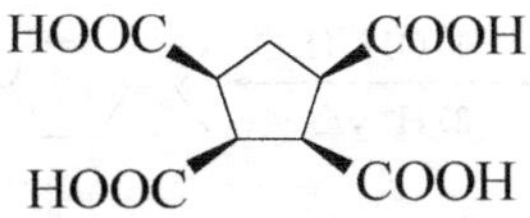

**解** 化合物具有特定的立体构型,四个羧基在五元环同一侧,因此设计合成路线时必须考虑具有立体选择性的反应。考察化合物的官能团之间的相对位置,发现为 1,6-二官能团衍生物,此时可将化合物回推到环己烯衍生物。再结合具有立体选择性的环己烯衍生物的反应,即可确定该化合物的前体为环戊二烯和马来酐。

逆合成分析:

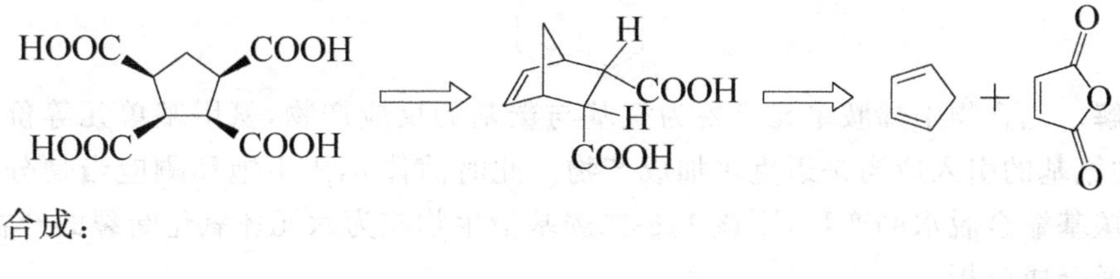

合成:

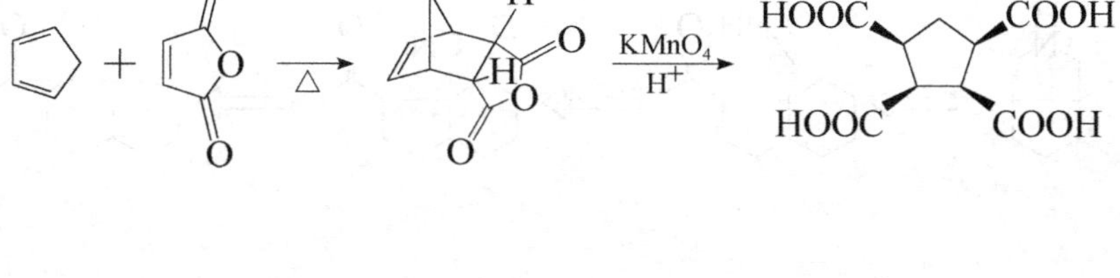

**【例 15-4】** 以适当原料合成下列化合物：

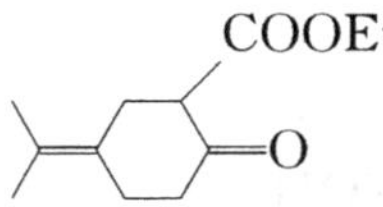

**解**　化合物为环状 $\beta$-羰基酸酯，可由二元酸酯经狄克曼缩合而成，而 4-位取代的庚二酸可看作取代乙酸的衍生物，用丙二酸酯合成法制备。原料二卤代烃经过官能团转换后为丙二酸酯的衍生物，由丙二酸酯与丙酮缩合制备。

逆合成分析：

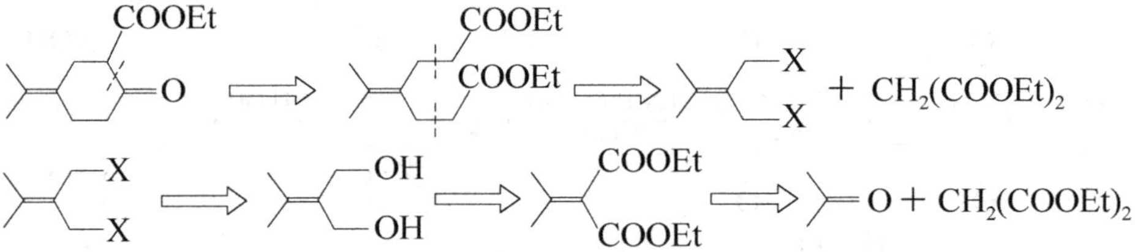

合成：

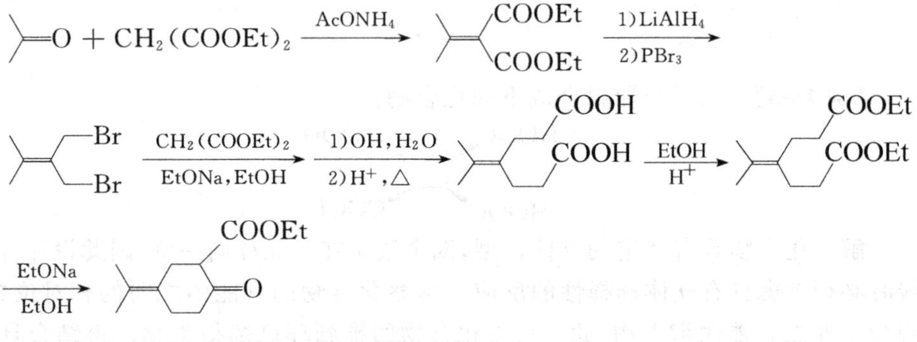

**【例 15-5】** 以适当原料合成下列化合物：

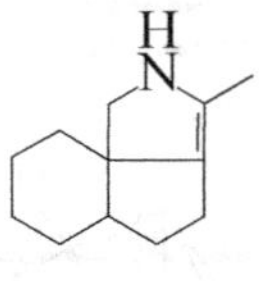

**解**　化合物中烯胺单元可视为氨基与羰基的反应产物，氨甲基单元等价于氰基，则氰基的引入应当是迈克尔加成产物。此时前体 $\alpha,\beta$-不饱和酮应当是分子内两个羰基缩合脱水的产物，则该 1,6-二羰基衍生物应为六元环氧化断裂的产物。

逆合成分析：

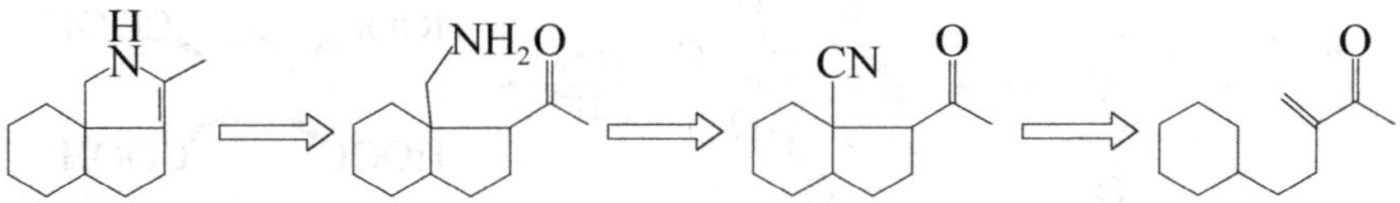

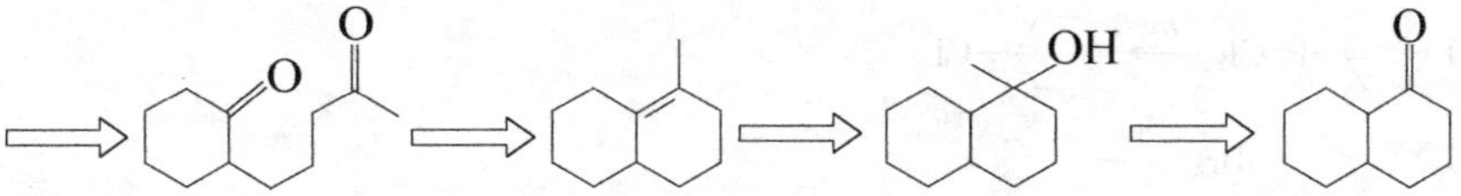

合成：

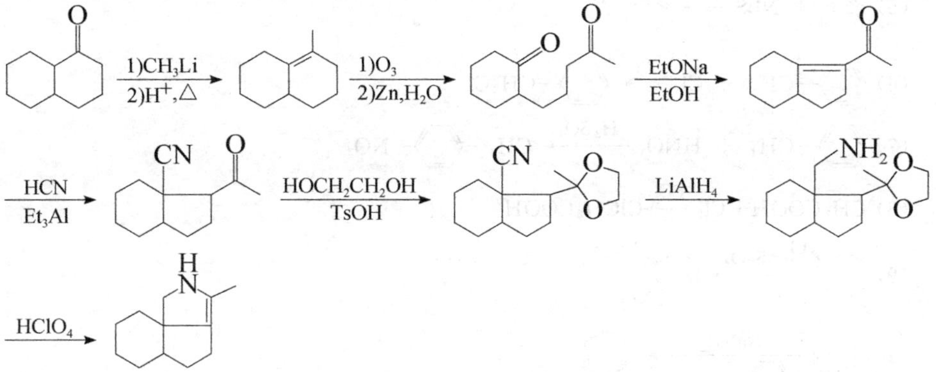

## 三、习题与参考解答

**【习题 15-1】** 从指定原料完成相应官能团的引入。

(1) $CH_3CH_2Cl$ （$CH_3CH_3$）

(2) $(CH_3)_3CCH_2Cl$ （$(CH_3)_4C$）

(3) 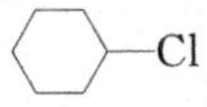 （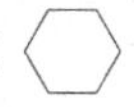）

(4) 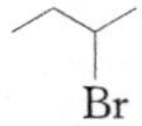 （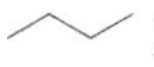）

(5)  （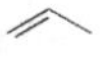）

(6) 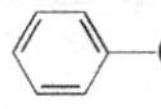$-CH_2Cl$ （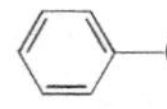$-CH_3$）

(7) $CH_3-$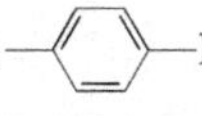$-NO_2$ （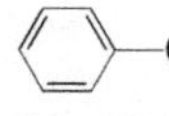$-CH_3$）

(8) $ClCH_2COOH$ （$CH_3COOH$）

(9) 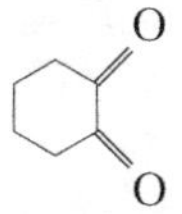 （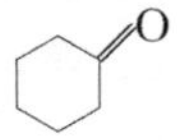）

(10) 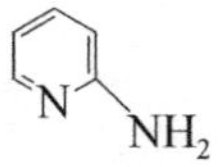 （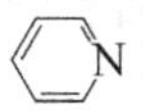）

**解** (1) $CH_3CH_3+Cl_2 \xrightarrow{h\nu} CH_3CH_2Cl$

(2) $(CH_3)_4C+Cl_2 \xrightarrow{h\nu} (CH_3)_3CCH_2Cl$

(3) 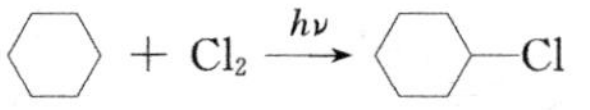

(4) 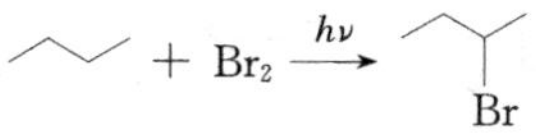

在无任何官能团的烷烃分子中引入官能团,最常用的是引入卤素。

(5) 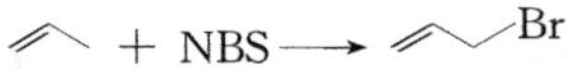

(6) 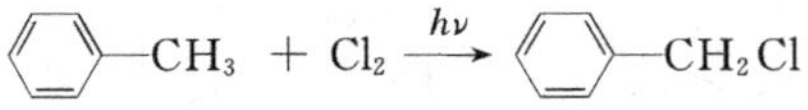

(7) 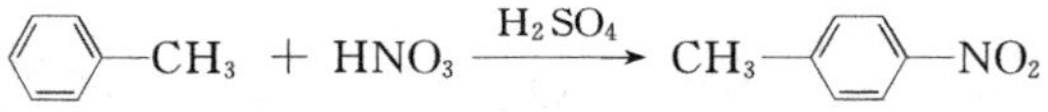

(8) $CH_3COOH+Cl_2 \xrightarrow{PCl_3} ClCH_2COOH$

(9) 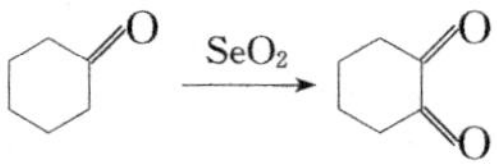

(10) 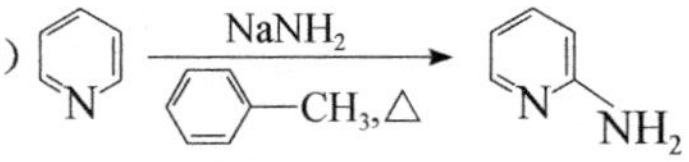

当分子中已有官能团时,可根据原有官能团的性质及位置选择合适的试剂引入新的官能团。

**【习题 15-2】** 从指定原料出发,完成下列化合物中官能团的引入与转换。

(1) 

(2) $(CH_3)_3C—Br$　　( $(CH_3)_3C—Cl$ )

(3) 

(4) 

(5) 

(6) 

(7) 

(8) 

**解** (1) 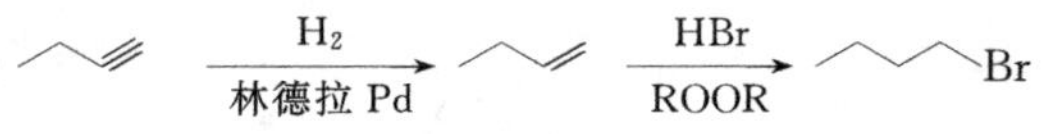

(2) $(CH_3)_3C—Br \xrightarrow[EtOH,\triangle]{EtONa,} (CH_3)_2C{=}CH_2 \xrightarrow{HCl} (CH_3)_3CCl$

(3) 

(4) 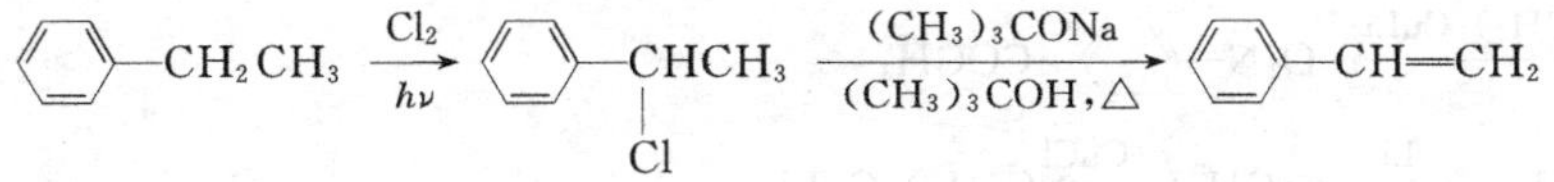

(5) 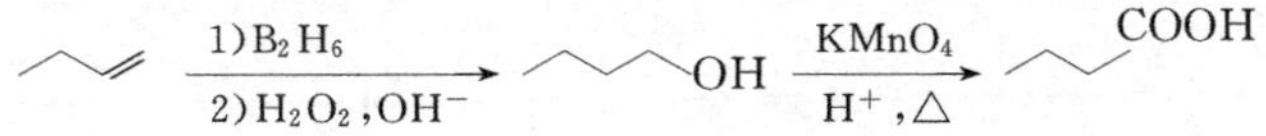

(6) 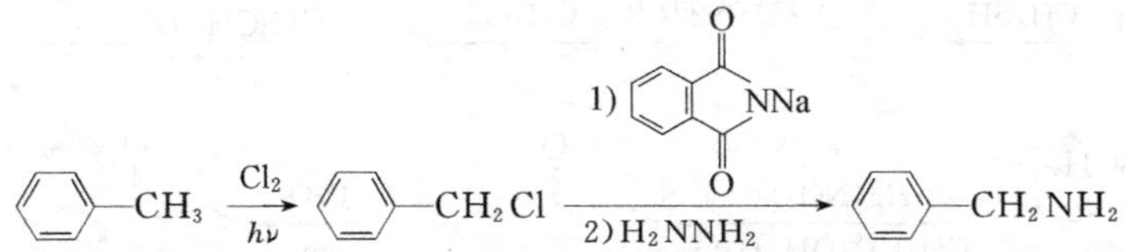

(7) 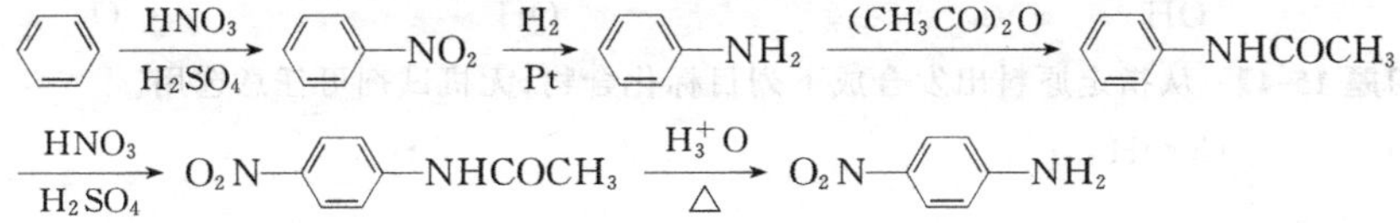

(8) 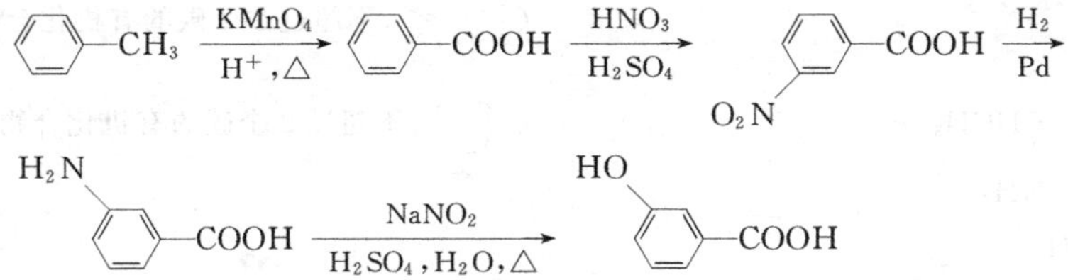

**【习题 15-3】** 从指定原料出发合成下列目标化合物，转换过程中所需试剂可任意选用。

(1) 

(2) 

(3) 

(4) 

**解** (1) 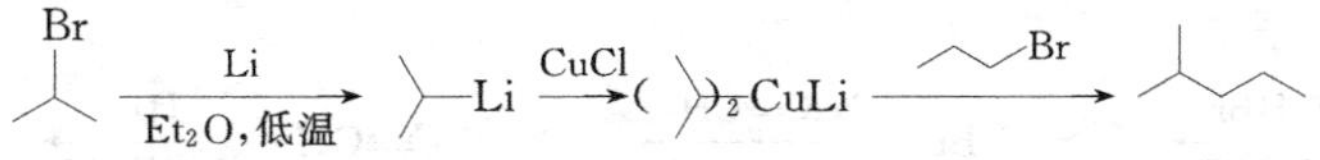

由于两个正电中心不可能偶联，必须将其中之一由 $C^+$ 转变为 $C^-$，这是一种常用的极性转换方法。以下几题类似。

(2) 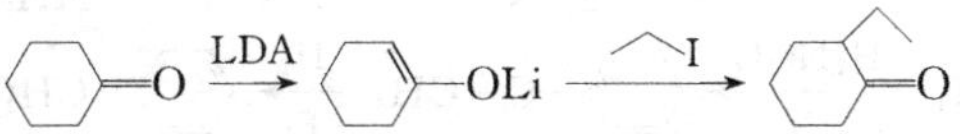

或经烯胺法合成。

(3) 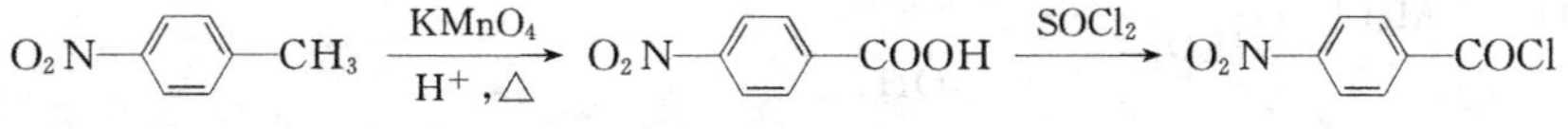

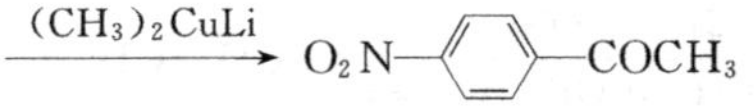

$$CH_3I \xrightarrow[Et_2O,低温]{Li} CH_3Li \xrightarrow{CuCl} (CH_3)_2CuLi$$

(4) 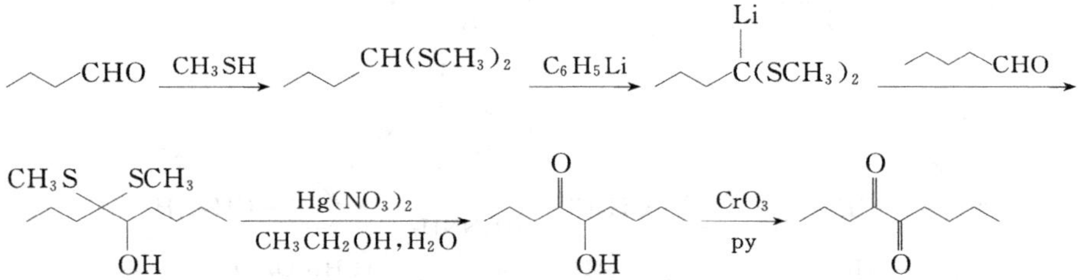

**【习题 15-4】** 从指定原料出发合成下列目标化合物,无机试剂可任意选用。

(1) 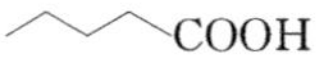 (  )

(2) 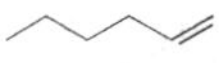 ( 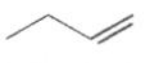 ,不超过 2 个碳的有机化合物)

(3) 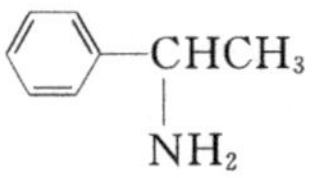 (  ,不超过 2 个碳的有机化合物)

(4) 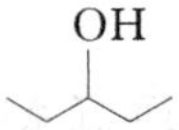 (不超过 2 个碳的有机化合物)

(5) 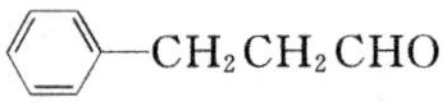 (  ,$CH_2=CHCHO$)

(6) $CH_3COCH_2COOC_2H_5$ (不超过 2 个碳的有机化合物)

(7) 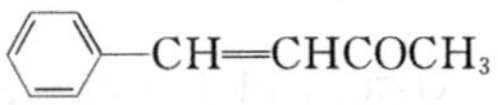 ( 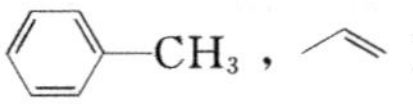 )

(8) 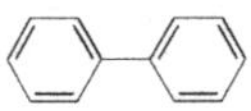 (  )

(9) 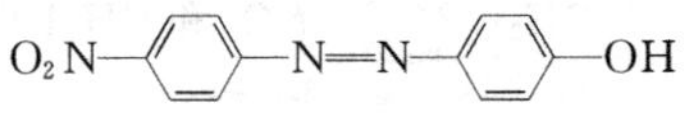 (  ,不超过 2 个碳的有机化合物)

(10) 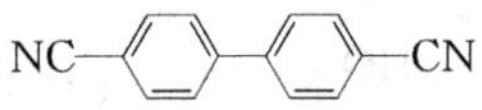 (  )

**解** (1) 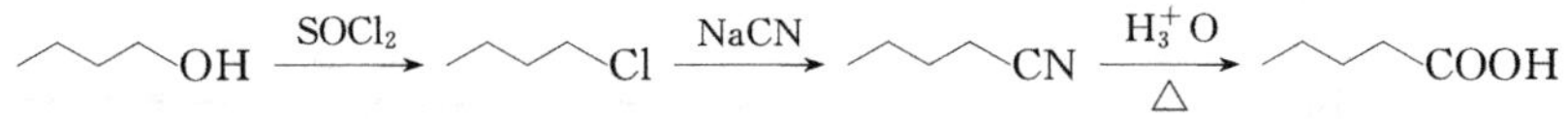

(2) 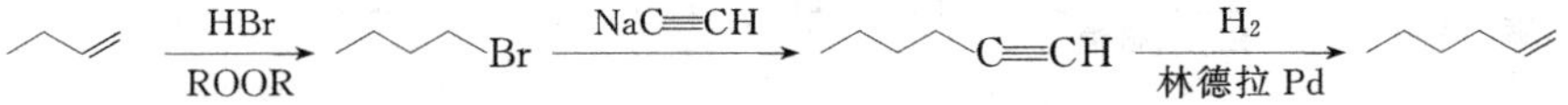

(3) 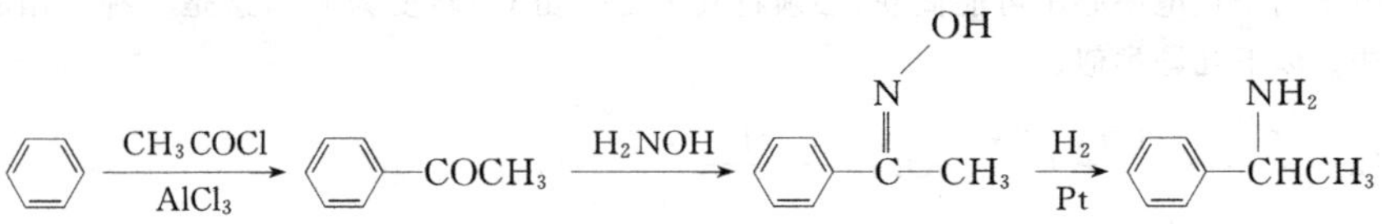

(4) 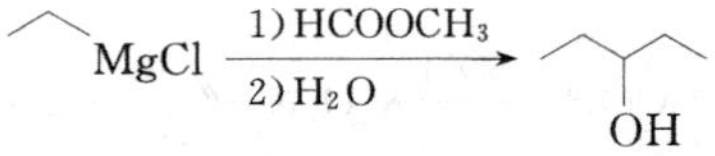

(5) 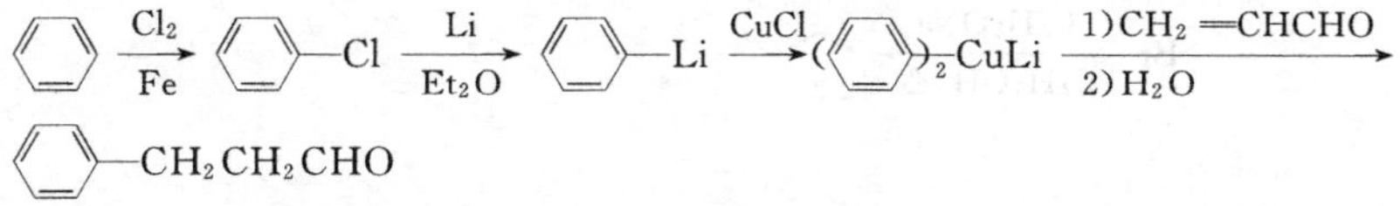

(6) $CH_3COOH \xrightarrow[H^+,\triangle]{CH_3CH_2OH} CH_3COOCH_2CH_3 \xrightarrow[EtOH]{EtONa} CH_3COCH_2COOC_2H_5$

(7) 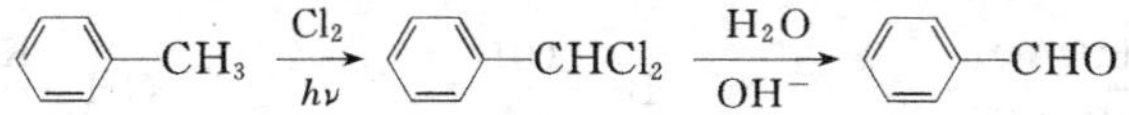

$CH_3CH{=}CH_2 \xrightarrow[H_2SO_4]{H_2O} CH_3CH(OH)CH_3 \xrightarrow[HOAc]{CrO_3} CH_3COCH_3$

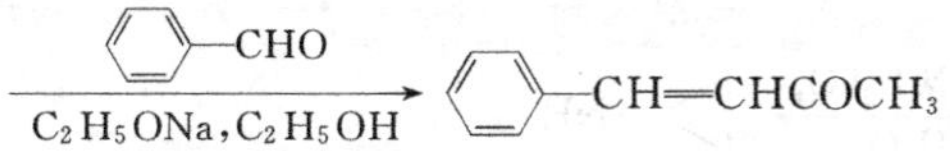

(8) 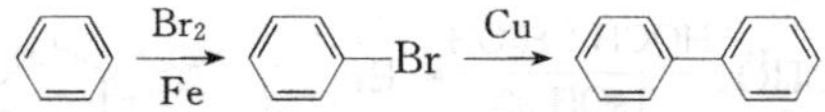

(9) 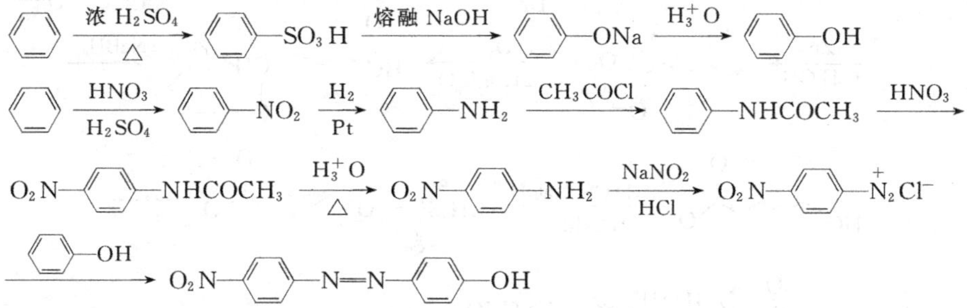

(10) 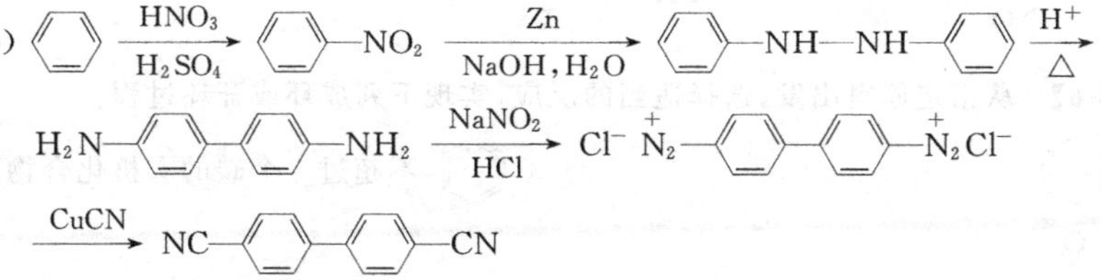

**【习题 15-5】** 选择适当的反应,实现下列碳链缩短过程。

(1) 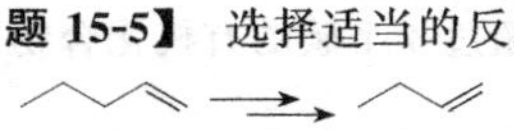

(2) 

(3) 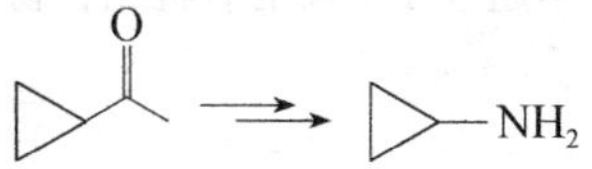

(4) 

**解** (1) 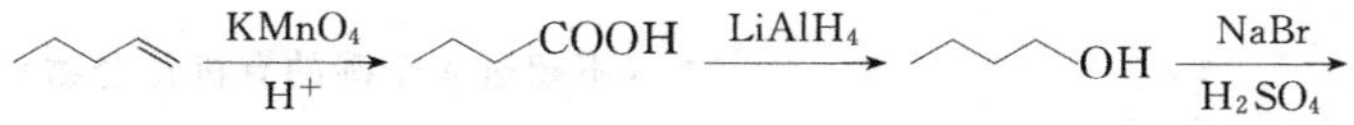

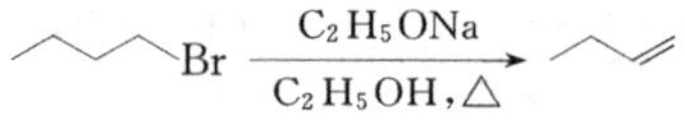

或

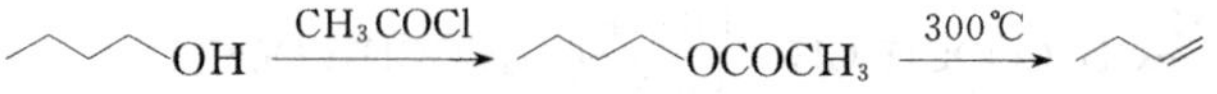

(2) 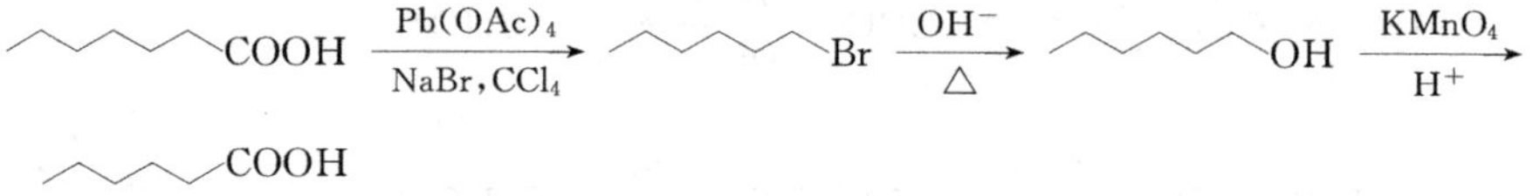

(3) 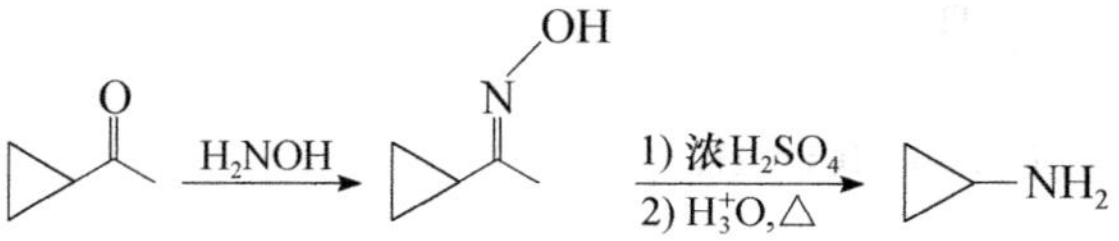

(4) 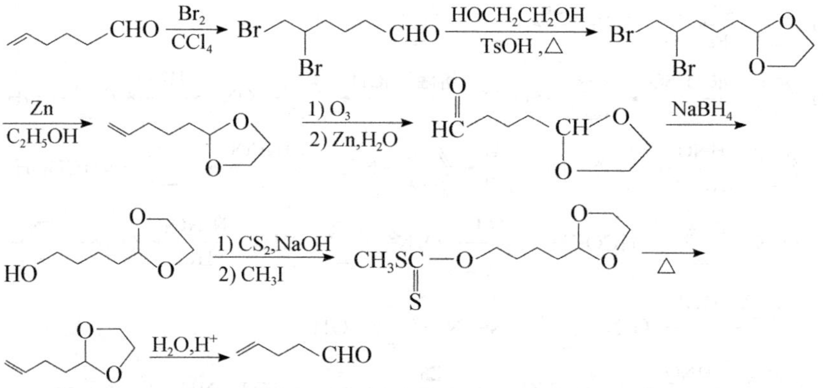

**【习题 15-6】** 从指定原料出发,选择适当的反应,实现下列成环或开环过程。

(1) 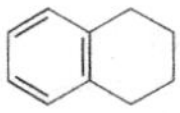 ( ,不超过 4 个碳的有机化合物)

(2) 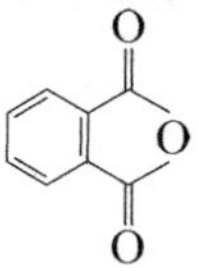 ( ,不超过 4 个碳的有机化合物)

(3) 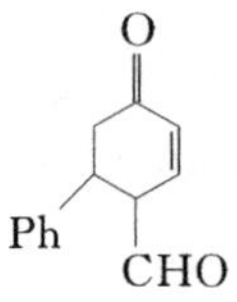 ( ,不超过 4 个碳的有机化合物)

(4) 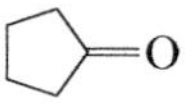 ( ,不超过 4 个碳的有机化合物)

(5) 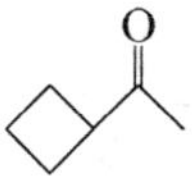 (不超过 4 个碳的有机化合物)

(6) 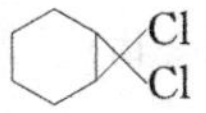　（，不超过 4 个碳的有机化合物）

解　(1) 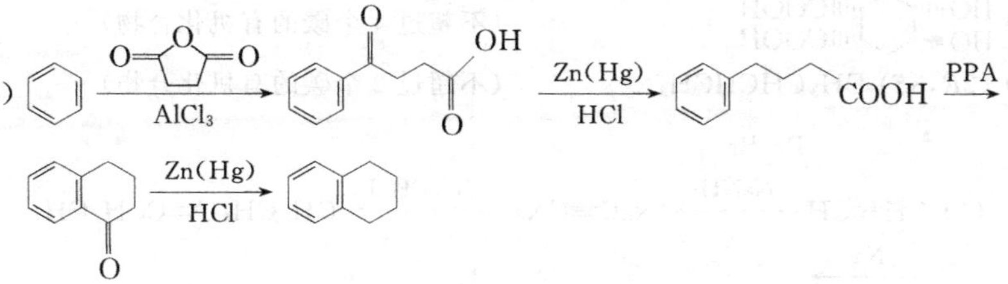


(2) 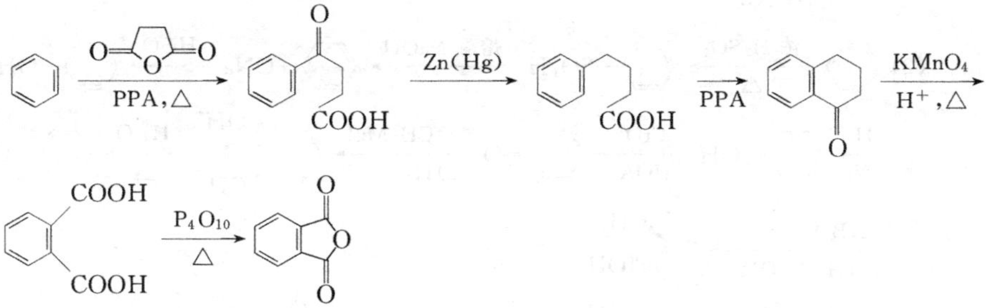


(3) 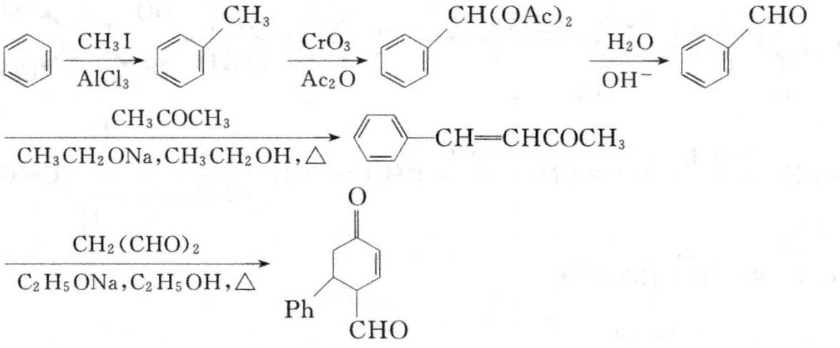


(4) 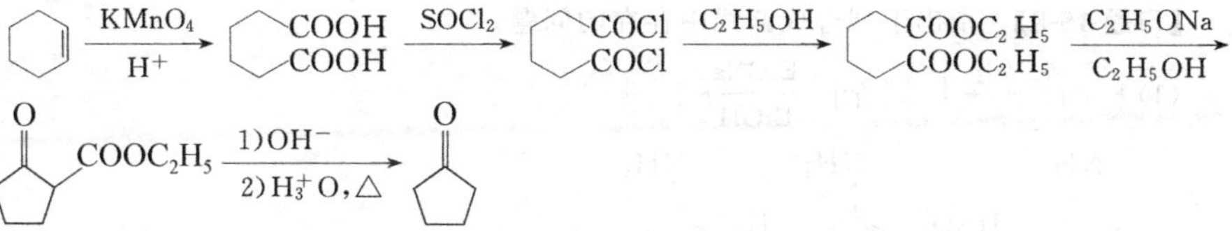


(5) 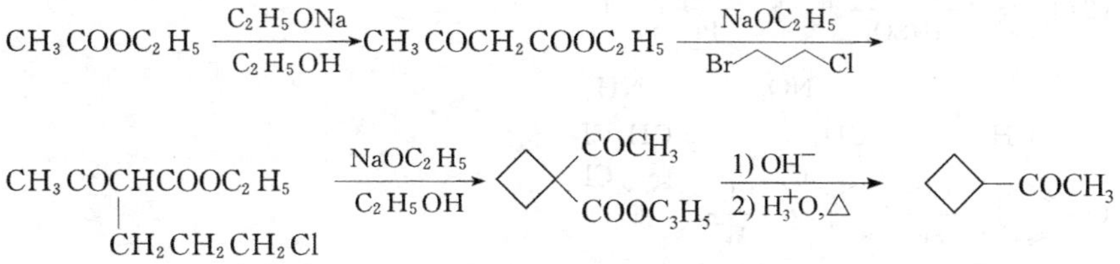


(6) 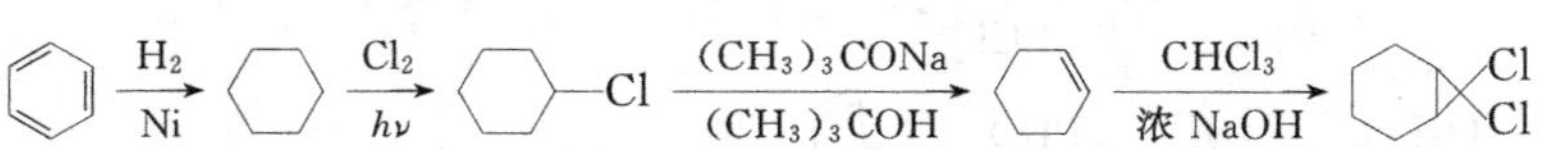


**【习题 15-7】** 从指定原料出发，选择适当的反应合成下列化合物。

(1) 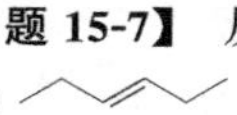　（不超过 2 个碳的有机化合物）

(2) 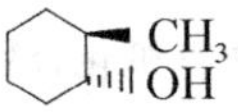　　（，不超过 2 个碳的有机化合物）

(3) 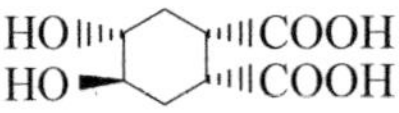　　（不超过 4 个碳的有机化合物）

(4) (2$R$,3$S$)-$CH_3\underset{|}{CH}\underset{|}{CH}CH_3$ 　Br　Br　　（不超过 2 个碳的有机化合物）

**解**

(1) 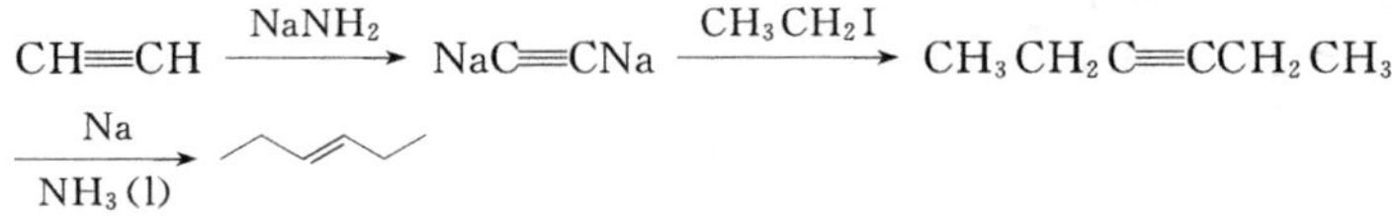


(2) 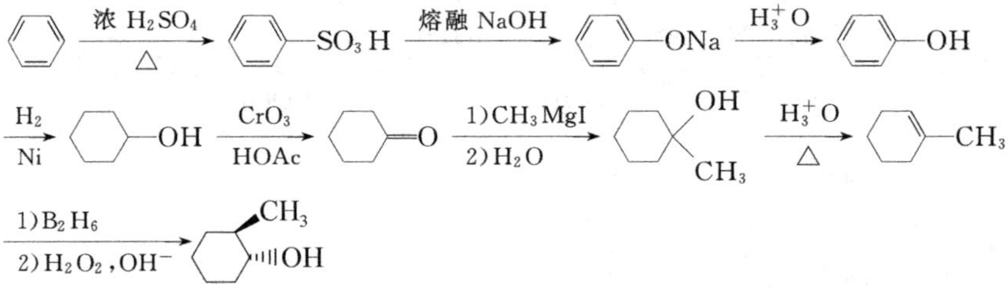


(3) 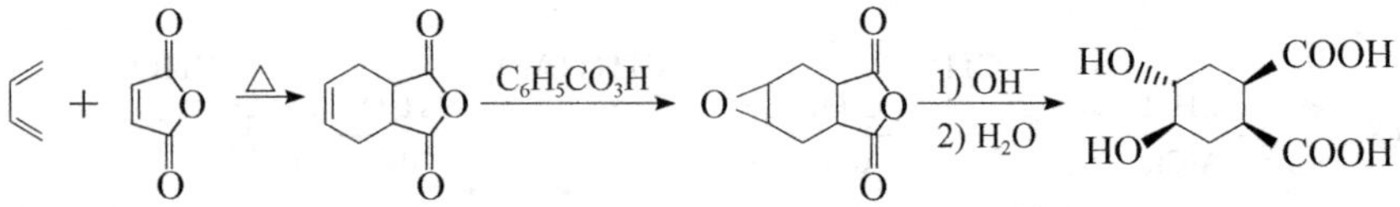


(4) 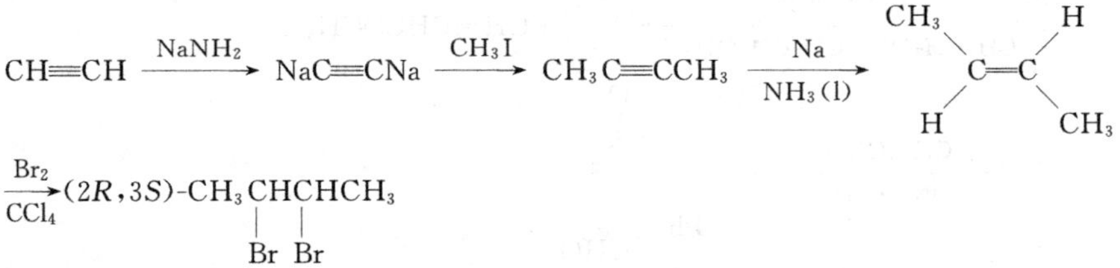


【习题 15-8】 指出下列合成路线中存在的问题。

(1) 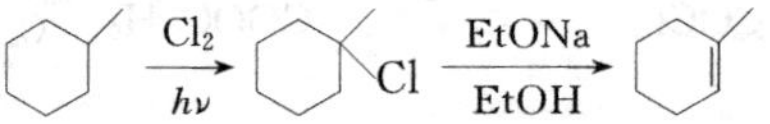


(2) 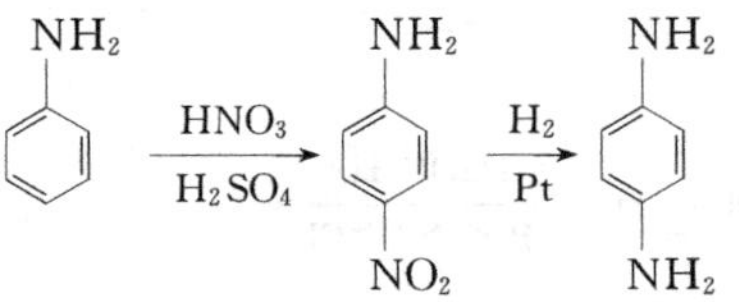


(3) 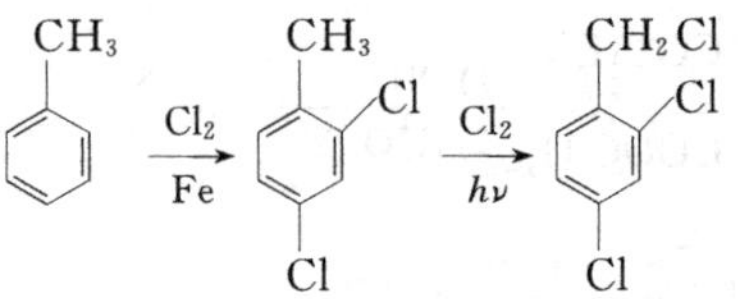


(4) 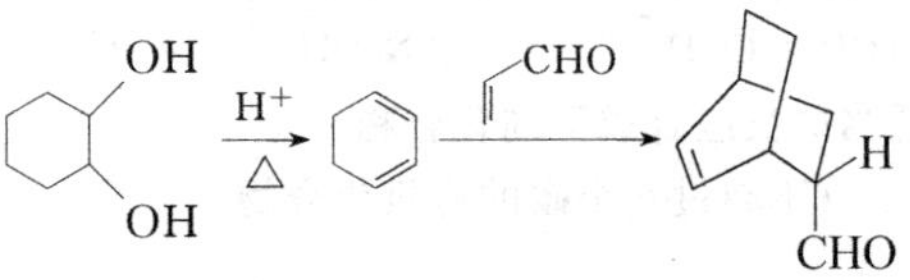

**解**　(1) 在第一步反应中，不应选用氯代反应，而应选用溴代反应，因为氯对伯、仲、叔氢的反应选择性不如溴，前者活性比为 1 : 4 : 5.3，而后者为 1 : 80 : 1600，只有溴代反应才能保证相应的叔卤代烃为主产物。

(2) 在第一步反应中应对氨基加以保护(如乙酰化等)，否则由于氨基质子化后成为间位定位基，将主要得到间硝基苯胺。

(3) 在第一步反应中因甲基与氯的定位作用差别不太大，产物将是 2,4-、3,4-、2,6-二氯取代甲苯的混合物。若想得到纯净的 2,4-二氯甲苯，可通过重氮盐的方法制备。

(4) 在第一步反应中，酸性条件可使邻二醇发生中频哪醇重排。为避免重排，应采用 $Al_2O_3$ 作催化剂，300℃以上高温脱水。

**【习题 15-9】**　对下列合成路线作适当评价。

(1) (a) 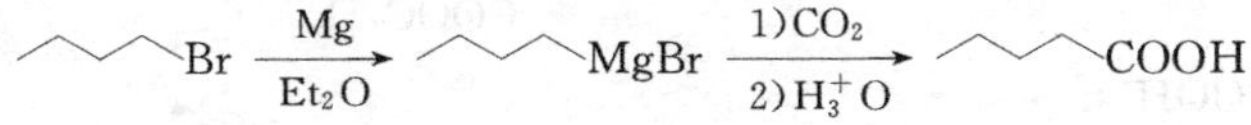

(b) 

(2) (a) 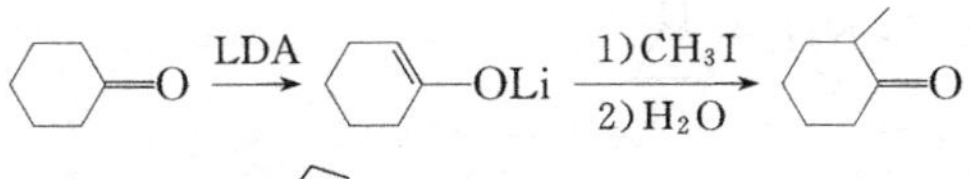

(b) 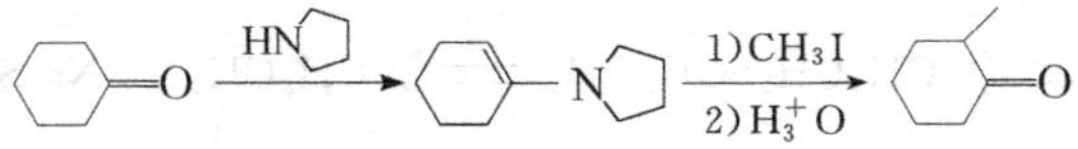

(c) 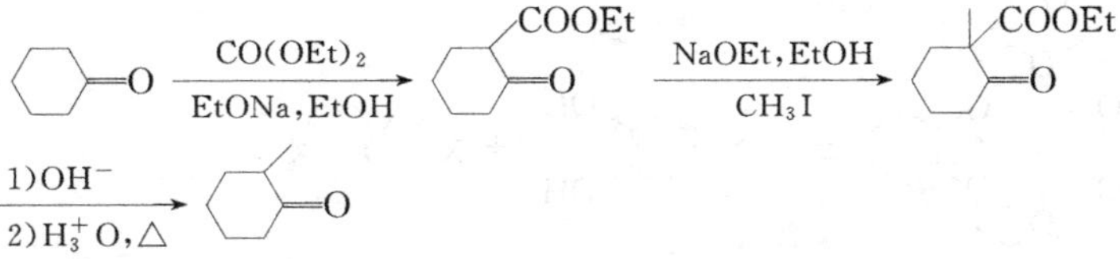

(3) (a) 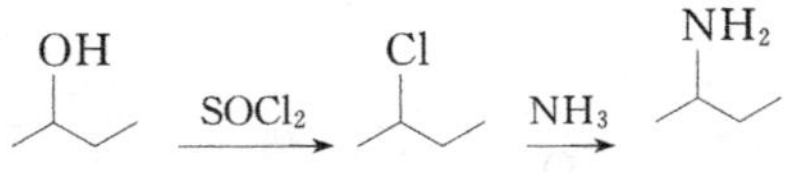

(b) 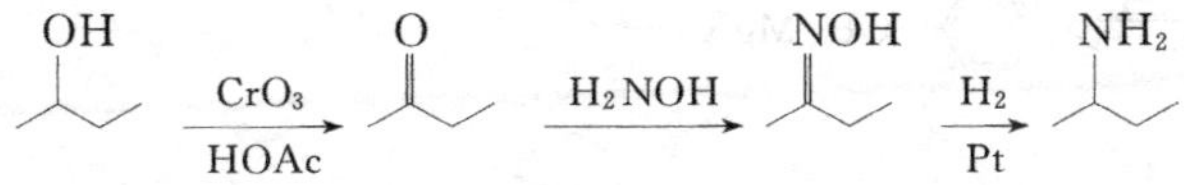

**解**　(1) 合成路线(a)在制备和使用格氏试剂时，需在绝对无水条件下进行，操作要求高，预处理步骤多，而合成路线(b)则无此缺点，所以相对较为优越。

(2) 合成路线(a)中使用 LDA 制备烯醇负离子，试剂昂贵，操作需在无水条件下进行，而合成路线(b)、(c)则无此缺点，相对较为优越。

(3) 合成路线(a)中用卤代烃与氨直接反应时容易产生多烃基化产物，给分离和纯化带来困难，而合成路线(b)则不会发生多烃基化，故相对较为优越。

**【习题 15-10】**　对下列化合物进行逆合成分析。

(1) $N(CN_2CH_2OH)_3$　　　　(2) $CH_3CH_2SO_2CH_2CH_3$（$CH_3CH_2\overset{O}{\underset{O}{S}}CH_2CH_3$）

(3) 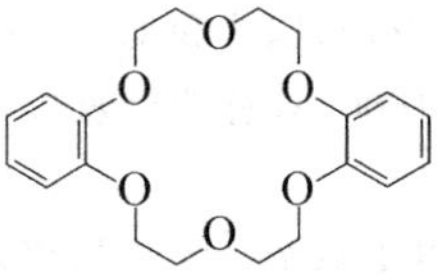

(4) 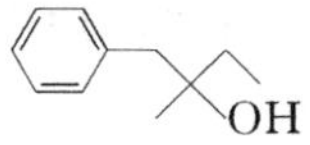

(5) 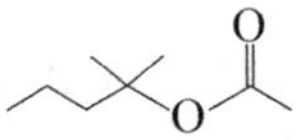

(6) 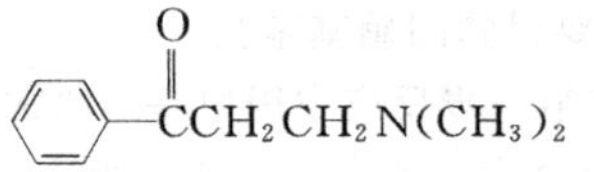

(7) 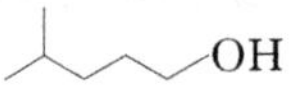

(8) 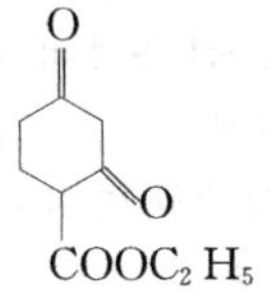

(9) 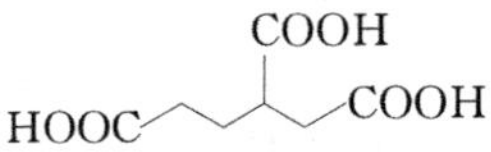

(10) 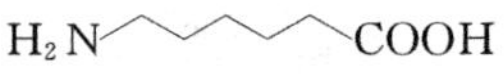

**解** (1) $N{\leftarrow}CH_2CH_2OH)_3 \Longrightarrow NH_3 +$ 

(2) $CH_3CH_2SO_2CH_2CH_3 \Longrightarrow CH_3CH_2SCH_2CH_3 \Longrightarrow CH_3CH_2X + Na_2S$

(3) 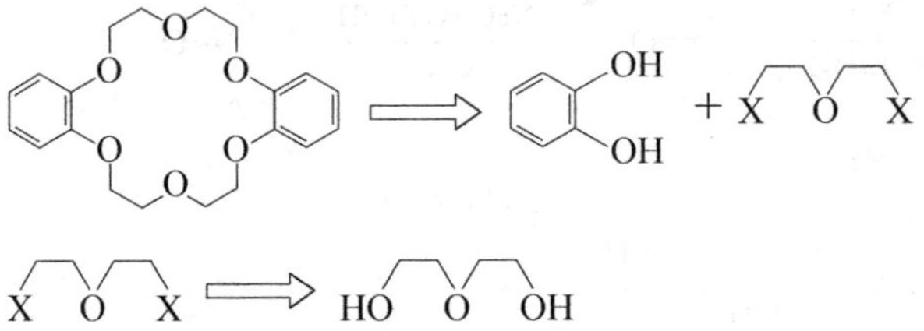

(4) 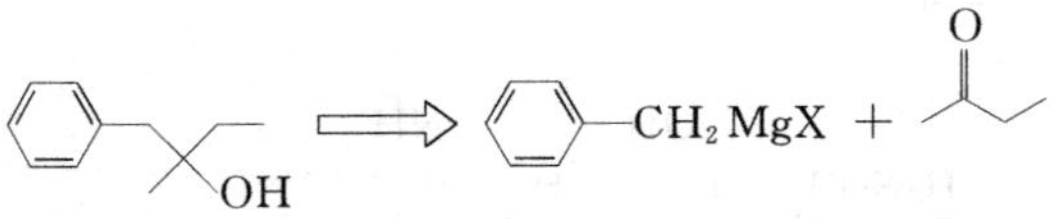

(5) 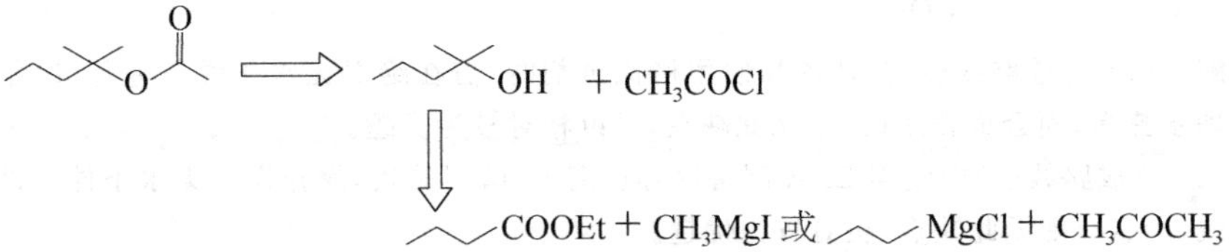

(6) 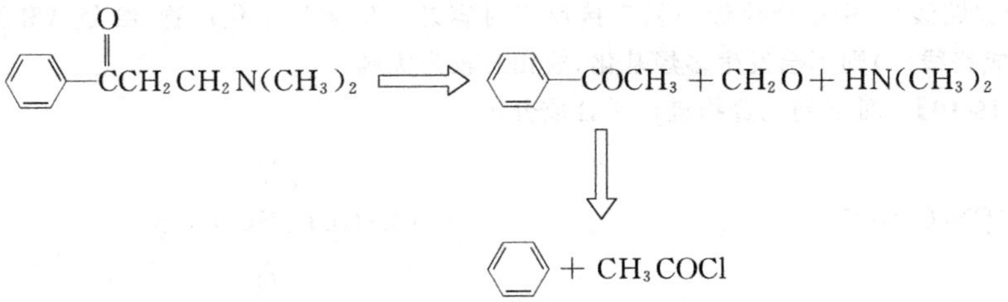

(7) 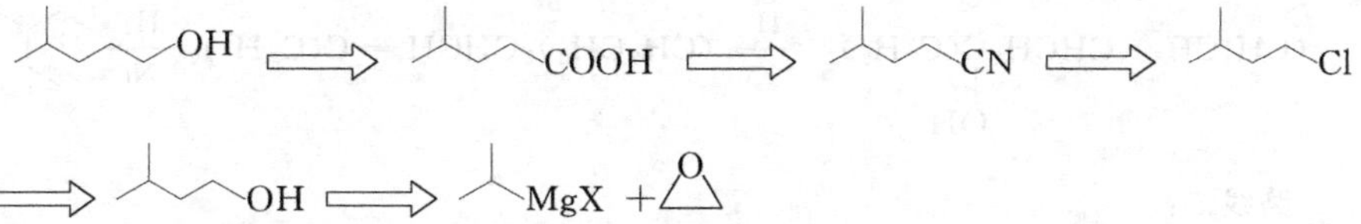

(8) 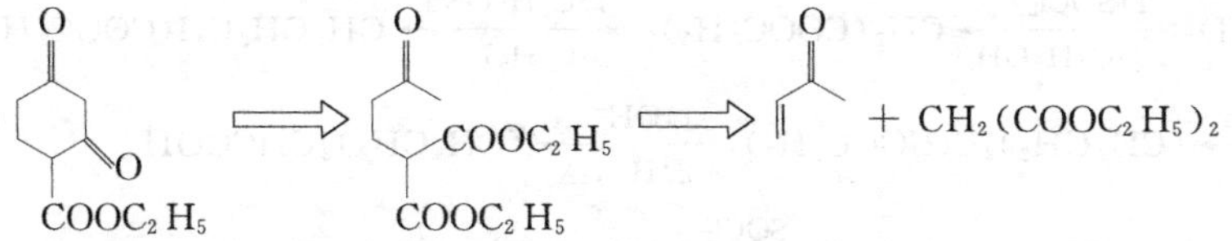

或

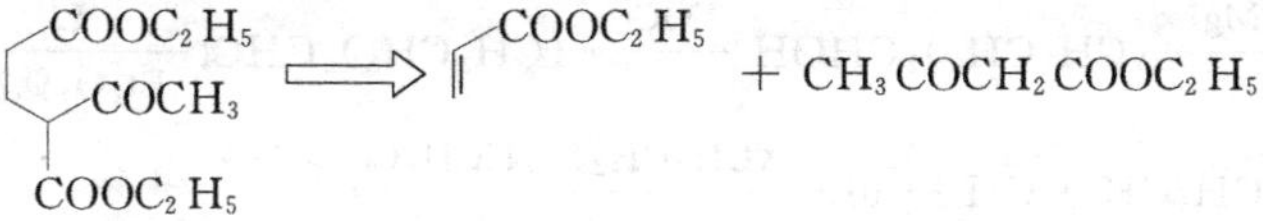

(9) 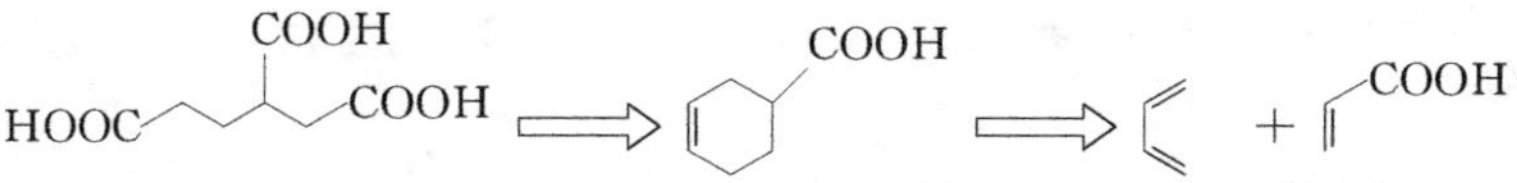

(10) 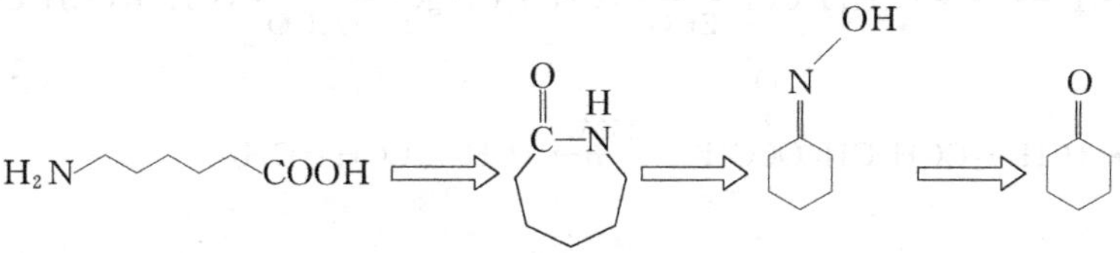

**【习题 15-11】** 以两种不同路线合成下列化合物,起始原料为苯、甲苯以及其他不超过 4 个碳的有机化合物,无机试剂可任意选用。

(1) 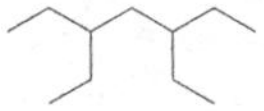

(2) $CH_3C(CH_3)_2—CH═CH_2$

(3) $CH_3—C(CH_3)_2—CH_2C(CH_3)═CH_2$

(4) 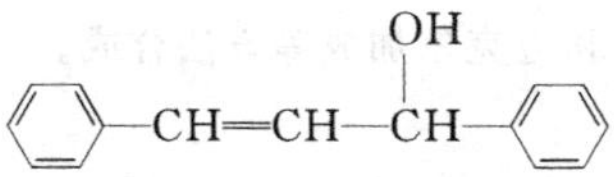

(5) $CH_3CH_2C(CH_3)_2—NH_2$

**解** (1) 路线一:

$$CH_3CH_2CHO \xrightarrow[2)H_2O]{1)CH_3CH_2MgI} (CH_3CH_2)_2CHOH \xrightarrow{SOCl_2} (CH_3CH_2)_2CHCl \xrightarrow[Et_2O]{Mg}$$

$(CH_3CH_2)_2CHMgCl$ $\xrightarrow[2)H_2O]{1)}$ (1) 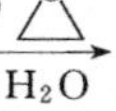 $(CH_3CH_2)_2CHCH_2CH_2OH \xrightarrow[H^+]{KMnO_4}$

$$(CH_3CH_2)_2CHCH_2COOH \xrightarrow[2)C_2H_5OH]{1)SOCl_2} (CH_3CH_2)_2CHCH_2COOC_2H_5 \xrightarrow[2)H_2O]{1)C_2H_5MgI}$$

$$(CH_3CH_2)_2CHCH_2\underset{\displaystyle OH}{\underset{|}{C}}(C_2H_5)_2 \xrightarrow[\triangle]{H^+} (CH_3CH_2)_2CHCH{=}C(C_2H_5)_2 \xrightarrow[Ni]{H_2}$$

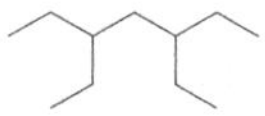

路线二：

$$CH_2(COOH)_2 \xrightarrow[2)C_2H_5OH]{1)SOCl_2} CH_2(COOC_2H_5)_2 \xrightarrow[2)C_2H_5I]{1)C_2H_5ONa} CH_3CH_2CH(COOC_2H_5)_2$$

$$\xrightarrow[2)C_2H_5I]{1)C_2H_5ONa} (CH_3CH_2)_2C(COOC_2H_5)_2 \xrightarrow[2)H^+,\triangle]{1)OH^-} (CH_3CH_2)_2CHCOOH$$

$$\xrightarrow[2)H_2O]{1)LiAlH_4} (CH_3CH_2)_2CHCH_2OH \xrightarrow{SOCl_2} (CH_3CH_2)_2CHCH_2Cl$$

$$CH_3CH_2CHO \xrightarrow[2)H_2O]{1)CH_3CH_2MgI} (CH_3CH_2)_2CHOH \xrightarrow{SOCl_2} (CH_3CH_2)_2CHCl \xrightarrow[Et_2O,低温]{Li}$$

$$(CH_3CH_2)_2CHLi \xrightarrow{CuCl} ((CH_3CH_2)_2CH)_2CuLi \xrightarrow{(CH_3CH_2)_2CHCH_2Cl}$$

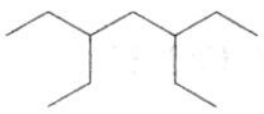

(2) 路线一：

$$(CH_3)_3COH \xrightarrow{浓\ HCl} (CH_3)_3CCl \xrightarrow[Et_2O]{Mg} (CH_3)_3CMgCl$$

1) 　2) $H_2O$

$$\longrightarrow (CH_3)_3CCH_2CH_2OH$$

$$\xrightarrow{CH_3COCl} (CH_3)_3CCH_2CH_2O\overset{\displaystyle O}{\overset{\|}{C}}CH_3 \xrightarrow{250℃} (CH_3)_3CCH{=}CH_2$$

路线二：

$$CH_3COCH_3 \xrightarrow[2)H_2O]{1)Mg,C_6H_6} CH_3-\underset{\displaystyle CH_3}{\overset{\displaystyle OH}{C}}-\underset{\displaystyle CH_3}{\overset{\displaystyle OH}{C}}-CH_3 \xrightarrow[\triangle]{H^+} (CH_3)_3C\overset{\displaystyle O}{\overset{\|}{C}}CH_3 \xrightarrow{NaBH_4}$$

$$(CH_3)_3C\overset{\displaystyle OH}{\overset{|}{C}}HCH_3 \xrightarrow{SOCl_2} (CH_3)_3C\overset{\displaystyle Cl}{\overset{|}{C}}HCH_3 \xrightarrow[(CH_3)_3COH]{(CH_3)_3CONa} (CH_3)_3CCH{=}CH_2$$

对含季碳的化合物，通常可用叔碳增长、频哪醇重排和迈克尔加成等方法合成。

(3) 路线一：

$$CH_3COCH_3 \xrightarrow[\triangle]{Ba(OH)_2} (CH_3)_2C{=}CHCOCH_3 \xrightarrow[2)H_2O]{1)(CH_3)_2CuLi} (CH_3)_3CCH_2COCH_3$$

$$\xrightarrow{CH_2{=}PPh_3} (CH_3)_3CCH_2\underset{\displaystyle CH_3}{\underset{|}{C}}{=}CH_2$$

路线二：

$$(CH_3)_3COH \xrightarrow{浓\ HCl} (CH_3)_3CCl \xrightarrow[Et_2O]{Mg} (CH_3)_3CMgCl$$

1) 　2) $H_2O$

$$\longrightarrow (CH_3)_3CCH_2\overset{\displaystyle OH}{\overset{|}{C}}HCH_3$$

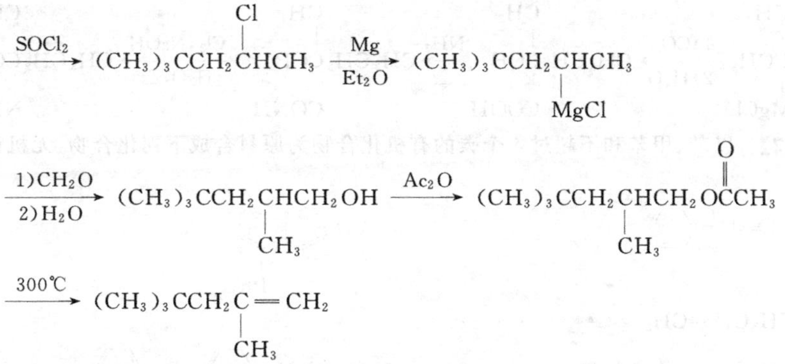

(4) 路线一：

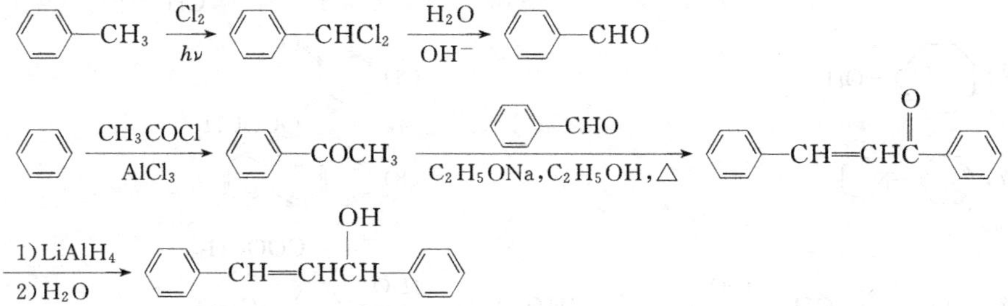

路线二：

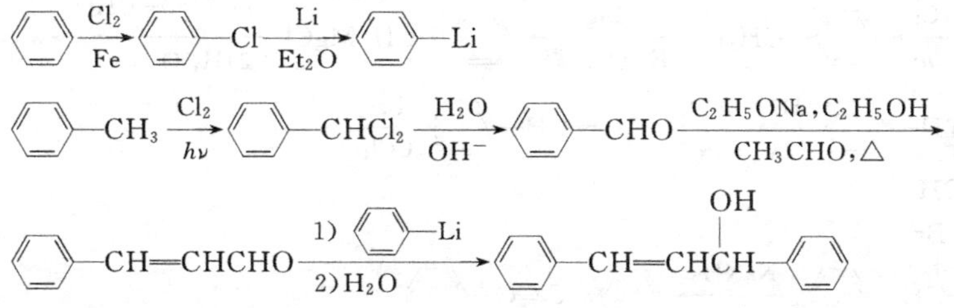

(5) 路线一：

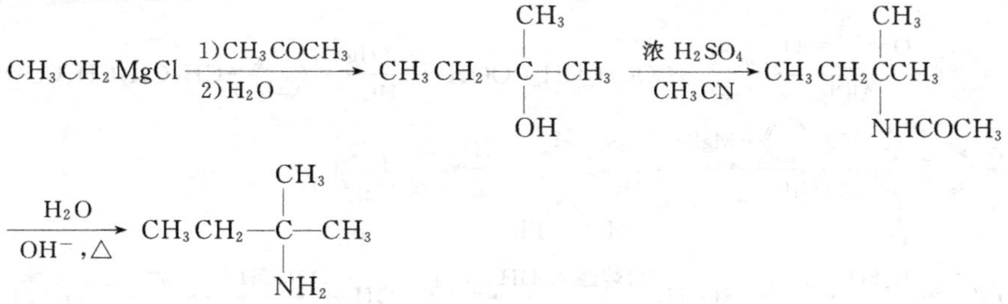

路线二：

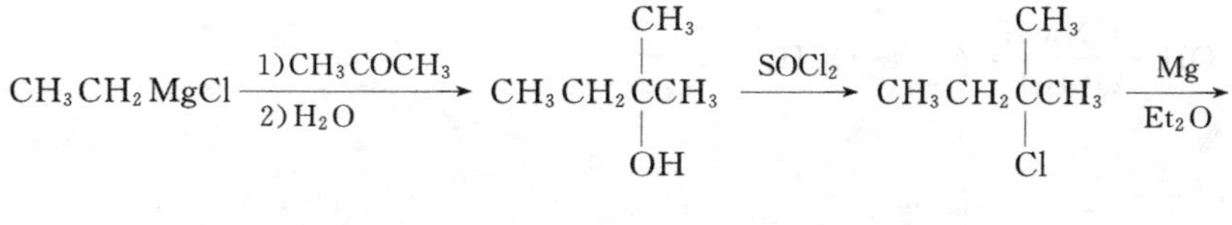

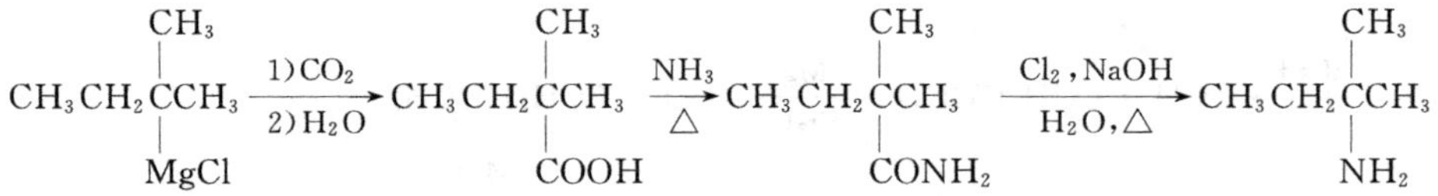

**【习题 15-12】** 以苯、甲苯和不超过 4 个碳的有机化合物为原料合成下列化合物，无机试剂可任意选用。

(1) 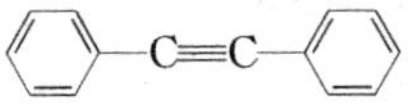

(2) 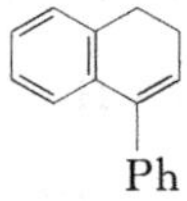

(3) 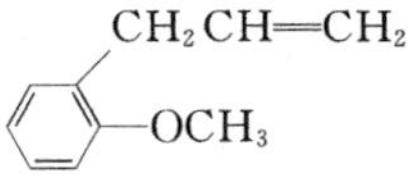

(4) 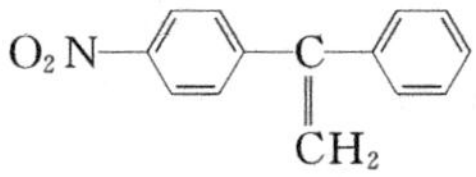

(5) 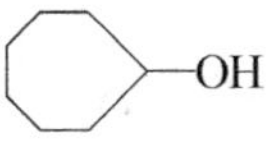

(6) 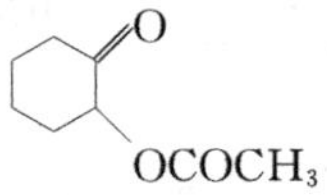

(7) 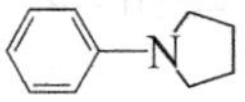

(8) 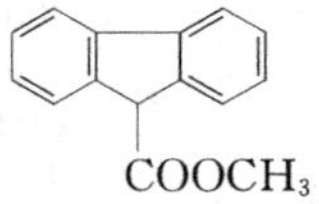

**解** (1) 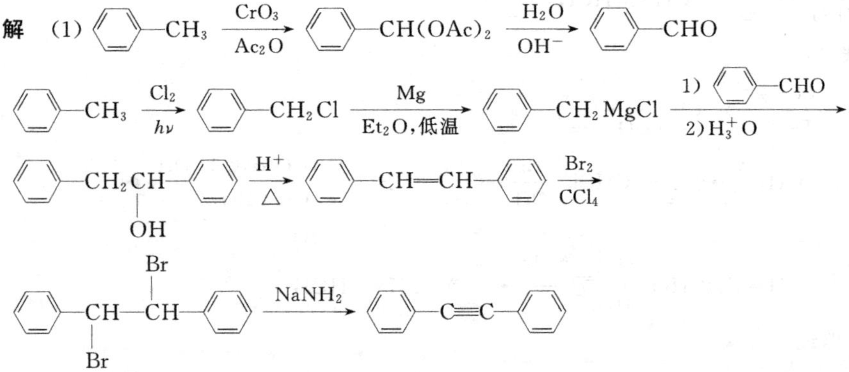

(2) 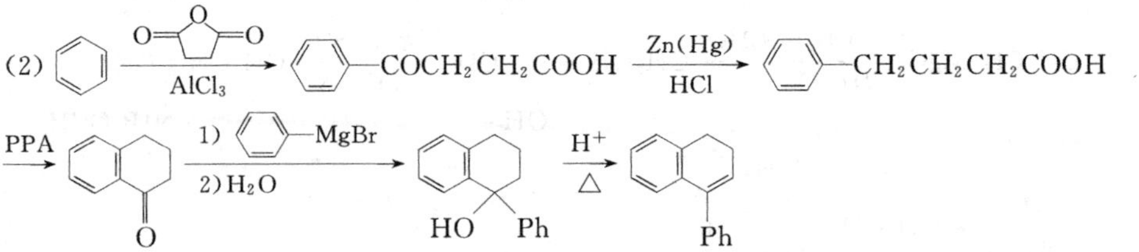

(3) 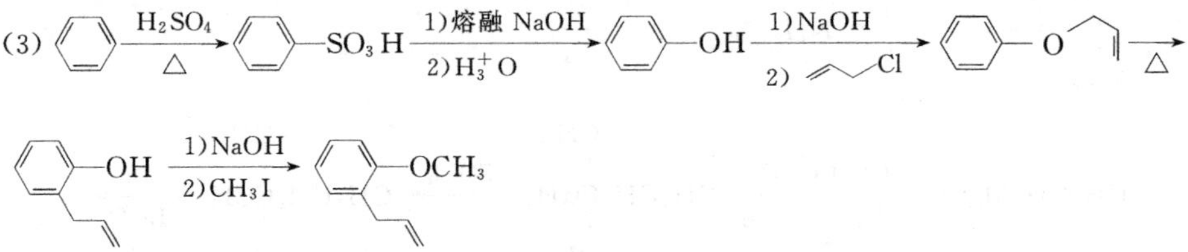

(4)
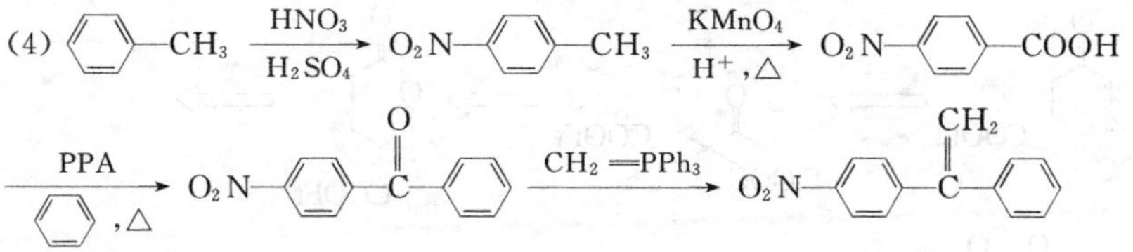

(5)
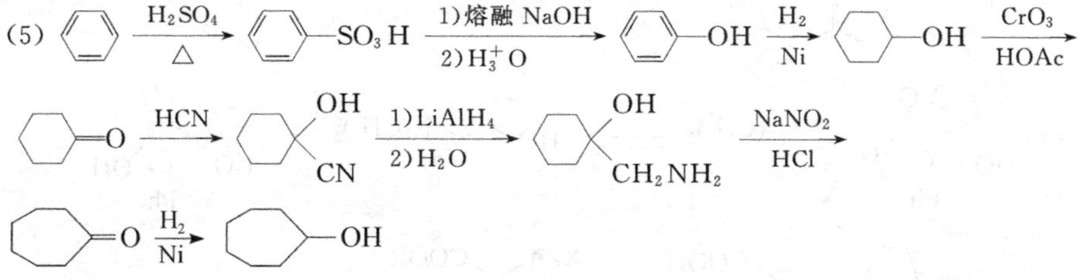

(6)
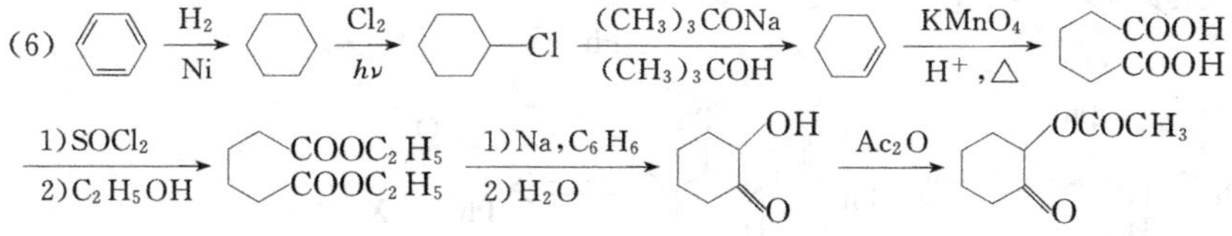

(7)
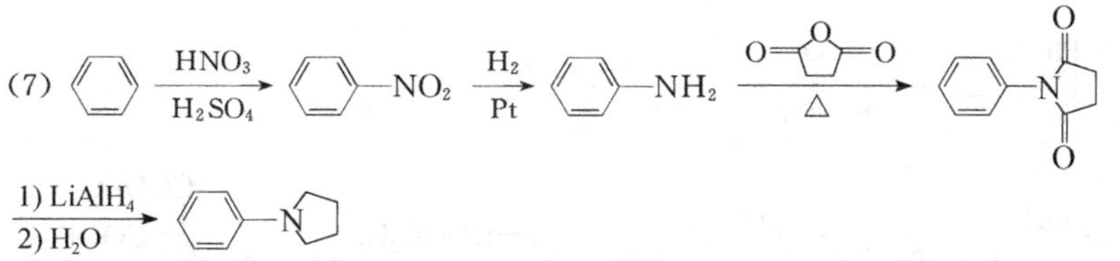

(8)
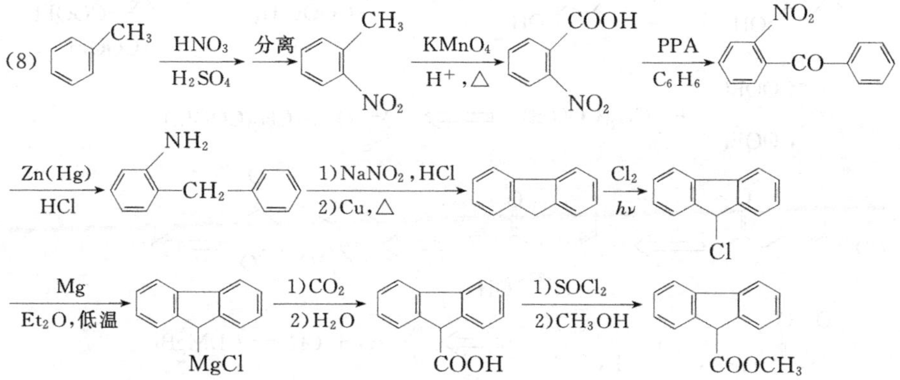

**【习题 15-13】** 按给定的逆合成路线,写出相应化合物的合成反应式。

(1)
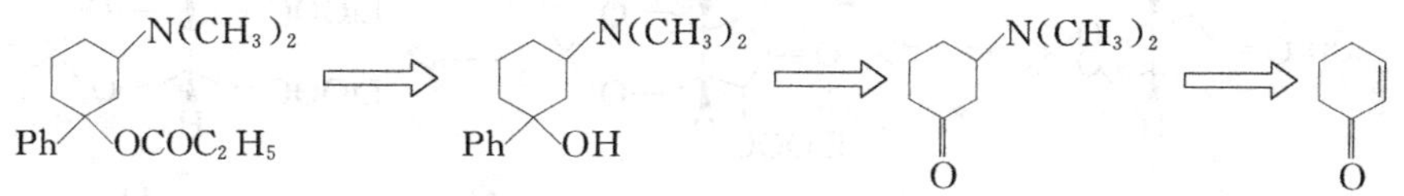

(2)
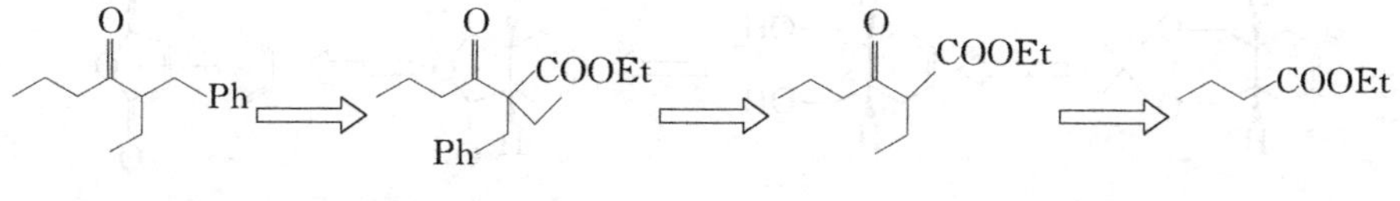

(3) 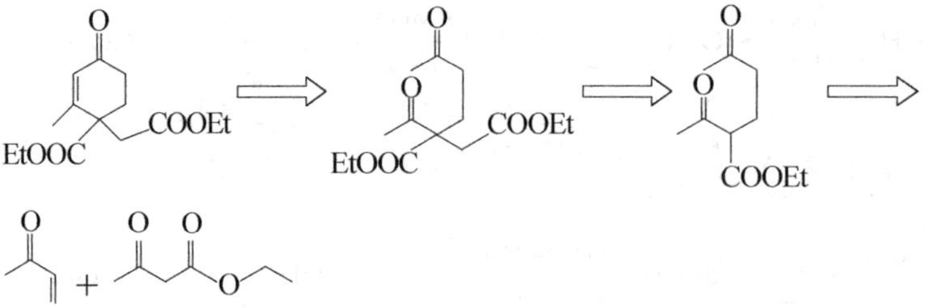

(4) 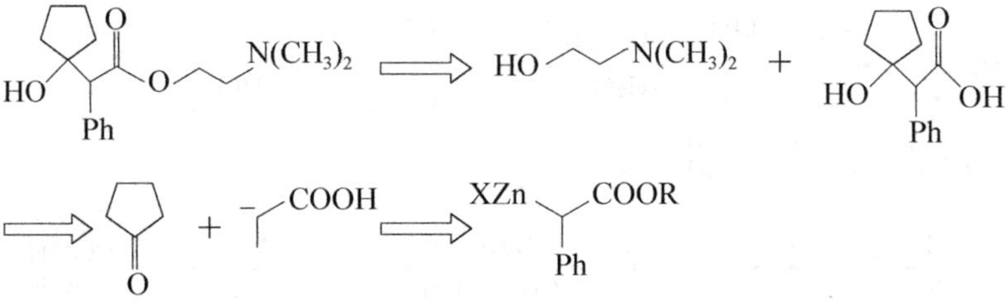

(5) 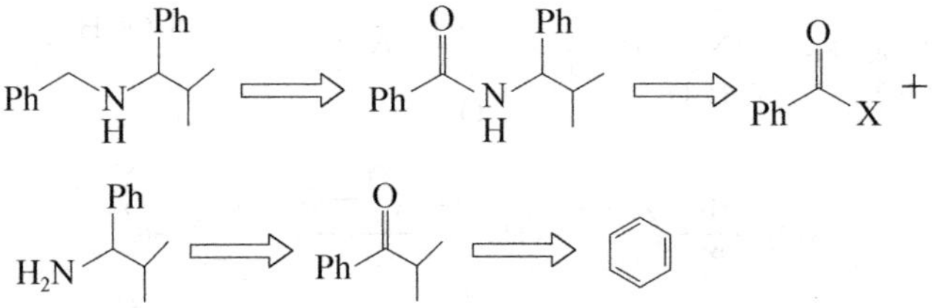

(6) 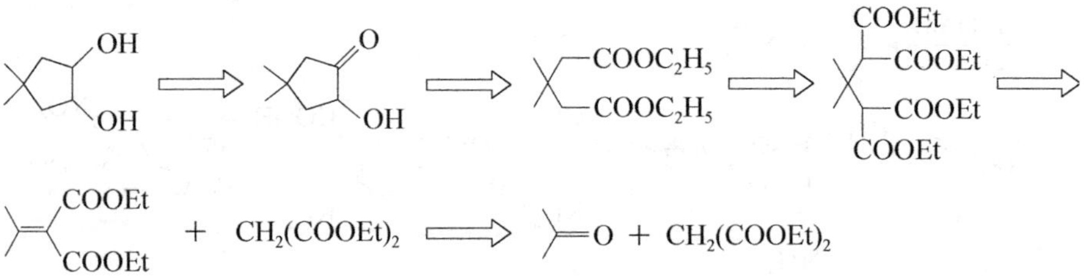

(7) 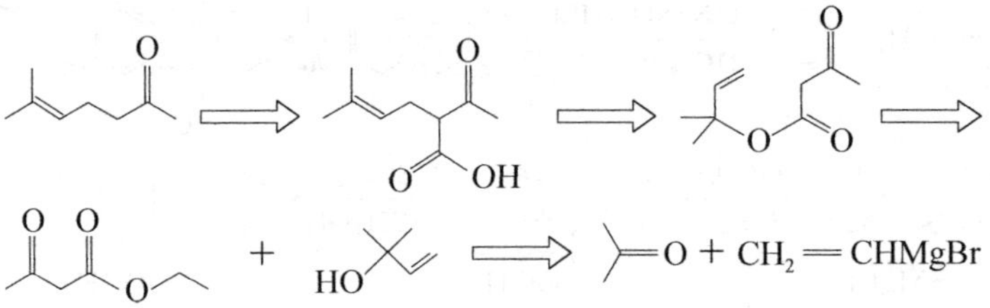

(8) 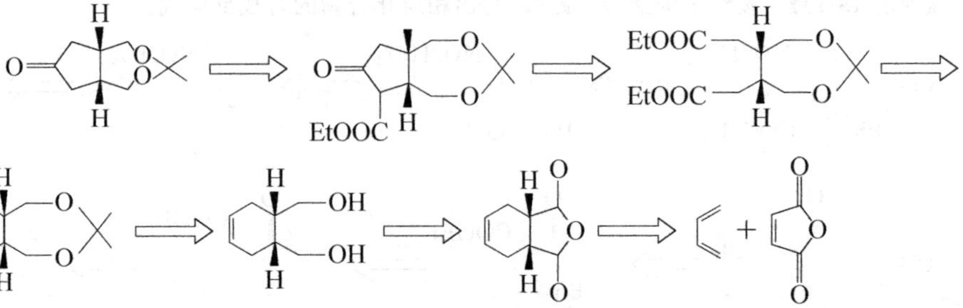

解 (1)

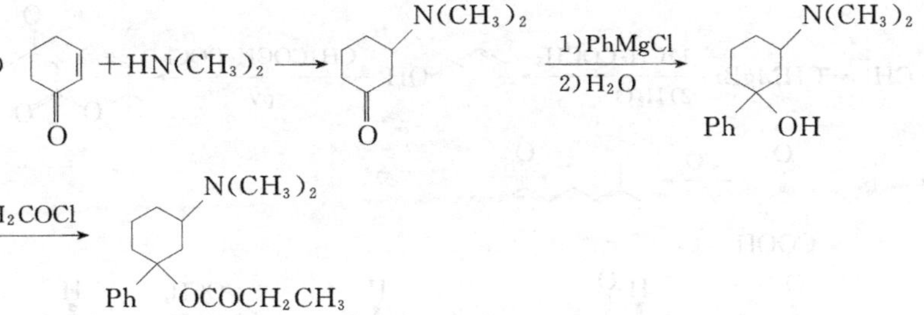
+HN(CH3)2
N(CH3)2
O
1)PhMgCl
2)H2O
Ph OH
CH3CH2COCl
Ph OCOCH2CH3

(2)

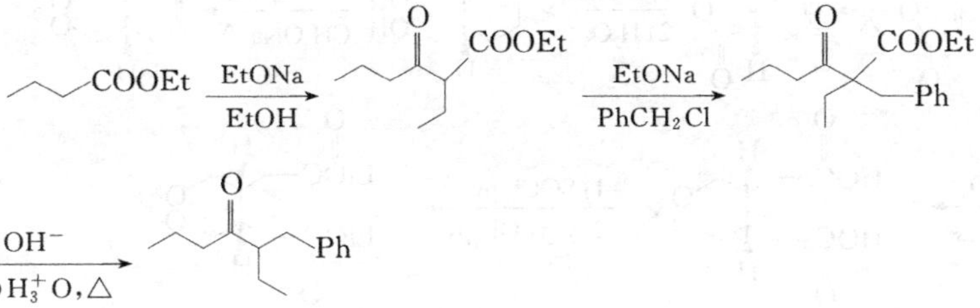
COOEt
EtONa
EtOH
O
EtONa
PhCH2Cl
Ph
1)OH−
2)H3+O,△

(3)

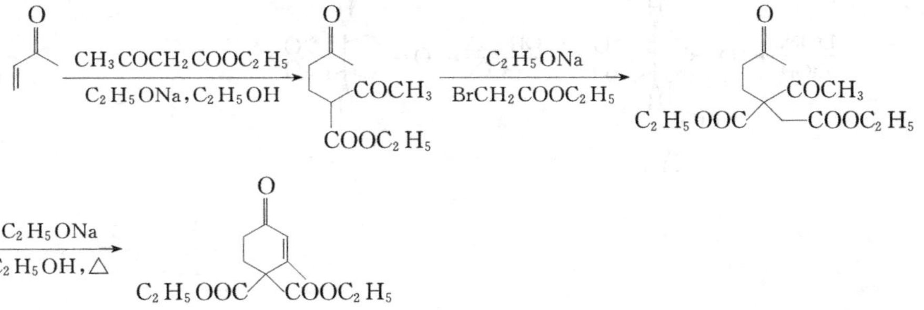
O
CH3COCH2COOC2H5
C2H5ONa,C2H5OH
COCH3
COOC2H5
C2H5ONa
BrCH2COOC2H5
C2H5OOC
COOC2H5
C2H5OH,△

(4)

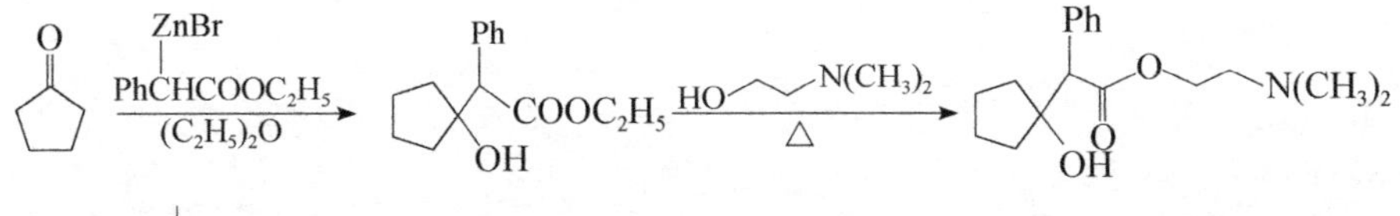
ZnBr
PhCHCOOC2H5
(C2H5)2O
Ph
COOC2H5
OH
HO N(CH3)2
△

(5)

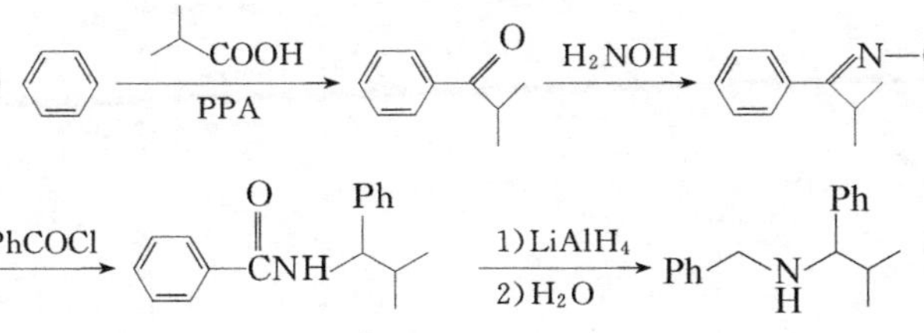
COOH
PPA
H2NOH
N—OH
H2
Pd
NH2
PhCOCl
CNH
Ph
1)LiAlH4
2)H2O
N
H

(6)

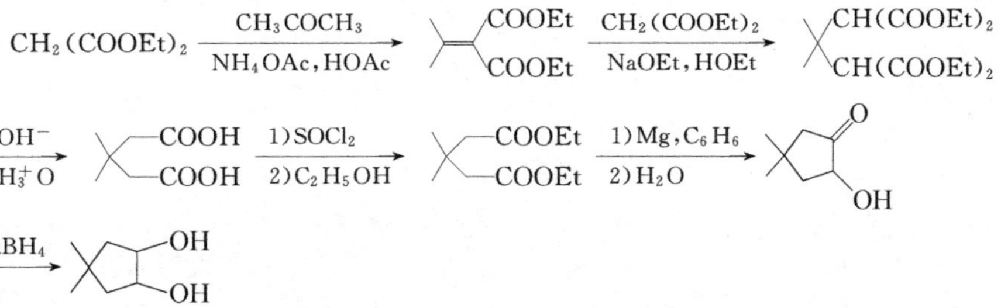
CH2(COOEt)2
CH3COCH3
NH4OAc,HOAc
COOEt
CH2(COOEt)2
NaOEt,HOEt
CH(COOEt)2
1)OH−
2)H3+O
COOH
1)SOCl2
2)C2H5OH
1)Mg,C6H6
2)H2O
OH
NaBH4

(7) 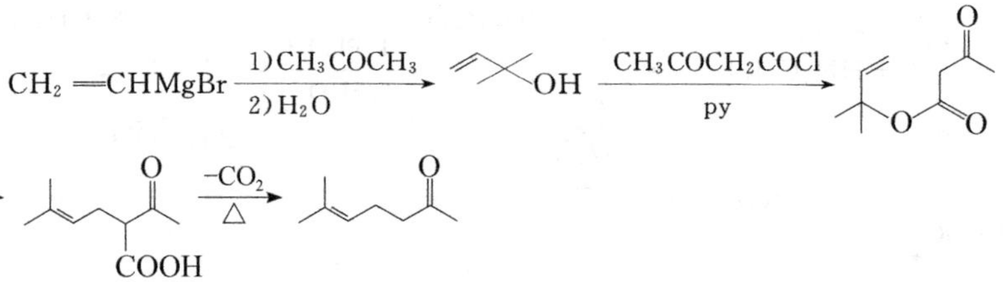
CH₂ ═CHMgBr
1) CH₃COCH₃
2) H₂O
OH
CH₃COCH₂COCl
py
COOH
−CO₂

(8) 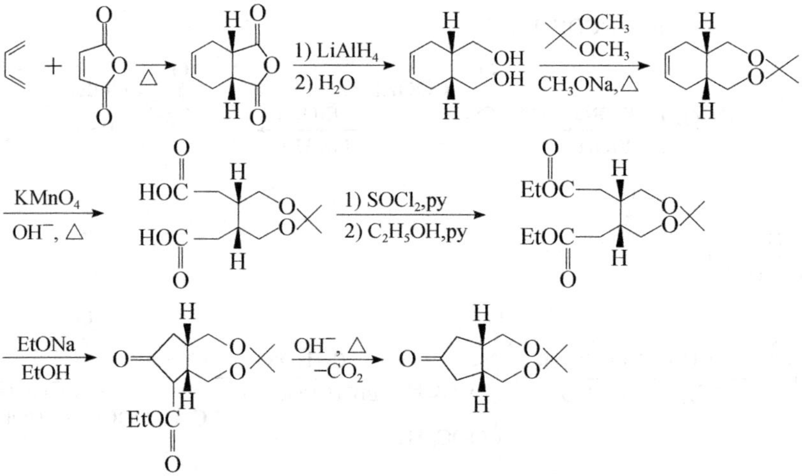
1) LiAlH₄
2) H₂O
OH
OCH₃
CH₃ONa,△
KMnO₄
OH⁻, △
HOC
1) SOCl₂,py
2) C₂H₅OH,py
EtOC
EtONa
EtOH
OH⁻, △
−CO₂

# 第十六章　有机化学综合测试题

## 有机化学综合测试题(一)

一、用系统命名法命名下列化合物。

(1) 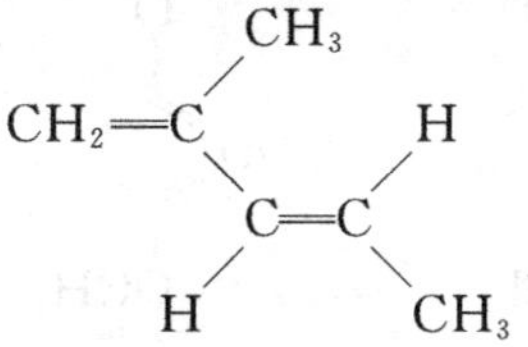

(2) 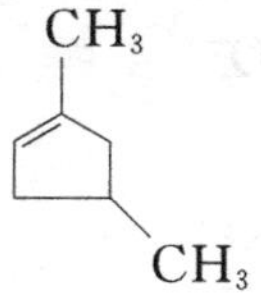

(3) 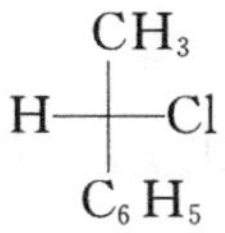

(4) 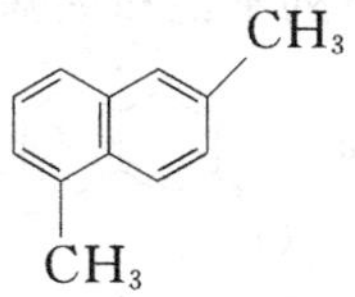

(5) 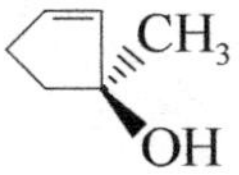

(6) 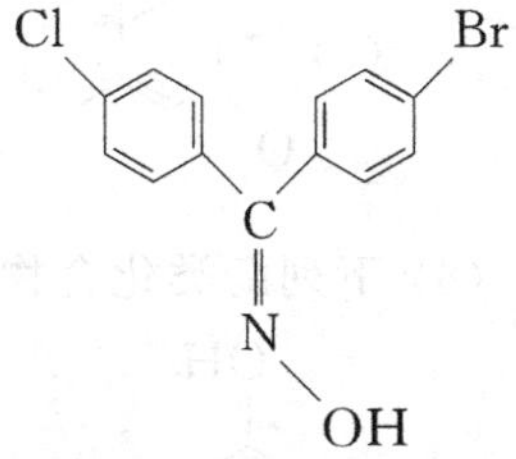

(7) 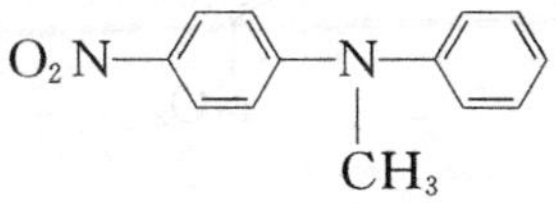

(8) 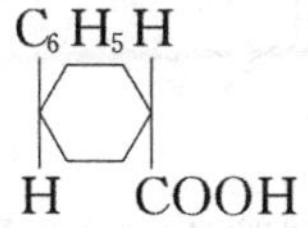

(9) 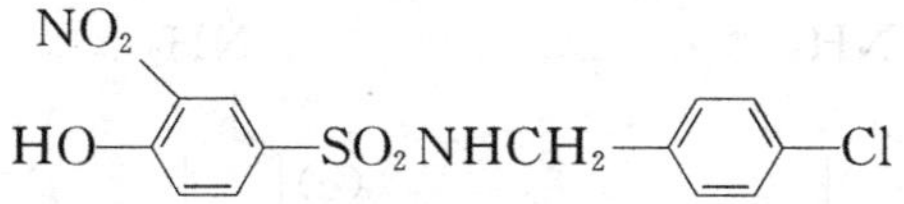

(10) 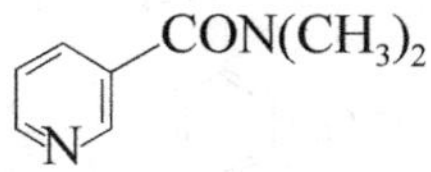

二、按题意要求选择正确答案。

(1) 两环烷烃的分子式均为 $C_5H_{10}$，哪一个燃烧热大

(a) 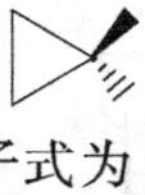　　(b) 

(2) 分子式为 $C_5H_{10}$ 的三元环化合物，其可能的异构体总数为

(a) 6 个　(b) 5 个　(c) 4 个　(d) 3 个

(3) 下列氯代烃与 $AgNO_3/C_2H_5OH$ 溶液反应速率最快的是

(a) 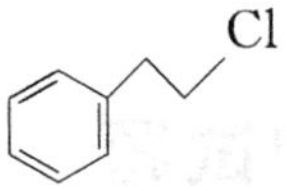


(b) 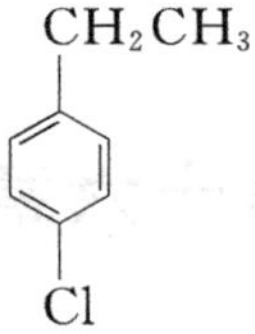


(c) 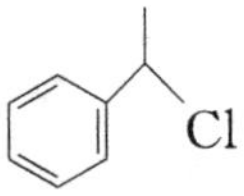


(d) 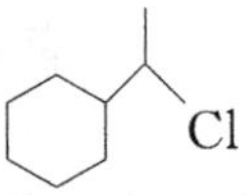


(4) 下列取代苯氧基负离子中,亲核能力最强的是

(a) 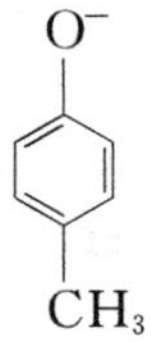


(b) 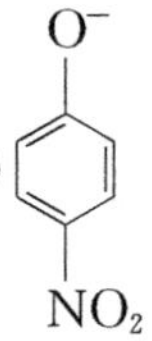


(c) 

(d) 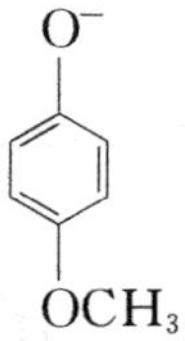


(5) 下列不饱和羰基化合物中,紫外吸收 $\lambda_{max}$ 最大的是

(a) 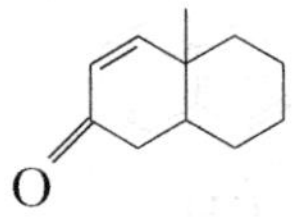


(b) 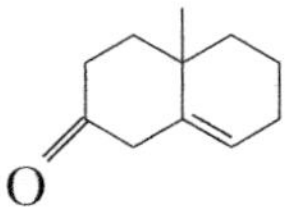


(c) 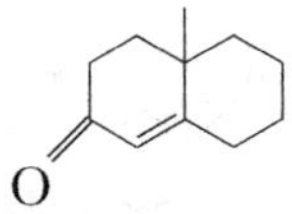


(d) 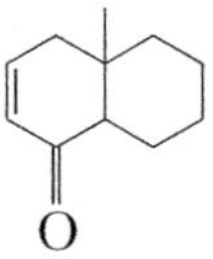


(6) 下列酚类化合物中,酸性最强的是

(a) 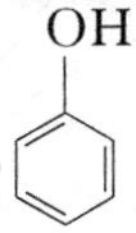


(b) 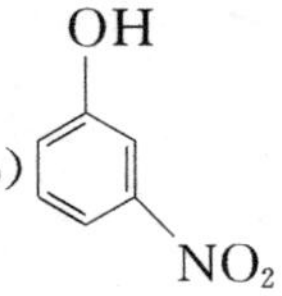


(c) 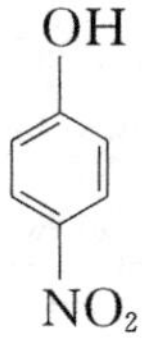


(7) 下列胺中,碱性最大的是

(a) 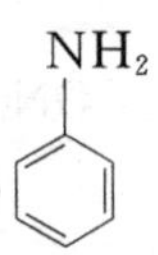


(b) 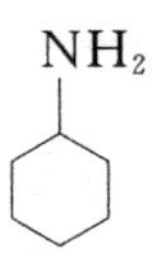


(c) 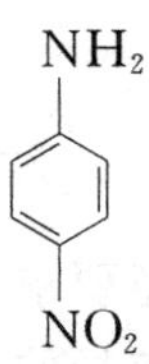


(8) 下列杂环化合物中,碱性最弱的是

(a) 

(b) 

(c) 

(9) 下列卤代烃在 $KOH/C_2H_5OH$ 溶液中消除卤化氢速率快的是

(a) 　　(b) 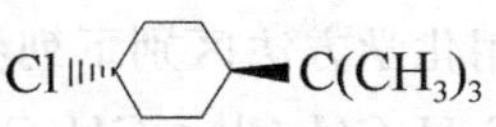

(10) 维生素 A 的结构为 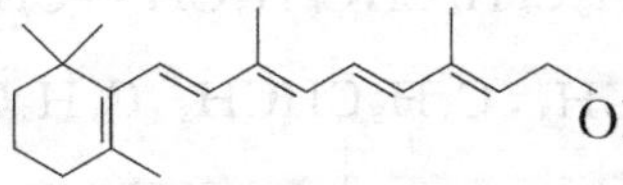，它属于

(a)单萜　　(b)二萜　　(c)三萜　　(d)四萜

三、完成下列反应，写出其主要产物(注意产物的构型和构象)或适当的反应试剂。

(1) $C_6H_5CH{=}CHCH_3 + HBr \longrightarrow$

(2) 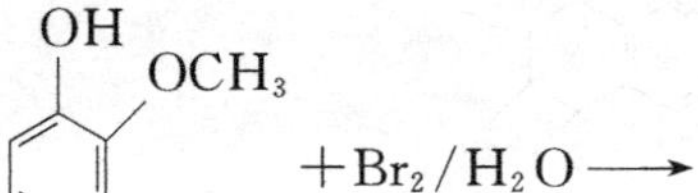

(3) 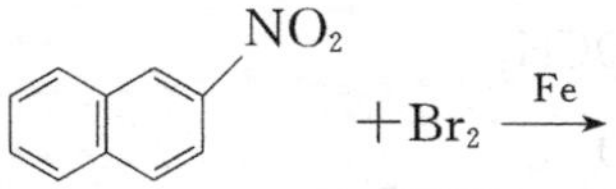

(4) 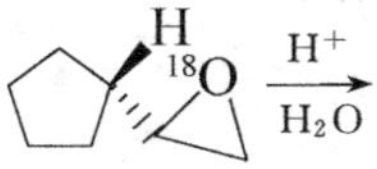

(5) 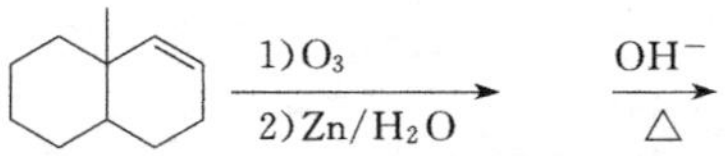

(6) 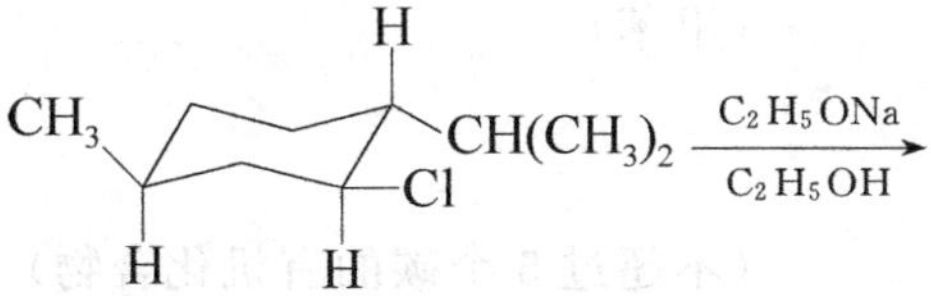

(7) 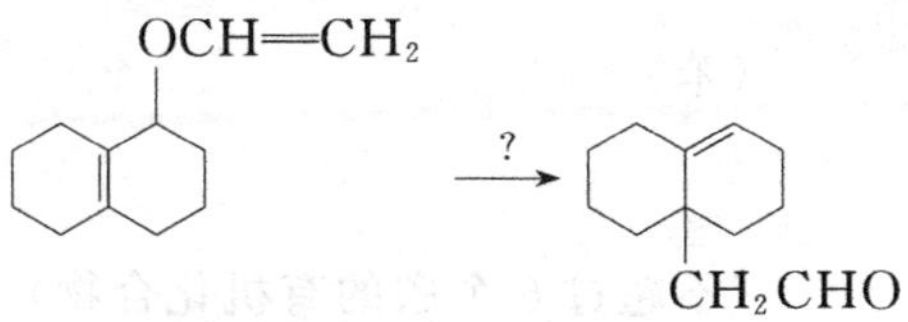

(8) $CH_2{=}CHC(=O)CH_2NH_2 \xrightarrow{\triangle}$

(9) 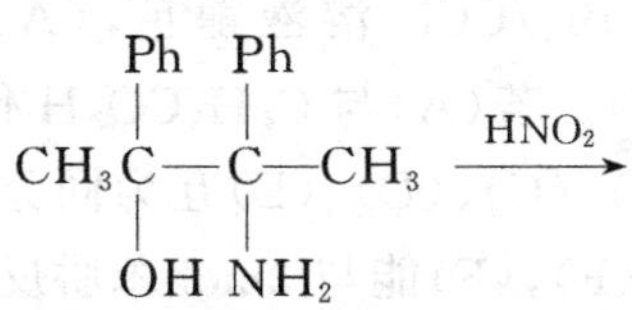

(10) 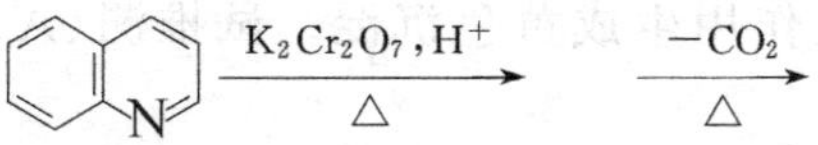

四、用化学方法区别下列各组化合物。

(1) $C_6H_5CH_2Cl$，$p$-$CH_3C_6H_4Cl$，$C_6H_5CH=CHCl$

(2) $CH_3CH_2CH(OH)CH_2CH_3$，$C_6H_5CH(OH)CH_3$，$C_6H_5COCH_3$

(3) $C_6H_5CH_2NH_2$，$C_6H_5CH_2NHCH_3$，$C_6H_5CH_2N(CH_3)_2$

五、给下列反应提出合理的反应机理。

(1) 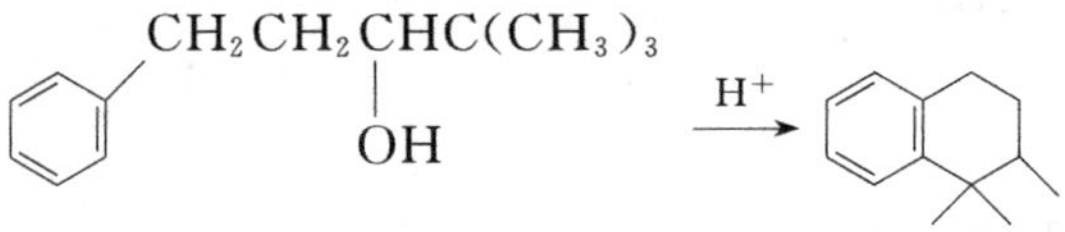

(2) 

(3) 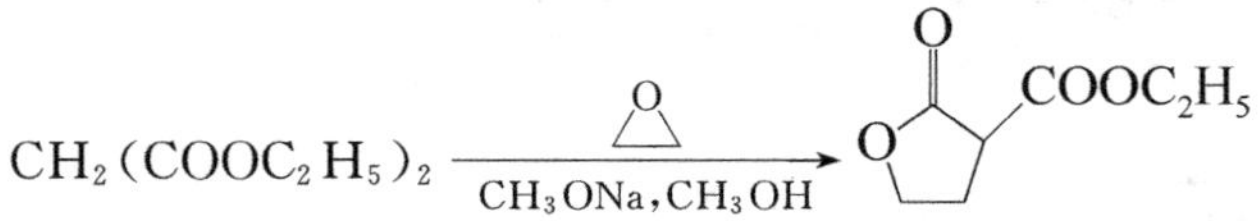

六、从指定原料合成下列化合物。

(1) 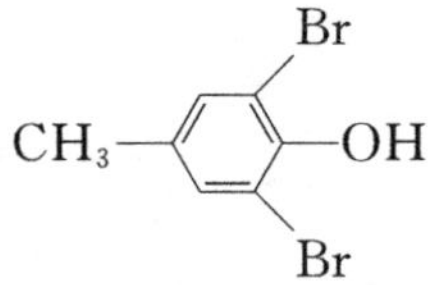　　(甲苯)

(2) 　　(不超过 5 个碳的有机化合物)

(3) 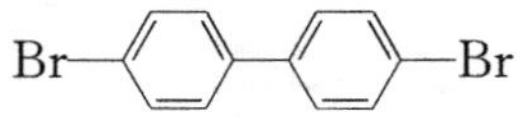　　(苯)

(4) 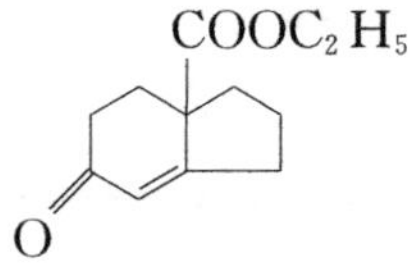　　(不超过 6 个碳的有机化合物)

七、推测化合物结构。

(1) 化合物(A)，分子式为 $C_7H_{14}$，能使 $Br_2/CCl_4$ 溶液褪色，(A)与稀冷 $KMnO_4$溶液反应得到一对旋光异构体(B)和(C)。若(A)与 $C_6H_5CO_3H$ 作用后再水解，则得到另一对旋光异构体(D)和(E)。(B)、(C)、(D)、(E)互为同分异构体，将它们分别用 $HIO_4$ 处理后都得到同一化合物(F)，(F)能与 2mol 苯肼反应，与土伦试剂呈正反应，与 $NaOH+I_2$ 溶液作用生成黄色沉淀。试推测(A)～(F)的结构。

(2) 化合物(A)和(B)互为同分异构体，分子式为 $C_9H_8O$，它们的 IR 谱在 $1710cm^{-1}$左右都有强吸收峰。(A)和(B)经热 $KMnO_4$ 氧化都得到邻苯二甲酸，它们的$^1H$ NMR 谱数据如下：

(A)：$\delta$/ppm：7.3(m,4H)，3.4(s,4H)

(B)：$\delta$/ppm：7.5(m,4H)，3.1(t,2H)，2.5(t,2H)

试推测(A)和(B)的结构。

## 参考答案

一、

(1) (3*E*)-2-甲基-1,3-戊二烯

(2) 1,4-二甲基环戊烯

(3) (*S*)-1-苯基-1-氯乙烷

(4) 1,6-二甲基萘

(5) (*S*)-1-甲基-2-环戊烯-1-醇

(6) (*Z*)-4-氯-4′-溴二苯甲酮肟

(7) *N*-甲基-4-硝基二苯胺

(8) 反-4-苯基环己基甲酸

(9) *N*-(4-氯苄基)-3-硝基-4-羟基苯磺酰胺

(10) *N*,*N*-二甲基烟酰胺

二、

(1) (a)　(2) (b)　(3) (c)　(4) (d)　(5) (c)　(6) (c)　(7) (b)　(8) (c)　(9) (a)　(10) (b)

三、

(1) 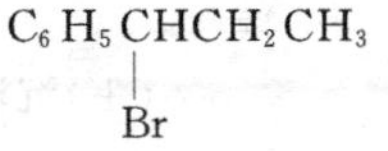

(2) 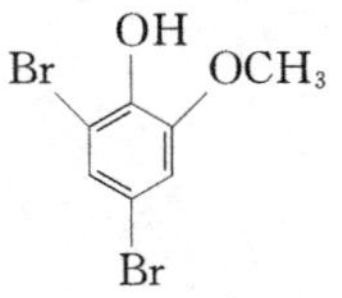

(3) 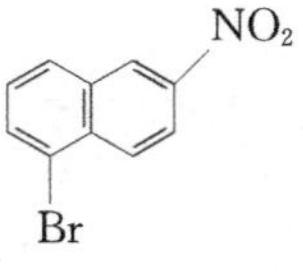

(4) 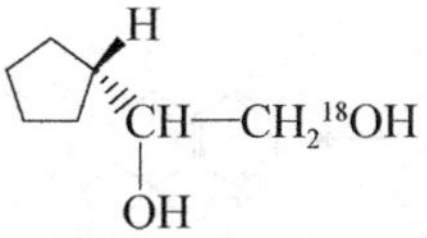

(5) 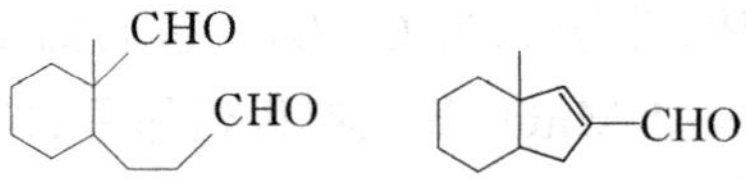

(6) 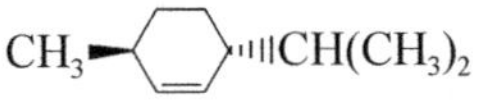

(7) △

(8) 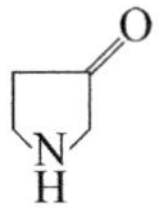

(9) 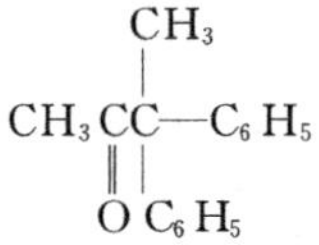

(10) 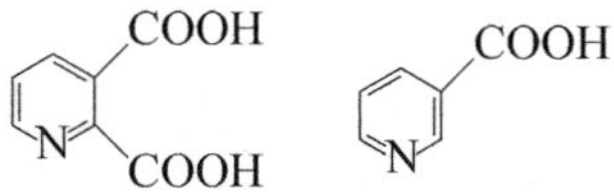

四、

(1) 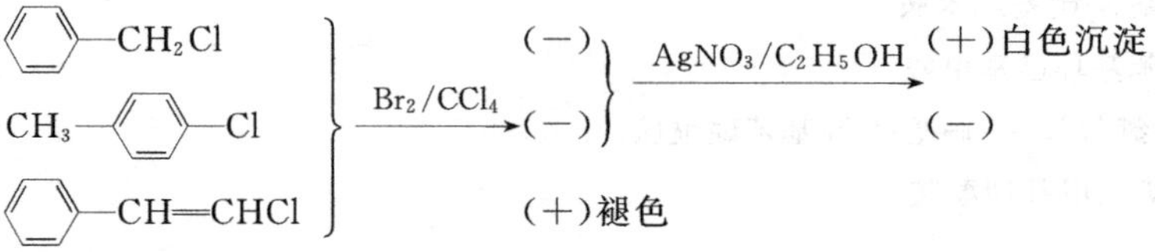


(2) 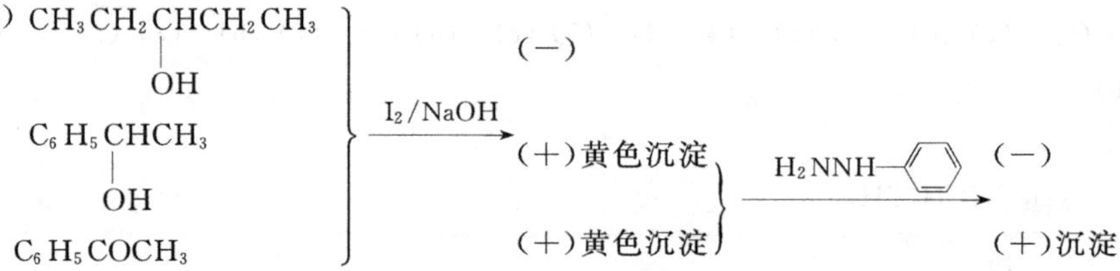


(3) $C_6H_5CH_2NH_2$ / $C_6H_5CH_2NHCH_3$ / $C_6H_5CH_2N(CH_3)_2$ $\xrightarrow[\text{NaOH}]{p\text{-}CH_3C_6H_4SO_2Cl}$ (＋)均相 / (＋)产生沉淀 / (－)分层

五、

(1) 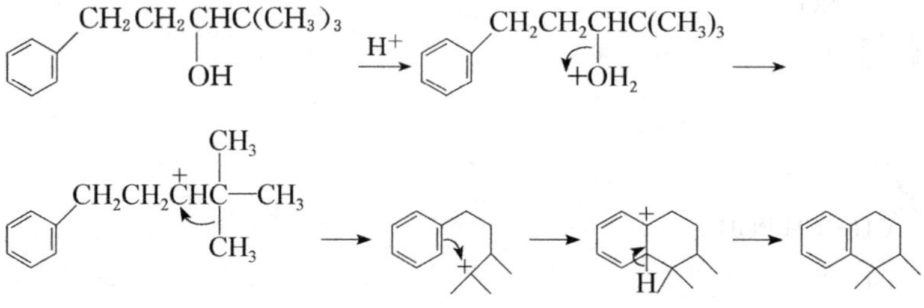

(2) 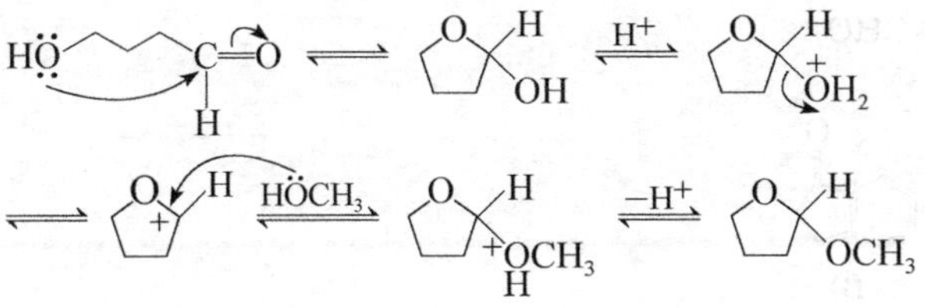

(3) 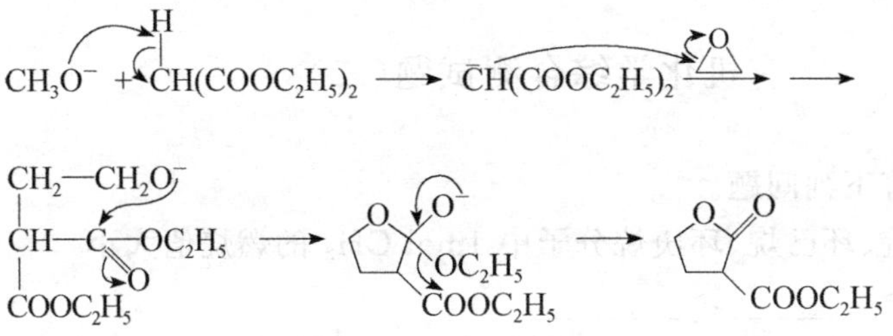

六、

(1) 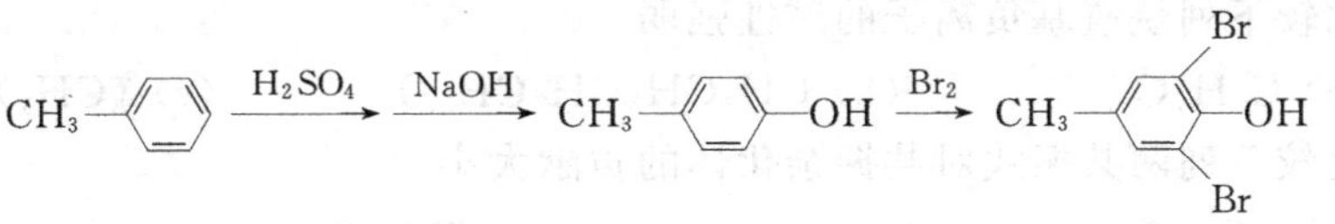

(2) 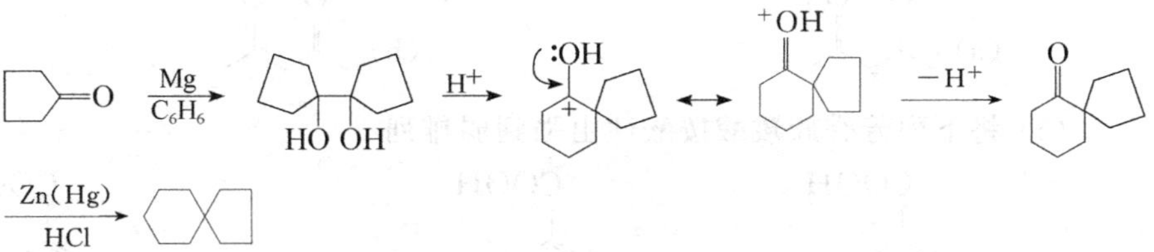

(3) 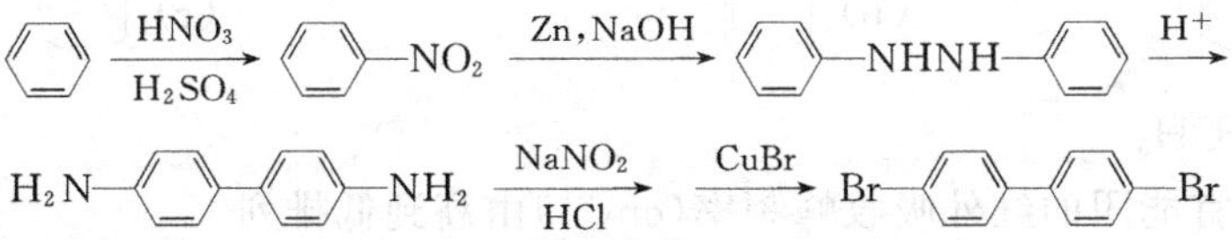

(4) 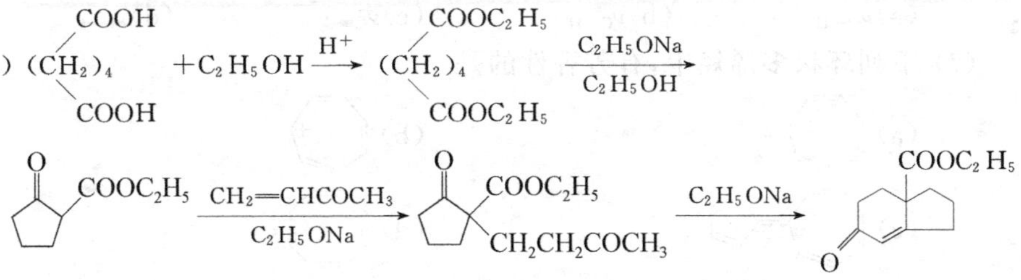

七、

(1) 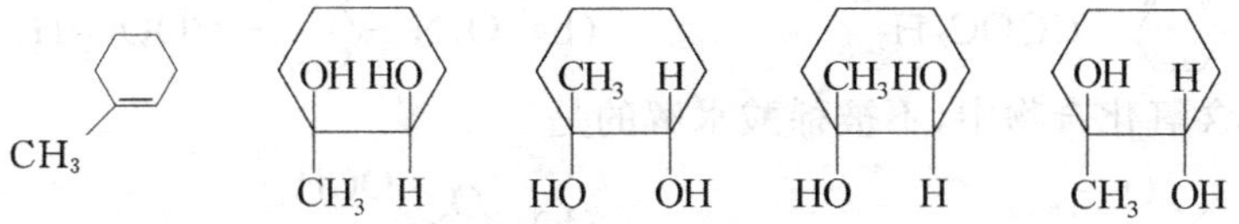

(A) (B)和(C) (D)和(E)

$CH_3COCH_2CH_2CH_2CH_2CHO$

(F)

(2) 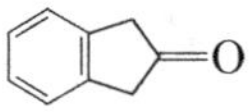 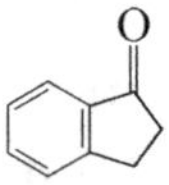

(A) (B)

## 有机化学综合测试题(二)

一、按题意回答下列问题。

(1) 比较环丁烷、环己烷、环庚烷分子中 1mol $CH_2$ 的燃烧值大小

________>________>________

(2) 写出 $C_5H_{12}$烷烃中熔点与沸点最接近的一个异构体。

(3) 比较下列烷氧基负离子的碱性强弱

(a) $C_6H_5O^-$　(b) $CH_3CH_2CH_2CH_2O^-$　(c) $(CH_3)_3CO^-$

(4) 比较下列两共振式对共振杂化体的贡献大小

(a) 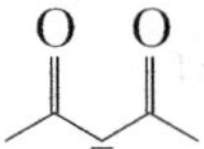　(b) 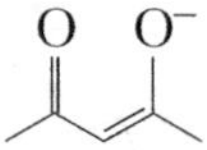

(5) 将下列芳香族羧酸按酸性由强到弱排列

(a) 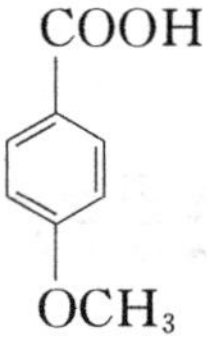

(b) 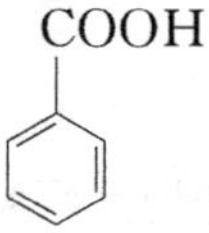

(c) 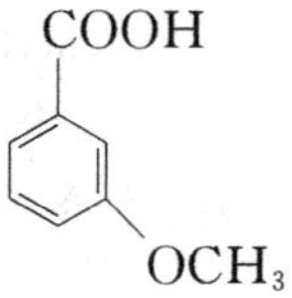


(6) 将下列官能团的红外吸收峰频率($cm^{-1}$)由高到低排列

(a)$\nu_{O-H}$　(b)$\nu_{C-H}$　(c)$\nu_{C\equiv C}$　(d)$\nu_{C=C}$

(7) 下列环状多烯烃中,有芳香性的是

(a) 　(b) 

(c) 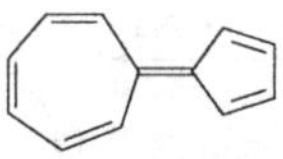　(d) 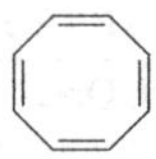

(8) 下列酯在相同的碱性条件下水解,比较其水解速率大小

(a) 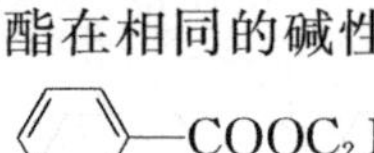

(b) 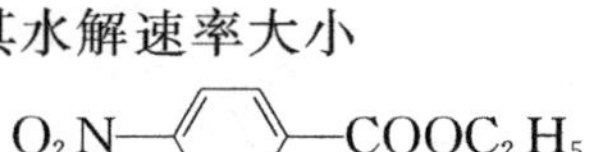


(9) 下列含氧化合物中,不被稀酸水解的是

(a) 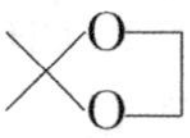

(b) 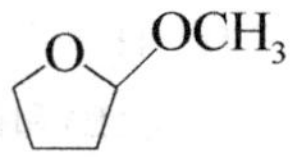

(c) 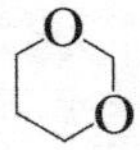　(d) 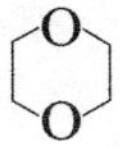

(10) 下列碳正离子中,最稳定的是

(a) 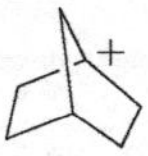　(b) 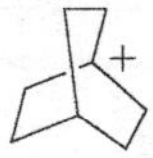　(c) 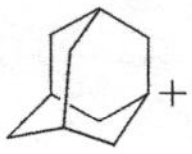　(d) 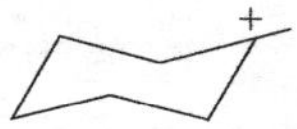

二、画出下列化合物最稳定的构象式。

(1) 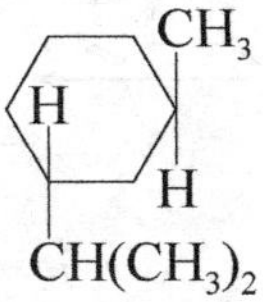　(2) 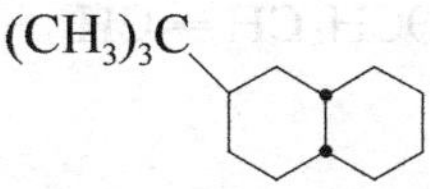

三、写出 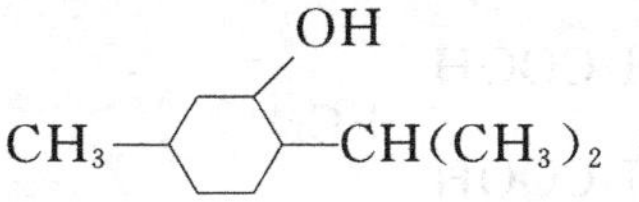 的可能立体异构体。

四、完成下列反应。

(1) 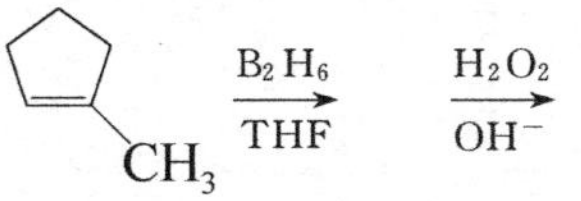

(2) 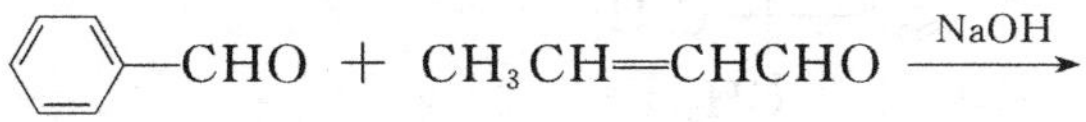

(3) 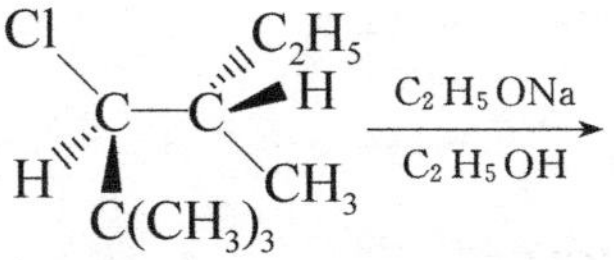

(4) 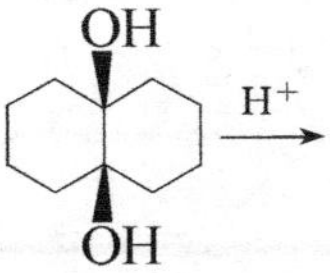

(5) 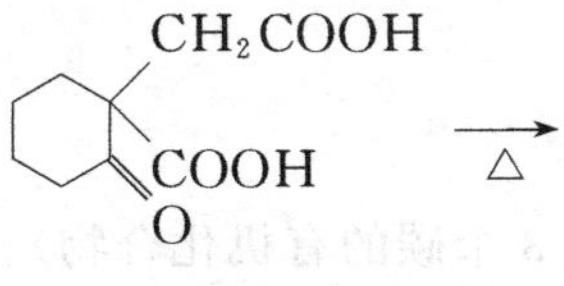

(6) 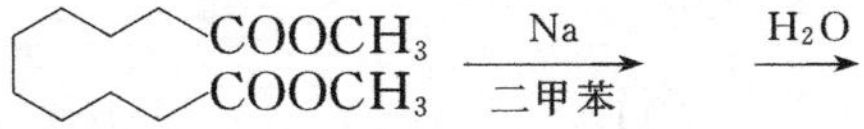

(7) 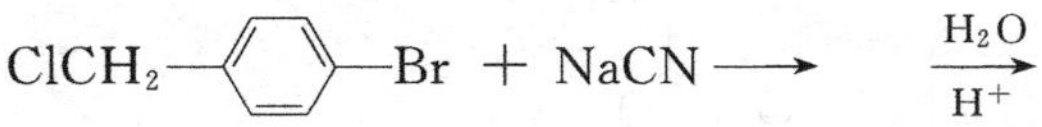

(8) 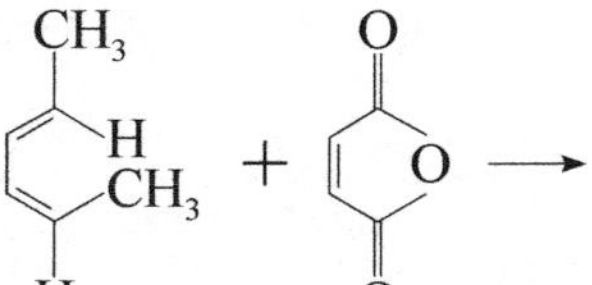

(9) 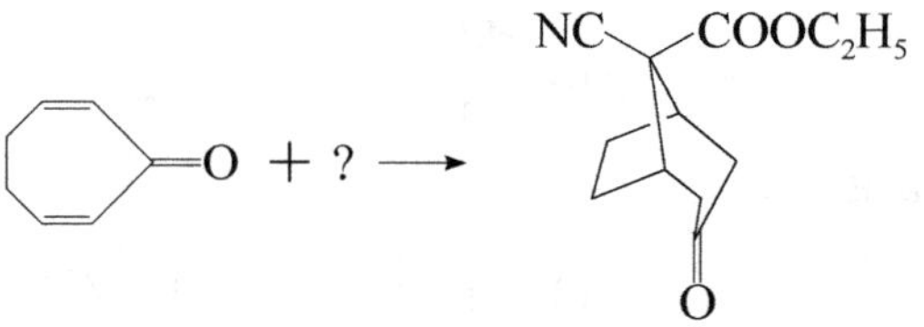

(10) $(C_6H_5)_3P + ClCH_2OCH_2CH{=}CH_2 \xrightarrow{n\text{-}C_4H_9Li}$ 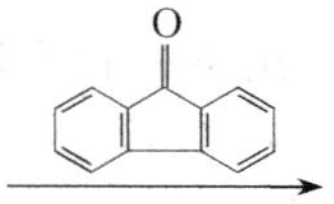 $\xrightarrow{\triangle}$

五、配平下列反应式。

(1) $CH_3CH_2OH + Cr_2O_7^{2-} + H^+ \longrightarrow CH_3COOH + Cr^{3+}$

(2) 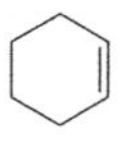 $+ CrO_3 + H^+ \longrightarrow$ $\begin{matrix} CH_2CH_2COOH \\ | \\ CH_2CH_2COOH \end{matrix}$ $+ Cr^{3+}$

六、给下列反应提出合理的反应机理。

(1) 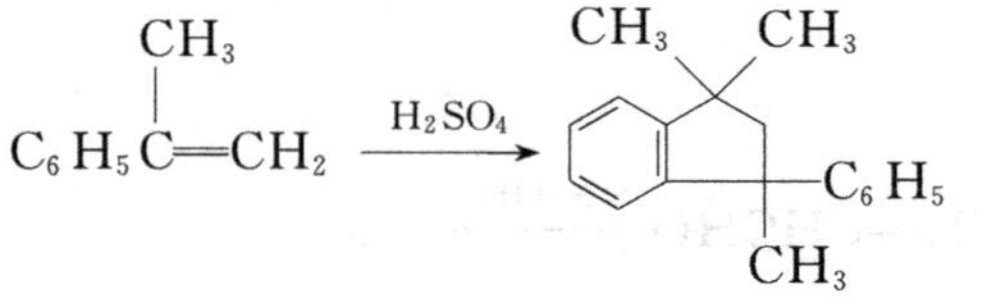

(2) 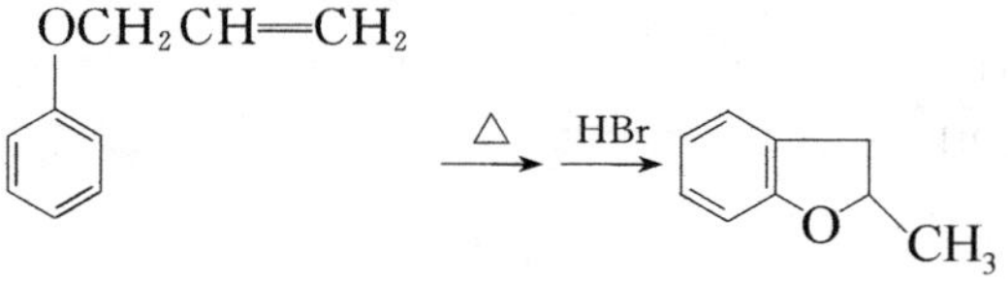

(3) 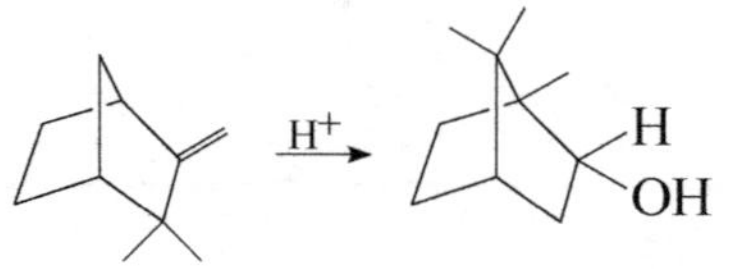

七、从指定原料合成下列化合物。

(1) 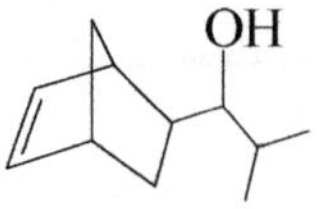　　（ 和 3 个碳的有机化合物）

(2) 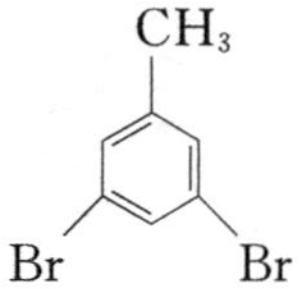　　（）

(3) $\begin{matrix} CH_3COCHCH_2CH{=}CH_2 \\ | \\ CH_3 \end{matrix}$　　（EAA）

(4) 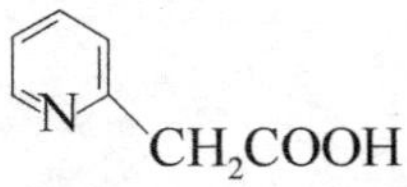 (  ,EM )

八、推测化合物结构。

(1) 中性化合物(A),分子式为 $C_{10}H_{12}O$,加热至 200℃时异构化为(B)。(A)经臭氧化还原性水解后可以得到甲醛,而(B)经同样条件处理则得到乙醛。(B)能溶于 NaOH,但不溶于 $NaHCO_3$,(B)经 $(CH_3O)_2SO_2$ 和 NaOH 处理后得到(C),分子式为 $C_{11}H_{14}O$,(C)经 $KMnO_4$ 氧化得到邻甲氧基苯甲酸。试推测(A)~(C)的结构。

(2) 某化合物(A),分子式为 $C_7H_{15}N$,与 $CH_3I$ 反应得到(B),分子式为 $C_8H_{18}NI$。(B)能溶于水,与 $Ag_2O/H_2O$ 悬浮液共热得到(C),分子式为 $C_8H_{17}N$。(C)再分别经 $CH_3I$ 处理后,与 $Ag_2O/H_2O$ 悬浮液共热得到(D)($C_6H_{10}$)和三甲胺。(D)能吸收 2mol 的氢得(E)($C_6H_{14}$),(E)的 $^1H$ NMR 谱显示只有两组峰,一组为七重峰,另一组为双峰,两者的强度比为 1∶6。试推测(A)~(E)的结构。

## 参考答案

一、

(1) 环丁烷>环庚烷>环己烷

(2) $CH_3-\underset{CH_3}{\overset{CH_3}{C}}-CH_3$ (3) (c)>(b)>(a) (4) (b)>(a) (5) (c)>(b)>(a)

(6) (a)>(b)>(c)>(d) (7) (b)、(c) (8) (b)>(a) (9) (d) (10) (d)

二、

(1) 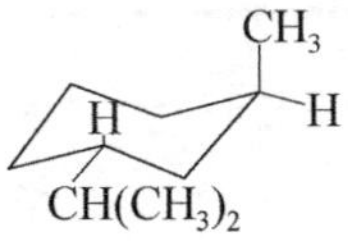 (2) 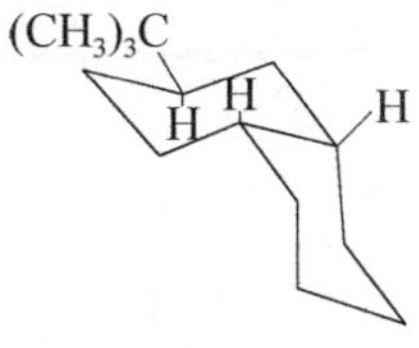

三、

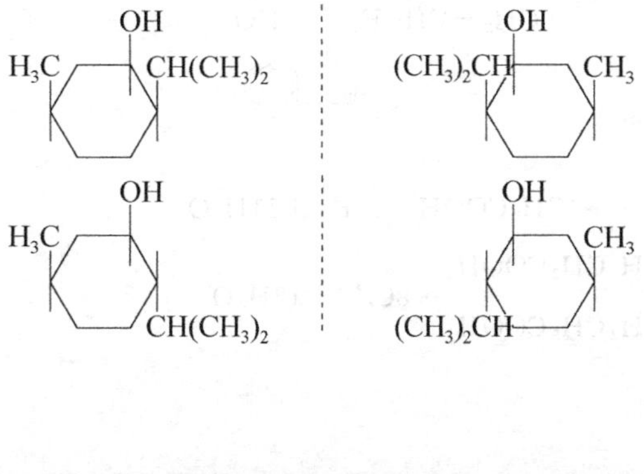

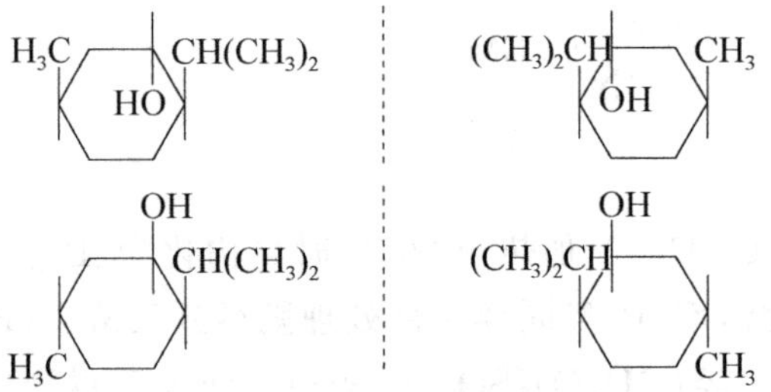

四、

(1)  (±)　　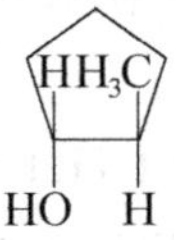 (±)

(2) 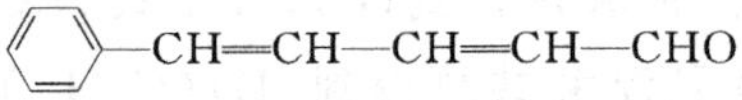

(3) 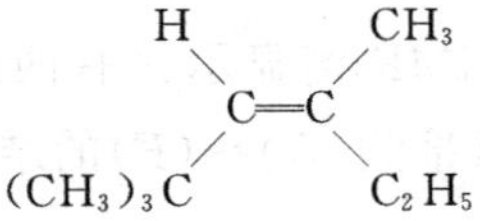

(4) 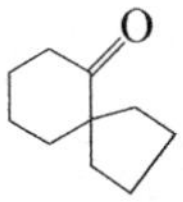

(5) 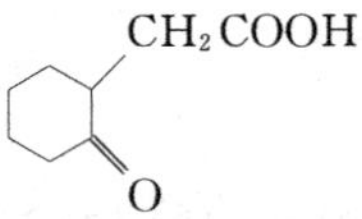

(6) 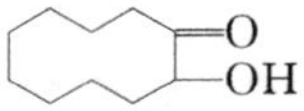

(7) 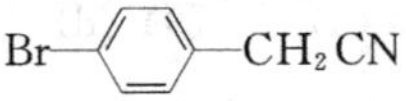　　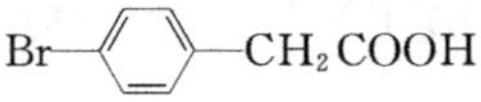

(8) 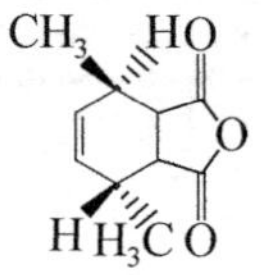

(9) $NCCH_2COOC_2H_5$

(10) $(C_6H_5)_3P{=}CHOCH_2CH{=}CH_2$

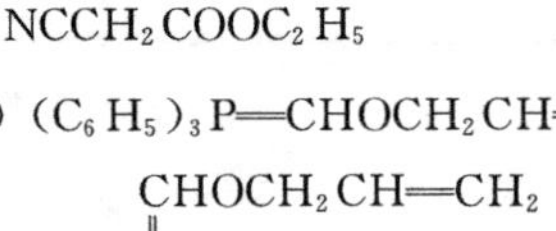　　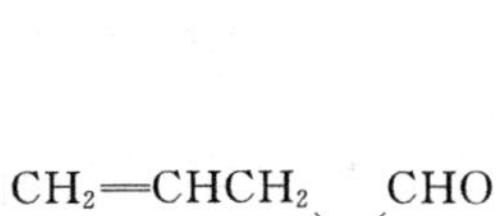

五、

(1) $3CH_3CH_2OH + 2Cr_2O_7^{2-} + 16H^+ \longrightarrow 3CH_3COOH + 4Cr^{3+} + 11H_2O$

(2) 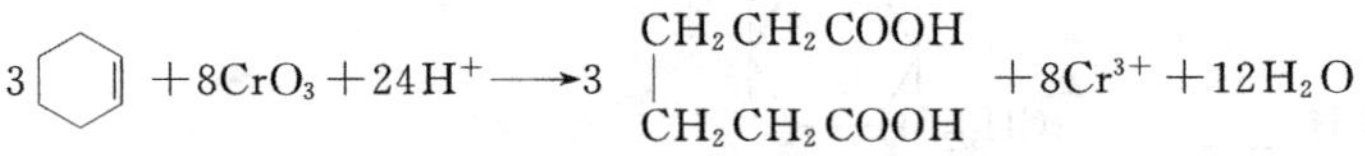

六、

(1) 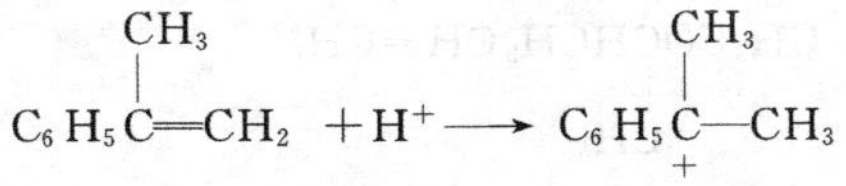

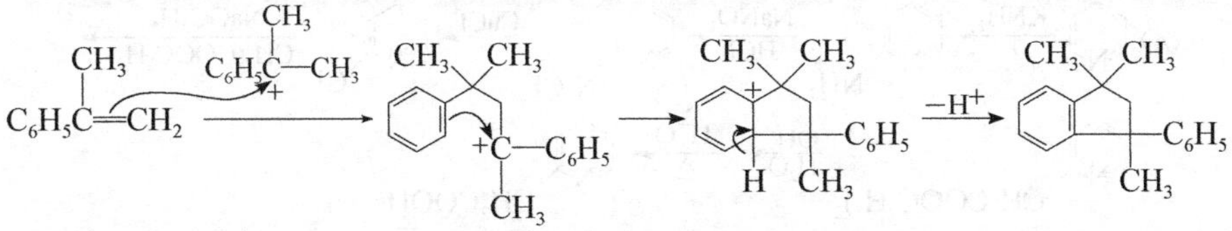

(2) 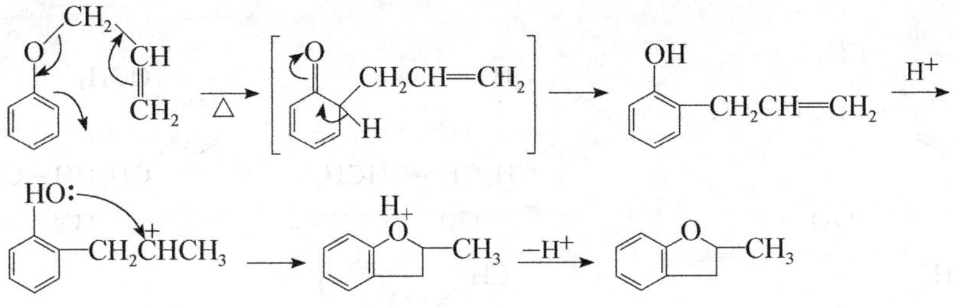

(3) 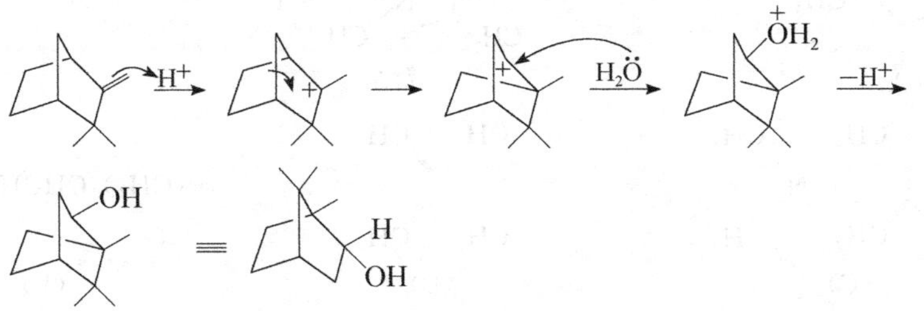

七、

(1) 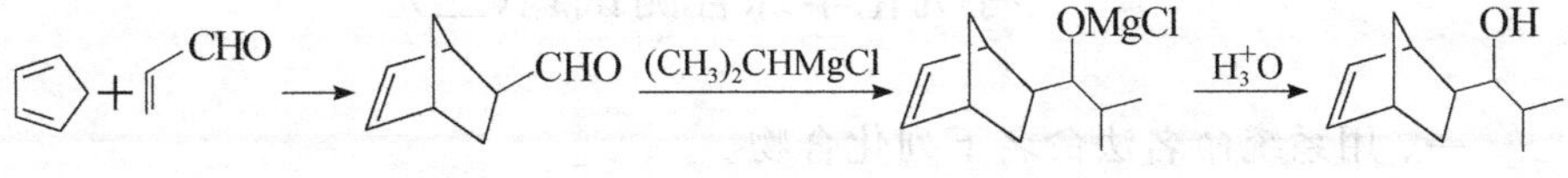

(2) 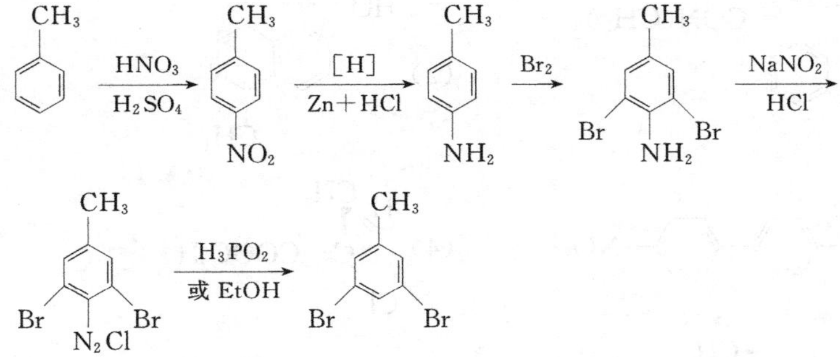

(3) 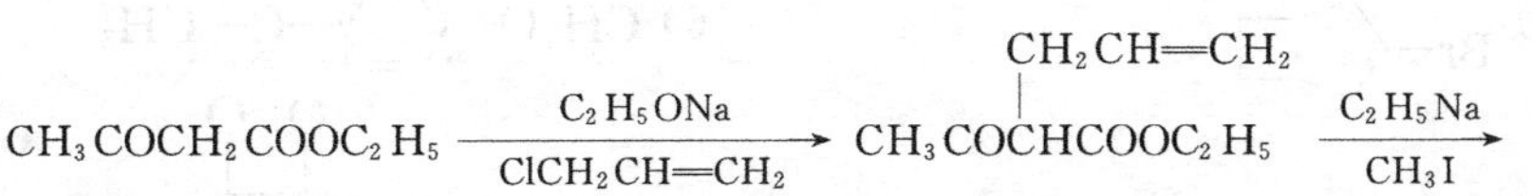

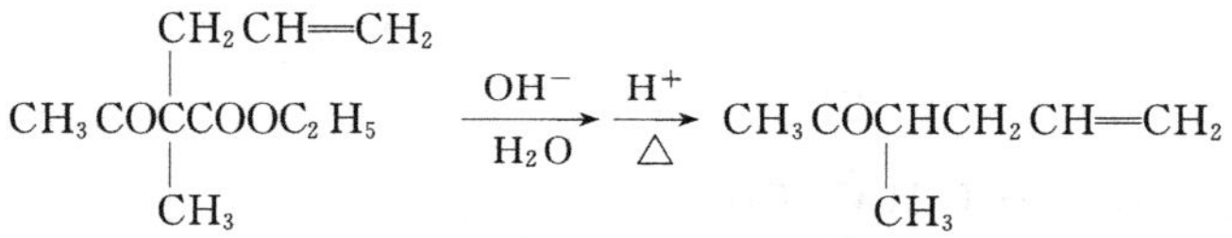

(4) 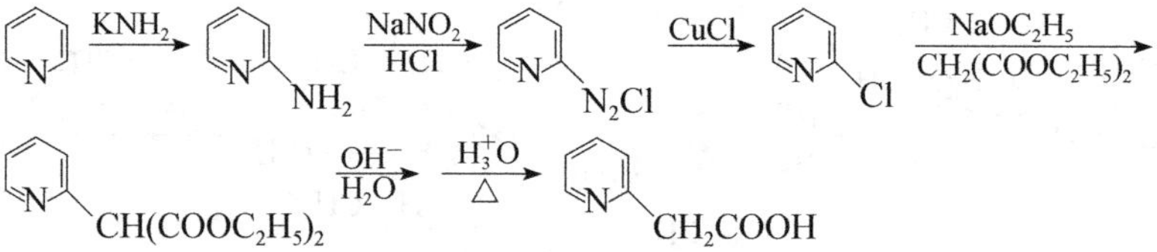

八、

(1) 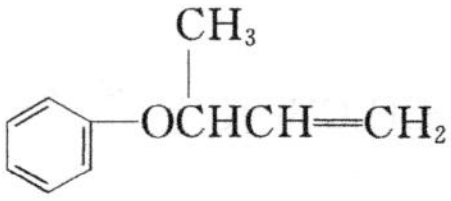
(A)

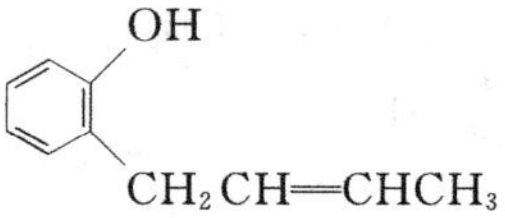
(B)

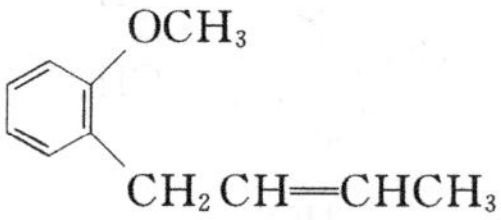
(C)

(2) 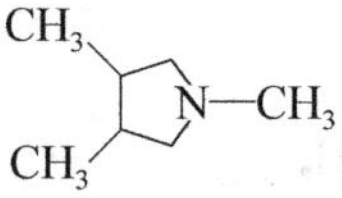
(A)

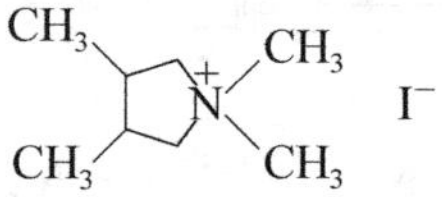
(B)

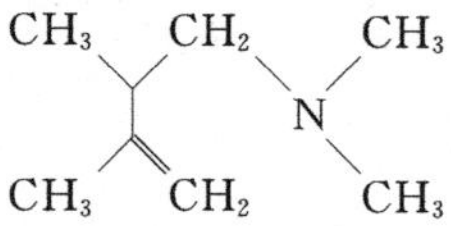
(C)

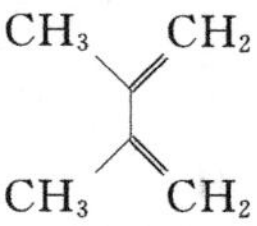
(D)

$(CH_3)_2CHCH(CH_3)_2$
(E)

## 有机化学综合测试题(三)

一、用系统命名法命名下列化合物。

(1) 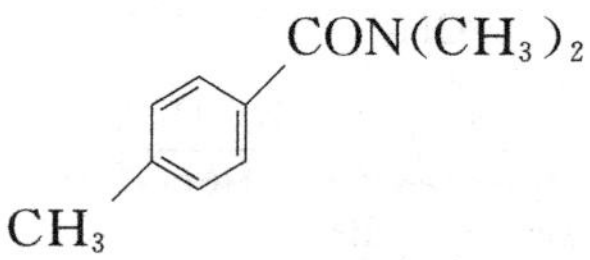

(2) 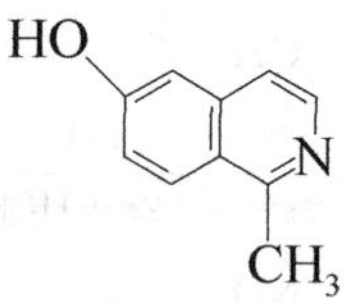

(3) 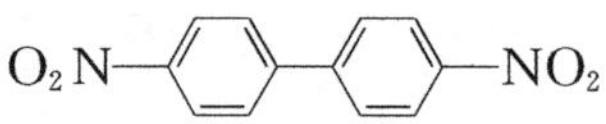

(4) 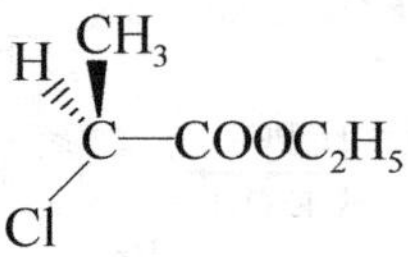

(5) 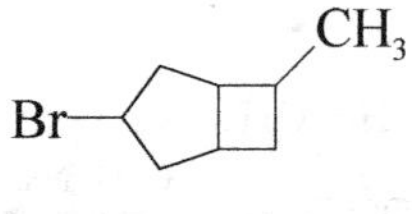

(6) 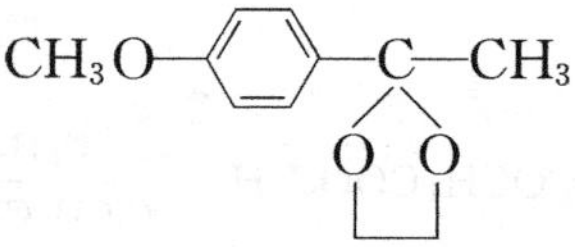

(7) 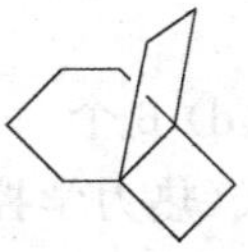　　(8) 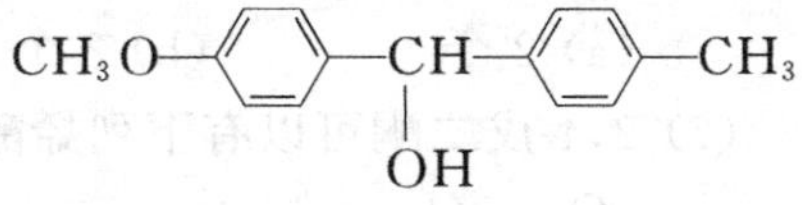

(9) 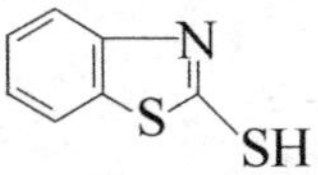　　(10) 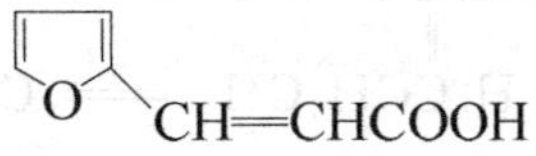

二、按题意要求选择正确答案。

(1) 下列化合物与 $NaI/CH_3COCH_3$ 溶液反应最快的是

(a) $CCl_4$　(b) $CH_3CH_2CH_2CH_2Br$

(c) $CHCl_3$　(d) $(CH_3)_3CCH_2Br$

(2) 下列自由基中，最稳定的是

(a) $CH_3CH(CH_3)CH_2\dot{C}H_2$　(b) $CH_3CH(CH_3)\dot{C}HCH_3$

(c) $CH_3\dot{C}(CH_3)CH_2CH_3$　(d) $\dot{C}H_2CH(CH_3)CH_2CH_3$

(3) 下列 1,2,3-三氯环己烷的三个异构体中，最稳定的异构体是

(a) 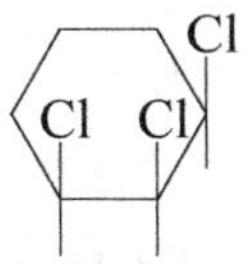　(b) 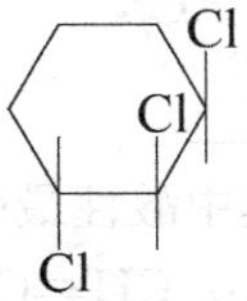　(c) 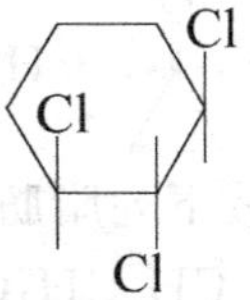

(4) 下列卤代烃在 $NaOH/C_2H_5OH$ 溶液不能发生消除反应的是

(a) $CH_3CH_2Cl$　(b) 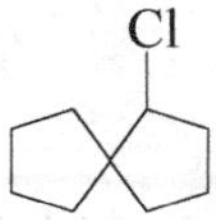

(c) 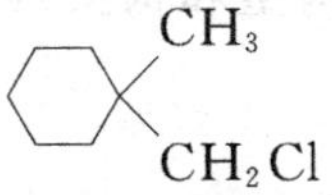　(d) $(CH_3)_3CCl$

(5) 分子式为 $C_4H_8$ 的烯烃，与稀冷 $KMnO_4$ 溶液反应得到内消旋体的是

(a) $CH_2=CHCH_2CH_3$　(b) $CH_2=C(CH_3)_2$

(c) 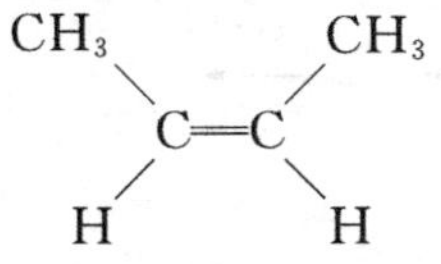　(d) 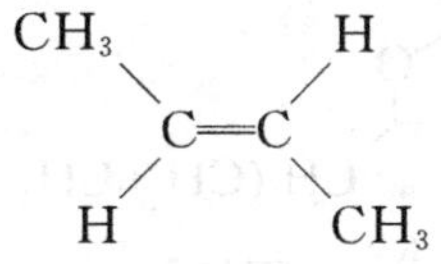

(6) 樟脑的结构为 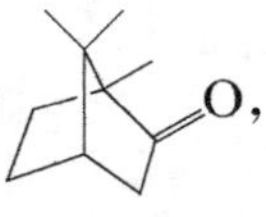，属于单萜，含有两个手性碳原子，其立体异构体

的数目为

(a) 2 个　　(b) 3 个　　(c) 4 个　　(d) 6 个

(7) 2,4-戊二酮可以有下列烯醇结构,较稳定的烯醇结构式(热力学控制)是

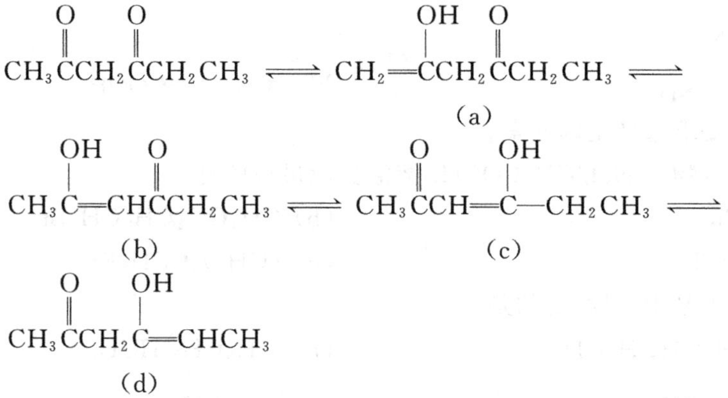

(8) 下面是两个环酮与 HCN 加成的平衡反应,平衡常数 $K$ 较大的反应是

(a) 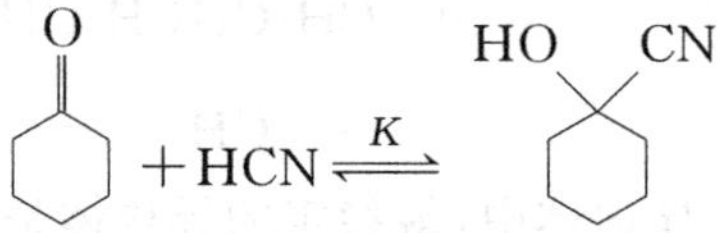

(b) 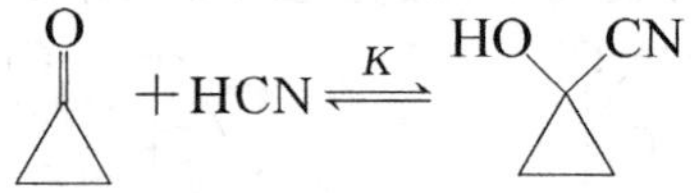

(9) 比较下列脂肪酸的酸性,其中酸性最强的是

(a) $CH_3CH_2COOH$　　(b) $CH\equiv CCOOH$　　(c) $CH_2=CHCOOH$

(10) 比较下列含氮杂环的碱性,其中碱性最大的是

(a) 　　(b) 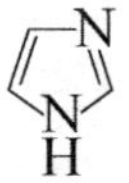　　(c) 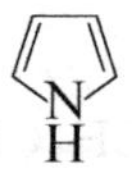

三、完成下列反应,写出其主要产物(注意产物的构型和构象)或适当的反应试剂。

(1) 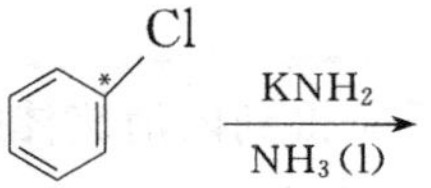

(2) 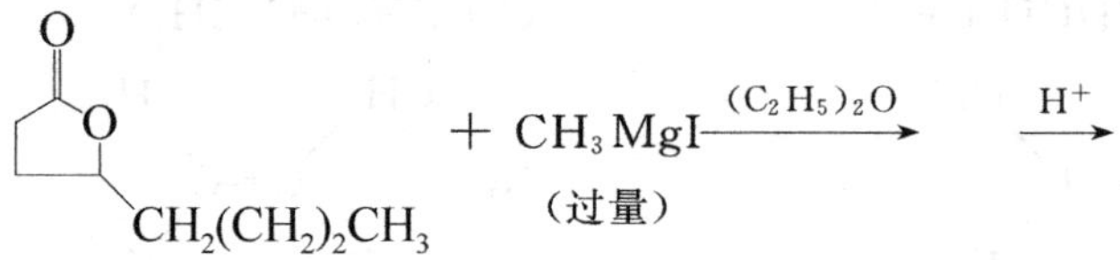

(3) 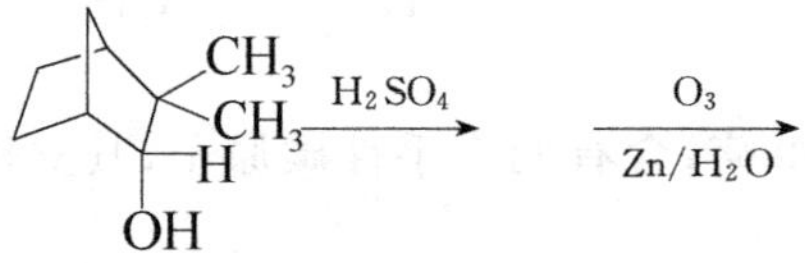

(4) $(CH_3CH_2)_2CHCH_2\overset{+}{N}(CH_3)_2 \xrightarrow{\triangle}$（N 上连 $O^-$）

(5) 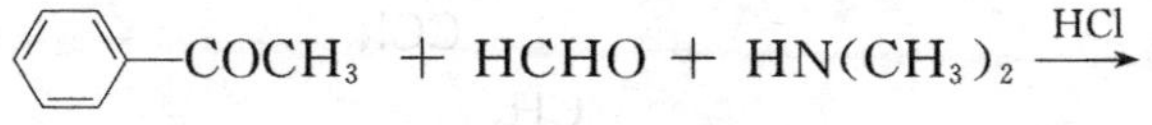

(6) 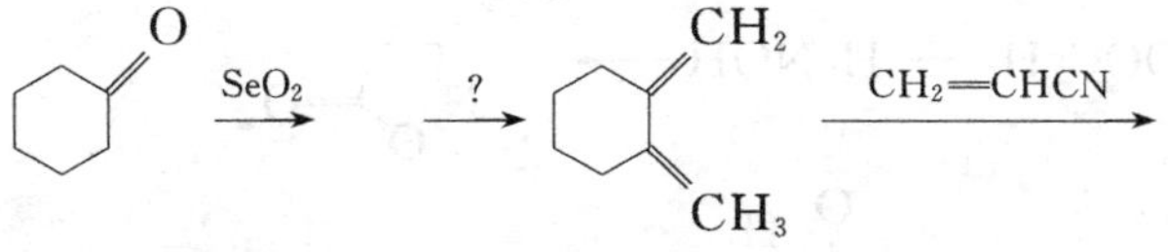

(7) 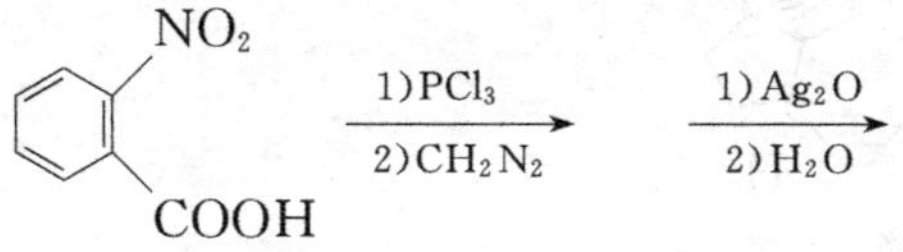

(8) 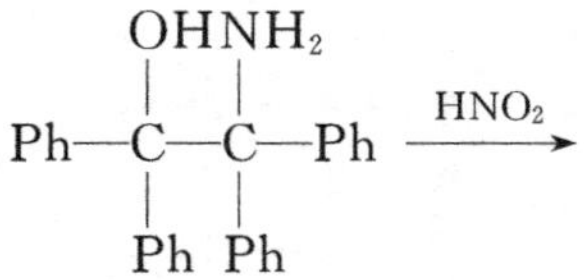

(9) 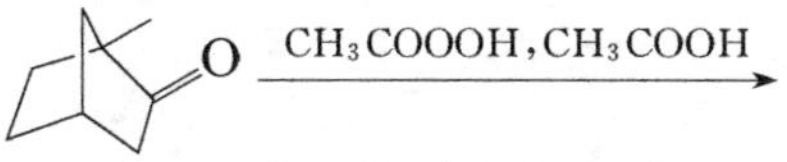

(10) (*S*)-$CH_3CH_2CH_2\underset{}{\overset{OH}{|}}{CH}CH{=}CH_2 \xrightarrow{Pt, H_2}$

四、指出下列合成路线中的错误，并简要说明。

(1) 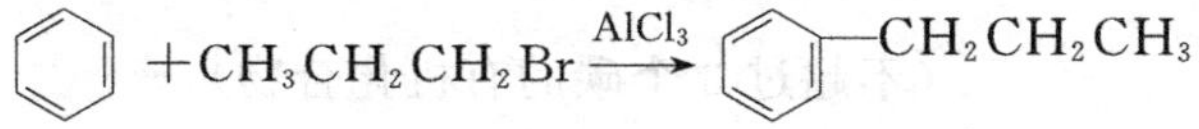

(2) 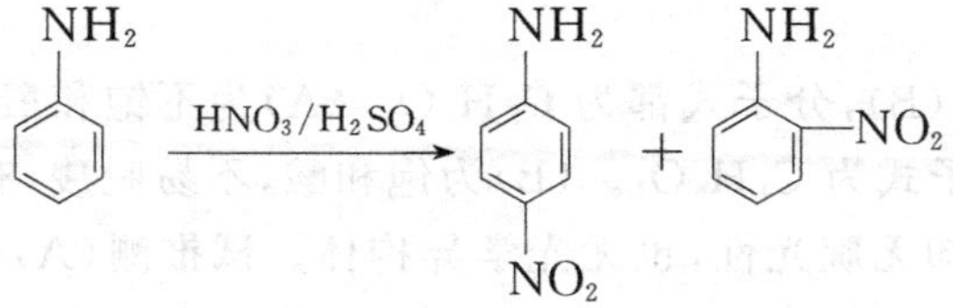

(3) 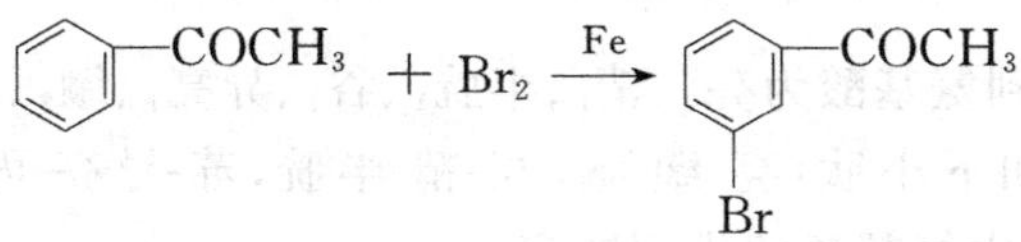

(4) 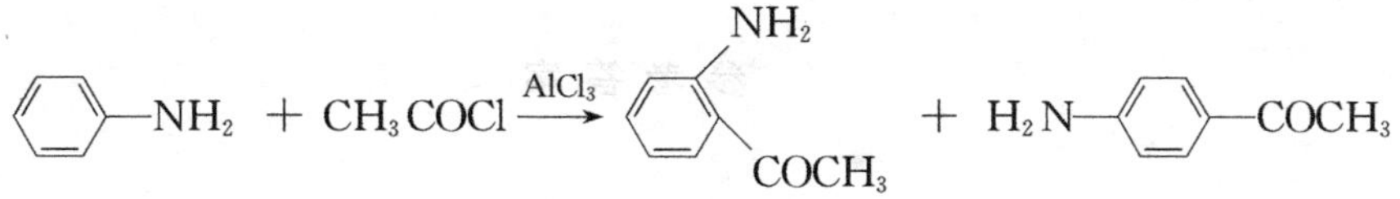

(5) 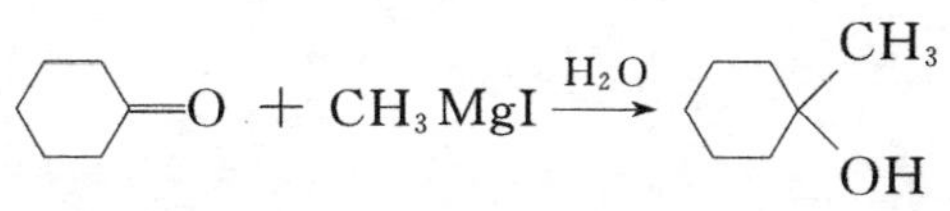

五、给下列反应提出合理的反应机理。

(1) 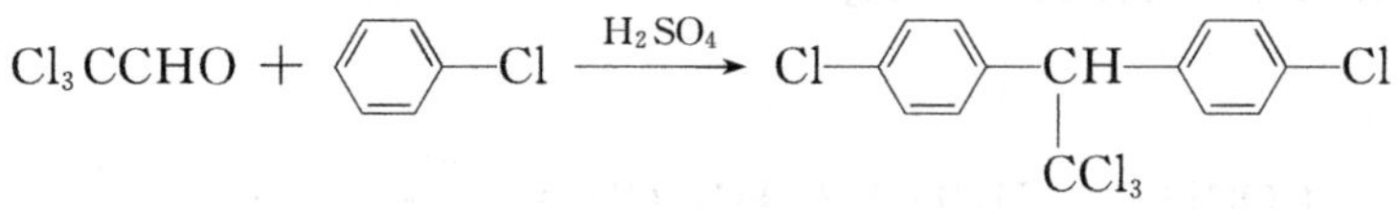

(2) 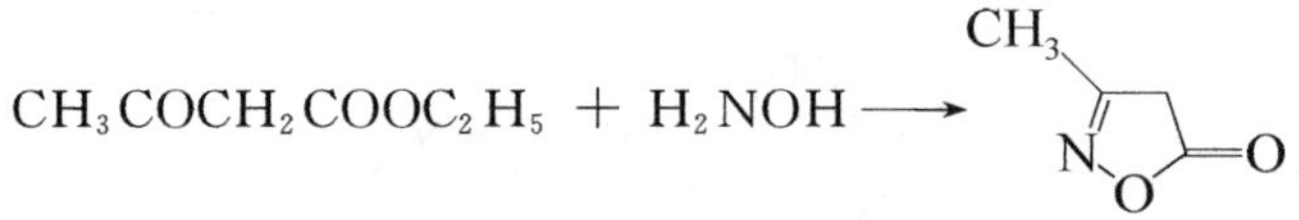

(3) 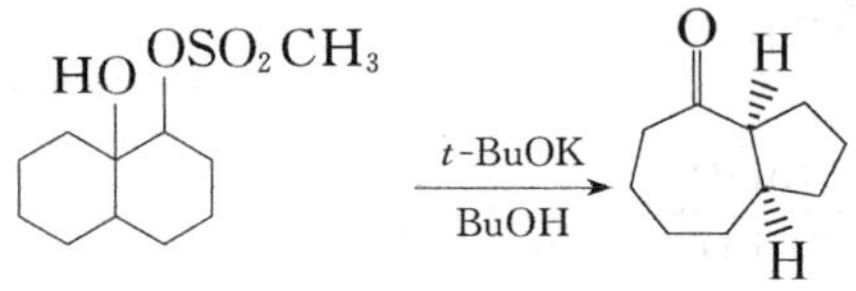

六、从指定原料合成下列化合物。

(1) 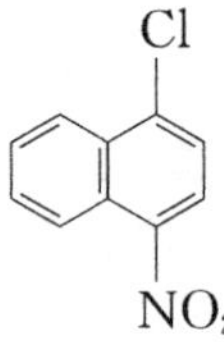　　( 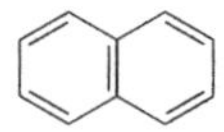 )

(2) 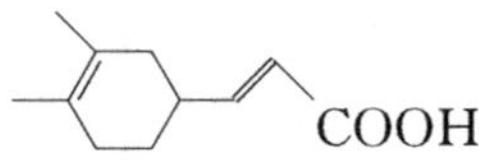　　(不超过 3 个碳的有机化合物)

(3) 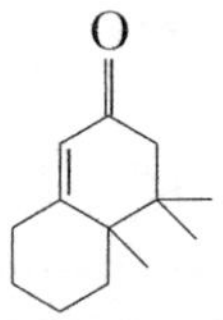　　(不超过 3 个碳的有机化合物)

七、推测化合物结构。

(1) 有两个二元羧(A)和(B),分子式都为 $C_5H_6O_4$,(A)为不饱和酸,加热后容易脱羧生成化合物(C),分子式为 $C_4H_6O_2$。(B)为饱和酸,不易脱羧,有光学异构体,但它的几何异构体(D)却无旋光性,也无光学异构体。试推测(A)~(D)的结构。

(2) 某多肽完全水解后得到氨基酸为亮$_2$、精$_1$、半胱$_1$、谷$_1$、异亮$_1$、缬$_2$、苏$_1$、丙$_1$。如让其部分水解则可以得到如下小肽:亮-缬-缬,亮-精-半胱,苏-异亮-丙,丙-谷-亮,精-半胱-亮。试推测该多肽中氨基酸的排列顺序。

## 参考答案

一、

(1) *N*,*N*-二甲基-4-甲基苯甲酰胺

(2) 1-甲基-6-羟基异喹啉

(3) 4,4′-二硝基联苯

(4) (*S*)-2-氯丙酸乙酯

(5) 6-甲基-3-溴二环[3.2.0]庚烷

(6) 4-甲氧基苯乙酮缩乙二醇

(7) 三环[4.2.2.0$^{1,6}$]癸烷

(8) 4-甲基-4′-甲氧基二苯甲醇

(9) 2-巯基苯并噻唑

(10) 3-(2-呋喃基)-丙烯酸

二、

(1) (b) (2) (c) (3) (c) (4) (c) (5) (c) (6) (a) (7) (b) (8) (b) (9) (b) (10) (a)

三、

(1) 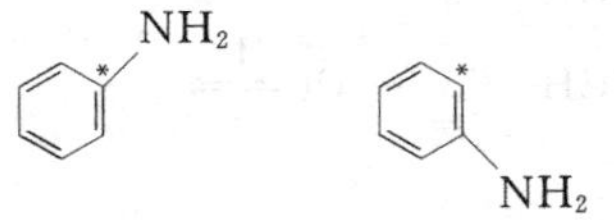

(2) $CH_3(CH_2)_2CH_2CH(OH)(CH_2)_2C(OH)(CH_3)—CH_3$

(3) 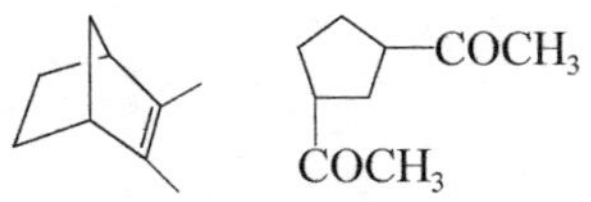

(4) $(CH_3CH_2)_2C{=}CH_2$

(5) 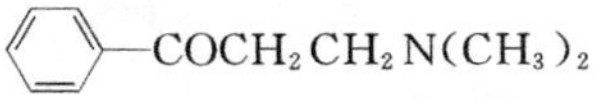

(6) 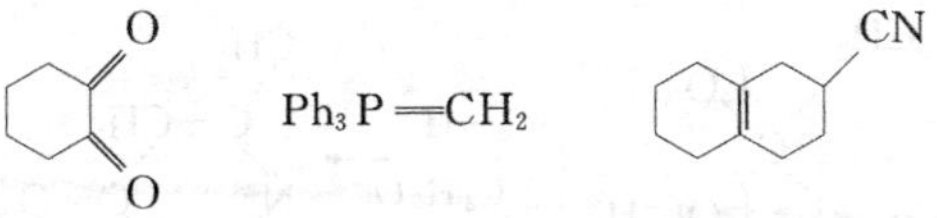

(7) 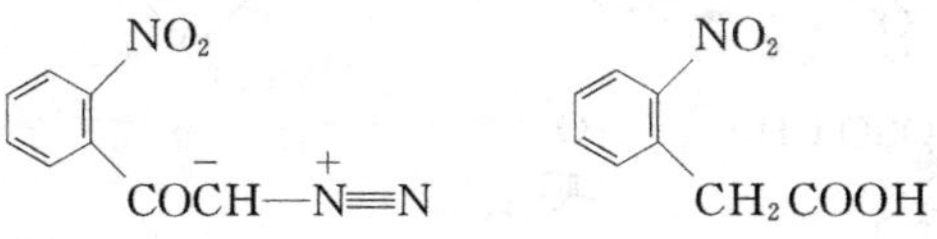

(8) $Ph_3CCPh$（C=O）

$$Ph_3C\underset{\underset{\displaystyle O}{\|}}{C}Ph$$

(9) 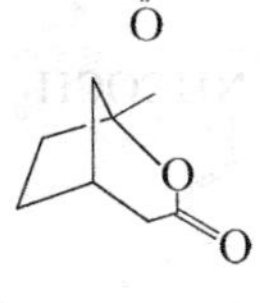

(10) (*R*)-$CH_3CH_2CH_2CH(OH)CH_2CH_3$

四、

(1) 用环丙烷可以得到正丙基苯，反应式中只能得到异丙基苯。

(2) 氨基在酸性条件下质子化,变为间位定位基,所以只得到间硝基苯胺。

(3) 酮的 α-氢更容易被卤化,所以只得到 α-溴代苯乙酮。

(4) 氨基更容易被酰化,所以只得到乙酰苯胺。

(5) 格氏试剂与醛、酮反应必须在无水条件下进行,因此在制备醇时,反应式必须分步写:

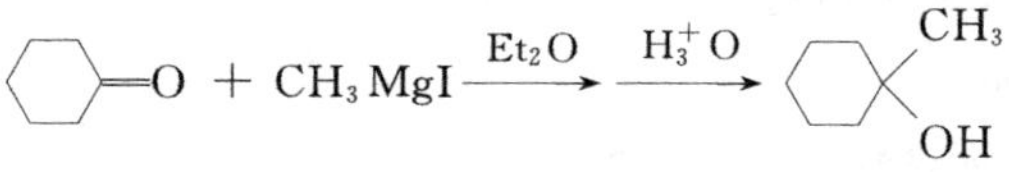

按题中写法,格氏试剂被 $H_2O$ 分解,得到甲烷。

五、

(1) $Cl_3CCHO + H^+ \rightleftharpoons Cl_3C—CH=\overset{+}{O}H$

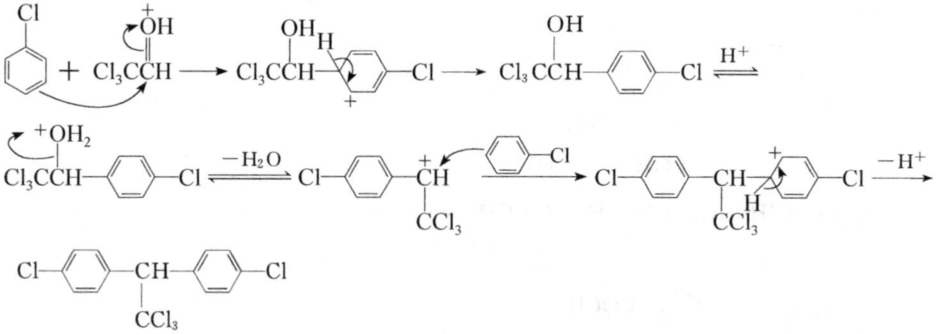

(2)

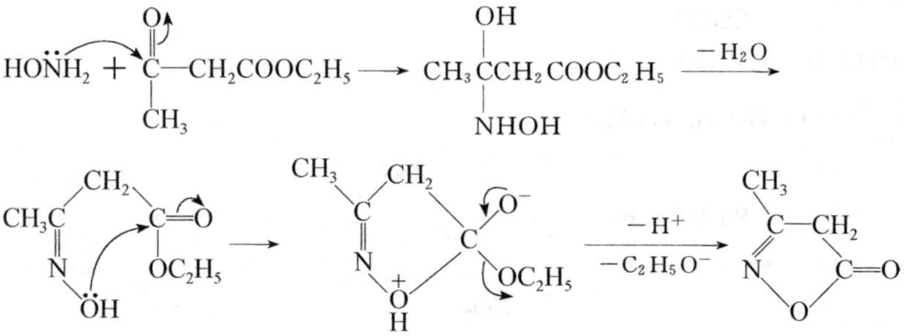

(3)

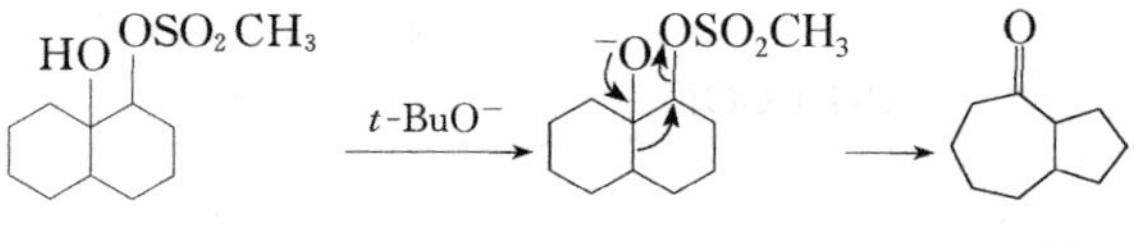

六、

(1)

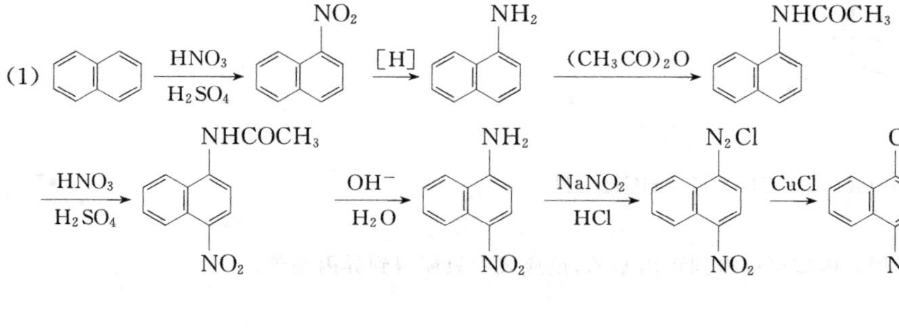

(2) 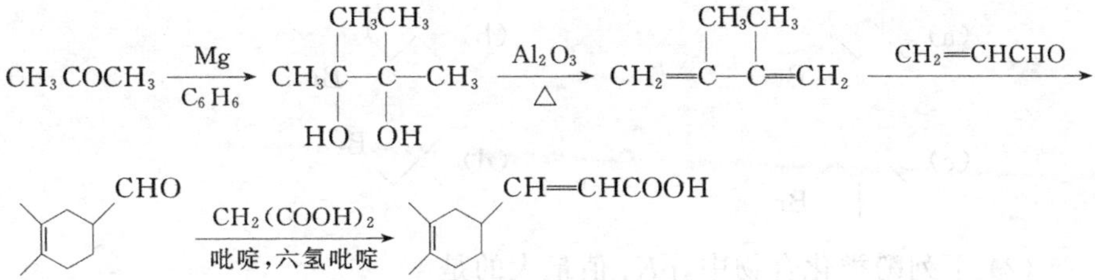

(3) $CH_2(COOH)_2 + C_2H_5OH \xrightarrow{H^+} CH_2(COOC_2H_5)_2$

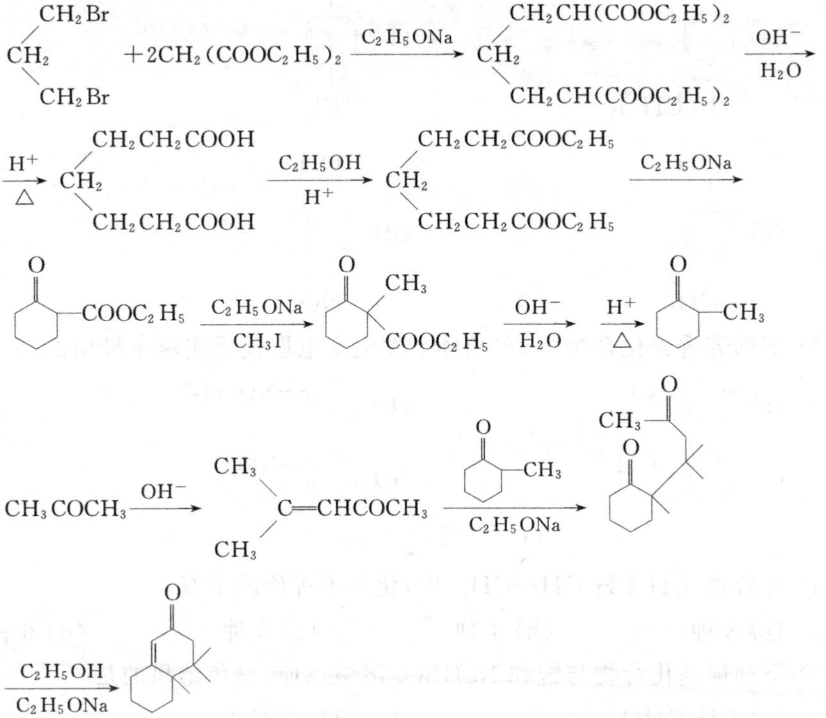

七、

(1) $CH_2=CHCH(COOH)_2$ (A)

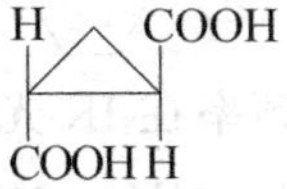

(B)

$CH_2=CHCH_2COOH$ (C)

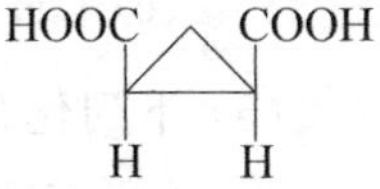

(D)

(2) 苏-异亮-丙-谷-亮-精-半胱-亮-缬-缬

## 有机化学综合测试题(四)

一、按题意要求选择正确答案。

(1) 下列卤代烃在 $S_N2$ 反应中反应速率最慢的是

(a) 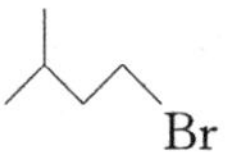　(b) 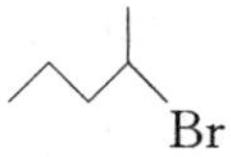

(c) 　(d) 

(2) 下列酚类化合物中，p$K_a$ 值最大的是

(a) 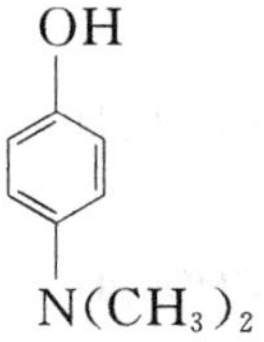　(b) 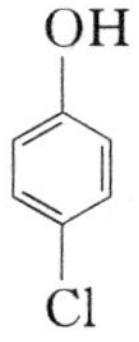

(c) 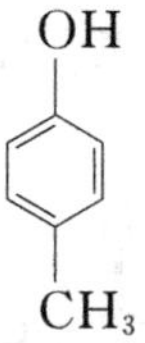　(d) 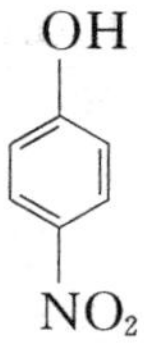

(3) 下列芳香族化合物中，在苯环上发生亲电取代反应速率最快的是

(a) 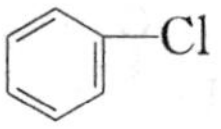　(b) 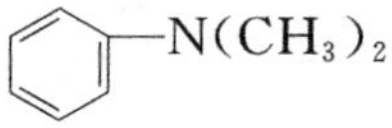

(c) 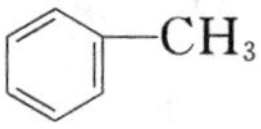　(d) 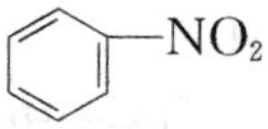

(4) 化合物 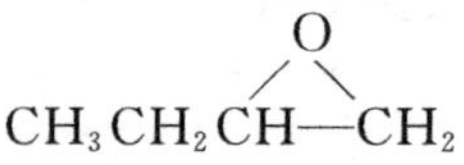 中，化学不等价质子有

(a) 3 种　(b) 4 种　(c) 5 种　(d) 6 种

(5) 下列羰基化合物与饱和 $NaHSO_3$ 溶液反应，显负结果的是

(a) $CH_3CHO$　(b) $CH_3COCH_3$

(c) $CH_3COC_6H_5$　(d) 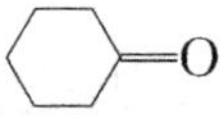

(6) 下列化合物中，碳-氮键的伸缩频率在 IR 光谱中由大到小的顺序为

(a) $CH_3C\equiv N$　(b) $CH_3CH=NCH_3$　(c) $CH_3NH_2$

(7) 下列取代苯胺中，碱性最强的是

(a) 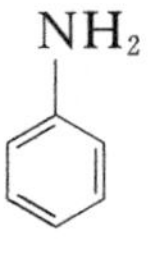　(b) 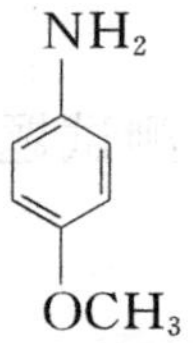　(c) 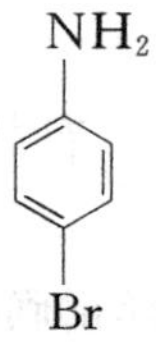　(d) 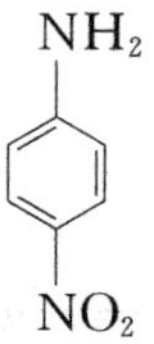

(8) 下列共振极限式中，对共振杂化体贡献最大的是

(a) 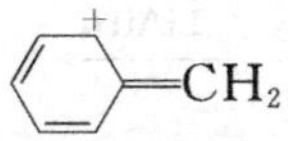　(b) 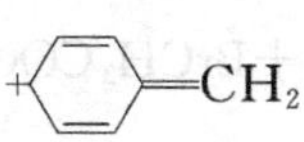

(c) 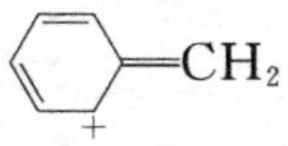　(d) 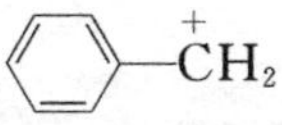

(9) 下列化合物中,酸性大小顺序正确的是

(a) $C_6H_5SO_3H > C_6H_5OH > C_6H_5SH > C_6H_5COOH$

(b) $C_6H_5SO_3H > C_6H_5COOH > C_6H_5SH > C_6H_5OH$

(c) $C_6H_5SO_3H > C_6H_5COOH > C_6H_5OH > C_6H_5SH$

(d) $C_6H_5COOH > C_6H_5SO_3H > C_6H_5SH > C_6H_5OH$

(10) 下列含氮化合物中,熔点最高的是

(a) $H_2NCH_2COOH$　(b) $CH_3CONHCH_2COOH$

(c) $H_2NCH_2COOCH_3$ (d) $(CH_3)_2NCH_2COOCH_3$

二、完成下列反应,写出其主要产物(注意产物的构型和构象)或适当的反应试剂。

(1) 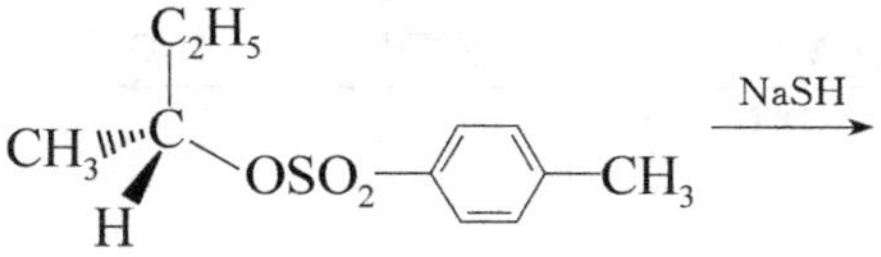

(2) 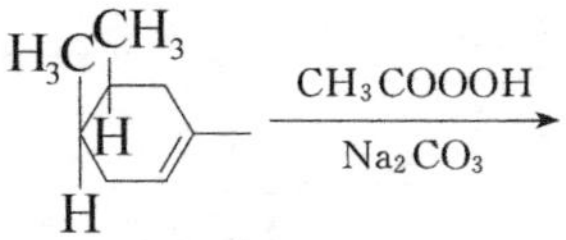

(3) 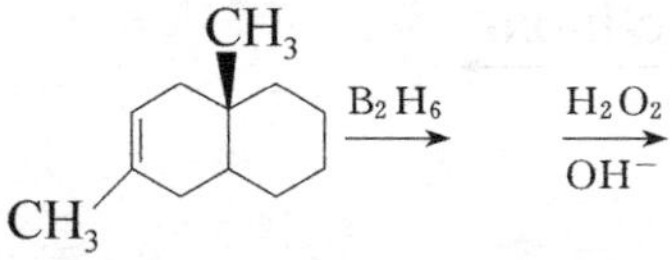

(4) 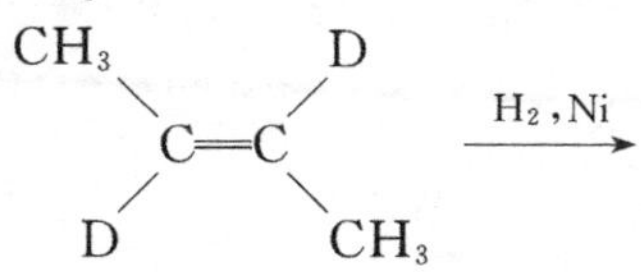

(5) 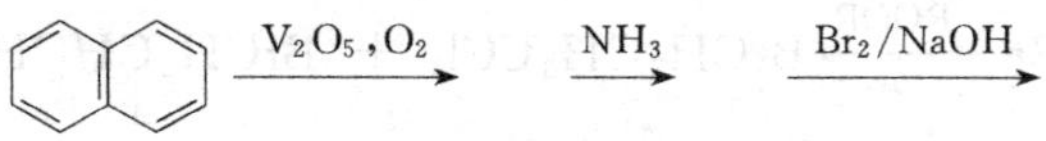

(6) 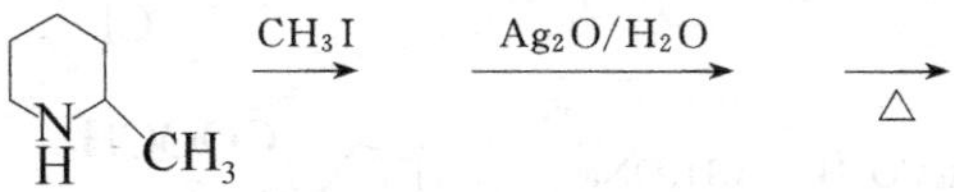

(7) 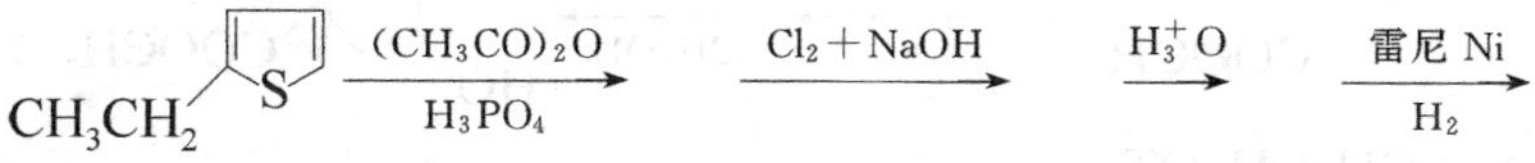

(8) 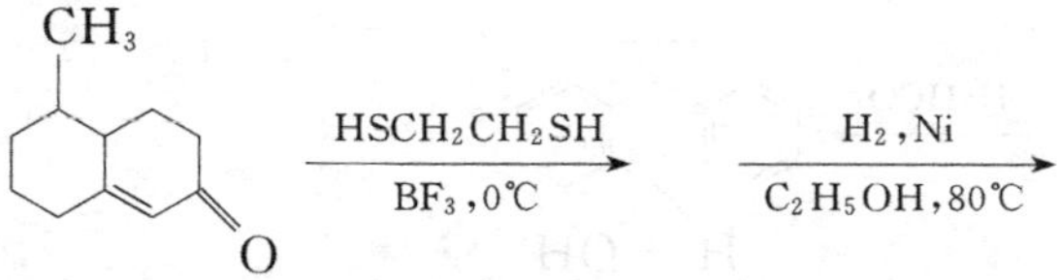

(9) $CH_3CH_2COCH_3 + BrCH_2COOC_2H_5 \xrightarrow[C_6H_6]{Zn} \xrightarrow{H_2O} \xrightarrow{LiAlH_4} \xrightarrow[TsOH]{CH_3COCH_3}$

(10) 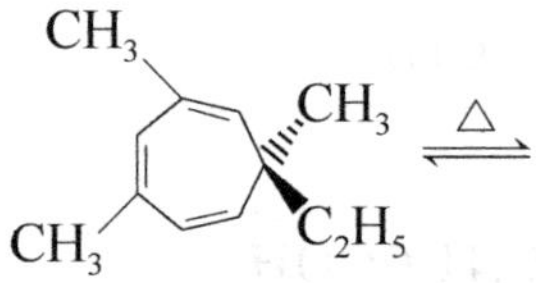

(11) 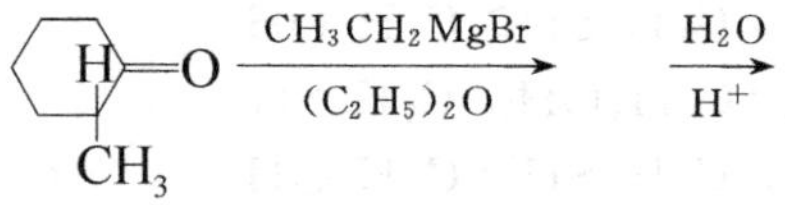

(12) 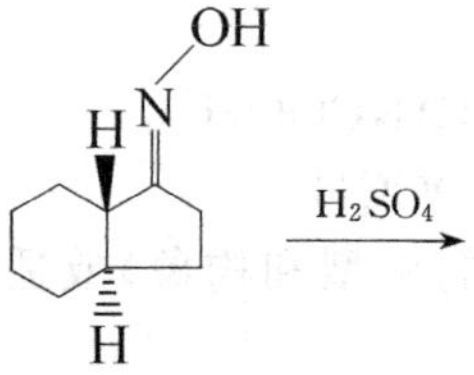

(13) $CH_3CH_2CH_2COCH_3 \xrightarrow[THF, -78℃]{LDA}$ 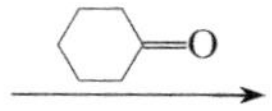 $\xrightarrow{H_2O}$

(14) 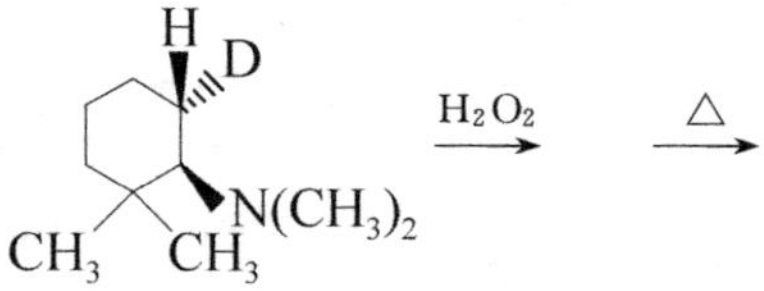

(15) 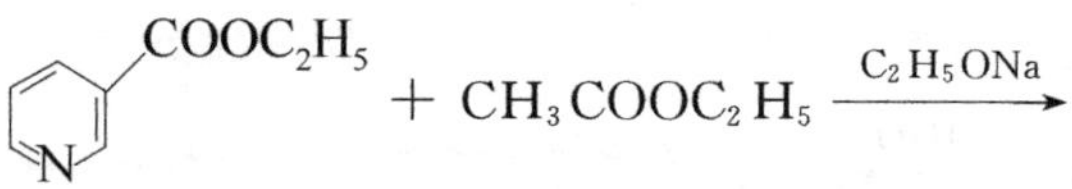

三、用化学方法分离下列各组化合物。

(1) 苯甲醇,苯甲醛,苯甲酸

(2) 苯甲醛,苯乙酮,苯胺

四、给下列反应提出合理的反应机理。

(1) $CH_2{=}CHCCl_3 + HBr \xrightarrow{ROOR} BrCH_2CH_2CCl_3 + BrCH_2CH(Cl)CHCl_2$

(2) 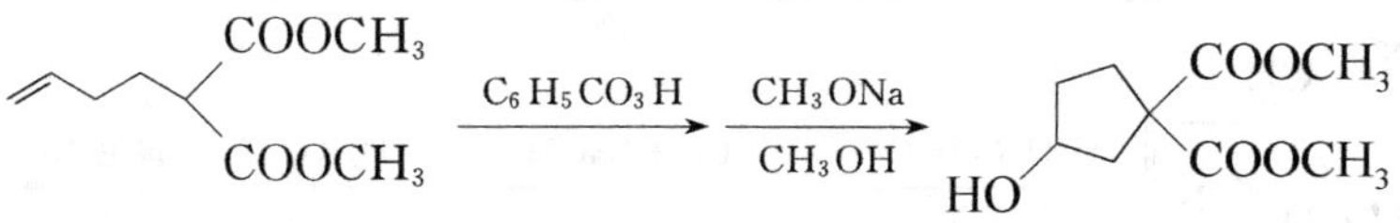

(3) 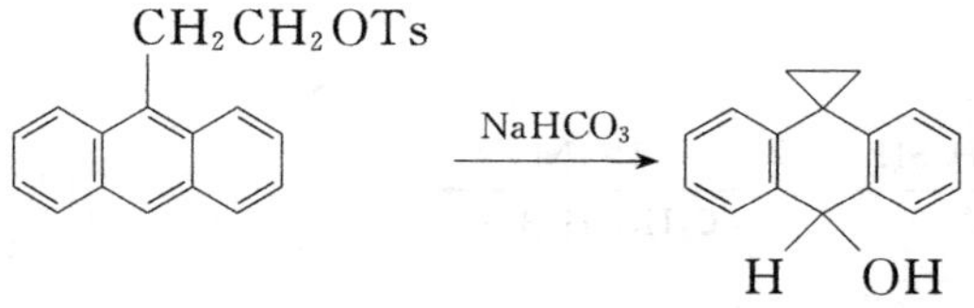

五、从指定原料合成下列化合物。

(1) 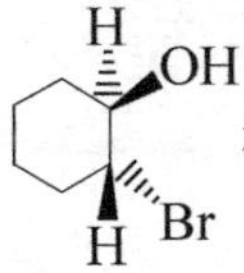 和 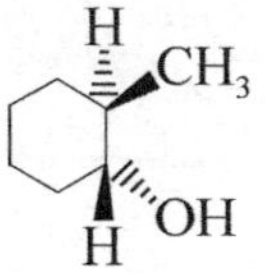 （环已醇）

(2) 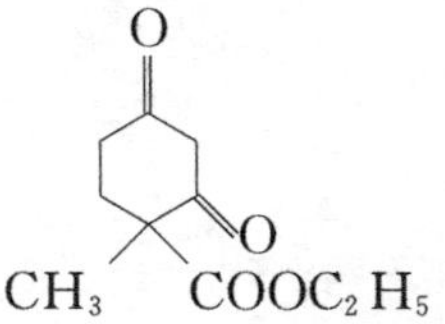 （EAA 和不超过 3 个碳的有机化合物）

(3) 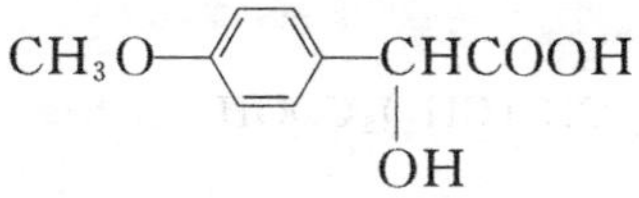 （苯）

六、推测化合物结构。

(1) 化合物(A)，分子式为 $C_6H_{12}O_3$，IR 谱在 $1710cm^{-1}$ 处有强吸收峰，与 $I_2$/NaOH 溶液作用生成黄色沉淀，与土伦试剂呈负反应，但经稀酸处理后的生成物却与土伦试剂显正反应。(A)的 $^1H$ NMR 谱数据如下：

$\delta$/ppm：2.1(s,3H)，2.6(d,2H)，3.2(s,6H)，4.7(t,1H)

试推测(A)的结构。

(2) 某还原性二糖(A)，有变旋光作用，与苯肼反应生成脎，用酸或 $\beta$-葡萄糖苷酶水解生成两分子 D-葡萄糖，如先甲基化再水解，则生成 2,3,4-三-*O*-甲基-D-吡喃葡萄糖和 2,3,4,6-四-*O*-甲基-D-吡喃葡萄糖。试推测(A)的哈武斯式，并写出其稳定构象式。

## 参考答案

一、

(1) (d)　(2) (a)　(3) (b)　(4) (c)　(5) (c)　(6) (a)>(b)>(c)　(7) (b)　(8) (d)　(9) (b)　(10) (a)

二、

(1) 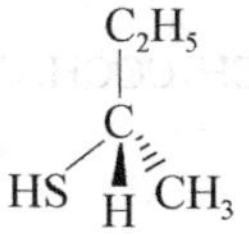

(2) 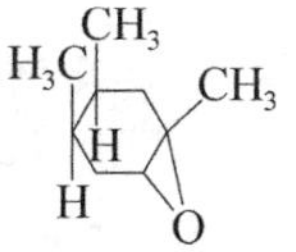

(3) 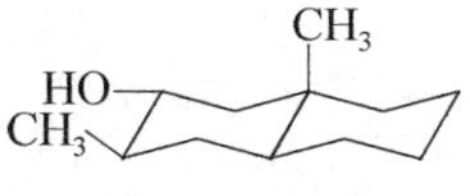

(4) 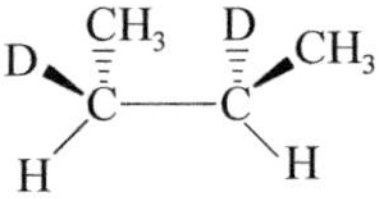

(5) 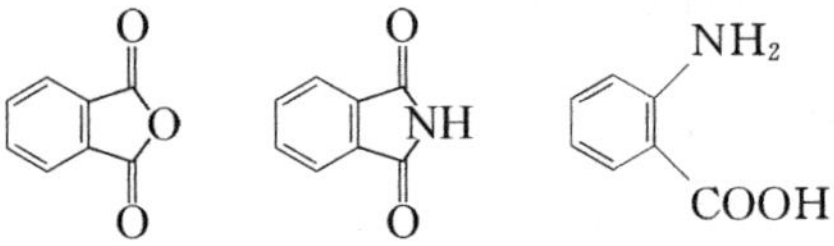

(6) 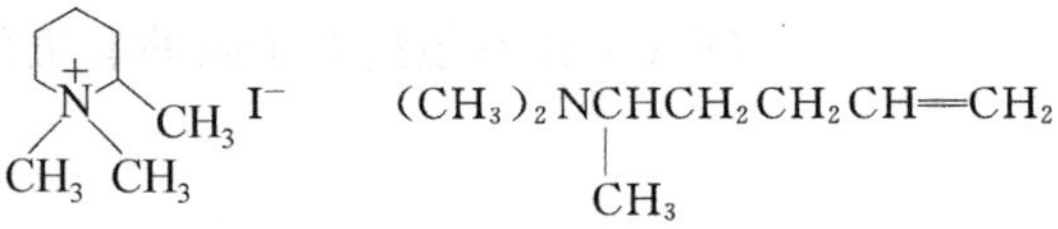

(7) 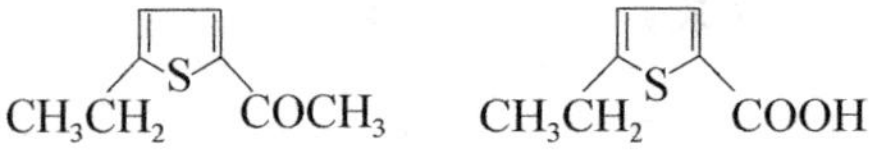　$CH_3(CH_2)_5COOH$

(8) 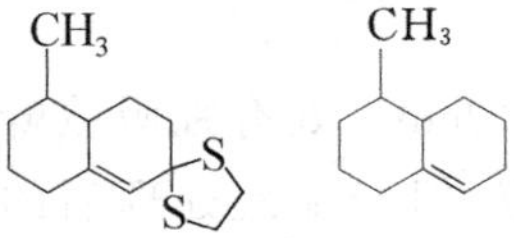

(9) 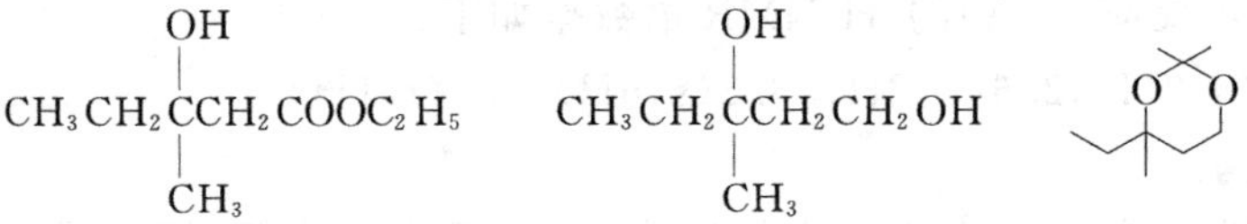

(10) 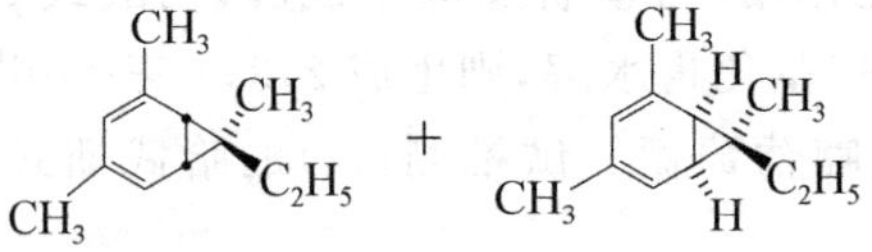

(11) 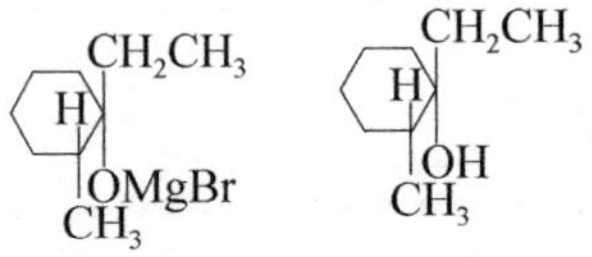

(12) 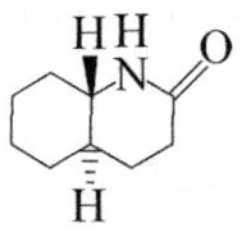

(13) 

(14) 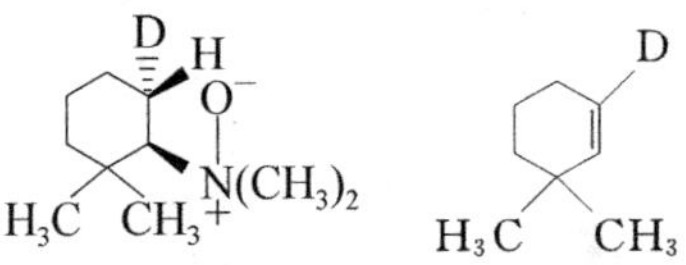

(15) 

三、

(1)

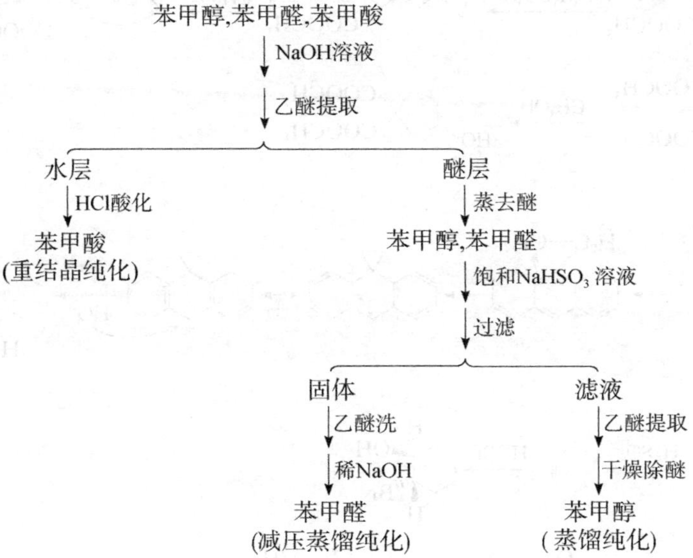


(2)

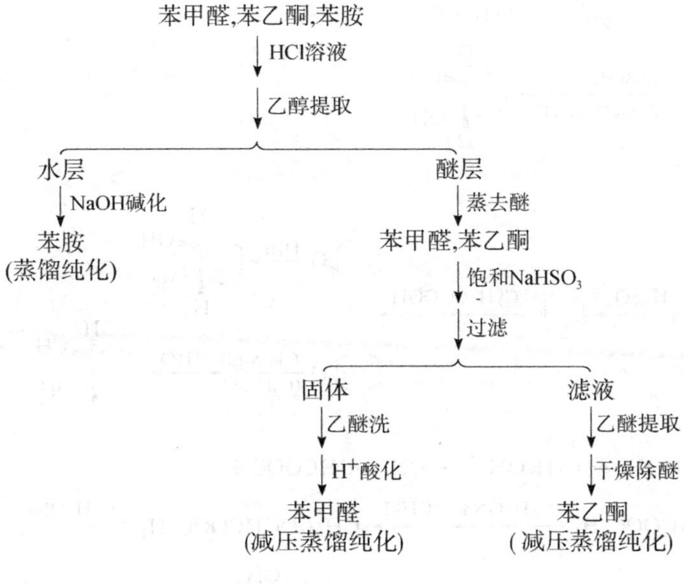


四、

(1) $RO\cdot + HBr \longrightarrow ROH + Br\cdot$

$$CH_2{=}CHCCl_3 + Br\cdot \longrightarrow BrCH_2\dot{C}HCCl_3 \xrightarrow{HBr} BrCH_2CH_2CCl_3 + Br\cdot$$

$\downarrow$ 重排

$$BrCH_2CH(Cl)\dot{C}Cl_2 \xrightarrow{HBr} BrCH_2CH(Cl)CHCl_2 + Br\cdot$$

(2) 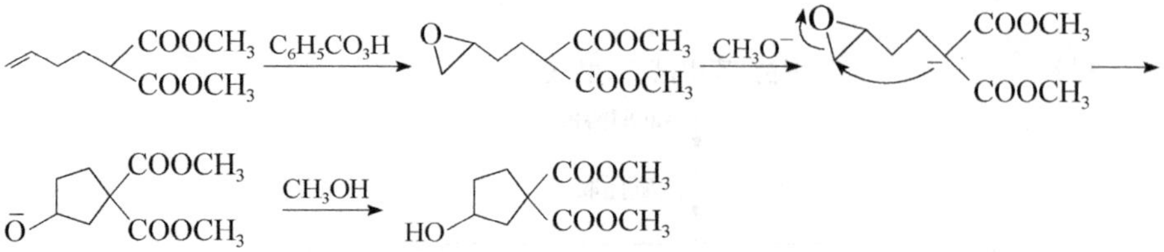

(3)

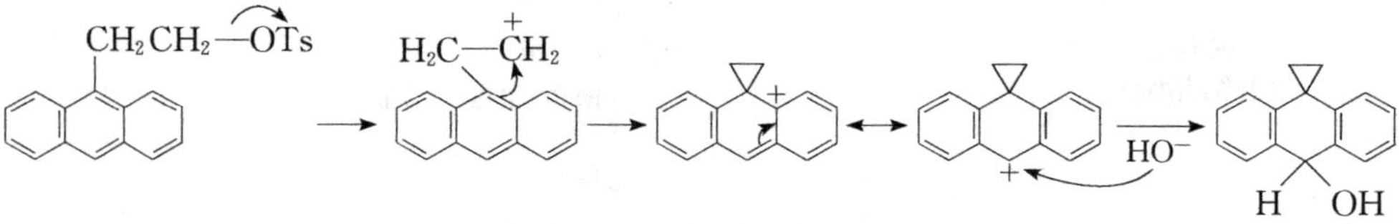

五、

(1) 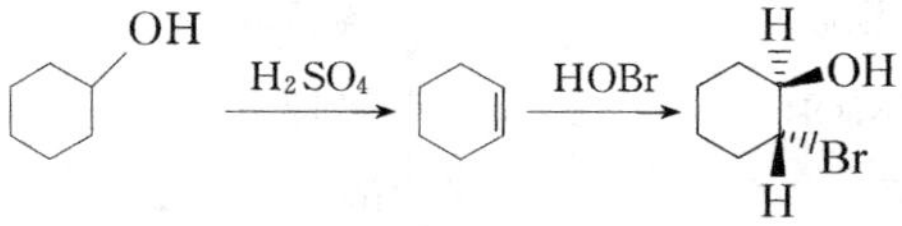

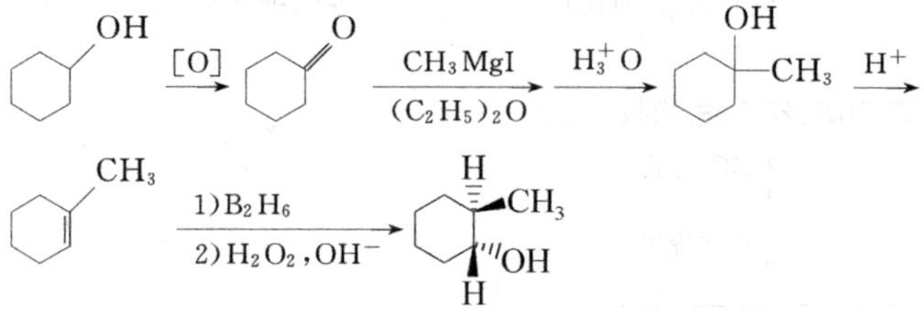

或

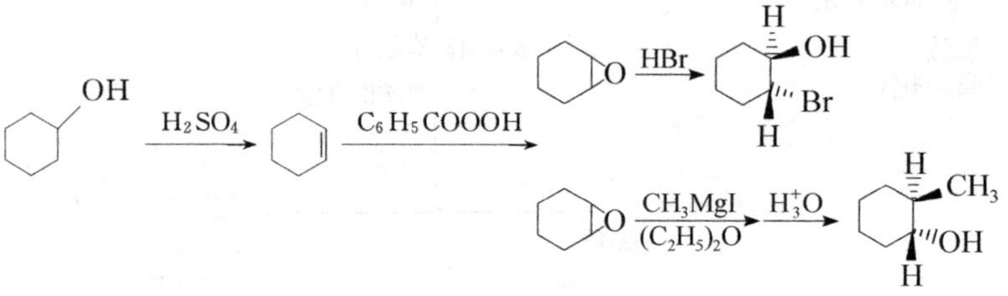

(2) $CH═CHCOOH + C_2H_5OH \xrightarrow{H^+} CH_2═CHCOOC_2H_5$

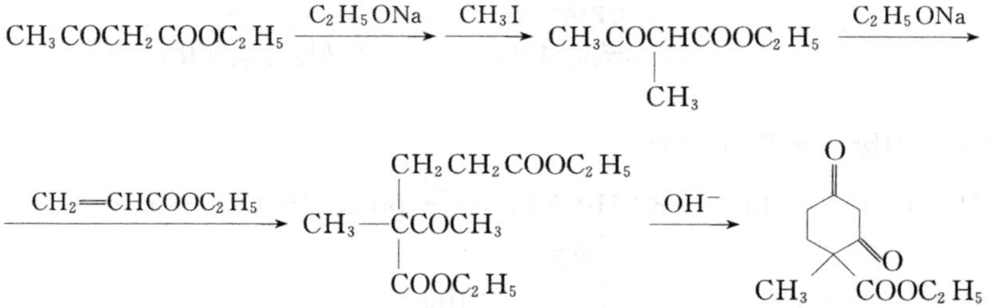

(3) 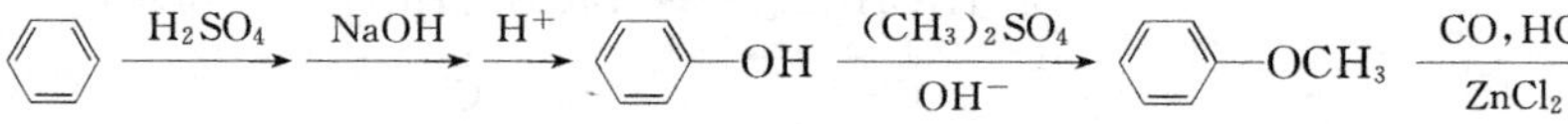

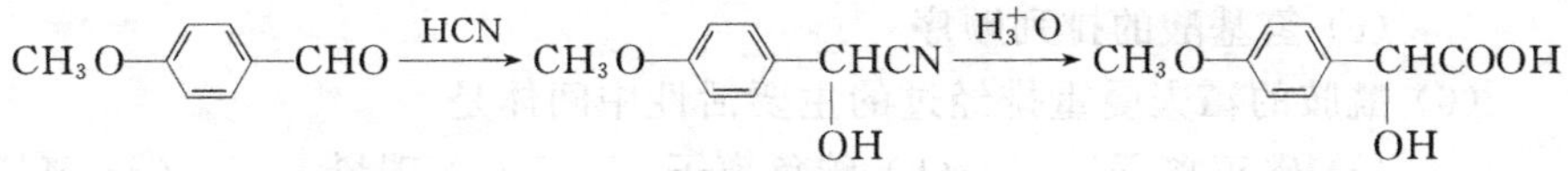

六、

(1) 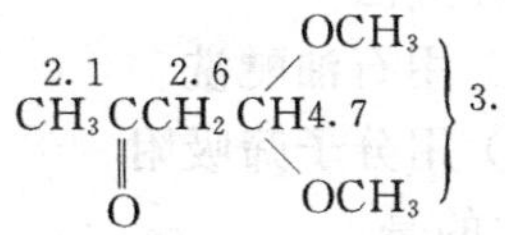

(2)

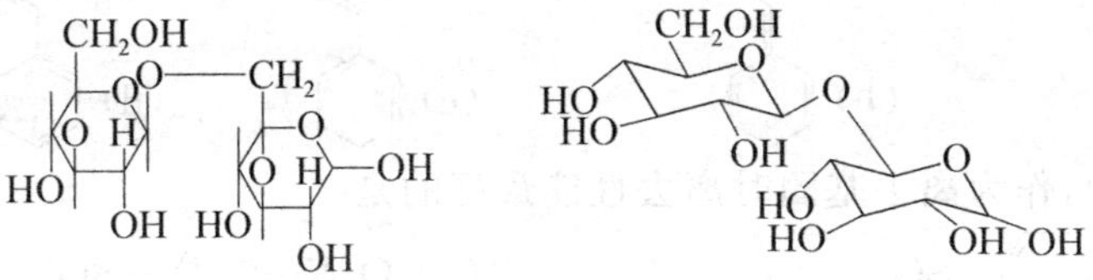

## 有机化学综合测试题(五)

一、按题意要求选择正确答案。

(1) 比较下列二烯烃氢化热的大小

(a) $CH_3CH{=}CH{-}CH{=}CH_2$　(b) $CH_3CH{=}C{=}CHCH_3$

(c) $CH_2{=}CHCH_2CH{=}CH_2$

(2) 下列卤代烃按 E1 机理消除时的反应速率顺序为

(a) 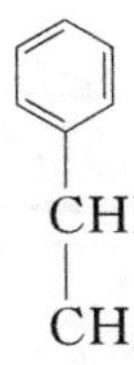　(b) 　(c) 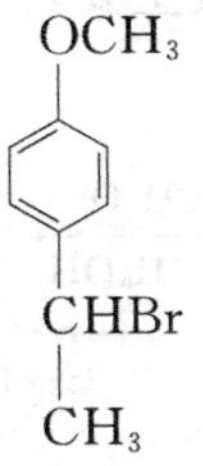

(3) 为了区别邻苯二甲酸和水杨酸,可用的试剂是

(a) $NaHCO_3$ 溶液　(b) $FeCl_3$ 溶液　(c) $KMnO_4$ 溶液

(4) 下列碳负离子中,亲核性最强的是

(a) 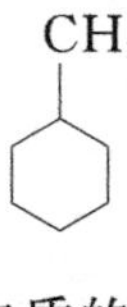　(b) 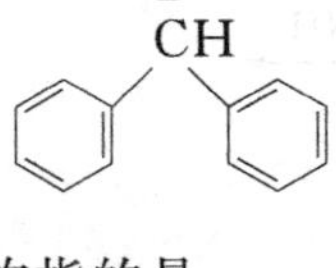　(c) 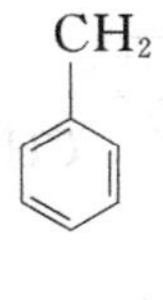　(d) 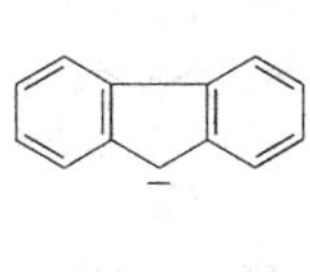

(5) 蛋白质的一级结构指的是

(a) 蛋白质填入酶空腔的方式

(b) 多肽链折叠所取的方式

(c) 氢基酸的排列顺序

(6) 酰胺的霍夫曼重排经过的主要活性中间体是

(a) 碳正离子　(b) 碳负离子　(c) 碳烯　(d) 氮烯

(7) 为了除去苯中混入的少量噻吩,可用下列哪种方法

(a) 用 NaOH 溶液洗　(b) 用石油醚洗

(c) 用浓硫酸洗　(d) 用分子筛吸附

(8) 下列多烯烃化合物的紫外光谱中,$\lambda_{max}$值最大的是

(a) 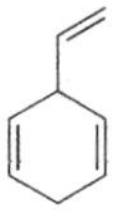　(b) 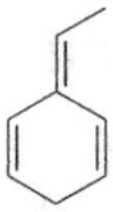　(c) 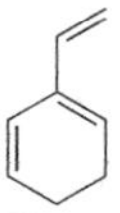　(d) 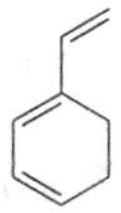

(9) 下列基团中,作为离去基团时离去性能最好的是

(a) 

(b) 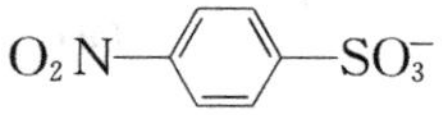


(c) 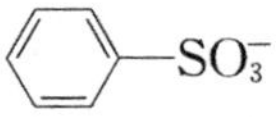

(d) 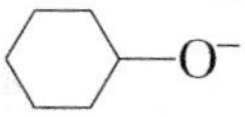


(10) 下列分子轨道图形中,哪一个是烯丙基自由基的非键轨道 $\psi_2$

(a) 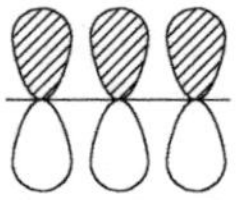　(b) 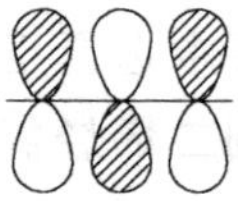

(c) 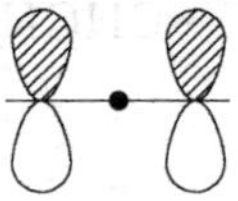　(d) 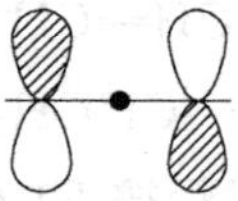

二、完成下列反应,写出其主要产物(注意产物的构型和构象)或适当的反应试剂。

(1) 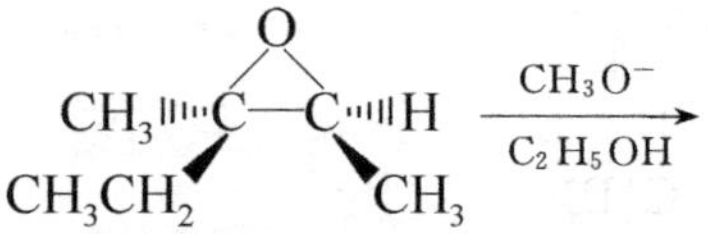


(2) $C_6H_5COCH_3 \xrightarrow[NH_3(l)]{Na} \xrightarrow{H_3^+O}$

(3) $CH_2{=}CHCOOCH_3 + (CH_3)_2CHNO_2 \xrightarrow[THF/H_2O, 70\sim120℃]{C_6H_5CH_2\overset{+}{N}(CH_3)_3OH^-}$

(4) 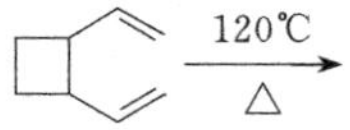


(5) 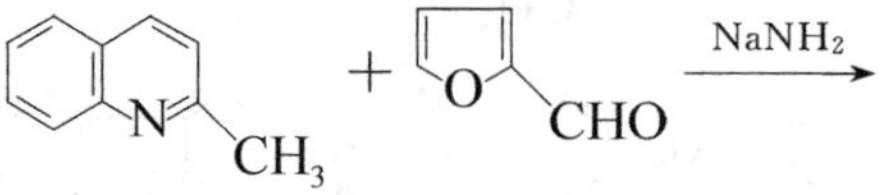


(6) 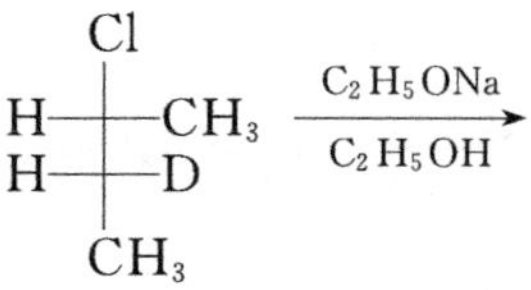

(7) 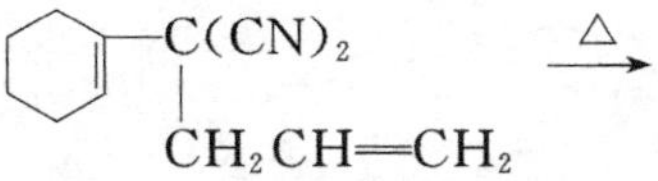


(8) 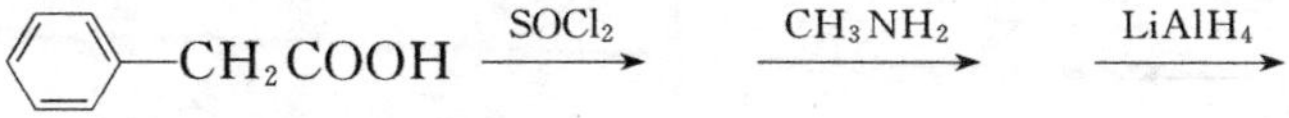


(9) 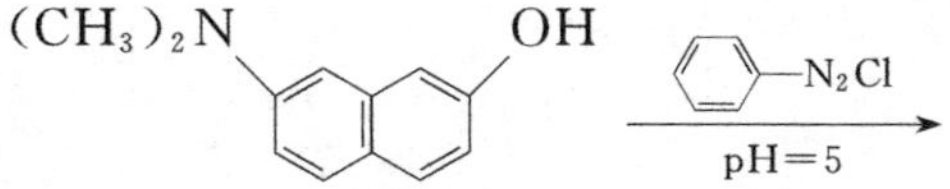


(10) 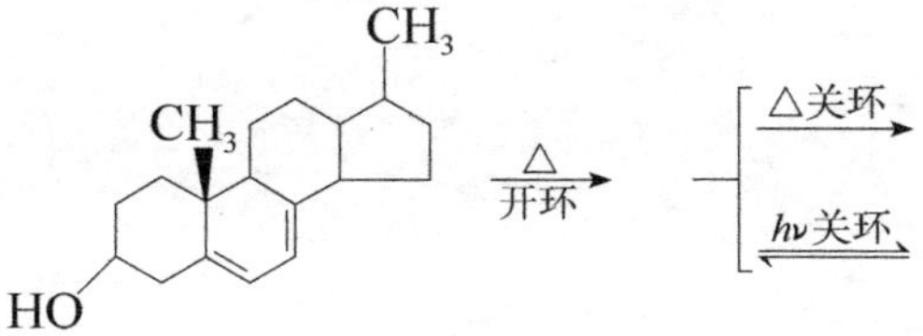


三、完成下列人名反应(写上反应条件、试剂和产物)。

(1) 克莱森-施密特反应

$C_6H_5COCH_3+C_6H_5CHO \longrightarrow$

(2) 赫尔-乌尔哈-泽林斯基反应

$CH_3CH_2COOH \longrightarrow$

(3) 迈克尔反应

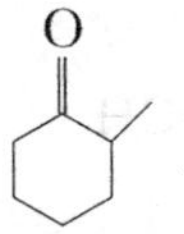


$+C_6H_5COCH=CH_2 \longrightarrow$

(4) 瑞佛马斯基反应

$BrCH_2COOC_2H_5+C_6H_5CHO \longrightarrow \quad \longrightarrow$

(5) 罗森孟德还原

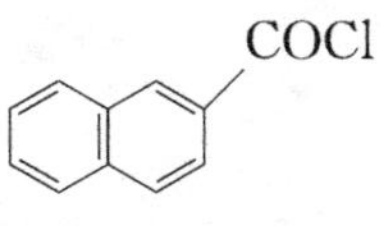


$\longrightarrow$

(6) 乌尔夫重排

$RCOCHN_2 \longrightarrow$

(7) 西蒙斯-史密斯反应

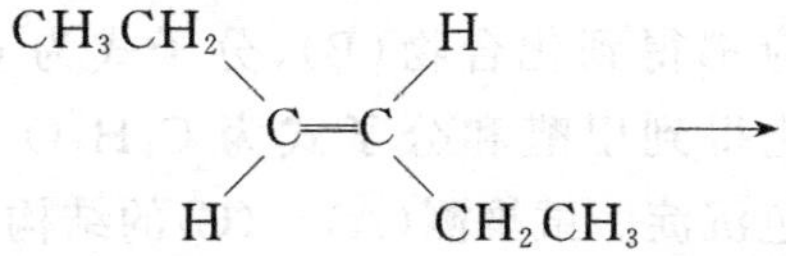

(8) 加特曼-科赫反应

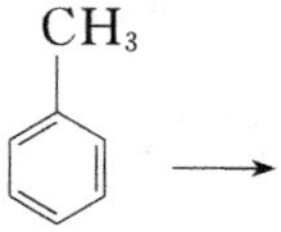

(9) 狄克曼缩合

$$\begin{array}{l} CH_2CH_2COOC_2H_5 \\ | \\ CH_2CH_2COOC_2H_5 \end{array} \longrightarrow$$

(10) 柯尔伯反应

$CH_3(CH_2)_{12}COOH \longrightarrow$

四、给下列反应提出合理的反应机理。

(1) 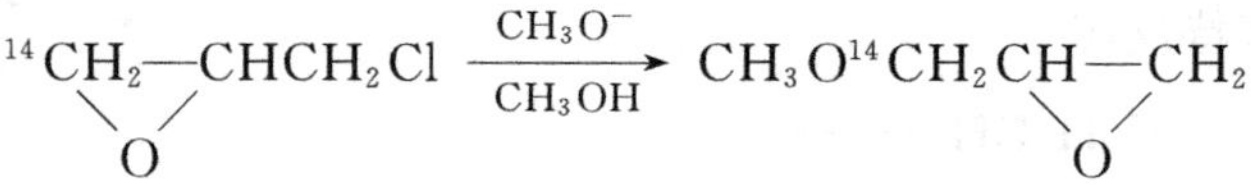

(2) 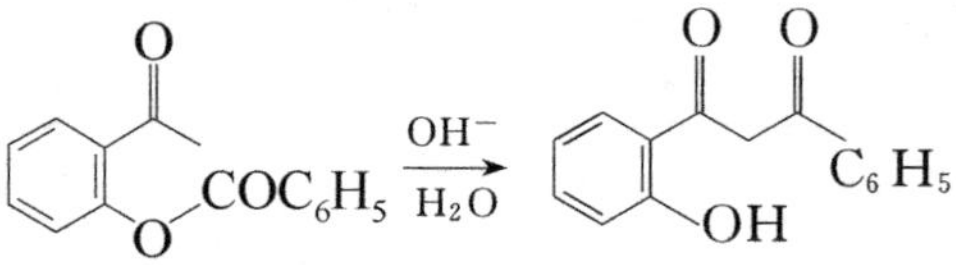

(3) $C_6H_5\overset{O}{\overset{\|}{C}}-OC(CH_3)_3 \xrightarrow{H_3\overset{+}{O}} C_6H_5\overset{O}{\overset{\|}{C}}-OH + (CH_3)_2C=CH_2$

五、从指定原料合成下列化合物。

(1) 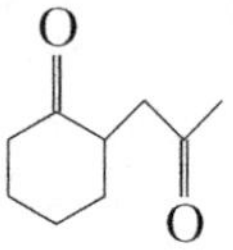　　( 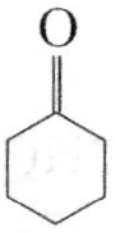 及适当试剂)

(2) 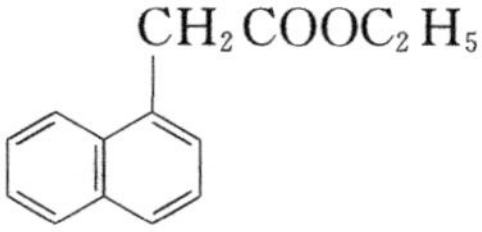　　( 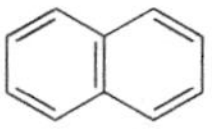 )

(3) 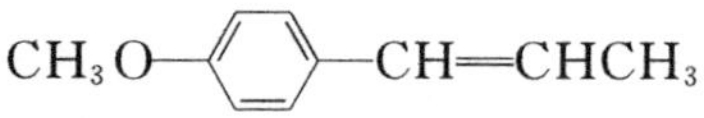　　(  ,不超过 3 个碳的有机化合物,列出五种合成路线)

六、推测化合物结构。

(1) 化合物(A),分子式为 $C_5H_{10}O$,不溶于水,与 $Br_2/CCl_4$ 或 Na 都不反应。(A)与稀盐酸及稀氢氧化钠水溶液反应都得到化合物(B),分子式为 $C_5H_{12}O_2$。(B)经等物质的量的 $HIO_4$ 水溶液氧化得到甲醛和分子式为 $C_4H_8O$ 的化合物(C),(C)与 $I_2/NaOH$ 溶液反应得到黄色沉淀。试推测(A)~(C)的结构。

(2) 某中性化合物(A)，分子式为 $C_7H_{13}BrO_2$，与 $H_2NOH$ 及 $C_6H_5NHNH_2$ 不能生成相应的肟和苯腙，其光谱数据如下：

IR：2850～2950$cm^{-1}$有吸收峰，1740$cm^{-1}$有强峰，3000$cm^{-1}$以上无吸收峰

$^1H$ NMR：$\delta$/ppm：1.0(t,3H)，1.3(d,6H)，2.1(m,2H)，4.2(t,1H)，4.6(m,1H)

试推测(A)的结构。

## 参考答案

一、

(1) (b)>(c)>(a)　(2) (c)>(a)>(b)　(3) (b)　(4) (a)　(5) (c)　(6) (d)　(7) (c)　(8) (d)　(9) (b)　(10) (d)

二、

(1) 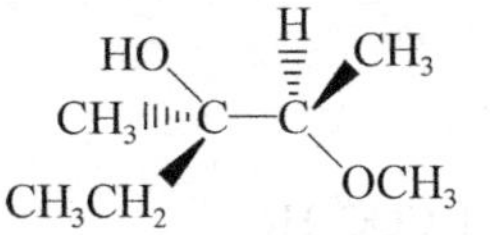

(2) 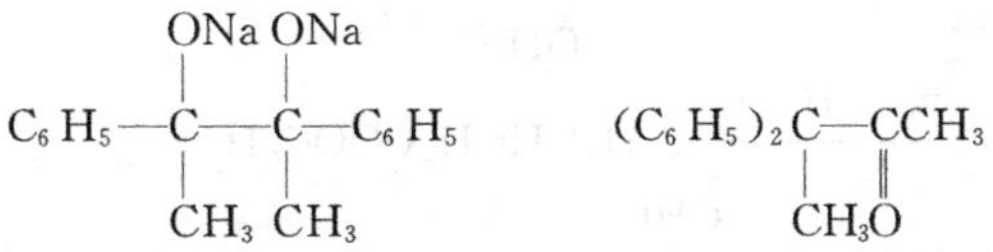

(3) 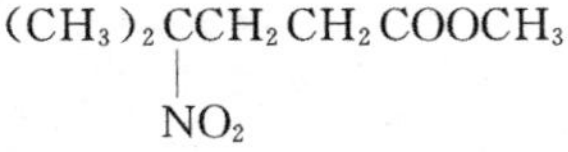

(4) 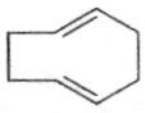

(5) 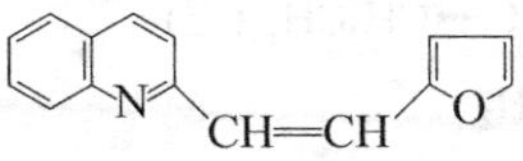

(6) 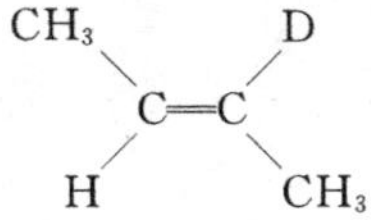

(7) 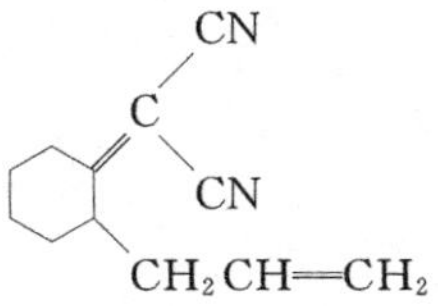

(8) 

(9) 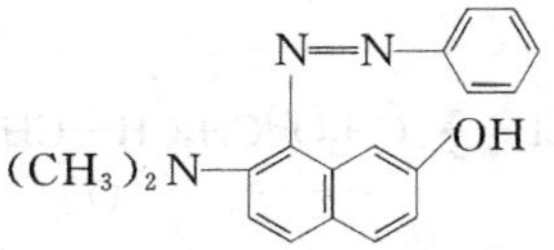

(10) 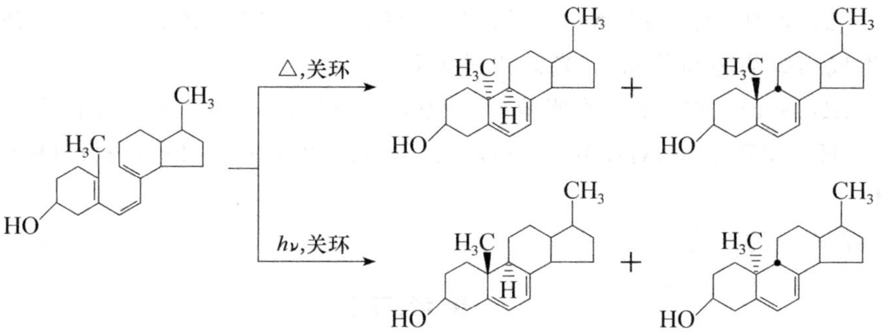

三、

(1) $C_6H_5COCH_3 + C_6H_5CHO \xrightarrow{NaOH} C_6H_5CH{=}CHCOC_6H_5$

(2) $CH_3CH_2COOH \xrightarrow{Br_2, PBr_3} CH_3\underset{\displaystyle Br}{\underset{|}{C}}HCOOH$

(3) 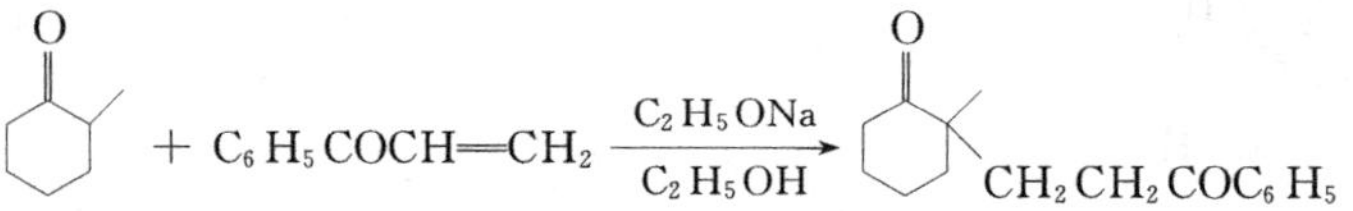

(4) $C_6H_5CHO + BrCH_2COOC_2H_5 \xrightarrow{Zn} \xrightarrow{H_3^+O} C_6H_5\overset{\displaystyle OH}{\overset{|}{C}}HCH_2COOC_2H_5$

(5) 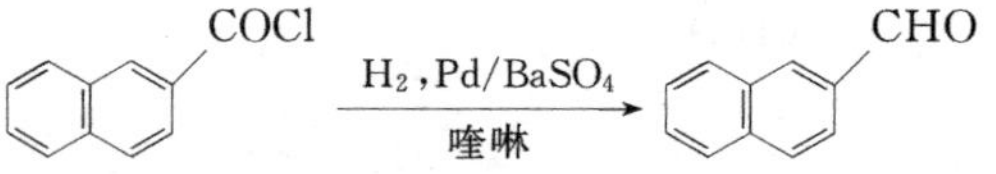

(6) $RCOCHN_2 \xrightarrow{Ag_2O} RCH{=}C{=}O$

(7) 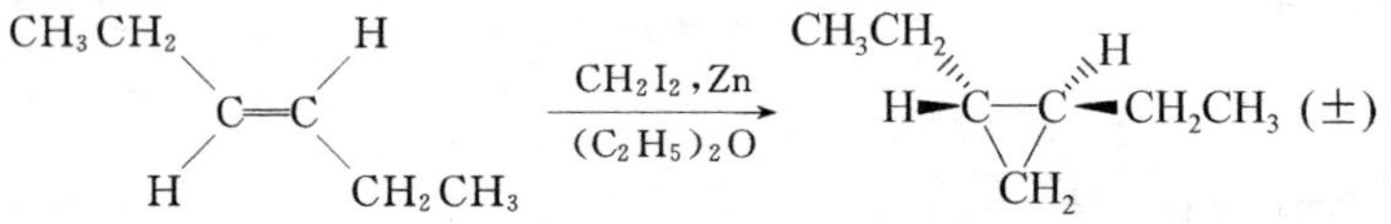

(8) 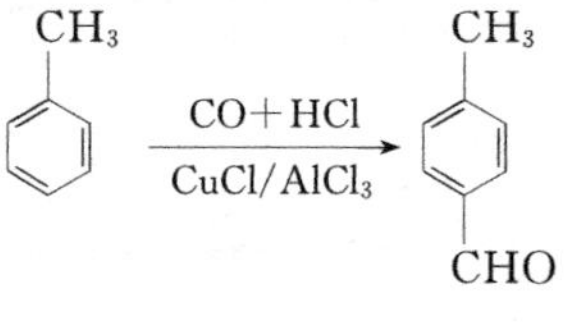

(9) 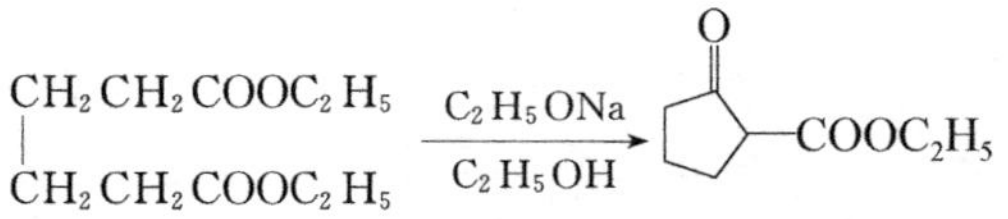

(10) $CH_3(CH_2)_{12}COOH \xrightarrow[\text{电解}]{CH_3ONa, CH_3OH} CH_3(CH_2)_{24}CH_3$

四、

(1) 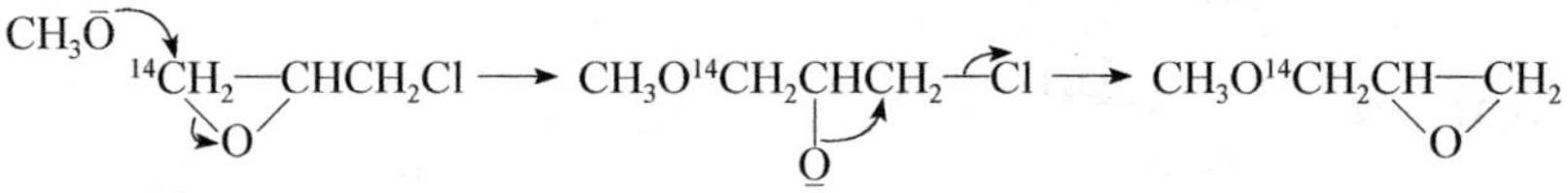

(2) 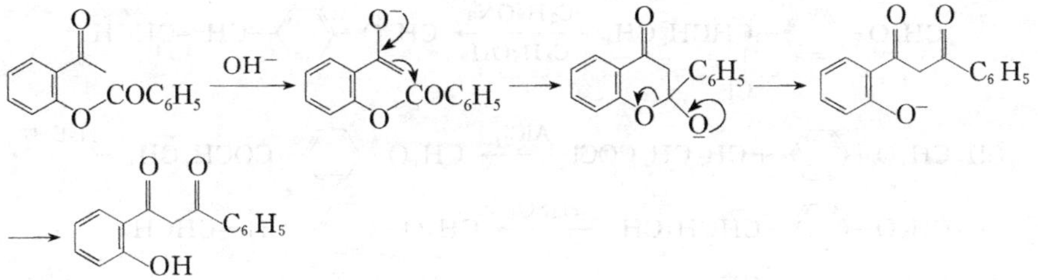

(3) 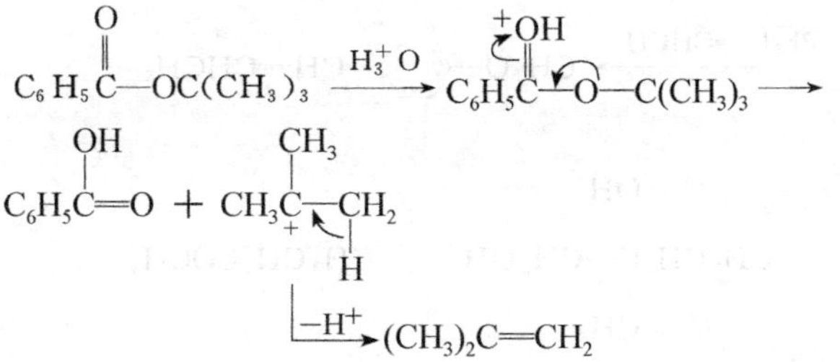

五、

(1) $CH_3COCH_3 + Br_2 \xrightarrow{H^+} CH_3COCH_2Br$

(2) 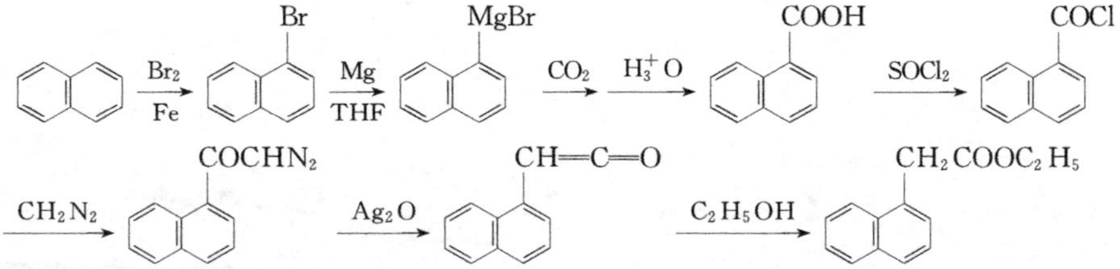

(3) (a) 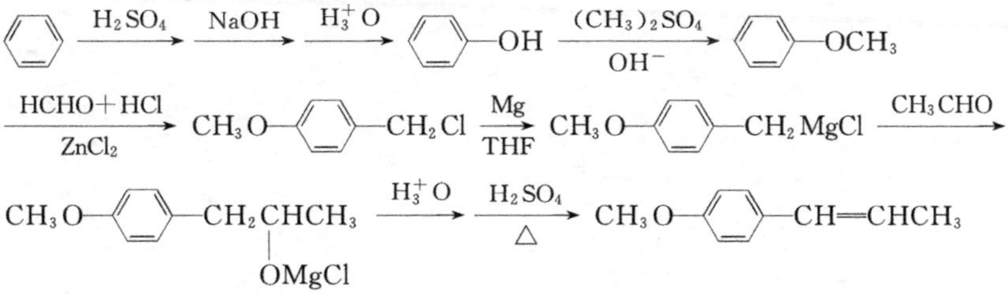

(b) 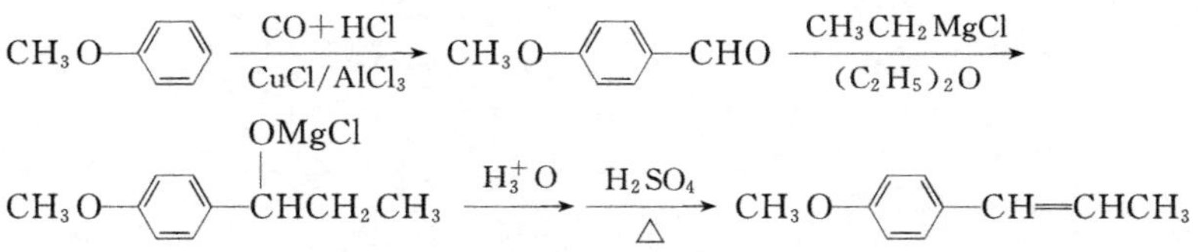

(c) 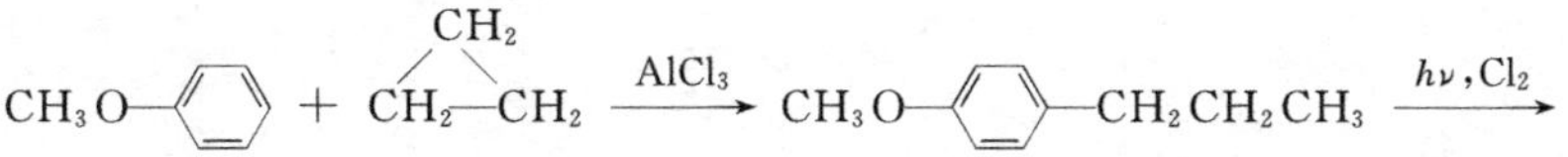

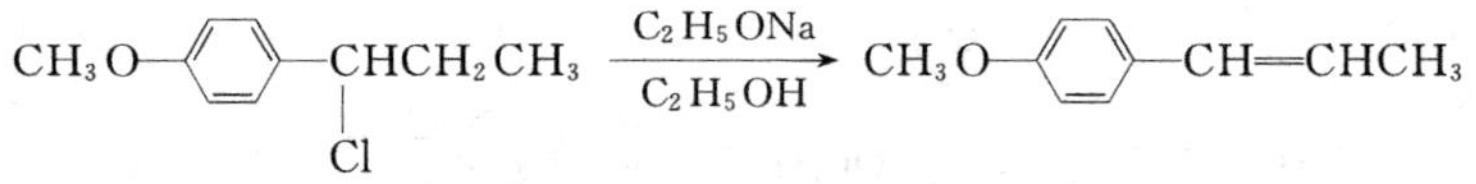

(d) 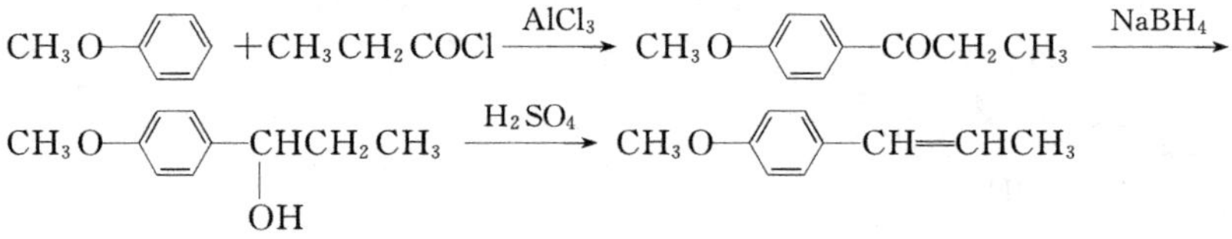

(e) 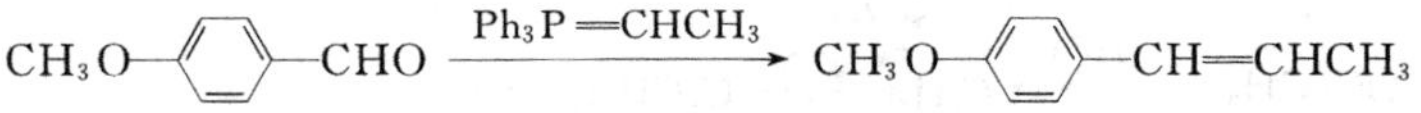

六、

(1) 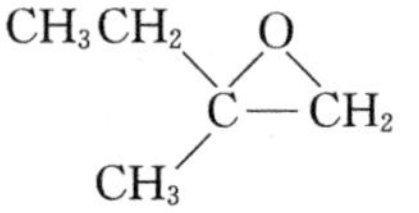　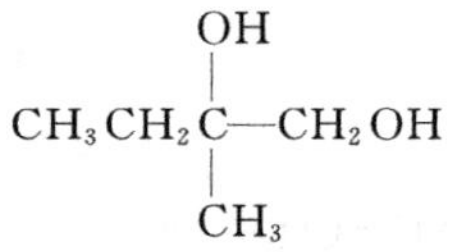　$CH_3CH_2COCH_3$

(A)　(B)　(C)

(2) $CH_3CH_2CH(Br)COOCH(CH_3)_2$

## 主要参考资料


樊杰等. 1995. 有机化学习题精选. 北京:北京大学出版社

冯骏材等. 2003. 有机化学学习指导. 北京:科学出版社

胡宏纹. 1990. 有机化学. 第二版. 北京:高等教育出版社

裴伟伟,冯骏材. 2002. 有机化学例题与习题. 北京:高等教育出版社

裴伟伟. 2006. 基础有机化学习题解析. 北京:高等教育出版社

邢其毅等. 2005. 基础有机化学. 第三版. 北京:高等教育出版社

袁履冰. 1994. 有机化学试题精选. 北京:高等教育出版社

March J. 1992. Advanced Organic Chemistry. 4th ed. New York: John Wiley & Sons, Inc.

McMurry J. 2004. Organic Chemistry. 6th ed. Singapore: Thomson Learning, Inc.

Meislich E K, et al. 1994. 3000 Solved Problems in Organic Chemistry. New York: McGraw-Hill, Inc.

Solomons T W G, et al. 2000. Organic Chemistry. 7th ed. New York: John Wiley & Sons, Inc.

Streitwiesser A, et al. 1992. Introduction to Organic Chemistry. 4th ed. New York: MacMillan Publishing Company

